本书全面适用于Photoshop CS5\CS6\CC版本学习使用

白 雪 廖春生 陈 雯 编著

案例大讲堂

中文版Photoshop平面广告设计与制作300例

随书附赠高质量近13小时视频教学

超值附赠配套资源，内容包括近1273个素材文件、源文件和最终效果文件，以及近13小时的视频教学文件，使读者可享受专家课堂式的讲解，成倍提高学习效率。

- 本书内容全面，以提高读者的动手能力为出发点，覆盖了Photoshop平面设计方方面面的技术与技巧。全书精心设计了300个实战案例，由浅入深，由易到难，逐步引导读者系统地掌握软件的操作技能和相关行业知识。
- 全面介绍软件技术与制作经验的同时，还专门为读者设计了许多知识拓展板块（如案例效果剖析、小提示等），以方便读者在遇到问题时可以及时得到准确、迅速的解答。
- 每一个完整的案例都有详细的讲解，让读者通过反复的练习，一步步的提升，实现从菜鸟变达人，轻松应对日常的设计工作。

北京希望电子出版社
Beijing Hope Electronic Press
www.bhp.com.cn

内 容 简 介

本书是一本全面介绍如何使用Photoshop进行平面设计的图书。全书完全针对初级和中级读者使用，循序渐进、从易到难，使读者掌握所学知识，并完全可以应对工作。

本书共计300个案例，从平面设计最基础的“文字”“插图”和“图形”元素的设计制作入手，逐渐过渡到完整作品的设计制作。本书共有15个章节，主要分为两大部分。

第一部分：第1章到第3章，主要讲解平面设计中基本元素的设计与制作。

第二部分：第4章到第15章，全面系统的将平面设计行业中常见的设计项目进行分类，并对各种类型的设计项目从设计思路到方案完成的整个流程进行了详细地讲解。

本书章节与案例的安排经典、合理、清晰，每一个完整的案例都有详细的讲解，让读者通过反复的练习，一步步的提升，实现从菜鸟变达人，轻松应对日常的设计工作。

本书附赠配套资源，内容包括书中所有实例的源文件、素材，并包含本书中所有实例的视频教学，在看书的同时配合视频教学更方便、更直观。

建议读者使用 Photoshop CS5/CS6/CC 版本进行学习以及打开源文件，如果使用 Photoshop CS2/CS3/CS4等低版本，可能会出现软件功能上的差别。如果遇到部分命令无法使用或功能不全的情况，请尝试使用新版本。

图书在版编目（CIP）数据

中文版Photoshop平面广告设计与制作300例 / 白雪，廖春生，陈雯编著. -- 北京：北京希望电子出版社，2015.5

ISBN 978-7-83002-196-2

Ⅰ. ①中… Ⅱ. ①白… ②廖… ③陈… Ⅲ. ①图像处理软件 Ⅳ. ①TP391.41

中国版本图书馆CIP数据核字(2015)第067551号

出版：北京希望电子出版社

地址：北京市海淀区中关村大街22号

中科大厦A座10层

邮编：100190

网址：www.bhp.com.cn

电话：010-82620818（总机）转发行部

010-82626237（邮购）

传真：010-62543892

经销：各地新华书店

封面：深度文化

编辑：周卓琳

校对：方加青

开本：889mm×1194mm 1/16

印张：22.25（全彩印刷）

字数：889千字

印刷：北京博图彩色印刷有限公司

版次：2019年12月1版2次印刷

定价：79.80元

实例002　奶酪文字

实例004　果冻质感文字

实例009　斑点文字

实例013　可爱糖果文字

实例018　冰冻立体文字

实例020　多层饼干文字

实例021　天空岛立体文字

实例022　炫彩花纹剪纸字

实例023　梦幻钻石文字

实例034　细腻人像

实例035　绘画涂抹感

实例037　甜梦女孩

实例038　梦幻童年

实例039　林间精灵

实例041　奇妙旅程

实例042　浓郁的暖调

实例043　暗调时尚杂志

实例044　打造细腻质感肌肤

实例045　趣味照片

实例046　唯美意境

实例048　清新自然风格

实例051　彩色铅笔画

实例052　记忆的孤岛

实例053　色彩艳丽的城市绘画

实例056　粉嫩青春

实例057　缤纷世界

实例063　幻境奇缘

实例064　炫彩插图

实例065　字母游戏

实例066　彩带特效

实例068　舞动的人像

实例069　时光的味道

实例070　深海美人

实例073 古典情怀

实例075 多彩图形版面

实例076 制作可爱气泡

实例078 卡通苹果标签

实例079 重叠花朵图形设计

实例081 制作绿色清爽文字海报

实例082 使用矢量工具制作奇幻立方体

实例083 矢量风格插画

实例084 图形化的创意字体

实例085 欧美风格插画

实例086 图文结合的标志设计

实例088 心形标志

实例089 水晶质感标志

实例090 气泡标志

实例092 凸起质感设计

实例093 折页感标志设计

实例094 水果主题标志

实例098 旅行标志

实例100 晶莹质感标志

实例104 甜美节日

实例105 风景明信片设计

实例107 萌萌宠物

实例108 卡通贺卡封面

实例111 自然风卡片

实例113 甜蜜情人节

实例114 婚礼请柬封面设计

实例116 音乐会请柬卡片

实例117 清新自然草地明信片

实例121 网页主体

实例126 图案装饰

实例131 网站标志

实例133 首页设计

实例143 顶栏

实例148　户外广告设计

实例149　背景及人像

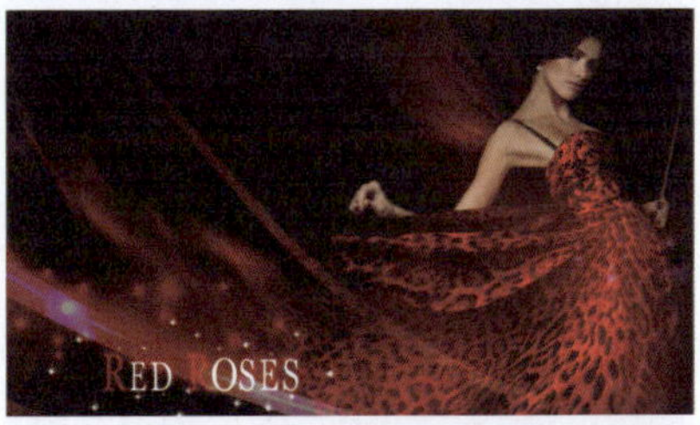

实例151　红黑双色户外广告

实例155　儿童摄影机构户外广告

实例156　人像

实例162　人物调色

实例175　广告页面

实例176　时尚摄影

实例178　童话仙境

实例179　调整人像

实例181　霓虹光效页面

实例183　素材处理以及其他文字的制作

实例186　内页版式设计

实例199　版面设计

实例203　制作包装的主体

实例206　多彩果味饮料

实例207　平面图制作

实例209　背景的制作

实例224　橙色倾斜按钮

实例226　主体部分

实例228　甜蜜粉色风格

实例242　唯美化妆品宣传

实例246　宣传页

实例248　制作标题文字

实例254　装饰部分

实例255　宣传单制作

实例256　海报设计

实例258　酒瓶标签

实例260　玫瑰情人

实例264　时装海报

实例266　文字装饰

实例275　添加光效

实例294　彩妆部分

前 言PREFACE

Photoshop作为目前最热门的制图软件之一，被广泛应用于图像处理、平面设计、插画创作、网站设计、卡通设计、影视包装等诸多领域。基于Photoshop在平面设计行业应用的广泛度，编写了这本《中文版Photoshop平面广告设计与制作300例》，希望能对读者学习平面设计带来帮助。

本书特点

本书是一本以Photoshop操作应用为主的平面设计案例实战教材，从案例效果剖析开始带领读者简要地了解整个案例的制作思路和基本流程，接下来通过梳理案例技术要点，将软件技术融入到平面设计实战操作中。在了解每个案例的制作思路以及应用技术后进行实际的设计操作，更有利于读者建立自身的设计理念和对操作流程的把控。

内容概述

本书有15章，300个案例，主要分为“平面设计基础元素的设计制作”与“平面设计行业常见案例实战”两大部分。从平面设计最基础的“文字”“插图”以及“图形”元素的设计制作入手，逐渐过渡到完整作品的设计制作，将设计理论与实例相结合，从易到难、循序渐进、细致全面地讲解了Photoshop在平面设计行业中方方面面的应用案例。

光盘文件

本书附带一张DVD教学光盘，内容包括本书300个实例的源文件、素材，并包含书中所有实例的视频教学录像，书中讲到的学习时间即为教学录像的时间。建议读者在看书的过程中配合光盘中的素材以及源文件进行同步练习，更有利于知识的吸收。

适用群体

本书内容实用，讲解清晰，不仅可以作为平面设计行业中的初级和中级读者学习使用，也可以作为大中专院校相关专业及艺术设计相关培训基地的教材，同时也非常适合读者自学与与查阅。

本书由甘肃建筑职业技术学院白雪老师编写了第1章、第2章、第3章、第4章，青海交通职业技术学院廖春生老师编写了第5章、第6章、第7章、第8章、第9章、第10章，青海交通职业技术学院陈雯老师编写了第11章、第12章、第13章、第14章、第15章。参与本书编写和整理的还有王萍、董辅川、杨建超、马啸、李路、于燕香、杨力、张玉华、曹子龙、曹诗雅、曹明、孙雅娜、孙芳、丁仁雯、张建霞、马扬、杨宗香、张效晨、朱春涛、王铁成、崔英迪、高歌等，在此一并表示感谢。

由于水平有限，书中难免存在错误和不妥之处，敬请广大读者批评和指出。

编著者

目 录CONTENTS

第1章 文字设计

第2章 插图设计

第3章 图形设计

第4章 标志设计

第5章 卡片设计

第6章 网页设计

第7章　户外广告

第8章　画册设计

第9章　杂志设计

第10章　书籍设计

第11章　包装设计

第12章 界面设计

第13章 DM单广告

第14章 海报设计

第15章 创意广告

第 1 章 文字设计

文字设计是平面设计中的一个重要环节。他的应用十分广泛，可以应用于海报设计、标志设计、企业标准字等领域。它主要具有吸引受众眼球，提高作品诉求力，赋予版面审美价值的作用。

实例001 时尚个性的字体设计——多彩折叠文字

文字设计通常应用于平面设计的各个领域，折叠文字通常色彩鲜艳，活泼有趣。他的效果类似丝带或纸张折叠的效果，通常可以应用于与节日、儿童、商业等相关的平面设计作品中。本案例中，五彩的文字搭配上可爱的蝴蝶结，让人眼前一亮。

案例效果剖析

本案例中，文字为主要部分，它的制作是通过绘制不同的形状，然后组合而成，在制作中要求文字的每一个部分都是一个独立的图层。文字组合完成后，制作投影，使其产生折叠的效果。逐一制作其他的折叠文字，最后为文字添加蒙版，隐藏部分文字，制作出蝴蝶结在前面的效果。部分效果展示如图1-1所示。

图1-1 效果展示

案例技术要点

本案例中主要用到的功能及技术要点如下。

- 矩形工具：用来绘制制作文字的选区。
- 图层蒙版：用来隐藏画面中的多余部分。
- 图层样式：用来添加投影、渐变叠加，让折叠文字更加立体。

案例制作步骤

源文件路径	案例文件\第1章\实例1\		
素材路径	案例文件\第1章\实例1\		
视频路径	视频教学\第1章\实例1.flv		
难易程度	★★★★	学习时间	4分27秒

❶ 打开背景素材“1.jpg”，如图1-2所示。创建新组，命名为“B”。在组中使用“矩形工具”，设置“绘制模式”为“形状”、“填充”为“蓝色”，然后绘制出矩形，如图1-3所示。再使用“矩形工具”绘制横向矩形，使用“钢笔工具”绘制出折叠边角，单击鼠标右键，选择“建立选区”，如图1-4所示。

图1-2 打开素材

图1-3 绘制长方形

图1-4 绘制横向矩形

❷ 建立选区后单击图层面板底部的“添加图层蒙版”按钮，为选区图层添加图层蒙版，折叠效果就会出现，如图1-5所示。同理绘制其他折角，如图1-6所示。

图1-5 添加图层蒙版

图1-6 绘制其他角

提 示

制作折叠效果的其他方法：

在制作折叠文字的折叠效果时，也可以使用“钢笔工具”，通过绘制形状来制作该效果。

❸ 字母“B”的大致形状绘制完成，接下来通过添加“渐变叠加”图层样式，使文字带有的折叠效果更明显。新建图层，使用“矩形选框工具”绘制选区并填充蓝色，如图1-7所示。选择该图层，执行“图层｜图层样式｜渐变叠加”命令，在“图层样式”窗口中点击“混合选项：默认”，设置“混合模式”为“正常”，“不透明度”为100%，“渐变”为“蓝色”，“样式”为“线性”，“角度”为-90，参数设置如图1-8所示。添加图层样式后的字母会有投影，增添了文字前后凹凸的效果，再添加“图层蒙版”，使用黑色的“画笔工具”涂抹掉多余部分的投影，如图1-9所示。

图1-7 绘制矩形

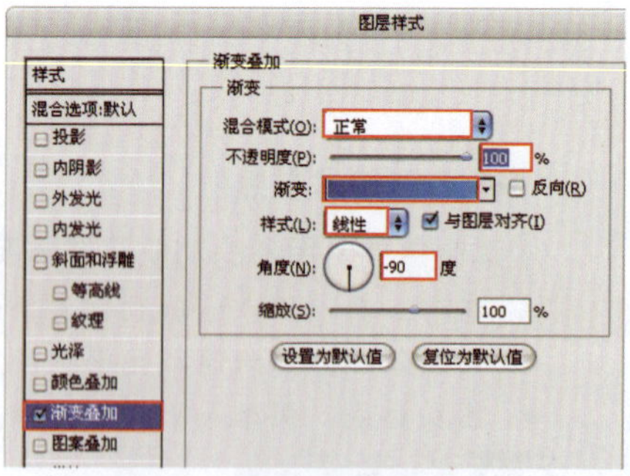

图1-8 “渐变叠加”参数

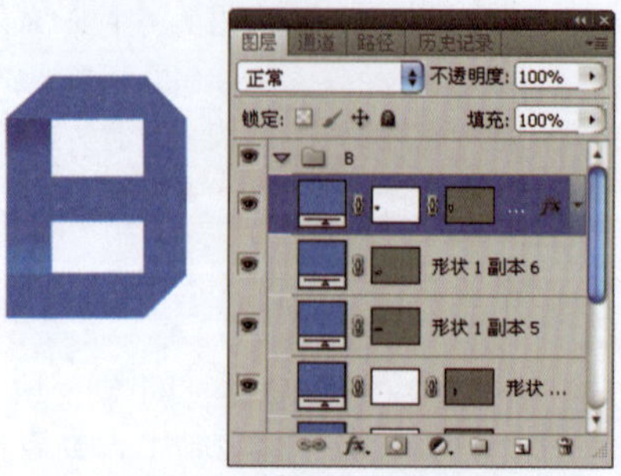

图1-9 绘制折叠效果

❹ 同理，分别创建新组“R”“U”“S”“H”，使用“矩形工具”绘制折叠字母，如图1-10所示。

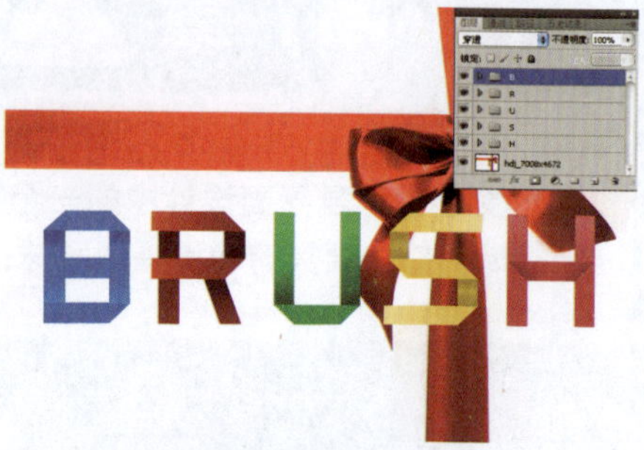

图1-10 折叠文字效果

❺ 制作所有字母的阴影部分。选择制作字母的图层，使用盖印图层快捷键“Ctrl+Alt+E”将字母图层盖印，然后将其命名为“阴影副本”，放置在背景图层上面，如图1-11所示。执行“图层｜图层样式｜投影”命令，参数设置如图1-12所示。加阴影后的整体效果如图1-13所示。

图1-11 复制副本

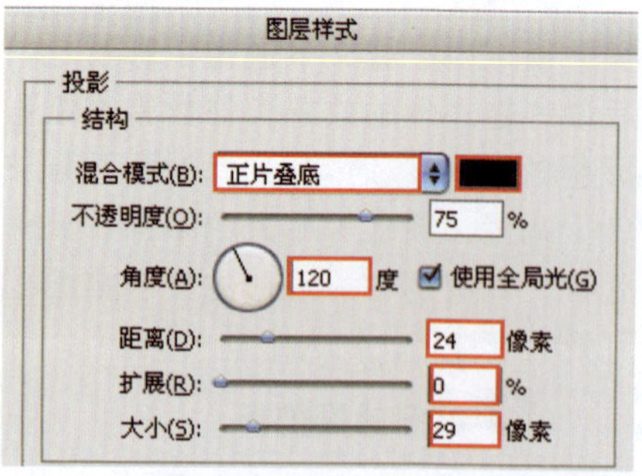

图1-12 “投影”参数

图1-13 阴影效果

❻ 创建新组，把图层中所有字母组和副本拖拽至新组中，在新组中添加“图层蒙版”，使用黑色的“画笔工具”绘制由背景蝴蝶结挡住的字母部分，如图1-14所示。

图1-14 添加图层蒙版

❼ 制作蝴蝶结部分的投影。新建图层，将蝴蝶结的选区填充为“黑色”，然后将蝴蝶结向右下角移动，效果如图1-15所示。将该图层的“不透明度”设置为53%，效果如图1-16所示。

图1-15 选区填充为黑色

图1-16 透明度效果

❽ 为阴影图层添加图层蒙版，使用黑色的“画笔工具”进行涂抹，制作蝴蝶结的投影效果，如图1-17所示。最终效果如图1-18所示。

图1-17 蝴蝶结投影效果

图1-18 最终效果

实例002 拟物化的文字设计——美味文字

在文字设计中，可以将文字制作成不同形态应用在不同的场合。本案例是将文字制作成类似奶酪的效果，制作时要抓住奶酪的特点才能做到形神兼备。

案例效果剖析

本案例是以文字为设计重点。首先要输入文字，制作出类似奶酪的贴图，通过剪贴蒙版制作出奶酪字体的大致轮廓，然后通过复制图层制作出奶酪的厚度，再更改顶层文字的颜色，最后制作奶酪文字的高光颜色和投影。部分效果展示如图1-19所示。

图1-19 效果展示

案例技术要点

本案例中主要用到的功能及技术要点如下。

- 横排文字工具：用来输入画面中的主体文字。
- 图层样式：投影图层样式可以让文字产生投影效果。
- 椭圆选框工具：用来绘制椭圆选区，制作奶酪的贴图。

案例制作步骤

源文件路径	案例文件\第1章\实例2\
素材路径	案例文件\第1章\实例2\
视频路径	视频教学\第1章\实例2.flv
难易程度	★★★★
学习时间	4分23秒

❶ 打开素材“1.jpg”，如图1-20所示。使用“横排文字工具”，输入英文单词“hello”，并且在字符面板中设置文字的字体和字号，如图1-21所示。

图1-20 打开素材

图1-21 输入字母

❷ 制作乳酪。首先创建新组和新建图层，“前景色”设置为“橘黄色”，用快捷键“Alt+Delete”填充，然后选择“椭圆选框工具”，在工具选项中将选择方式设为“添加到选区”，在画布上选择多个大小不同的椭圆形选区，按快捷键“Delete”删除，此图层命名为“圆点”，如图1-22所示。单击“hello”图层缩览图，载入文字选区，点击“圆点”图层，添加图层蒙版。此时乳酪初步效果制作出来

了，为了使效果更加清晰，可把文字层和背景层隐藏起来，如图1-23所示。

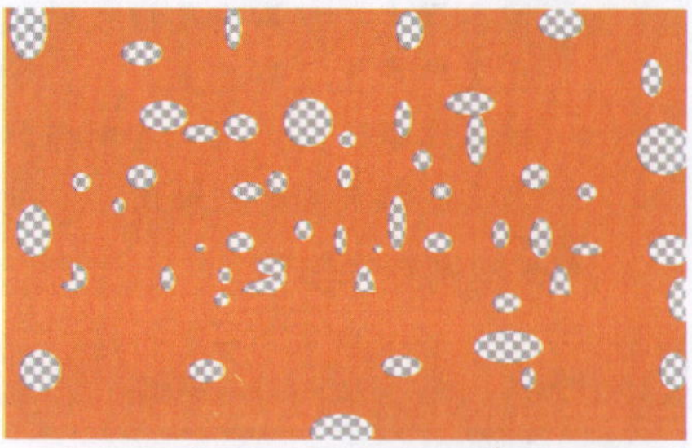

图1-22　绘制椭圆形

图1-23　添加图层蒙版

❸ 复制“圆点”图层，将副本层命名为“图层1”，用鼠标右键单击“图层1”的图层蒙版，选则“应用图层蒙版”，如图1-24所示。复制“图层1”，建立“图层1”副本，用“移动工具”，将图层向上移动1像素，向左移动2像素，执行“图像｜调整｜亮度/对比度”命令，在“亮度/对比度”对话框中设置“亮度”为52，如图1-25所示。

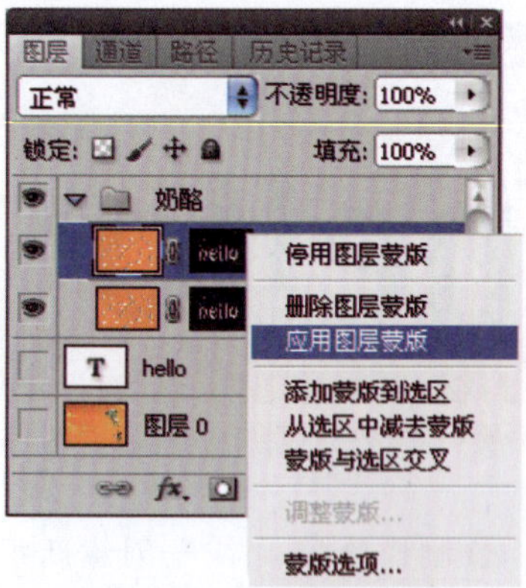

图1-24　应用图层蒙版

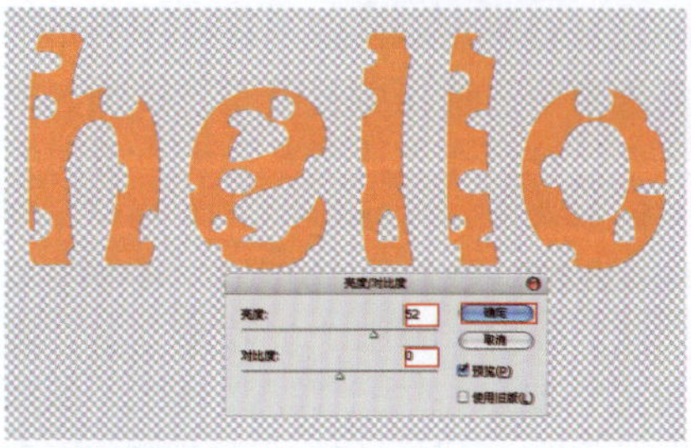

图1-25　“亮度/对比度”参数

❹ 以此方法，多次复制图层副本，位置的移动也要各加1像素，“亮度/对比度”也要不断增加数值，一直复制到有明显的由深到浅的立体感出来即可，如图1-26所示。

图1-26　复制图层

❺ 处理乳酪的侧面。复制“图层1”建立新的副本，放置在最顶层，然后执行“滤镜｜杂色｜添加杂色”命令，在弹出的“添加杂色”对话框中设置“数量”为12%，勾选“高斯分布”和“单色”，如图1-27所示。执行“滤镜｜模糊｜动感模糊”命令，角度为-43度，距离为12像素，如图1-28所示。执行完命令后的效果如图1-29所示。

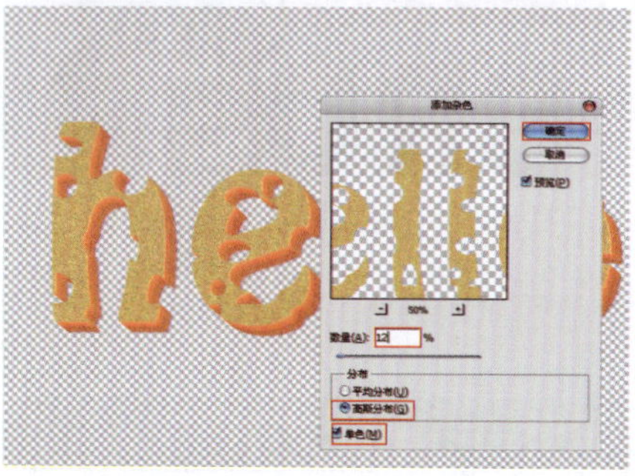

图1-27　“添加杂色”参数

图1-28　“动感模糊”参数

图1-29　效果图

提　示

添加“杂色”和“动感模糊”滤镜所产生的效果：

在上两步中，分别添加了“杂色”和“动感模糊”滤镜效果，这使文字边缘产生类似涂抹、划痕的效果，使奶酪的效果更加真实。

❻ 因乳酪的表面过于生硬，缺少柔滑感，因此还需进一步制作。添加图层样式，在“图层样式”对话框中勾选“斜面和浮雕”和“阴影”选项，参数如图1-30所示。制作后的效果如图1-31所示。再次复制“图层1”，放置到乳酪上面，命名为“顶层”，单击此图层缩览图，将文字载入选区，“前景色”设置为“淡黄色”，按快捷键“Alt+Delete”填充，如图1-32所示。

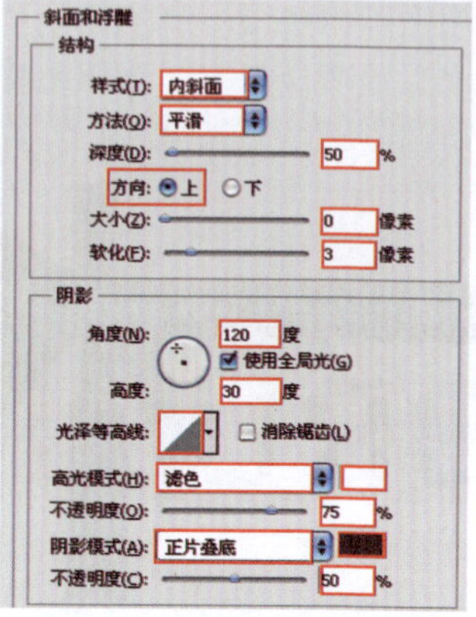

图1-30　设置图层样式

图1-31　效果图

图1-32　填充颜色

❼ 选择背景图层以外的图层，按快捷键“Ctrl + Alt+ E”盖印图层，再给文字添加投影。添加图层样式，在图层样式对话框中勾选“投影”，参数设置如图1-33所示。打开背景图层，最终效果如图1-34所示。

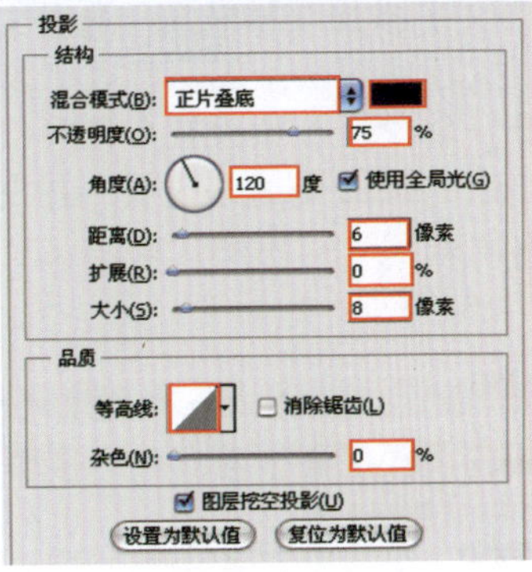

图1-33 “阴影”参数

图1-34 最终效果

出果冻质感效果的文字。最后为画面添加装饰。在制作过程中，还可以更改文字颜色，打造出不一样的文字效果。部分效果展示如图1-36所示。

图1-36 效果展示

实例003 拟物化的文字设计——奶酪文字

本案例是将文字制作成奶酪的效果，这种拟物化的文字可以应用在食品包装、食品海报等具有创意的环境下。制作过程中，要注意文字的制作和文字与背景之间的关联性。

案例效果剖析

奶酪文字的制作是由多个图层叠加制作，并通过“图层蒙版”及“图层样式”使文字的奶酪效果真实、立体。蓝白色天空及绿色草地背景的衬托为文字创建了焦点，当焦点被放置于合适位置，就容易吸引观众的眼球，开门见山的版式效果为观众过滤出最重要的信息。部分效果展示如图1- 35所示。

图1-35 效果展示

案例技术要点

本案例中主要用到的功能及技术要点如下。

- 横排文字工具：用来输入文字。
- 图层蒙版：用来为文字添加贴图，在蒙版中隐藏贴图以外的内容。
- 图层样式：用来为文字添加图层样式，使其产生凸起的效果。

源文件路径	案例文件\第1章\实例3\		
素材路径	案例文件\第1章\实例3\		
视频路径	视频教学\第1章\实例3.flv		
难易程度	★★★	学习时间	3分09秒

实例004 拟物化的文字设计——果冻质感文字

果冻质感文字顾名思义是一种具有果冻质感的装饰性文字，凸显可爱风格。这种效果的文字应用非常广泛，可以应用在创意海报中的标题文字，也可以用于包装中，还可作为写真版式中的装饰文字。

案例效果剖析

本案例中的文字通过添加各种不同的图层样式，营造出较好的设计可读性和视觉效果，具有很好的装饰性，极易抓住观众的视觉。制作时的重点是使用样式面板载入图层样式，然后通过样式面板快速为文字添加图层样式，制作

案例制作步骤

本案例中主要用到的功能及技术要点如下。

- 横排文字工具：用来输入文字。
- 样式面板：用来载入外挂图层样式，然后为文字赋予图层样式。

源文件路径	案例文件\第1章\实例4\
素材路径	案例文件\第1章\实例4\
视频路径	视频教学\第1章\实例4.flv
难易程度	★★
学习时间	2分31秒

实例005 时尚个性的字体设计——飞溅的粒子文字

本案例中飞溅的粒子文字效果如同用沙粒组成的效果，再搭配上蓝色的背景，总体上给人一种梦幻感和科技感。这种效果的文字，多应用在海报设计中。

案例效果剖析

本案例中，首先使用“直排文字工具”输入文字，选择字型较粗的字体，给人一种厚重的感觉。然后添加“图层样式”使文字产生立体效果，再通过“图层蒙版”制作出文字撕裂的效果。接着制作飞溅粒子的文字效果，最后使用“图层蒙版”隐藏多余的“颗粒”效果。部分效果展示如图1-37所示。

图1-37 效果展示

案例技术要点

本案例中主要用到的功能及技术要点如下。

- 文字工具：用来输入文字。
- 图层样式：为文字添加“斜面和浮雕”图层样式，使文字产生立体贴感。
- 径向模糊滤镜：用来将文字的“粒子”效果随即的分布。
- 更改图层混合模式：更改图层的混合模式为“溶解”，并将其降低不透明度。
- 图层蒙版：用来隐藏画面中的部分内容。

案例制作步骤

源文件路径	案例文件\第1章\实例5\		
素材路径	案例文件\第1章\实例5\		
视频路径	视频教学\第1章\实例5.flv		
难易程度	★★★	学习时间	2分24秒

❶ 打开背景素材“1.jpg”，如图1-38所示。使用“横排文字工具”T，输入单词“DESIGN”，并且设置字符面板中文字的字体和字号，如图1-39所示。在此图层添加图层蒙版，使用黑色“画笔工具”绘制文字断裂的效果，如图1-40所示。

图1-38 背景素材

图1-39 输入英文

图1-40 添加图层蒙版

❷ 为文字添加图层样式，选择文字图层，执行“图层 | 图层样式 | 斜面和浮雕”命令，参数设置如图1-41所示；勾选“颜色叠加”选项，并设置其参数，如图1-42所示。此时文字效果如图1-43所示。

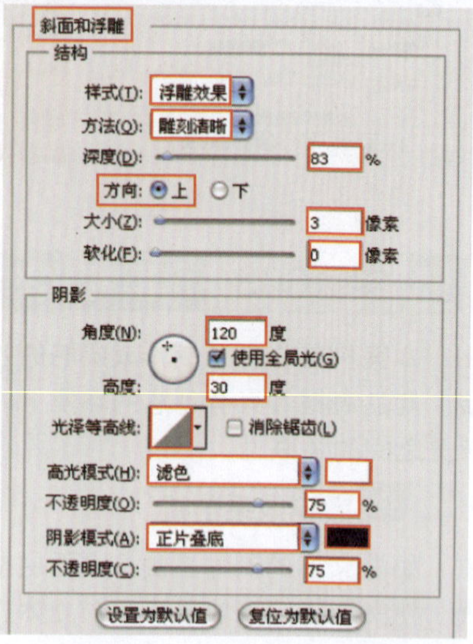

图1-41 “斜面和浮雕”参数

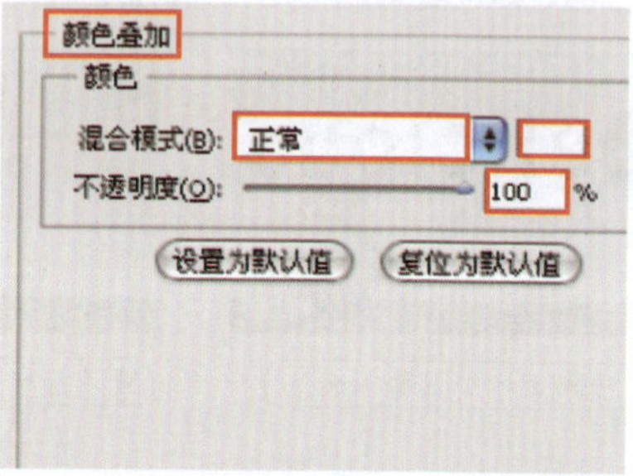

图1-42 “颜色叠加”参数

图1-43 文字效果

❸ 拖拽“DESIGN”图层进行复制，命名为“DESIGN副本”，放置在“DESIGN”图层下面，然后将文字放大，“不透明度”设置为34%，如图1-44所示。执行“滤镜 | 模糊 | 径向模糊”命令，在弹出的对话框中设置“数量”为99，“模糊方法”为“缩放”，“品质”为“好”，参数设置如图1-45所示。扩散效果的背景如图1-46所示。

图1-44 复制文字

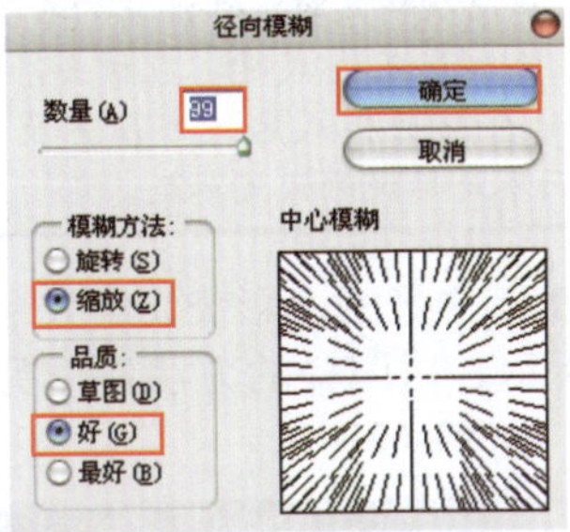

图1-45 “径向模糊”参数

图1-46 背景效果

❹ 再次复制文字图层，命名为“DESIGN副本2”，设置“不透明度”为42%，“混合模式”为“溶解”，画面效果如图1-47所示。继续复制文字图层，命名为“DESIGN副本3”，设置“不透明度”为34%，添加图层样式，执行“图层 | 图层样式 | 颜色叠加”命令，其参数设置如图1-48所示。此时文字效果如图1-49所示。

图1-47 画面效果

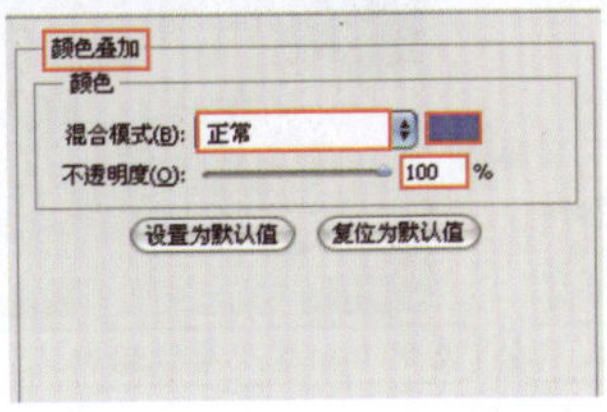

图1-48 “颜色叠加”参数

图1-49 文字效果

提 示

“溶解”混合模式的使用要点：

“溶解”混合模式在使用时，要降低“不透明度”才能看到效果。

❺ 创建新组，分别把“DESIGN副本”“DESIGN副本2”“DESIGN副本3”拖拽至组内，如图1-50所示。在“组1”上添加“图层蒙版”，使用柔边圆黑色“画笔工具”适当涂抹掉边缘处过多的碎点，最终效果如图1-51所示。

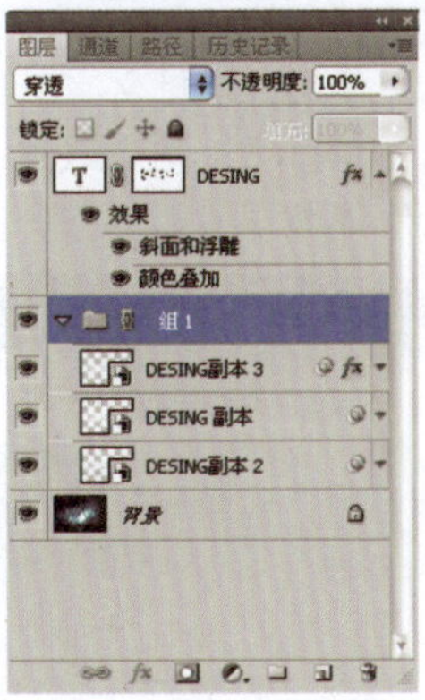

图1-50 创建新组

图1-51 最终效果

实例006 活泼生动的字体设计——多彩荧光字

晶莹剔透的文字容易吸引人的注意，给人与众不同的视觉感受。这样的文字效果可以应用在海报设计、包装设计、LOGO设计中。在海报设计中，此字体可以作为标题文字，这样标题更能起到吸引人目光的作用。

案例效果剖析

本案例中，文字是设计的重点。首先要使用文字工具输入文字，然后通过添加“斜面和浮雕”“内阴影”“内发光”“光泽”“渐变叠加”和“外发光”的图层样式，制作出文字的荧光效果。部分效果展示如图1-52所示。

使用文字工具输入文字　使用“图层样式”制作荧光文字　通过缩放图层样式制作副标题

图1-52 效果展示

案例技术要点

本案例中主要用到的功能及技术要点如下。

- 横排文字工具：用来输入主体文字。
- 图层样式：这个是制作荧光字的要点。

案例制作步骤

源文件路径	案例文件\第1章\实例6\		
素材路径	案例文件\第1章\实例6\		
视频路径	视频教学\第1章\实例6.flv		
难易程度	★★★	学习时间	2分45秒

❶ 打开背景素材“1.jpg”，如图1-53所示。使用“横排文字工具”T，输入单词“magic”，并且设置字符面板中文字的字体和字号，如图1-54所示。

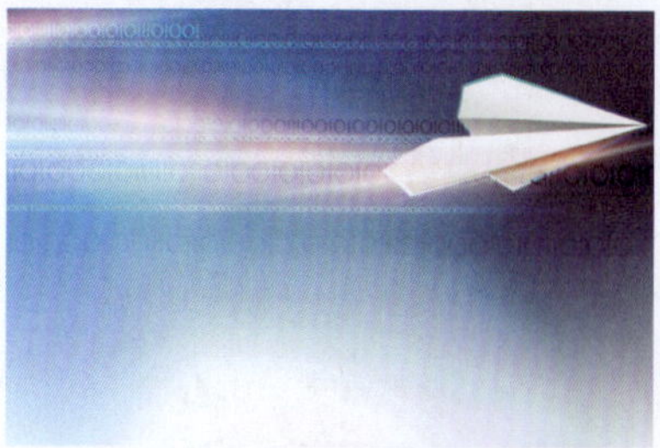

图1-53　背景素材

图1-54　输入英文

❷ 为文字添加图层样式。选择文字图层，执行“图层 | 图层样式 | 内阴影”命令，参数设置如图1-55所示；勾选“外发光”选项，参数设置如图1-56所示；勾选“内发光”选项，参数设置如图1-57所示；勾选“斜面和浮雕”选项，参数设置如图1-58所示；勾选“光泽”选项，参数设置如图1-59所示；勾选“渐变叠加”选项，参数设置如图1-60所示。

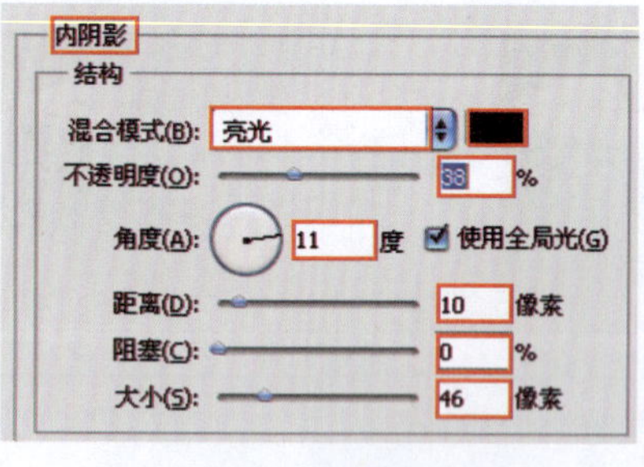

图1-55　“内阴影”参数

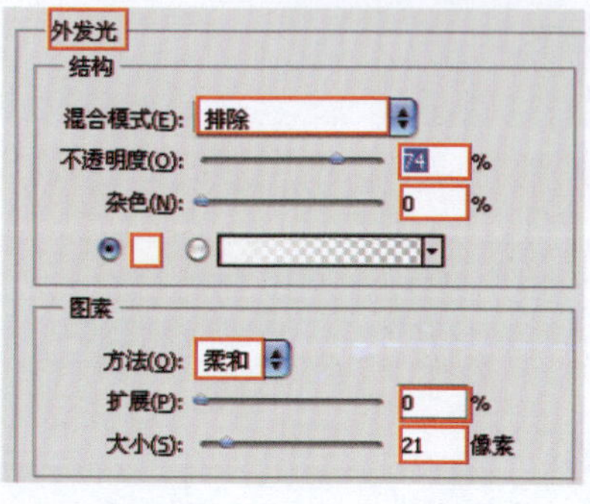

图1-56　“外发光”参数

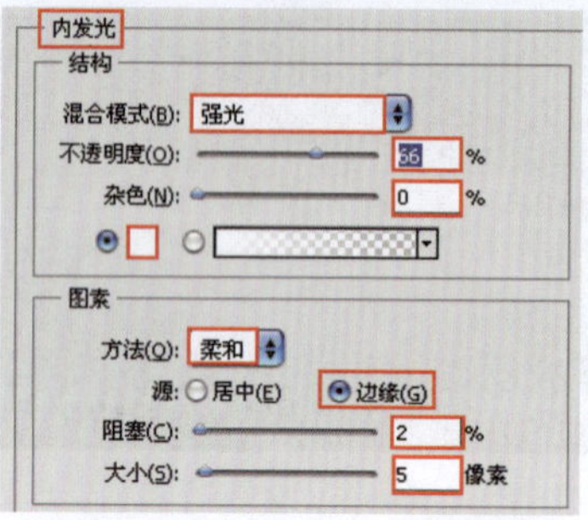

图1-57　“内发光”参数

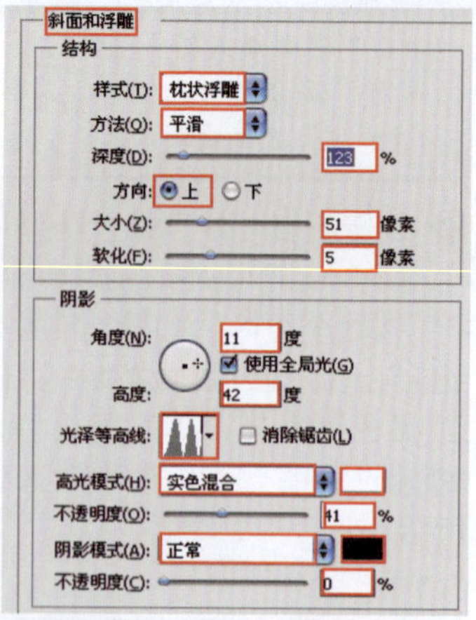

图1-58　“斜面和浮雕”参数

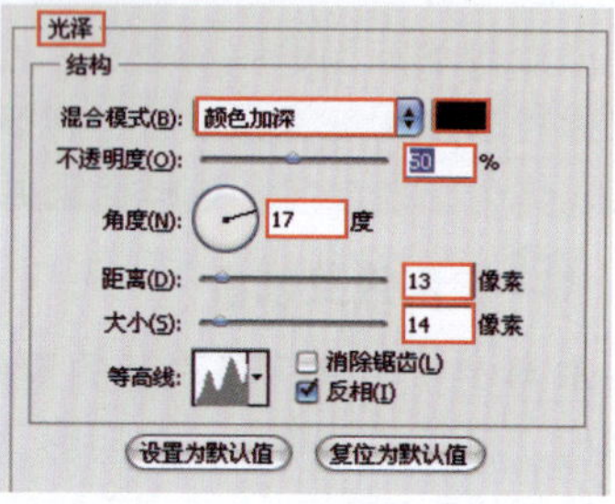

图1-59　“光泽”参数

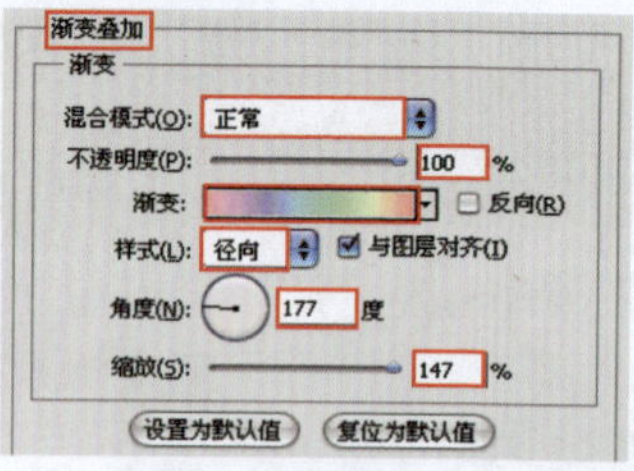

图1-60　“渐变叠加”参数

提　示

添加图层样式时应该注意的事项：

在添加图层样式时，应该去感受每添加一个图层样式后文字所产生的变化，而不是单纯的设置参数。

❸ 制作好的多彩荧光字效果如图1-61所示。用同样的方法制作另一组文字，如图1-62所示。

图1-61　magic效果图

图1-62　最终效果

实例007　活泼生动的字体设计——水晶文字

本案例中，因文字颜色色彩斑斓，晶莹剔透，所以叫做水晶文字。这种风格的文字设计在本案例中搭配了一个较为沧桑的背景，整体给人一种混搭的感觉。若搭配一些可爱风格的背景，则会产生完全不同的视觉效果。

案例效果剖析

本案例中，首先制作背景，背景制作使用到了移动、蒙版、混合模式、画笔工具，然后使用“横排文字工具”输入文字，再为文字添加图层样式，制作出水晶质感的文字效果。最后为画面调色，使文字与背景自然融合。部分效果展示如图1-63所示。

图1-63　效果展示

案例技术要点

本案例中主要用到的功能及技术要点如下。

- 图层蒙版：用来进行非破坏性抠图。
- 混合模式：用来使素材融入到背景中。
- 图层样式：用来制作出水晶效果。
- 画笔工具：用来为画面进行调色。

案例制作步骤

源文件路径	案例文件\第1章\实例7\		
素材路径	案例文件\第1章\实例7\		
视频路径	视频教学\第1章\实例7.flv		
难易程度	★★★	学习时间	3分17秒

❶ 打开背景素材“1.jpg”，创建新组并命名为“背景”，如图1-64所示。复制背景图层，稍微向上拖拽一点图层，添加“图层蒙版”，使用柔边圆黑色“画笔工具”绘制边角处过实的线条，如图1-65所示。导入墙面素材“2.png”，然后为该图层添加“图层蒙版”，填充“黑色”，使用白色“画笔工具”绘制出墙皮效果，如图1-66所示。

图1-64 背景素材

图1-65 添加“图层蒙版”

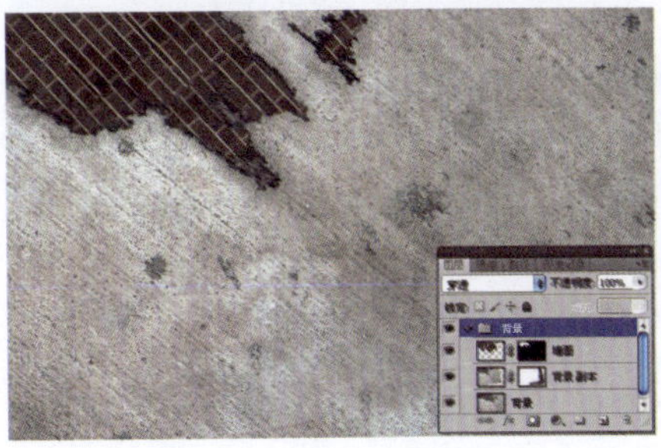

图1-66 墙面素材

❷ 导入素材“3.png”，该图层的“混合模式”设置为“柔光”，为了加深颜色，可再复制两层，如图1-67所示。创建新图层，命名为“裂痕”，载入“裂痕笔刷”和“4.abr”文件，如图1-68所示。绘制出裂痕的效果，如图1-69所示。

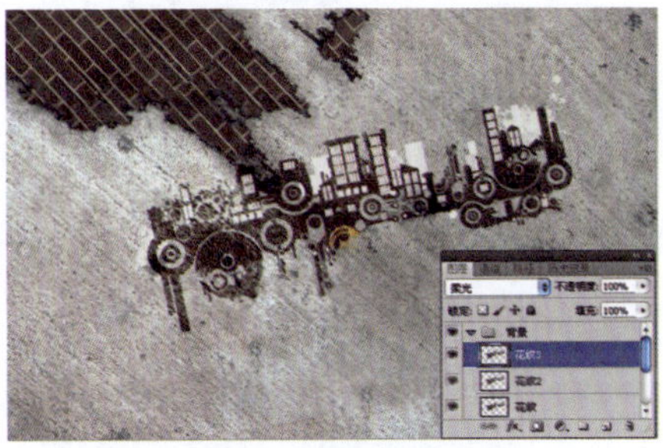

图1-67 花纹素材

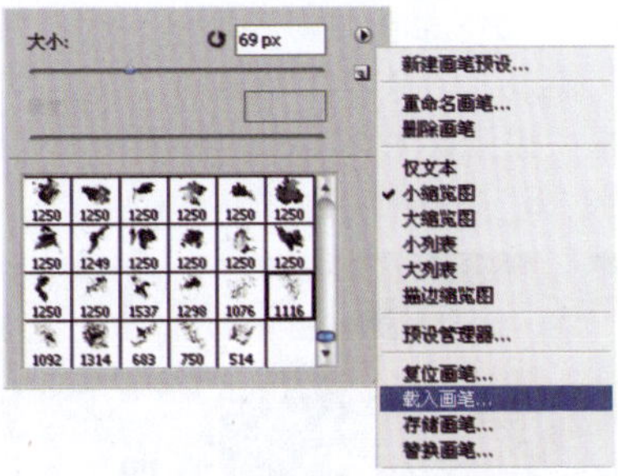

图1-68 载入笔刷

图1-69 裂痕效果

❸ 制作文字，创建新组，命名为“E”，使用“横排文字工具”输入英文字母“E”，如图1-70所示。复制文字“E”图层，命名为“E副本1”，稍微更改文字的位置，并重新设置文字颜色为“黄色”，将其“不透明度”设置为80%，如图1-71图所示。

图1-70 输入文字

图1-71 复制文字副本

提 示

文字工具的类别：

在文字工具组中，有“横排文字工具”、“直排文字工具”、“横排文字蒙版工具”和“直排文字蒙版工具”。

❹ 添加图层样式，选择黄色文字所在图层，执行“图层 | 图层样式 | 内发光”命令，设置“内发光”的参数，如图1-72所示。文字效果如图1-73所示。

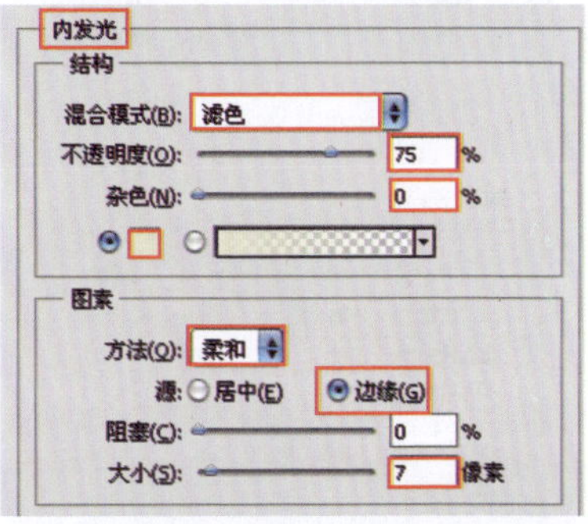

图1-72 “内发光”参数

图1-73 文字效果

❺ 再次复制文字“E”图层，命名为“E副本2”，稍微更改文字的位置，并重新设置文字颜色为“红色”，如图1-74所示。为其添加“投影”图层样式，选择该图层，执行“图层 | 图层样式 | 投影”命令，设置“投影”的参数，如图1-75所示；勾选“内发光”选项，参数设置如图1-76所示；勾选“描边”选项，参数设置如图1-77所示。文字效果如图1-78所示。

图1-74　复制文字图层

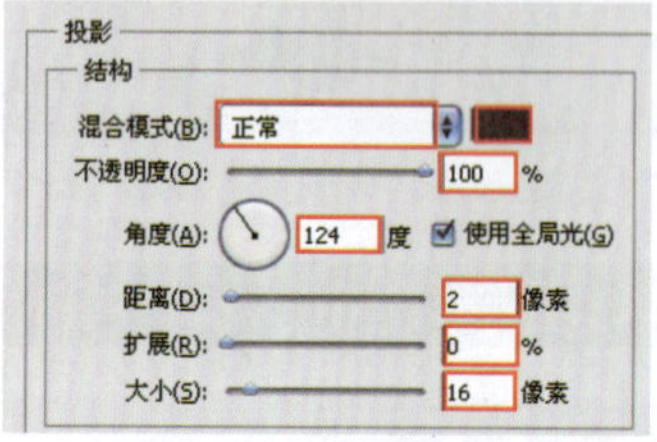

图1-75　“投影”参数

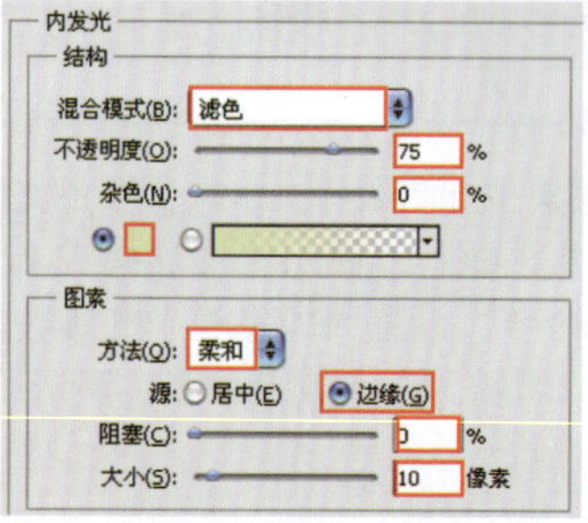

图1-76　“内发光”参数

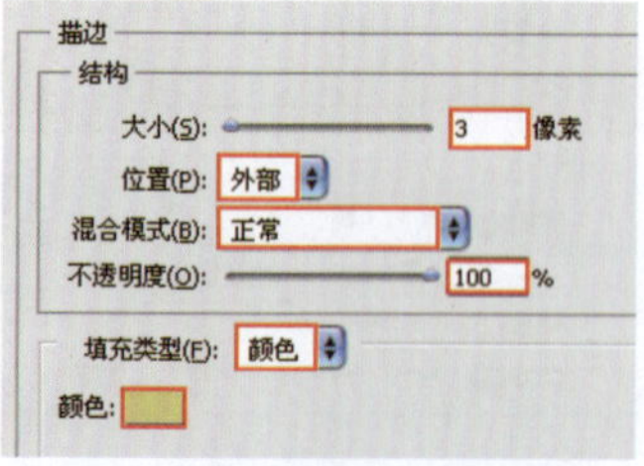

图1-77　“描边”参数

图1-78　文字效果

❻ 制作文字的高光。复制“E副本2”，将其命名为“高光”，删除原有的图层样式，添加“内发光”图层样式。选择该图层，执行“图层 | 图层样式 | 内发光”命令，参数设置如图1-79所示。添加“图层蒙版”，蒙版背景填充为“黑色”，用白色“画笔工具”绘制“一半”效果，如图1-80所示。

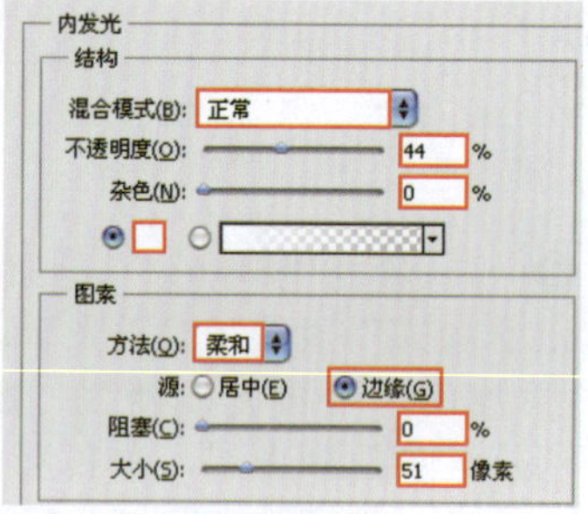

图1-79　内发光参数

图1-80　添加“图层蒙版”

❼ 制作文字的描边效果。将制作字母“E”的图层加选，按盖印快捷键“Ctrl+Alt+E”盖印图层，然后拖拽至“E”图层下面，如图1-81所示。执行“编辑 | 描边”命令，在弹出的“描边”对话框中设置参数，如图1-82所示，完成文字“E”的制作，如图1-83所示。

图1-81　盖印图层

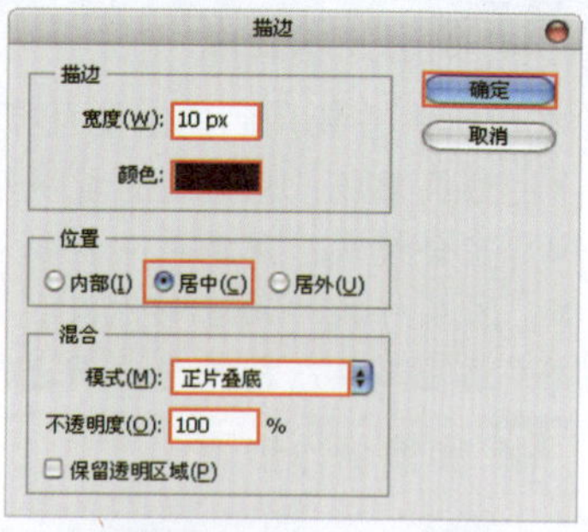

图1-82　“描边”参数

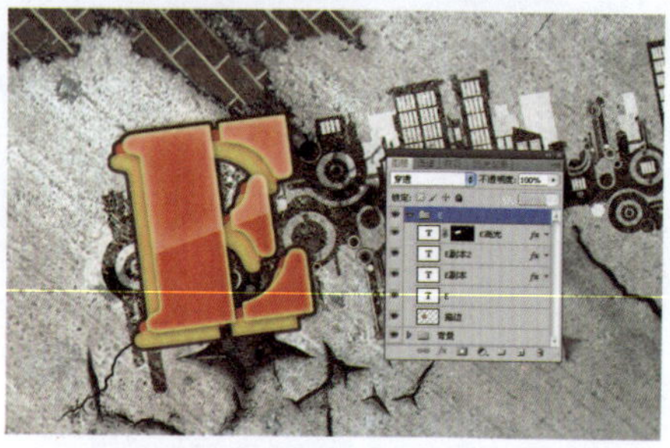

图1-83　文字“E”效果

❽ 同理，分别制作另外三个字母“R”“A”“Y”，制作后的效果如图1-84所示。最后将画面四周压暗，并在文字上绘制淡淡的彩色，最终效果如图1-85所示。

图1-84　制作文字效果

图1-85　最终效果

实例008　时尚个性的字体设计——晶莹质感炫彩文字

晶莹质感炫彩文字通常颜色艳丽但画面简洁，文字效果立体化、突出化，通常被用于多种版面的文字设计作品中。

案例效果剖析

本案例中，蓝白色的背景为彩色的文字做了很好的铺垫效果，使用“横排文字工具”输入文字，接着通过“剪贴蒙版”制作文字上方的彩色纹理，再制作文字上的光泽感，最后制作不同颜色文字的投影，为文字增添了立体感，整幅画面简洁但又不单调。部分效果展示如图1-86所示。

图1-86　效果展示

案例技术要点

本案例中主要用到的功能及技术要点如下。

- 横排文字工具：用来输入主体文字。
- 剪贴蒙版：用来隐藏多余内容。
- 钢笔工具：用来绘制文字上的光泽形状。
- 渐变工具：用来填充渐变颜色，制作文字上的光泽感。

源文件路径	案例文件\第1章\实例8\		
素材路径	案例文件\第1章\实例8\		
视频路径	视频教学\第1章\实例8.flv		
难易程度	★★	学习时间	2分14秒

实例009　时尚个性的字体设计——斑点文字

本案例中，斑点文字表面以斑点作为装饰，为文字添加跳跃、活泼、可爱的感觉。这样的文字给人一种比较随性的感觉，不适合应用在较为正式的场合，一般适合作为促销活动的文字。

案例效果剖析

本案例中，首先为文字添加“图层样式”，制作出文字的渐变颜色，然后通过使用“描边路径”制作出文字的斑点效果，最后制作出文字水面的投影效果。部分效果展示如图1-87所示。

图1-87　效果展示

案例技术要点

本案例中主要用到的功能及技术要点如下。

- 图层样式：可以为文字设置颜色。
- 描边路径：用来制作文字的斑点效果。
- 变换：用来变换对象的位置，制作文字倒影的效果。

案例制作步骤

源文件路径	案例文件\第1章\实例9\		
素材路径	案例文件\第1章\实例9\		
视频路径	视频教学\第1章\实例9.flv		
难易程度	★★★	学习时间	2分48秒

❶ 打开背景素材“1.jpg”，如图1-88所示。在“横排文字工具”T的选项栏中单击“切换字符和段落面板”按钮，打开“字符”面板，将字体设置为“Impact”、字体大小设置为678.00点、行距设置为15.00点（颜色可以随意设置），如图1-89所示。接着在操作区域中输入文字，如图1-90所示。

图1-88　背景素材

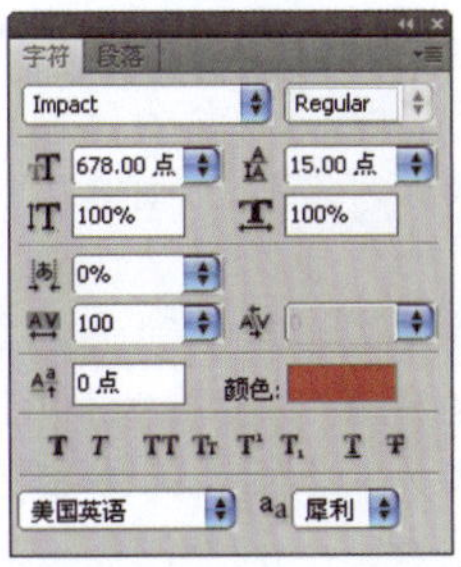

图1-89　设置文字

图1-90　效果图

❷ 执行“图层 | 图层样式 | 渐变叠加”命令，打开“图层样式”对话框，设置“渐变叠加”的参数，如图1-91所示；勾选“描边”选项，参数设置如图1-92所示。此时效果如图1-93所示。

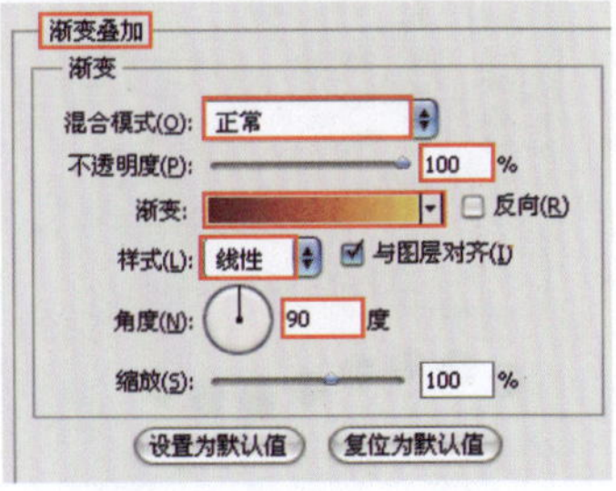

图1-91　“渐变叠加”参数

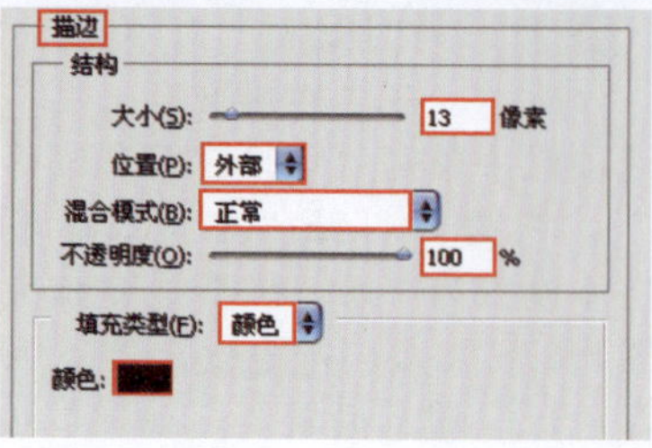

图1-92 “描边”参数

图1-93 效果图

❸ 在文字图层的名称上单击鼠标右键，然后在弹出的菜单中选择“创建工作路径”命令，路径效果如图1-94所示。选择“画笔工具”，然后按“F5”键打开“画笔”面板，接着选择硬边画笔，“大小”设置为25px，“硬度”设置为100%，“间距”设置为135%，具体参数设置如图1-95所示。“前景色”设置为“白色”，然后新建图层，命名为“斑点”，接着按“Enter”键为路径进行描边，效果如图1-96所示。

图1-94 路径效果

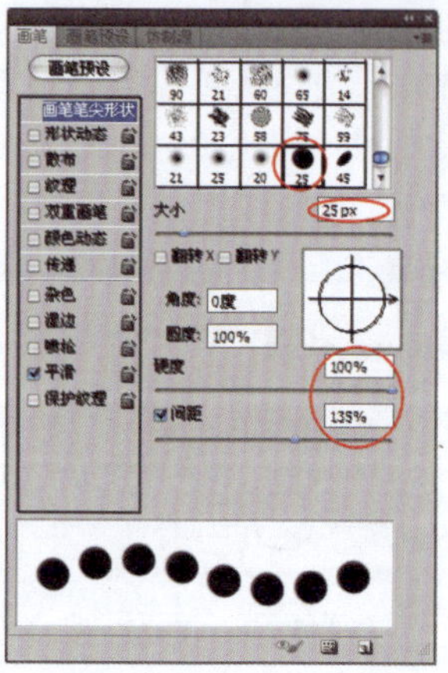

图1-95 “画笔”参数

图1-96描边路径

❹ 在“路径”面板的空白处单击鼠标左键，取消对路径的选择。在“图层”面板中按住“Ctrl”键的同时单击文字图层的缩略图，将其载入文字选区，如图1-97所示。选择“斑点”图层，然后在“图层”面板下方单击“添加图层蒙版”按钮，为斑点添加一个选区蒙版，如图1-98所示。设置后可隐藏多余斑点，如图1-99所示。

图1-97 载入文字选区

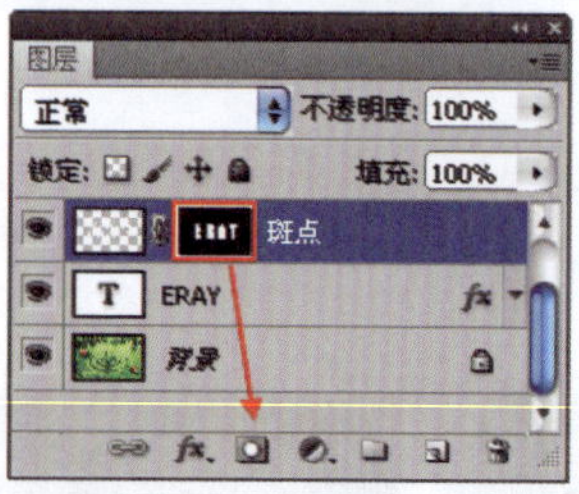

图1-98 添加选区蒙版

图1-99 隐藏多余斑点

提 示

图层蒙版的相关知识：

在保持选区的状态下，直接为图层添加图层蒙版时，会自动保留选区内部的图像，而隐藏选区外部的图像。在图层蒙版中，白色区域代表显示出来的区域，黑色区域则代表隐藏的区域。

❺ 制作文字上的高光。新建一个图层，命名为“高光”，然后载入文字图层的选区，接着将“前景色”设置为“白色”，再按快捷键“Alt+Delete”，用白色填充选区，填充效果如图1-100所示。使用“矩形选框工具”框选出下半部分区域，如图1-101所示，按“Delete”键将框选区域删掉，接着将“高光”图层的“不透明度”设置为32%，如图1-102所示。

图1-100 填充白色

图1-101 绘制选区

图1-102 “不透明度”参数

❻ 加选除“背景”图层以外的图层，使用快捷键“Ctrl+Alt+E”进行盖印，然后命名为“倒影”，并将该图层移动到“背景”图层的上方，如图1-103所示。使用快捷键“Ctrl+T”进入自由变换状态，然后将中心点拖曳到相应位置上，单击鼠标右键，在弹出的菜单中选择“垂直翻转”命令，翻转效果如图1-104所示。在“图层”面板下方单击“添加图层蒙版”按钮，为“倒影”图层添加一个图层蒙版，然后按住“Shift”键的同时使用黑色“画笔工具”（选择一个柔边画笔，并适当调低“不透明度”），从左向右绘制蒙版，荷叶部分的倒影也同样要隐藏。将“倒影”图层的“不透明度”设置为60%，最终效果如图1-105所示。

图1-103 盖印图层

图1-104 垂直翻转图像

图1-105 最终效果

提 示

什么是"盖印"图层？

"盖印"图层就是将"图层"面板中处理后的效果复制到一个新的图层中。盖印图层不会影响到之前处理的图层，若觉得效果不满意可删除。

实例010 3D效果的字体设计——制作质感立体文字

质感立体文字应用广泛，通过图层样式制作立体文字是当前平面设计作品中较常用的方式。此类文字也常应用于各种商业印刷物中，例如请柬、贺卡等。

案例效果剖析

本案例中，红色与金色搭配的背景，嵌入同色系的文字，再将文字结构制作成与背景相同的曲线路径，使画面达到了完美的纵横比。首先使用"横排文字工具"输入文字，然后添加图层样式，使其产生立体效果，再通过使用复制图层样式的方法为其他文字添加图层，最后添加蜡烛素材为画面增添节日气氛。部分效果展示如图1-106所示。

使用文字工具输入字母 → 使用图层样式制作立体文字 → 复制图层样式制作其他文字

图1-106 效果展示

案例技术要点

本案例中主要用到的功能及技术要点如下。

- 横排文字工具：用来输入文字。
- 图层样式：可以为文字添加投影、渐变叠加、描边等图层样式。
- 复制图层样式：可以快速为其他文字添加图层样式。

源文件路径	案例文件\第1章\实例10\		
素材路径	案例文件\第1章\实例10\		
视频路径	视频教学\第1章\实例10.flv		
难易程度	★★	学习时间	3分31秒

实例011 时尚个性的字体设计——飞扬的水花文字

飞扬的水花文字是形如其名，与水有关，且飞溅的水花给人十足的动感。这样的文字可以应用在饮料、矿泉水等与水有关的主题海报设计中。

案例效果剖析

本案例的制作中，首先打开背景图片，输入文字，然后通过"图层样式"制作出文字立体的效果，再通过"图层样式"制作出水花文字的大致轮廓，接着导入飞扬水花的素材，制作出飞扬水花文字的效果。部分效果展示如图1-107所示。

图1-107 效果展示

案例技术要点

本案例主要用到的功能及技术要点如下。

- 横排文字工具：可以用来输入文字。
- 图层样式：用他为文字"上色"，并让文字产生立体效果。

案例制作步骤

源文件路径	案例文件\第1章\实例11\
素材路径	案例文件\第1章\实例11\
视频路径	视频教学\第1章\实例11.flv
难易程度	★★★
学习时间	3分16秒

❶ 打开背景素材“1.jpg”，如图1-108所示。创建新组，命名为“A”，使用“横排文字工具”T，输入单词“A”，并且在字符面板中设置文字的字体和大小，如图1-109所示。

图1-108　背景素材

图1-109　输入字母

❷ 为文字添加图层样式。选择该文字图层，执行“图层｜图层样式｜斜面和浮雕”命令，“斜面和浮雕”参数设置如图1-110所示；勾选“渐变叠加”选项，参数设置如图1-111所示；勾选“描边”选项，参数设置如图1-112所示。

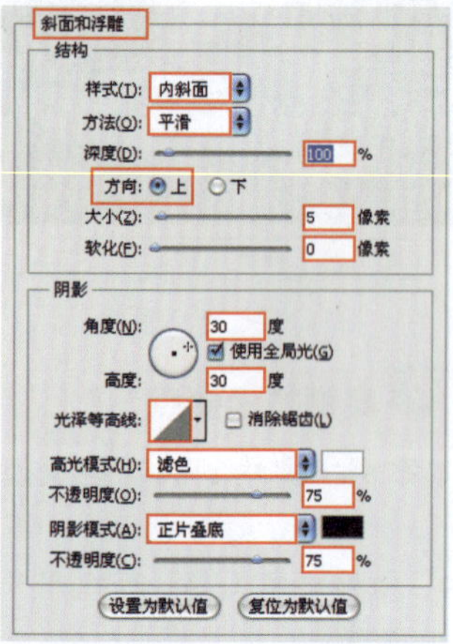

图1-110　“斜面和浮雕”参数

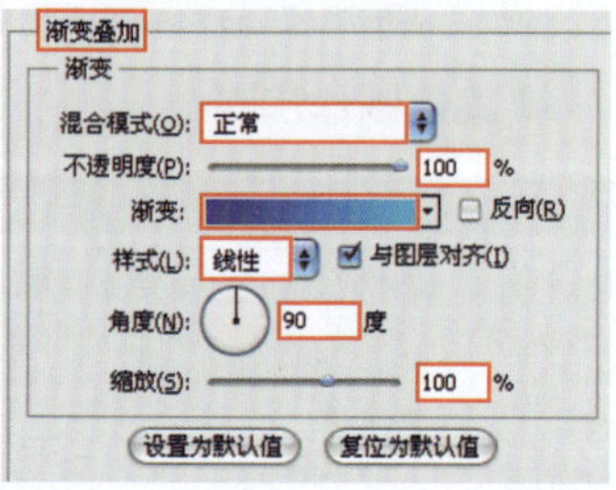

图1-111“渐变叠加”参数

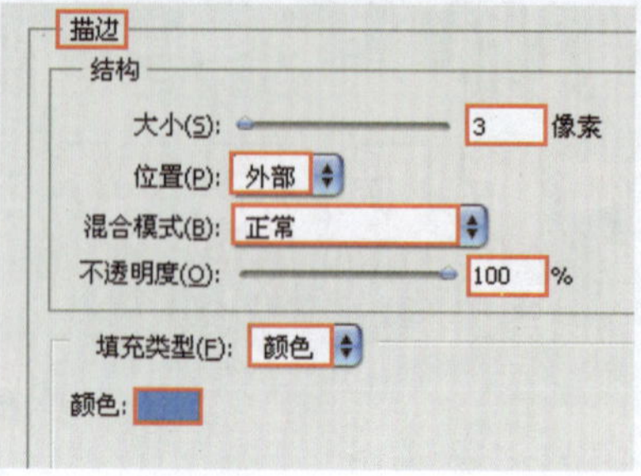

图1-112“描边”参数

❸ 为文字添加一些水花溅起的效果。载入文字图层选区，创建一个新图层并填充为“黑色”。执行“滤镜｜杂色｜添加杂色”命令，在弹出的“添加杂色”对话框中进行设置，如图1-113所示，添加水溅起的效果如图1-114所示。

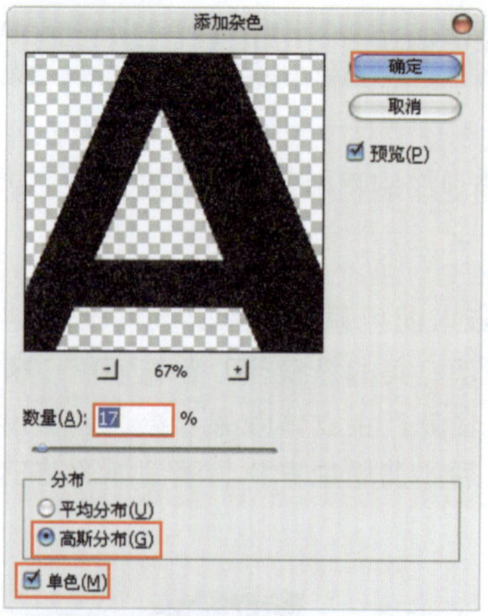

图1-113　“添加杂色”参数

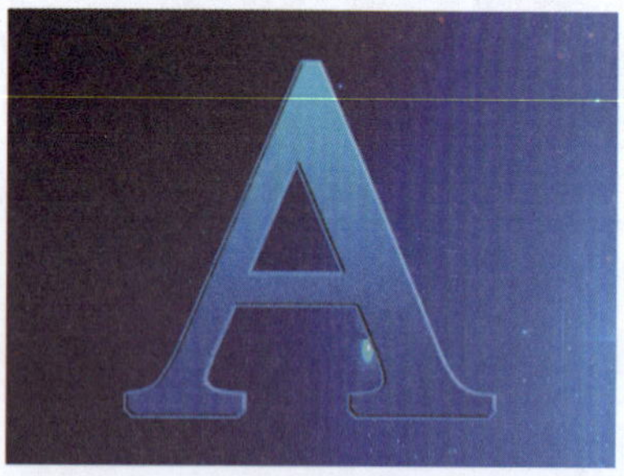

图1-114　效果图

> **提　示**
>
> 了解杂色滤镜。
>
> “添加杂色”滤镜可以在画面添加，随时能区分开的像素。

❹ 创建新图层，命名为“光影”，然后分别使用黑色和白色的“画笔工具”，涂抹出文字的高光部和暗部，图层的“不透明度”设置为86%。再次点击缩览图载入文字，回到“光影”图层，添加图层蒙版，文字会出现明暗效果，如图1-115所示。制作晶莹剔透的水花效果，导入水花素材“2.png”，使用“矩形选框工具”或“钢笔工具”框选出所需的水花形状，建立选区，然后拖拽到正在制作的文字“A”图层中，创建“组1”再进行调整，如图1-116所示。接着创建“组2”，同理制作另一边的水花素材效果，如图1-117所示。

图1-115　绘制光影

图1-116　创建组1

图1-117　创建组2

❺ 创建新图层，命名为“白雾”，先将“前景色”设置为“白色”，选择工具箱中的“画笔工具”，选项栏中的参数设置如图1-118所示。绘制水花溅起的部分，使画面更富有立体感，如图1-119所示。字母“A”制作完成，利用同样的方法制作另外两个字母“R”“T”，如图1-120和图1-121所示。

图1-118　设置画笔

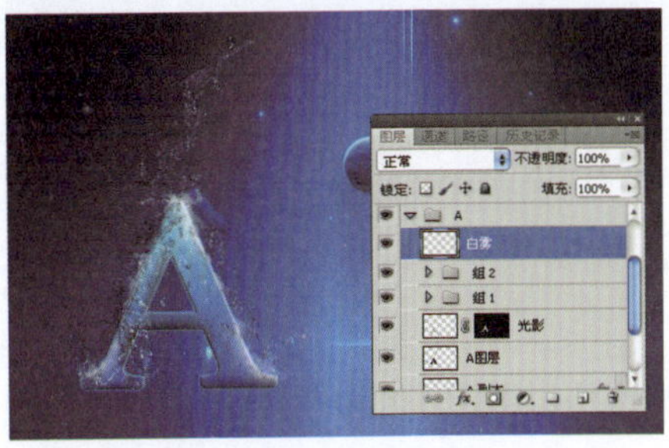

图1-119 绘制白雾

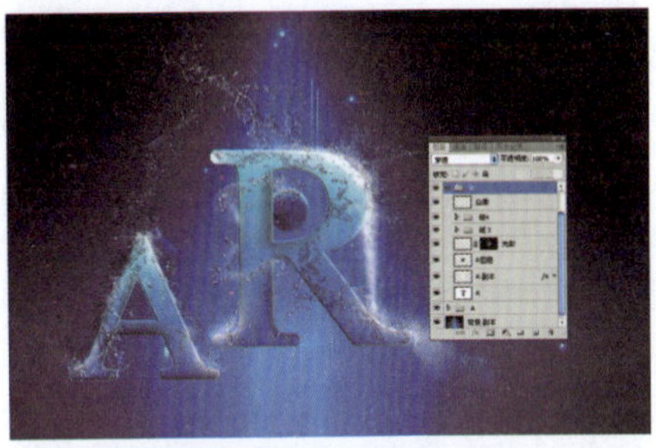

图1-120 制作字母“R”

图1-121 制作字母“T”

❻ 按住“Ctrl”键，点击“A”“R”“T”三个组，复制副本，并且按快捷键“Ctrl+E”合并三个组，命名为“倒影”。使用自由变换工具的快捷键“Ctrl+T”，再点击右键执行垂直翻转，效果如图1-122所示。设置图层“不透明度”为61%，添加图层蒙版，使用黑色柔边圆“画笔工具”适当擦去倒影文字的边缘部位，最终效果如图1-123所示。

图1-122 制作倒影

图1-123 最终效果

实例012 时尚个性的字体设计——墙体涂鸦文字

本案例中，主要讲解墙体涂鸦效果的文字。这种文字是模仿真实的涂鸦效果，通常给人一种时尚、前卫的感觉。在很多商业作品中都应用了涂鸦效果的平面设计作品。

案例效果剖析

本案例中，首先输入文字，然后制作文字的“高光”与“投影”，最后文字通过添加滤镜制作出涂鸦的效果。制作过程中，要注意文字在墙面上产生的砖面纹理效果，这种效果是通过为图层添加图层样式实现的。另外，还要通过滤镜让文字形象更加逼真。部分效果展示如图1-124所示。

使用文字工具输入文字 → 更改复制图层颜色制作立体文字 → 使用“混合模式”制作涂鸦效果

图1-124效果展示

案例技术要点

本案例中主要用到的功能及技术要点如下。

- 横排文字工具：用来输入文字。
- 不透明度：用来降低文字的不透明度。
- 添加杂色：为文字添加杂色，制作出躁点的效果。
- 高斯模糊：将躁点制作成如砖面般粗糙的效果。
- 彩色铅笔滤镜：用来制作粗糙的颗粒效果。

案例制作步骤

源文件路径	案例文件\第1章\实例12\
素材路径	案例文件\第1章\实例12\
视频路径	视频教学\第1章\实例12.flv
难易程度	★★★
学习时间	3分

❶ 打开背景素材“1.jpg”，如图1-125所示。使用“横排文字工具”，输入单词“music”，设置字符面板中文字的字体和字号，鼠标右键单击文字图层，选择“栅格化文字”，如图1-126所示。

图1-125 背景素材

图1-126 输入英文

❷ 复制文字，建立文字选区，设置“前景色”为“白色”，按快捷键“Ctrl+Delete”填充颜色，稍微移动一下字母位置，“不透明度”设置为78%，如图1-127所示。再次复制文字，建立文字“副本2”，建立文字选区，设置“前景色”为“亮黄色”，按快捷键“Ctrl+Delete”填充颜色，稍微移动一下字母位置，效果如图1-128所示。

图1-127 填充白色

图1-128 填充亮黄色

❸ 导入墙面素材“2.png”，添加图层蒙版，使用黑色喷溅笔刷，降低其流量和不透明度，以免挡住文字和背景的部分，如图1-129所示。创建新图层，填充背景为“白色”，执行“滤镜 | 杂色 | 添加杂色”命令，在弹出的“添加杂色”对话框中设置参数，如图1-130所示。执行“滤镜 | 模糊 | 高斯模糊”命令，在弹出的“高斯模糊”对话框中设置参数，如图1-131所示。

图1-129 墙面素材

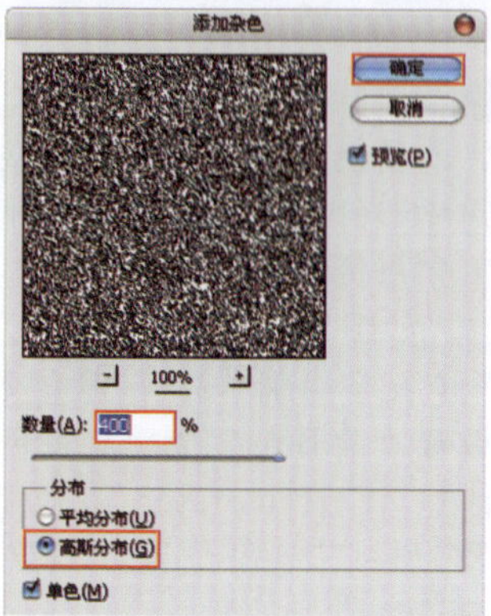

图1-130 “添加杂色”参数

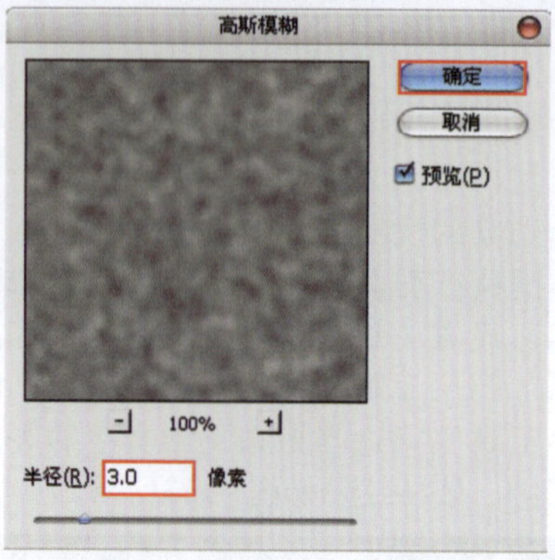

图1-131 “高斯模糊”参数

❹ 执行“滤镜 | 艺术效果 | 彩色铅笔”命令，“艺术效果”参数设置如图1-132所示。按色阶的快捷键“Ctrl+L”，在弹出的“色阶”对话框中设置参数，如图1-133所示。效果如图1-134所示。

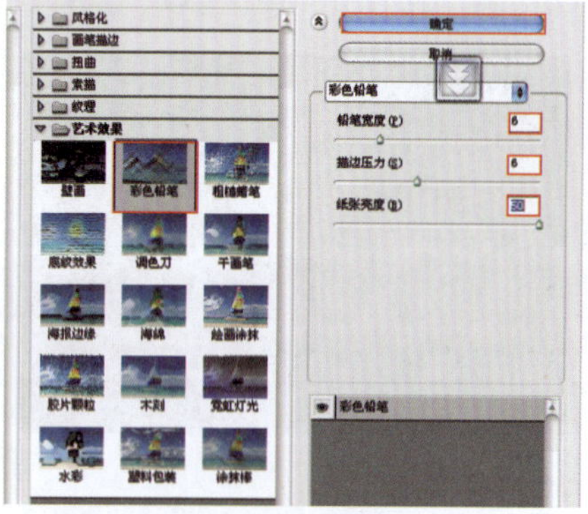
图1-132 “艺术效果”参数

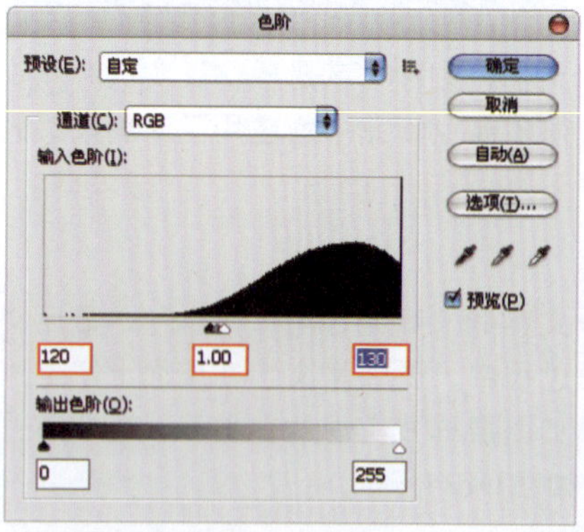

图1-133 “色阶”参数

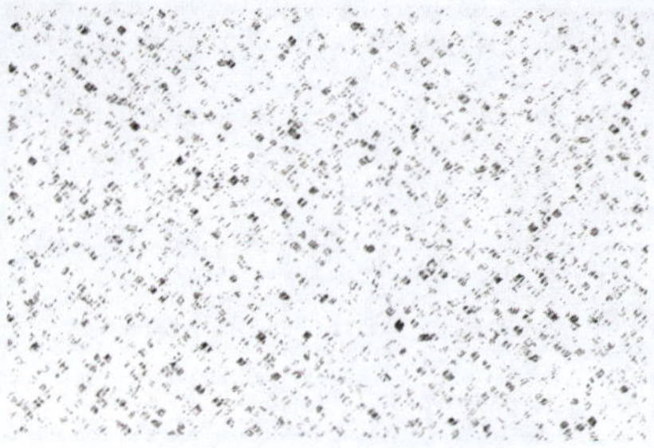
图1-134 效果图

提 示

“艺术效果”的其他打开方式：

“艺术效果”滤镜还可在“滤镜库”中打开，执行“滤镜 | 滤镜库”命令，即可打开“艺术效果”。

❺ 进入通道面板，复制蓝色通道，按住“Ctrl”键，鼠标左键点击蓝通道副本缩览图，建立选区，反向选择，回到图层中，添加图层蒙版，如图1-135所示。将图层中“不透明度”设置为60%，“填充”设置为60%，最终效果如图1-136所示。

图1-135 添加图层蒙版

图1-136 最终效果

实例013 拟物化的文字设计——可爱糖果文字

本案例主要是制作可爱的糖果文字，糖果本身晶莹剔透、色彩斑斓，让人垂涎欲滴，所以在制作过程中要抓住糖果本身的特性，这种可爱的糖果文字可以应用在网页广告中，也可以应用在海报设计、包装设计中。

案例效果剖析

本案例中，使用“图层样式”是制作的要点。首先使用“横排文字工具”输入所需要的文字，然后通过“图层样式”制作文字效果。部分效果展示如图1-137所示。

使用文字工具输入文字　使用“图层样式”制作糖果文字　为副标题文字添加“图层样式”

图1-137　效果展示

案例技术要点

本案例中主要用到的功能及技术要点如下。

- 横排文字工具：用来在画面中输入文字。
- 图层样式：使用图层样式是制作糖果文字的关键，用他可轻松的制作出糖果文字的效果。

案例制作步骤

源文件路径	案例文件\第1章\实例13\		
素材路径	案例文件\第1章\实例13\		
视频路径	视频教学\第1章\实例13.flv		
难易程度	★★★	学习时间	3分16秒

❶ 打开背景素材“1.jpg”，如图1-138所示。使用“横排文字工具”T，输入英文“Honey”，如图1-139所示。

图1-138　背景素材

图1-139　输入文字

❷ 添加图层样式，选择该文字图层，执行“图层｜图层样式｜投影”命令，“投影”参数设置如图1-140所示；勾选“内阴影”选项，参数设置如图1-141所示；勾选“外发光”选项，参数设置如图1-42所示。

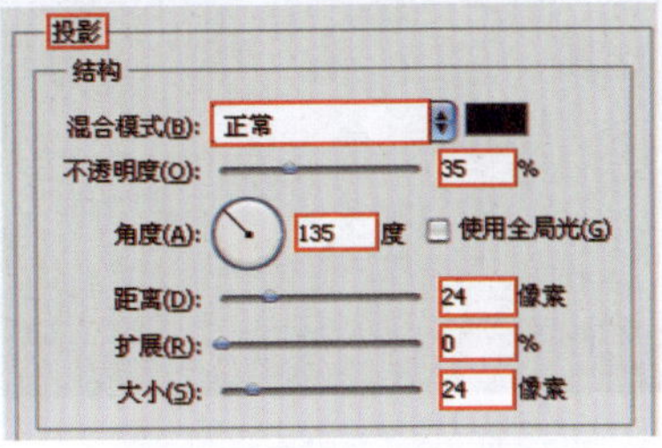

图1-140　“投影”参数

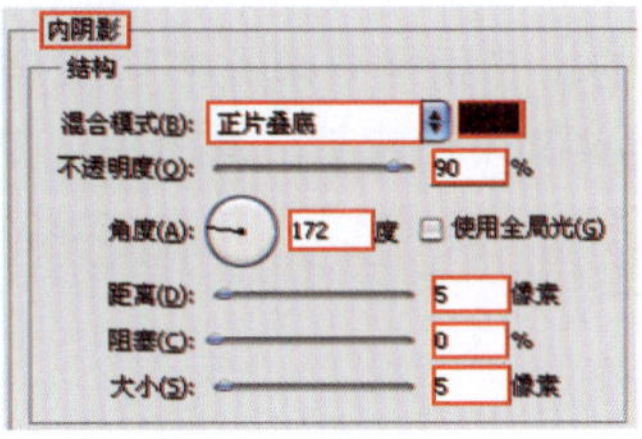

图1-141　“内阴影”参数

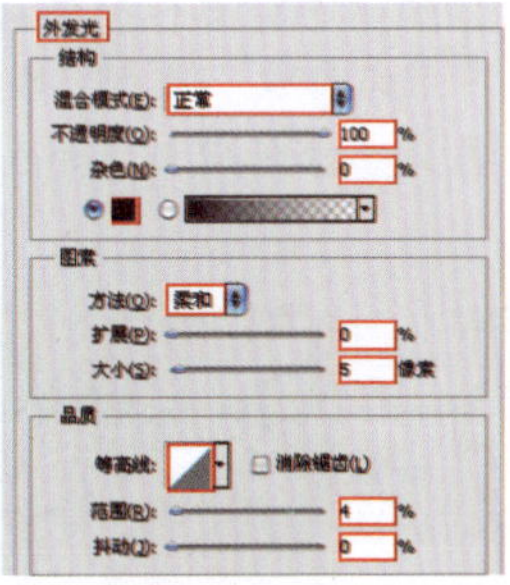

图1-142　“外发光”参数

❸ 勾选“内发光”选项，参数设置如图1-143所示；勾选“斜面和浮雕”选项，参数设置如图1-144所示；勾选“颜色叠加”选项，参数设置如图1-145所示。

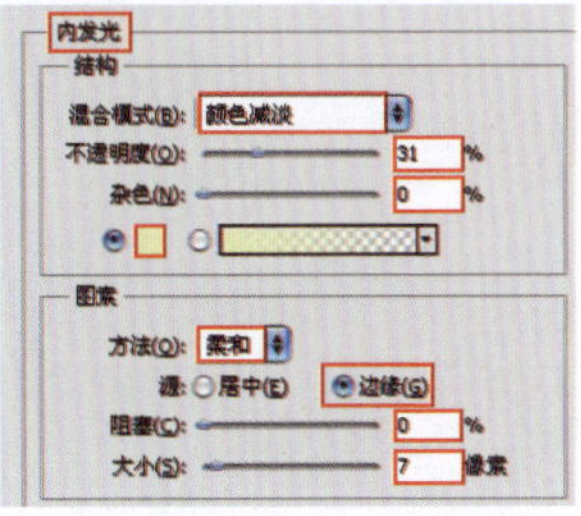

图1-143　“内发光”参数

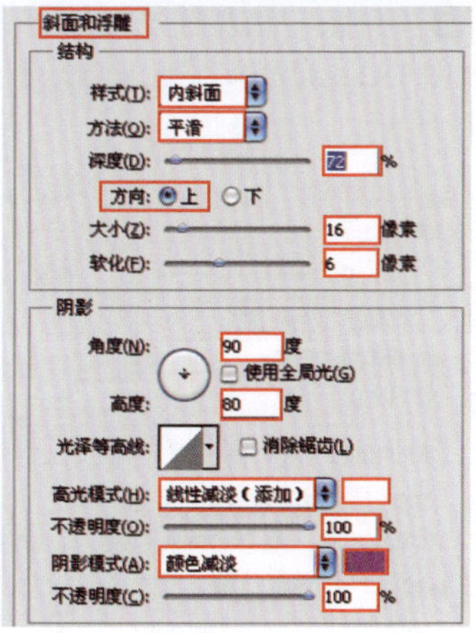

图1-144　“斜面和浮雕”参数

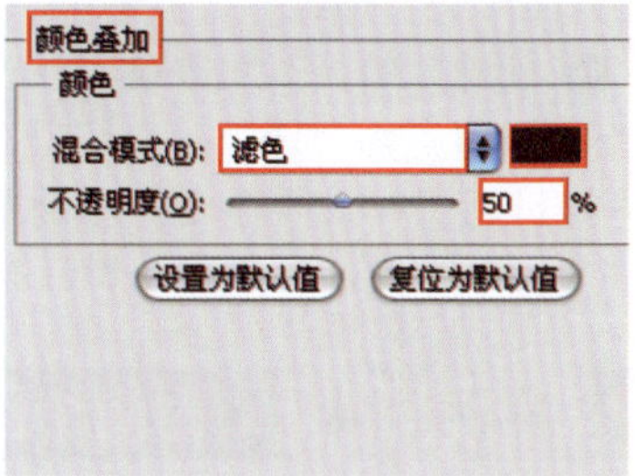

图1-145　“颜色叠加”参数

❹ 勾选“渐变叠加”选项，参数设置如图1-146所示；勾选“图案叠加”选项，参数设置如图1-147所示。

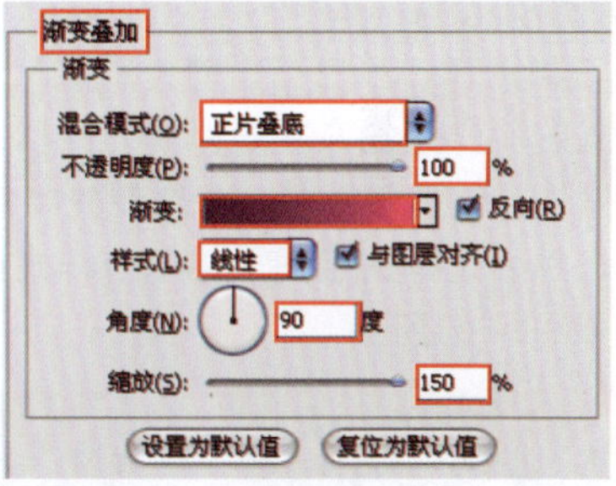

图1-146　“渐变叠加”参数

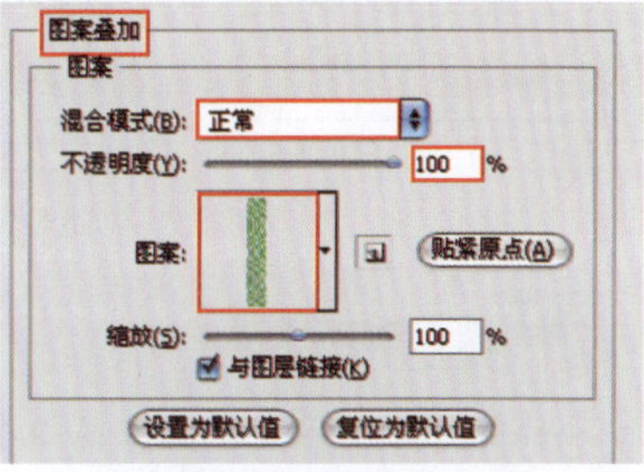

图1-147　“图案叠加”参数

提　示

“图案叠加”图层样式中的“图案”载入：

点击图案中的下拉箭头，再点选指向右边的小三角，执行“载入图案”命令，载入素材钻石“素材文件｜2.pat”，点击“载入”即可。

❺ 勾选“描边”选项，参数设置如图1-148所示。此时效果如图1-149所示。

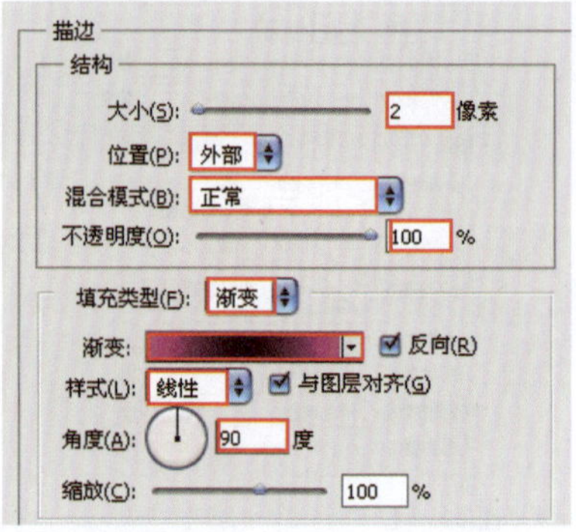

图1-148 “描边”参数

❻ 同理，输入第二段单词，“oh my”。右键点击“Honey”图层，执行“拷贝图层样式”命令，左键单击“oh my”图层，再单击右键，执行“粘贴图层样式”命令。最终效果如图1-150所示。

图1-149 效果图

图1-150 最终效果

实例014 时尚个性的字体设计——水晶质感文字

为了设计有趣的水晶文字效果，在字体的轮廓里需要填充某些肌理或图案，做出可爱的糖果效果，从而丰富版式。此类文字通常被广泛应用于节日、儿童、插画等相关的平面设计作品中。

案例效果剖析

案例中，彩色花俏的背景以及可爱的小装饰物为文字做了点缀，多种图层样式的制作又使文字好似真的由糖果拼凑而成，整幅画面活泼、欢快。本案例的制作方法比较简单，只需要先将外挂样式通过“样式面板”载入到Photoshop中，然后选择文字图层，单击样式按钮即可快速为文字添加样式。部分效果展示如图1-151所示。

使用打开“命令”打开背景

使用“样式面板”制作水晶文字

使用“置入”命令导入装饰

图1-151 效果展示

案例技术要点

本案例中主要用到的功能及技术要点如下。

- 横排文字工具：用来输入文字。
- 样式面板：用来载入样式并为文字添加样式，制作糖果效果的文字。
- 置入命令：将素材置入到画面中。

源文件路径	案例文件\第1章\实例14\		
素材路径	案例文件\第1章\实例14\		
视频路径	视频教学\第1章\实例14.flv		
难易程度	★★★	学习时间	3分30秒

实例015 沉着稳重的字体设计——木质文字

本案例中，要通过文字传递复古的韵味。文字和背景的颜色相互呼应，整体的风格统一、色调一致。这样的文字效果可以应用在文字海报的设计中。

案例效果剖析

制作本案例时，首先输入文字，并调整文字的位置，然后导入贴图素材，通过剪贴蒙版制作出“木板文字”的效果，最后通过为文字添加图层样式，制作出文字的层次感。部分效果展示如图1-152所示。

输入文字并使用自由变换工具

使用“图层样式”制作纹理文字

使用“置入”命令导入装饰

图1-152 效果展示

案例技术要点

本案例中主要用到的功能及技术要点如下。

- 横排文字工具：用来输入字母，在本案例中，每个字母都需要单独输入。
- 剪贴蒙版：用来制作文字上的贴图。
- 图层样式：用来制作文字的立体效果。

案例制作步骤

源文件路径	案例文件\第1章\实例15\
素材路径	案例文件\第1章\实例15\
视频路径	视频教学\第1章\实例15.flv
难易程度	★★★
学习时间	3分49秒

❶ 打开背景素材“1.jpg”，如图1-153所示。使用“横排文字工具”T，输入文字，如图1-154所示。

图1-153 背景素材

图1-154 输入文字

提 示

文字的输入方法：

在输入该组文字时，建议每个字都作为一个独立的图层，这样方便调整字母的位置。

❷ 导入木板素材“2.jpg”，如图1-155所示。合并文字图层，建立文字选区，添加图层蒙版，如图1-156所示。创建新组，命名为“文字制作”。

图1-155 木板素材

图1-156 添加图层蒙版

❸ 首先制作木板文字“D”，选择字母“D”图层，执行“图层 | 图层样式 | 渐变叠加”命令，“渐变叠加”参数设置如图1-157所示；勾选“描边”选项，参数设置如图1-158所示。设置完成后单击“确定”按钮，此时文字效果如图1-159所示。

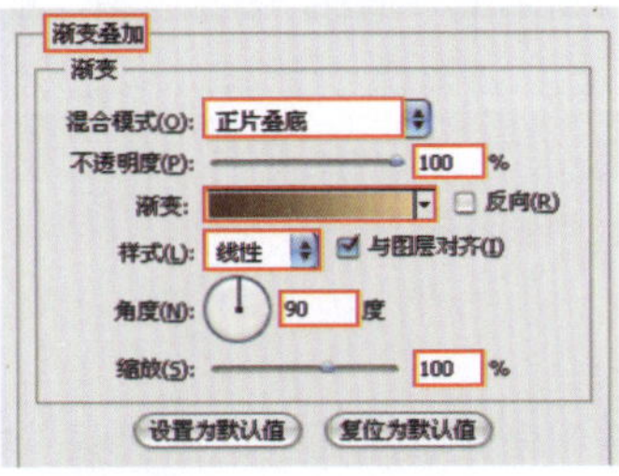

图1-157 “渐变叠加”参数

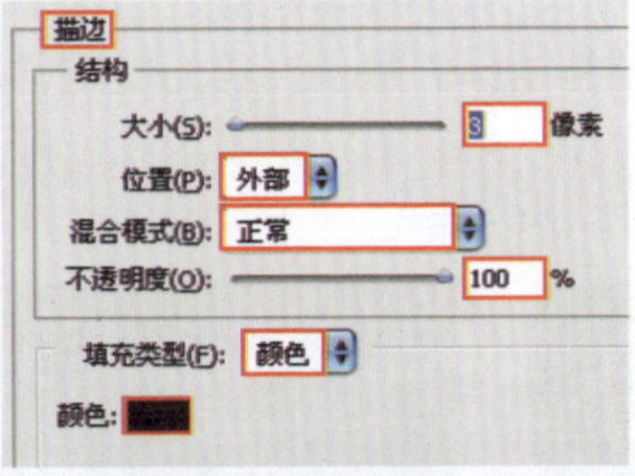

图1-158 “描边”参数

图1-159 文字效果

❹ 复制文字“D”图层，删除原有的图层样式，执行“图层 | 图层样式 | 描边”命令，参数设置如图1-160所示。文字效果如图1-161所示。

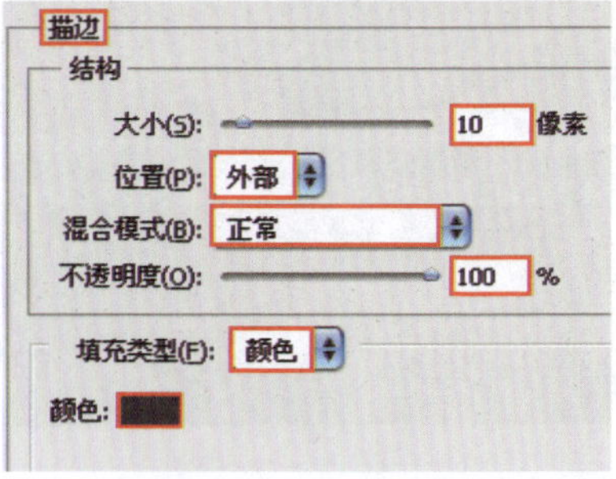

图1-160 “描边”参数

图1-161 文字效果

❺ 再次复制文字“D”图层，更改“描边”图层样式，参数设置如图1-162所示。此时效果如图1-163所示。

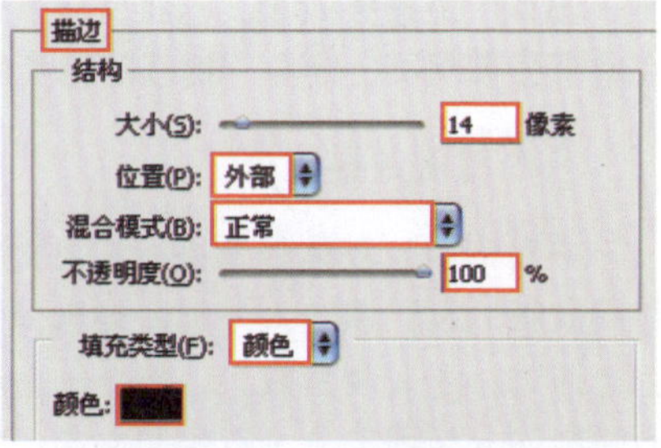

图1-162 “描边”参数

图1-163 效果图

❻ 同理，制作其他文字效果，如图1-164所示。接着复制“文字制作”组，单击右键合并组，命名为“高光”。建立文字选区，填充为“白色”，“不透明度”设置为18%，添

加图层蒙版，使用黑色柔边圆“画笔工具”涂抹掉一半文字，如图1-165所示。

图1-164　制作文字效果

图1-165　制作高光

❼ 导入钉子素材“3.png”，如图1-166所示，继续导入其他素材，最终效果如图1-167所示。

图1-166　钉子素材

图1-167　最终效果

案例技术要点

本案例中主要用到的功能及技术要点如下。

- 置入命令：将背景中的花纹装饰素材导入到画面中来。
- 横排文字工具：用来输入文字。
- 描边图层样式：为文字添加金属感的描边。
- 内阴影图层样式：使文字产生厚度感。
- 钢笔工具：用来绘制形状，从而装饰文字。

源文件路径	案例文件\第1章\实例16\
素材路径	案例文件\第1章\实例16\
视频路径	视频教学\第1章\实例16.flv
难易程度	★★★★
学习时间	5分13秒

实例016　复古情调的字体设计——裂痕花纹文字

复古质感的裂痕花纹文字是以文字为主体，对主体文字进行一系列的制作，使其产生裂痕效果，这种文字通常色泽复古、暗沉。目前复古风也被广泛应用于各种网页、商业、插画等相关的平面设计作品中。

案例效果剖析

本案例中，立体的背景衬托出文字的质感，使整幅画面空间感极强。文字利用倾斜的设计感给人一种向外延伸的心理感受。文字的细节部分不仅有金属色的描边，还有裂痕效果，整个画面和谐、统一，有着浓厚的复古韵味。本案例的制作分为两部分，背景和文字，文字部分为制作的重点。首先使用“横排文字工具”输入文字，然后为其添加“描边”和“内阴影”图层样式，再为其添加“纹理”和“光泽”。部分效果展示如图1-168所示。

使用“置入”命令导入背景装饰　输入文字并添加“图层样式”　使用“混合模式”制作文字的纹理

图1-168　效果展示

实例017　时尚个性的字体设计——奇趣丛林文字

本案例主要讲解丛林文字效果，丛林文字要贴合自然的主题。在选择贴图时，选择了树皮的贴图，然后添加苔藓、藤蔓、动物等与大自然有关的事物进行装饰，紧扣“丛林文字”这个主题。

案例效果剖析

本案例中，使用了树皮的贴图，并添加苔藓做装饰。该案例是以文字为主题，使用到了“横排文字工具”“剪贴蒙版”“混合模式”等工具。在制作过程中，重点要表现出文字的立体效果。部分效果展示如图1-169所示。

使用文字工具输入文字

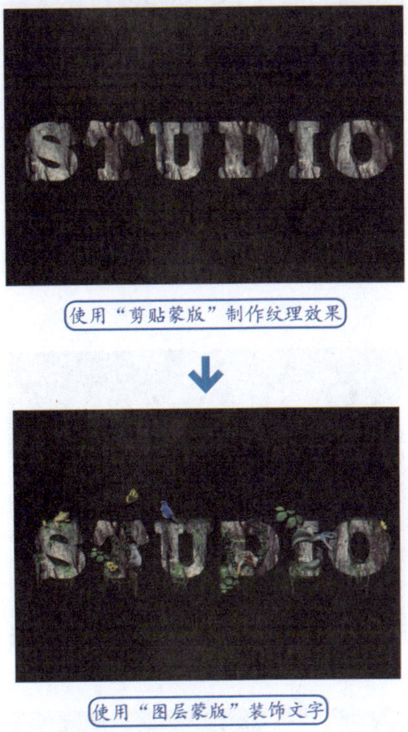

图1-169 效果展示

案例技术要点

本案例中主要用到的功能及技术要点如下。

- 横排文字工具：用来输入文字。
- 剪贴蒙版：用来制作文字上的贴图。
- 混合模式：用来制作出文字的立体效果。

案例制作步骤

源文件路径	案例文件\第1章\实例17\
素材路径	案例文件\第1章\实例17\
视频路径	视频教学\第1章\实例17.flv
难易程度	★★★
学习时间	3分05秒

❶ 打开背景素材“1.jpg”，如图1-170所示。使用“横排文字工具”T，输入单词“STUDIO”，并且在字符面板中设置文字的字体和字号，如图1-171所示。

图1-170 背景素材

图1-171 输入字母

❷ 首先制作文字正面。导入树皮素材“2.jpg”，如图1-172所示。按“Ctrl”键的同时点击文字图层缩览图，返回到“树皮”图层，添加图层蒙版，树皮文字被抠出来，如图1-173所示。拖拽“正面”图层，复制副本，命名为“深度”（为了制作方便，先把正面图层隐藏）。此处需要文字前后有立体感和深度感，因此需要把部分白色文字显露出来，这样深度阴影部分的树皮更能体现出立体感，如图1-174所示。

图1-172 树皮素材

图1-173 添加图层蒙版

图1-174 文字效果

❸ 新建图层，按“Ctrl”键的同时点击“深度”的图层蒙版，则“深度”图层蒙版图层再次被设定为选区，设置“画笔工具”为“白色”，适当降低“流量”和“不透明度”，在选区内绘制，使文字更立体，如图1-175所示。打开“正面”图层，预览此时整体效果，如图1-176所示。

图1-175 绘制“深度”

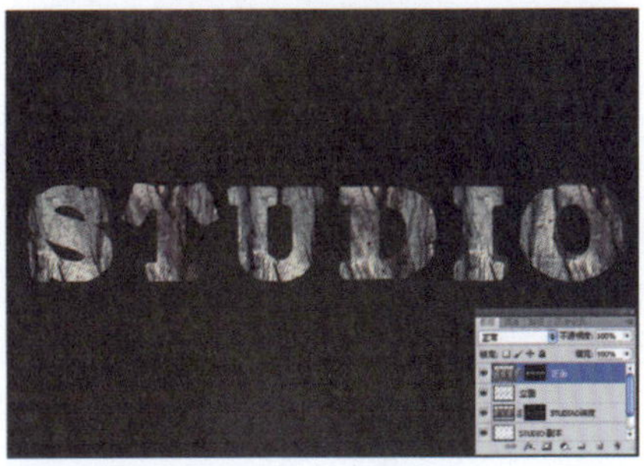

图1-176 效果图

> **提 示**
>
> 什么是选区：
>
> 选区是photoshop软件中界定图片操作的范围。一般选区外围会形成一道封闭的、闪动的虚线，用来标示选区范围。

❹ 导入草坪素材“3.jpg”，如图1-177所示。添加图层蒙版，填充背景为黑色，使用白色“画笔工具”，为了让效果更佳，可以调整画笔大小，适当降低“流量”和“不透明度”，如图1-178所示。创建新图层，使用黑色“画笔工具”绘制文字阴影面，图层“不透明度”设置为65%，如图1-179所示。

图1-177 草坪素材

图1-178 添加图层蒙版

图1-179　绘制阴影

⑤ 创建新组，命名为“植物”。导入多个装饰素材，最终效果如图1-180所示。

图1-180　最终效果

实例018　拟物化的文字设计——冰冻立体文字

该文字要表达出一种结冰的效果，所以制作时要把握文字的立体效果和光泽感。在制作过程中，要把握文字、背景和素材三者之间的关联，注意到这些细节才能制作出完美的效果。

案例效果剖析

制作本案例时，首先使用文字工具输入文字，然后对文字进行变形处理，以迎合背景图中水滴滴落的位置，接着制作文字上的渐变颜色，再进行高斯模糊处理。文字的平面效果制作完成后，使用3D命令制作出立体文字的效果，最后添加装饰素材。部分效果展示如图1-181所示。

图1-181　效果展示

案例技术要点

本案例中主要用到的功能及技术要点如下。

- 横排文字工具：用来输入文字。
- 自由变换：用来对文字进行变形。
- 高斯模糊滤镜：用来制作文字上方的贴图。
- “3D凸纹”效果：用来制作3D文字。

案例制作步骤

源文件路径	案例文件\第1章\实例18\		
素材路径	案例文件\第1章\实例18\		
视频路径	视频教学\第1章\实例18.flv		
难易程度	★★★	学习时间	2分55秒

① 打开背景素材“1.jpg”，如图1-182所示。创建新组，命名为“文字”。使用“横排文字工具”T，输入单词“cre”和“ma”，并且在字符面板中设置文字的字体和字号，如图1-183所示。单击右键执行“栅格化文字”命令，然后按自由变换工具的快捷键“Ctrl+T”，再单击右键执行“透视”命令，如图1-184所示。

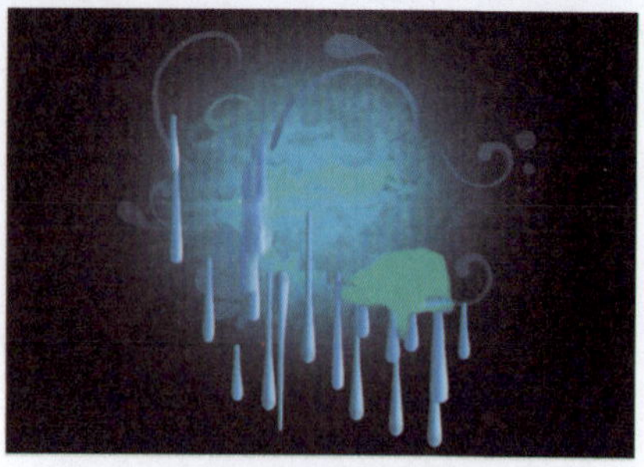

图1-182　冰块素材

图1-183　输入英文

图1-184　栅格化文字

② 新建图层，命名为“彩条”，填充背景为“粉色”，然后使用“钢笔工具”绘制四条白条，执行“滤镜 | 模糊 | 高斯模糊”命令，在弹出的对话框中设置“半径”为15.0像素，如图1-185所示。按“Ctrl”键的同时点击“cre”文字图层缩览图，建立文字选区，返回到“彩条”图层，添加图层蒙版，彩色文字效果出现，如图1-186所示。同理制作字母“ma”，如图1-187所示。

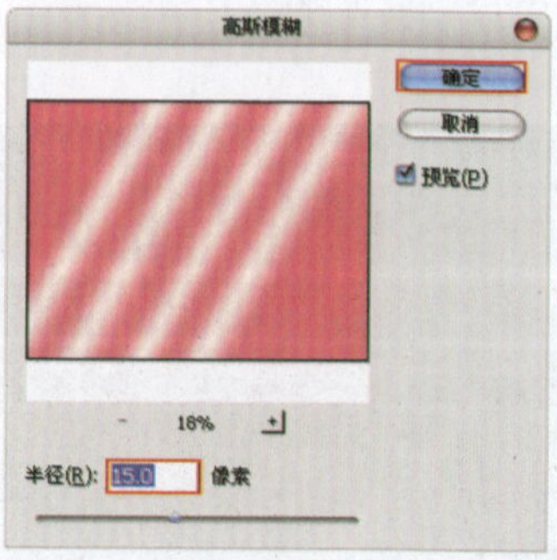

图1-185　“高斯模糊”参数

图1-186 添加图层蒙版

图1-187 效果图

❸ 添加“3D凸纹”效果，执行“3D | 凸纹 | 文本图层”命令，在弹出的“凸纹”对话框中将“凸纹形状预设”设置为“凸出”，“深度”为0.5，“缩放”为1，如图1-188所示。双击“选取颜色1副本凸出材质”，进入材质界面，如图1-189所示，设置“颜色”为“红白红渐变”，效果如图1-190所示。

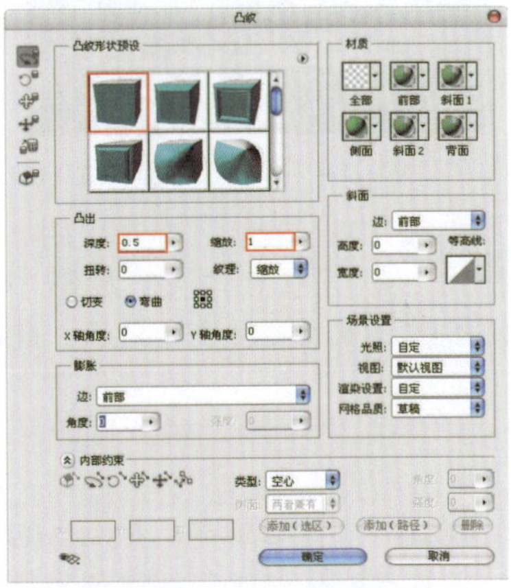

图1-188 “凸纹”参数

图1-189 双击“选取颜色1副本凸出材质”

图1-190 设置渐变

提 示

3D命令与其他版本的不同：

在PhotoshopCS5中，执行“3D | 凸纹 | 文本图层”命令，打开“凸出”窗口。在Photoshop CC中，执行“3D | 从所选图层新建3D模型”命令。

❹ 返回文字界面，文字效果如图1-191所示。最后导入前景装饰素材，最终效果如图1-192所示。

图1-191 文字效果

图1-192 最终效果

实例019 拟物化的文字设计——冰块文字

本案例讲解的是冰块文字，制作该案例时，要抓住冰块的特点，才能让文字效果更加逼真。“冰块”文字适宜应用在很多平面设计作品中，例如圣诞节海报、体现冰爽主题的海报或包装上。

案例效果剖析

本案例在字体的选择上，应该选择较粗的字体，这样才能够更好的表现冰块的效果。在制作冰块效果时，还要使用使用“画笔工具”绘制雪花飘落的效果，在制作飘雪效果时，先绘制雪花的大致形状，然后通过“图层蒙版”对落雪效果进行处理。部分效果展示如图1-193所示。

使用文字工具输入文字　　使用图层样式制作冰块效果　　使用“画笔工具”绘制积雪

图1-193 效果展示

案例技术要点

本案例中主要用到的功能及技术要点如下。

- 横排文字工具：用来输入文字。
- 画笔工具：用来绘制结冰和雪花飘落的效果。
- 图层样式：用来增加冰块的凝固效果。
- 图层蒙版：用来制作投影效果。

案例制作步骤

源文件路径	案例文件\第1章\实例19\		
素材路径	案例文件\第1章\实例19\		
视频路径	视频教学\第1章\实例19.flv		
难易程度	★★★	学习时间	3分54秒

❶ 打开背景素材“1.jpg”，如图1-194所示。创建新组，命名为“文字”，使用“横排文字工具”T，输入单词“SNOW”，并且在字符面板中设置文字的字体和字号，点击右键执行“栅格化文字”命令，如图1-195所示。针对每个字母分别创建新图层，使用白色裂痕笔刷分别在每个字母上绘制，形成冰裂的效果，如图1-196所示。

图1-194　背景素材

图1-195　输入英文

图1-196　白色裂痕

❷ 对每个冰雪文字添加图层样式。选择文字图层，执行“图层 | 图层样式 | 外发光”命令，参数如图1-197所示；勾选“内发光”选项，参数设置如图1-198所示。同理，对其他文字也添加同样的图层样式，如图1-199所示。

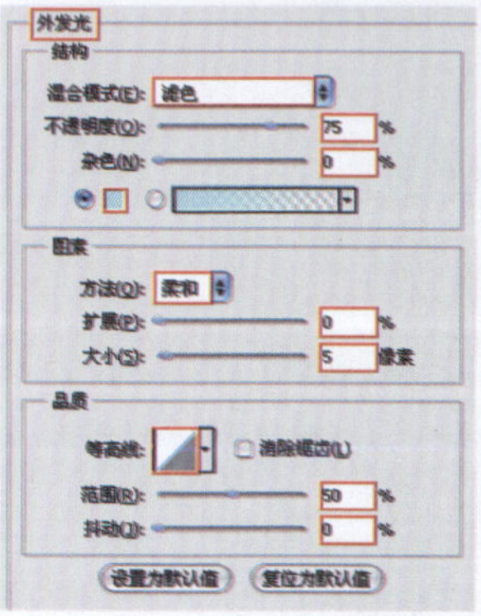

图1-197　“外发光”参数

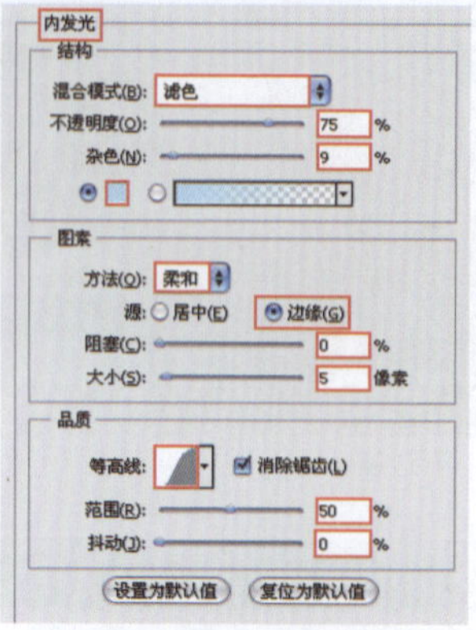

图1-198　“内发光”参数

图1-199　文字效果

❸ 文字中间的冰冻效果有些偏白，显得不自然，因此分别添加图层蒙版，如图1-200所示。在“画笔工具”的属性栏中将“不透明度”和“流量”都设置为50%，使用黑色画笔绘制字母中间部分，如图1-201所示。复制文字组，建立文字组副本，点击右键执行合并组，文字将更明显一些，如图1-202所示。

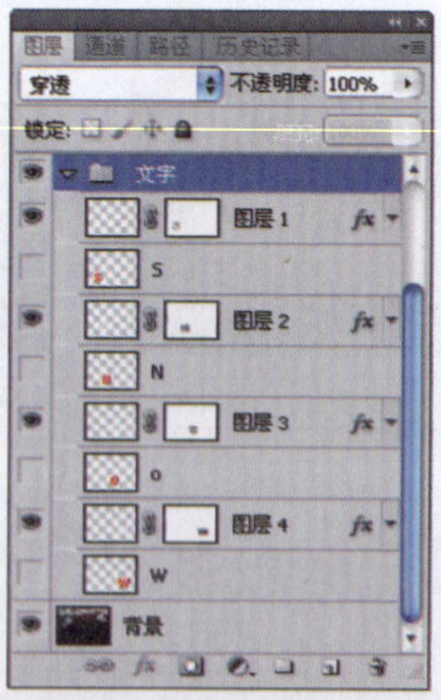

图1-200　添加图层蒙版

图1-201　效果图

图1-202　复制文字组

❹ 创建新图层，绘制文字四周覆盖的积雪，使用“画笔工具”，设置画笔大小为25px，柔边圆，“前景色”为“白色”，效果如图1-203所示。添加图层蒙版，设置“画笔工具”为黑色、柔边圆，细致的涂抹掉过多的积雪，使冰雪文字看起来更生动形象，如图1-204所示。

图1-203　绘制积雪

图1-204　添加图层蒙版

❺ 添加图层样式，在弹出的“图层样式”对话框中勾选“投影”选项，参数设置如图1-205所示。此时效果如图1-206所示。接着为文字制作倒影，按“Shift”键的同时单击“文字组副本”和“积雪”图层，拖拽复制出两个新的副本，并点击右键执行“合并图层”命令，命名为“投影”。使用自由变换工具的快捷键“Ctrl+T”，再点击右键执行“垂直翻转”命令，如图1-207所示。

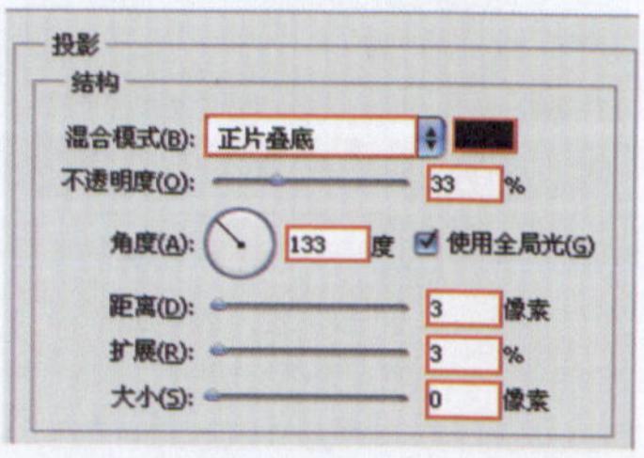

图1-205　“投影”参数

图1-206　投影效果

图1-207　复制图层

❻ 添加图层样式，设置“画笔工具”为“黑色”，绘制在投影上，如图1-208所示。最终效果如图1-209所示。

图1-208　添加图层样式

图1-209　最终效果

实例020　拟物化的文字设计——多层饼干文字

本案例主要讲解多层饼干文字，制作文字时，要抓住饼干的特点。这样的文字适合应用在食品包装设计和海报设计中。

案例效果剖析

制作饼干文字分为四个部分，首先制作饼干面饼的部分，然后制作红色的果酱部分，接着制作黄色的果酱部分，最后制作饼干上的芝麻。在制作过程中，主要使用到了文字工具、图层样式、滤镜、变换等工具。部分效果展示如图1-210所示。

图1-210　效果展示

案例技术要点

本案例中主要用到的功能及技术要点如下。

- 横排文字工具：用来输入文字。
- 图层样式：用来使文字产生立体感。
- “波纹”滤镜：用来制作文字边缘不规则的效果。
- “添加杂色”滤镜：用来制作饼干上的粗糙感。
- 变换：用来变换图形。

案例制作步骤

源文件路径	案例文件\第1章\实例20\
素材路径	案例文件\第1章\实例20\
视频路径	视频教学\第1章\实例20.flv
难易程度	★★★★
学习时间	7分35秒

❶ 打开背景素材“1.jpg”，如图1-211所示。创建新组，命名为“文字”。使用“横排文字工具”，输入单词“nice”，并且在字符面板中设置文字的字体和字号，如图1-212所示。单击右键执行“栅格化文字”命令，再使用自由变换工具的快捷键“Ctrl+T”，同时单击右键执行“斜切”命令，让文字有一点侧偏效果，如图1-213所示。

图1-211　打开素材

图1-212　输入英文

图1-213　栅格化文字

❷ 新建图层，填充“白色”，拖拽到文字图层下面，按住“Ctrl”键的同时，点击文字图层和此白色图层，再按快捷键“Ctrl+E”合并图层，如图1-214所示。执行“滤镜 | 扭曲 | 波纹”命令，“波纹”参数设置如图1-215所示。适当调整阈值，使文字变得硬一些。接着使用“魔棒工具”点击白色背景，然后按“Delete”键删除，留下黑色文字部分。然后为图像添加“描边”，点击文字图层载入选区，单击右键执行“描边”命令，在弹出的“描边”对话框中设置参数，如图1-216所示。文字效果如图1-217所示。

图1-214 合并图层

图1-215 “波纹”参数

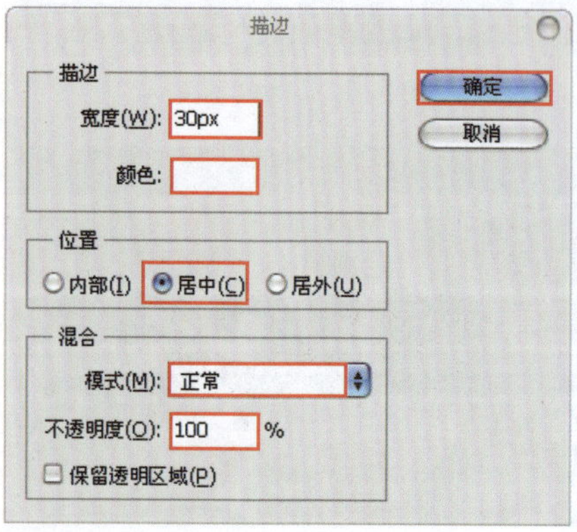

图1-216 “描边”参数

图1-217 效果图

❸ 点击文字选区，填充为“黑色”，添加图层样式，在弹出的“图层样式”对话框中勾选“斜面和浮雕”，选项设置参数，如图1-218所示；勾选“颜色叠加”选项，参数设置如图1-219所示。此步骤制作出了饼干相互粘连的状态，如图1-220所示。

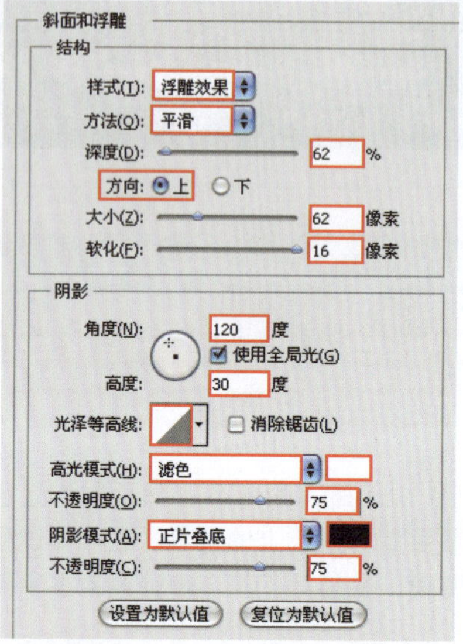

图1-218 “斜面和浮雕”参数

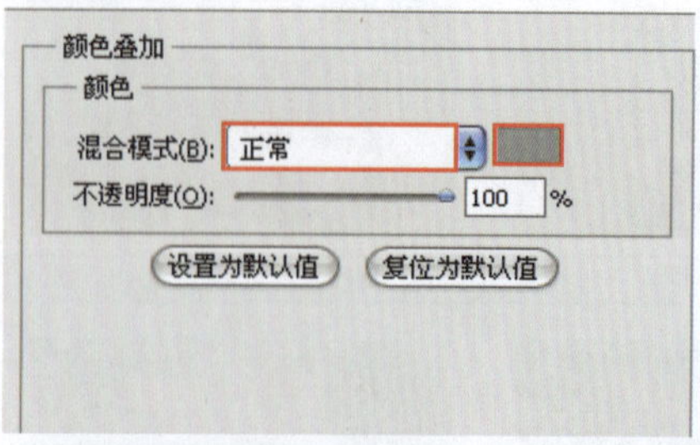

图1-219 “颜色叠加”参数

图1-220 效果图

❹ 做饼体上的不规则颗粒。新建图层，填充为白色。执行“滤镜 | 杂色 | 添加杂色”命令，在弹出的窗口中设置参数，如图1-221所示。用色阶将颗粒调整到大小不均的样子。使用快捷键“Ctrl+L”，在弹出的“色阶”对话框中设置参数，如图1-222所示。转到通道面板，复制蓝色通道，载入通道选区，如图1-223所示。返回图层中，按“Delete”键删除，效果如图1-224所示。

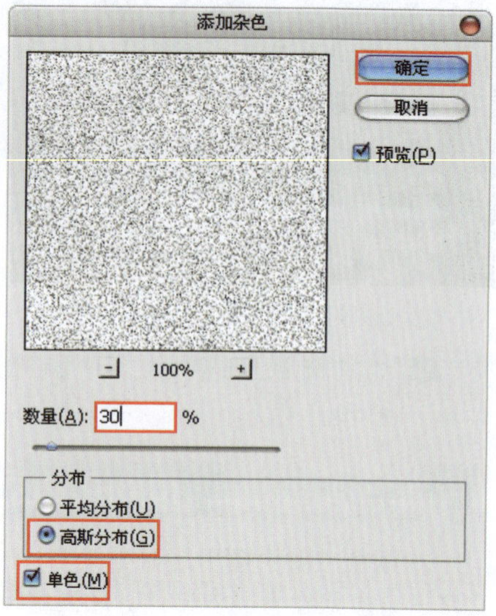

图1-221 “添加杂色”参数

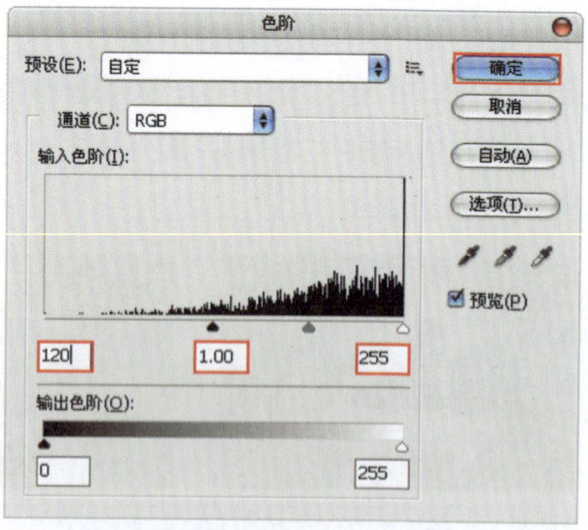

图1-222 “色阶”参数

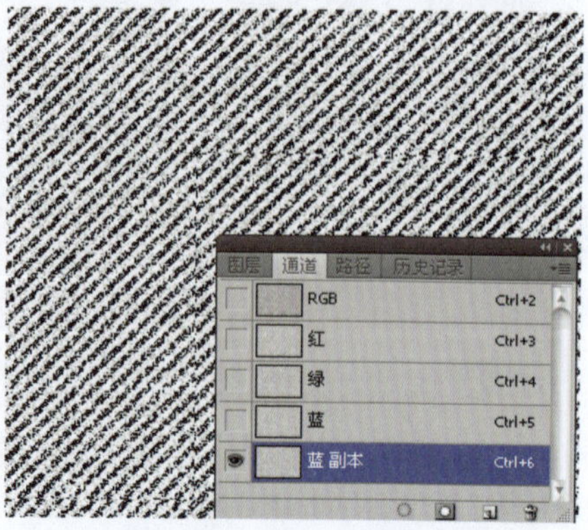

图1-223 载入通道选区

图1-224 效果图

❺ 点击文字“nice副本2”，建立选区。返回刚制作完成的“杂点”图层，添加图层蒙版，文字效果如图1-225所示。接着制作饼干底色，创建图层，填充颜色为“黄褐色”，设置“混合模式”为“叠加”，再点击文字“nice副本2”，建立选区。返回添加饼干底色的颜色图层，添加图层蒙版，文字底色出现，如图1-226所示。

图1-225 杂点1

图1-226 底色

❻ 复制文字图层“nice副本”建立新的图层，命名为“中间色”，执行“滤镜 | 扭曲 | 波浪”命令，弹出“波浪”对话框，参数设置如图1-227所示。使用“魔棒工具”点击白色背景，然后按“Delete”键删除，留下黑色文字部分，效果如图1-228所示。

❼ 执行“滤镜 | 液化”命令，在弹出的“液化”对话框中，点选向前变形工具，适当调整“画笔大小”，文字绘制完成点击“确定”即可，如图1-229所示。效果如图1-230所示。

图1-227 “波浪”参数

图1-228 效果图

图1-229 “液化”参数

图1-230 效果图

❽ 为文字添加“图层样式”，在“图层样式”窗口勾选“斜面和浮雕”选项，参数设置如图1-231所示；勾选“颜色叠加”选项，“混合模式”设置为“正常”，“颜色”设置为“红色”，“不透明度”设置为100%，如图1-232所示。此时效果如图1-233所示。

❾ 复制“杂点”图层，建立“杂点副本”，单击右键，点击图层蒙版，执行“删除图层蒙版”命令，“混合模式”设置为“正片叠底”，“不透明度”设置为43%，如图1-234所示。按“Shift”键，单击“中间色”图层缩览图，建立选区。返回“杂点副本”图层，添加图层蒙版，显示出第二层杂点，如图1-235所示。

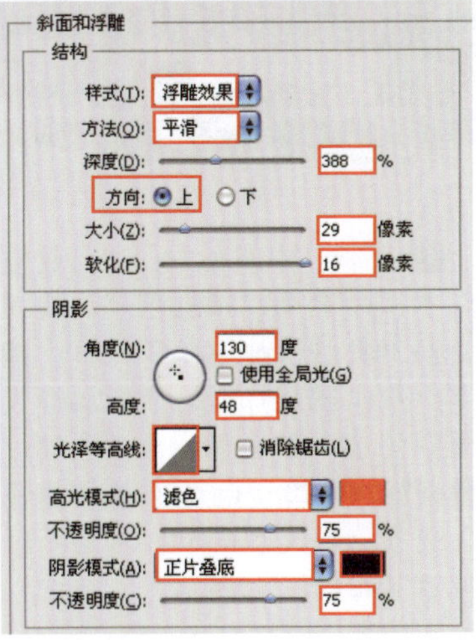

图1-231 “斜面和浮雕”参数

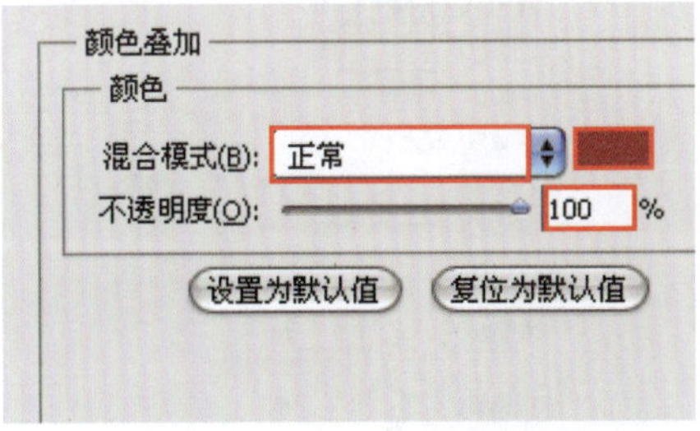

图1-232 “颜色叠加”参数

图1-233 效果图

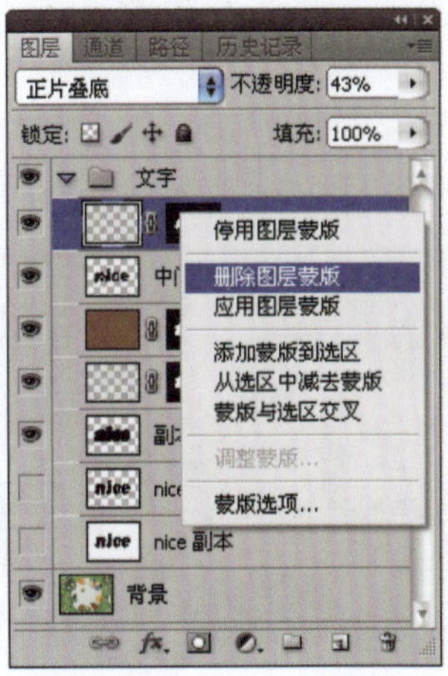

图1-234 删除图层蒙版

图1-235　杂点2

⑩ 复制“中间色”图层，建立图层副本，命名为“顶层色”。使用自由变换工具的快捷键“Ctrl+T”缩小文字。双击图层样式，在图层样式对话框中勾选“斜面和浮雕”选项，参数设置如图1-236所示。勾选“颜色叠加”选项，参数设置如图1-237所示。此时效果如图1-238所示。

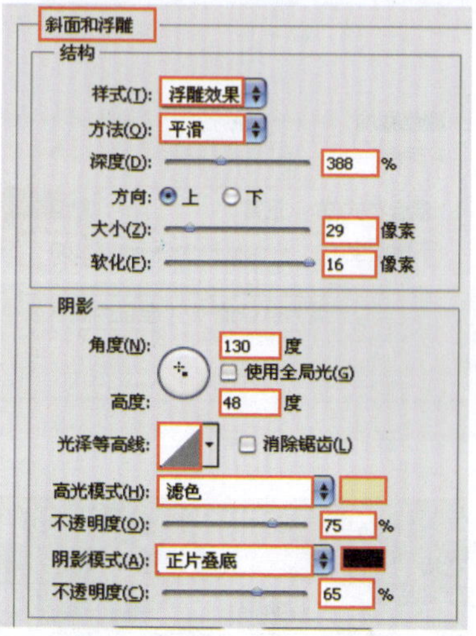

图1-236　“斜面和浮雕”参数

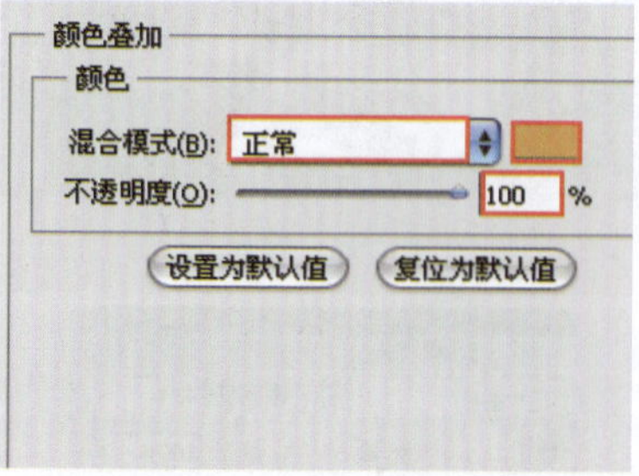

图1-237“颜色叠加”参数

图1-238　效果图

⑪ 制作最顶层杂点。同理，复制“杂点副本”图层，建立“杂点副本2”，单击右键，点击图层蒙版，执行“删除图层蒙版”命令，“混合模式”设置为“正片叠底”，“不透明度”设置为41%。按“Shift”键，同时单击“顶层色”图层缩览图，建立选区。返回“杂点副本2”图层，添加图层蒙版，显示出第三层杂点，如图1-239所示。

图1-239　杂点3

⑫ 在最顶层添加芝麻点。创建新图层，填充白色，执行“滤镜｜杂色｜添加杂色”命令，“添加杂色”参数设置如图1-240所示。用“色阶”将芝麻点调整到大小不均的样子。使用快捷键“Ctrl+L”，在弹出的“色阶”对话框中设置“输入色阶”，分别为120、1.00、255，如图1-241所示。

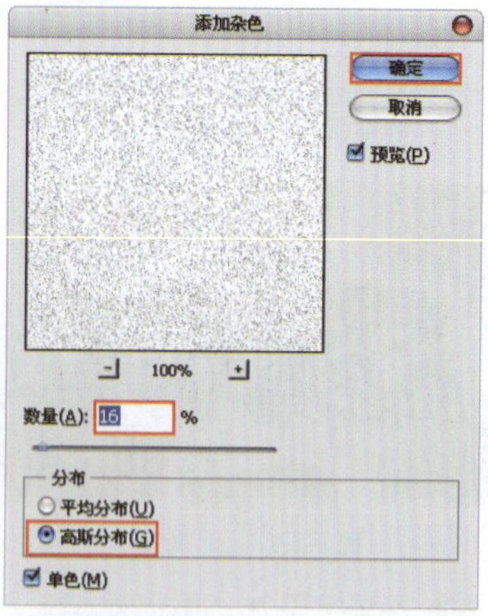

图1-240　“添加杂色”参数

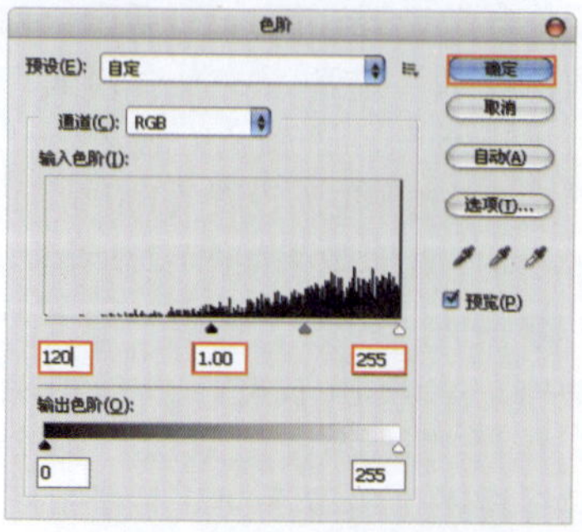

图1-241　“色阶”参数

⑬ 转到“通道”面板，复制蓝色通道，载入通道选区，反向选择。返回图层中，按“Delete”键删除，效果如图1-242所示。单击右键执行“应用图层蒙版”命令，使用“矩形选框工具”，框选出一部分，并使用复制和粘贴的快捷键“Ctrl+C”和“Ctrl+V”复制出来，使用自由变换工具的快捷键“Ctrl+T”放大复制的图像，如图1-243所示。

图1-242　效果图

图1-243　应用图层蒙版

⑭ 由于图像很模糊，执行“图像｜调整｜阈值”命令，在“阈值”对话框中设置“阈值色阶”为170，如图1-244所示。按“Shift”键，同时单击“nice副本3”图层缩览图，建立选区。返回“芝麻点”图层，添加图层蒙版，效果如图1-245所示。

图1-244　“阈值”参数

图1-245　效果图

提 示

“阈值”命令的用法：

使用“阈值”面板可以删除图像中的色彩信息，将其转换为只有两种颜色的图像。

⑮ 在图层样式对话框中勾选“颜色叠加”选项，其参数设置如图1-246所示。此时效果如图1-247所示。在最上层撒上白色杂点，复制“杂点”建立副本图层，命名为“白色杂点”，执行“应用图层蒙版”命令，建立选区，填充白色，如图1-248所示。

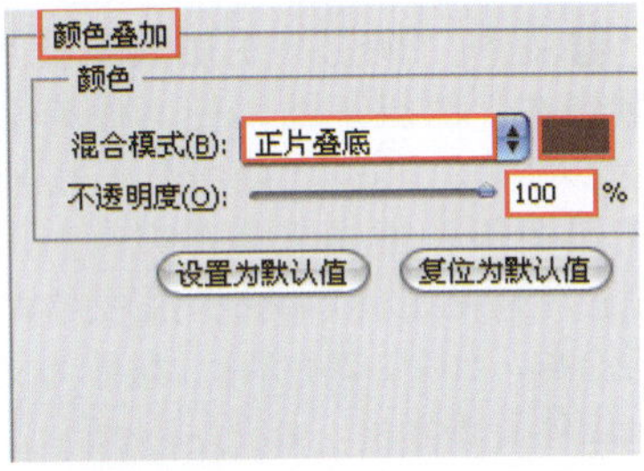

图1-246 “颜色叠加”参数

图1-247 效果图

图1-248 白色杂点

⑯ 拖拽文字组，建立“文字组副本”，单击右键执行“合并组”命令，使用自由变换工具的快捷键“Ctrl+T”缩小文字，放在适当位置，添加图层蒙版，使用黑色“画笔工具”绘制出叶子、蝴蝶和水果，最终效果如图1-249所示。

图1-249 最终效果

实例021 3D效果字体设计——天空岛立体文字

本案例中，讲解立体文字效果，将立体文字与“天空岛”进行合成，形成一种奇妙的文字效果。这样的文字设计既能表达文字信息，又不失美感，是很多设计作品的上乘之选。

案例效果剖析

制作本案例时使用到了多种工具，其中的关键是使用“3D”命令制作出富含立体效果的文字。在本案例中主要使用到了文字工具、3D命令、魔棒工具、高斯模糊滤镜、曲线、混合模式等技术。部分效果展示如图1-250所示。

使用文字工具输入文字 → 使用3D功能制作立体文字 → 使用“置入”命令导入素材

图1-250 效果展示

案例技术要点

本案例中主要用到的功能及技术要点如下。

- “3D凸纹”命令：制作3D文字时需要使用的命令。
- 魔棒工具：用来选择文字的选区。
- 高斯模糊：用来制作投影的模糊效果。
- 曲线：用来调整画面颜色。
- 混合模式：用来将光效融入到画面中。

案例制作步骤

源文件路径	案例文件\第1章\实例21\
素材路径	案例文件\第1章\实例21\
视频路径	视频教学\第1章\实例21.flv
难易程度	★★★
学习时间	3分52秒

❶ 打开背景素材“1.jpg”，如图1-251所示。创建新组，命名为“文字”。使用“横排文字工具”T，输入文字“大揭秘”，并且在字符面板中设置文字的颜色和间距，如图1-252所示。为文字添加“3D”效果，执行“3D｜凸纹｜文本图层”命令，在弹出的“凸纹”对话框中将“凸纹形状预设”设置为“凸出”，“深度”设置为1，“缩放”设置为1，参数设置如图1-253所示。此时完成的文字效果如图1-254所示。

图1-251 背景素材

图1-252 输入文字

提 示

各种版本如何创建3D效果：

想要创建文字的3D效果在PhotoshopCS5版本中需要执行“3D｜凸纹｜文本图层”命令；在Photoshop CS6中需要执行“3D｜从所选图层新建3D凸出”命令；在Photoshop CC中需要执行“3D｜从所选图层新建3D模型”命令。

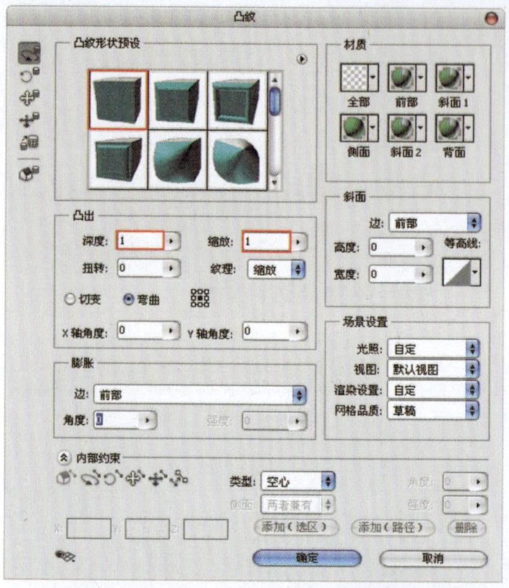

图1-253 “3D凸纹”效果

图1-254 文字效果

提 示

文本图层弹出对话框中的操作：

在执行“3D｜凸纹｜文本图层”命令时，会弹出栅格化的命令，此时应选择“是”，如图1-255所示。

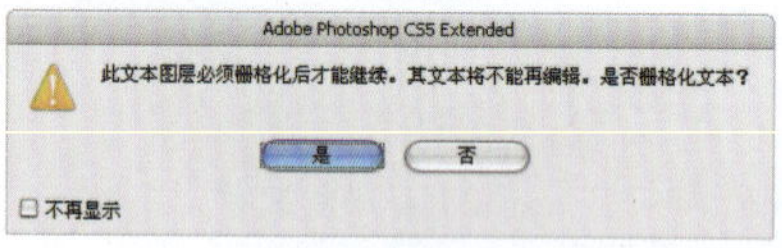

图1-255 栅格化图层

❷ 复制文字副本，命名为“大揭秘副本2”，单击右键并点击文字图层，执行“栅格化文字”命令。使用“魔棒工具”点选文字投影部分，再使用“加深工具”对其进行加深，如图1-256所示。继续使用“横排文字工具”，输入英文“super decryption”，并且在字符面板中设置文字的颜色和间距，调整汉字和英文的位置，如图1-257所示。

❸ 使用“魔棒工具”点选文字凸起部分，使用“画笔工具”，设为柔边圆，“大小”为150，“颜色”为“淡黄色”，然后绘制凸起文字的边缘，使文字有明暗渐变效果，按快捷键“Ctrl +D”取消选择，如图1-258所示。再次复制文字副本，命名为“阴影”，按住“Ctrl”键并点击图层缩览图，填充选区为“黑色”，按快捷键“Ctrl +D”取消选择，如图1-259所示。执行“滤镜｜模糊｜高斯模糊”命令，在弹出的“高斯模糊”对话框中设置“半径”为15像素，效果如图1-260所示。

图1-256 加深投影

图1-257 3D英文

图1-258 绘制边缘

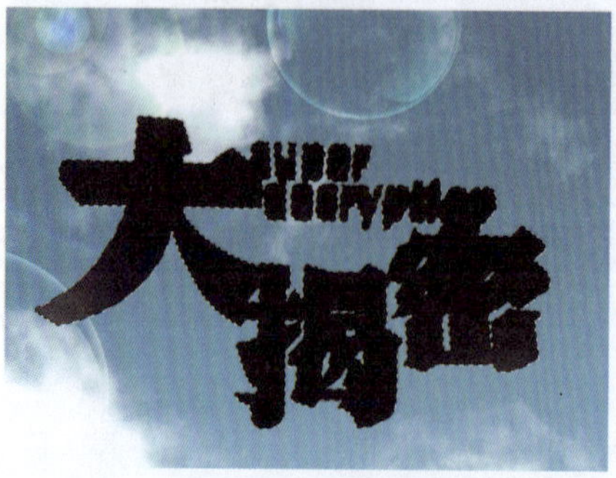

图1-259 填充选区

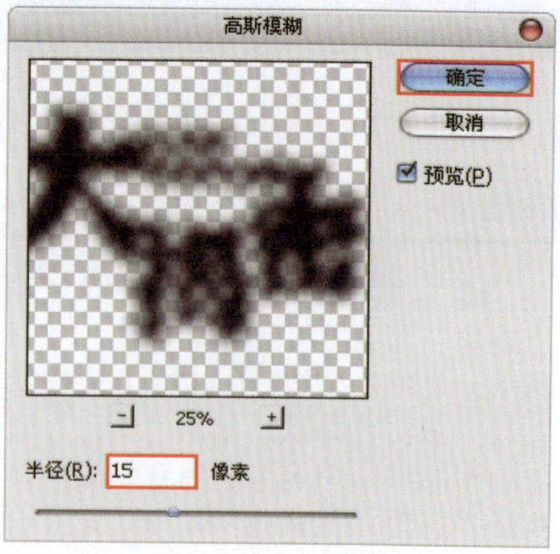

图1-260 高斯模糊

❹ 拖拽“阴影”图层放置在“文字组副本”图层下面，使其成为文字的阴影部分，并在“阴影”图层上添加图层蒙版，根据光线透视原则，使用黑色“画笔工具”把阴影文字两边进行涂抹，如图1-261所示。接着为文字添加山体背景素材，如图1-262所示。再添加前景素材，如图1-263所示。

图1-261 添加阴影

图1-262 山体素材

图1-263 前景素材

⑤ 创建新组，命名为“主题”，把图层中所有组和图层全部拖拽进去（背景图层除外），在“主题”组中新建图层蒙版，使用黑色“画笔工具”，降低“流量”和“不透明度”，绘制山体四周，使画面虚实相接，此时效果如图1-264所示。

图1-264 主题效果

⑥ 制作主体四周的小素材，导入云和小山体素材，如图1-265所示。为整体提亮主体，创建新的“曲线”调整图层，在弹出的“曲线”对话框中设置“输出”值为195，“输入”值为164，如图1-266所示。点击“曲线”图层蒙版，设置蒙版背景为“黑色”，“画笔工具”为“白色”，绘制中间主体部分，如图1-267所示。

图1-265 导入素材

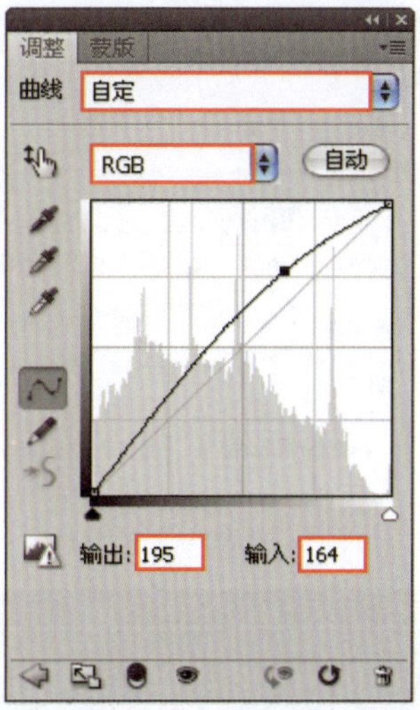

图1-266 “曲线”参数

图1-267 绘制图层蒙版

⑦ 导入光效素材，设置图层“混合模式”为“颜色减淡”，最终效果如图1-268所示。

图1-268 最终效果

图1-269 效果展示

案例技术要点

本案例中主要用到的功能及技术要点如下。

- 横排文字工具：用来输入文字。
- 图层样式：用来为文字添加渐变，增加文字的特殊效果。
- 渐变填充：用来为文字填充渐变颜色。

案例制作步骤

源文件路径	案例文件\第1章\实例22\
素材路径	案例文件\第1章\实例22\
视频路径	视频教学\第1章\实例22.flv
难易程度	★★★
学习时间	2分22秒

实例022 时尚个性的字体设计——炫彩花纹剪纸字

本案例讲解的是炫彩花纹剪纸字，该文字效果较为特别，在很多欧美风格的海报设计中都会使用这样的字体。这样的字体适合应用在较为个性、张扬的海报中。

案例效果剖析

在制作本案例时，首先要找一个合适的字体，这个字体最好是一个整体。输入文字后，为文字添加“渐变叠加”制作出剪纸的效果，最后为文字添加色彩和装饰。部分效果展示如图1-269所示。

❶ 打开背景素材“1.jpg”，如图1-270所示。使用“横排文字工具”T，输入英文“ERAY”，并且在字符面板中设置文字的字体和字号，注意将每个字母设为一个图层，如图1-271所示。

图1-270　背景素材

图1-271　输入字母

❷ 对英文字母“E”进行编辑。为“E”图层添加图层样式，执行“图层 | 图层样式 | 阴影”命令，参数设置如图1-272所示；勾选“渐变叠加”选项，参数设置如图1-273所示。“E”的效果如图1-274所示。

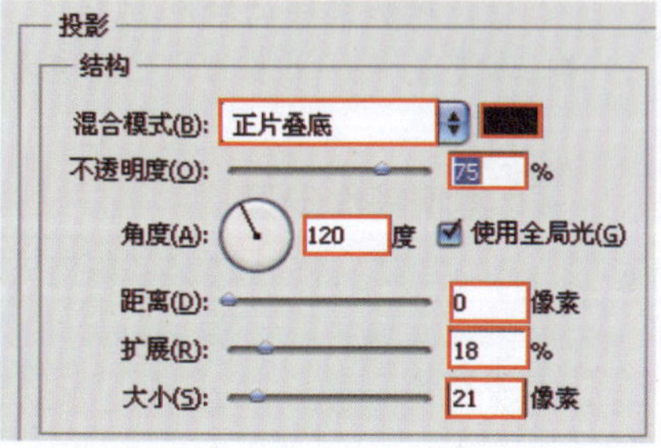

图1-272　“投影”参数

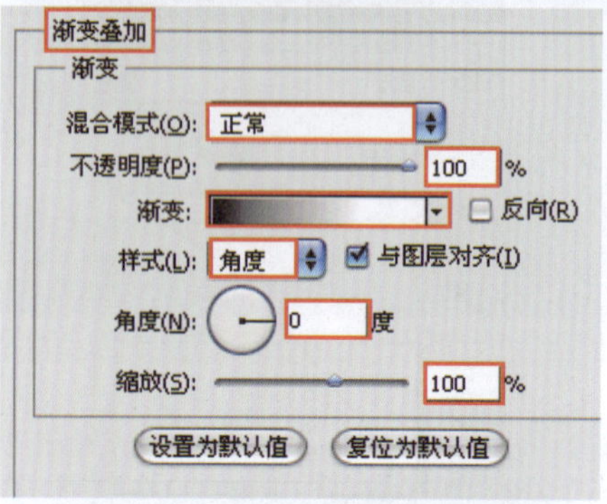

图1-273　“渐变叠加”参数

图1-274　效果图

❸ 同理，制作出其他字母的图层样式，并调整每个字母的位置，效果如图1-275所示。拖拽四个字母图层，分别创建字母副本，单击右键并分别点击字母图层，执行“栅格化文字”命令，如图1-276所示。点击“Y副本”，按快捷键“Ctrl+T”，拉长“Y”字母，效果如图1-277所示。为文字添加花纹，导入花纹素材“2.png”，穿插在字母中，如图1-278所示。

图1-275　效果图

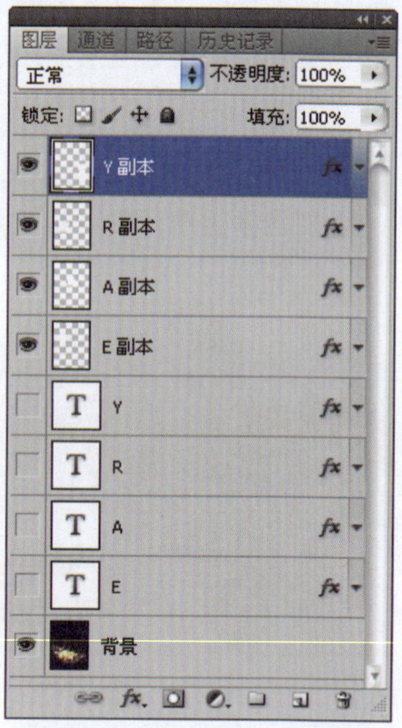

图1-276　栅格化文字

图1-277　效果图

图1-278　花纹素材

❹ 创建新的“渐变填充”调整图层，在弹出的“渐变填充”对话框中设置参数，如图1-279所示。此时效果如图1-280所示。

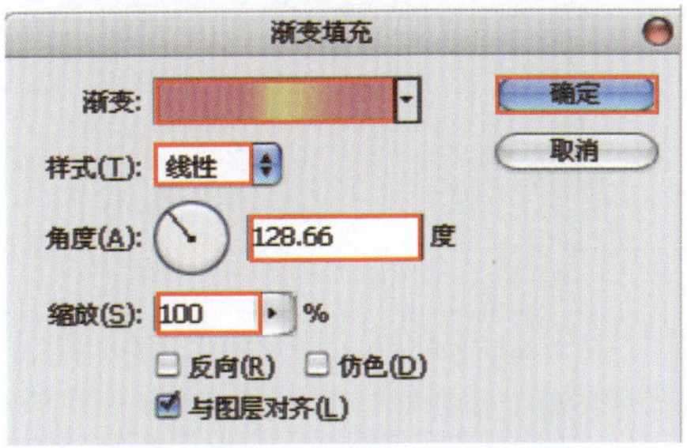

图1-279 “渐变填充”参数

图1-280 效果图

提 示

新建填充图层的方法：

（1）执行“图层｜新建填充图层”命令，然后在子菜单中选择填充图层的方法。

（2）单击“图层”面板底部的按钮，执行相应命令。

❺ 复制“渐变填充”调整图层，命名为“渐变填充副本”，对文字进行颜色渐变处理，在“渐变填充副本”的图层蒙版中将背景填充为“黑色”，再用白色“画笔工具”绘制字母部分，如图1-281所示。多次复制“渐变填充副本”图层，使字母颜色变得更加明亮鲜艳，最终效果如图1-282所示。

图1-281 复制调整图层

图1-282 最终效果

实例023 复古情调的字体设计——梦幻钻石文字

文字风格有时决定了整个版式的风格基调，影响了识别性和视觉层次感。本案例中花式的英文给人一种浪漫、柔情的感觉，这样的文字可以用于欧式古典风格的平面设计作品中。

案例效果剖析

本案例采用了极具曲线效果的手写体，此种字体具有极强的装饰性。为文字添加“图层样式”及“图层混合模式”，使文字融入深邃的背景之中，装饰素材的导入又使文字显得充实，整幅画面梦幻充盈。在制作过程中，首先要制作小岛部分，然后制作钻石文字，最后使用文字工具输入副标题文字并为其添加“图层样式”。部分效果展示如图1-283所示。

图1-283 效果展示

案例技术要点

本案例中主要用到的功能及技术要点如下。

- 图层蒙版：用来抠图。
- 横排文字工具：用来输入文字。
- 图层样式：用来制作钻石文字。

源文件路径	案例文件\第1章\实例23\
素材路径	案例文件\第1章\实例23\
视频路径	视频教学\第1章\实例23.flv
难易程度	★★★★
学习时间	2分27秒

实例024 活泼生动的字体设计——创意文字海报

本案例中我们主要讲解创意文字海报设计，对文字进行设计，不仅可以将文字进行变形、拟物，还可以使用装饰材料去装饰文字。本案例就是将文字变形并添加装饰物，设计里所表现的是文字与藤蔓缠绕的效果，在制作过程中要注意文字与藤蔓的位置关系。

案例效果剖析

本案例大致分为背景、文字和前景装饰三个部分。背景是由图案和形状组成，接着使用文字工具输入文字，并制作彩色文字。最后制作前景的文字装饰。部分效果展示如图1-284所示。

使用形状工具绘制形状　使用文字工具输入文字　使用“钢笔工具”绘制装饰形状

图1-284　效果展示

案例技术要点

本案例中主要用到的功能及技术要点如下。

- 渐变工具：为对象添加渐变色。
- 混合模式：用来制作背景。
- 椭圆工具：用来绘制椭圆形状。
- 自定形状工具：用来绘制自定形状。
- 横排文字工具：在画面中输入文字。
- 钢笔工具：用来绘制形状。

案例制作步骤

源文件路径	案例文件\第1章\实例24\		
素材路径	案例文件\第1章\实例24\		
视频路径	视频教学\第1章\实例24.flv		
难易程度	★★★★	学习时间	6分54秒

❶ 新建文件，在工具箱中选择“渐变工具”，设置渐变为“由灰到白的径向渐变”，在画面中拖拽鼠标，如图1-285所示。导入花纹素材“1.png”，放置在画面中，如图1-286所示。将该图层的“混合模式”设置为“线性减淡（添加）”，“不透明度”设置为15%，效果如图1-287所示。

❷ 新建图层，选择工具箱中的“椭圆工具”，“绘制模式”设置为“像素”，按住“Shift”键在画面中拖拽鼠标，绘制出圆形，如图1-288所示。使用同样的方法绘制其他的圆形，此时画面效果如图1-289所示。选择工具箱中的“自定形状工具”，“绘制模式”设置为“形状”，“填充”设置为“白色”，“描边”设置为“无颜色”，然后单击选项栏中“形状”选项后的“倒三角”按钮，在下拉面板中选择“花2”形状，在画面中绘制形状，如图1-290所示。

图1-285　制作渐变色背景

图1-286　花纹素材

图1-287　背景效果

图1-288　绘制正圆形状

图1-289 绘制其他正圆形状

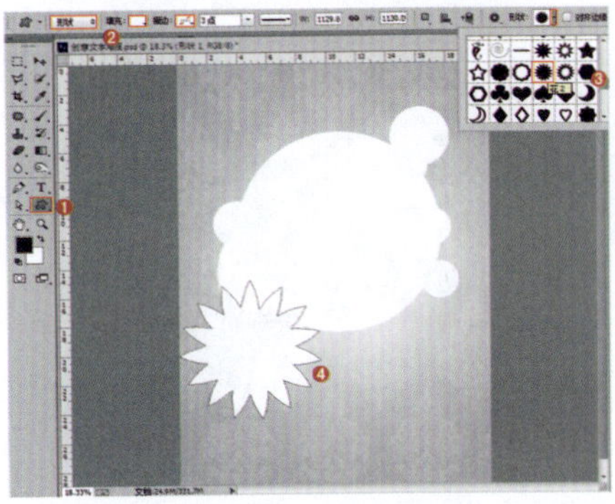

图1-290 绘制自定形状

❸ 导入花盆素材“2.png”，放置在画面中合适的位置，效果如图1-291所示。接着制作文字部分，选择“横排文字工具”T，在画面中输入文字，“颜色”设置为“绿色”，设置合适的字体和字号，并适当旋转文字，如图1-292所示。

图1-291 导入素材

图1-292 输入文字

❹ 复制文字，在复制图层上单击鼠标右键，在选项面板中选择“栅格化文字”选项，将文字转换为图层，如图1-293所示。文字的颜色更改为“黄色”，如图1-294所示。“不透明度”设置为50%，设置完成后，效果如图1-295所示。

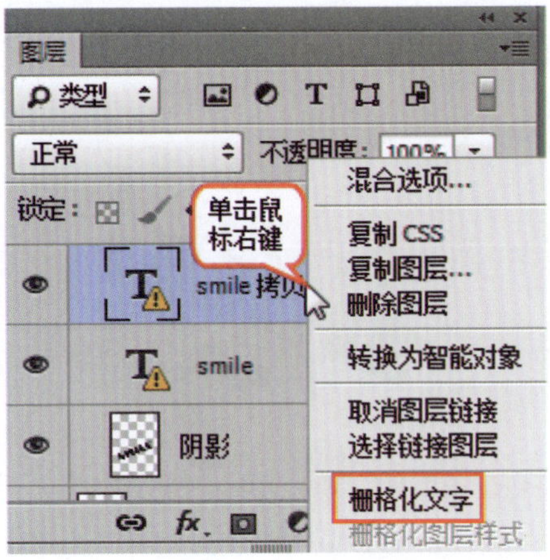

图1-293 栅格化图层

图1-294 更改文字颜色

图1-295 设置“不透明度”

❺ 为文字添加渐变效果。选择复制后的文字图层，单击图层面板下方的“添加图层蒙版”按钮，为图层添加蒙版，然后选择“渐变工具”，“渐变”设置为“由黑到白的径向渐变”，设置完成后，在蒙版中拖拽鼠标，此时文字产生渐变效果，如图1-296所示。为文字制作阴影。复制文字，颜色更改为“黑色”，放置在原文字的下方，向右下方移动，阴影效果如图1-297所示。

图1-296 文字效果

图1-297 制作文字投影

❻ 绘制藤蔓。选择工具箱中的“钢笔工具”，“绘制模式”设置为“形状”，“填充”设置为“绿色”，“描边”设置为“无颜色”，在画面中绘制藤蔓形状，效果如图1-298所示。为藤蔓添加渐变效果。复制藤蔓，颜色更改为“黄色”，“不透明度”设置为60%，如图1-299所示。单击图层面板下方的“添加图层蒙版”按钮，为图层添加蒙版，然后选择“渐变工具”，“渐变”设置为“由黑到白的径向渐变”，设置完成后，在蒙版中拖拽鼠标，此时效果如图1-300所示。

图1-298 绘制藤蔓

图1-299 变更颜色

图1-300 渐变效果

提 示

如何直接绘制渐变颜色的形状：

在PhotoshopCC和PhotoshopC6中可以快速绘制带渐变颜色的形状。在填充选项下拉面板中，可以直接设置“填充”为“渐变”，如图1-301所示。还可以设置“填充”为“图案”，如图1-302所示。

图1-301 设置“填充”为渐变

图1-302 设置“填充”为图案

❼ 使用同样的方法绘制其他藤蔓，效果如图1-303所示。接下来绘制“逗点”形状，使用“钢笔工具”，“绘制模式”设置为“形状”，“填充”设置为“绿色”，“描边”设置为“无颜色”，设置完成后在画面中绘制“逗点”形状，如图1-304所示。

图1-303 藤蔓效果

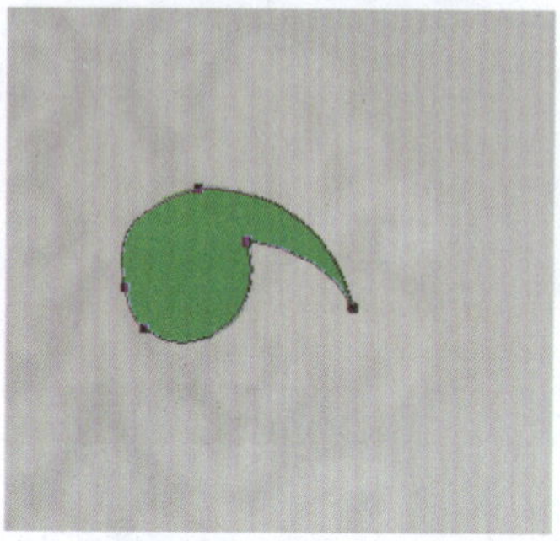
图1-304 绘制“逗点”

❽ 绘制“逗点”上的光晕。新建图层，绘制圆形并填充“黄色”，如图1-305所示。单击图层面板下方的“创建图层蒙版”按钮，为图层添加蒙版，接下来选择“渐变工具”，“渐变”设置为“由黑到白的线性渐变”，设置完成后，在蒙版中拖拽鼠标，制作出光晕效果，此时效果如图1-306所示。使用同样的方法绘制其他“逗点”和光晕效果，绘制完成后，画面效果如图1-307所示。

图1-305 绘制黄色正圆

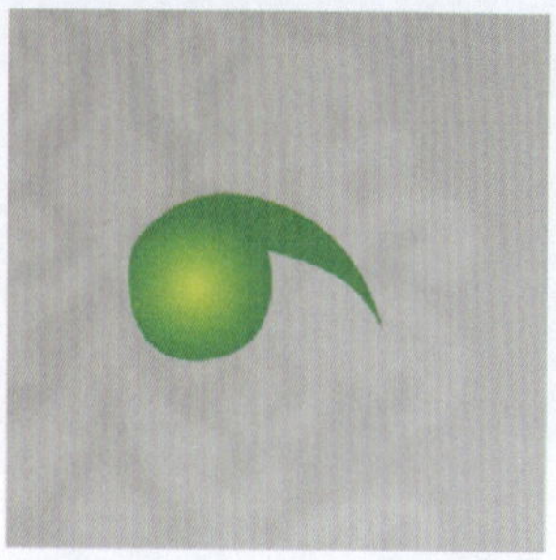
图1-306 光晕效果

图1-307 “逗点”效果

❾ 选择“横排文字工具”，“颜色”设置为“蓝色”，设置合适的字体和字号，输入字母“P”，如图1-308所示。制作文字阴影效果，复制文字，分别更改颜色为“白色”和“黑色”，放置在原文字的下方，形成阴影的效果，如图1-309所示。

图1-308 输入文字

图1-309 阴影效果

❿ 绘制文字的高光。复制文字，选择该图层，执行“文字栅格化”命令，颜色更改为“白色”，设置“不透明度”为10%，效果如图1-310所示。单击图层面板下方的“创建图层蒙版”按钮，为图层添加蒙版，选择“渐变工具”，设置“渐变”为“由黑到白的线性渐变”，设置完成后，在蒙版中拖拽鼠标，制作出高光效果，此时效果如图1-311所示。使用同样的方法制作其他文字，此时画面效果如图1-312所示。

图1-310 更改文字不透明度

图1-311 高光效果

图1-312 文字效果

⓫ 制作文字装饰。新建图层，使用“钢笔工具”，“绘制模式”设置为“形状”，“填充”设置为“白色”，“描边”设置为“无颜色”，在文字上绘制形状，如图1-313所示。此时所绘制的形状将文字的阴影部分遮挡住，所以载入文字的选区，如图1-314所示。单击图层面板下方的“添加图层蒙版”按钮，将文字的阴影部分显现出来，效果如图1-315所示。

图1-313 文字上绘制形状

图1-314 载入文字选区

图1-315 文字阴影

⓬ 使用同样的方法制作其他文字装饰，此时画面效果如图1-316所示。制作整体装饰。为了能够更好的看到装饰效果，先将除背景以外的图层隐藏起来。新建图层，选择“椭圆工具”，将“绘制模式”设置为“形状”，“填充”设置为“黄色”，“描边”设置为“无颜色”，按住“Shift”键在画面中绘制圆形，如图1-317所示。将“混合模式”设置为“柔光”，“不透明度”设置为60%。设置完成后的效果如图1-318所示。

图1-316 文字装饰

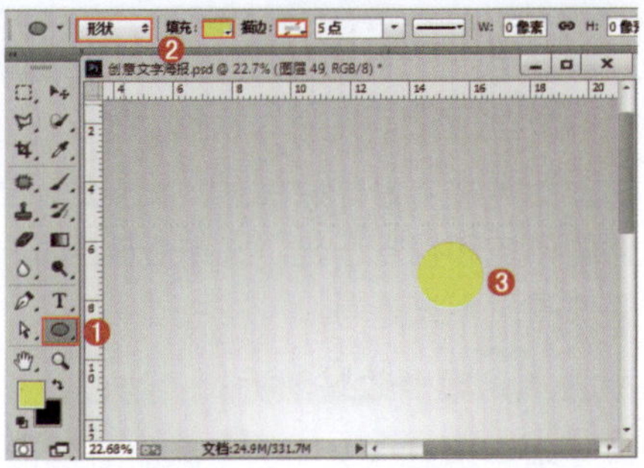
图1-317 绘制正圆

图1-318 正圆效果

⓭ 使用同样的方法在画面中绘制其他圆形，然后设置合适的“混合模式”和“不透明度”，制作装饰，效果如图1-319所示。将隐藏的图层显示出来，画面最终效果如图1-320所示。

图1-319 背景效果

图1-320 最终效果

实例025 时尚个性的字体设计——切分文字

设计感十足的切分文字通常版式简洁，通过制作使文字产生错位感、切分感。此类文字设计感极强，文字的作用不仅仅是为了阅读，同时也为了创造整体的语境和视觉乐趣。文字版面的黑白搭配避免了视觉混乱，底部的蓝色矩形又使画面不失单调。

案例效果剖析

本案例是以文字为主题的海报设计，文字倾斜的切分效果给人一种不稳定的视觉感受，文字错位的效果又使整个文字产生一种残缺的美感。制作本案例首先使用文字工具输入文字，然后为文字添加“图层蒙版”，隐藏一部分文字。接着将文字图层复制并旋转，将图层蒙版复制给旋转后的图层组，制作出分割感的文字。最后为文字添加“投影”，分割效果的文字就制作完成了。部分效果展示如图1-321所示。

使用文字工具输入文字　使用“图层蒙版”制作切分效果　使用文字工具输入其他文字

图1-321　效果展示

案例技术要点

本案例中主要用到的功能及技术要点如下。

- 横排文字工具：用来输入文字。
- 图层组：用来管理图层。
- 图层蒙版：隐藏多余内容，这是制作切分文字的关键。
- 自由变换：用来旋转文字。

源文件路径	案例文件\第1章\实例25\		
素材路径	案例文件\第1章\实例25\		
视频路径	视频教学\第1章\实例25.flv		
难易程度	★★★	学习时间	6分45秒

实例026 时尚个性的字体设计——电影海报文字设计

本案例制作的是带有金属质感的电影海报文字，在该海报中，设计的重点为文字部分，他是传递信息的重要部分，所以在制作时也要格外的用心。案例使用了图层样式制作其描边、颜色和光泽感的效果。

案例效果剖析

制作案例时，首先打开背景素材，然后在画面中输入文字，接着为文字添加“描边”“内阴影”“渐变叠加”和“图案叠加”的图层样式，制作出带有光泽感的文字效果。部分效果展示如图1-322所示。

使用“打开”命令打开背景

使用文字工具输入文字

使用“图层样式”为文字添加图层样式

图1-322　效果展示

案例技术要点

本案例中主要用到的功能及技术要点如下。

- 横排文字工具：用来输入文字。
- 图层样式：用来制作标题文字。
- 拷贝图层样式：将编辑好的图层样式复制给其他图层。
- 缩放图层效果：使用这个技术可以将复制的图层样式缩放到合适的大小。

案例制作步骤

源文件路径	案例文件\第1章\实例26\
素材路径	案例文件\第1章\实例26\
视频路径	视频教学\第1章\实例26.flv
难易程度	★★★
学习时间	2分56秒

❶ 打开素材“1.png”，如图1-323所示。输入主体文字。选择工具箱中的“横排文字工具”T，“颜色”设置为“黑色”，设置合适的字体和字号，在画面中输入文字“DESIGNE”，如图1-324所示。

图1-323

图1-324

❷ 为文字添加“图层样式”。执行“图层 | 图层样式 | 描边”命令，“描边”参数设置如图1-325所示；勾选“内阴影”选项，参数设置如图1-326所示；勾选“渐变叠加”选项，参数设置如图1-327所示；勾选“图案叠加”选项，参数设置如图1-328所示。最后文字效果如图1-329所示。

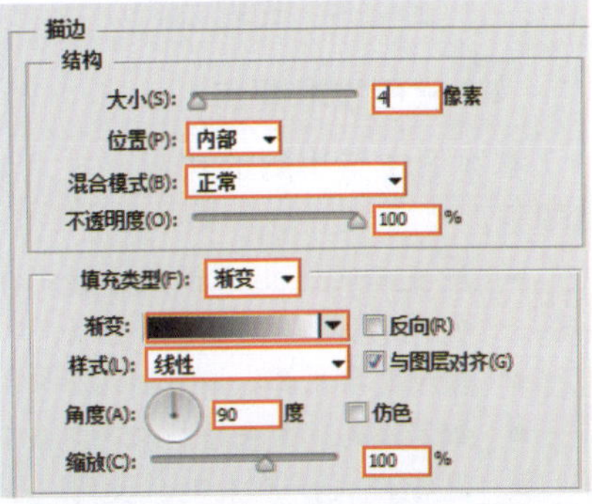

图1-325 “描边”参数

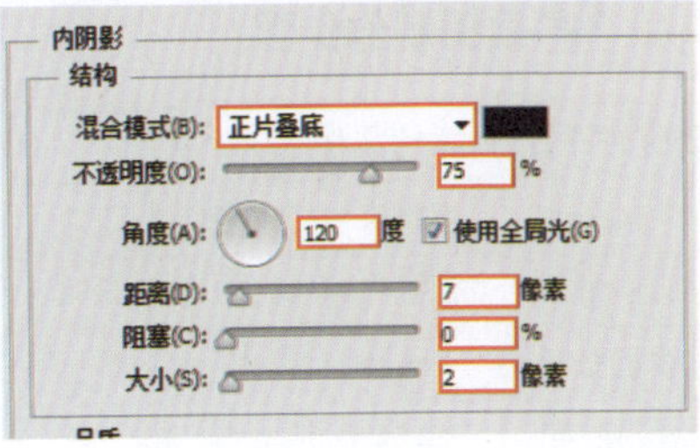

图1-326 “内阴影”参数

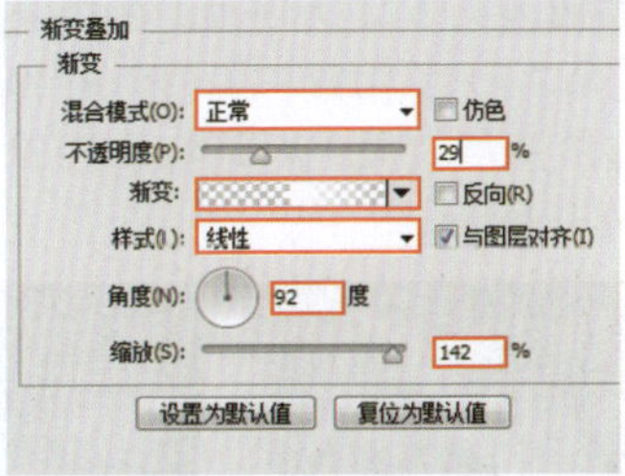

图1-327 “渐变叠加”参数

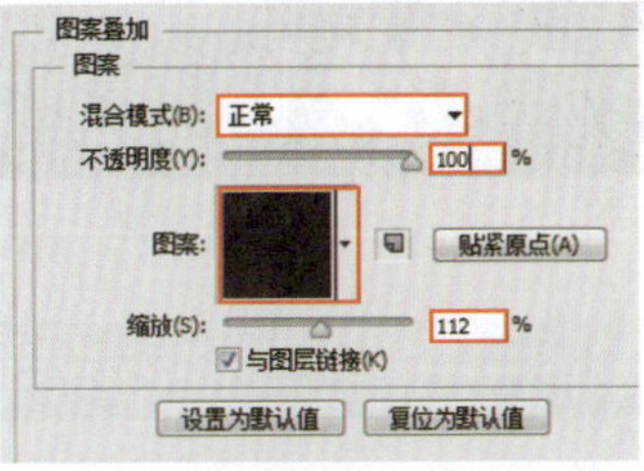

图1-328 “图案叠加”参数

图1-329 文字效果

提 示

“图案叠加”中载入图案的方法：

由于本案例中需要使用外挂图案，所以需要执行“编辑 | 预设 | 预设管理器”命令，在弹出的“预设管理器”面板中选择“预设类型”为“图案”，单击“载入”按钮，如图1-330所示。载入素材文件中的“2.pat”，如图1-331所示，点击“载入”，在图案面板最底端会出现新载入的图案，如图1-332所示。

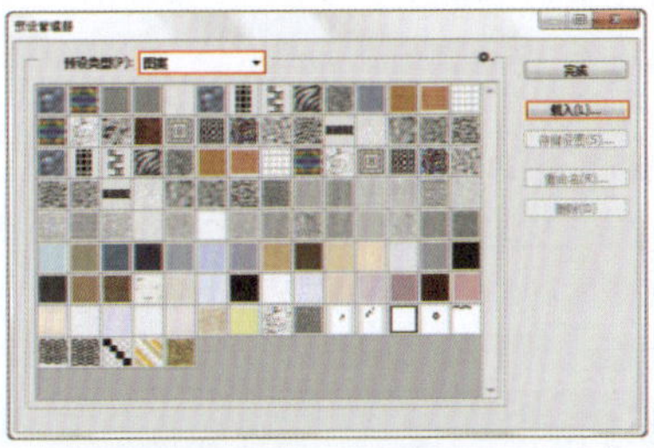

图1-330 “预设管理器”窗口

图1-331 “载入”窗口

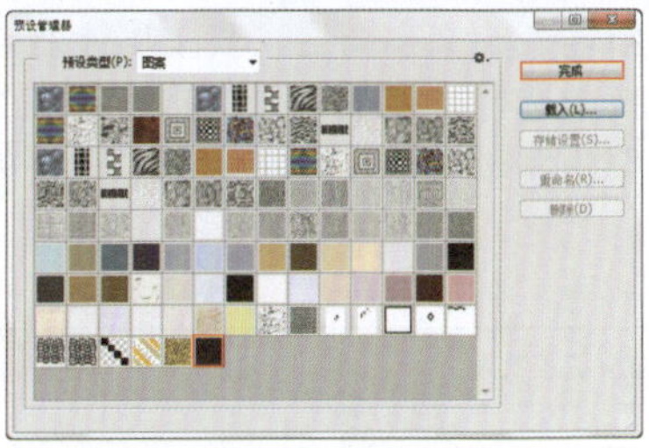

图1-332 载入的图案

❸ 输入文字。使用“横排文字工具”T，“颜色”设置为“黑色”，设置合适的字体和颜色，在主体文字下方输入文字“ERAY DESIGN STUDIO”，如图1-333所示。复制图层样式，选择主体文字图层，将鼠标放置在该图层最右端的fx上，单击鼠标右键，在弹出的面板中选择“拷贝图层样式”选项，然后选择新输入的文字图层，单击鼠标右键选择“粘贴图层样式”选项，如图1-334所示。此时两个图层就具有了一样的“图层样式”，如图1-335所示。

图1-333 输入段落文字

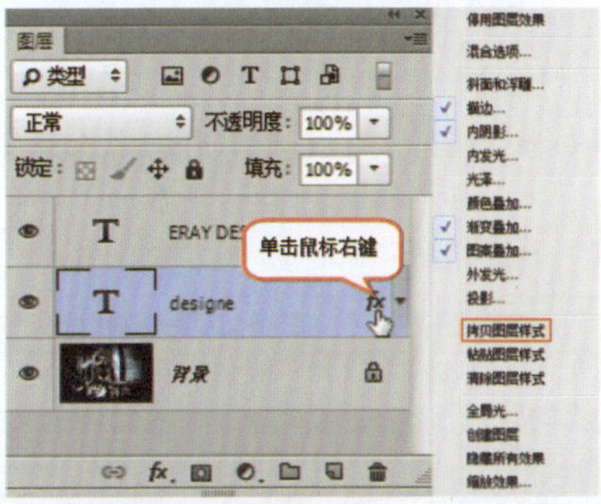

图1-334 复制图层样式

图1-335 段落文字效果

❹ 此时文字效果不明显，需通过调整“缩放效果”来达到预想的效果。选择新输入的文字图层，在图层最右端的“倒三角”上单击鼠标右键，在弹出的面板中选择“缩放效果”选项，在弹出的“缩放图层效果”对话框中设置“缩放”为50%，如图1-336所示。最终效果如图1-337所示。

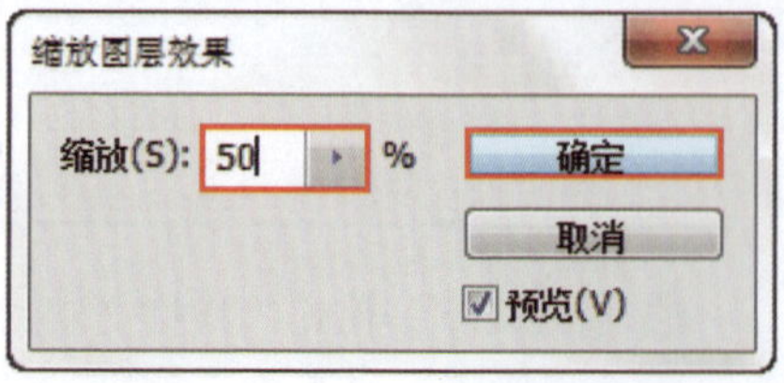

图1-336 “缩放图层效果”参数

图1-337 最终效果

实例027 时尚个性的字体设计——黑金属质感文字

黑金属质感文字通常酷炫，版面简洁，现代感极强，被广泛应用于商业、杂志等相关的平面设计作品中。

案例效果剖析

本案例中，文字以三角形状叠加的方式出现，使版面整体结构稳定，使用剪贴蒙版制作具有金属质感的文字，利用“描边”及“内阴影”的图层样式使其具有金属感的边缘，以及星光的点缀装饰，一个具有金属质感的文字就制作完成了。部分效果展示如图1-338所示。

输入文字并使用“图层样式”制作文字　使用“剪贴蒙版”制作文字贴图　使用置入命令导入素材

图1-338 效果展示

案例技术要点

本案例中主要用到的功能及技术要点如下。

- 横排文字工具：用来输入文字。
- 图层样式：为文字添加“描边”“内阴影”的图层样式。
- 剪贴蒙版：隐藏“金属纹理”图层的多余部分。

源文件路径	案例文件\第1章\实例27\		
素材路径	案例文件\第1章\实例27\		
视频路径	视频教学\第1章\实例27.flv		
难易程度	★★★	学习时间	1分55秒

实例028 活泼生动的字体设计——彩条文字

本案例制作的是彩条文字，这种文字效果像是一颗颗晶莹剔透的糖果，具有美观性、趣味性，一般应用在包装设计、海报设计、网页广告设计中。

案例效果剖析

首先制作一个渐变色的背景，然后输入文字，制作出文字的立体效果。接着使用“钢笔工具”绘制彩条，通过“混合模式”和“剪贴蒙版”制作文字上的彩色线条。最后添加丝带装饰。部分效果展示如图1-339所示。

使用文字工具输入文字

使用“图层样式”制作立体文字

使用“混合模式”制作彩条效果

图1-339 效果展示

案例技术要点

本案例主要用到的功能及技术要点如下。

- 渐变工具：用来设置合适的渐变色彩，制作渐变色背景。
- 横排文字工具：用来输入文字。
- 钢笔工具：用来绘制彩色色条。
- 混合模式：用来制作文字上的色彩。

案例制作步骤

源文件路径	案例文件\第1章\实例28\
素材路径	案例文件\第1章\实例28\
视频路径	视频教学\第1章\实例28.flv
难易程度	★★★
学习时间	3分54秒

❶ 新建一个大小为“340×240”的文件。单击工具箱中的“渐变工具”，在渐变编辑器中编辑一个深红色系的渐变，如图1-340 所示。渐变编辑完成后设置该渐变的类型为“径向”，然后在画面中进行拖拽填充，效果如图1-341所示。选择工具箱中的“横排文字工具”，在选项栏中设置合适的字体、字号，颜色为“黄色”，然后在画面中输入文字，如图1-342所示。执行“类型｜栅格化文字图层”命令，将文字栅格化。

图1-340 渐变设置

图1-341 背景效果

图1-342 输入文字

❷ 为文字添加图层样式。选择文字图层，执行“图层｜图层样式｜斜面和浮雕”命令，参数设置如图1-343所示；勾选“内阴影”选项，参数设置如图1-344 所示；勾选“内发光”选项，参数设置如图1- 345所示；勾选“光泽”选项，参数设置如图1-346所示；勾选“外发光”选项，参数设置如图1-347所示。文字效果如图1-348 所示。

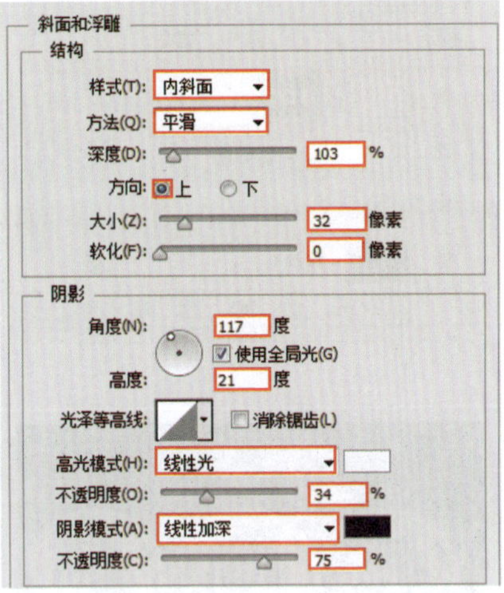

图1-343 “斜面和浮雕”参数

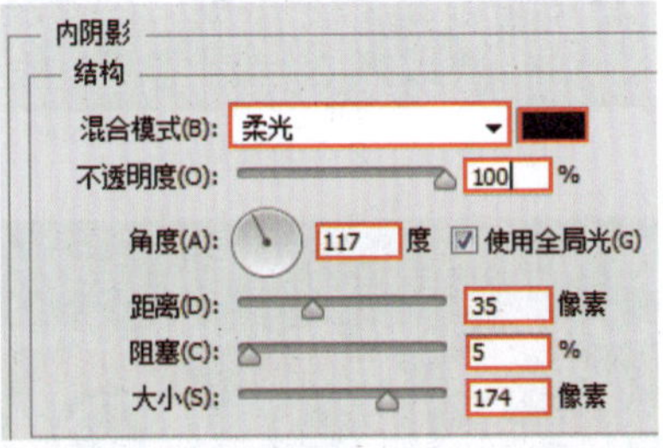

图1-344 “内阴影”参数

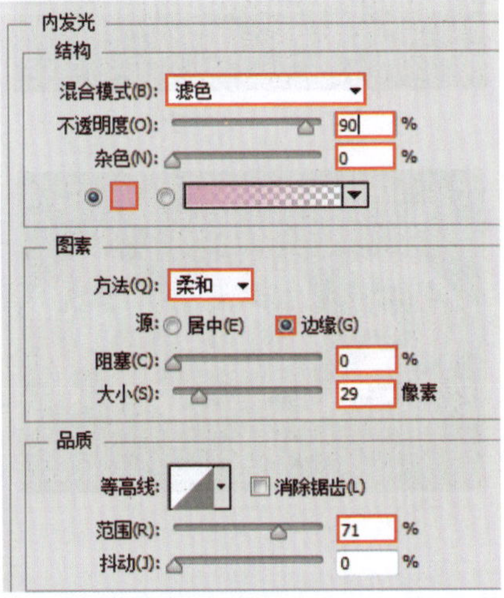

图1-345 “内发光”参数

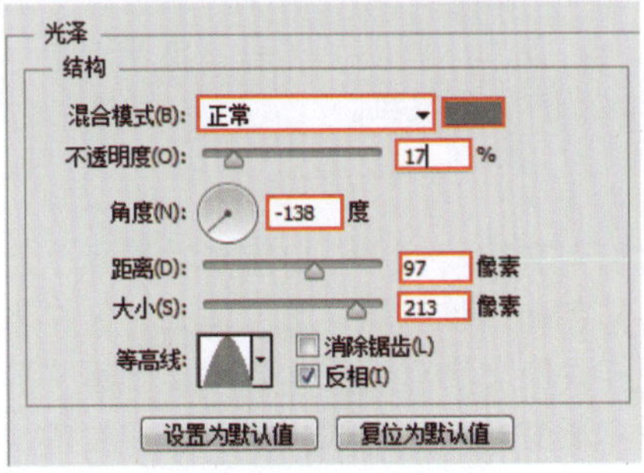

图1-346 “光泽”参数

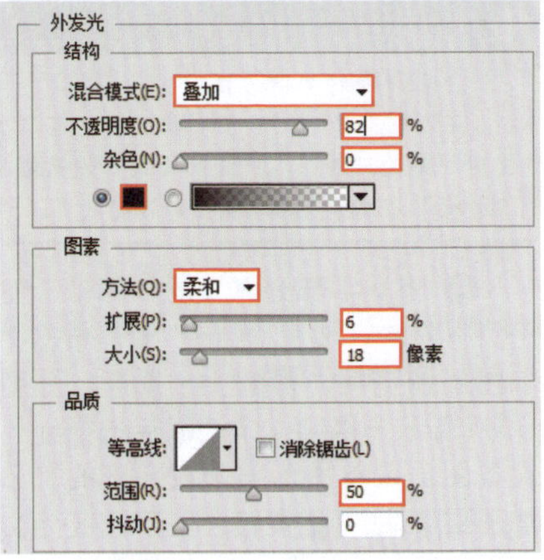

图1-347 “外发光”参数

图1-348 文字效果

❸ 制作多彩的文字效果。新建图层，选择工具箱中的“钢笔工具”，“绘制模式”设置为“路径”，然后绘制彩带形状，绘制完成后使用快捷键“Ctrl+Enter”将路径转化为选区，如图1-349所示。将选区填充为红色，如图1-350所示。

图1-349 绘制彩带状

图1-350 选区填充颜色

> **提　示**
>
> 绘制彩带的其他方法：
>
> 在绘制彩带时，除了形状工具也可以使用“钢笔工具”，“绘制模式”设置为“形状”，使可直接绘制出彩带的效果。

❹ 将文字部分以外的“彩带”使用蒙版隐藏。按住“Ctrl”键，单击文字图层缩览图，得到文字选区，如图1-351所示。得到文字选区后选择红色彩条图层，单击图层面板底部的“添加图层蒙版”按钮，基于选区为文字添加蒙版，效果如图1-352所示。

图1-351　文字选区

图1-352　添加图层蒙版

❺ 将该图层的“混合模式”设置为“变亮”，如图1-353所示。此时彩带效果如图1-354所示。

❻ 用同样的方法，绘制出其他的形状并填充为不同的颜色，如图1-355所示。最后，执行“文件 | 导入”命令，导入素材“1.Jpg”到画面中，如图1-356所示。

图1-353　“混合模式”参数

图1-354　混合模式的效果

图1-355　文字效果

图1-356　最终效果

图1-357　效果展示

实例029　活泼生动的字体设计——黄金文字

本案例制作的是金灿灿效果的黄金文字，金光闪闪的文字具有浓厚的节日气氛。本案例是运用黄金文字表达一种圣诞节的欢乐气氛。

案例效果剖析

本案例是通过使用文字工具在画面中输入文字，使用“自定形状工具”绘制形状，然后导入素材文件中的图案，为文字和形状添加“图层样式”，在添加“图层样式”时，使用“斜面和浮雕”样式使文字产生立体效果，使用“描边”样式为文字边缘增加了层次感，使用“渐变叠加”样式为文字添加颜色，使用“投影”样式使文字产生投影效果。部分效果展示如图1-357所示。

案例技术要点

本案例中主要用到的功能及技术要点如下。

- 横排文字工具：用来输入标题文字。
- 图层样式：用来制作黄金效果的文字。
- 自定形状工具：用来绘制松树形状。
- 拷贝图层样式：用来复制已编辑好的图层样式，可提高工作效率。

案例制作步骤

源文件路径	案例文件\第1章\实例29\
素材路径	案例文件\第1章\实例29\
视频路径	视频教学\第1章\实例29.flv
难易程度	★★★
学习时间	3分09秒

❶ 打开素材“1.jpg”，如图1-358所示。选择工具箱中的“横排文字工具”T，“颜色”设置为“白色”，设置合适的字体和字号，在画面中输入文字“MERRY”，如图1-359所示。

图1-358　背景素材

图1-359　输入文字

❷ 为文字添加“图层样式”。执行“图层｜图层样式｜斜面和浮雕”命令，“斜面和浮雕”参数设置如图1-360所示；勾选“描边”选项，参数设置如图1-361所示；勾选“渐变叠加”选项，参数设置如图1-362所示；勾选“投影”选项，参数设置如图1-363所示；勾选“图案叠加”选项，参数设置如图1-364所示。最后文字效果如图1-365所示。

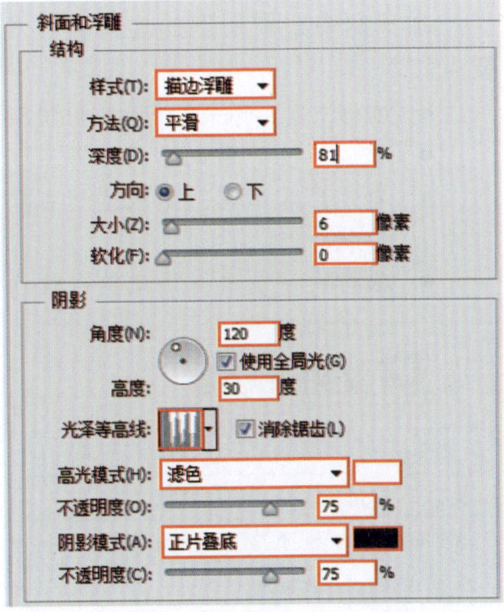

图1-360　“斜面和浮雕”参数

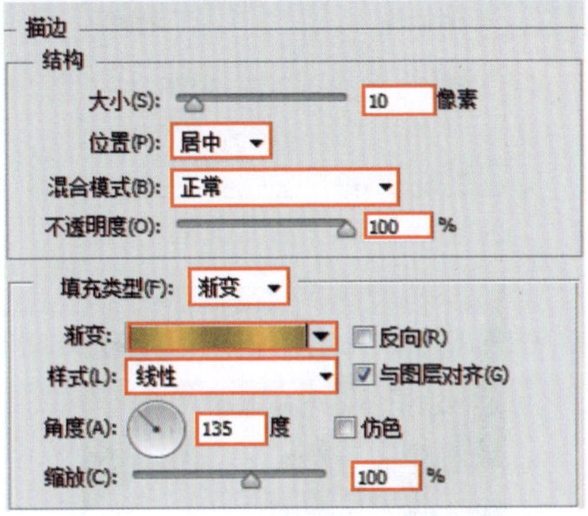

图1-361“描边”参数

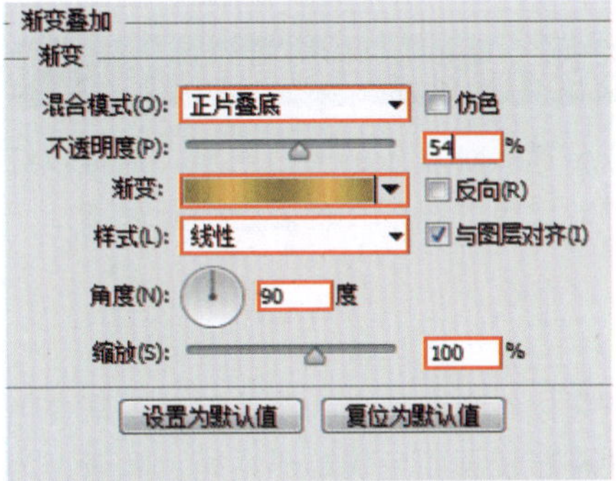

图1-362　“渐变叠加”参数

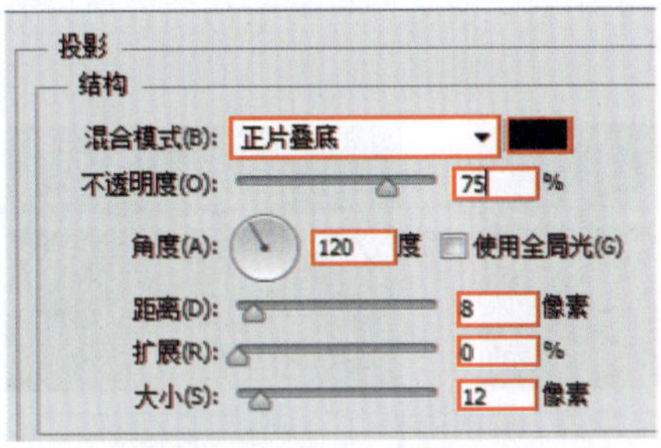

图1-363　“投影”参数

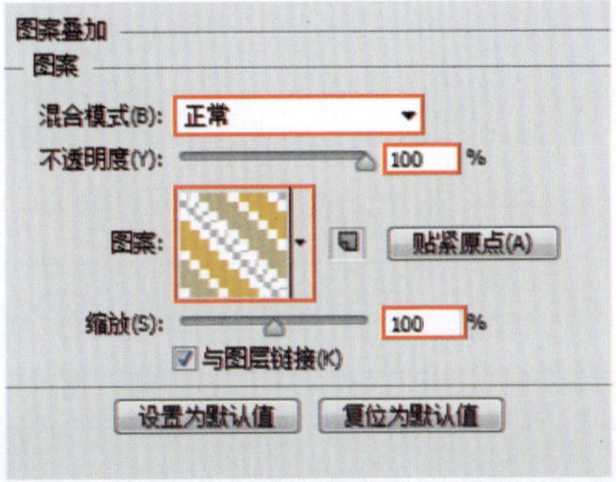

图1-364　“图案叠加”参数

图1-365　文字效果

❸ 输入文字“HAPPY NEW YEAR”。将主体文字的“图层样式”复制给新输入的文字，如图1-366所示。选择主体文字图层，按住“Alt”键，同时拖拽图层最右端的fx至“HAPPY NEW YEAR”文字图层，如图1-367所示。此时效果如图1-368所示。

图1-366　输入文字

图1-367　复制图层样式

图1-368　文字效果

❹ 此时文字效果不明显，需通过调整“缩放效果”达到理想的状态。选择“HAPPY NEW YEAR”的文字图层，在图层最右端的“倒三角”上单击鼠标右键，在弹出的面板中选择“缩放效果”选项，如图1-369所示。在弹出的“缩放图层效果”对话框中设置“缩放”为20%，如图1-370所示。最终画面效果如图1-371所示。

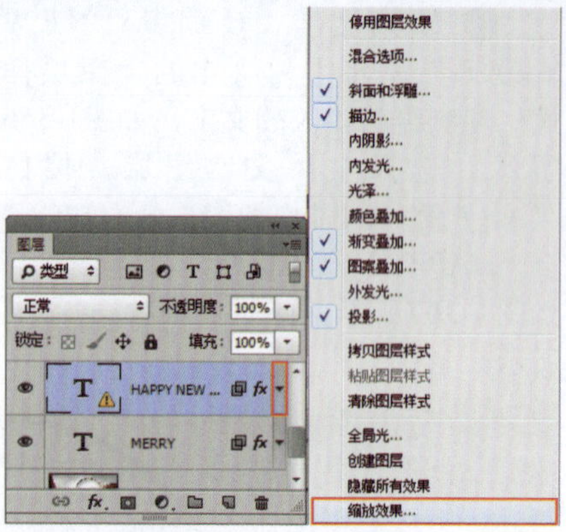

图1-369　执行“缩放效果”命令

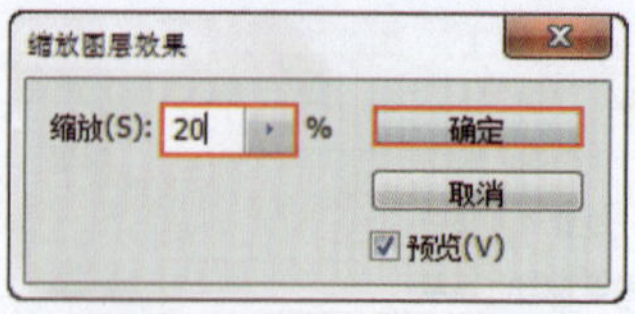

图1-370　“缩放图层效果”参数

图1-371　最终效果

实例030　3D效果的字体设计——恭贺新春

节日主题风格的文字设计，是向受众传递一种欢乐的节日气氛。通常以红色调为主，再搭配其他的辅助颜色。这种对比色的搭配在色彩上为画面增加了视觉冲击力。

案例效果剖析

恭贺新春文字通常颜色喜庆，本案例是以红色和黄色为主，红黄的渐变色组合又使其与背景色融合，背景中蓝色的幕布使画面色调趋于平衡、和谐。为文字添加“图层样式”及“曲线”“剪贴蒙版”等特效操作，使文字立体化，然后使用变形工具弯曲文字，使文字更具柔和感，使画面更具亲切感。部分效果展示如图1-372所示。

图1-372　效果展示

案例技术要点

本案例主要用到的功能及技术要点如下。

- 横排文字工具：用来输入文字。
- 3D命令：用来制作3D效果文字。

源文件路径	案例文件\第1章\实例30\		
素材路径	案例文件\第1章\实例30\		
视频路径	视频教学\第1章\实例30.flv		
难易程度	★★★	学习时间	2分29秒

实例031　活泼生动的字体设计——网店促销广告

网店促销广告讲究美观大方、主题凸出。本案例中，促销海报简约而不失内容，用简单的图形与文字把海报的内容表现地淋漓尽致。

案例效果剖析

制作本案例时需要使用形状工具绘制形状，在绘制各个形状时，要注意它们所在的位置，这个可以使用参考线进行辅助操作。形状绘制完成后，就可以输入文字了，文字的颜色、位置、字体、字号都需要注意，这样显得主次分明。部分效果展示如图1-373所示。

图1-373　效果展示

案例技术要点

本案例中主要用到的功能及技术要点如下。

- 矩形工具：用来绘制矩形形状。
- 椭圆工具：用来绘制正圆。
- 自定形状工具：用来绘制自定形状。
- 横排文字工具：用来输入该作品中的文字。

案例制作步骤

源文件路径	案例文件\第1章\实例31\
素材路径	案例文件\第1章\实例31\
视频路径	视频教学\第1章\实例31.flv
难易程度	★★★
学习时间	1分55秒

❶ 打开背景素材“1.jpg”，如图1-374所示。选择工具箱中的“矩形工具”，“绘制模式”设置为“形状”，“填充”设置为“洋红色”，“描边”设置为“无颜色”，设置完成后在画面中绘制矩形，画面效果如图1-375所示。

图1-374 背景素材

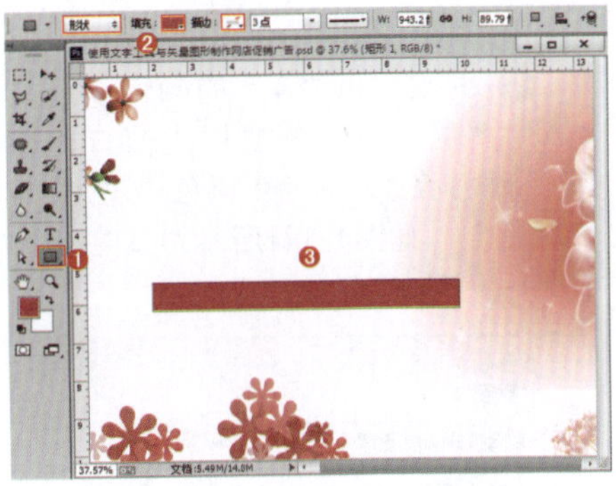

图1-375 绘制矩形

❷ 选择工具箱的“椭圆工具”，“绘制模式”设置为“形状”，“填充”设置为“洋红色”，“描边”设置为“无颜色”。按住“Shift”键，在画面中拖拽鼠标，绘制圆形，效果如图1-376所示。接下来绘制矩形框。选择“矩形工具”，“绘制模式”设置为“形状”，“填充”设置为“无颜色”，“描边”设置为“洋红色”，“描边粗细”设置为1点，在所绘制的矩形下方绘制矩形边框，如图1-377所示。

图1-376 绘制图形

图1-377 绘制矩形边框

提 示

填充在不同版本中的区别：

在Photoshop CS6 和Photoshop CC中，可以将图案和渐变色用来填充和描边。

❸ 选择工具箱中的“自定形状工具”，“绘制模式”设置为“形状”，“填充”设置为“洋红色”，“描边”设置为“无颜色”，然后单击选项栏中“形状”选项后的“倒三角”按钮，在下拉面板中选择“复选标记”形状，设置完成后在所绘制的矩形边框上方绘制形状，如图1-378所示。接着制作文字部分。选择“横排文字工具”，“颜色”设置为“白色”，并设置合适的字体和字号，在画面中输入文字，如图1-379所示。继续使用“横排文字工具”输入文字，最终效果如1-380所示。

图1-378 绘制形状

图1-379 输入文字

图1-380 最终效果

实例032 时尚个性的字体设计——卡片文字

本案例中色彩艳丽的文字立体自然的展现在我们视线里。卡片文字通常是对文字添加图层样式，并覆盖到图片上形成的，画面活泼有趣。通常用于节日、儿童、海报等相关的平面设计作品中。

案例效果剖析

本案例中，文字为主要部分，通过添加图层样式为文字添加投影，使其产生立体的效果，然后制作其他图层样式，为图层添加“颜色叠加”以及“描边”等命令，最后覆盖上图钉素材，使图层产生更强的立体感、艺术感。部分效果展示如图1-381所示。

图1-381 效果展示

案例技术要点

本案例中主要用到的功能及技术要点如下。

- 横排文字工具：用来输入文字。
- 图层样式：通过添加投影、颜色叠加、光泽、描边让文字更富立体感。

案例制作步骤

源文件路径	案例文件\第1章\实例32\
素材路径	案例文件\第1章\实例32\
视频路径	视频教学\第1章\实例32.flv
难易程度	★★
学习时间	2分30秒

❶ 打开背景素材“1.jpg”，如图1-382所示。

图1-382　背景素材

❷ 新建两个图层，使用“横排文字工具”T，分别输入“H”“A”，并调整至合适的大小及位置，如图1-383所示。

图1-383　输入文字

❸ 为文字添加“图层样式”，选中图层“H”，执行“图层 | 图层样式 | 投影”命令，参数设置如图1-384所示；勾选“颜色叠加”选项，参数设置如图1-385所示；勾选“光泽”选项，参数设置如图1-386所示；勾选“描边”选项，参数设置如图1-387所示。此时文字效果如图1-388所示。

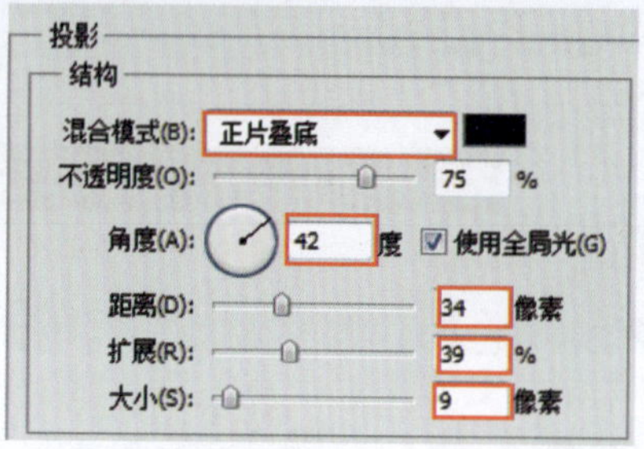

图1-384　“投影”参数

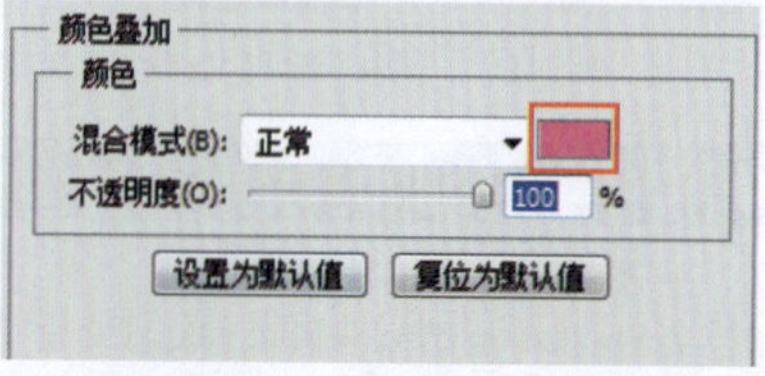

图1-385　“颜色叠加”参数

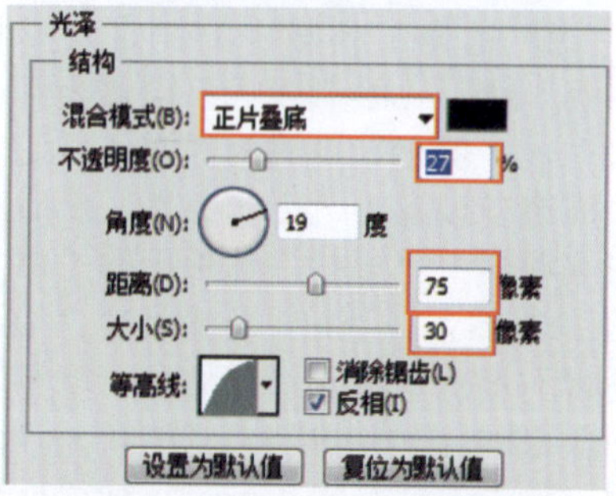

图1-386　“光泽”参数

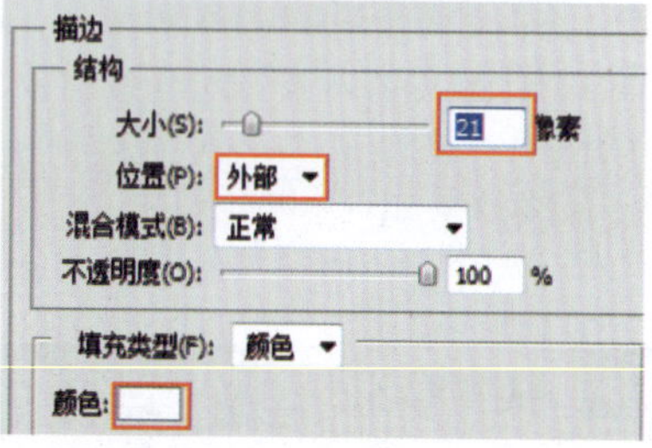

图1-387　“描边”参数

图1-388　文字效果

❹ 制作字母“A”的效果。选中“H”图层，单击鼠标右键，执行“拷贝图层样式”命令，如图1-389所示，然后选择“A”图层，单击鼠标右键，执行“粘贴图层样式”命令，文字效果如图1-390所示。

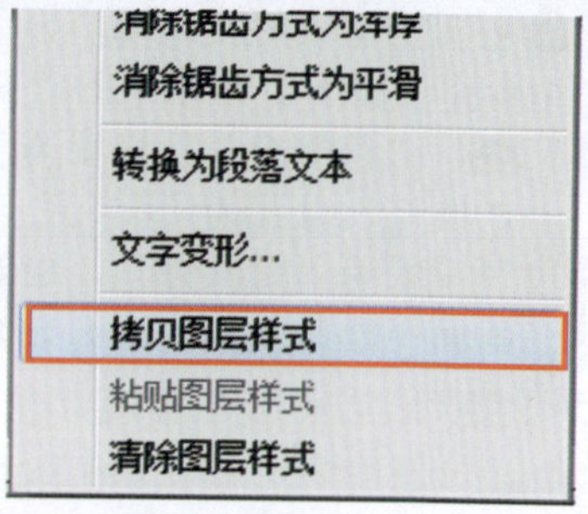

图1-389　拷贝图层样式

图1-390　文字效果

❺ 更改字母“A”的颜色。选中“A”图层，打开图层样式窗口，选择“颜色叠加”，“颜色”设置为“绿色”，如图1-391所示。文字效果如图1-392所示。

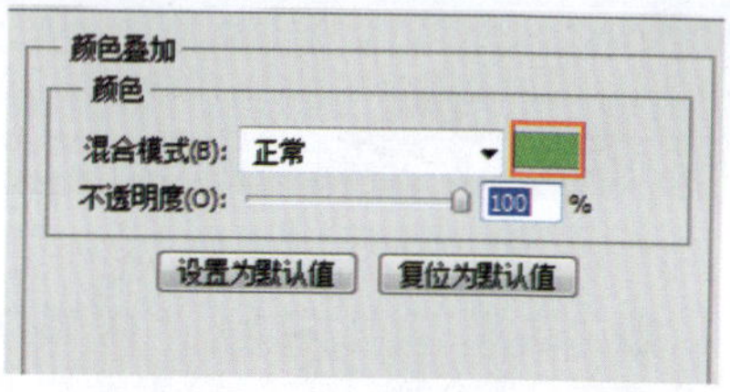

图1-391　“颜色叠加”参数

图1-392　文字效果

❻ 将素材“2.png”导入到画面中，效果如图1-393所示。

图1-393　最终效果

第2章 插图设计

插图设计是平面设计的一个分支，是用图画的形式将文字语言所要表达的内容以艺术的形式表示出来。可以说插图设计是世界范围内通用的语言表达形式，而且在现代艺术高度发展的社会时期，科技也为插图设计提供了新技术和新契机。

插图在大多数广告中比文案占据更多、更重要的位置。他在促销商品广告中与文案有着同等重要的作用，在某些招贴广告中，插图甚至比文案更重要。插图在广告中的主要功能包括吸注功能，看读功能和诱导功能，其中吸注功能主要是指吸引消费者的注意力。

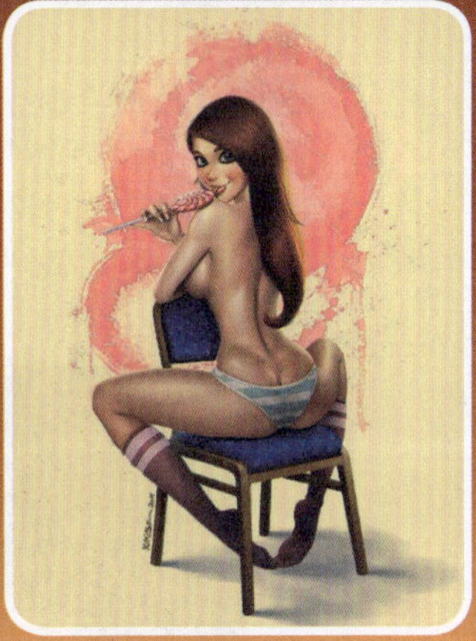

实例033 对比效果插图——明暗分割对比效果

在一张图片中，添加对比效果，可以让图片所要表现的效果更加直观。通常这样的对比效果可以应用在广告和海报中。例如，减肥广告的减肥效果对比，美白广告中的美白效果对比。

案例效果剖析

本案例制作方法比较简单，首先打开素材图片，新建“曲线调整图层”，将画面亮度调低，然后制作出对比效果，接着使用“钢笔工具”绘制形状，降低填充，然后添加外发光图层样式，制作出发光效果的分割线。部分效果展示如图2-1所示。

图2-1 效果展示

案例技术要点

本案例中主要用到的功能及技术要点如下。

- 曲线调整图层：使用曲线命令可以将画面中的亮度压暗。
- 多边形套索工具：使用该工具绘制多边形选区。
- 钢笔工具：用来绘制形状。
- 图层样式：为图层添加外发光图层样式。
- 填充：降低图层的填充，制作发光效果的分割线。

案例制作步骤

源文件路径	案例文件\第2章\实例33\		
素材路径	案例文件\第2章\实例33\		
视频路径	视频教学\第2章\实例33.flv		
难易程度	★★	学习时间	4分48秒

❶ 打开素材“1.jpg”，如图2-2所示。

图2-2　打开素材

❷ 执行“图层 | 新建调整图层 | 曲线”命令，设置参数，如图2-3所示。画面效果如图2-4所示。

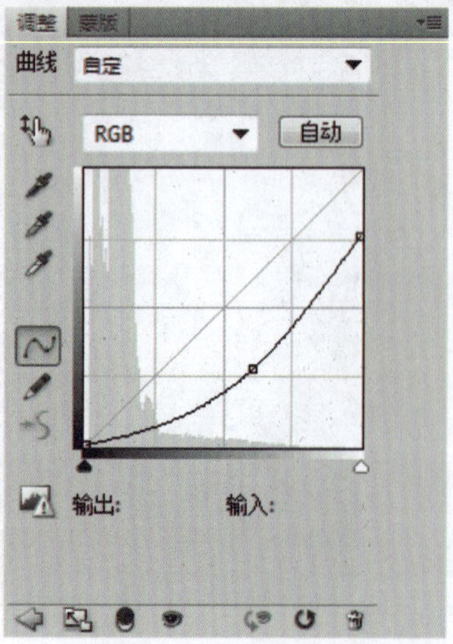

图2-3　“曲线”参数

图2-4　画面效果

❸ 选择该调整图层的图层蒙版。选择工具箱中的“多边形套索工具”，在画面的右侧绘制选区，如图2-5所示。将“前景色”设置为“黑色”，然后进行填充，对此效果如图2-6所示。

图2-5　绘制选区

图2-6　对比效果

提　示

了解“多边形套索工具”：

“多边形套索工具”适合创建转角较为强烈的选区。

❹ 单击工具箱中的“钢笔工具”，在选项栏中设置“绘制模式”为“形状”，“填充色”为“黑色”，绘制在画面相应位置，形状如图2-7所示。在图层面板中将“填充”设置为0%，如图2-8所示。

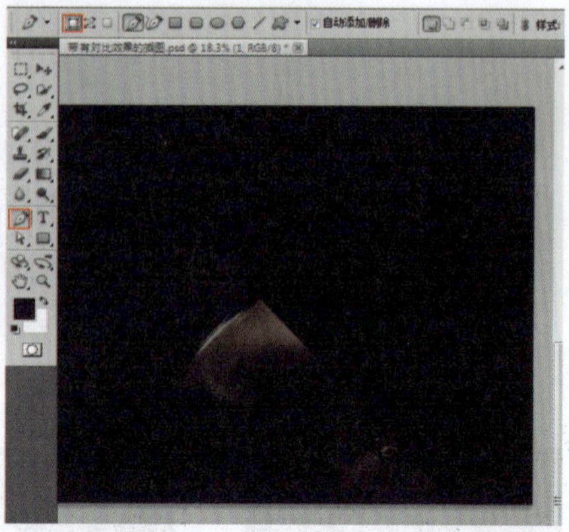

图2-7　绘制形状

图2-8　设置“填充色”

❺ 执行“图层 | 图层样式 | 外发光”命令，参数设置如图2-9所示。最终对此效果如图2-10所示。

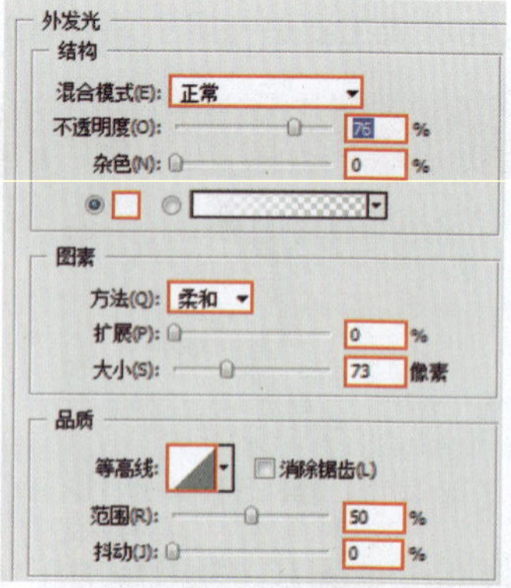

图2-9　“外发光”参数

图2-10　最终效果

实例034　精细效果插图——细腻人像

人像照片的拍摄会受灯光、器材以及各方面的影响，造成照片的部分缺失，人像整体的模糊等常见的问题。

案例效果剖析

本案例中由于原图拍摄的关系，画面有轻微的模糊，案例中主要使用智能锐化滤镜技术增加画面的锐化程度，使人像整体更清晰、富有质感。部分效果展示如图2-11所示。

使用“打开”命令打开人像

使用“智能锐化”命令打造质感人像

图2-11　效果展示

案例技术要点

本案例中主要用到的功能及技术要点如下。

- 图层蒙版：用来隐藏部分锐化效果。
- 智能锐化：用来锐化画面。

源文件路径	案例文件\第2章\实例34\		
素材路径	案例文件\第2章\实例34\		
视频路	视频教学\第2章\实例34.flv		
难易程度	★	学习时间	1分15秒

实例035 幻想风格插图——绘画涂抹感

绘画涂抹感插图通常让人感觉较轻快、真实，其效果如同在图片上进行了真实的绘画和涂抹，适用于插图、节日、商业等相关的平面设计作品中。本案例中温暖明快的橙色系图片搭配上白色的撕边绘画边框，给人以别样疏朗的感觉。

案例效果剖析

本案例中，首先为图层填充颜色，然后调整“混合模式”，接着建立“曲线蒙版”，使画面对比度和色彩感更强，最后添加前景素材。部分效果展示如图2-12所示。

使用“混合模式”混合图层　使用“曲线”命令进行调色　使用“置入”命令导入装饰

图2-12　效果展示

案例技术要点

本案例中主要用到的功能及技术要点如下。

- 图层混合模式：用来更改图层色调。
- 曲线命令：通过调整曲线形状来精确调整图像色调，拟补色感。

案例制作步骤

源文件路径	案例文件\第2章\实例35\		
素材路径	案例文件\第2章\实例35\		
视频路径	视频教学\第2章\实例35.flv		
难易程度	★	学习时间	1分58秒

❶ 打开背景素材“1.jpg”,如图2-13所示。

❷ 新建图层，命名为“图层1”，将其“颜色”填充为“深棕色”，然后设置图层的“混合模式”为“色相”，如图2-14所示。效果如图2-15所示。

图2-13　背景素材

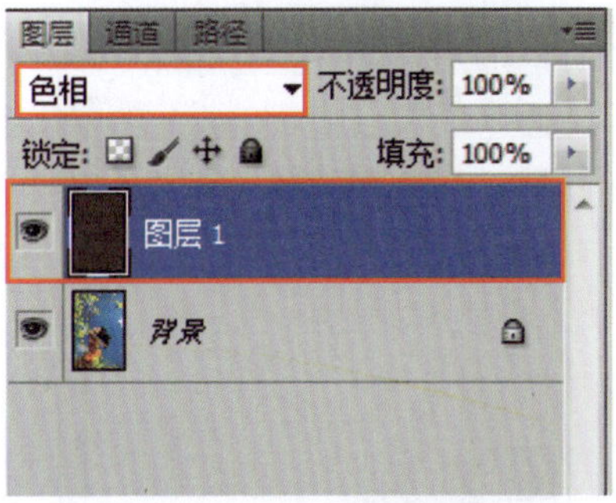

图2-14　混合模式

图2-15　效果图

提　示

什么是混合模式？

混合模式是指图层或图层组与下方图层或图层组的色彩叠加方式。

❸ 此时画面图像的色感不足，对比度较低，需执行“图层 | 新建调整图层 | 曲线”命令，在弹出的曲线调整面板中调整曲线形状，如图2-16所示。接着调整“蓝”通道的曲线形状，如图2-17所示。画面效果如图2-18所示。

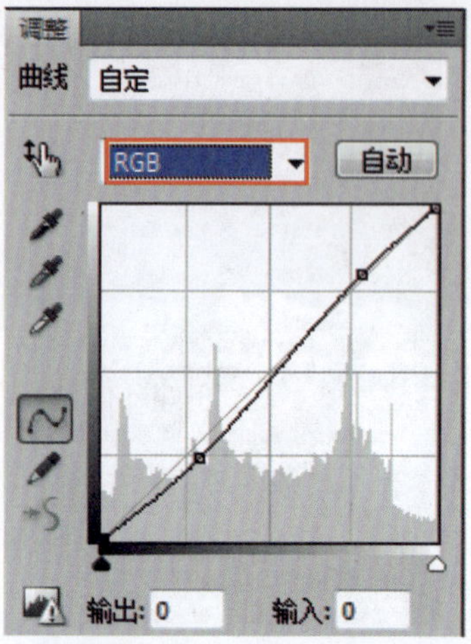

图2-16 曲线形状

图2-17 “蓝”通道曲线形状

图2-18 曲线效果图

❹ 为了制造出绘画涂抹的感觉，导入素材“2.jpg”，命名为“前景素材”，调整其位置及大小，最终效果如图2-19所示。

图2-19 最终效果

实例036 时尚人像插图——快速打造纤纤细腰

在时尚类的杂志、海报等设计作品中，人像一般都是经过后期处理才能达到一个完美的状态，然后才能运用到设计作品中。本案例主要是为人像调整身形，打造曼妙身材。

案例效果剖析

本案例中，使用滤镜中的“液化”对人物进行瘦身，此方法方便且快捷，既不会扭曲周围环境，又保持照片中人物的真实性。执行“滤镜｜液化”命令，打开“液化”滤镜，在人物需要调整的地方进行涂抹，最终达到瘦身效果。效果展示如图2-20所示。

使用打开命令打开原图

使用“液化”滤镜为人像瘦身

图2-20 效果展示

案例技术要点

本案例中主要用到的功能及技术要点如下。

- “液化”滤镜：此案例中是用来为人像瘦身。

源文件路径	案例文件\第2章\实例36\
素材路径	案例文件\第2章\实例36\
视频路径	视频教学\第2章\实例36.flv
难易程度	★★★
学习时间	6分11秒

实例037 唯美风格插图——甜梦女孩

该作品为唯美风格的插图设计，整体色调以粉色为主，色相柔和、甜美。这种带有甜美色调的插图被广泛应用于插图、广告等商业设计作品中。

案例效果剖析

本案例主要是为人物图层添加颜色，是通过新建图层然后填充渐变颜色，然后设置混合模式为人像图层进行调色。制作时，首先使用了“渐变工具”为图层填充了多彩的渐变，然后通过调整图层混合模式使彩色的渐变与人像图层融合，为画面制作了甜美的效果。部分效果展示如图2-21所示。

使用“打开”命令打开图片

使用“渐变工具”填充渐变色

使用置入命令导入装饰

图2-21 效果展示

案例技术要点

本案例中主要用到的功能及技术要点如下。

- 渐变工具：用来编辑渐变颜色。
- 图层蒙版：用来隐藏图层内容。
- 混合模式：将渐变图层通过“混合模式”为人物图层添加色彩。

源文件路径	案例文件\第2章\实例37\		
素材路径	案例文件\第2章\实例37\		
视频路径	视频教学\第2章\实例37.flv		
难易程度	★★	学习时间	1分51秒

实例038 唯美色调插图——梦幻童年

要打造梦幻柔美的人像，就要营造梦幻般的感觉。通过对一张图片增加特效，改变其色调达到此效果，此方法通常用作儿童以及商业人像照片等设计作品中，用处较为广泛。

案例效果剖析

本案例中，主要是通过改变图层的颜色、对比度等，来营造梦幻的效果，在制作过程中需要调整图层“混合模式”以及“不透明度”，并且更改画笔的“不透明度”，绘制需要的素材。部分效果展示如图2-22所示。

使用“打开”命令打开图像

使用“画笔工具”绘制像素

使用“混合模式”添加光晕

图2-22 效果展示

案例技术要点

本案例中主要用到的功能及技术要点如下。

- 画笔工具：用来绘制红色。
- 图层混合模式：用来覆盖图片的颜色。

案例制作步骤

源文件路径	案例文件\第2章\实例38\
素材路径	案例文件\第2章\实例38\
视频路径	视频教学\第2章\实例38.flv
难易程度	★
学习时间	1分33秒

❶ 打开背景素材“1.jpg”，如图2-23所示。

图2-23 背景素材

❷ 新建图层，命名为“红”，将“前景色”设置为“红色”，然后选择工具箱中的“画笔工具”，选择柔角画笔进行绘制。在绘制过程中可以降低画笔的“不透明度”和“流量”，效果如图2-24所示。然后设置该图层的“混合模式”为“滤色”，设置“不透明度”为40%，如图2-25所示。

图2-24 效果图

图2-25 设置“混合模式”

提 示

什么是画笔流量？
画笔流量是指画笔颜色的浓度，流量越大，颜色越浓。

③ 打开光效素材“2.jpg”，如图2-26所示。设置该图层的“混合模式”为“滤色”，最终效果如图2-27所示。

图2-26 光效素材

图2-27 最终效果

实例039 二次曝光效果——林间精灵

“二次曝光”是指在图片处理程序中进行多图叠加而成的特殊效果。这种效果通常给人一种梦幻、异次元的视觉感受。

案例效果剖析

本案例使用了多种命令制作麋鹿多重曝光的效果。首先利用“钢笔工具”和蒙版的搭配使用，抠出麋鹿图像，然后通过“添加图层蒙版”及“混合模式”，制作出多重曝光的效果。部分效果展示如图2-28所示。

图2-28 效果展示

案例技术要点

本案例中主要用到的功能及技术要点如下。

- 图层蒙版：用来进行非破坏性抠图。
- 混合模式：用来制作多重曝光效果。
- 钢笔工具：用来绘制路径，然后将路径转换为选区。

源文件路径	案例文件\第2章\实例39\		
素材路径	案例文件\第2章\实例39\		
视频路径	视频教学\第2章\实例39.flv		
难易程度	★★	学习时间	1分38秒

实例040 电影色调插图——那些年的故事

本案例中，是将普通的照片制作成电影色调的插图。电影色调通常是颜色浓郁，色调梦幻。本案例的制作中，调色是重点。

案例效果剖析

本案例通过调整画面整体色调及添加电影遮幅，将普通的人像制作为具有LOMO风格的电影胶片效果。首先使用“色相饱和度”命令将整体压暗，然后使用“选取颜色”及“亮度对比度”命令调整画面效果，最后使用“矩形工具”制作出宽银幕电影的效果。部分效果展示如图2-29所示。

图2-29 效果展示

案例技术要点

本案例中主要用到的功能及技术要点如下。

- 矩形工具：用来绘制黑色矩形。
- 横排文字工具：用来输入画面中字母。
- 调整图层：利用调整图层为画面调色。

源文件路径	案例文件\第2章\实例40\
素材路径	案例文件\第2章\实例40\
视频路径	视频教学\第2章\实例40.flv
难易程度	★★
学习时间	3分51秒

实例041 3D电影效果插图——奇妙旅程

3D电影效果是将两影像重合，产生三维立体效果，在播放时人肉眼看到的画面是重叠的，有些模糊不清，本案例制作的就是3D电影效果的插图。

案例效果剖析

本案例是根据立体视觉的原理，复制图层，并调整“色调”和“混合模式”使其产生影像重合的效果，然后使用“矩形工具”制作遮幅，从而完美的将一幅图像制作为宽银幕电影。部分效果展示如图2-30所示。

图2-30 效果展示

案例技术要点

本案例中主要用到的功能及技术要点如下。

- 矩形工具：用来绘制黑色的矩形。
- 横排文字工具：用来输入相应文字。
- “通道”面板：通过移动通道打造3D效果。

源文件路径	案例文件\第2章\实例41\		
素材路径	案例文件\第2章\实例41\		
视频路径	视频教学\第2章\实例41.flv		
难易程度	★★★	学习时间	1分13秒

实例042 时尚风格插图——浓郁的暖调

暖调插图是将冷色调或色彩对比度不强烈的图片，通过叠加图层，转变为暖色调图片，适用于节日海报、插图、杂志等相关的平面设计作品中。案例是通过将原本冷郁的图片转变成浓郁的暖色调图片，使整体效果温暖柔和。

案例效果剖析

本案例中，首先要掌握渐变映射蒙版的主要功能及作用，然后使用“渐变映射”调整画面颜色，设置“不透明度”的数值，完成案例的制作。部分效果展示如图2-31所示。

图2-31 效果展示

案例技术要点

本案例中主要用到的功能及技术要点如下。

- 渐变映射：用来调整画面效果。
- 不透明度：降低调整图层的不透明度，从而达到调色效果。

案例制作步骤

源文件路径	案例文件\第2章\实例42\
素材路径	案例文件\第2章\实例42\
视频路径	视频教学\第2章\实例42.flv
难易程度	★
学习时间	1分22秒

❶ 打开背景素材“1.jpg”，如图2-32所示。

图2-32 背景素材

❷ 选中背景图层，执行“图层 | 新建调整图层 | 渐变映射”命令，打开“调整”面板，设置“渐变映射”的颜色，如图2-33所示。执行后的效果如图2-34所示。

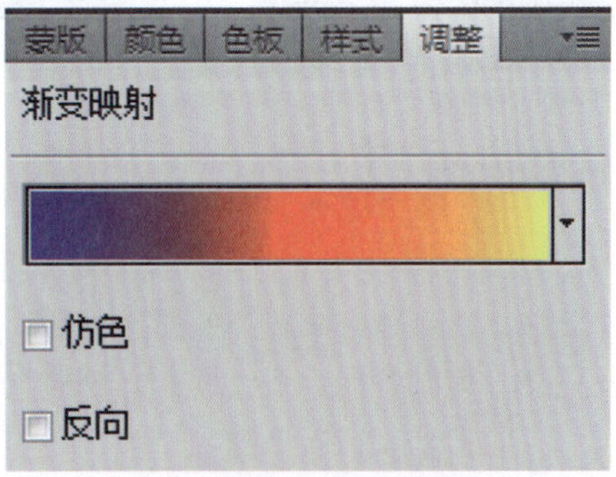

图2-33 “调整”面板

图2-34 效果图

提 示

“渐变映射”的工作原理：

“渐变映射”是先将图像转换为灰度图像，然后将相等的图像灰度范围映射到指定的渐变填色，即将渐变色映射到图像上。

❸ 将“渐变映射”图层的“不透明度”设置为50%，最终效果如图2-35所示。

图2-35　最终效果

实例043　复古风格插图——暗调时尚杂志

时尚插图通常现代感较强，极具现代气息，但复古的风格使颜色较为深邃，通常较适合于商业、时装杂志等既时尚节奏感又强的设计中。本案例中，充满现代气息的图片，搭配上浓郁的色调，体现出了无尽的时尚感与高贵感。

案例效果剖析

本案例中，充满时代气息的人物图像搭配上阴沉、沧桑的背景，令人有种无限迷离的错觉。就此为其添加“色彩平衡”调整图层，并且调整色调及对比度，然后使用“矩形工具”绘制选区并填充颜色，制作边框部分。部分效果展示如图2-36所示。

使用“打开”命令打开人像　使用“色彩平衡”对图像进行调色　使用“矩形工具”绘制边框

图2-36　效果展示

案例技术要点

本案例中主要用到的功能及技术要点如下。

- 色彩平衡蒙版：用来更改图片色彩平衡。
- 矩形选框工具：用来绘制矩形并填充颜色。

案例制作步骤

源文件路径	案例文件\第2章\实例43\		
素材路径	案例文件\第2章\实例43\		
视频路径	视频教学\第2章\实例43.flv		
难易程度	★	学习时间	1分48秒

❶ 打开背景素材“1.jpg”，如图2-37所示。

图2-37　背景素材

❷ 选中背景图层，执行“图层 | 新建调整图层 | 色彩平衡”命令，然后调整色彩平衡参数，如图2-38所示。效果如图2-39所示。

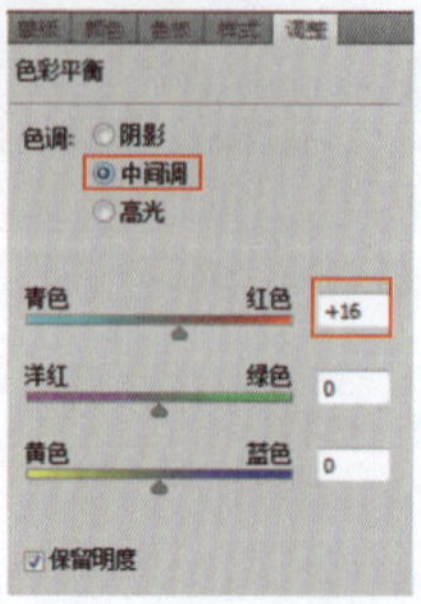

图2-38　“色彩平衡”参数

图2-39　效果图

提　示

“色彩平衡”的工作原理：

色彩平衡命令可以控制图像的色彩分布，使图像整体达到色彩平衡。使用该命令调整图像的颜色时，需根据颜色的补色原理，要减少某个颜色就增加这种颜色的补色。

❸ 新建图层命名为“边框”，单击“矩形选框工具”，在图层最上方绘制矩形并填充黑色，黑色矩形下方依此法绘制矩形，填充颜色为白色，并复制两个矩形至图片下方，执行“编辑 | 变换 | 垂直翻转”命令，调整至适当位置，如图2-40所示。最终效果如图2-41所示。

图2-40　上边框

图2-41　最终效果

实例044 人像插图——打造细腻质感肌肤

数码照片在拍摄时，会存在很多瑕疵，这时可以通过Photoshop进行后期的处理。本案例中，针对人物皮肤进行调整，打造高品质的肤质。

案例效果剖析

本案例使用“蒙尘与划痕”滤镜和图层蒙版，去除人像皮肤的杂色，然后通过调整曲线、自然饱和度及选取颜色的数值，调整人物皮肤的颜色。部分效果展示如图2-42所示。

使用“打开”命令打开图像　使用“滤镜”进行磨皮　使用“调整”图层提亮肤色

图2-42　效果展示

案例技术要点

本案例中主要用到的功能及技术要点如下。

- 图层蒙版：用于隐藏部分调色效果。
- 蒙尘与划痕：使用“蒙尘与划痕”滤镜进行“磨皮”。
- 曲线：用来提亮皮肤颜色。
- 选取颜色：用来增加皮肤的亮度。
- 自然饱和度：用来增加头发和嘴唇的的颜色。

源文件路径	案例文件\第2章\实例44\		
素材路径	案例文件\第2章\实例44\		
视频路径	视频教学\第2章\实例44.flv		
难易程度	★★	学习时间	2分27秒

实例045 拍立得效果插图——趣味照片

“拍立得”是一种即拍即得的照片，通常具有独特的时尚感，如同LOMO风格，追求自由，崇尚无极限。此类平面设计作品应用非常广泛，是当代年轻人处理照片的首选方式。本案例中，一杯咖啡搭配着惬意的图片，无尽的潮流感萦在绕纸上，荡漾在画面中。

案例效果剖析

本案例中，主要由图片及黑白蒙版营造出“拍立得”的感觉，使图片与背景相融合，在制作过程中利用“图层蒙版”使图片嵌入到画面中，然后通过“混合模式”将图片融入到背景中，再导入人像素材，接着使用“图层蒙版”将人像调整到合适的大小，最后使用“黑白”命令，为人像调色。部分效果展示如图2-43所示。

使用“打开”命令打开背景　使用“图层蒙版”抠图　使用“黑白”命令制作单色图像

图2-43　效果展示

案例技术要点

本案例中主要用到的功能及技术要点如下。

- 蒙版工具：用来隐藏不需要的部分。
- 黑白命令：用来制作单色图片。

案例制作步骤

源文件路径	案例文件\第2章\实例45\
素材路径	案例文件\第2章\实例45\
视频路径	视频教学\第2章\实例45.flv
难易程度	★★
学习时间	2分06秒

1 打开背景素材“1.jpg”，如图2-44所示。将素材“2.jpg”导入到画面中，设置该图层的“混合模式”为“正片叠底”，画面效果如图2-45所示。

图2-44　背景素材

图2-45　画面效果

2 选择人物图层，单击图层面板底部的“添加图层蒙版”按钮，并且填充“颜色”为“黑色”，然后选择“套索工具”，绘制四边形选区，如图2-46所示。将选区填充为白色，画面效果如图2-47所示。

图2-46　绘制选区

图2-47 效果图

❸选中素材“2”，执行“图层 | 新建调整图层 | 黑白”命令，然后设置参数，如图2-48所示，最终效果如图2-49所示。

提 示

“去色”命令与“黑白”命令的区别：

“去色”命令只是简单的将画面颜色变成黑白，只是简单的保留画面的黑白关系，但是很多细节都会流失。“黑白”命令则可以通过参数的设置，调整各个颜色在黑白图像中的亮度。

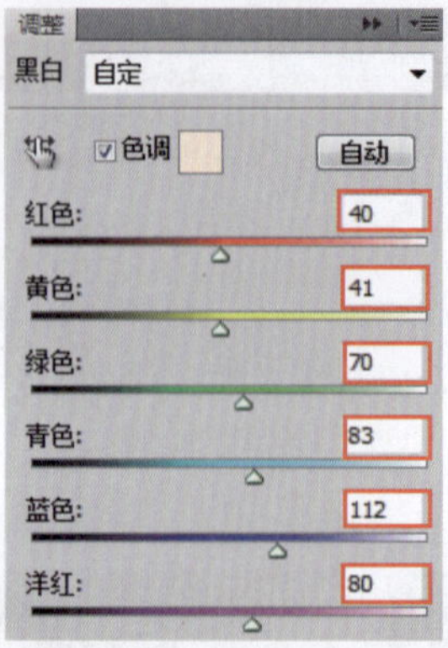

图2-48 “黑白”调整图层参数

图2-49 最终效果

实例046 小清新风格插图——唯美意境

小清新风格插图通常颜色纯净，图片清新。这是目前比较流行也比较受推崇的平面设计风格，可以广泛使用于插图、商业、杂志、网页等各领域的平面设计作品中。本案例中，唯美的图片搭配上粉色特效以及凸显层次的黑色边框，使整幅图片充满了唯美的意境。

案例效果剖析

本案例中，首先要通过“混合模式”改变画面的色调，然后通过“可选颜色”调整图层，将画面颜色调整为淡雅的清新色调。接着通过“曲线”调整图层，制作暗角效果。最后使用文字工具输入画面中的装饰文字。部分效果展示如图2-50所示。

使用“打开”命令打开图像　使用“混合模式”为人像调色　使用“曲线”命令制作暗角

图2-50 效果展示

案例技术要点

本案例中主要用到的功能及技术要点如下。

- “可选颜色”调整图层：用来更改图片颜色及风格。
- “曲线”调整图层：用来制作画面中的暗角。
- 文字工具：用来输入画面中的文字。

案例制作步骤

源文件路径	案例文件\第2章\实例46\
素材路径	案例文件\第2章\实例46\
视频路径	视频教学\第2章\实例46.flv
难易程度	★★
学习时间	2分20秒

❶打开背景素材“1.jpg”，如图2-51所示。

图2-51 背景素材

❷新建图层，将图层颜色填充为“粉色”，如图2-52所示。图层的“混合模式”设置为“柔光”，效果如图2-53所示。

图2-52 填充颜色

图2-53 柔光效果

❸执行“图层 | 新建调整图层 | 可选颜色”命令，参数设置如图2-54和图2-55所示。效果如图2-56所示。

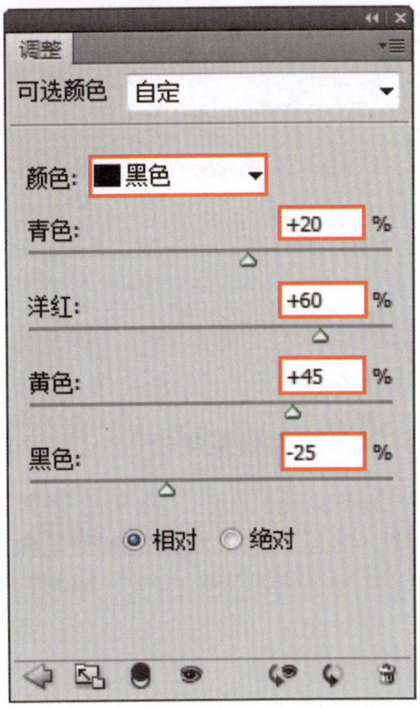

图2-54 “选取颜色”参数-1

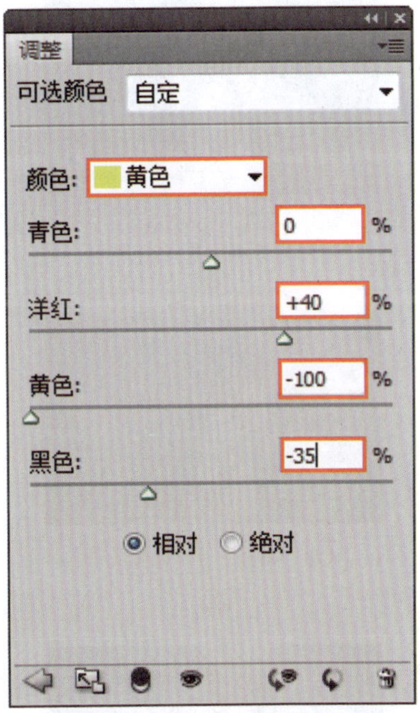

图2-55 “选取颜色”参数-2

图2-56 调色效果

❹ 执行“图层 | 新建调整图层 | 曲线”命令，调整曲线形状，如图2-57所示。选择该图层的“图层蒙版”，使用白色的柔角“画笔工具”，将笔刷调大，在蒙版中制作暗角效果，效果如图2-58所示。

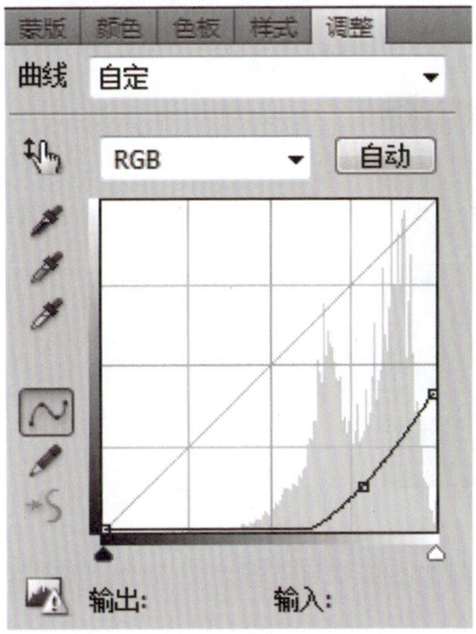

图2-57 曲线形状

图2-58 暗角效果

❺ 输入文字，设置合适的字号、字体，并调整其位置，最终效果如图2-59所示。

图2-59 最终效果

实例047
杂志插图——时尚人像

时尚杂志主要以大图为主，所以需要选择主流颜色，颜色的明暗度差值较为明显且设计感强。本案例中，运用了蓝色调的图片，这既突出了主题人物，又使人物与背景有较强的协调感。

案例效果剖析

本案例的亮点部分是人物，为了凸显人物，需要制作选取颜色蒙版来调整整幅图片的明暗关系。部分效果展示如图2-60所示。

执行“打开”命令打开图像

使用“选取颜色”命令对画面进行调色

图2-60 效果展示

案例技术要点

本案例中主要用到的功能及技术要点如下。

- “可选颜色”调整图层：用来更改图层颜色及明暗对比，制作出深蓝色调。

案例制作步骤

源文件路径	案例文件\第2章\实例47\		
素材路径	案例文件\第2章\实例47\		
视频路径	视频教学\第2章\实例47.flv		
难易程度	★	学习时间	1分17秒

❶ 打开背景素材“1.jpg”，如图2-61所示。

图2-61 背景素材

❷ 选中背景图层，执行“图层 | 新建调整图层 | 可选颜色”命令，然后调整参数，如图2-62所示。最终效果如图2-63所示。

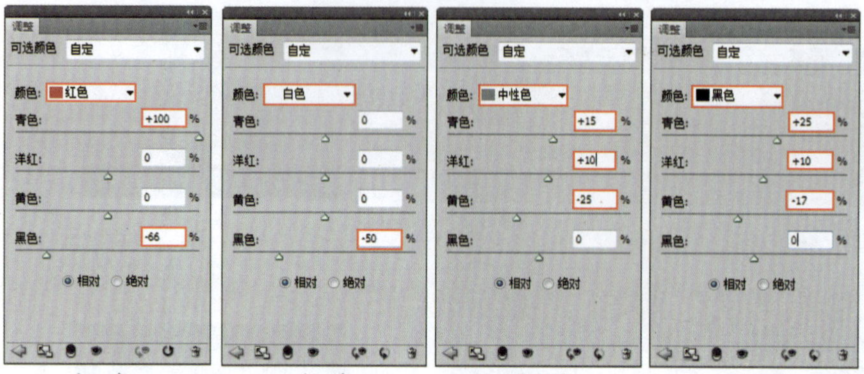

红 色　　白 色　　中性色　　黑 色

图2-62 “可选颜色”参数

图2-63 最终效果

提 示

“可选颜色”的工作原理：

“可选颜色”命令可以在图像中的每个主要颜色成分中更改印刷色的数量，也可以在不影响其他主要颜色的情况下有选择地修改任何主要颜色中的印刷色的数量。

实例048

暗角效果插图——清新自然风格

为插图添加暗角效果主要是加深画面四角的颜色，以突出画面中的主体。通过添加暗角，创造一种空间感，避免视觉上的单调感，这是图片处理的常用手法。

案例效果剖析

制作本案例时，首先打开素材图片，然后通过“曲线”制作暗角效果，接着提亮画面的颜色，增加画面的明暗对比度，最后使用白色的柔角画笔在蒙版中进行调整。部分效果展示如图2-64所示。

图2-64 效果展示

案例技术要点

本案例中主要用到的功能及技术要点如下。

- “曲线”调整图层：用来调整图层明暗关系。
- 画笔工具：用来调整画面中的调色效果。

案例制作步骤

源文件路径	案例文件\第2章\实例48\
素材路径	案例文件\第2章\实例48\
视频路径	视频教学\第2章\实例48.flv
难易程度	★★
学习时间	1分55秒

❶ 打开背景素材“1.jpg”,如图2-65所示。

图2-65　背景素材

❷ 选择背景图层，执行“图层 | 新建调整图层 | 曲线”命令，在调整面板中，调整曲线形状，如图2-66所示。选择“画笔工具”，使用黑色的柔角画笔在图片中间部分进行涂抹，暗角效果如图2-67所示。

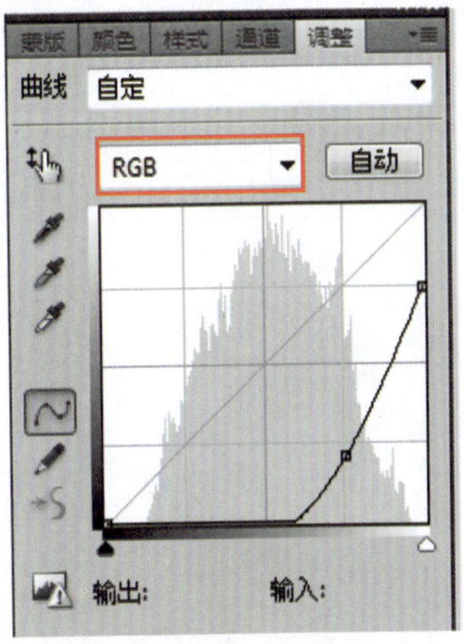

图2-66　调整曲线

图2-67　暗角效果

❸ 此时画面颜色太暗，需要提亮人物的亮度。执行“图层 | 新建调整图层 | 曲线”命令，在调整面板中，调整曲线形状，如图2-68所示。选择图层蒙版，然后选择“画笔工具”，使用黑色的柔角画笔在图片周围绘制出暗角效果，效果如图2-69所示。

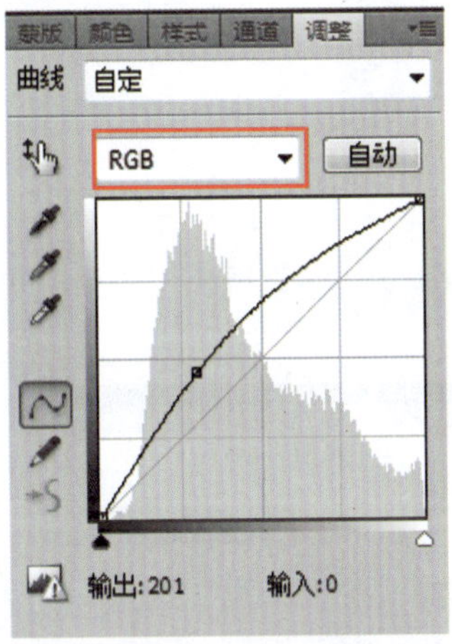

图2-68　调整曲线

图2-69　最终效果

实例049　小清新色调插图——唯美风格

小清新色调的插图通常是以蓝、粉、白等亮色作为背景主体颜色，营造清新、阳光、纯真的感觉，小清新系列图片被广泛应用于各种杂志、界面领域。本案例中，整幅图片由低调又纯真的淡蓝色组成，给人一种清爽的感觉。

案例效果剖析

本案例中，首先使用“可选颜色”调整图层，为画面进行调色，然后新建图层，添加“镜头光晕”滤镜制作画面中的光效。一张普通的图片就这样转变为小清新风格。部分效果展示如图2-70所示。

图2-70　效果展示

案例技术要点

本案例中主要用到的功能及技术要点如下。

- “可选颜色”调整图层：用来更改图片色调。
- 镜头光晕滤镜：用来制作画面中的光效。

案例制作步骤

源文件路径	案例文件\第2章\实例49\		
素材路径	案例文件\第2章\实例49\		
视频路径	视频教学\第2章\实例49.flv		
难易程度	★	学习时间	2分08秒

❶ 打开背景素材“1.jpg”，如图2-71所示。

图2-71 背景素材

❷ 选中背景图层，执行“图层 | 新建调整图层 | 可选颜色”命令，并设置其参数，如图2-72所示。效果如图2-73所示。

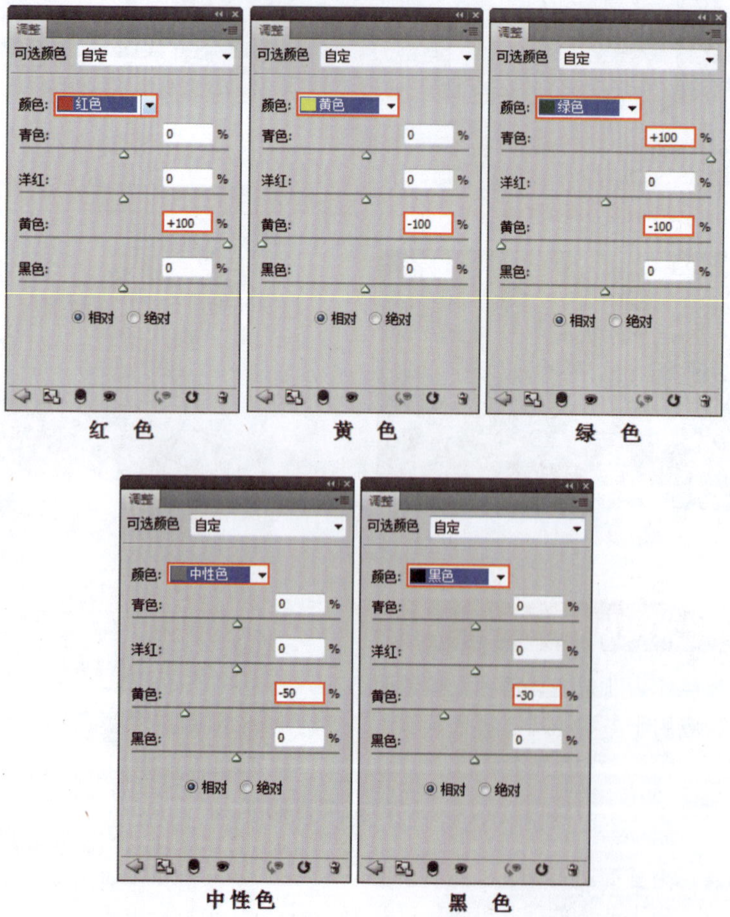

图2-72 “可选颜色”参数

图2-73 调色效果图

❸ 新建图层，填充“黑色”，然后执行“滤镜 | 渲染 | 镜头光晕”命令，参数设置如图2-74所示。设置该图层的“混合模式”为“滤色”，画面效果如图2-75所示。

图2-74 “镜头光晕”参数

图2-75 最终效果

提 示

为什么要新建图层添加“镜头光晕”滤镜？

新建一个图层并填充为“黑色”，再添加“镜头光晕”滤镜，这样可以避免原图层遭到破坏。

实例050 油画效果插图——复古格调

油画效果插图是仿照真正油画而制作的写实类设计作品，制作效果形象逼真。本案例中，复古的边框，做旧效果的图片，以及昏黄的色调，所有效果搭配得浑然一体。

案例效果剖析

本案例中，首先使用“矩形选框工具”绘制矩形并填充颜色，然后使用“图层蒙版”工具遮盖住不需要显露出的部分，最后更改图层“混合模式”以及添加“渐变映射”模板。部分效果展示如图2-76所示。

图2-76 效果展示

案例技术要点

本案例中主要用到的功能及技术要点如下。

- 图层蒙版：用来遮盖需要隐藏的部分。
- 矩形工具：用来绘制选区并填充颜色。
- 渐变映射：用来更改图层颜色效果。
- 剪贴蒙版：针对图像进行调色。

案例制作步骤

源文件路径	案例文件\第2章\实例50\		
素材路径	案例文件\第2章\实例50\		
视频路径	视频教学\第2章\实例50.flv		
难易程度	★	学习时间	2分01秒

❶打开背景素材“1.jpg”，如图2-77所示。

图2-77 背景素材

❷打开素材“2.jpg”，使用“矩形选框工具”沿着相框内侧绘制选区，如图2-78所示。单击“添加图层蒙版”按钮，基于选区添加蒙版，效果如图2-79所示。将该图层的“混合模式”设置为“叠加”，效果如图2-80所示。

图2-78 绘制选区

图2-79 图层蒙版

图2-80 混合模式

❸选择素材“2”图层，执行“图层 | 新建图层样式 | 渐变映射”命令，并在调整面板下更改其渐变颜色，如图2-81所示，效果如图2-82所示。“混合模式”设置为“正片叠底”，“不透明度”设置为30%，效果如图2-83所示。

图2-81 渐变映射

图2-82 效果图

图2-83　最终效果

提　示

如何使调色效果只针对下方图层：

在使用调整图层进行调色时，如果要使调色效果只针对下方图层，可以在“调整”面板中单击“剪贴蒙版”按钮 。

实例051　手绘风格插图——彩色铅笔画

手绘风格的插图特点是模拟徒手绘制图画的效果，这种插图效果通常给人一种亲切感。此类插图可以应用于杂志、儿童刊物的环境中。

案例效果剖析

本案例是将普通人像制作出铅笔画的效果，案例中使用了“渐变叠加”的图层样式，为人像及文字添加渐变效果，使人物的面部更加立体，然后使用“画笔工具”及更改“不透明度”绘制光效，使人像产生逼真的绘画效果，然后通过调整曲线形状调亮画面。部分效果展示如图2-84所示。

使用“打开”命令打开人像

使用“混合模式”进行调色

使用“混合模式”添加纹理

图2-84　效果展示

案例技术要点

本案例中主要用到的功能及技术要点如下。

- 图层样式：为图层添加“渐变叠加”“投影”的效果。
- 曲线工具：用来提升画面亮度。
- 渐变工具：用来编辑渐变颜色，为图层填充渐变颜色。

源文件路径	案例文件\第2章\实例51\		
素材路径	案例文件\第2章\实例51\		
视频路径	视频教学\第2章\实例51.flv		
难易程度	★★★★	学习时间	2分15秒

实例052　复古风格插图——记忆的孤岛

本案例中，讲解的是一个具有怀旧风格的插图设计。这类的插图设计可以应用在小说、杂志、书籍的内页设计之中，也适合应用在一些较为忧郁、悲情的氛围中。

案例效果剖析

在制作本案例时，首先选择一个符合这个怀旧风格的图片，然后改变图像的饱和度和色相，再为它进行合成。最后使用“调色”技术，将原本蓝色调的图像调成黄色调。部分效果展示如图2-85所示。

执行“打开”命令打开图像

调节饱和度制作黑白照片

使用“混合模式”添加纹理

图2-85　效果展示

案例技术要点

本案例中主要用到的功能及技术要点如下。

- 色相/饱和度：用来降低画面的饱和度。
- 混合模式：将星空和纸张的素材融入到画面中。
- 色彩平衡：用来将画面调整为黄色调。
- 曲线：用来提亮画面颜色。

案例制作步骤

源文件路径	案例文件\第2章\实例52\
素材路径	案例文件\第2章\实例52\
视频路径	视频教学\第2章\实例52.flv
难易程度	★★★
学习时间	2分08秒

❶ 创建新组，命名为“背景”。打开背景素材“1.jpg”，如图2-86所示。

图2-86 背景素材

❷ 创建新的“色相/饱和度”调整图层，在弹出的“色相/饱和度”对话框中设置颜色参数，如图2-87所示。在“图层”面板中用右键单击该图层，在弹出的快捷菜单中选择“创建剪贴蒙版”命令，效果如图2-88所示。

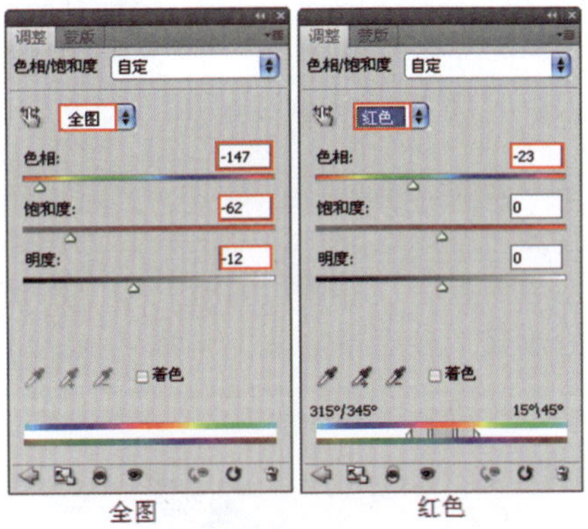

全图 红色

图2-87 “色相/饱和度”参数

图2-88 效果图

❸ 导入光效素材“2.jpg”，如图2-89所示。“混合模式”设置为“滤色”。画面效果如图2-90所示。

图2-89 光效素材

图2-90 “滤色”效果

提 示

“滤色”的工作原理：

“滤色”的工作原理是与黑色混合时颜色不变，与白色混合时产生白色。

❹ 创建新的“色相/饱和度”调整图层，在弹出的“色相/饱和度”对话框中调整颜色参数，如图2-91所示。在“图层”面板中右键单击该图层，在弹出的快捷菜单中选择“创建剪贴蒙版”命令，效果如图2-92所示。

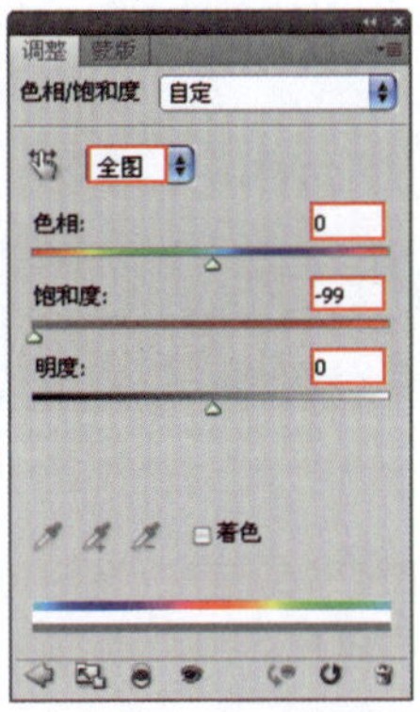

图2-91 “色相/饱和度”参数

图2-92 效果图

❺ 整体调整颜色。创建新的“色相/饱和度”调整图层，在弹出的“色相/饱和度”对话框中调整颜色，参数设置如图2-93所示。效果如图2-94所示。

❻ 创建新的“色彩平衡”调整图层，在弹出的“色彩平衡”对话框中调整颜色，参数设置如图2-95所示，效果如图2-96所示。

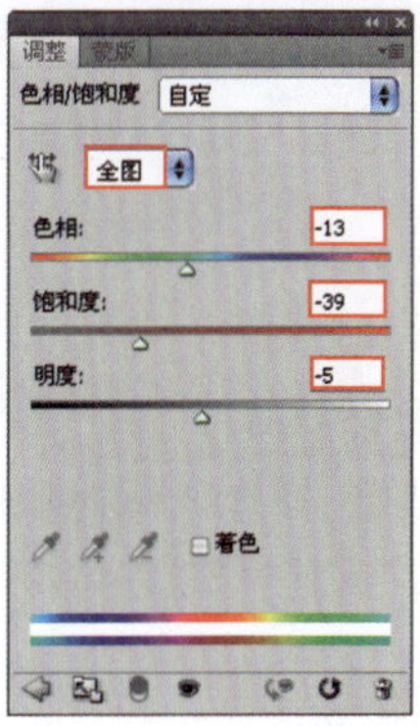

图2-93 “色相/饱和度”参数

图2-94 效果图

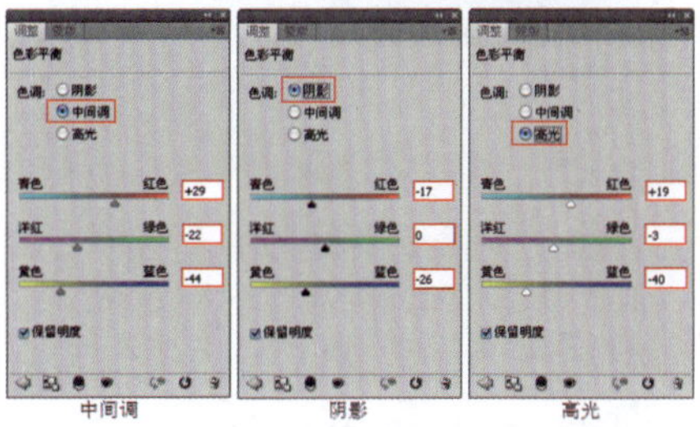

中间调 阴影 高光

图2-95 “色彩平衡”参数

图2-96 效果图

❼ 创建新的“曲线”调整图层，在弹出的“曲线”对话框中调整颜色，参数设置如图2-97所示。效果如图2-98所示。

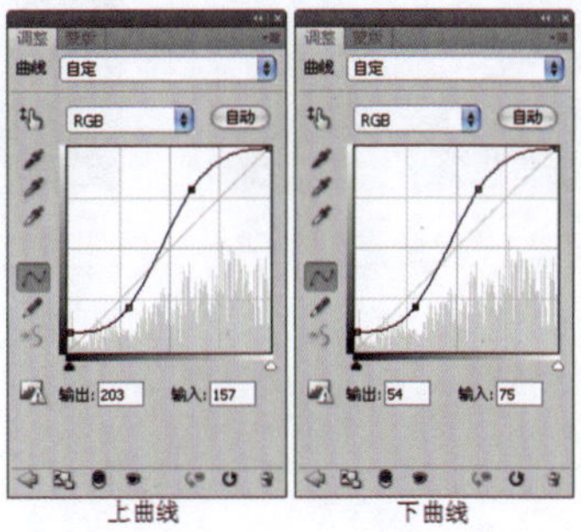

上曲线 下曲线

图2-97 “曲线”参数

图2-98 效果图

❽ 创建新图层，填充红色，如图2-99所示。添加蒙版，使用白色“画笔工具” 绘制四边，效果如图2-100所示。

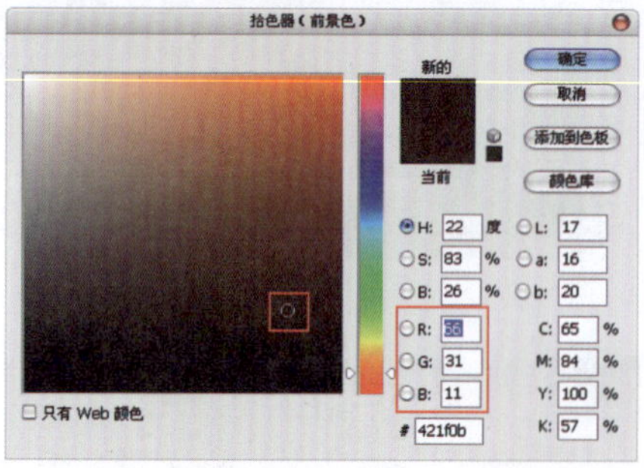

图2-99 颜色参数

❾ 导入壁纸素材文件“3.jpg”，“混合模式”设置为“正片叠底”，如图2-101所示。最后导入文字素材“4.png”，如图2-102所示。

图2-100 效果图

图2-101 导入壁纸素材

图2-102 导入文字素材

实例053 手绘效果插图——色彩艳丽的城市绘画

手绘效果的插图是常见的插图类型，使用Photoshop可以迅速打造各种手绘效果。本案例中使用“油画”滤镜可以快速、便捷的将拍摄的照片制作成手绘油画的效果。

案例效果剖析

本案例中使用了“油画”滤镜将画面进行细微的扭曲变形，柔滑的线条及混杂的颜色使边角生硬的楼宇变得柔和，更具手绘效果，然后使用“模糊工具”及调整图层“混合模式”，进一步加强手绘效果，通过“渐变工具”及“图层蒙版”的搭配使用，使画面产生了深邃递进的效果。部分效果展示如图2-103所示。

使用“打开命令”打开图片 → 使用“油画”滤镜制作手绘效果 → 使用“图层蒙版”制作边框

图2-103 效果展示

案例技术要点

本案例中主要用到的功能及技术要点如下。

- 图层蒙版：用来隐藏部分滤镜效果。
- “油画”滤镜：用来迅速打造油画效果。
- 自然饱和度：用来增加画面颜色的自然饱和度。
- 动感模糊：为图层添加动感模糊效果。

源文件路径	案例文件\第2章\实例53\
素材路径	案例文件\第2章\实例53\
视频路径	视频教学\第2章\实例53.flv
难易程度	★★★
学习时间	2分04秒

实例054 写意风格插画——水墨江南

本案例制作的是一种国画的效果，此效果易让人联想起诗情画意的水乡。此类插图适合应用在具有古典气质的书籍或书刊中。

案例效果剖析

制作本案例时，首先选择一个具有江南特点的图片，然后将其色调调整为淡青色，再通过滤镜制作出水墨的效果，最后添加文字装饰素材。部分效果展示如图2-104所示。

使用“打开”命令打开图片 → 模拟水墨画效果 → 使用“橡皮擦工具”制作“撕边”效果

图2-104 效果展示

案例技术要点

本案例中主要用到的功能及技术要点如下。

- 曲线：用来调整画面颜色。
- 水彩滤镜：用来制作水墨画效果。
- 色阶：用来提亮画面中的灰色。
- 曲线：用来提亮画面的亮度。

案例制作步骤

源文件路径	案例文件\第2章\实例54\
素材路径	案例文件\第2章\实例54\
视频路径	视频教学\第2章\实例54.flv
难易程度	★★★
学习时间	2分04秒

❶ 打开背景素材“1.jpg”，如图2-105所示。

图2-105 背景素材

❷ 调整图像颜色。执行“图层丨新建调整图层丨曲线”命令，调整各通道的曲线形状，如图2-106所示。调整完成后的图像效果如图2-107所示。

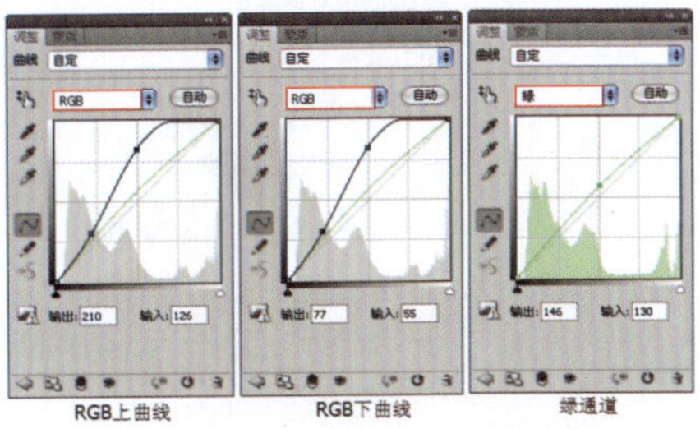

RGB上曲线　RGB下曲线　绿通道

图2-106 “曲线”参数

图2-107 效果图

❸ 按快捷键“Ctrl+Alt+Shift+E”盖印图层，执行“滤镜丨艺术效果丨水彩”命令，参数设置如图2-108所示。选择“半调图案”，参数设置如图2-109所示。

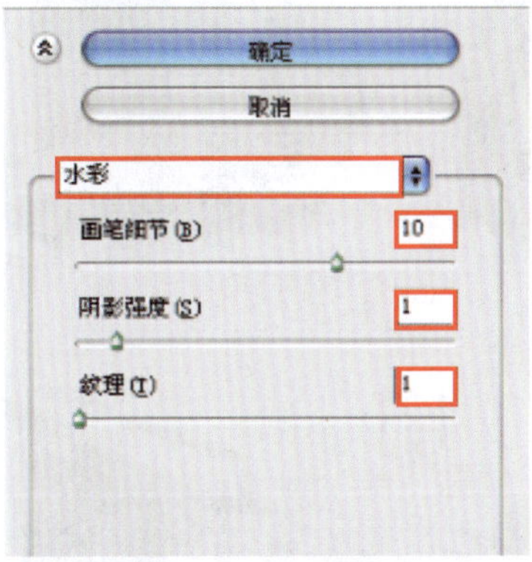

图2-108 “水彩”参数

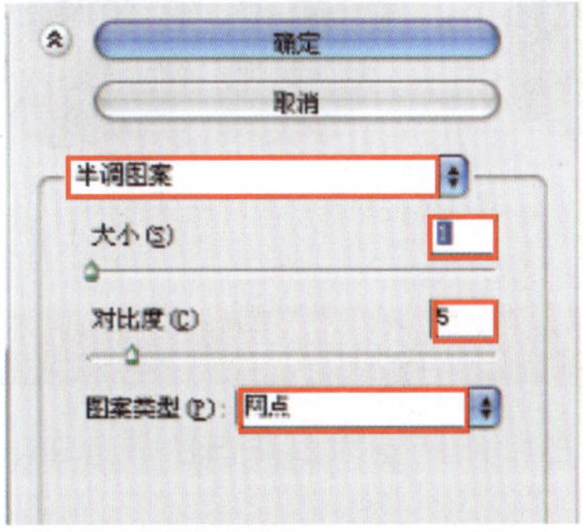

图2-109 “半调图案”参数

❹ 接着执行“滤镜丨模糊丨特殊模糊”命令，参数如下图2-110所示。此时效果如图2-111所示。

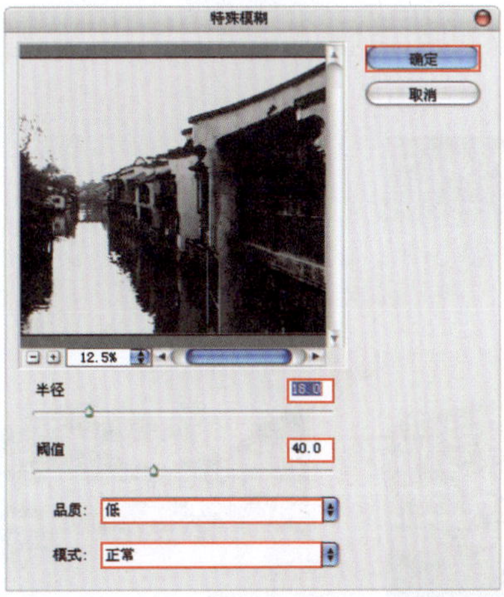

图2-110 “特殊模糊”参数

图2-111 效果图

❺ 创建新的“色阶”调整图层，在弹出的“色阶”对话框中调整颜色，参数设置如图2-112所示。效果如图2-113所示。

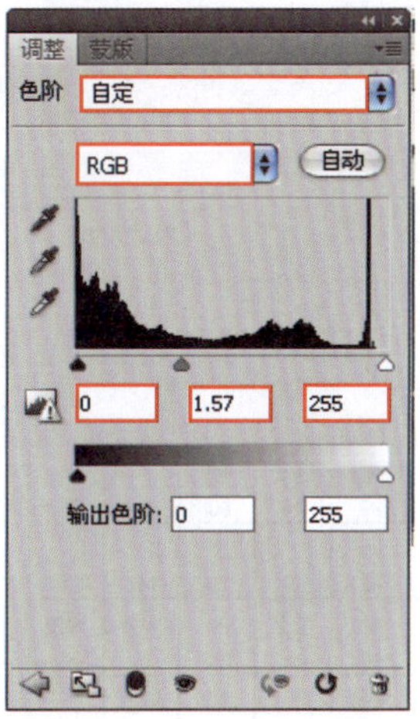

图2-112 “色阶”调整图层参数

图2-113 效果图

❻ 创建新的“曲线”调整图层，在弹出的“曲线”对话框中调整颜色，参数如图2-114所示。效果如图2-115所示。

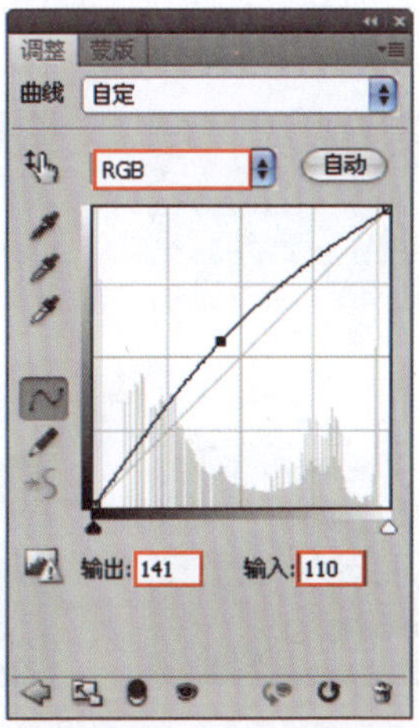

图2-114 创建“曲线”调整图层

图2-115 效果图

⑦ 创建新图层，使用“画笔工具”，设置画笔大小为380，样式为大涂抹炭笔，如图2-116所示。绘制在中间，显露出中间的水墨风景，如图2-117所示。

⑧ 导入艺术字素材“2.png”文件，如图2-118所示。

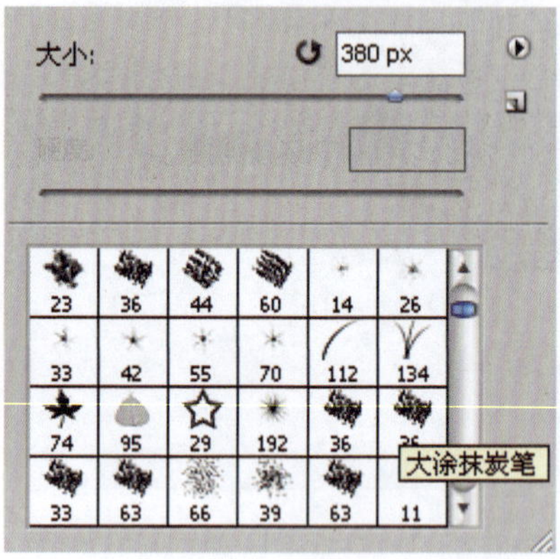

图2-116 设置画笔

图2-117 效果图

图2-118 最终效果

实例055 写意风格插画——悠然水墨情

制作水墨画效果需使用多种特效，将彩色画面制作为以黑白色调为主，营造出古香古味的画面效果。

案例效果剖析

本案例是要制作一种黑白色调中掺杂少许彩色的插图。首先使用“去色”工具将画面调制为灰白色调，“调整亮度/对比度数值”使其达到水墨的效果，黑白灰三色的搭配使画面产生一种神秘感，“高斯模糊”滤镜的使用增强了画面水墨感的效果，画面底部的一抹深绿色又为古板的画面色调增添了一丝俏皮感。部分效果展示如图2-119所示。

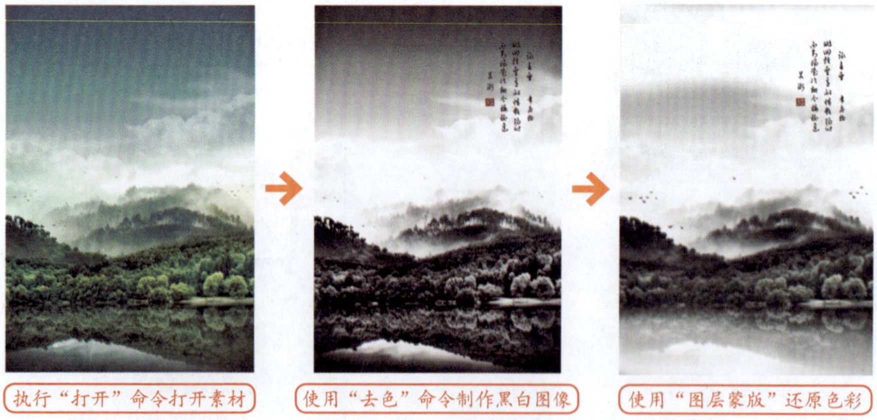

图2-119 效果展示

案例技术要点

本案例主要用到的功能及技术要点如下。

- 调整图层：使用调整图层进行调色，并使用调整的蒙版隐藏部分调色效果。
- “特殊模糊”滤镜：为图层添制作出水墨效果。
- “查找边缘”滤镜：用来制作插图边缘凸出的效果。

源文件路径	案例文件\第2章\实例55\
素材路径	案例文件\第2章\实例55\
视频路径	视频教学\第2章\实例55.flv
难易程度	★★★★
学习时间	2分56秒

实例056 可爱风格插图——粉嫩青春

本案例讲解的是人物混合插图设计——粉嫩青春。在本案例中，我们将人物与花纹相结合，使之产生混搭的效果。这样的插图风格适合应用在以青春、少女的主题的题材中。

案例效果剖析

制作本案例时，人物部分是关键。首先使用“钢笔工具”抠图，然后使用调色技术调色，绘制人物的眼影、眼线及唇妆，最后添加素材，一幅混合插图就制作完成了。部分效果展示如图2-120所示。

图2-120 效果展示

案例技术要点

本案例中主要用到的功能及技术要点如下。

- 钢笔工具：用来绘制路径，达到抠图的目的。
- 混合模式：用来制作画面的光效部分。
- 曲线：用来提亮画面颜色。
- 画笔工具：用来绘制眼影及唇彩。
- 色相/饱和度：用来调节画面颜色。

案例制作步骤

源文件路径	案例文件\第2章\实例56\		
素材路径	案例文件\第2章\实例56\		
视频路径	视频教学\第2章\实例56.flv		
难易程度	★★★	学习时间	2分10秒

❶ 打开背景素材“1.jpg”，如图2-121所示。导入人像素材“2.jpg”，使用“钢笔工具”绘制人像选区，添加“图层蒙版”，把人像抠出来，如图2-122所示。

图2-121 背景素材

图2-122 人像素材

❷ 提亮人物颜色。新建“曲线”调整图层。执行“图层 | 新建调整图层 | 曲线”命令，调整曲线形状，如图2-123所示。调整完成后，使用黑色的“画笔工具”在图层蒙版中涂抹，还原人物腿部的色彩，效果如图2-124所示。

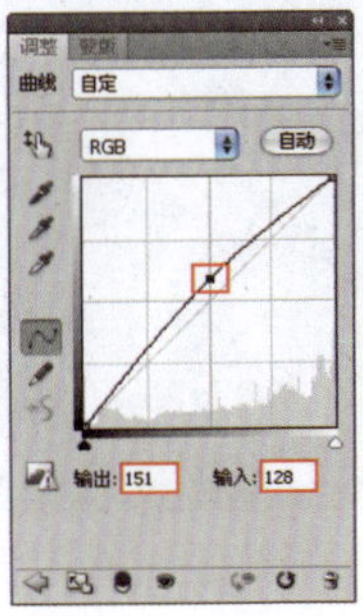

图2-123 创建“曲线”调整图层

图2-124 效果图

❸ 导入光效素材“3.png”，设置“混合模式”为“滤色”，如图2-125所示。画面效果如图2-126所示。

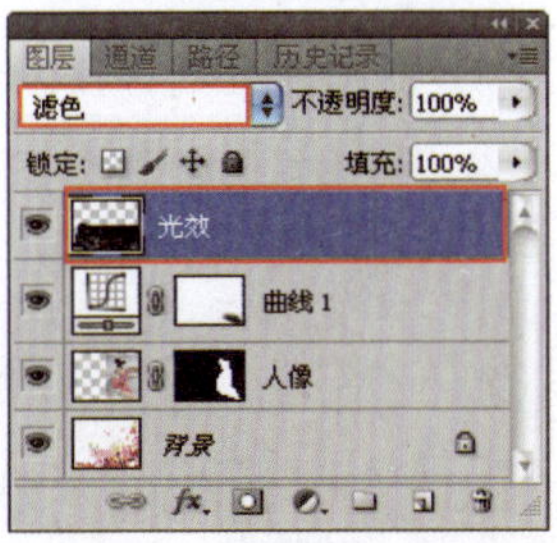

图2-125 设置“混合模式”

图2-126 效果图

❹ 添加边框。使用“矩形选框工具”绘制长条矩形，填充白色，如图2-127所示。

图2-127 添加边框

❺ 创建新组，命名为“妆面”，导入头花素材“4.png”，如图2-128所示。创建新图层，使用“画笔工具”绘制黑色下眼线和淡粉色上眼影，如图2-129所示。

图2-128 头花素材

图2-129 绘制眼线和眼影

❻ 调整眼影部分的颜色。创建新的“色相/饱和度”调整图层，在弹出的“色相/饱和度”对话框中设置参数，如图2-130所示。点击“色相/饱和度”图层蒙版，蒙版背景设置为黑色，画笔设置为“白色”，绘制眼影，如图2-131所示。

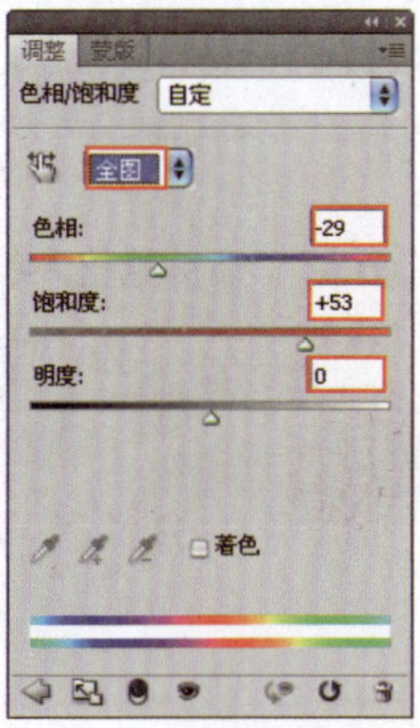

图2-130 “色相/饱和度”参数

图2-131 效果图

❼ 调整嘴唇的颜色。创建新的“色相/饱和度2”调整图层，在弹出的“色相/饱和度”对话框中设置参数，如图2-132所示。点击“色相/饱

和度”图层蒙版，设置蒙版背景为黑色，画笔设置为白色，绘制嘴唇，如图2-133所示。

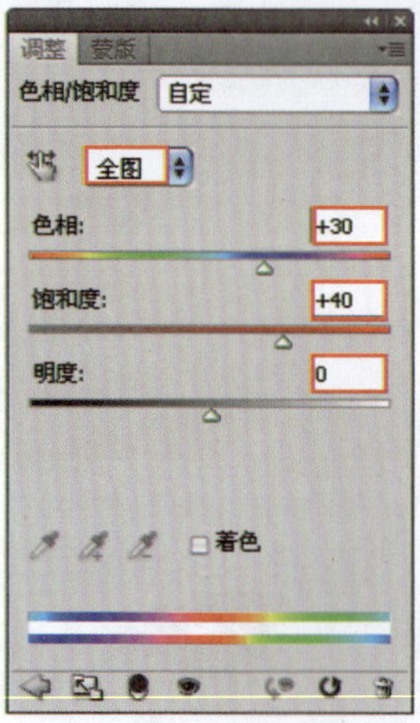

图2-132 “色相/饱和度”参数

图2-133 嘴唇效果

❽ 导入艺术字“5.png”，最终效果如图2-134所示。

图2-134 最终效果

实例057 混合插图——缤纷世界

混合插图通常颜色明快，图案抽象、动感，表达内容丰富，色彩搭配对比强烈，增强了画面可识别性，通常被用于杂志、插图等平面设计作品中。

案例效果剖析

本案例是一种混合型插图，矢量装饰与人物像相结合，画面给人一种丰富、绚丽的视觉感受。画面采用倾斜的版面布局，而且呈现放射状，给人一种向往与延伸的感觉。制作时选择橘色来冲淡覆盖较大面积的画面，使图像趋于统一色调，使用“画笔工具”绘制并添加图层蒙版，使缤纷的彩色线条搭配在看似凌乱却又不显杂乱的画面中。部分效果展示如图2-135所示。

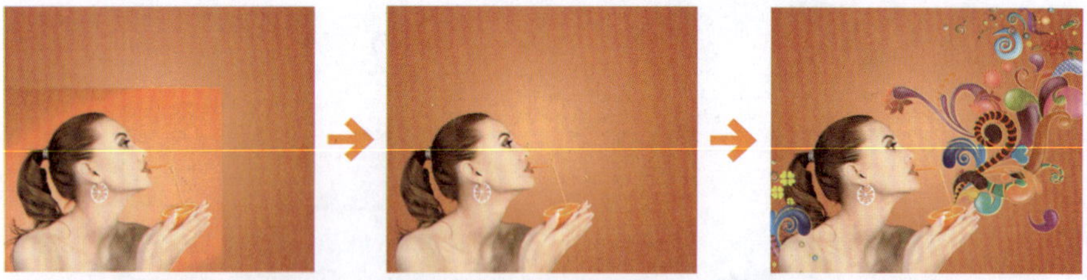

使用“渐变工具”制作背景　使用“图层蒙版”抠图　使用“置入”命名导入花纹

图2-135 效果展示

案例技术要点

本案例中主要用到的功能及技术要点如下。

- 图层蒙版：用来抠图。
- 快速选择工具：用来获取人物选区。
- 图层样式：为花纹添加图层样式。

源文件路径	案例文件\第2章\实例57\		
素材路径	案例文件\第2章\实例57\		
视频路径	视频教学\第2章\实例57.flv		
难易程度	★★★	学习时间	5分15秒

实例058 炫酷合成插图——黑翼帝国

本案例讲解的是黑翼帝国主题的插图设计，画面以灰色为主色调，整体传递着压抑、恐怖的气氛。这样的插图风格应该与恐怖、邪恶的主题联系在一起，也可以应用在类似主题的海报设计中。

案例效果剖析

本案例中，首先使用“混合模式”将翅膀融入到背景中，然后使用“钢笔工具”对人物抠图，再对人像的肤色、嘴唇、鞋子进行调整，最后制作墙壁上的裂痕效果，进行画面的装饰。部分效果展示如图2-136所示。

使用“混合模式”制作背景
使用“图层蒙版”抠图
使用文字工具输入文字

图2-136 效果展示

案例技术要点

本案例中主要用到的功能及技术要点如下。

- 混合模式：用来制作背景部分。
- 图层蒙版：用来抠图。
- 可选颜色：用来调整人像色调。
- 钢笔工具：用来绘制路径以达到抠图的目的。
- 图层样式：用来制作画面中的发光效果。

案例制作步骤

源文件路径	案例文件\第2章\实例58\		
素材路径	案例文件\第2章\实例58\		
视频路径	视频教学\第2章\实例58.flv		
难易程度	★★★	学习时间	8分59秒

❶ 创建新组，命名为“背景”。打开背景素材“1.jpg”，如图2-137所示。导入“雾”素材“2.png”，放置在背景的上半部分，如图2-138所示。

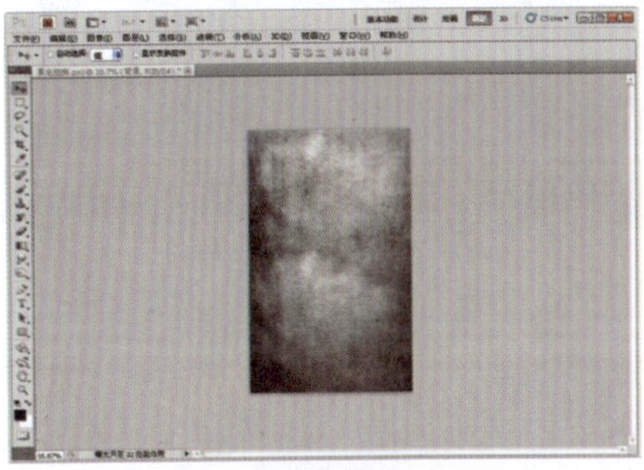

图2-137 背景素材

图2-138 雾素材

❷ 导入翅膀“3.jpg”，并将其进行旋转，如图2-139所示。设置该图层的“混合模式”为“变暗”，效果如图2-140所示。

提 示

“变暗”的工作原理：

比较每个通道信息，并选择基色或混合色中较暗的颜色作为结果色，同时替换比混合色亮的像素，而比混合色暗的像素保持不变。

图2-139 旋转翅膀

图2-140 设置“混合模式”

❸ 选择背景图层，使用“矩形选框工具”在背景上方绘制一个矩形选区，然后使用快捷键“Ctrl+J”将选区中的内容复制到独立图层，接着移动到“翅膀”图层的上方，如图2-141所示。设置该图层的“不透明度”为60%，效果如图2-142所示。

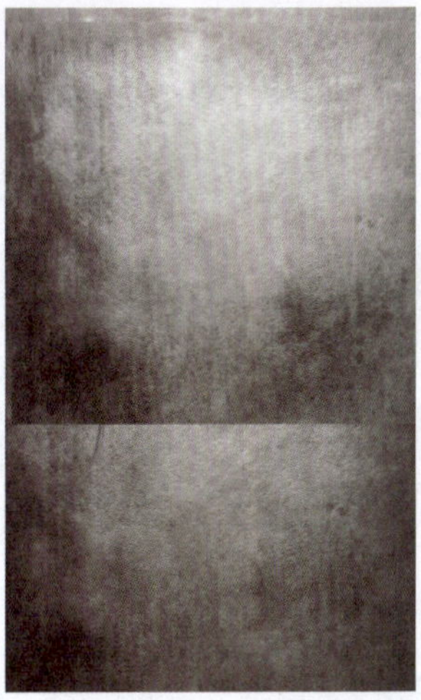

图2-141 复制图层

图2-142 效果图

❹ 继续选择该图层，执行“图层 | 创建剪贴蒙版”命令，画面效果如图2-143所示。选择该图层，单击图层面板底部的“添加图层蒙版”按钮，添加图层蒙版，然后使用灰色的柔角“画笔工具”，隐藏多余的部分，效果如图2-144所示。

图2-143 创建剪贴蒙版

图2-144　添加图层蒙版

❺制作人像部分。创建新组，命名为“人像”。导入人像素材“4.jpg”，使用“钢笔工具”绘制人像，按快捷键“Ctrl + Shift + I”反向选择，再按“Delete”键删除多于背景，如图2-145所示。

图2-145　人像素材

❻为人像调色。执行“图层 | 新建调整图层 | 可选颜色”命令，在弹出的“可选颜色”对话框中调整颜色参数，如图2-146所示。在“图层”面板中用右键单击该图层，在弹出的快捷菜单中选择“创建剪贴蒙版”命令，使用黑色“画笔工具”，在图层蒙版中涂抹人像膝盖，效果如图2-147所示。

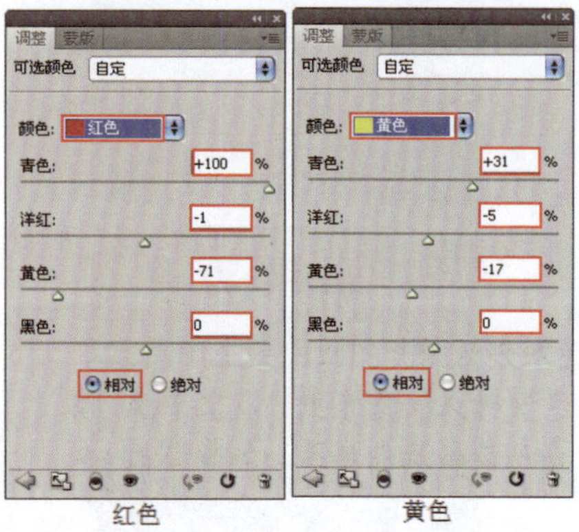

红色　　黄色

图2-146　“可选颜色”参数

图2-147　人像效果

❼创建新图层，命名为“嘴唇”，使用红色“画笔工具”绘制唇色，“混合模式”设置为“柔光”，“不透明度”设置为75%，效果如图2-148所示。创建新的“色相/饱和度”调整图层，在弹出的“色相/饱和度”对话框中调整颜色参数，如图2-149所示。点击“色相/饱和度”蒙版，背景设置为“黑色”，使用白色“画笔工具”绘制嘴唇部分，嘴唇效果如图2-150所示。

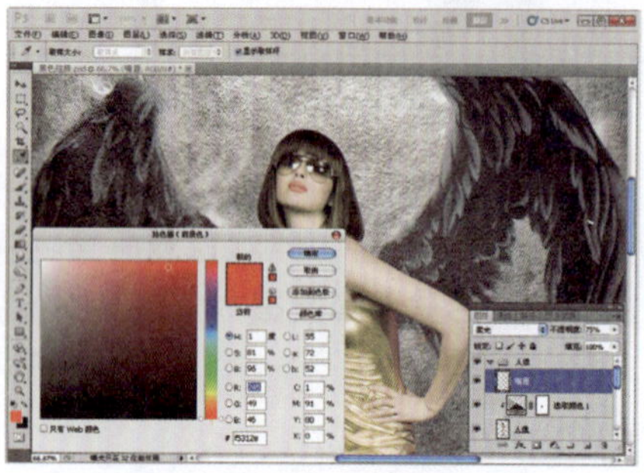

图2-148　绘制唇色

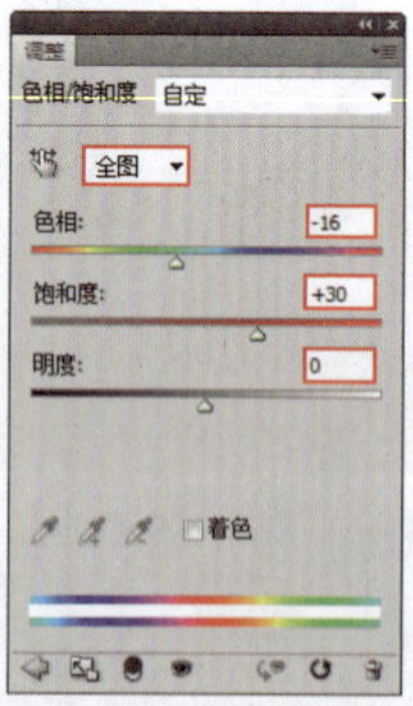

图2-149　“色相/饱和度”参数设置

图2-150　嘴唇效果

❽创建新图层，命名为“鞋”，使用红色“画笔工具”绘制鞋的颜色，设置“混合模式”为“柔光”，效果如图2-151所示。制作前景，创建新组，命名为“前景”。导入血素材“5.png”，放置在红鞋附近，如图2-152所示。

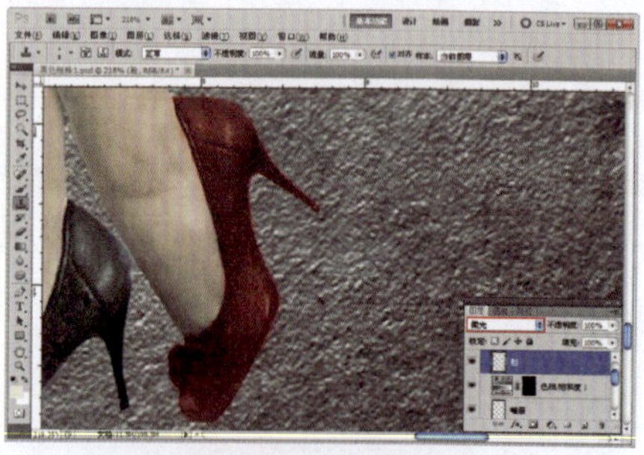

图2-151　绘制鞋

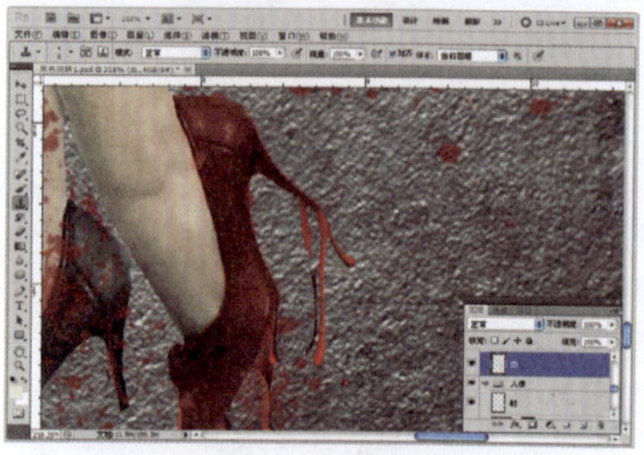

图2-152　导入血素材

❾创建新组，命名为“裂痕”，点击“背景图层”框选下部分背景，使用“复制”和“粘贴”的快捷键“Ctrl+C”和“Ctrl+V”复制出一个单独的下部分背景，挡住人像的右腿部分，如图2-153所示。

图2-153　遮挡左腿

❿导入裂痕素材“6.jpg”，放置在人像身后，“混合模式”设置为“正片叠底”，添加图层蒙版，隐藏多余部分，如图2-154所示。同理，多次复制裂痕图层，分别放置在适当的位置，如图2-155所示。

⓫创建新组，命名为“流淌”。导入流淌素材“7.png”，如图2-156所示。

图2-154 导入裂痕素材

图2-155 复制裂痕图层

图2-156 导入流淌素材

⑫ 创建新图层，使用白色柔边圆“画笔工具”，在人像四周绘制大小不一的光斑，执行“图层 | 图层样式 | 外发光”命令，参数设置如图2-157所示。效果如图2-158所示。

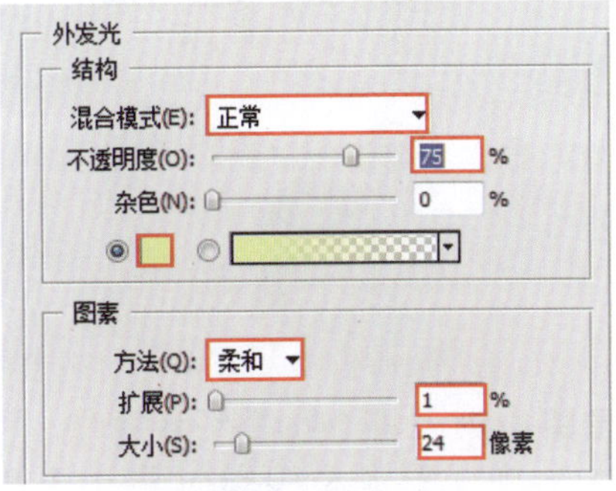

图2-157 “外发光”参数

⑬ 导入石头素材“8.png”，放置在画面中相应的位置，如图2-159所示。

⑭ 压暗四周，创建新的“曲线”调整图层，在弹出的“曲线”对话框中调整参数，点击“曲线”图层蒙版，蒙版背景设置为黑色，用白色“画笔工具”绘制四周，如图2-160所示。

图2-158 光斑效果

图2-159 导入石头素材

图2-160 创建“曲线”调整图层

⑮ 创建新组，命名为“文字”，导入艺术字素材“9.png”，如图2-161所示。创建文字选区，使用红色“画笔工具”绘制文字，设置“混合模式”为“正片叠底”，如图2-162所示。最终效果如图2-163所示。

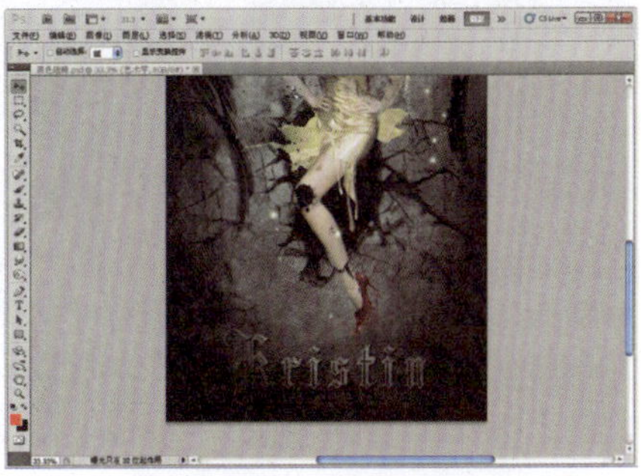

图2-161 导入艺术字素材

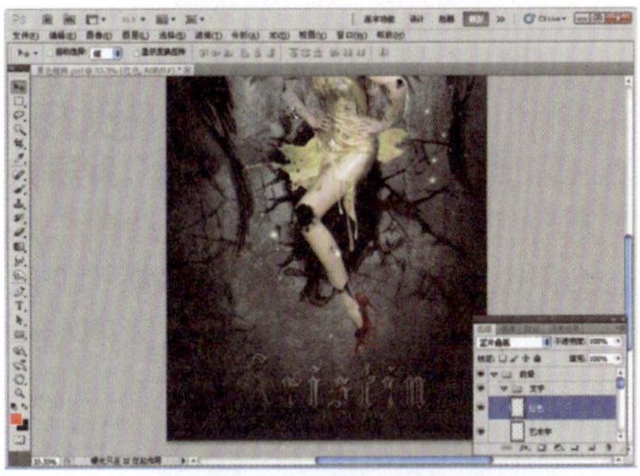

图2-162 绘制文字

图2-163 最终效果

实例059 炫彩光效插图——动感视觉

炫彩光效插图通常颜色绚丽，画面具有节奏感。本案例采用低明度的色调，搭配上紫色的光效，整幅插图给人一种梦幻、绚丽的视觉印象。

案例效果剖析

本案例中，使用“渐变工具”制作了背景光效，使用了“曲线”“剪贴蒙版”等多种工具调整了人像图层，使人像产生了炫彩、动感的效果，然后使用“钢笔工具”及“图层样式”，制作人物周围的装饰线条及方框，最后调整光效素材的“混合模式”及文字效果，为整幅画面添加动感效果。部分效果展示如图2-164所示。

使用“画笔工具”制作光晕　使用“图层蒙版”抠图　使用“描边路径”制作光效果

图2-164　效果展示

案例技术要点

本案例中主要用到的功能及技术要点如下。

- 描边路径：用来制作光线效果。
- 钢笔工具：用来绘制路径。
- 混合模式：用来制作半透明的光效效果。
- 图层样式：为矩形添加图层样式并将图层“填充”设置为0，制作成发光效果。

源文件路径	案例文件\第2章\实例59\		
素材路径	案例文件\第2章\实例59\		
视频路径	视频教学\第2章\实例59.flv		
难易程度	★★★★	学习时间	8分47秒

实例060　混合插图——涂鸦时代

本案例讲解的是欧美风格的混合插图设计。怀旧风格的背景搭配欧美人像及线条装饰，展现出一幅多元化的插图作品。

案例效果剖析

制作本案例时，首先选择一个怀旧风格的背景，然后将欧美人像在调色后融入在画面中。此处制作的重点是人像的调色。将人像抠出后，首先需要将人像皮肤调为白皙，然后提亮皮肤颜色，最后调整裙子的饱和度。在调色时，主要使用到了“可选颜色”“亮度/对比度”“色相/饱和度”等调色工具。部分效果展示如图2-165所示。

使用“置入”命令导入素材　使用“图层蒙版”抠图　使用“混合模式”制作纹身

图2-165　效果展示

案例技术要点

本案例中主要用到的功能及技术要点如下。

- 调色技术：主要用来调整人物肤色和裙子的颜色。
- 画笔工具：用来绘制人物脚下的投影。
- 图层蒙版：用来抠图。

案例制作步骤

源文件路径	案例文件\第2章\实例60\
素材路径	案例文件\第2章\实例60\
视频路径	视频教学\第2章\实例60.flv
难易程度	★★★
学习时间	4分19秒

❶ 打开背景素材“1.jpg”，如图2-166所示。将人物素材“2.jpg”导入到画面中，如图2-167所示。使用“钢笔工具”绘制人像，建立选区，添加图层蒙版。创建新图层，使用黑色“画笔工具”绘制脚下阴影，并拖拽到“人像”图层下面，如图2-168所示。

图2-166　背景素材

图2-167　导入人像

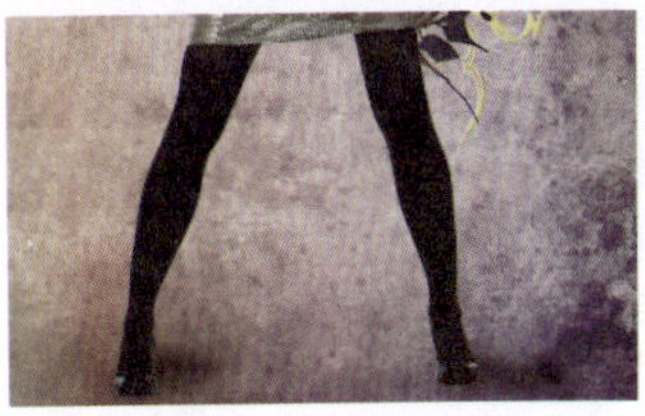

图2-168 绘制阴影

提 示

“钢笔工具”的绘制模式：

使用“钢笔工具”可以绘制路径、形状和像素三种模式。

❷ 创建新的“可选颜色”调整图层，在弹出的“可选颜色”对话框中调整颜色参数，如图2-169所示。在“图层”画板中用右键单击该图层，在弹出的快捷菜单中选择“创建剪贴蒙版”命令，效果如图2-170所示。

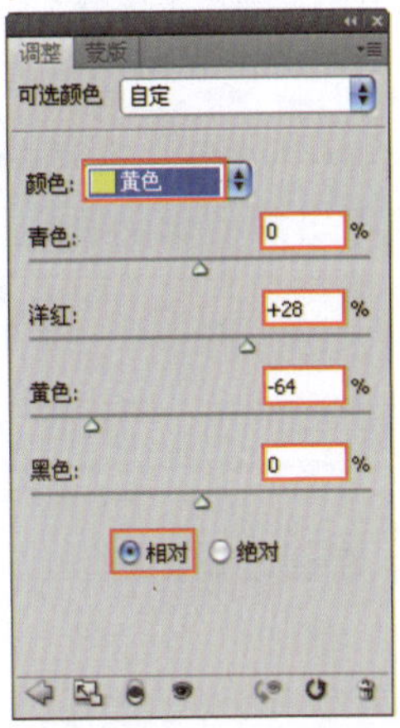

图2-169 “可选颜色”参数

图2-170 效果图

❸ 创建新的“亮度/对比度”调整图层。执行“新建调整图层 | 亮度/对比度”命令，在弹出的“亮度/对比度”对话框中调整颜色参数，如图2-171所示。在“图层”面板中用右键单击该图层，在弹出的快捷菜单中用选择“创建剪贴蒙版”命令，效果如图2-172所示。

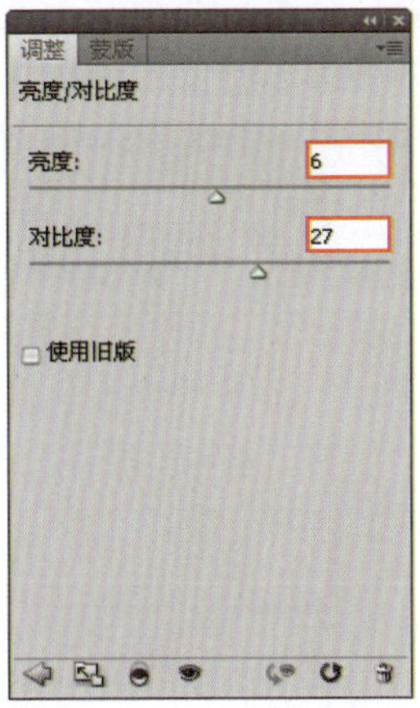

图2-171 “亮度/对比度”参数

图2-172 效果图

❹ 创建新的“色相/饱和度”调整图层。执行“新建调整图层 | 色相/饱和度”命令，在弹出的“色相/饱和度”对话框中调整颜色参数，如图2-173所示。在“图层”面板中用右键单击该图层，在弹出的快捷菜单中用选择“创建剪贴蒙版”命令，点击“色相/饱和度”图层蒙版，设置蒙版背景为“黑色”，用白色“画笔工具”绘制裙子，效果如图2-174所示。

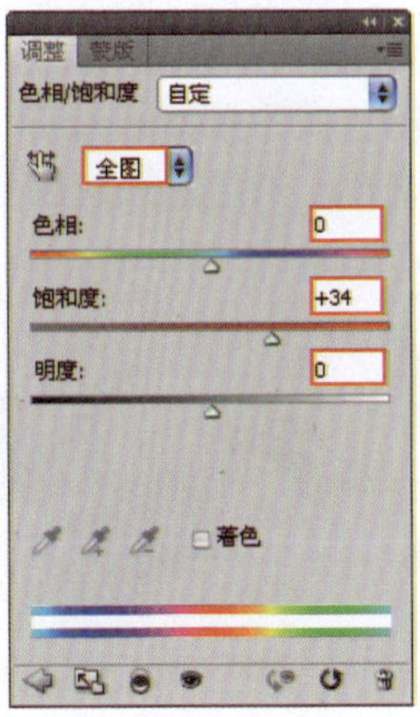

图2-173 “色相/饱和度”参数

图2-174 效果图

❺ 导入纹身素材“3.png”，放置在画面中合适的位置，然后设置该图层的“混合模式”为“正片叠底”，如图2-175所示。导入前景装饰素材“4.png”，设置该图层的“混合模式”为“正片叠底”，如图2-176所示。

图2-175 纹身素材

图2-176 导入前景装饰素材

❻ 创建新的“色相/饱和度”调整图层。执行“新建调整图层 | 色相/饱和度”命令，在弹出的“色相/饱和度”

对话框中调整颜色参数，如图2-177所示。此时效果如图2-178所示。

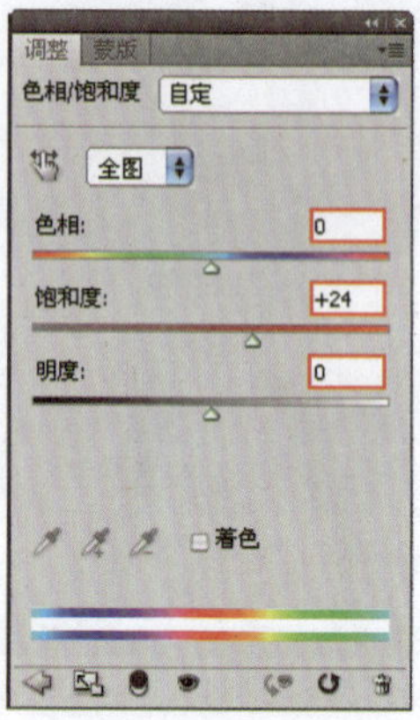

图2-177 “色相/饱和度”参数

图2-178 效果图

❼ 添加暗角。创建新的“曲线”调整图层，执行“新建调整图层 | 曲线”命令在弹出的“曲线”对话框中调整参数，如图2-179所示。最终效果如图2-180所示。

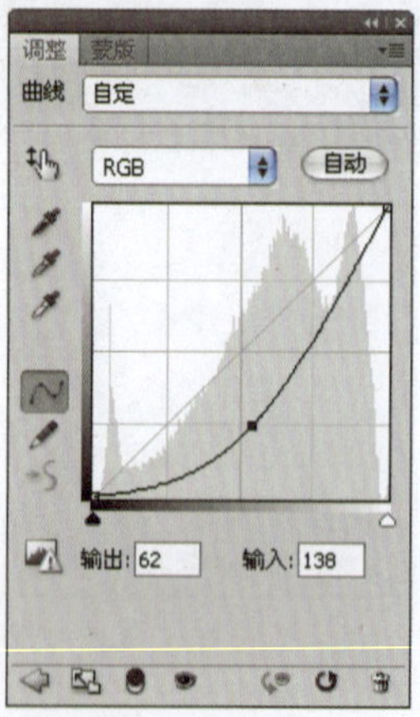

图2-179 “曲线”参数

图2-180 最终效果

实例061 混合插图——欧美范

欧美风格的混合插图给人一种时尚、多元、创新的感觉。本案例中，背景为中式元素和泼墨效果混合而成。前景中是跳跃的人为画面营造了动势，展开的身躯迎合了画面动感、张扬的气氛。

案例效果剖析

本案例中置入了色泽艳丽的键盘和墨迹素材，为使素材与整体融合，使用了“黑白”命令并创建剪贴蒙版使画风统一，使用曲线工具及选区颜色工具，局部调整了画面中的某些部位，使不同风格、不同色调的素材融入于同一张图像之中。制作本案例时，首先要制作水墨风格的背景，然后添加跳跃的人像，最后添加翅膀和装饰素材。部分效果展示如图2-181所示。

使用“移动工具”移动素材 → 使用“图层蒙版”抠图 → 使用“图层蒙版”隐藏翅膀图层

图2-181 效果展示

案例技术要点

本案例中主要用到的功能及技术要点如下。

- 剪贴蒙版：用来隐藏部分调色效果。
- “黑白”命令：将图层调整为单色调。
- 图层蒙版：用来抠图。
- “曲线”命令：用来调整画面对象的明暗程度。

源文件路径	案例文件\第2章\实例61\
素材路径	案例文件\第2章\实例61\
视频路径	视频教学\第2章\实例61.flv
难易程度	★★★★
学习时间	4分03秒

实例062 旧照片效果插图——怀旧记忆

本案例讲解的是旧照片效果，这样的效果制作起来通常较为简单，只是使用混合模式和调色技术。这种怀旧感强的插图设计，可以应用在小说和杂志中。

案例效果剖析

制作本案例时，首先打开背景素材，然后获取背景素材中牛皮纸的选区，并添加图层蒙版，最后将图案调整为黄色调。部分效果展示如图2-182所示。

使用“打开”命令打开背景

↓

使用“混合模式”制作图案

↓

图2-182 效果展示

案例技术要点

本案例中主要用到的功能及技术要点如下。

- 快速选择工具：使用快速选择工具得到选区。
- 图层蒙版：用来隐藏超出画面部分的内容，使图片符合画面的大小。
- 混合模式：使图片产生纸的纹理效果。
- 黑白：将彩色图片调整为黄色调。

案例制作步骤

源文件路径	案例文件\第2章\实例62\
素材路径	案例文件\第2章\实例62\
视频路径	视频教学\第2章\实例62.flv
难易程度	★★★
学习时间	2分16秒

❶ 打开背景素材"1.jpg"，如图2-183所示。导入风景素材"2.jpg"，如图2-184所示。

图2-183 背景素材

图2-184 风景素材

❷ 隐藏"风景"图层，选择背景图层。选择工具箱中的"快速选择工具"，在背景上方的牛皮纸上拖拽鼠标，得到选区。显示"风景"图层并选择该图层。单击"添加图层蒙版"按钮，基于选区添加图层蒙版，效果如图2-185所示。设置该图层的"混合模式"为"正片叠底"，效果如图2-186所示。使用黑色的柔角"画笔工具"在相应位置进行涂抹，效果如图2-187所示。

图2-185 添加图层蒙版

图2-186 设置混合模式

图2-187 效果图

❸ 调整画面颜色。执行"图层|新建调整图层|黑白"命令，参数设置如图2-188所示。设置完成后单击"剪贴蒙版"按钮，效果如图2-189所示。

❹ 增加画面颜色的对比。执行"图层|新建调整图层|曲线"命令，调整曲线形状，如图2-190所示。此时画面效果如图2-191所示。

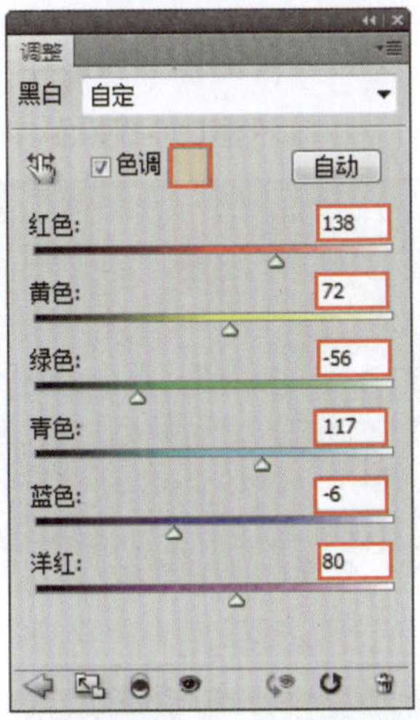

图2-188 "黑白"参数设置

图2-189 画面效果

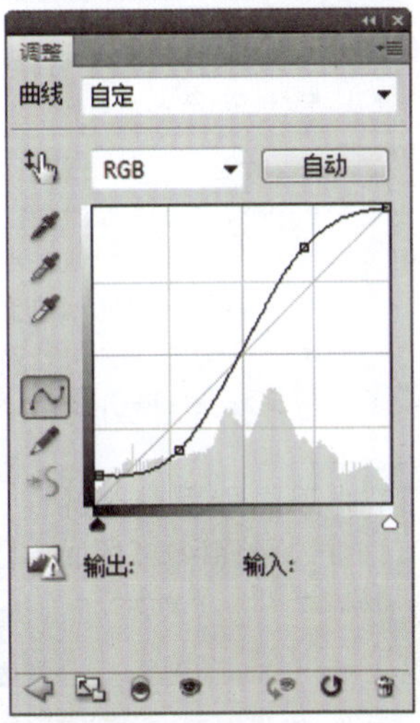

图2-190 "曲线"参数

图2-191 画面效果

❺ 新建图层，使用"矩形选框工具"绘制选区，并填充为"褐

色”，如图2-192所示。选择该图层，执行“图层 | 创建剪贴蒙版”命令，创建剪贴蒙版，效果如图2-193所示。

图2-192 绘制矩形

图2-193 创建剪贴蒙版

❻ 选择该图层，为该图层蒙版填充渐变。使用“渐变工具”填充一个由灰色到黑色的径向渐变，如图2-194所示，最终效果如图2-195所示。

图2-194 填充渐变

图2-195 最终效果

实例063 唯美合成插图——幻境奇缘

唯美是一种柔和的美，这种风格的插图通常色调轻盈、画面梦幻，给人一种无法触及的美感。本案例制作的是以风景为主题的唯美风格插图。

案例效果剖析

幻境奇缘效果是通过调整画面的颜色，一改对事物平常的认知，从而塑造出仙境奇幻般的效果。首先打开图像原图，然后将树林通过调整图层设成粉红色调，接着将“太空”素材添加到画面中，再通过“混合模式”将月亮融合在天空中，最后整体调节画面颜色。部分效果展示如图2-196所示。

使用“打开”命令打开原图

使用“混合模式”进行调色

使用置入命令导入素材

图2-196 效果展示

案例技术要点

本案例主要用到的功能及技术要点如下。

- 调整图层：对图像进行调色。
- 图层蒙版：通过为调整图层添加图层蒙版，隐藏画面部分的调色效果。
- 混合模式：将月亮通过混合模式的方法添加到天空中，制作出梦幻般的效果。

源文件路径	案例文件\第2章\实例63\		
素材路径	案例文件\第2章\实例63\		
视频路径	视频教学\第2章\实例63.flv		
难易程度	★★★★	学习时间	4分17秒

实例064 渐变色彩插图——炫彩插图

渐变色彩插图通常色彩鲜艳，对比鲜明。渐变效果可以使图片层次更明确、画面更明了，多应用于海报、插图、商业等相关的平面设计作品中。案例中，鲜艳的渐变色彩搭配上飘逸的形象，使得整幅图片充满深邃感。

案例效果剖析

本案例中，渐变色彩覆盖了整幅画面，渐变色系相同但颜色差值很大，这使得色彩更为突出，渐变色彩图层更改了图层的混合模式，最后添加了前景样式。制作时，首先要使用“渐变工具”为图层填充渐变颜色，然后更改图层的“混合模式”，使图层适度融合。部分效果展示如图2-197所示。

使用“打开”命令打开原图

使用“混合模式”调色

使用“置入”命令导入素材

图2-197 效果展示

案例技术要点

本案例中主要用到的功能及技术要点如下。

- 渐变工具：用来为图层覆盖颜色。
- 图层混合模式：通过更改图层混合模式，改变图层效果。

案例制作步骤

源文件路径	案例文件\第2章\实例64\
素材路径	案例文件\第2章\实例64\
视频路径	视频教学\第2章\实例64.flv
难易程度	★★
学习时间	1分22秒

❶ 打开背景素材“1.jpg”，如图2-198所示。

图2-198 背景素材

❷ 新建图层，命名为“渐变”，单击工具箱中的“渐变工具”按钮，在选项栏中设置渐变类型为“线性渐变”，调整渐变颜色为“从红色到黄色的渐变”，如图2-199所示。在图层中自右上向左下填充渐变颜色，如图2-200所示。

❸ 在“图层”面板中将该图层的“混合模式”设置为“颜色”，如图2-201所示。此时可以看见画面中的渐变效果，如图2-202所示。

图2-199 “渐变编辑器”参数

图2-200 填充效果

> **提 示**
>
> 渐变的类型：
>
> 渐变有5种类型，分别是“线性渐变”、“径向渐变”、“角度渐变”、“对称渐变”和“菱形渐变”。

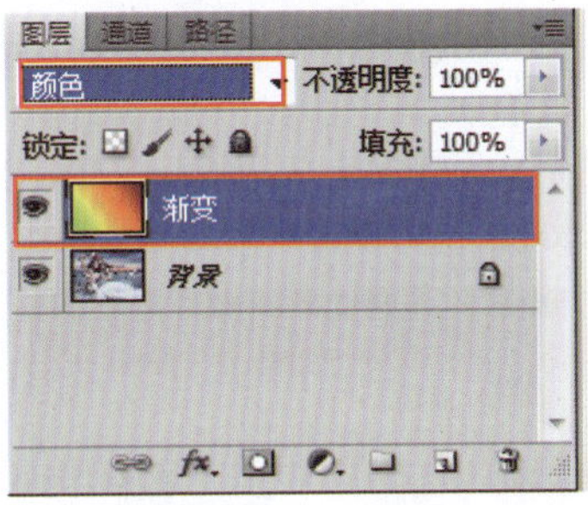

图2-201 更改混合模式

图2-202 渐变效果

❹ 导入素材“2.jpg”，调整至合适的位置及大小，最终效果如图2-203所示。

图2-203 最终效果

实例065 立体文字插图——字母游戏

本案例中，主要讲解立体效果的文字。立体效果的卡通文字，是一种装饰性的图案，也是用来传递信息的一种方式。这种装饰风格的插图设计可以应用在儿童主题、节日主题的杂志或书籍中。

案例效果剖析

本案例以制作3D文字为主，首先为图像调色，然后制作3D文字。在制作3D文字时需要将单词的每个字母分别制作成3D效果。部分效果展示如图2-204所示。

使用文字工具输入文字 → 使用3D功能制作立体文字 → 使用“置入”命令导入素材

图2-204 效果展示

案例技术要点

本案例中主要用到的功能及技术要点如下。

- 横排文字工具：用来在画面中输入文字。

- 3D工具：在画面中制作3D文字效果。
- 可选颜色命令：用来调整人物肤色。
- 曲线：用来提升画面亮度。

案例制作步骤

源文件路径	案例文件\第2章\实例65\
素材路径	案例文件\第2章\实例65\
视频路径	视频教学\第2章\实例65.flv
难易程度	★★★
学习时间	2分

❶ 打开素材“1.jpg”，如图2-205所示。

图2-205　打开素材

❷ 因人像肤色偏红，需创建新的“可选颜色”调整图层，执行“图层 | 新建调整图层 | 可选颜色”命令，参数设置如图2-206所示。画面效果如图2-207所示。

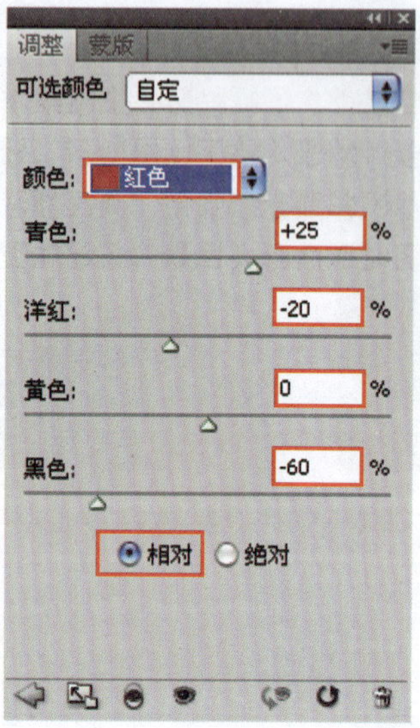

图2-206　“可选颜色”参数

图2-207　效果图

❸ 给人像整体提亮，执行“图层 | 新建调整图层 | 曲线”命令，调整曲线的形状，如图2-208所示。此时画面效果如图2-209所示。

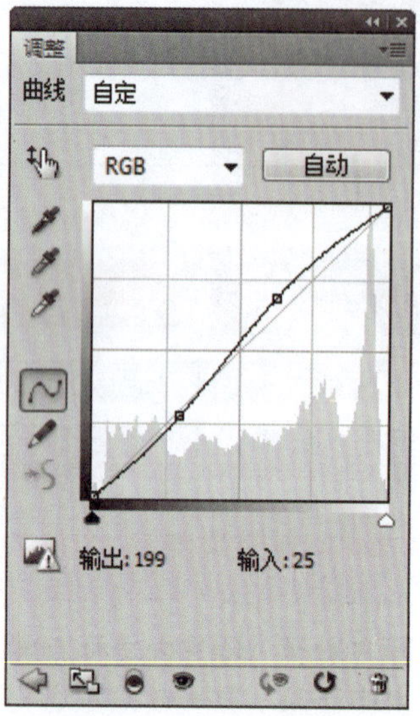

图2-208　创建“曲线”调整图层

图2-209效果图

❹ 创建新组，命名为“文字”。使用“横排文字工具”，分别输入英文字母，并且设置字符面板中文字的颜色和字号，如图2-210所示。

图2-210　输入文字

❺ 制作“F”，添加“3D凸纹”效果，执行“3D | 凸纹 | 文本图层”命令，在弹出的“凸纹”对话框中设置“凸纹形状预设”为凸出，“深度”为1，“缩放”为1，如图2-211所示。3D文字效果如图2-212所示。

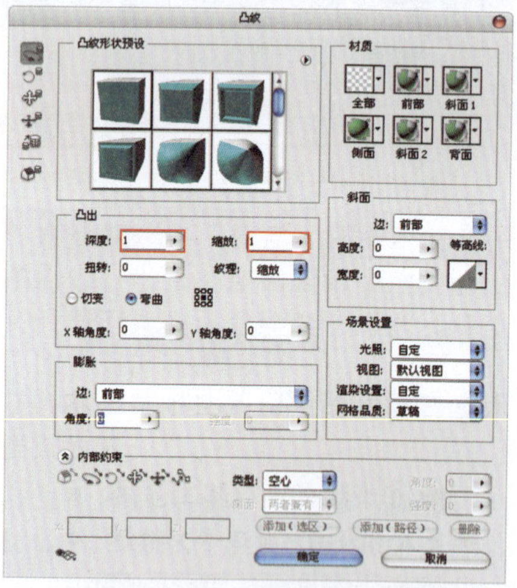

图2-211　“凸纹”参数

图2-212　3D文字效果

> **提 示**
>
> 弹出的对话框中的操作：
>
> 在执行“3D | 凸纹 | 文本图层”命令时，会弹出栅格化的命令，此时应选择“是”，如图2-213所示。
>
> 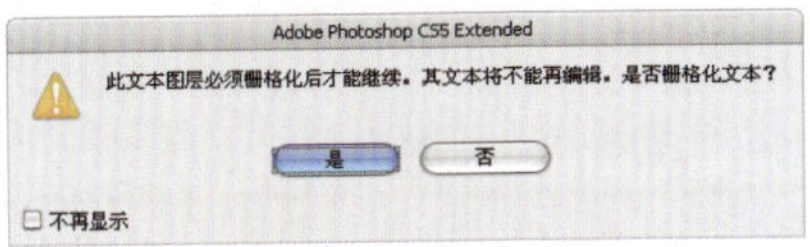
>
>
> 图2-213　栅格化图层

❻ 同理，为其他文字添加3D效果，如图2-214所示。为了方便在其他文字上添加效果，需要复制“文字”组建立“文字副本”组，并点击右键，栅格化所有副本文字，如图2-215所示。

❼ 使用“魔棒工具”点选字母外部凸起部分，设置“前景色”为“黄色”，“背景色”为“橘黄色”，使用“渐变工具”填充，如图2-216所示。

❽ 导入装饰色彩“2.png”，效果如图2-217所示。

图2-214　添加3D效果

图2-215　栅格化文字

图2-216　填充颜色

图2-217　最终效果

图2-218　效果展示

实例066　混合插图——彩带特效

本案例是混合型插图，通过多元化的设计让画面风格多元化，光效和彩带的装饰让画面灵动、俏丽，凸显出人物独有的气质。

案例效果剖析

本案例首先是制作带有花纹的背景，然后使用“钢笔工具”及“图层蒙版”抠出人像，使用图层样式调整图层，并且为人物搭配飘逸的头发。通过设置光效素材的“混合模式”及“不透明度”使光效自然融入于画面之中，也使人像极具梦幻色彩。部分效果展示如图2-218所示。

案例技术要点

本案例中主要用到的功能及技术要点如下。

- 混合模式：通过混合模式将光效素材融入到画面中。
- 图层蒙版：用来抠图。
- 图层样式：用来为头发添加渐变颜色。
- 渐变工具：用来编辑渐变颜色，制作背景。
- 画笔工具：用来绘制眼部妆容。

源文件路径	案例文件\第2章\实例66\
素材路径	案例文件\第2章\实例66\
视频路径	视频教学\第2章\实例66.flv
难易程度	★★★
学习时间	1分28秒

实例067　幻想插画——绿色狂想曲

本案例以绿色为主色调，搭配上矢量的绿色花纹，整体上给人一种奇幻、瑰丽的视觉感受。这类插图多用于古代神话、奇幻类题材书籍的配图。

案例效果剖析

制作案例时，首先打开素材，然后抠图，图像抠取完成后再进行调色。主要使用的调色命令有：可选颜色、曲线、色相/饱和度等，最后为其添加装饰。部分效果展示如图2-219所示。

执行"置入"命令导入人像　　使用"图层蒙版"抠图　　使用"置入"命令导入装饰图

图2-219　效果展示

案例技术要点

本案例中主要用到的功能及技术要点如下。

- 可选颜色：将图像颜色调整为黄绿色。
- 钢笔工具：用来绘制路径，达到抠图的目的。
- 混合模式：用来将花纹融入到画面中。
- 曲线：用来降低画面的明亮度。
- 色相/饱和度：用来增加画面中绿色的含量。

案例制作步骤

源文件路径	案例文件\第2章\实例67\		
素材路径	案例文件\第2章\实例67\		
视频路径	视频教学\第2章\实例67.flv		
难易程度	★★★★	学习时间	1分28秒

❶ 创建新组，命名为"背景"。打开背景素材"1.jpg"，如图2-220所示。

图2-220　背景素材

❷ 创建新组，命名为"人像"。导入人像素材"2.jpg"，选择工具箱中的"钢笔工具"，设置"绘制模式"为"路径"，然后沿着人物以及箱子部分绘制路径，如图2-221所示。路径绘制完成后，按快捷键"Ctrl+Enter"得到选区，然后基于选区为该图层添加图层蒙版，效果如图2-222所示。

图2-221　绘制路径

图2-222　添加图层蒙版

提　示

常用的转换选区的方法：

转换选区常用的方法有以下几种：绘制完路径后可以按快捷键"Ctrl+Enter"得到选区；单击鼠标右键执行"建立选区"命令，得到选区；在"路径"面板中单击"将路径作为选区载入"按钮，载入选区。

❸ 调整人物颜色。执行"图层｜新建调整图层｜可选颜色"命令，在弹出的"可选颜色"对话框中调整颜色参数，如图2-223所示。调整后的人像偏黄绿色，效果如图2-224所示。

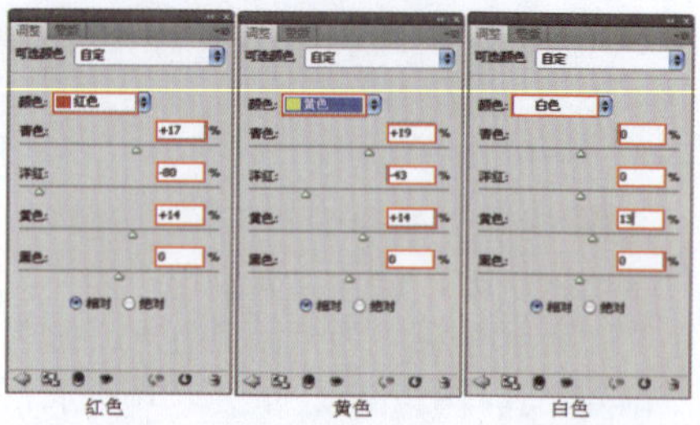

图2-223　"可选颜色"参数

图2-224　效果图

❹ 创建新组，命名为"前景"，在"前景"组中再次创建新组，命名为"草"。创建新图层，使用绿色"画笔工具"在箱子上绘制，使整体颜色统一。设置"混合模式"为"柔光"，如图2-225所示。导入草地素材"3.png"，放在箱子的立面，如图2-226所示。

图2-225　绘制绿色

图2-226 草地素材

❺执行“图层｜新建调整图层｜色相/饱和度”命令，在弹出的“色相/饱和度”对话框中调整颜色参数，如图2-227所示。效果如图2-228所示。

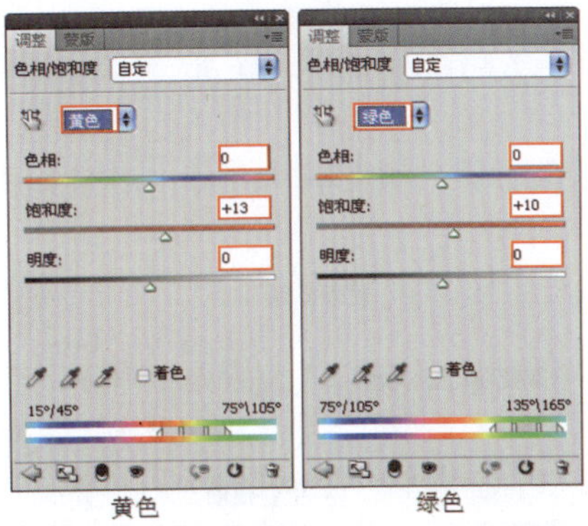

黄色 绿色

图2-227 “色相/饱和度”参数

图2-228 效果图

❻执行“图层｜新建调整图层｜曲线”命令，在弹出的“曲线”对话框中调整曲线形状，如图2-229所示。效果如图2-230所示。

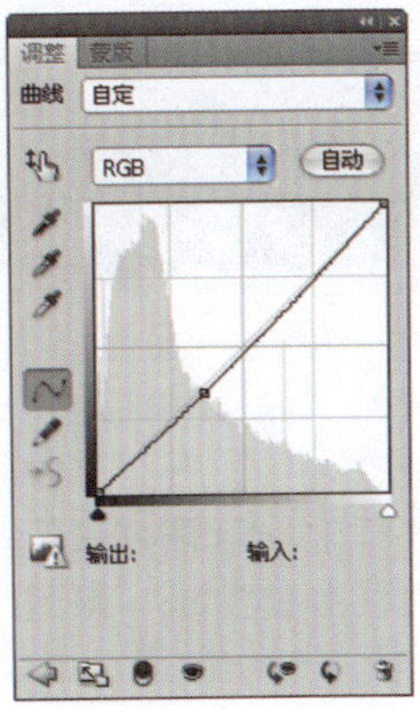

图2-229 “曲线”参数

图2-230 效果图

❼在“前景”组中再次创建新组，命名为“花纹”，导入花纹素材“4.png”，如图2-231所示。

图2-231 文字素材

❽给整体添加暗角。执行“图层｜新建调整图层｜曲线”命令，在弹出的“曲线”对话框中调整参数，如图2-232所示。点击“曲线”图层蒙版，设置蒙版背景为“黑色”，用白色“画笔工具”绘制图像四边，最终效果如图2-233所示。

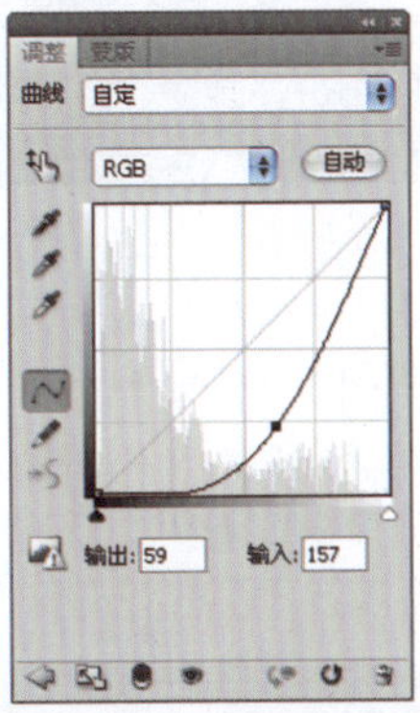

图2-232“曲线”参数

图2-233 最终效果

实例068

动感效果插画——舞动的人像

本案例模拟人物在动态时瞬间抓拍的效果。这样的图像最大的特点是人物的动态化。这类插画通常加以光效进行装饰，主要应用在以年轻人为主的书籍或报刊中。

案例效果剖析

在制作案例时，首先抠取人像，在人像抠取过程中，可以选择“钢笔工具”配合通道抠取，也可以使用“魔棒工具”抠取。然后制作人物的动势，本案例最大的亮点就是人物运动所产生的动势效果，这也是制作人像快门效果的关键所在。最后添加装饰素材。部分效果展示如图2-234所示。

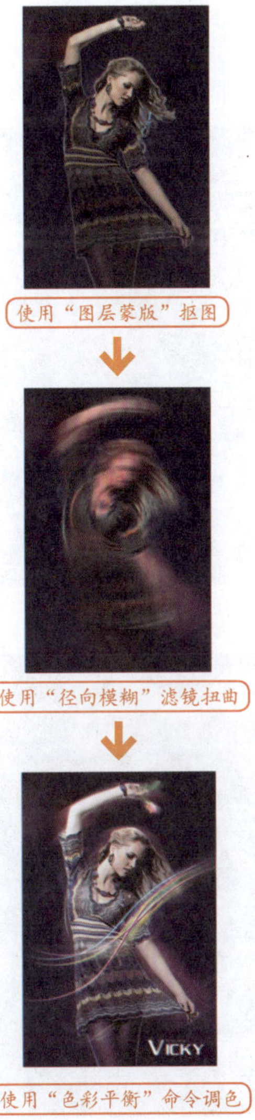

图2-234 效果展示

案例技术要点

本案例中主要用到的功能及技术要点如下。

- 魔棒工具：用来抠图。
- 外发光图层样式：用来制作人物周围的光晕。
- 径向模糊：用来制作旋转的模糊效果。
- 色彩平衡：让画面产生蓝紫色效果。

案例制作步骤

源文件路径	案例文件\第2章\实例68\
素材路径	案例文件\第2章\实例68\
视频路径	视频教学\第2章\实例68.flv
难易程度	★★★
学习时间	5分12秒

❶ 打开背景素材“1.jpg”，如图2-235所示。导入人像“2.jpg”，使用“魔棒工具”点击背景，按快捷键“Ctrl + Shift + I”反向选择，添加图层蒙版，抠出人像，如图2-236所示。

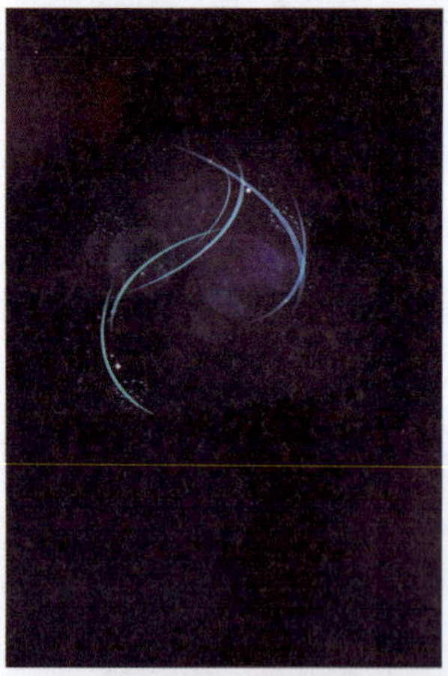

图2-235 背景素材

图2-236 人像素材

提 示

基于选区添加图层蒙版：

在画面中绘制选区，然后添加图层蒙版，画面中将会显示选区中的内容，在蒙版中会隐藏选区外的内容。

❷ 为人像添加图层样式，执行“图层｜图层样式｜外发光”命令，参数设置如图2-237所示。画面效果如图2-238所示。

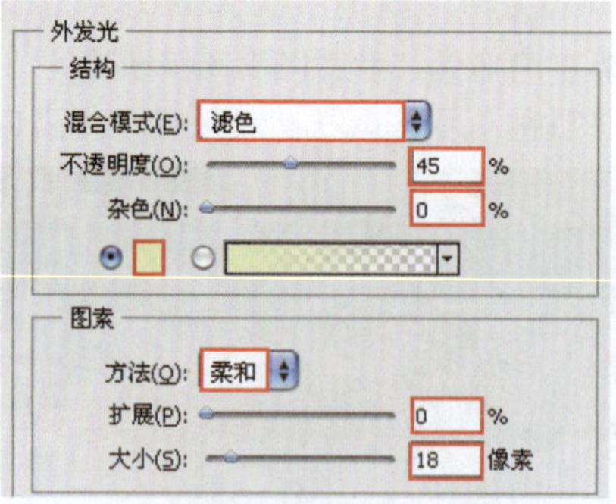

图2-237 “外发光”参数

图2-238 画面效果

❸ 为人像调色。执行“图层｜新建调整图层｜色相/饱和度”命令，新建一个“色相/饱和度”调整图层，参数设置如图2-239所示。此时效果如图2-240所示。

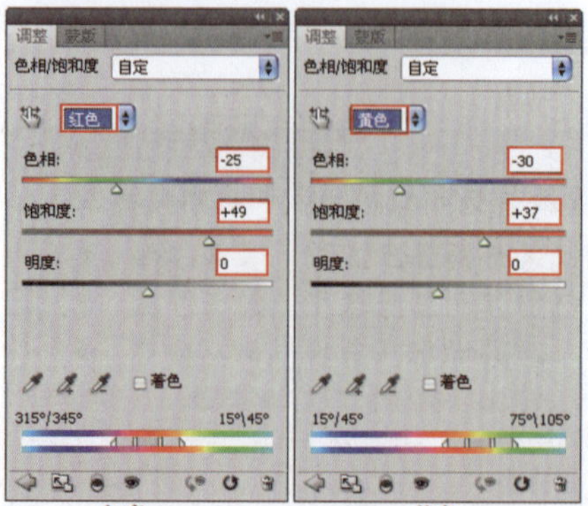

红色 黄色

图2-239 “色相/饱和度”参数

图2-240 调色效果

❹ 按快捷键“Ctrl + Alt + Shift + E”盖印图层，执行“滤镜｜模糊｜径向模糊”命令，在弹出的对话框中设置参数，如图2-241所示。效果如图2-242所示。

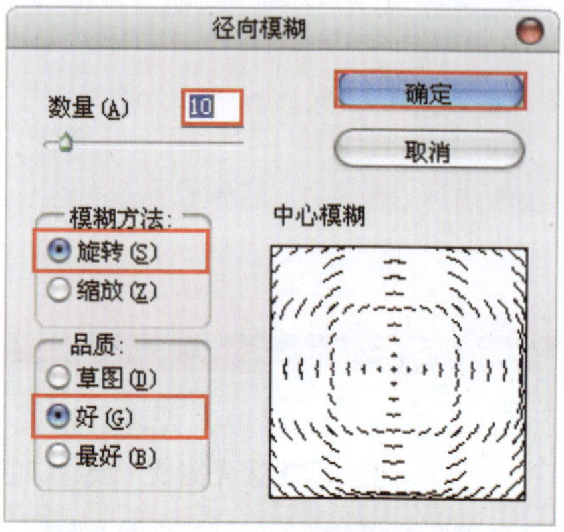

图2-241 “径向模糊”参数

图2-242 模糊效果

❺ 复制“径向模糊”图层，降低图层“不透明度”为25%，关闭“人像”图层和“色相/饱和度”图层，此时效果如图2-243所示。拖拽人像建立“人像副本”，放置在“径向模糊”图层上面，如图2-244所示。

图2-243　复制副本

图2-244　人像副本

⑥ 提升人像的亮度。执行“图层｜新建调整图层｜曲线”命令，调整曲线形状，参数设置如图2-245所示。单击“添加剪贴蒙版”按钮，使调色效果只针对人物图层，将该图层的图层蒙版填充为“黑色”，然后使用白色的柔角“画笔工具”在人物的皮肤处进行涂抹，使调色效果只针对裙子。此时画面效果如图2-246所示。

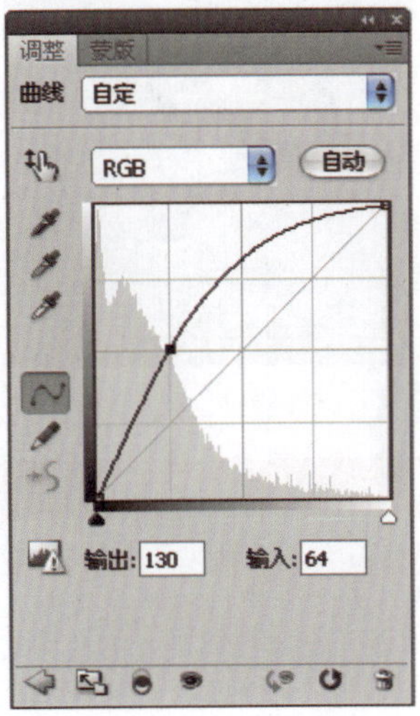

图2-245　“曲线”参数

图2-246　效果图

⑦ 制作人物的高光部分。新建“曲线2”调整图层，执行“图层｜新建调整图层｜曲线”命令，调整曲线形状，参数设置如图2-247所示。选择该调整图层的图层蒙版，将其填充为“黑色”。使用白色的柔角“画笔工具”在人物胳膊处的高光部分进行涂抹，制作胳膊的高光效果，如图2-248所示。

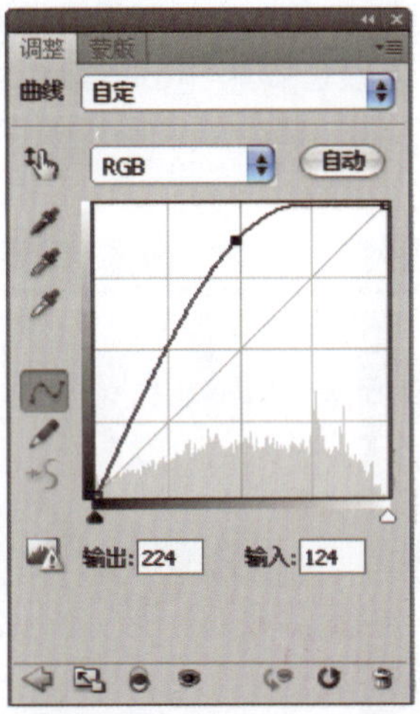

图2-247　“曲线2”参数

图2-248　效果图

⑧ 为整个人物进行调色。创建新的“曲线3”调整图层，执行“图层｜新建调整图层｜曲线”命令，在弹出的“曲线3”对话框中调整参数，如图2-249所示。此时效果如图2-250所示。

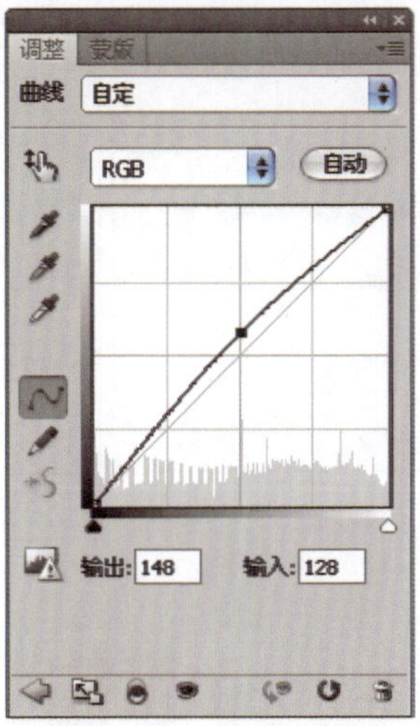

图2-249　“曲线3”参数

图2-250　效果图

⑨ 导入前素材景“3.png”，如图2-251所示。

图2-251　前景素材

⑩ 整体调整颜色，执行“图层｜新建调整图层｜色彩平衡”命令，在弹出的“色彩平衡”对话框中调整颜色参数，如图2-252所示。最终效果如图2-253所示。

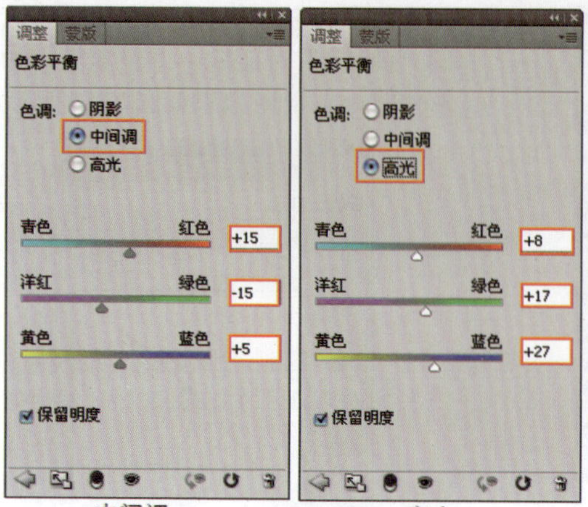

中间调　　高光

图2-252　“色彩平衡”参数

图2-253　最终效果

❶ 打开背景素材“1.jpg”，如图2-255所示。

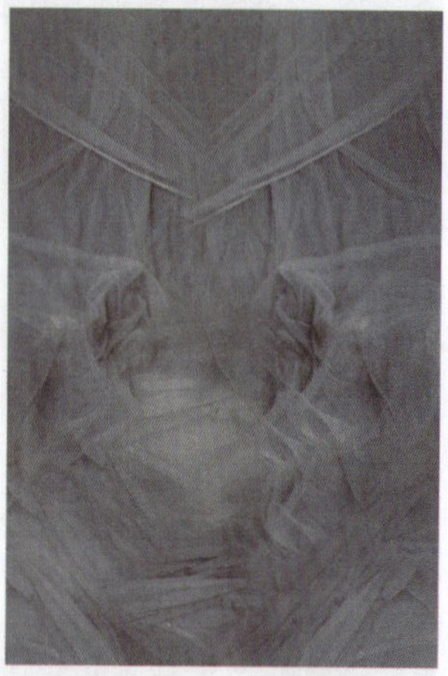

图2-255　背景素材

❷ 使用图层蒙版抠图。导入人像“2.jpg”，选择人像图层，为该图层添加图层蒙版。使用黑色的柔角“画笔工具”在蒙版中涂抹，抠图，如图2-256所示。效果如图2-257所示。

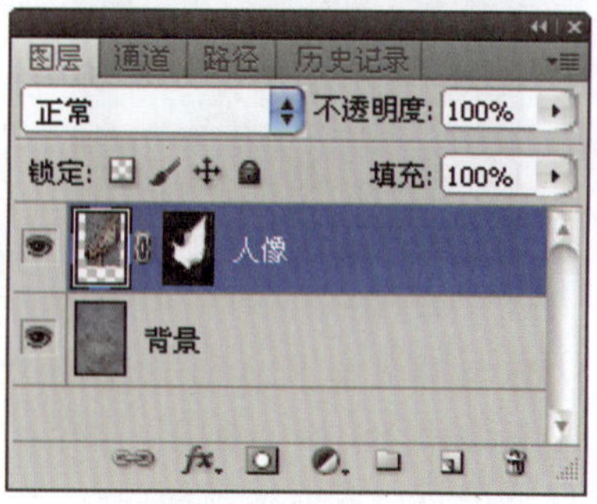

图2-256　创建图层蒙版

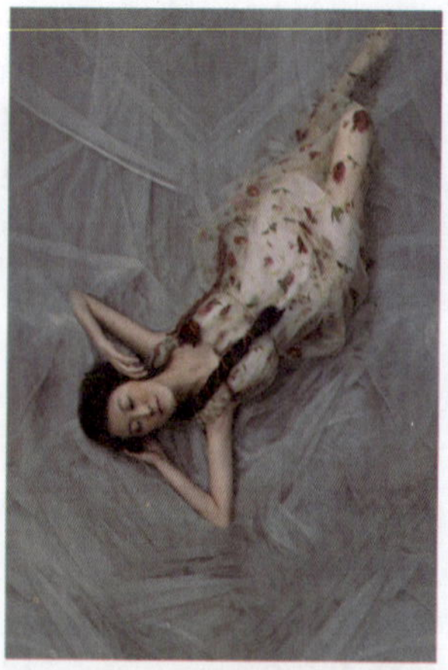

图2-257　效果图

实例069　唯美插图——时光的味道

本案例讲解的是唯美风格的插图设计。柔和、梦幻的色调让人觉得惬意、安然。这种风格的插图设计，可以应用在文艺、清新的题材中。

案例效果剖析

本案例以制作画面的色调为重点。首先打开背景，使用图层蒙版抠图，然后使用曲线提升画面亮度，接着通过“可选颜色”制作出蓝紫色的画面效果，最后进行调色，使画面呈现出柔美的色调。部分效果展示如图2-254所示。

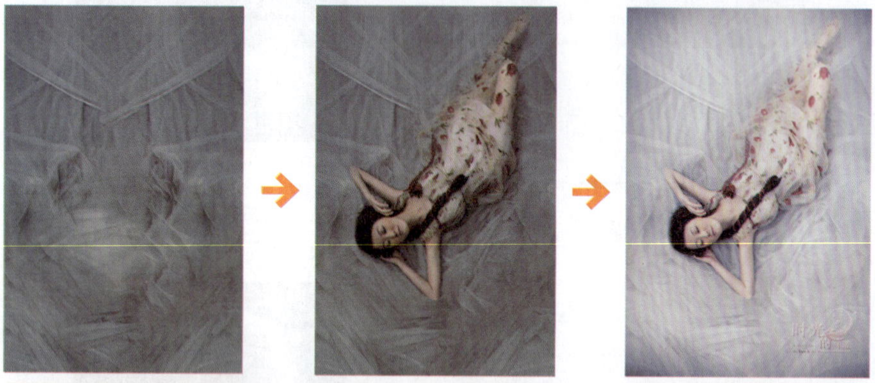

使用“打开”命令打开背景　　使用“通道”抠图　　使用“调整图层”调色

图2-254　效果展示

案例技术要点

本案例中主要用到的功能及技术要点如下。

- 图层蒙版：用来抠图。
- 曲线：用来提升画面的亮度。
- 可选颜色：用来制作画面的淡紫色调。

案例制作步骤

源文件路径	案例文件\第2章\实例69\		
素材路径	案例文件\第2章\实例69\		
视频路径	视频教学\第2章\实例69.flv		
难易程度	★★★	学习时间	1分40秒

提　示

如何操作置入到文件中的对象？

置入到文件中的对象为智能对象，有定界框，所以可以进行缩放、旋转的操作。若需要此类操作，可以在画面中双击鼠标左键，确定操作。

❸ 创建新图层，使用黑色“画笔工具”，适当降低“不透明度”和“流量”，绘制暗角，效果如图2-258所示。

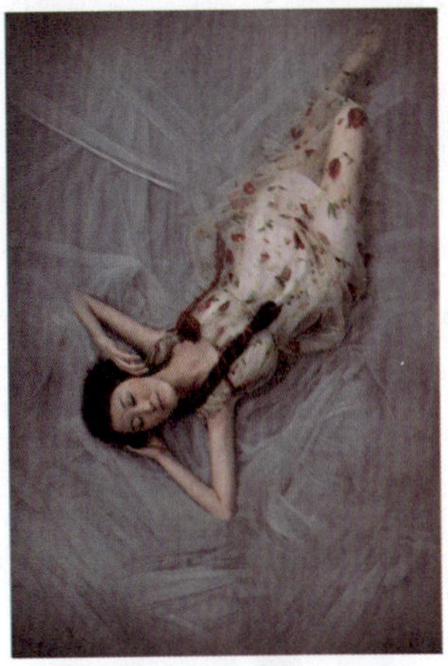

图2-258 绘制暗角

❹ 提亮画面。执行“图层 | 新建调整图层 | 曲线”命令，调整曲线形状，参数设置如图2-259所示。此时画面效果如图2-260所示。

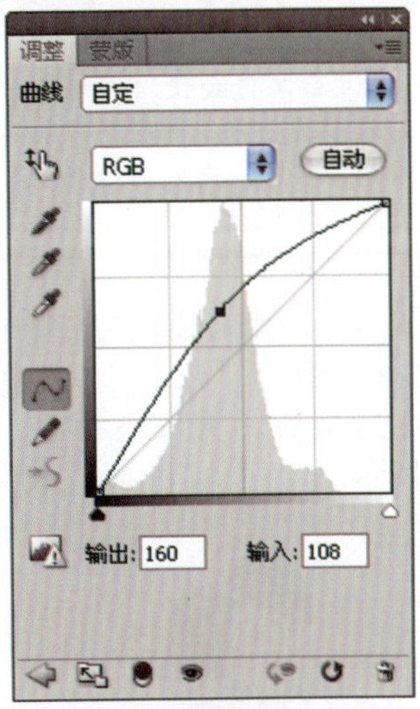

图2-259 “曲线”参数

图2-260 效果图

❺ 创建新的“曲线2”调整图层，执行“图层 | 新建调整图层 | 曲线”命令，调整曲线形状，如图2-261所示。选择“曲线”调整图层的图层蒙版，使用黑色的柔角“画笔工具”在人物上方涂抹，还原人物的颜色，效果如图2-262所示。

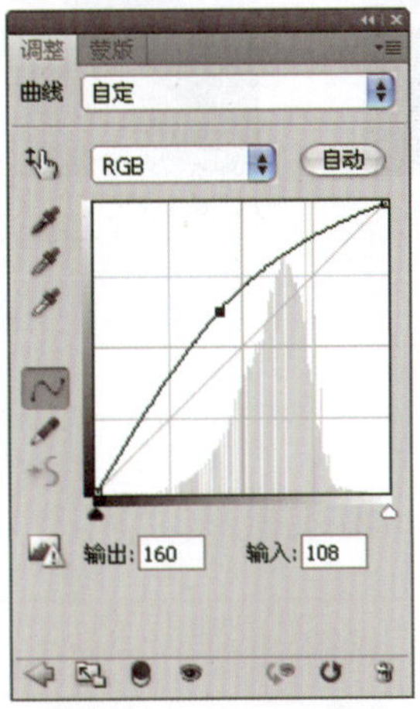

图2-261 “曲线2”参数

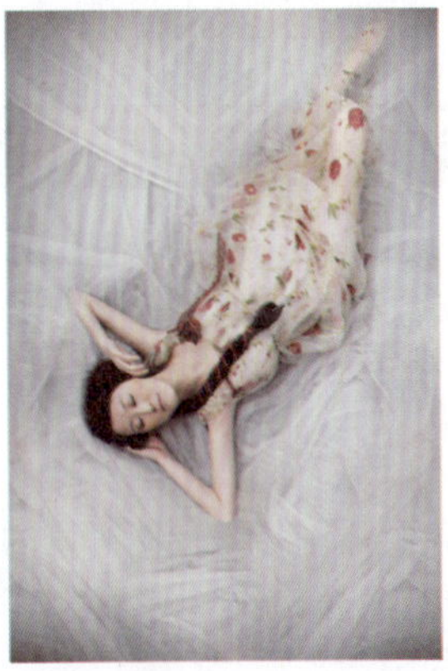

图2-262 效果图

❻ 制作画面的淡紫色调。执行“图层 | 新建调整图层 | 可选颜色”命令，参数设置如图2-263所示。画面效果如图2-264所示。

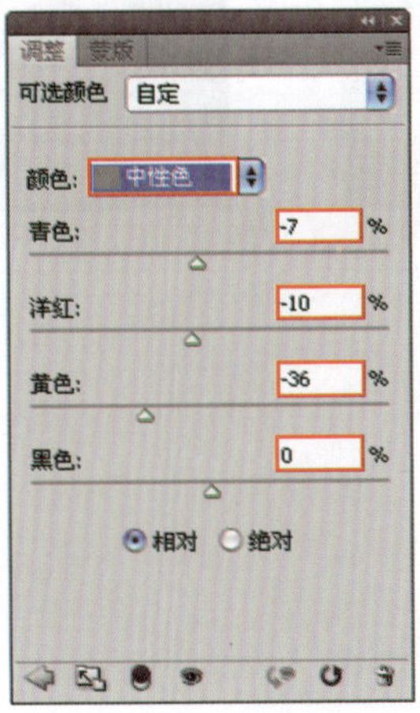

图2-263 “可选颜色”参数

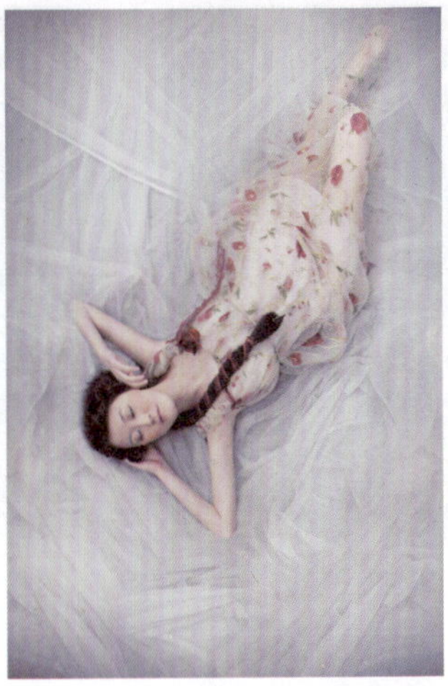

图2-264 颜色效果

❼ 导入艺术字素材“3.png”，最终效果如图2-265所示。

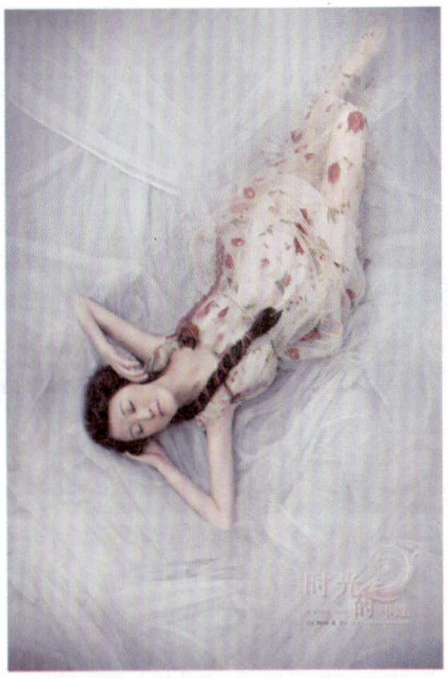

图2-265 最终效果

实例070 水花特效——深海美人

本案例主要是打造唯美的水下人像效果，这种人像效果不仅要调色，还要营造出水底的效果。

案例效果剖析

整幅画面由深蓝色的背景衬托高亮的人像以及清冷色调的水流，给人以冰冷深海的感觉。制作时，将暗色调的溅水人像通过调整色调及混合模式使其产生水底的感觉，然后使用水波滤镜将人像进行水波扭曲，并且通过使用“画笔工具”涂抹蒙版，使人像与背景相协调，营造身临其境的水底效果。部分效果展示如图2-266所示。

使用“打开”命令打开人像　使用“滤镜”制作扭曲效果　使用“曲线”命令提升亮度

图2-266　效果展示

案例技术要点

本案例中主要用到的功能及技术要点如下。

- “水波扭曲”滤镜：用来制作水纹效果。
- 曲线命令：用来提升画面的亮度。

源文件路径	案例文件\第2章\实例70\		
素材路径	案例文件\第2章\实例70\		
视频路径	视频教学\第2章\实例70.flv		
难易程度	★★★	学习时间	1分44秒

实例071　复古风格——双生花

本案例讲解的是对称的人像设计，就像一对双胞胎，固起名为“双生花”。这样对称的人像设计，给人一种对称的美感。本案例属于复古风格，这样的插图可以应用在具有古典气息的环境中。

案例效果剖析

本案例制作起来较为复杂，首先使用“魔棒工具”得到人物背景的选区，然后使用“图层蒙版”进行抠图、调色、自由变换等操作，最后为其添加边框，制作背景部分。部分效果展示如图2-267所示。

使用“自由变换”选择人像　使用“置入”命令导入装饰　使用“混合模式”制作花纹

图2-267　效果展示

案例技术要点

本案例中主要用到的功能及技术要点如下。

- 魔棒工具：用来获得人物背景的选区。
- 图层蒙版：用来隐藏画面多余的内容。
- 自由变换：通过复制、变换制作双生效果。
- 复制图层：用来快速为人像调色。
- 混合模式：用来制作背景中的花纹。

案例制作步骤

源文件路径	案例文件\第2章\实例71\
素材路径	案例文件\第2章\实例71\
视频路径	视频教学\第2章\实例71.flv
难易程度	★★★
学习时间	2分49秒

❶ 打开人像素材“1.jpg”，如图2-268所示。

图2-268　人像素材

提　示

为什么要分“组”？

很多复杂文件会使用“组”管理图层，因为图层非常多的图像合成后再制作，避免了很多问题，为提升效率起到非常大的作用。

❷ 用“魔棒工具”选择外框，再点击右键执行“反向选择”命令。点击图层蒙版，人像被抠出，如图2-269所示。

图2-269　抠出人像

❸ 对人像进行调色。执行“图层｜新建调整图层｜照片滤镜”命令，参数设置如图2-270所示。单击“调整”面板下方的“创建剪贴蒙版”按钮。执行“图层｜新建调整图层｜色相/饱和度”命令，参数设置如图2-271所示。单击调整面板下方的“创建剪贴蒙版”按钮。人像效果如图2-272所示。

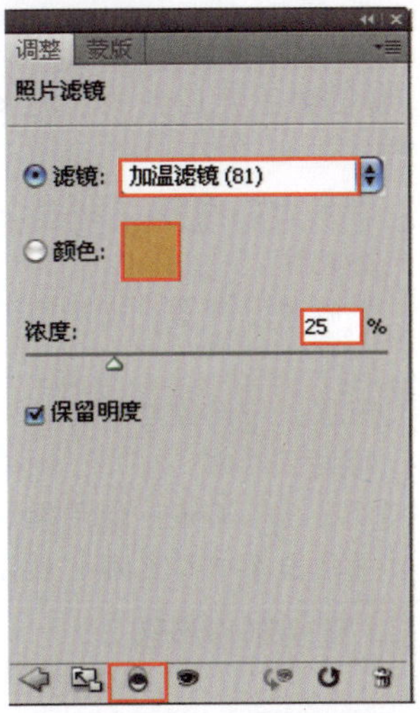

图2-270 “照片滤镜”参数

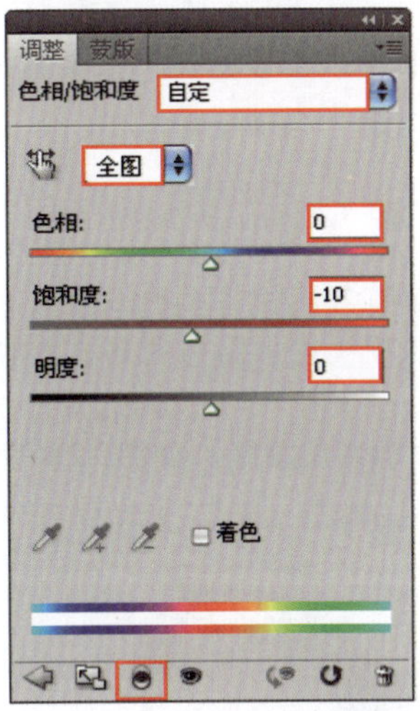

图2-271 “色相/饱和度”参数

图2-272 人像效果

❹ 按住“Ctrl”键，点击图层面板上做过的三个步骤，单击右键，复制图层，如图2-273所示。对副本图像进行自由变换，按快捷键“Ctrl+T”，点击右键执行“水平翻转”命令，变成了两个对称人物的效果，如图2-274 所示。

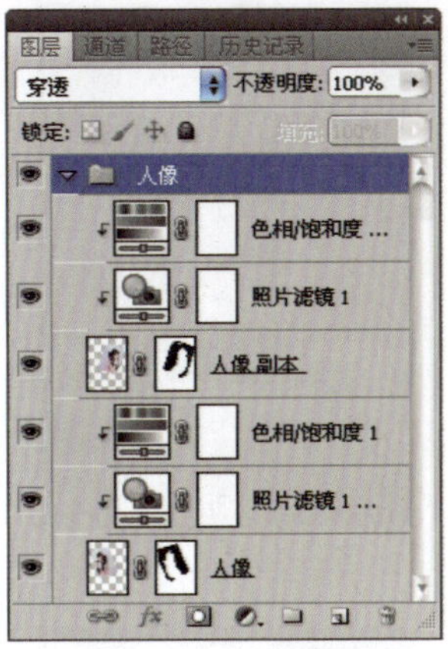

图2-273 复制图层

图2-274 效果图

❺ 人像部分制作完成。创建新组，命名为“前景”。导入相框素材“2.png”，使用图层蒙版擦掉挡住人像手臂部分的相框，如图2-275所示。导入玫瑰花素材“3.png”，如图2-276所示。

图2-275 相框素材

图2-276 玫瑰花素材

❻ 创建新组，命名为“背景”，放在“人像”组下面，导入背景素材“4.jpg”，如图2-277所示。

图2-277 背景素材

❼ 调整背景颜色。执行“图层 | 新建调整图层 | 曲线”命令，调整曲线形状，参数设置如图2-278所示。点击“曲线”图层蒙版，设置“画笔工具”为黑色，绘制中间相框部分，压暗四周，如图2-279所示。

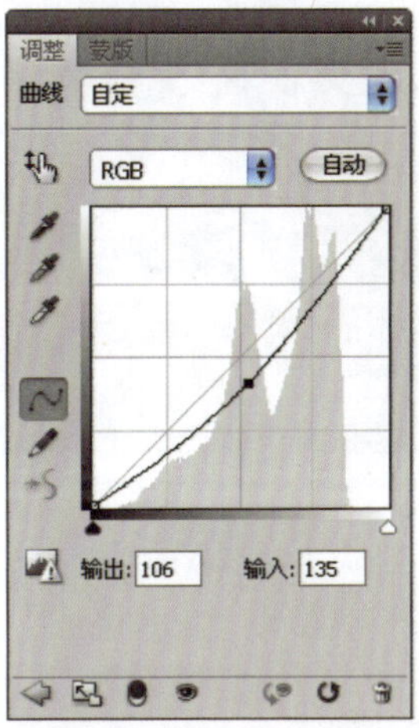

图2-278 “曲线”参数

图2-279 暗角效果

❽ 创建新的“曲线2”调整图层，执行“图层 | 新建调整图层 | 曲线”命令，在弹出的“曲线2”对话框中调整参数，如图2-280所示。点击“曲线”图层蒙版，设置背景为“黑色”，“画笔工具”为“白色”，绘制相框中间部分，提亮中间，如图2-281所示。

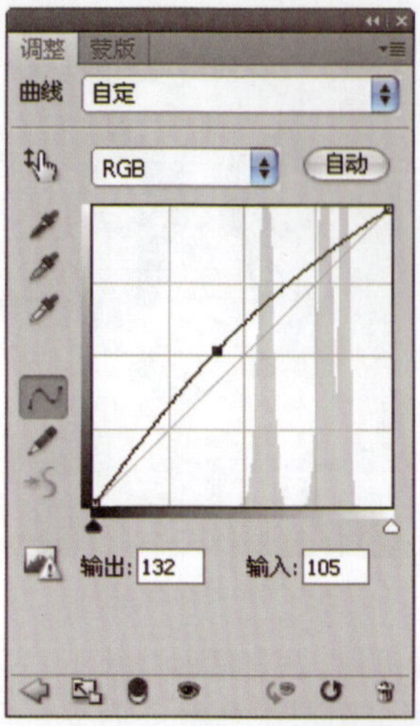

图2-280 “曲线2”参数

图2-281 效果图

⑨导入花素材“5.png”，“混合模式”设置为“正片叠底”，如图2-282所示。导入外框素材“6.png”，如图2-283所示。

⑩导入文字素材“7.png”，最终效果如图2-284所示。

图2-282 导入花素材

图2-283 导入外框素材

图2-284 最终效果

案例技术要点

本案例中主要用到的功能及技术要点如下。

- “黑白”命令：将人物进行去色。
- “曲线”命令：增加画面亮度的对比度。
- 阈值：将图像转换为高对比度的黑白图像。
- “通道”面板：使用通道面板得到画面中白色部分的选区。

案例制作步骤

源文件路径	案例文件\第2章\实例72\
素材路径	案例文件\第2章\实例72\
视频路径	视频教学\第2章\实例72.flv
难易程度	★★★★
学习时间	3分09秒

❶打开素材“1.jpg”，使用“魔棒工具”点击白色背景，按快捷键“Ctrl + Shift + I”反向选择，建立选区，添加图层蒙版，如图2-286所示。

图2-286 打开素材

实例072 水彩画效果插图——彩色的儿童画

本案例讲解的是水彩效果插图设计。这种插图模拟水彩晕染的效果，具有独特的艺术气息。可以用作海报、广告宣传等的插图设计。

案例效果剖析

本案例中，制作的重点是如何获取人物五官、头发、衣着部分的选区，其制作过程也很复杂。首先抠图，然后去色，使用“曲线”增加画面亮度的对比度。接着使用“阈值”将图像转换为高对比的黑白图像，然后就可以得到头发等部位的选区。部分效果展示如图2-285所示。

使用“黑白”命令为画面去色　使用“阈值”制作矢量图像　使用“剪贴蒙版”添加水彩效果

图2-285 效果展示

提 示

如何将背景图层转换为普通图层：

在上一步的操作中，首先要将背景图层转换为普通图层。

选择背景图层，按住“Ctrl”键双击背景图层缩览图，即可将背景图层转换为普通图层。只有在转换为普通图层后，才可以进行抠图等操作。

❷为人像去色。执行“图层 | 新建调整图层 | 黑白”命令。在弹出的“黑白”对话框中调整颜色参数，如图2-287所示。效果如图2-288所示。

❸提亮人物皮肤的亮度。执行“图层 | 新建调整图层 | 曲线”命令，调整曲线形状，参数设置如图2-289所示。点击“曲线”图层蒙版，

使用黑色的柔角“画笔工具”在人物的帽子、围巾等处涂抹，效果如图2-290所示。

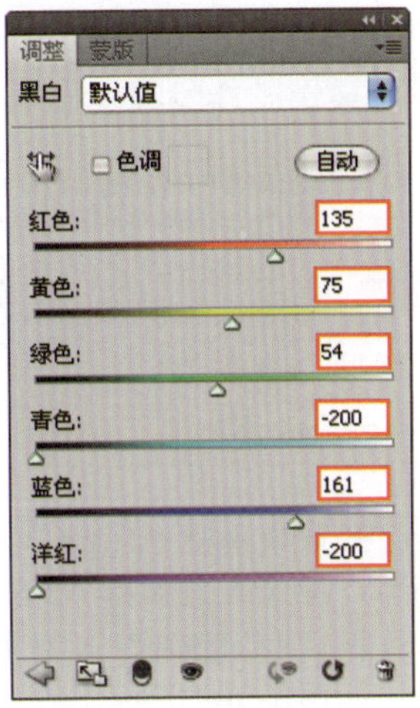

图2-287 “黑白”参数

图2-288 效果图

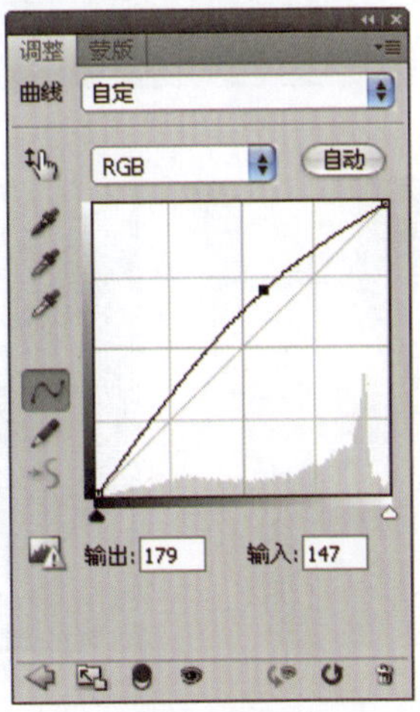

图2-289 “曲线”参数

图2-290 效果图

4 创建新的“曲线2”调整图层，执行“图层 | 新建调整图层 | 曲线”命令，在弹出的“曲线2”对话框中调整参数，如图2-291所示。点击“曲线2”图层蒙版，设置蒙版背景为“黑色”，“画笔工具”为“白色”，绘制人像皮肤，如图2-292所示。

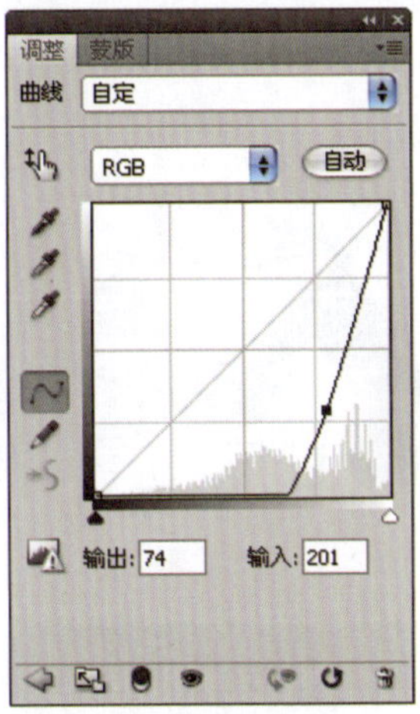

图2-291 “曲线2”参数

图2-292 效果图

5 创建新的“曲线3”调整图层，执行“图层 | 新建调整图层 | 曲线”命令，在弹出的“曲线3”对话框中调整参数，如图2-293所示。点击“曲线3”图层蒙版，设置蒙版背景为“黑色”，“画笔工具”为“白色”，绘制人像衣服，如图2-294所示。

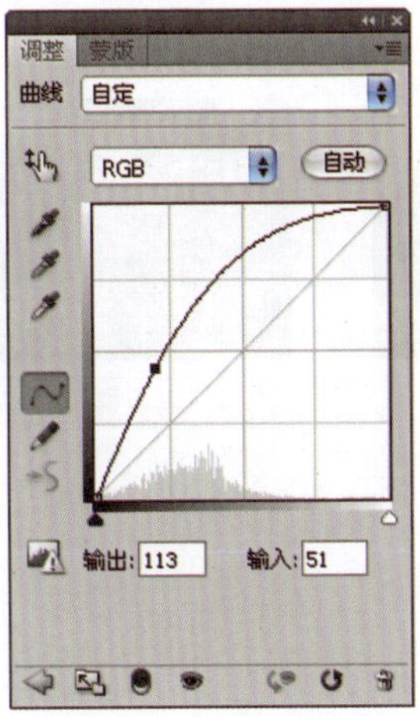

图2-293 “曲线3”参数

图2-294 效果图

6 此时明显能看出人像强烈的黑白对比效果。执行“图层 | 新建调整图层 | 阈值”命令，在弹出的“阈值”对话框中调整参数，如图2-295所示。按快捷键“Ctrl + Alt + Shift + E”盖印图层，效果如图2-296所示。

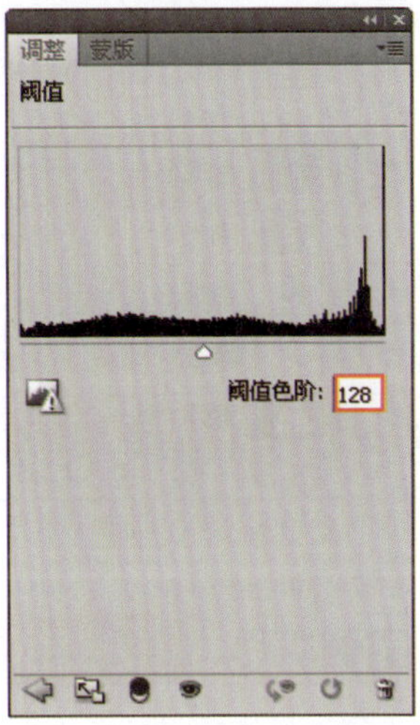

图2-295 “阈值”参数

图2-296 效果图

7 导入水彩素材“2.jpg”，如图2-297所示。返回盖印图层，隐藏水彩图层，如图2-298所示。

8 点击“通道”面板，再点击面板下面的“将通道作为选区载入”按钮，如图2-299所示。按快捷键“Ctrl + Shift + I”反向选择，回到图层面板，把水彩素材显示出来，添加图层蒙版，效果如图2-300所示。

❾ 导入背景素材“3jpg”，最终效果如图2-301所示。

图2-297　水彩素材

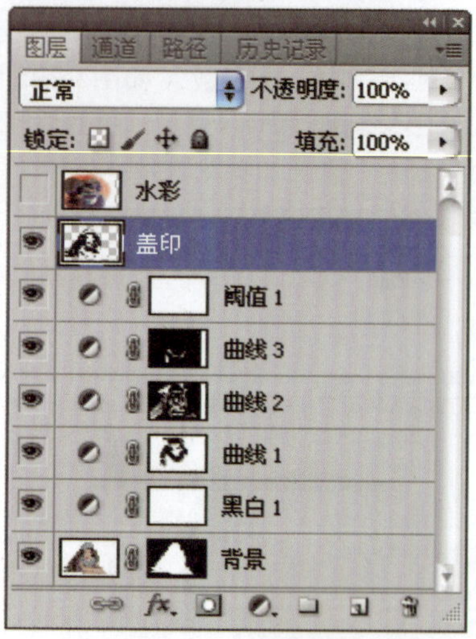

图2-298　盖印图层

图2-299　调出高光选区

图2-300　效果图

图2-301　最终效果

实例073　水墨人像插图——古典情怀

古典风格的插图设计，表现出的是一种古典的韵味。通常古典人物皮肤白皙、面容姣好，并包含一些象征古典的元素。这种古典水墨型插图设计，可以应用在书籍的封面中，也可作为插图应用在书籍的内页中。

案例效果剖析

本案例制作起来较为复杂，需进行抠图、调整、修整人物面部、制作妆容、制作纹身等操作。在制作过程中，不仅要营造一种古典的气氛，还要将女子的妆容刻画地更唯美。制作时，首先需要抠图及调色，接着制作眼妆和唇妆，最后制作人物的面部装饰以及头发。部分效果展示如图2-302所示。

使用“图层蒙版”抠图　使用“画笔工具”绘制眼妆　使用“混合模式”制作纹身

图2-302　效果展示

案例技术要点

本案例中主要用到的功能及技术要点如下。

- 钢笔工具：用来抠图。
- 色相/饱和度：用来调整皮肤颜色。
- 高斯模糊：可以使皮肤更加光滑。
- “液化”滤镜：可以使脸部显得更瘦小。

案例制作步骤

源文件路径	案例文件\第2章\实例73\
素材路径	案例文件\第2章\实例73\
视频路径	视频教学\第2章\实例73.flv
难易程度	★★★
学习时间	4分36秒

❶ 打开背景素材“1.jpg”，如图2-303所示。导入人像素材“2.jpg”，使用“钢笔工具”沿着人物周围绘制路径，如图2-304所示。绘制完成后，按快捷键“Ctrl+Shift”得到选区，然后基于选区为该图层添加图层蒙版，人像被抠出来，如图2-305所示。

图2-303　背景素材

图2-304　绘制路径

图2-305　抠出人像

❷ 建新组，命名为“人像”。创建新的“曲线”调整图层，执行“图层 | 新建调整图层 | 曲线”命令，在弹出的“曲线”对话框中调整参数，如图2-306所示。

图2-306 “曲线”参数

❸ 调整人物的肤色。执行“图层 | 新建调整图层 | 色相/饱和度”命令，在弹出的“色相/饱和度”对话框中设置参数，如图2-307所示。

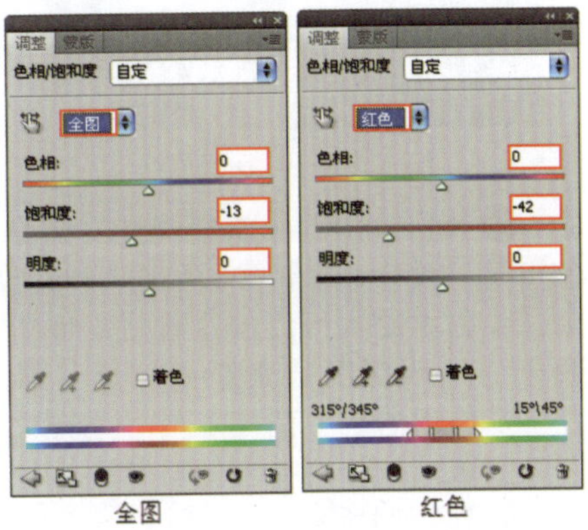

图2-307 “色相/饱和度”参数

❹ 降低头发的颜色。创建新的“曲线2”调整图层，执行“图层 | 新建调整图层 | 曲线”命令，在弹出的“曲线”对话框中调整参数。点击“曲线”图层蒙版，设置蒙版背景为“黑色”，“画笔工具”设置为“白色”，绘制人像头发，如图2-308所示。

图2-308 “曲线2”参数

❺ 选择“人像组”中的全部图层，拖拽到创建新图层按钮中，建立副本。然后使用快捷键“Ctrl+E”将所有图层合并为一个图层。接着进行磨皮操作。执行“滤镜 | 模糊 | 高斯模糊”命令，在弹出的“高斯模糊”对话框中设置“半径”为1.5像素，如图2-309所示。

图2-309 “高斯模糊”参数

❻ 在“历史记录”面板中标记最后一项“高斯模糊”操作，并返回到上一步操作状态下，然后使用“历史记录画笔工具”在皮肤部位涂抹，效果如图2-310所示。

图2-310 效果图

❼ 执行“滤镜 | 液化”命令，选择“向前变形工具”，在工具选项中设置“画笔大小”为130，“画笔密度”为80，“画笔压力”为80，对人像进行液化调整，如图2-311所示。此时效果如图2-312所示。

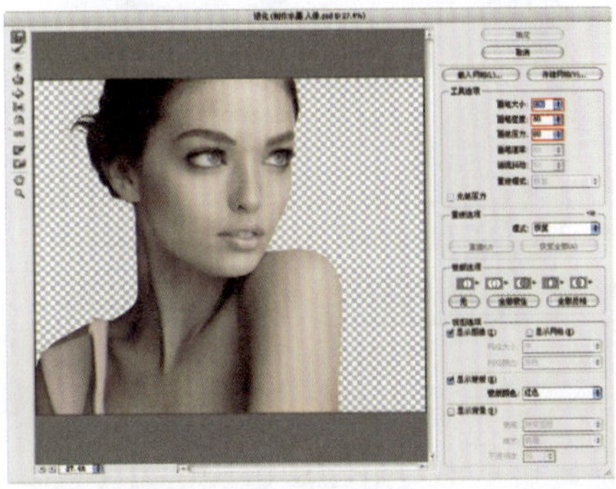

图2-311 “液化”参数

❽ 在“面妆”图层组的上方新建一个“眼眉”图层组，使用“矩形选框工具”框选出眼眉区域，然后按快捷键“Ctrl+J”将选区中的图像复制到同一个“眼眉”图层中。为图层添加一个“图层蒙版”，使用黑色“画笔工具”涂抹边缘部分，接着使用“涂抹工具”对眼眉进行涂抹，将其变细，如图2-313所示。

图2-312 效果图

图2-313 绘制眼眉

提 示

“涂抹工具”的使用：

使用“涂抹工具”可以制作出手指划过油漆所产生的效果，可以对图形进一步变形。

❾ 新建“眼眉”图层，使用“画笔工具”，设置“前景色”为“深褐色”，接着使用眼眉笔刷在眼眉上面绘制，如图2-314所示。

图2-314 眼眉调色

❿ 在“面妆”图层组的上方新建一个“眼部”图层组。新建图层，使

用“钢笔工具”，勾勒出眼球轮廓，单击右键，执行“建立选区”命令，将其填充“黑色”。使用“减淡工具”在底部涂抹出反光。接着按快捷键“Ctrl+J”复制一个放置在右眼，然后调整好大小和位置，如图2-315所示。

图2-315 制作眼部

⓫ 创建新图层。使用“画笔工具”，设置“前景色”为“黑色”，选择圆角“画笔工具”绘制瞳孔。接着再设置“前景色”为“白色”，绘制眼球的高光，如图2-316所示。执行“图层｜新建调整图层｜曲线”命令，然后调整好曲线的样式。接着在图层蒙版中填充“黑色”，使用白色“画笔工具”涂抹出眼影部分，如图2-317所示。

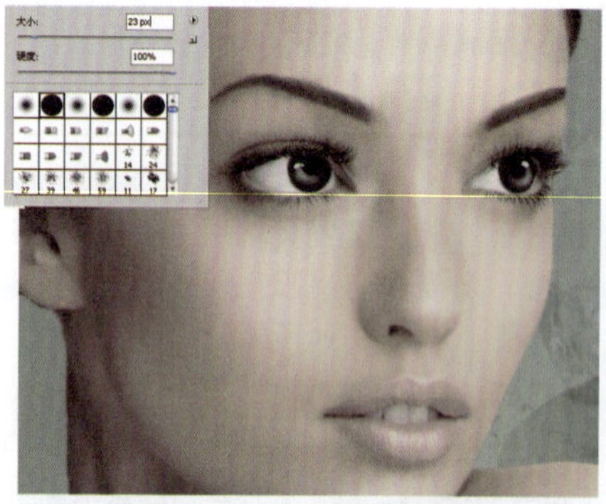

图2-316 绘制眼球高光

图2-317 绘制眼影

⓬ 绘制第二层眼影。创建新的“曲线”调整图层，调整好曲线的样式。接着在图层蒙版中填充“黑色”，使用白色“画笔工具”涂抹出眼影部分，如图2-318所示。使用“钢笔工具”绘制出左眼的眼影路径，接着单击右键，执行“建立选区”命令，设置“前景色”为“橘红色”，然后按快捷键“Alt+Delete”填充选区，并执行“滤镜｜模糊｜高斯模糊”命令，在弹出的“高斯模糊”对话框中设置“半径”为45像素，如图2-319所示。

图2-318 第二层眼影

图2-319 绘制眼影

⓭ 设置其图层的“不透明度”为69%，然后采用同样的方法制作出右眼眼影，如图2-320所示。

图2-320 右眼眼影

⓮ 在“面妆”图层组的上方新建“嘴唇”图层组，使用“矩形选框工具”框选出嘴唇区域，然后按快捷键“Ctrl+J”将选区中的图像复制到同一个“嘴唇”图层中。对嘴唇进行磨皮操作，执行“滤镜｜模糊｜高斯模糊”命令，然后在弹出的“高斯模糊”对话框中设置“半径”为3像素，如图2-321所示。在“历史记录”面板中标记最后一项为“高斯模糊”操作，并返回到上一步操作状态下，使用“历史记录画笔工具”在嘴唇部位涂抹，如图2-322所示。

图2-321 绘制嘴唇

图2-322 嘴唇效果

⓯ 执行“图层｜新建调整图层｜色相/饱和度”命令，参数如图2-323所示。单击右键执行“创建剪贴蒙版”命令，然后在图层蒙版中填充“黑色”，使用白色“画笔工具”涂抹唇部区域，只针对嘴唇图层做调整，效果如图2-324所示。

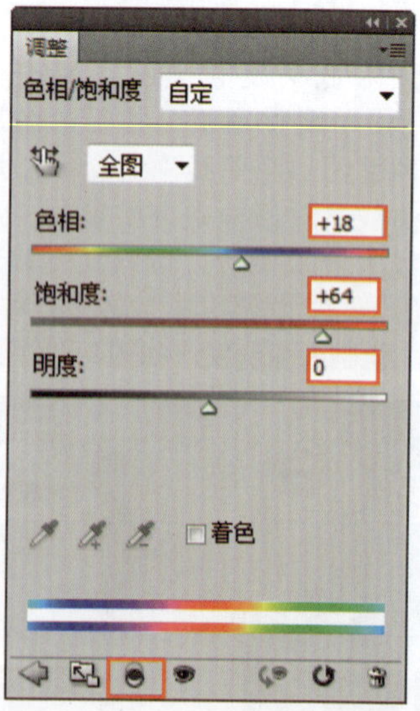

图2-323 “色相/饱和度”参数

⓰ 创建“前景”图层组，导入头饰素材“3.png”，如图2-325所示。导入纹身素材“4.png”，“混合模式”设置为“正片叠底”，如图2-326所示。

图2-324 效果图

图2-325 头饰素材

图2-326 纹身素材

⑰ 导入“墨”素材“5.png”，“混合模式”设置为“正片叠底”，如图2-327所示。导入云素材“6.png”，最终效果如图2-328所示。

图2-327 墨素材

图2-328 云素材

⑱ 导入艺术字“7.png”，最终效果如图2-329所示。

图2-329 最终效果

第 3 章 图形设计

平面设计的三大要素分别是图形、文案和色彩。德国海报设计师霍尔格·马蒂斯说过“一幅好的招贴，应该是靠图形语言说话而不是靠文字注解”，由此能看出图形设计在广告设计中的重要性。

图形设计是指设计师运用独特的创意和表现方法去表现图形，通过设计去赋予图形本身更深刻的寓意和更宽广的视觉感受。“图形设计”是平面设计中最关键的环节，简而言之就是用视觉艺术的手法将概念语言翻译成图形语言的设计实践过程。图形设计具有直观性、象征性、指示性、广泛性、可读性、形象传播的准确性和审美性七大特点。

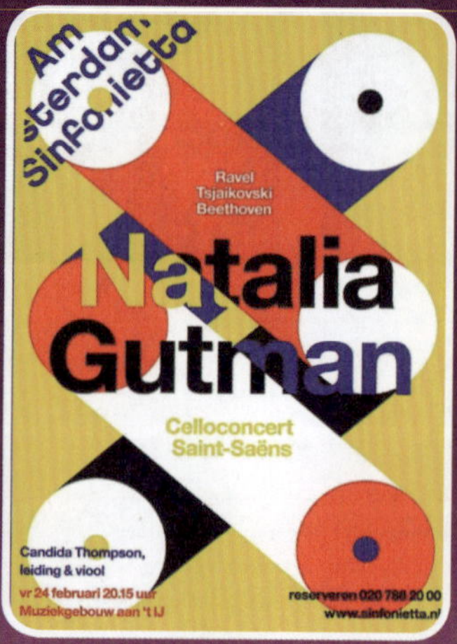

实例074 创意型图形——环保主题图形海报

本案例讲解的是矢量风格的海报设计，海报以环保为主题。环保主题的海报设计通常突破思维的枷锁和自我程式的束缚，彻底解放思想，从而产生与众不同的新思路和创意。

案例效果剖析

本案例主要使用到了“钢笔工具”，因为“钢笔工具”可以轻松的绘制出各种图形，还使用到了载入形状，这样可以快速制作需要的形状。制作时，首先使用“钢笔工具”绘制输液瓶的形状，然后继续使用“钢笔工具”绘制形状，使输液瓶更加形象，最后为画面添加图形及文字。部分效果展示如图3-1所示。

使用“钢笔工具”绘制形状　使用“钢笔工具”丰富内容　使用文字工具添加文字

图3-1　效果展示

案例技术要点

本案例中主要用到的功能及技术要点如下。

- 钢笔工具：用来绘制形状。
- 横排文字工具：用来输入文字。
- 预设管理器：用来载入形状。

案例制作步骤

源文件路径	案例文件\第3章\实例74\
素材路径	案例文件\第3章\实例74\
视频路径	视频教学\第3章\实例74.flv
难易程度	★★★
学习时间	3分

❶ 新建文件，“背景色”填充为“黄色”，如图3-2所示。绘制“输液瓶形状”。选择工具箱中的“钢笔工具”，“绘制模式”设置为“形状”，“填充”设置为“黑色”，在

画面中绘制形状，如图3-3所示。

图3-2 制作黄色背景

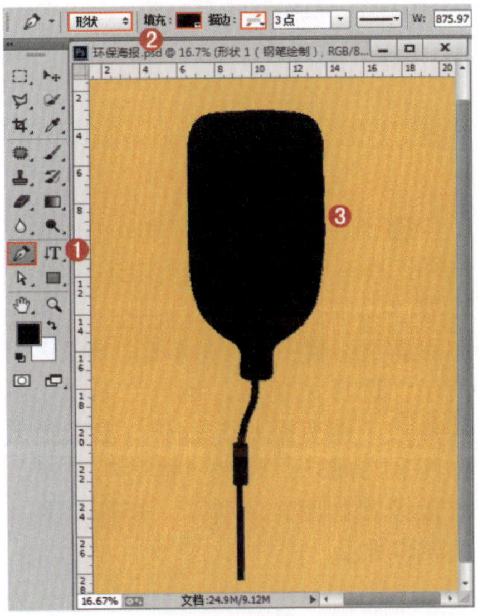

图3-3 绘制形状

❷ 使用“钢笔工具”，“绘制模式”设置为“形状”，“填充”设置为“绿色”，在输液管上绘制绿色部分，如图3-4所示。继续绘制形状，如图3-5和图3-6所示。

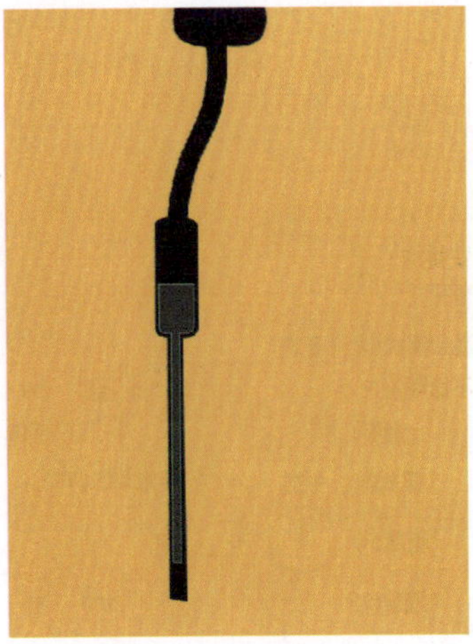

图3-4 制作绿色形状

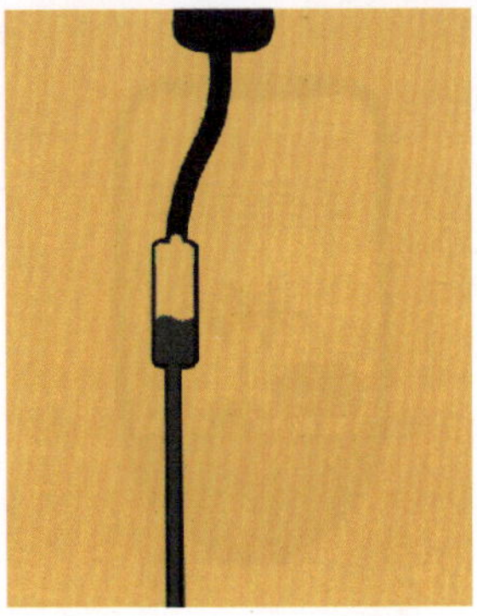

图3-5 制作黄色形状

图3-6 绘制“输液瓶”主体

❸ 导入“自定形状”。执行“编辑｜预设｜预设管理器”命令，在弹出的“预设管理器”面板中选择“预设类型”为“自定形状”，单击“载入”选项，如图3-7所示。载入素材文件中的“1.csh”，如图3-8所示。点击“完成”，在样式面板最底端会出现新载入的样式，如图3-9所示。

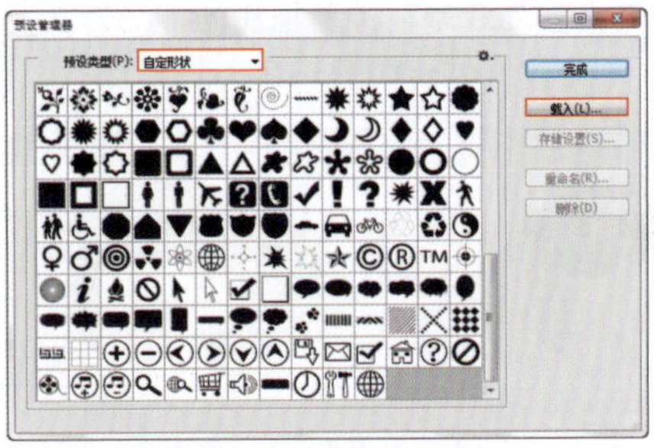

图3-7 预设管理器

图3-8 选择形状

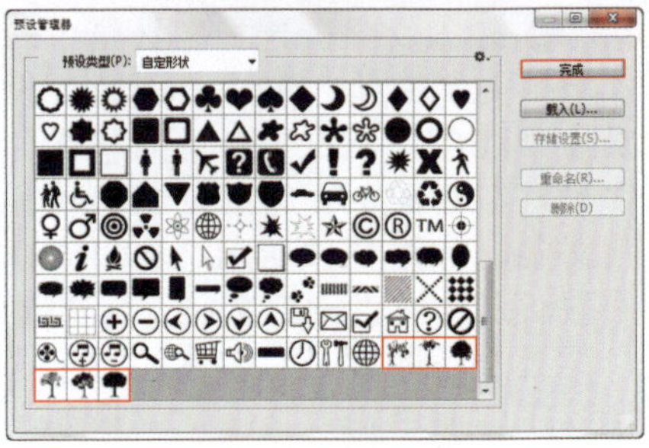

图3-9 载入新图案

❹ 绘制“自定形状”。选择工具箱中的“自定形状工具”，“绘制模式”设置为“形状”，“填充”设置为“绿色”，“描边”设置为“无颜色”，然后点击选项栏中“形状”选项后的“倒三角”按钮，在下拉列表中选择新导入的“形状1”形状，在画面中绘制形状，如图3-10所示。使用同样的方法绘制其他新导入的形状，调至合适的大小放置在画面中适当的位置，效果如图3-11所示。

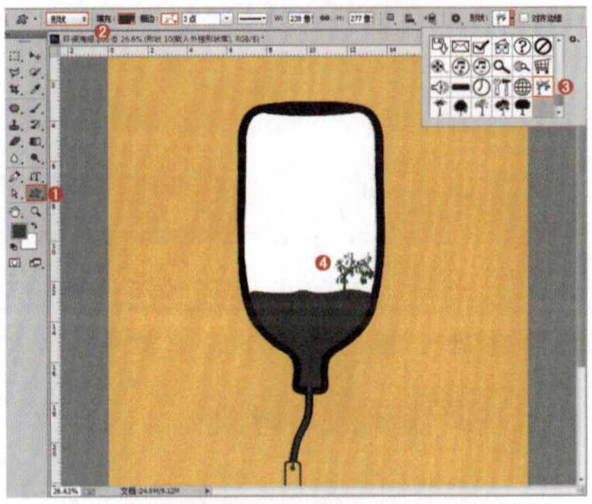

图3-10 绘制树

图3-11 绘制其他的树

提 示

如何新建形状？

首先绘制一个形状，执行“编辑｜定义自定形状”命令，即可绘制出想要的形状。

❺ 输入文字。选择工具箱中的“横排文字工具”T，“颜色”设置为“红色”，设置合适的字体和字号，在画面中合适的位置输入标题文字，如图3-12所示。使用同样的方法，选择“横排文字工具”T，设置合适的颜色、字体和字号，继续在画面中输入文字，效果如图3-13所示。

图3-12 输入标题文字

❻ 导入素材文件中的“2.png”，放置在画面的最下方，最终效果如图3-14所示。

图3-13 输入其他文字

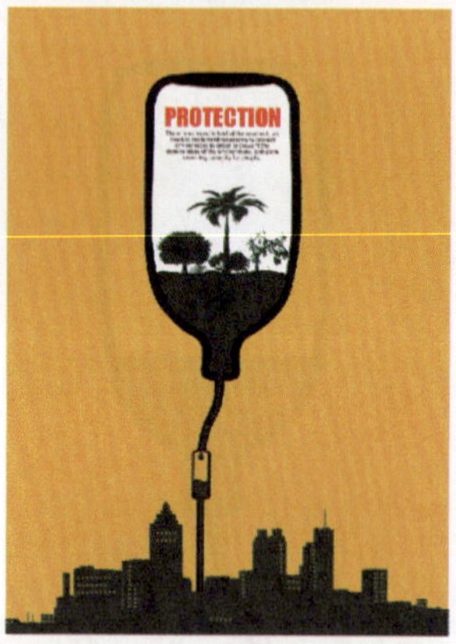

图3-14 最终效果

实例075 动感型图形——多彩图形版面

本案例讲解的是多彩的图形版面设计，一个漂亮的图形不仅是引人注目的重要条件，而且是整个版面美感的关键所在。

案例效果剖析

本案例制作起来比较复杂，但是制作的工序相对单一，在制作时需要细心和举一反三的思维。首先我们需要通过形状工具绘制形状，然后通过“渐变叠加”“描边”“外发光”“内发光”等图层样式制作出发光效果，接着使用同样的方法制作其他花瓣装饰，最后在画面中输入文字。部分效果展示如图3-15所示。

使用“圆角矩形工具”绘制形状　使用“钢笔工具”绘制形状　使用文字工具输入文字

图3-15 效果展示

案例技术要点

本案例中主要用到的功能及技术要点如下。

- 椭圆形状工具：用来绘制正圆形。
- 圆角矩形工具：用来绘制画面中的圆角矩形。
- 渐变工具：为圆角矩形添加灰色渐变。
- 钢笔工具：用来绘制花瓣形状。
- 图层样式：用来制作发光效果和立体效果。
- 横排文字工具：输入画面中的文字。

案例制作步骤

源文件路径	案例文件\第3章\实例75\
素材路径	案例文件\第3章\实例75\
视频路径	视频教学\第3章\实例75.flv
难易程度	★★★
学习时间	5分12秒

❶ 打开背景素材“1.jpg”，效果如图3-16所示。

图3-16 背景素材

❷ 制作画面中央的圆角矩形框。选择工具箱中的“圆角矩形工具”，设置“绘制模式”为“形状”，然后在画面中绘制一个圆角矩形，如图3-17所示。选择该矩形，执行“图层 | 图层样式 | 渐变叠加”命令，参数设置如图3-18所示；勾选“描边”选项，参数设置如图3-19所示。矩形效果如图3-20所示。

图3-17 绘制圆角矩形

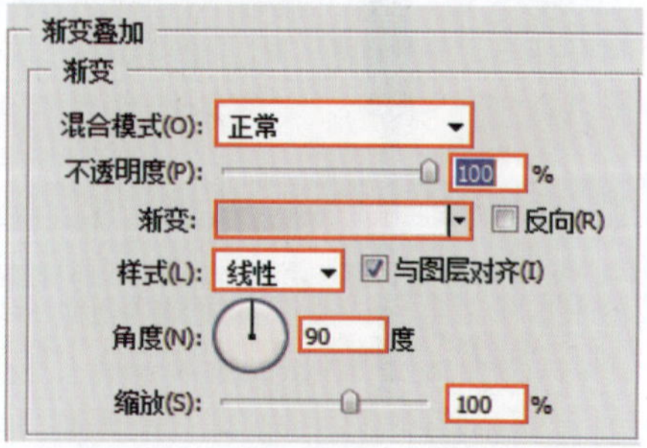

图3-18 “渐变叠加”参数

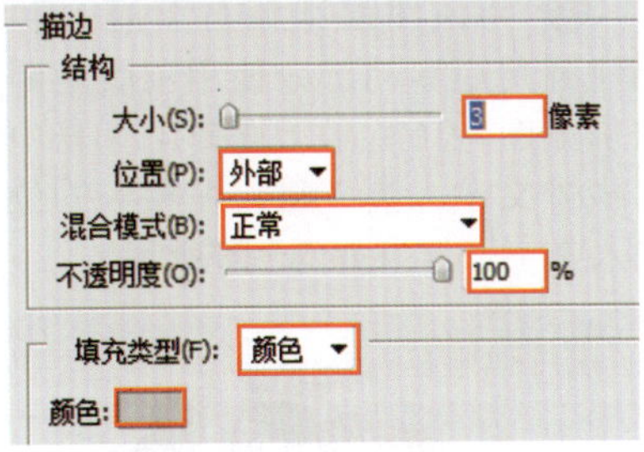

图3-19 “描边”参数

图3-20 矩形效果

提 示

使用PhotoshopCC和PhotoshopCS6绘制渐变形状：

使用PhotoshopCC和PhotoshopCS6可以在选项栏中编辑渐变填充和描边，如图3-21所示。

图3-21 快速编辑渐变矩形

❸ 制作左上角的光斑，使用工具箱中的“椭圆工具”，“绘制模式”设置为“形状”“填充”设置为“白色”。接下来为圆形制作发光效果，执行“图层 | 图层样式 | 外发光”命令，参数设置如图3-22所示。在图层面板中设置“填充”为0%。此时光斑效果如图3-23所示。

❹ 新建图层，使用“椭圆选框工具”在刚刚制作的光斑中绘制一个稍小的正圆选区，并填充为“白色”，如图3-24所示。接下来制作光斑的凸起效果。选中白色正圆图层，执行“图层 | 图层样式 | 内阴影”命令，参数设置如图3-25所示；勾选“颜色叠加”选项，参数设置如图3-26所示；勾选“外发光”选项，参数设置如图3-27所示；勾选“内发光”选项，参数设置如图3-28所示。光效效果如图3-29所示。

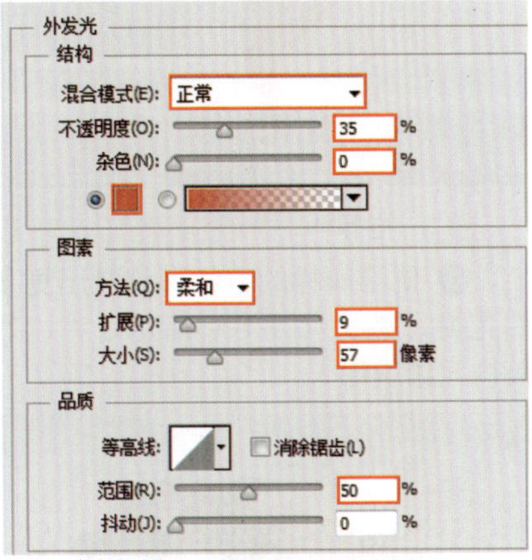

图3-22 “外发光”参数

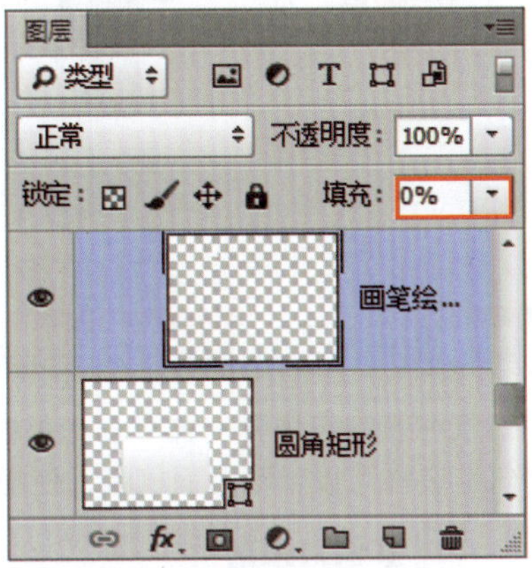

图3-23 设置填充

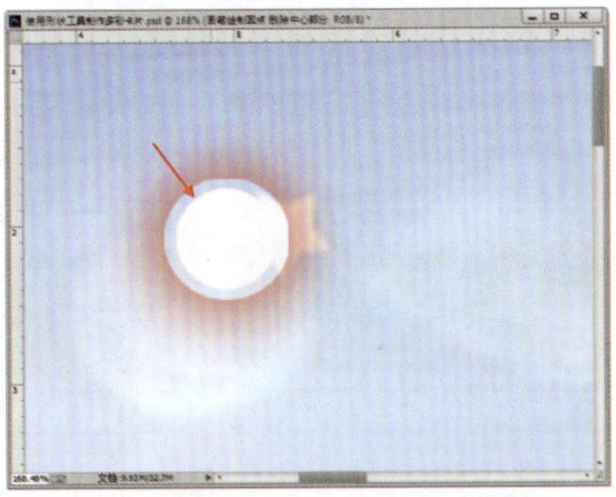

图3-24 绘制圆形

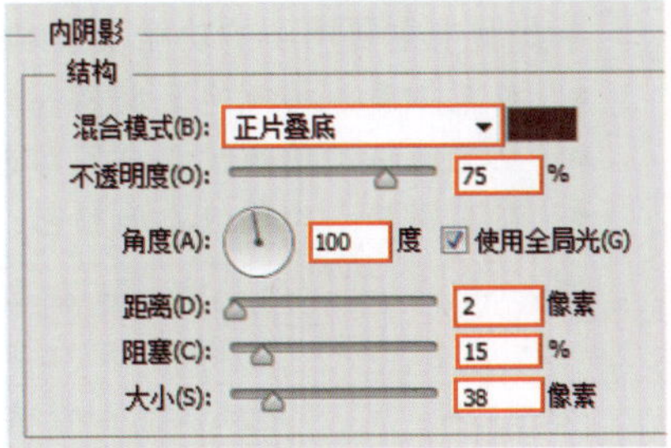

图3-25 “内阴影”参数

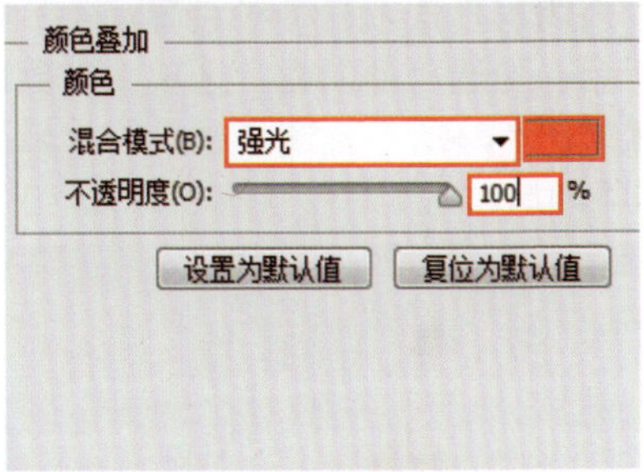

图3-26 “颜色叠加”参数

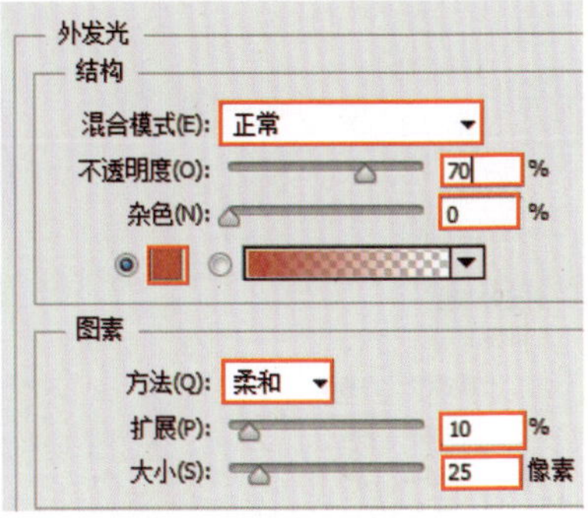

图3-27 “外发光”参数

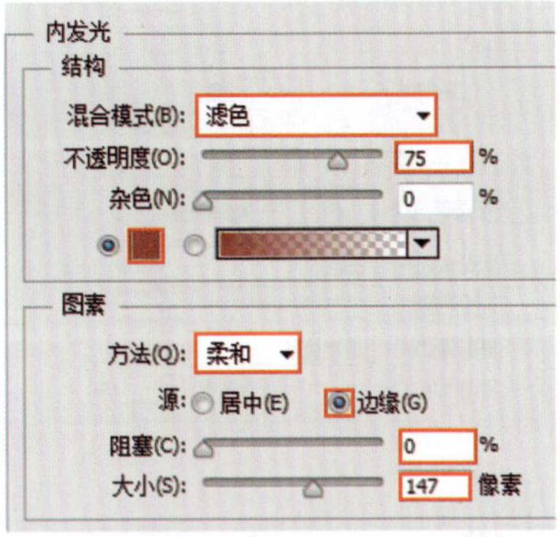

图3-28 “内发光”参数

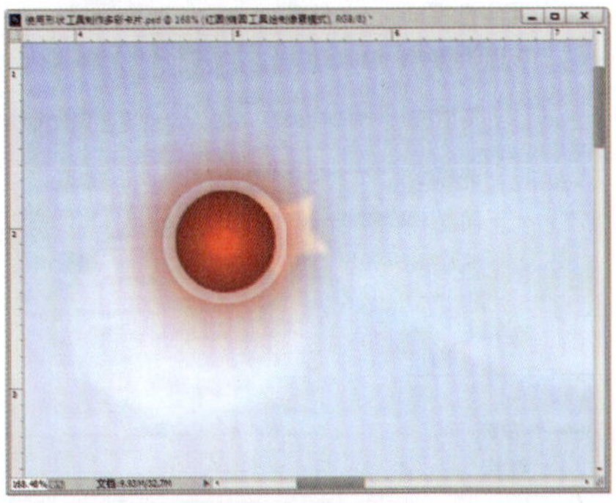

图3-29 光效效果

❺ 制作花瓣部分，新建图层，选择工具箱中的“钢笔工具”，设置“绘制模式”为“路径”，将图形转换为选区，“填充”设置为“土黄色”，绘制出下图中的形状，效果如图3-30所示。下面制作阴影效果，执行“图层 | 图层样式 | 斜面和浮雕”命令，参数设置如图3-31所示；勾选

"内阴影"选项，参数设置如图3-32所示；勾选"外发光"选项，参数设置如图3-33所示。图层样式的效果如图3-34所示。

图3-30 绘制形状

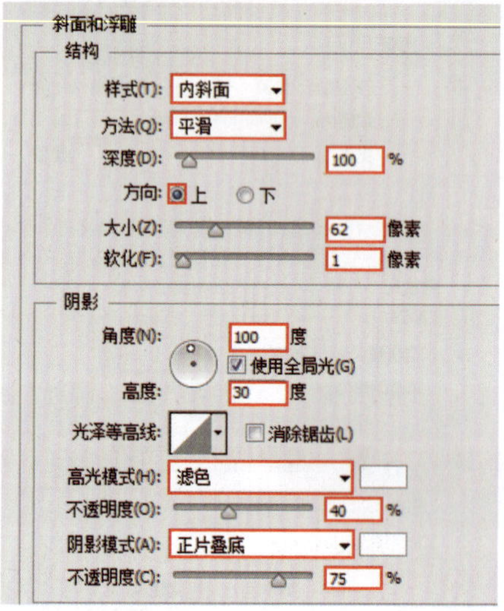

图3-31 "斜面和浮雕"参数

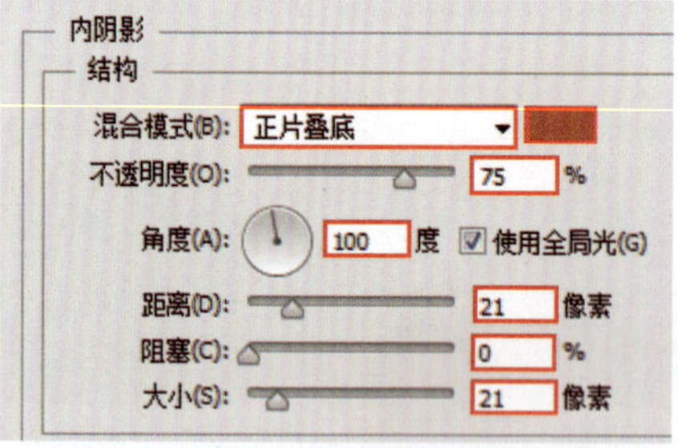

图3-32 "内阴影"参数

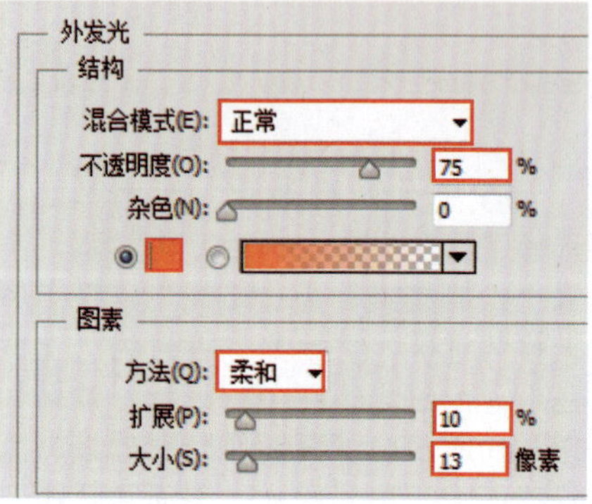

图3-33 "外发光"参数

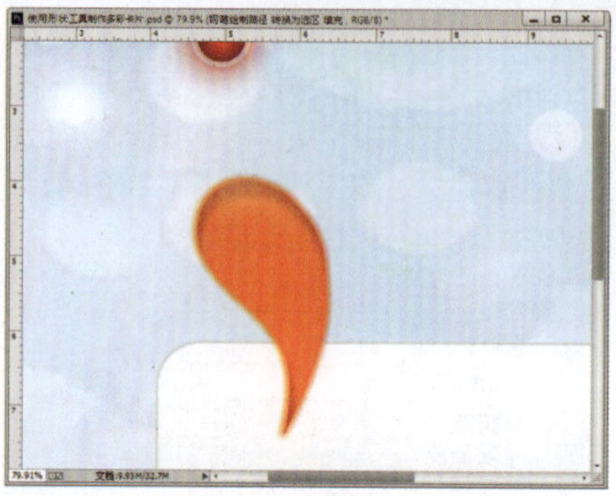

图3-34 图层样式效果

❻ 使用同样的方法，绘制出更多的花瓣，效果如图3-35所示。将这些装饰元素编组。

图3-35 花瓣效果

❼ 为该图层组添加蒙版，并将挡住圆角矩形的部分使用蒙版隐藏，效果如图3-36所示。选择工具箱中的"横排文字工具" T，在相应的位置输入文字，效果如图3-37所示。

图3-36 隐藏部分花瓣

图3-37 最终效果

实例076 分布型图形——制作可爱气泡

气泡装饰较为梦幻、可爱，可以用于儿童写真版式和情侣写真版式中。添加气泡装饰可以带动画面气氛，使画面更加活泼，更富有动感。

案例效果剖析

在案例中，使用气泡笔刷绘制气泡，在画笔面板中设置散布，并在画面中绘制，添加"渐变叠加"图层样式得到彩色效果。部分效果展示如图3-38所示。

使用"打开"命令打开素材　使用"画笔工具"绘制气泡　使用"图层样式"为气泡添加颜色

图3-38 效果展示

案例技术要点

本案例中主要用到的功能及技术要点如下。

- 画笔工具：将气泡笔刷导入到Photoshop中，绘制气泡。
- 画笔面板：用来设置画笔动态。
- 渐变叠加：为气泡添加颜色。

源文件路径	案例文件\第3章\实例76\		
素材路径	案例文件\第3章\实例76\		
视频路径	视频教学\第3章\实例76.flv		
难易程度	★★★	学习时间	2分51秒

实例077 拼贴型图形——色块感海报设计

本案例讲解的是色块分割的图形拼接设计，该作品中属于矢量风格，简约、清新的设计在视觉上给人一种别具一格的视觉感受。

案例效果剖析

制作案例时，首先新建文件，使用“钢笔工具”绘制形状，然后制作彩块拼接的效果。继续制作彩块拼接，制作彩块拼接时通常使用同色系、不同明度的颜色，这样才能保证颜色的统一。最后输入文字，完成案例的制作。部分效果展示如图3-39所示。

使用“钢笔工具”绘制形状　使用“钢笔工具”丰富形状　使用文字工具输入文字

图3-39 效果展示

案例技术要点

本案例中主要用到的功能及技术要点如下。

- 自定义形状：用来绘制箭头形状。
- 钢笔工具：用来绘制画面中的色块。
- 套索工具：用来绘制选区。
- 横排文字工具：用来输入画面中文字。

案例制作步骤

源文件路径	案例文件\第3章\实例77\		
素材路径	案例文件\第3章\实例77\		
视频路径	视频教学\第3章\实例77.flv		
难易程度	★★	学习时间	2分18秒

❶ 新建一个A4大小的文件，设置“前景色”为“淡黄色”，使用前景色填充快捷键“Alt+Delete”填充背景，效果如图3-40所示。

❷ 新建图层，选择工具箱中的“钢笔工具”，在选项栏中设置“绘制模式”为“形状”，“填充”设置为“浅蓝色”，“描边宽度”设置为3像素，在画面中绘制出下图中的多边形，如图3-41所示。以同样的方法再绘制一个三角形并填充为深蓝色，放置于已绘制好的图形上方，呈现出立体的效果，如图3-42所示。用同样的方法绘制出其他的多边形，并填充为不同透明度的颜色，所呈现出的立体效果如图3-43所示。

图3-40 黄色背景

图3-41 绘制多边形

图3-42 绘制三角形

图3-43 绘制其他色块

提 示

制作立体色块的其他方法：

在色块上绘制选区，如图3-44所示。然后调出“曲线”窗口，调整曲线形状，如图3-45所示。色块调整完成，立体效果如图3-46所示。

图3-44　绘制选区

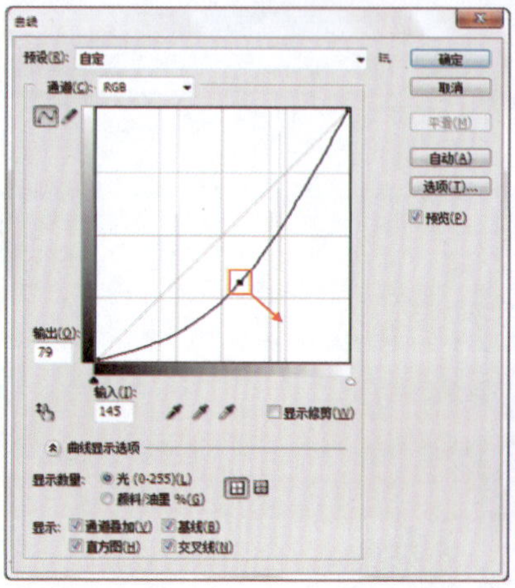
图3-45　调整曲线

图3-46　完成调色

❸ 制作主体箭头部分，选择工具箱中的“自定形状工具”，“绘制模式”设置为“形状”，“填充”设置为“浅蓝色”，在形状选取器中选择“箭头9”形状，设置完成后在相应的位置绘制箭头，效果如图3-47所示。

❹ 选择工具箱中的“套索工具”绘制出选区，并将选区填充为“深青色”，如图3-48所示。图形的立体效果如图3-49所示。

图3-47　绘制“箭头”

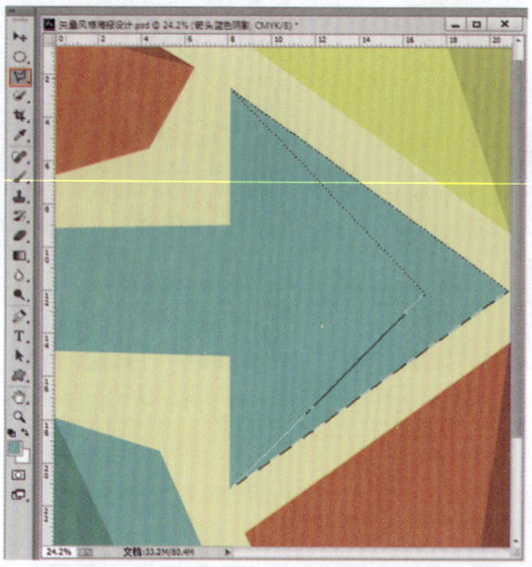
图3-48　绘制选区

图3-49　立体效果

❺ 用同样的方法绘制出左半部分的黄色多边形，效果如图3-50所示。然后输入文字，选择工具箱中的“横排文字工具” T，在相应的位置输入所需文字，如图3-51所示。

图3-50　制作其他色块

图3-51　最终效果

实例078　标志型图形——卡通苹果标签

本案例讲解的是标签设计，标签就是以文字、图形、色彩等视觉要素构成，通过一定的视觉形式和手法，形成标示特定事物或商品信息的识别符号的通称。

案例效果剖析

本案例讲解的是通过使用“钢笔工具”绘制形状和水滴，然后为水滴添加蒙版，在蒙版上添加渐变，制作出水滴的高光效果，再使用文字工具输入文字，放置在合适的位置，制作出苹果标签。部分效果展示如图3-52所示。

使用“钢笔工具”绘制形状　　使用“钢笔工具”绘制箭头　　使用文字工具输入文字

图3-52　效果展示

案例技术要点

本案例中主要用到的功能及技术要点如下。

- 钢笔工具：用来绘制标签的形状、箭头。
- 图层样式：用来为标签填充渐变颜色。
- 椭圆工具：用来制作水珠部分。
- 文字工具：用来输入标签上的文字。
- 图层蒙版：用来制作投影的渐隐效果。

案例制作步骤

源文件路径	案例文件\第3章\实例78\		
素材路径	案例文件\第3章\实例78\		
视频路径	视频教学\第3章\实例78.flv		
难易程度	★★★	学习时间	3分38秒

❶ 打开背景素材“1.jpg”，如图3-53所示。

图3-53　背景素材

❷ 选择工具箱中的“钢笔工具”，设置“绘制模式”为“形状”，然后在画面中绘制苹果形状，如图3-54所示。选择该图层，执行“图层 | 图层样式 | 渐变叠加”命令，参数设置如图3-55所示；勾选“描边”选项，参数设置如图3-56所示。苹果效果如图3-57所示。

图3-54　绘制苹果

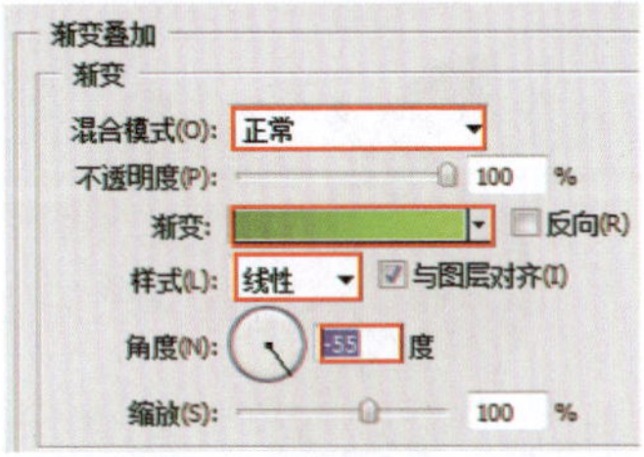

图3-55　“渐变叠加”参数

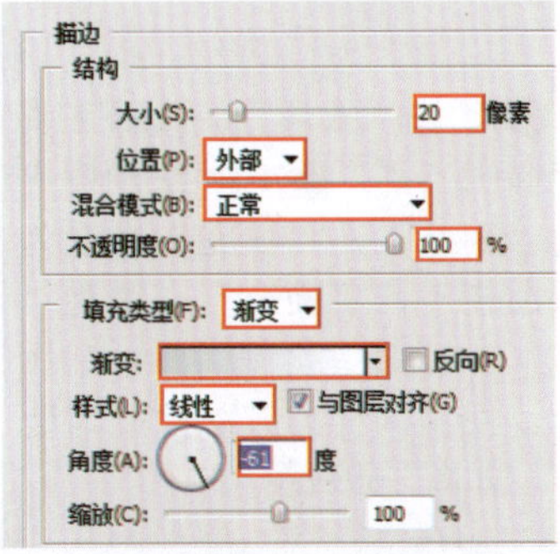

图3-56　“描边”参数

图3-57　苹果效果

❸ 制作“苹果阴影”。按住“Ctrl”键的同时在“苹果”的“图层缩览图”上单击鼠标，将“苹果”载入选区，然后在“苹果”图层下方新建图层，填充为“黑色”，并进行适当的移动，如图3-58所示。单击图层面板下方的“添加图层蒙版”按钮，为其添加蒙版，选择工具箱中的“渐变工具”，选择“黑白渐变”，在蒙版上拖拽鼠标添加渐变效果，如图3-59所示。效果如图3-60所示。

图3-58　制作苹果阴影

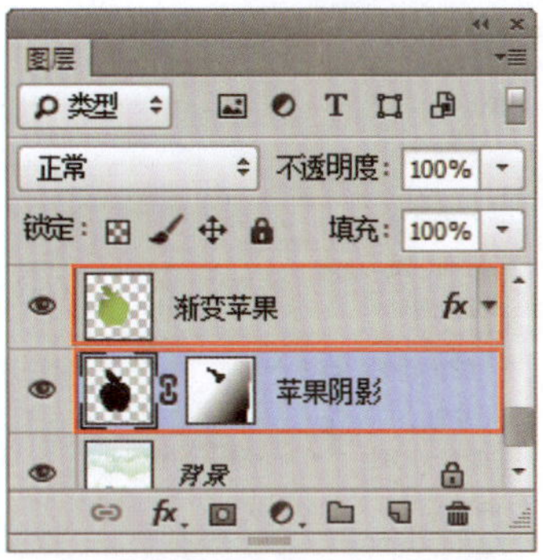

图3-59　添加图层蒙版

图3-60　制作苹果投影

> **提　示**
>
> 为什么在图层蒙版中填充渐变？
>
> 在图层蒙版中填充渐变，可以使效果过渡得更加柔和。

❹ 绘制“箭头”。选择工具箱中的“钢笔工具”，设置“绘制模式”为“形状”，然后在画面中相应位置绘制形状，如图3-61所示。选择该图层，执行“图层 | 图层样式 | 渐

变叠加”命令，参数设置如图3-62所示；勾选“描边”选项，参数设置如图3-63所示。此时剪贴效果如图3-64所示。

图3-61　绘制箭头

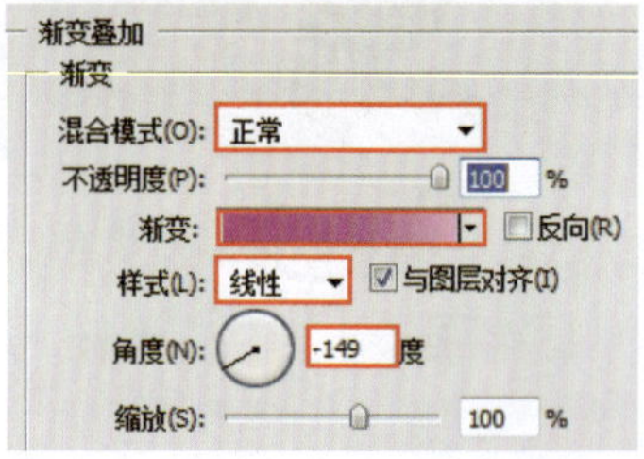

图3-62　“渐变叠加”参数

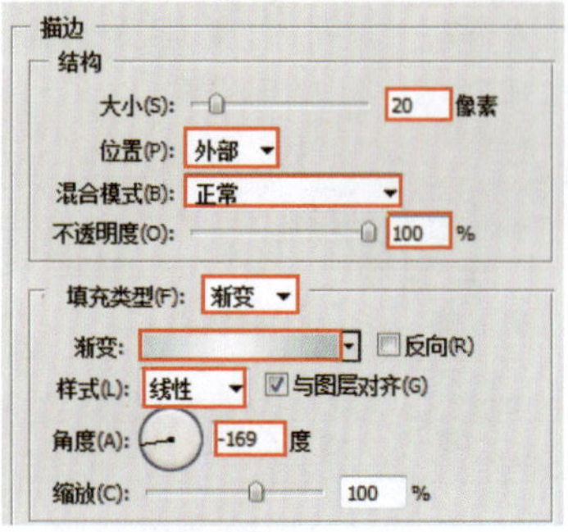

图3-63　“描边”参数

图3-64　箭头效果

❺ 制作“箭头阴影”。按住“Ctrl”键的同时在“箭头”的“图层缩览图”上单击鼠标，将“箭头”载入选区，然后在“箭头”图层下方新建图层，为其添加“黑色”，并进行适当的移动，如图3-65所示。单击图层面板下方的“添加图层蒙版”按钮，为其添加蒙版，选择工具箱中的“渐变工具”，选择“黑，白渐变”，在蒙版上拖拽鼠标添加渐变效果，如图3-66所示。效果如图3-67所示。

图3-65　标签投影

图3-66　添加图层蒙版

图3-67　箭头投影效果

❻ 绘制“水滴”。选择工具箱中的“椭圆工具”，“绘制模式”设置为“形状”，“填充”设置为“绿色系渐变”，“描边”设置为“无颜色”，在画面中绘制椭圆，如图3-68所示。使用同样的方法绘制其他“椭圆”，如图3-69所示。

图3-68　绘制椭圆

图3-69　绘制椭圆

❼ 绘制“水滴高光部分”。使用“椭圆工具”绘制白色椭圆形状，如图3-70所示。单击图层面板下方的“添加图层蒙版”按钮，为其添加蒙版，选择工具箱中的“渐变工具”，选择“黑，白渐变”，在蒙版上拖拽鼠标添加渐变效果，如图3-71所示。使用同样的方法绘制其余的“水滴高光部分”，效果如图3-72所示。使用同样的方法制作另一个“水滴”，效果如图3-73所示。

图3-70　绘制高光形状

图3-71　添加图层蒙版

图3-72　制作其他高光

图3-73　制作其他水滴

❽ 输入文字。选择工具箱中的“横排文字工具”[T]，“颜色”设置为“黑色”，设置合适的字体和字号，在画面中输入文字，如图3-74所示。复制文字，“颜色”更改为“白色”，并将其适当的移动，效果如图3-75所示。最终效果如图3-76所示。

图3-74　输入文字

图3-75　复制文字

图3-76　最终效果

实例079　拟物型图形——重叠花朵图形设计

本案例制作的是重叠花朵图形，这样的图形设计通常给人一种重叠的美感。该图形设计，可以作为单独的设计作品，也可以作为一种装饰的元素。

案例效果剖析

本案例中，花朵图片是通过复制、组合得到的。首先打开背景素材，将素材导入到画面中。然后将“胶囊”复制并旋转，制作出花朵的形状。最后制作重叠花朵的图形，使前景中的花朵与背景中组成的花朵形成鲜明的对比。部分效果展示如图3-77所示。

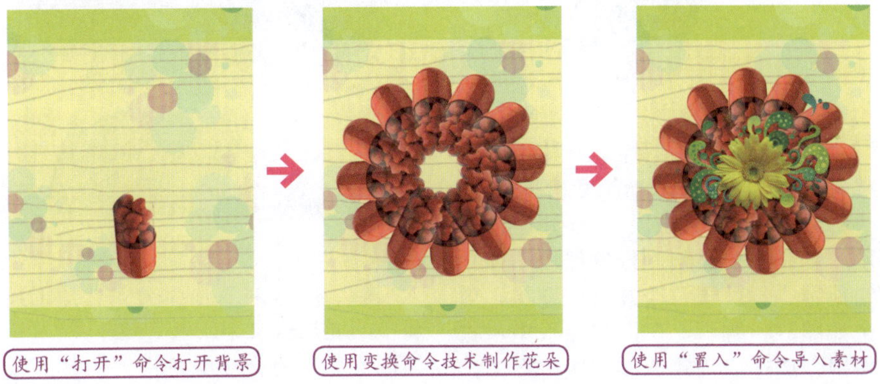

图3-77　效果展示

案例技术要点

本案例中主要用到的功能及技术要点如下。

- 旋转并复制：旋转并复制图形，还可以按快捷键“Ctrl+Shift+Alt+T”。
- 置入命令：将装饰素材导入到画面中。

源文件路径	案例文件\第3章\实例79\
素材路径	案例文件\第3章\实例79\
视频路径	视频教学\第3章\实例79.flv
难易程度	★★★★
学习时间	2分02秒

实例080　创意型图形——欧美风格矢量图形海报

本案例主要讲解的是矢量风格的海报设计，在整个案例中，没有外部的素材，都是使用形状工具、画笔工具进行绘制的。欧美风格的海报设计一般以简洁的图形搭配上个性的文字，以简单直白的方式传递信息。

案例效果剖析

本案例中使用到了形状工具绘制画面中的主体形状，然后通过“渐变叠加”的图层样式为形状添加颜色，继续使用形状工具绘制装饰形状，最后输入文字。部分效果展示如图3-78所示。

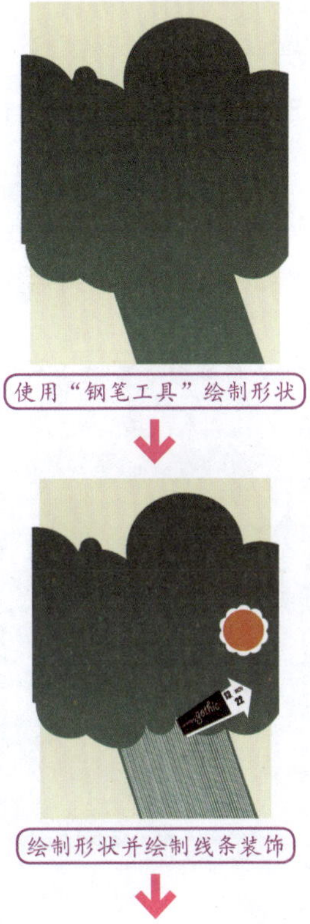

图3-78　效果展示

案例技术要点

本案例中主要用到的功能及技术要点如下。

- 图层样式：为图形添加渐变颜色。
- 画笔工具：用来制作画面中的线条。
- 文字工具：用来输入画面中的文字。
- “投影”样式：用来制作画面中的投影。

案例制作步骤

源文件路径	案例文件\第3章\实例80\
素材路径	案例文件\第3章\实例80\
视频路径	视频教学\第3章\实例80.flv
难易程度	★★★
学习时间	4分41秒

❶ 新建一个A4大小的文件。新建图层，使用“矩形选框工具”，绘制一个矩形选区，然后将“前景色”设置为“乳白色”，使用前景色填充快捷键“Alt+Delete”进行填充，效果如图3-79所示。

图3-79　填充背景

❷ 选择工具箱中的“钢笔工具”，在选项栏中将“绘制模式”设置为“形状”，然后在画面中绘制形状，如图3-80所示。选择该图层，执行“图层｜图层样式｜渐变叠加”命令，参数设置如图3-81所示。形状效果如图3-82所示。

图3-80　绘制形状

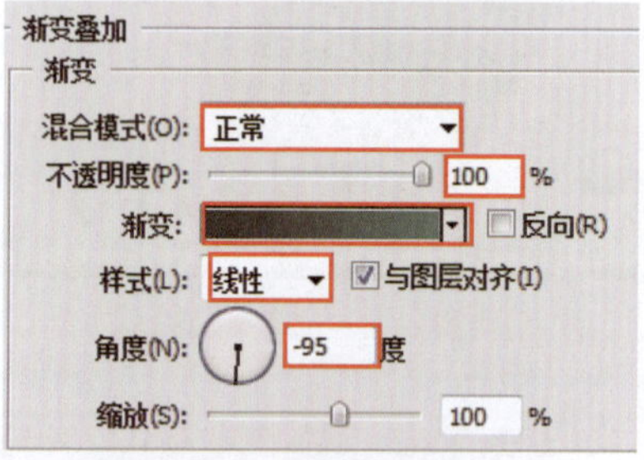

图3-81　“渐变叠加”参数

图3-82　形状效果

❸ 新建图层。选择工具箱中的“画笔工具”，“颜色”设置为“白色”，绘制线段，如图3-83所示。复制多个已绘制好的线段，使用快捷键“Ctrl+E”合并这些图层，效果如图3-84所示。在图层面板中单击右键，选择“创建剪贴蒙版”命令，创建图层蒙版。选择该蒙版，使用黑色的硬角“画笔工具”，将蒙版中的部分线段进行隐藏，效果如图3-85所示。

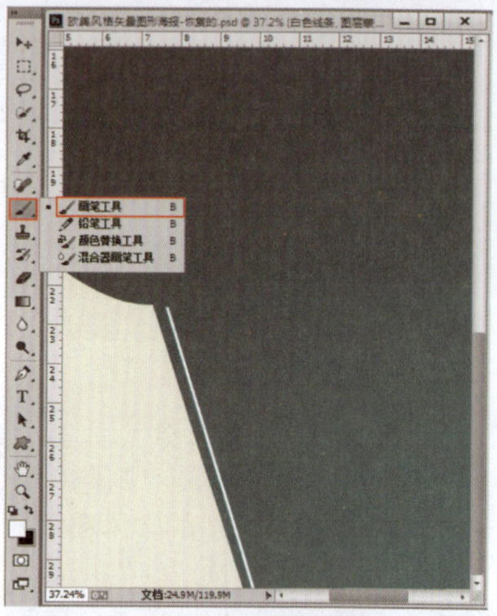

图3-83　绘制直线

图3-84　复制直线

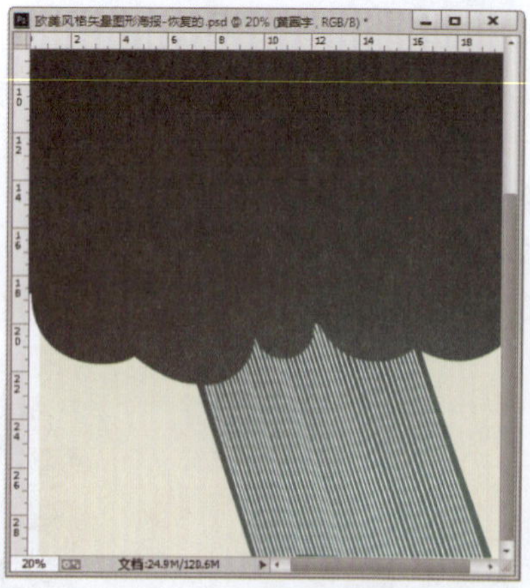

图3-85　隐藏部分线段

❹ 制作主体文字部分。选择工具箱中的“横排文字工具”，输入相应的文字，将文字颜色设置为“深褐色”，如图3-86所示。复制图层并更改其颜色为“橙色”，然后将橙色的文字向上移动，呈现出文字的立体效果，如图3-87所示。

图3-86 输入文字

图3-87 立体效果

5 用同样的方法输入段落文字，如图3-88所示。为白色段落的文字添加描边效果，执行“图层 | 图层样式 | 描边”命令，参数设置如图3-89所示。效果如图3-90所示。

图3-88 输入文字

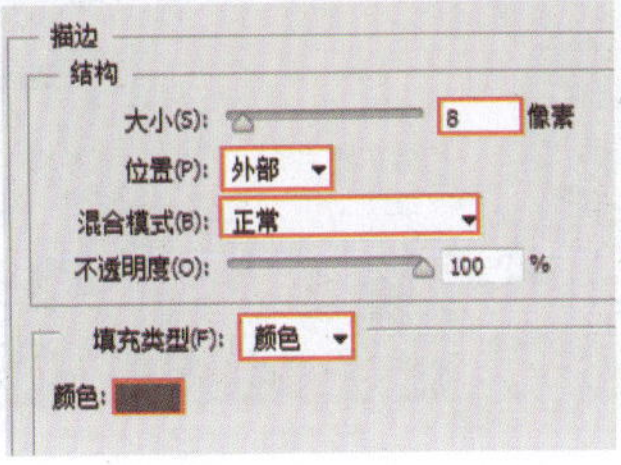

图3-89 “描边”参数

图3-90 文字效果

6 制作箭头部分。使用工具箱中的“自定形状工具”，“绘制模式”设置为“形状”，“填充”设置为“白色”，在形状选取器中选择形状“箭头9”，设置完成后在相应位置绘制箭头，并将绘制完的箭头旋转，效果如图3-91所示。

图3-91 绘制形状

7 绘制黑色四边形。选择工具箱中的“钢笔工具”，将“绘制模式”设置为“形状”，“填充”设置为“黑色”，绘制出四边形，如图3-92所示。再用上述方法输入白色文字，如图3-93所示。

图3-92 绘制四边形

8 选择工具箱中的“自定形状工具”，“绘制模式”设置为“形状”，“填充”设置为“白色”，选择“花1”形状，然后在画面中相应位置绘制形状，如图3-94所示。使用“椭圆工具”，设置“绘制模式”为“形状”，“填充”为“橘黄色”，然后在花形的上面绘制正圆，如图3-95所示。

图3-93 输入文字

图3-94 绘制花形

图3-95 绘制正圆

9 剩余的文字以类似的方法制作完成，如图3-96所示。

图3-96 最终效果

实例081 文字型图形——制作绿色清爽文字海报

本案例是以绿色为主色调，绿色具有平静、清新的感觉。该海报内容简单明了，信息突出，排版风格时尚大气，适用于活动、商业招贴中，字号宜选用大号，使版面具有强烈的对比与视觉冲击力。

案例效果剖析

本案例中，标题文字是制作的重点，标题文字的颜色选择了与背景色同一色调的绿色，文字上的曲线纹理为文字添加了一丝动感。首先打开背景素材，然后使用文字工具输入标题文字，接下来制作文字效果，文字效果是通过使用“图层样式”制作的。最后制作其他部分的文字内容。部分效果展示如图3-97所示。

使用文字工具输入文字　为文字添加“图层样式”　使用“图层样式”制作其他文字

图3-97　效果展示

案例技术要点

本案例中主要用到的功能及技术要点如下。

- 横排文字工具：用来输入画面中的文字。
- 图层样式：用来制作出晶莹剔透的标题文字。
- 矩形工具：用来绘制矩形形状，制作出文字的底部装饰。

源文件路径	案例文件\第3章\实例81\		
素材路径	案例文件\第3章\实例81\		
视频路径	视频教学\第3章\实例81.flv		
难易程度	★★★★	学习时间	4分23秒

实例082 立体型图形——使用矢量工具制作奇幻立方体

本案例讲解的是矢量风格的图形设计。这种色彩丰富、立体感强烈的图形设计，适合应用在海报、广告设计中。

案例效果剖析

本案例中，首先制作背景部分。背景部分是通过“混合模式”将素材融入到背景中。然后制作画面中主体的方块部分，方块能够看到的只有两个面，是通过形状工具和钢笔绘制形状，然后添加渐变图层样式制作而成的。部分效果展示如图3-98所示。

使用“渐变工具”制作背景　使用“矩形选框工具”绘制方体　使用文字工具输入文字

图3-98　效果展示

案例技术要点

本案例中主要用到的功能及技术要点如下。

- 图层样式：在本案例中使用到了“渐变叠加”和“描边”的图层样式。
- 混合模式：用来制作背景和光效。
- 填充：用来填充颜色，制作镂空的正方形。
- 横排文字工具：在画面中输入文字。
- 图层蒙版：用来隐藏多余内容。

案例制作步骤

源文件路径	案例文件\第3章\实例82\
素材路径	案例文件\第3章\实例82\
视频路径	视频教学\第3章\实例82.flv
难易程度	★★★★
学习时间	3分46秒

❶ 新建一个210×210的文件，然后将背景图层转换为普通图层。执行“图层 | 图层样式 | 渐变叠加”命令，参数设置如图3-99所示。背景效果如图3-100所示。

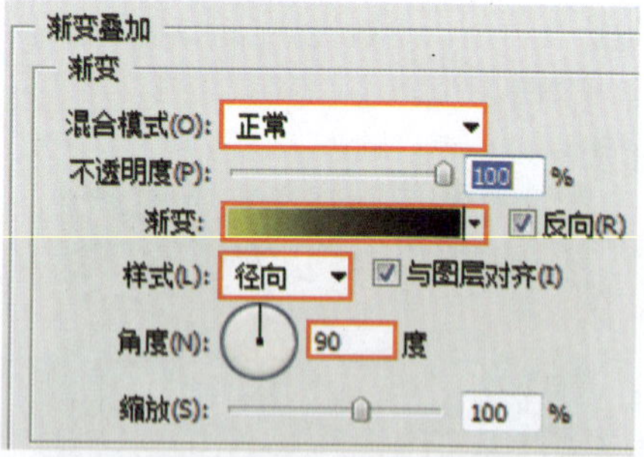

图3-99 “渐变叠加”参数

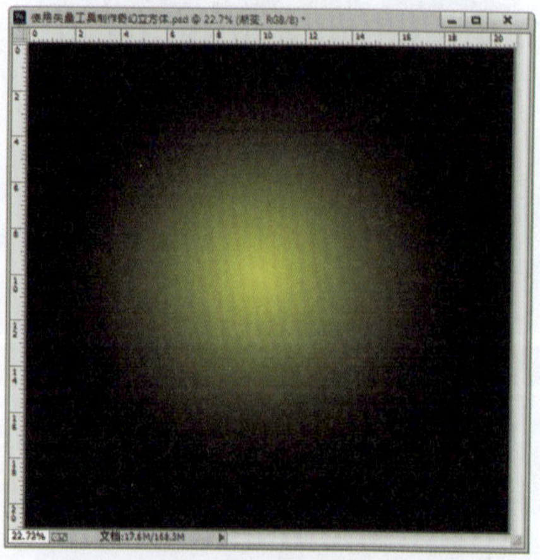

图3-100　背景效果

提 示

如何将背景图层转换为普通图层？

按住“Alt”键双击背景图层，即可将背景图层转换为图片图层。

❷ 导入素材“1.jpg”到画面中，如图3-101所示。“混合模式”设置为“滤色”，“不透明度”设置为30%，参数设置如图3-102所示。背景效果如图3-103所示。

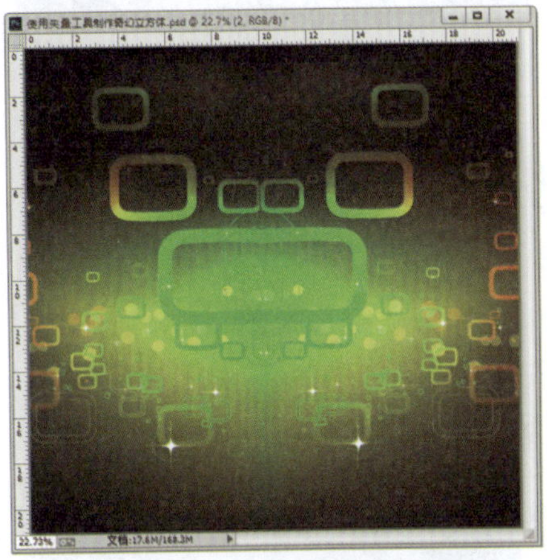

图3-101 背景素材

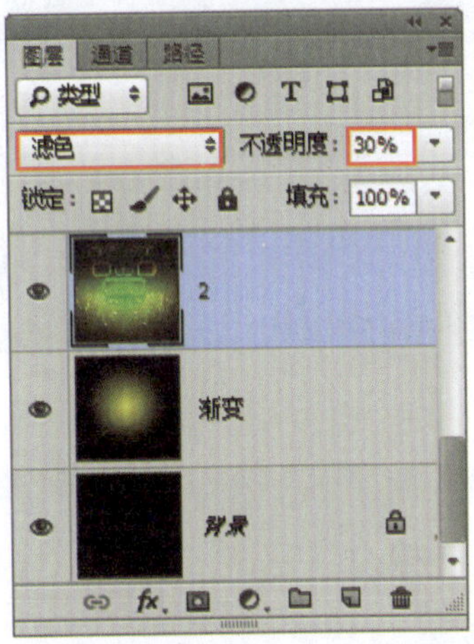

图3-102 混合模式

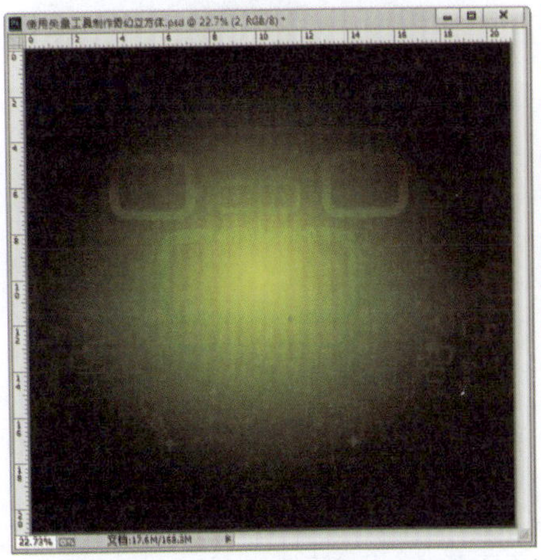

图3-103 背景效果

❸ 选择工具箱中的“圆角矩形工具”▢，在画面的相应位置绘制一个圆角矩形，如图3-104所示。选择该圆角矩形，执行“图层 | 图层样式 | 描边”命令，参数设置如图3-105所示。效果如图3-106所示。

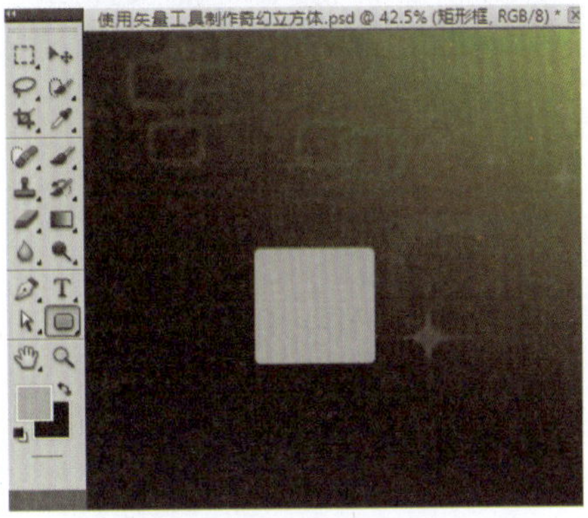

图3-104 绘制圆角矩形

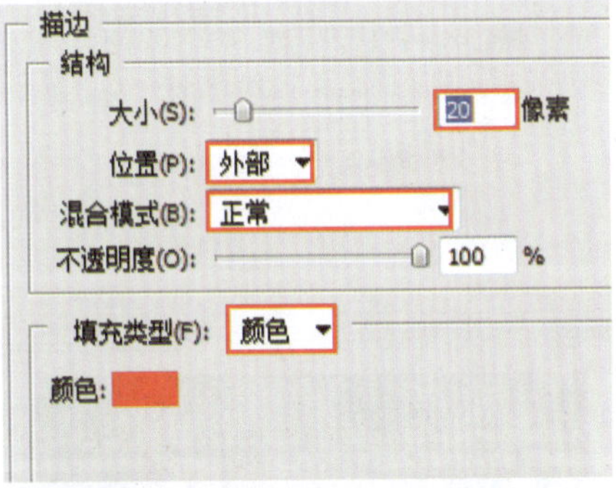

图3-105 “描边”参数

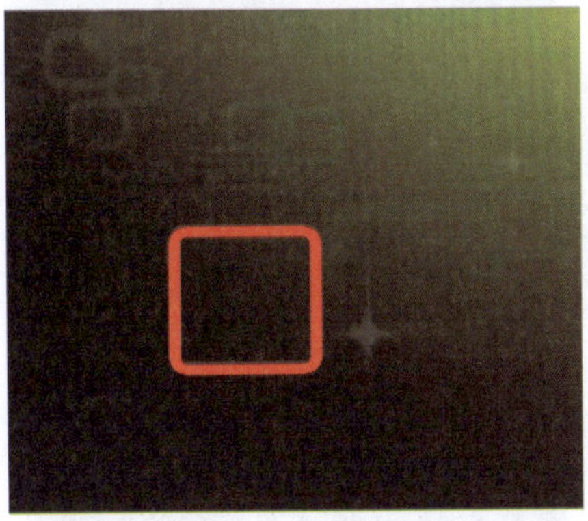

图3-106 镂空效果

❹ 使用同样的方法绘制出其他的矩形框，如图3-107所示。设置多个矩形框所在组的“混合模式”为“柔光”，如图3-108所示。效果如图3-109所示。

❺ 制作正方体，新建图层。选择工具箱中的“矩形选框工具”⬚，绘制一个正方形的选区，“填充”设置为“洋红色”。然后执行“自由变换 | 透视”命令，将其进行变形，如图3-110所示。

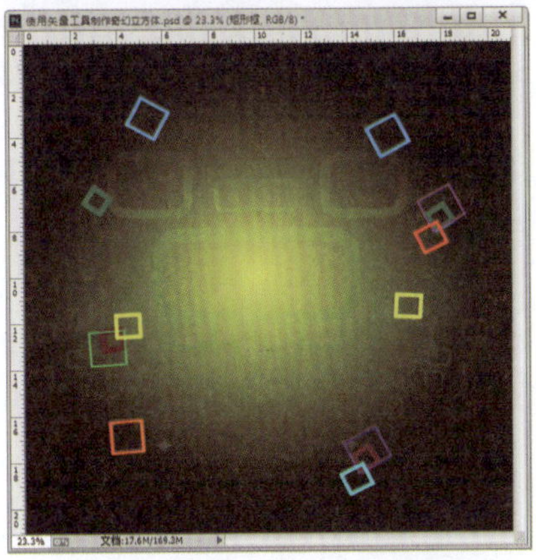

图3-107 绘制镂空矩形

图3-108 混合模式

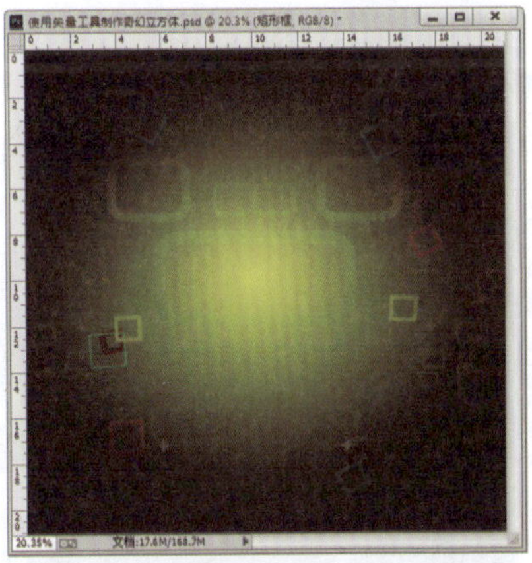

图3-109 装饰效果

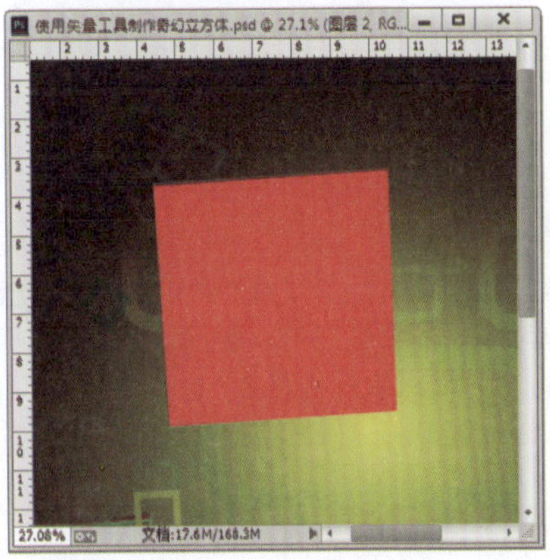

图3-110 透视变形

❻ 添加图层样式，执行“图层｜图层样式｜描边”命令，参数设置如图3-111所示；勾选“渐变叠加”选项，参数设置如图3-112所示。效果如图3-113所示。

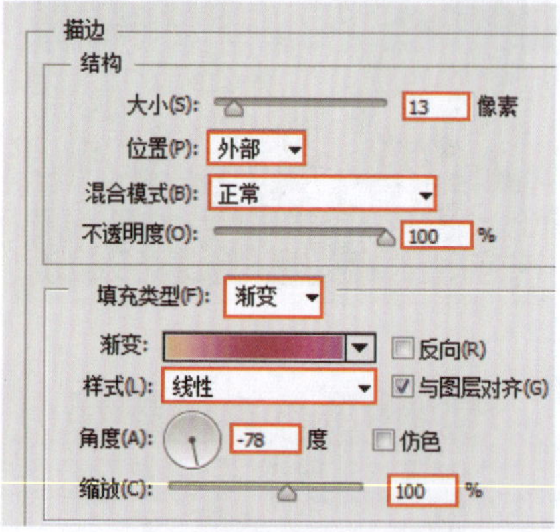

图3-111 “描边”参数

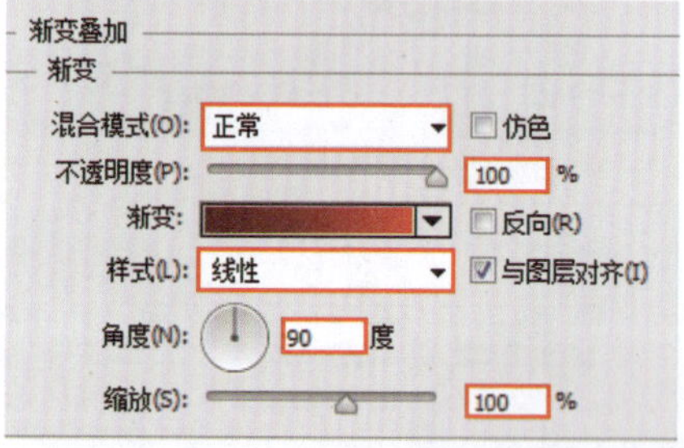

图3-112 渐变叠加”参数

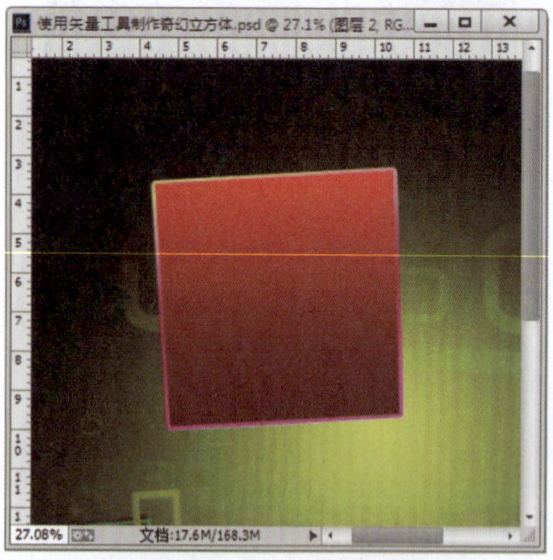

图3-113 方块效果

❼ 选择工具箱中的“钢笔工具”，绘制出正方体的底部，并填充为“深粉色”，如图3-114所示。然后，执行“图层｜图层样式｜渐变叠加”命令，参数设置如图3-115所示。效果如图3-116所示。使用同样的方法绘制出其他的正方体，如图3-117所示。

❽ 选择工具箱中的“横排文字工具”，在相应的位置输入文字部分，如图3-118所示。

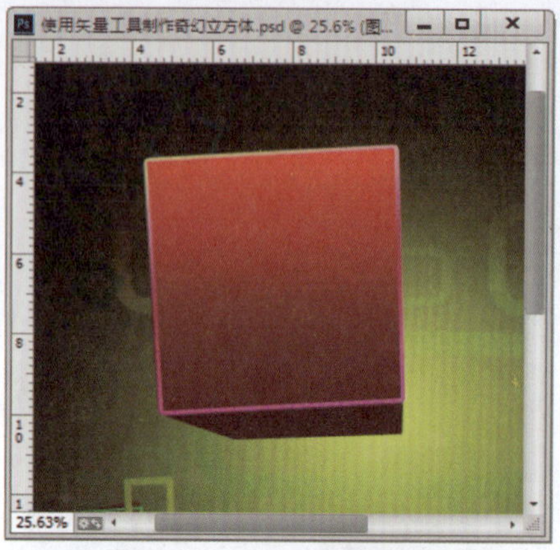

图3-114 绘制矩形底部

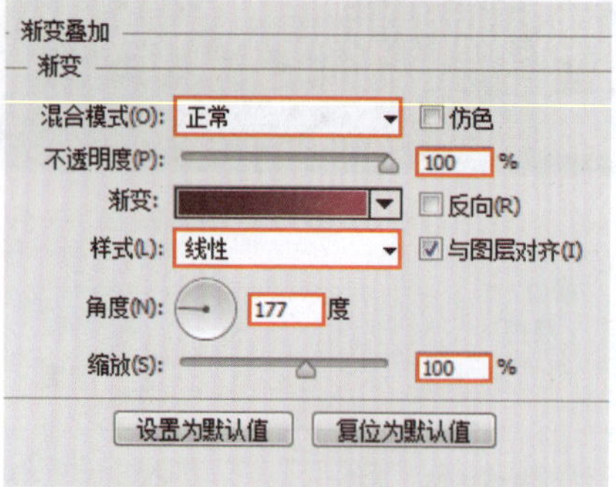

图3-115 “渐变叠加”参数

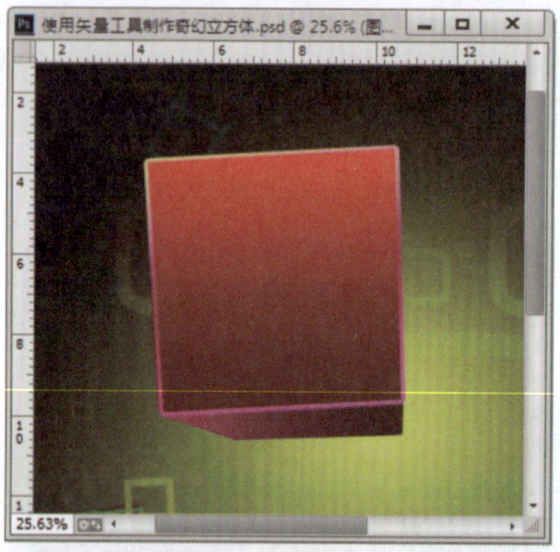

图3-116 底部效果

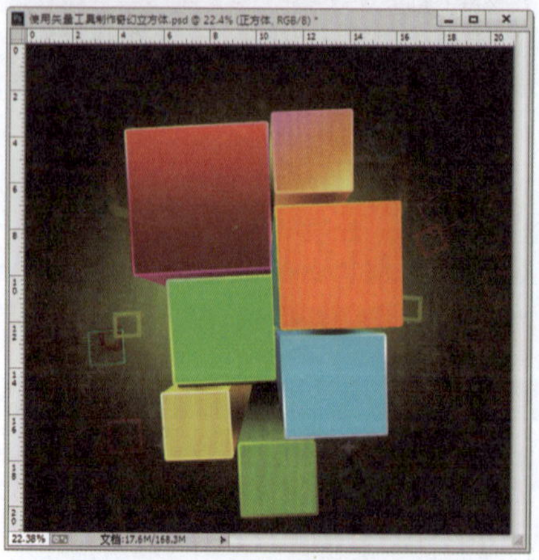

图3-117 其他方块

图3-118 输入文字

❾ 导入光效素材“2.jpg”到画面中，如图3-119所示。设置该图层的“混合模式”为“滤色”，“不透明度”为40%，如图3-120所示。添加“图层蒙版”，使用工具箱中的“画笔工具”，选择柔角画笔，隐藏部分素材，效果如图3-121所示。

图3-119 光效素材

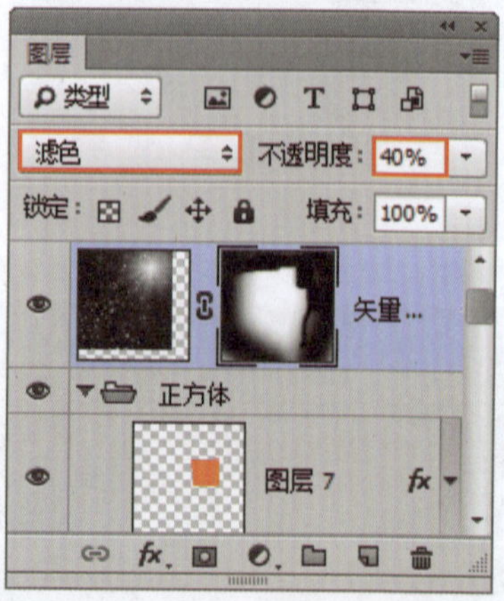

图3-120 “混合模式”参数

❿ 导入光效素材“3.jpg”到画面中，如图3-122所示。设置该图层的“混合模式”为“变亮”，“不透明度”为30%，如图3-123所示。点击“添加图层蒙版”按钮，使用工

具箱中的“画笔工具”，然后选择柔角画笔，隐藏部分素材，效果如图3-124所示。

图3-121 画面效果

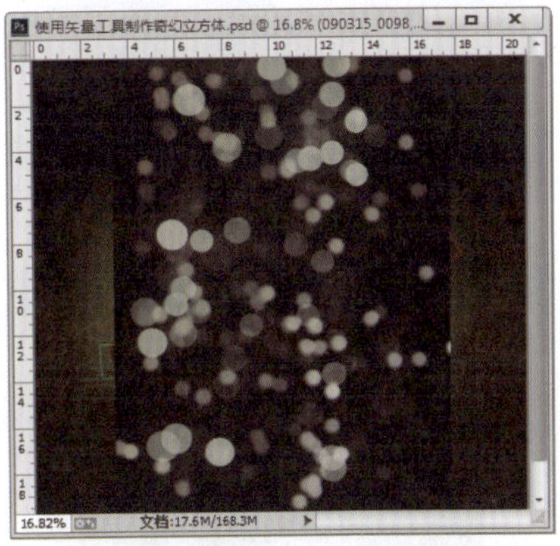

图3-122 导入光效

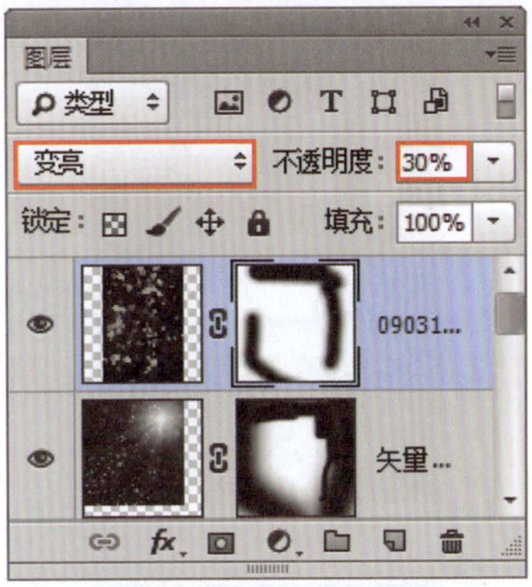

图3-123 “混合模式”参数

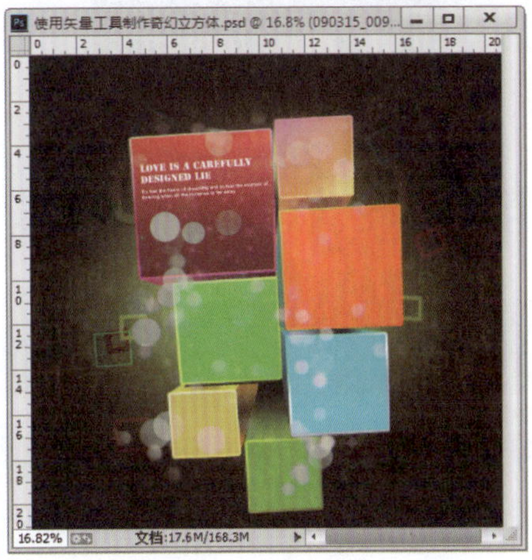

图3-124 最终效果

实例083 创意型图形——矢量风格插画

本案例在制作中，通过将素材摆放在相应位置中，并制作色彩鲜亮的文字，做出插画的效果。矢量风格设计通常用于商业招贴、插画等作品中。

案例效果剖析

本案例中选择地球作为背景，为画面增加集中感。然后添加树木进行装饰，再添加各种矢量的和像素的素材装扮，使画面内容变得丰富、有趣。最后添加文字，表达该插图的主题。部分效果展示如图3-125所示。

使用“置入”命令导入素材　使用“移动工具”移动素材　使用文字工具输入文字

图3-125 效果展示

案例技术要点

本案例中主要用到的功能及技术要点如下。

- 图层蒙版：用来抠图。
- 钢笔工具：用来绘制水滴形状。
- 图层组：用来管理图层。
- 图层样式：为文字添加投影图层样式。

源文件路径	案例文件\第3章\实例83\
素材路径	案例文件\第3章\实例83\
视频路径	视频教学\第3章\实例83.flv
难易程度	★★★★
学习时间	6分50秒

实例084 文字型图形——图形化的创意字体

文字也是图形的一种。经过创意加工设计的文字，既美观又具有创意，还可以迅速传递所要表达的信息。

案例效果剖析

本案例在制作时，首先在画面中输入文字，然后通过图层样式制作出特殊的文字效果。接着通过添加渐变填充图层制作出彩色的文字效果。最后为文字添加装饰素材。部分效果展示如图3-126所示。

使用文字工具输入文字

使用图层样式添加渐变色

使用混合模式制作文字颜色

图3-126 效果展示

案例技术要点

本案例中主要用到的功能和技术要点如下。

- 横排文字工具：用来输入画面中的文字。
- 图层样式：用来制作文字的效果。
- 填充图层：用来制作文字上方的颜色。
- 混合模式：用来制作文字上的色彩。
- 图层蒙版：用来隐藏画面中多余的内容。

案例制作步骤

源文件路径	案例文件\第3章\实例84\
素材路径	案例文件\第3章\实例84\
视频路径	视频教学\第3章\实例84.flv
难易程度	★★★★
学习时间	4分58秒

❶ 新建一个256×360大小的文件，执行“文件｜打开”命令，打开背景素材“1.jpg”，如图3-127所示。选中工具箱中的“横排文字工具”T，在画面中输入字母“H”，如图3-128所示。输入完成后单击选项栏中的“提交当前操作”✔按钮。然后在画面中的相应位置输入其他文字，保证每个字母都属于单独一个图层，如图3-129所示。

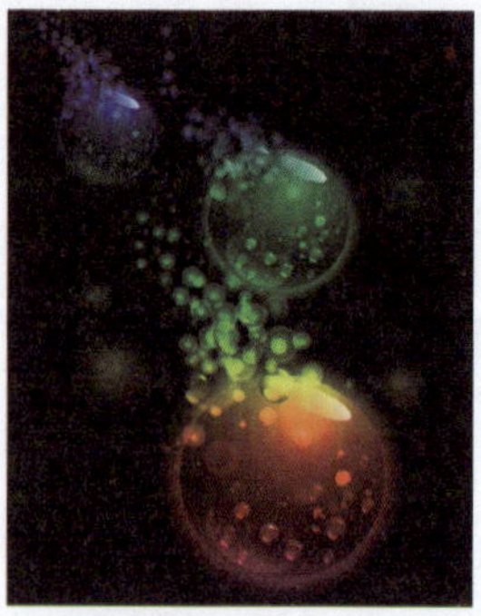

图3-127 背景素材

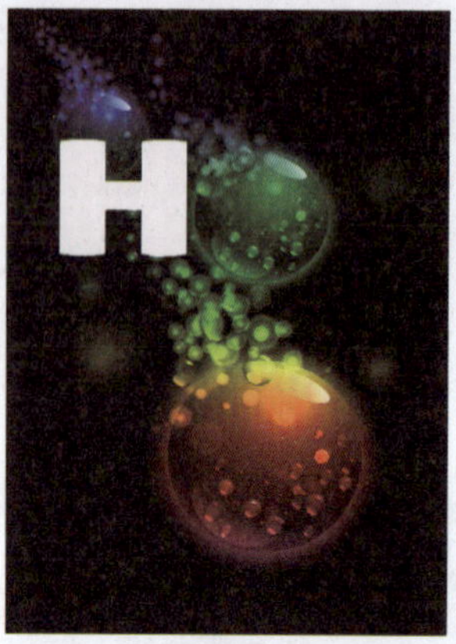

图3-128 输入字母“H”

图3-129 输入其他字母

❷ 选择文字图层，执行“图层｜图层样式｜渐变叠加”命令，参数设置如图3-130所示；勾选“投影”选项，参数设置如图3-131所示。效果如图3-132所示。

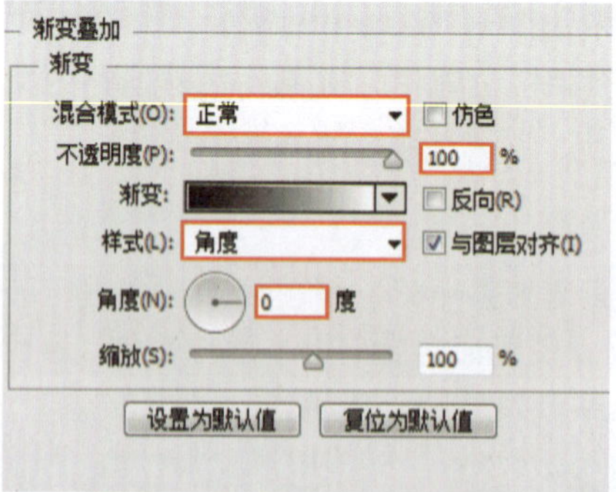

图3-130 “渐变叠加”参数

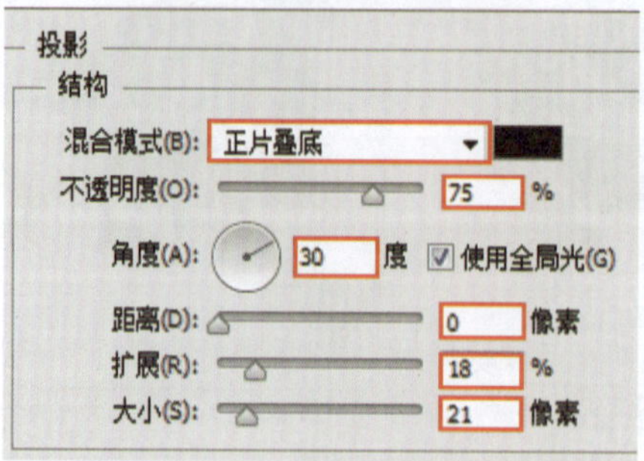

图3-131 “投影”参数

图3-132 文字效果

❸ 图层样式编辑完成后，将该图层的图层样复制给其他文字图层。选择该图层，执行“图层｜图层样式｜拷贝图层样式”命令，选中字母“O”图层，执行“图层｜图层样式｜粘贴图层样式”命令，文字效果如图3-133所示。使用同样的方法将图层样式复制给其他文字图层，效果如图3-134所示。

图3-133 拷贝图层样式

图3-134 文字效果

❹ 执行“文件｜导入”命令，导入装饰素材“2.png”到画面中，效果如图3-135所示。

图3-135 装饰素材

❺ 制作文字的炫光效果，执行“图层｜新建填充图层｜渐变”命令，参数设置如图3-136所示。效果如图3-137所示。

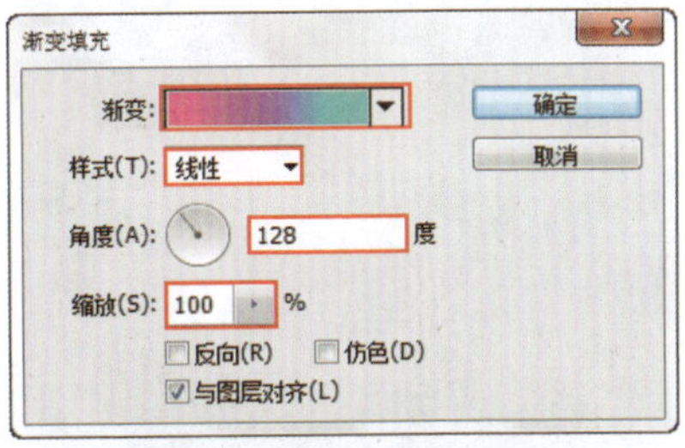

图3-136 “渐变填充”参数

图3-137 画面效果

❻ 该图层的“混合模式”设置为“柔光”，如图3-138所示。画面效果如图3-139所示。

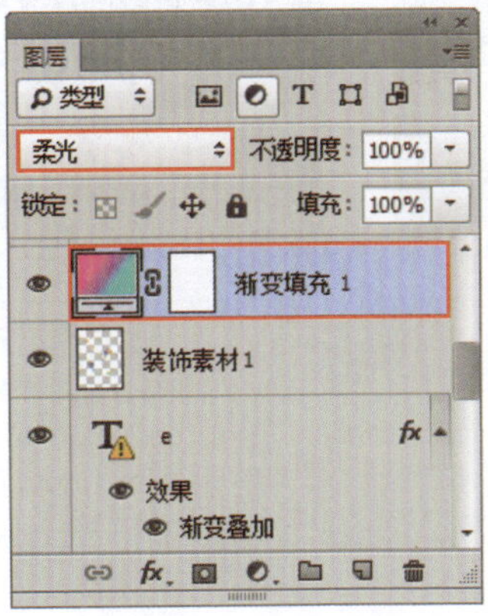

图3-138 设置混合模式

图3-139 文字效果

❼ 此时文字的颜色不够鲜艳，可复制“渐变填充”，以增加画面中的色彩。选中“渐变填充1”图层，使用快捷键“Ctrl+J”复制图层，得到“渐变填充1副本1”图层，如图3-140所示。画面效果如图3-141所示。

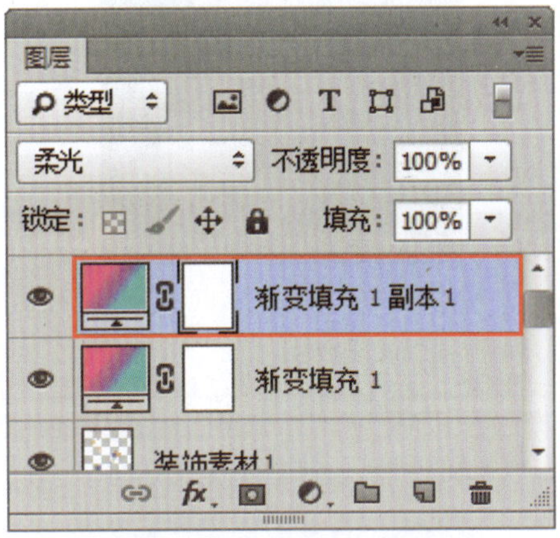

图3-140 复制图层

图3-141 画面效果

❽ 此时文字颜色虽然鲜艳，但是调色效果影响了背景图层，使用图层蒙版可将第二次的调色效果隐藏。首先得到文字的选区。加选4个文字图层，使用盖印快捷键“Ctrl+Alt+E”将文字合并为独立图层，然后按住“Ctrl”键，单击该图层缩览图，得到文字选区，如图3-142所示。得到文字选区后选中“渐变填充1副本1”图层的图层蒙版，使用快捷键“Ctrl+Shift+I”反向选择选区，然后将其填充“黑色”，蒙版效果如图3-143所示。此时可以将合并得到的文字图层删除或隐藏。画面效果如图3-144所示。

图3-142 文字选区

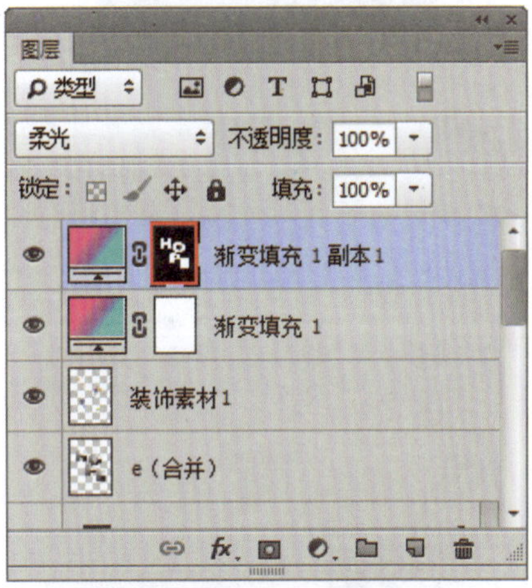

图3-143 制作蒙版

图3-144 画面效果

❾ 调整文字颜色。执行“图层｜新建填充图层｜渐变”命令，设置参数，设置完成后单击“确定”按钮，如图3-145所示。设置该渐变填充图层

的混合模式为“柔光”，画面效果如图3-146所示。

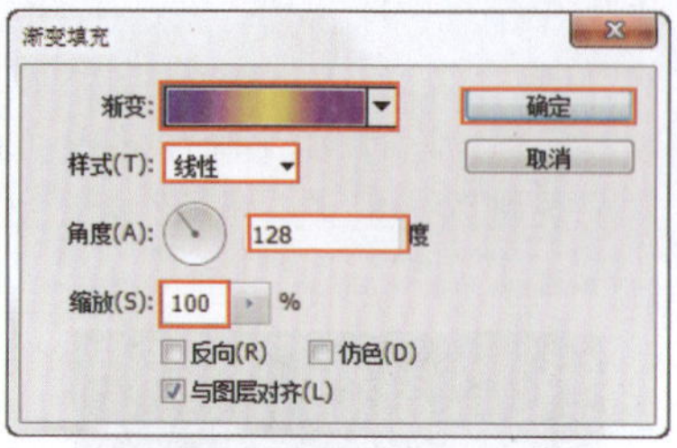

图3-145　“渐变填充”参数

图3-146　画面效果

⑩ 为了不使调色效果影响到背景图层，可以将“渐变填充1副本1”图层的图层蒙版复制给这个渐变填充图层，如图3-147所示。此时画面效果如图3-148所示。

图3-147　复制图层蒙版

图3-148　画面效果

⑪ 为了加强颜色效果，可以将这个紫色系的填充图层复制两份，如图3-149所示。此时画面效果如图3-150所示。

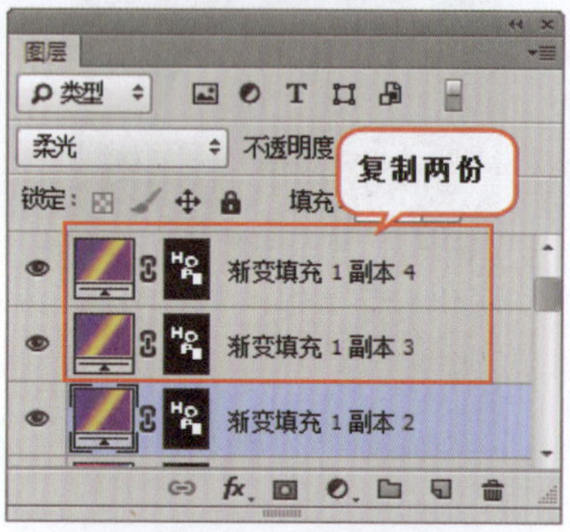

图3-149　复制图层

图3-150　画面效果

提　示

通过复制图层增加文字颜色：

因为设置了“调整图层”的混合模式，可以多次复制图层，以增加颜色的浓度。

⑫ 执行“文件 | 导入”命令，导入素材“2.png”到画面中，效果如图3-151所示。

图3-151　最终效果

实例085　混合型图形——欧美风格插画

本案例中的装饰画色彩鲜艳，图案抽象生动，写实与装饰绘画相结合，视觉冲击力强，具有时尚感。使用调整图层对人像与导入的花纹素材进行“色相/饱和度”的调整。为部分导入的素材添加混合模式，使其更好的融入其中。

案例效果剖析

本案例制作的是欧美风格的混合插画。插画本身是围绕人像来制作的。在这个案例中，要为人物添加矢量感的头发、个性化的妆容、放射性的装饰图案。在制作的过程中分成两部分，制作背景和制作人像。先对人像调色，然后为其添加矢量风格的头发和个性的妆容，最后添加花纹的装饰。部分效果展示如图3-152所示。

图3-152　效果展示

案例技术要点

本案例中主要用到的功能及技术要点如下。

- 调整图层：用来为画面调色。
- 画笔工具：用来绘制睫毛、背景等。

- 混合模式：用来制作人像上的纹身。
- 剪贴蒙版：用来隐藏图像中多余的部分。
- 图层蒙版：用来进行非破坏性抠图。

源文件路径	案例文件\第3章\实例85\		
素材路径	案例文件\第3章\实例85\		
视频路径	视频教学\第3章\实例85.flv		
难易程度	★★★★	学习时间	7分46秒

实例086 标志型图形——图文结合的标志设计

标志是一个具象的符号，标志的设计要使其在应用于各处时，充分发挥视觉效果，能够给予观众好感并留下深刻的印象。标志就是形象的代表，所以他的设计尤为重要。本案例中，低调的格子背景搭配上艳丽醒目的主题图案，设计感十足。

案例效果剖析

本案例中，文字是整幅图片主要想表达的部分，所有背景的设计都是为了衬托主体部分。制作时，首先使用“椭圆工具”绘制选区并填充颜色，然后使用图层样式制作出预想的效果，接着使用“钢笔工具”绘制形状选区。部分效果展示如图3-153所示。

使用“椭圆工具”绘制正圆　使用“钢笔工具”绘制形状　使用“文字工具”输入文字

图3-153　效果展示

案例技术要点

本案例中主要用到的功能及技术要点如下。

- 椭圆工具：用来绘制选区并填充颜色。
- 图层样式：为图层描边及添加渐变颜色。
- 钢笔工具：用来绘制路径。

案例制作步骤

源文件路径	案例文件\第3章\实例86\		
素材路径	案例文件\第3章\实例86\		
视频路径	视频教学\第3章\实例86.flv		
难易程度	★★★★	学习时间	4分21秒

❶ 打开背景素材“1.jpg”，如图3-154所示。

图3-154　背景素材

❷ 单击“椭圆工具”，按住“Shift”键绘制正圆，如图3-155所示。选中该图层，执行“图层 | 图层样式 | 渐变叠加”命令，设置参数，如图3-156所示；勾选“描边”命令，参数设置如图3-157所示。效果如图3-158所示。

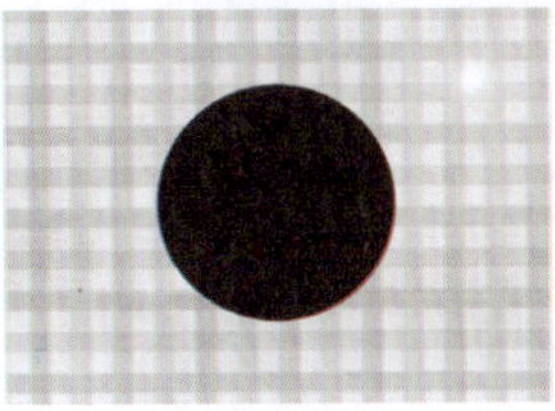

图3-155　绘制正圆

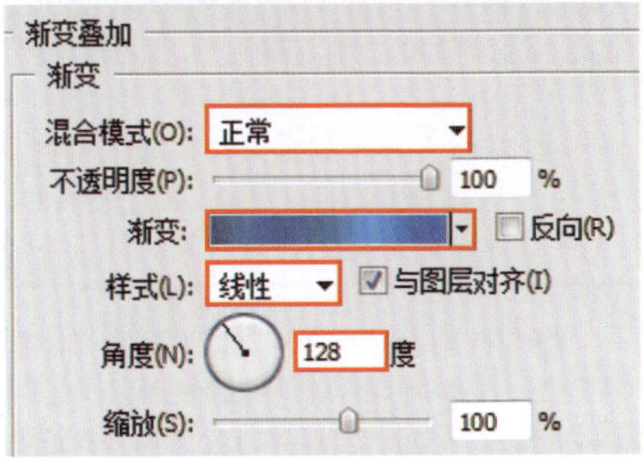

图3-156　“渐变叠加”参数

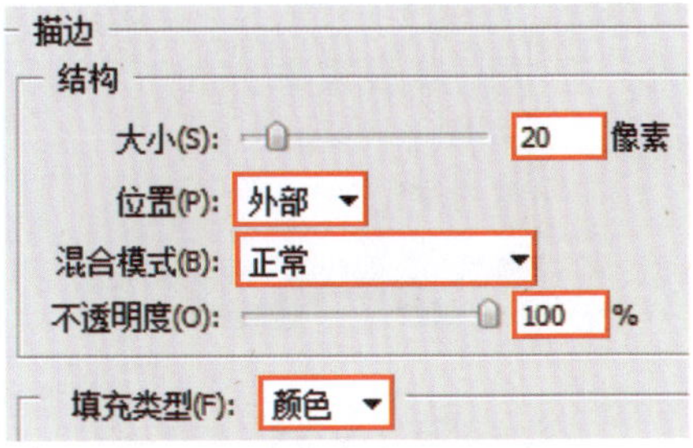

图3-157　“描边”参数

图3-158　图形效果

❸ 创建路径文字，单击“钢笔工具”按钮，沿圆形边缘绘制曲线路径，然后单击“横排文字工具”按钮，选择合适的字体及字号，将光标移动到路径的一端上，当光标改变时输入文字，如图3-159所示。依法输入上方的文字，如图3-160所示。

图3-159　下方文字

图3-160　上方文字

提 示

制作弧形文字的方法：

选择文字，单击选项栏中的“创建文字变形”按钮，然后在“变形文字”窗口中调整文字效果。

❹ 使用“钢笔工具”绘制图形，并填充颜色为“白色”，如图3-161所示。选中该图层，执行“图层｜图层样式｜渐变叠加”命令，设置参数，如图3-162所示；勾选“描边”选项，参数设置如图3-163所示。效果如图3-164所示。

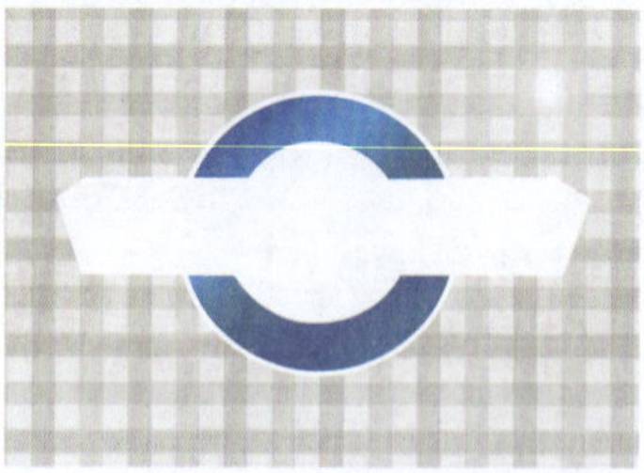

图3-161 绘制形状

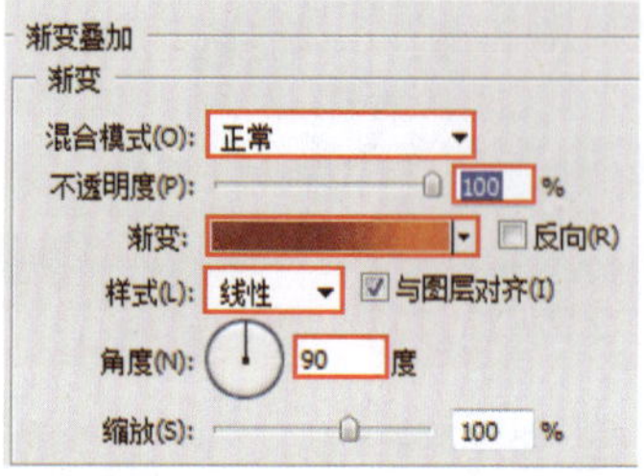

图3-162 “渐变叠加”参数

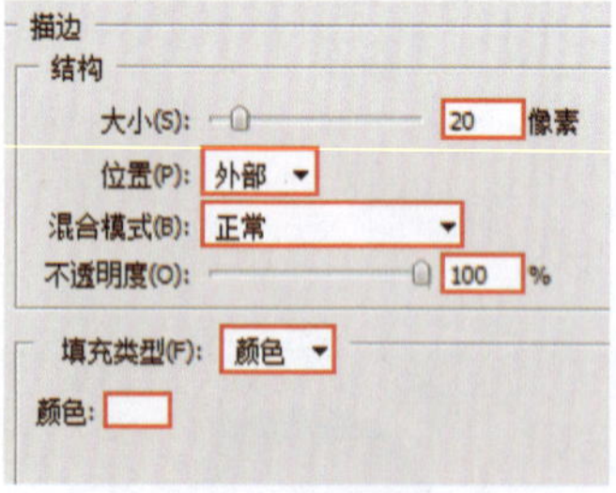

图3-163 “描边”参数

图3-164 图形效果

❺ 选择“椭圆工具”绘制正圆，如图3-165所示。执行“图层｜图层样式｜渐变叠加”命令，参数设置如图3-166所示；勾选“描边”选项，参数设置如图3-167所示。效果如图3-168所示。

图3-165 绘制正圆

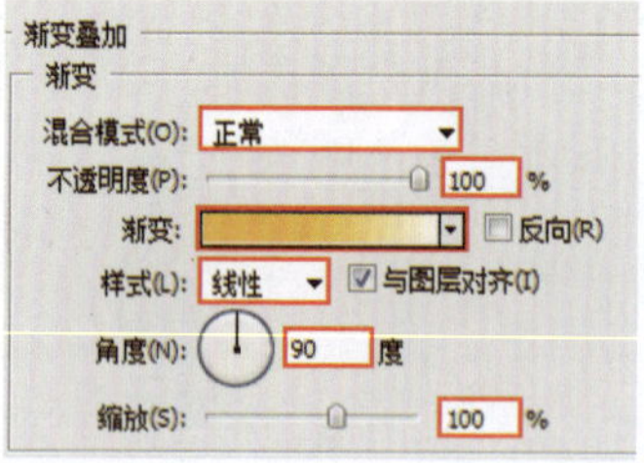

图3-166 “渐变叠加”参数

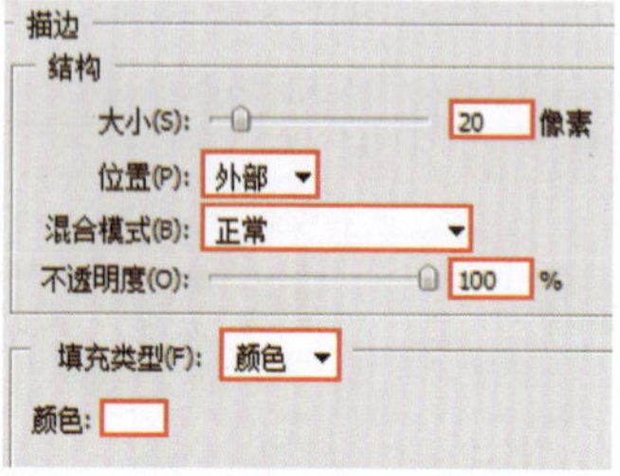

图3-167 “描边”参数

图3-168 图形效果

❻ 单击“自定形状工具”按钮，选择“四叶草”形状，绘制形状并填充颜色为“白色”，如图3-169所示。选中图层，执行“图层｜图层样式｜渐变叠加”命令，参数设置如图3-170所示；勾选“描边”选项，参数设置如图3-171所示。效果如图3-172所示。

图3-169 绘制形状

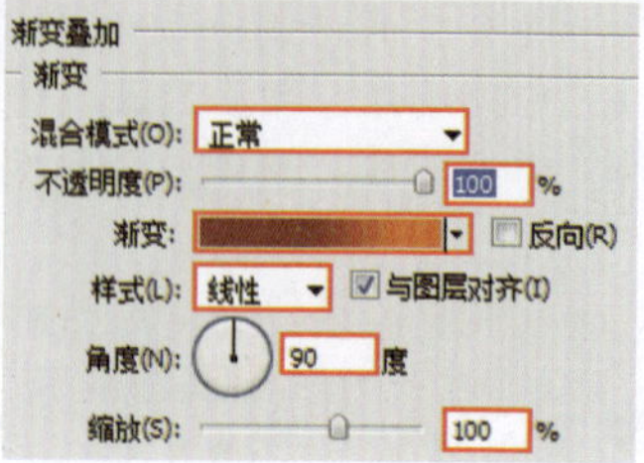

图3-170 “渐变叠加”参数

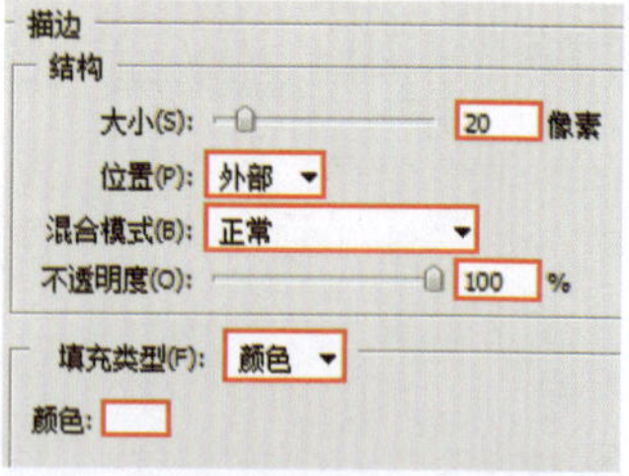

图3-171 “描边”参数

图3-172 图形效果

❼ 选择文字工具，输入文字，如图3-173所示。执行“图层｜图层样式｜渐变叠加”命令，参数设置如图3-174所示。最终效果如图3-175所示。

图3-173 输入文字

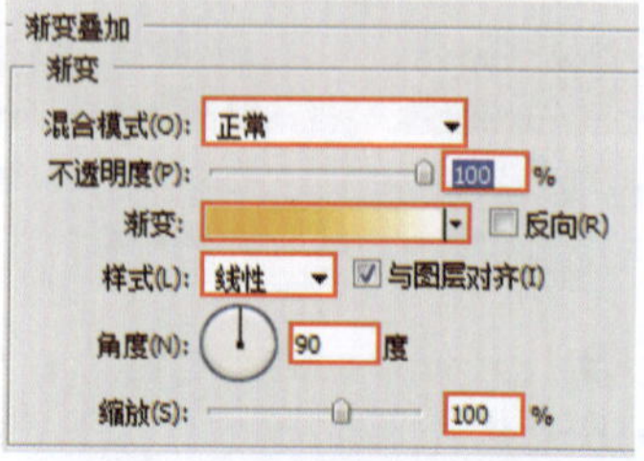

图3-174 “渐变叠加”参数

图3-175 最终效果

第4章 标志设计

标志又称为LOGO、徽标，是一种富含某种象征意义的图形，向人们表达了一定的含义和信息。标志设计在世界范围内是最容易被人们理解、接受，并成为国际化的视觉语言。在企业CIS战略中，标志设计是最主要的一部分，在企业形象宣传过程中，标志的应用也是最广泛、出现频率也是最高，同时他也是最关键的元素之一。

实例087 多边形标志——盾牌标志

本案例中的标志设计，构图严谨，遵循艺术设计的规律，能经受住时间的考验。蓝色与白色的搭配，简约但醒目，使标志深深的留在受众心中。

案例效果剖析

本案例中，首先使用“钢笔工具”绘制路径，然后将其转换为选区，接着使用“渐变工具”为选区填充渐变色，再使用文字工具输入画面中的文字，最后使用形状工具和“画笔工具”丰富画面中的内容。部分效果展示如图4-1所示。

使用“钢笔工具”绘制形状　使用文字工具输入文字　使用形状工具绘制箭头

图4-1　效果展示

案例技术要点

本案例中主要用到的功能及技术要点如下。

- 钢笔工具：用来绘制路径，然后将路径转换为选区。
- 渐变工具：为选区填充渐变颜色。
- 横排文字工具：用来输入画面中的文字。
- 多边形工具：用来绘制三角形。
- 画笔工具：用来绘制描边。

案例制作步骤

源文件路径	案例文件\第4章\实例87\
素材路径	案例文件\第4章\实例87\
视频路径	视频教学\第4章\实例87.flv
难易程度	★★★
学习时间	3分18秒

❶ 新建“宽度”为518像素，“高度”为385像素的画布，单击工具箱中的“渐变工具”按钮，添加渐变，如图4-2所示。

图4-2　添加渐变

❷ 绘制盾牌轮廓。单击工具箱中的“钢笔工具”按钮，在选项栏中将“绘制模式”设置为“路径”，绘制路径，按快捷键“Ctrl+Enter”将路径转换为选区，如图4-3所示。单击工

具箱中的“渐变工具”▣按钮，在选区内绘制渐变，如图4-4所示。

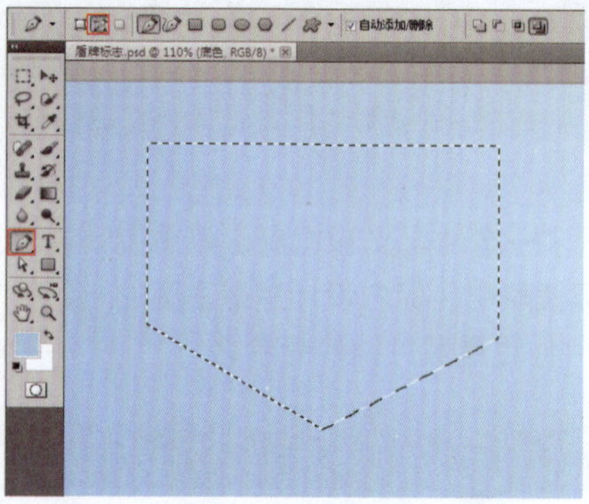
图4-3　绘制轮廓

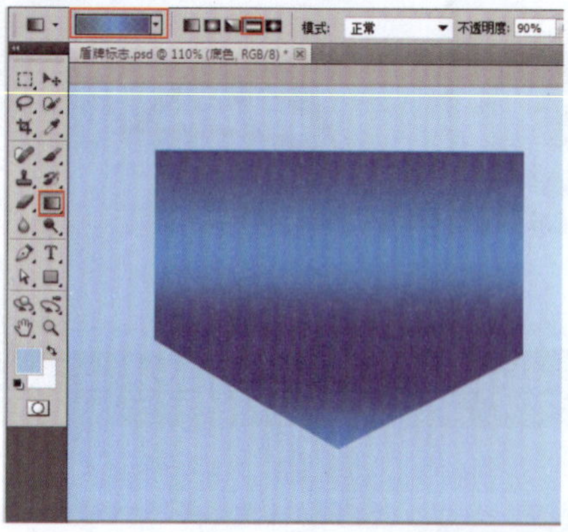
图4-4　添加渐变

提　示

如何设置渐变颜色？

在渐变编辑器中的渐变色条上，有几个“色标”▲，双击渐变色条下方的“色标”即可弹出拾色器。

③ 单击工具箱中的“画笔工具”✎按钮，选择适当大小的笔刷，按住“Shift”键，绘制边线，如图4-5所示。按照上述方法再绘制“十”字，如图4-6所示。

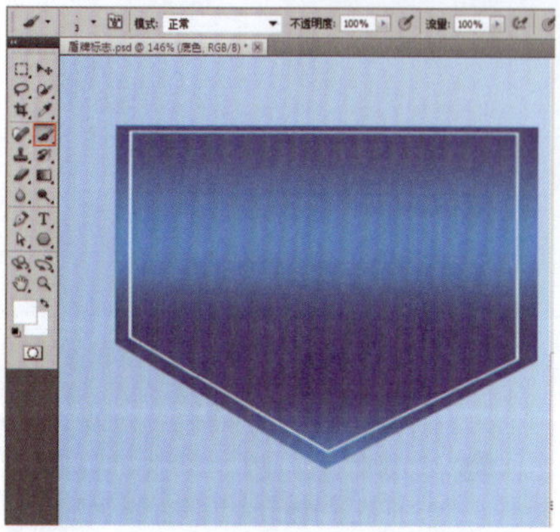
图4-5　绘制边线

④ 制作小箭头。单击工具箱中的“多边形工具”⬡按钮，在选项栏中将“绘制模式”设置为“形状”，“边”数设置为3，“填充”设置为“白色”，然后在适当位置画三角形，如图4-7所示。按照上述方法，绘制其他三角形，如图4-8所示。

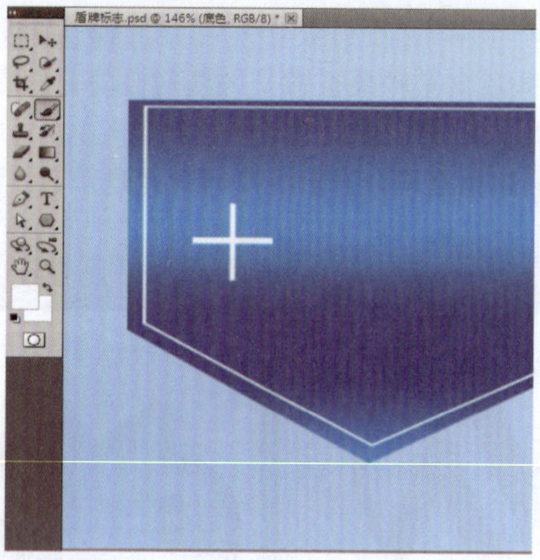
图4-6　绘制“十“字

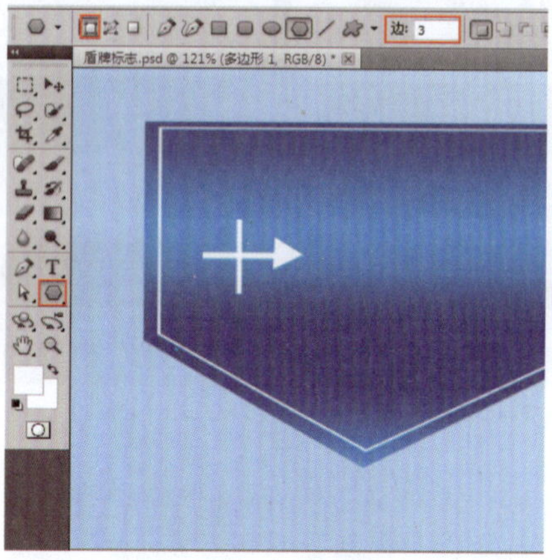
图4-7　绘制小箭头

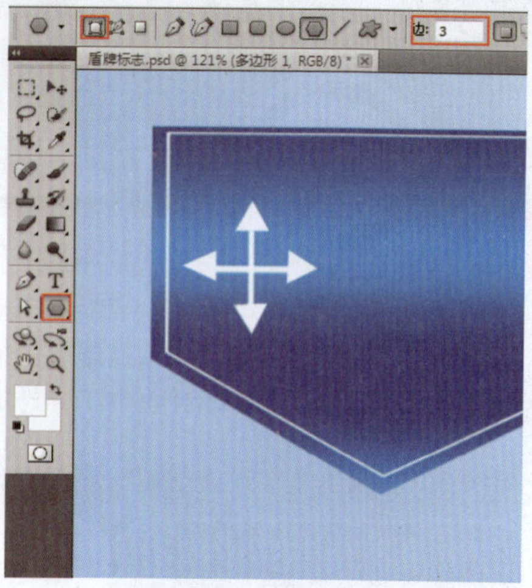
图4-8　绘制小箭头

⑤ 输入文字。单击工具箱中的“横排文字工具”T按钮，选择适当颜色、字体及字号，输入文字。选中相应文字，更改其大小，效果如图4-9所示。

图4-9　输入文字

实例088　图文结合形标志——心形标志

“心”形是大家所熟识的形状，也深受大家的喜爱。本案例是以粉色的心形为主体，添加柔和的光泽感，制作出柔美、可爱的心形标志。

案例效果剖析

本案例使用了“渐变工具”，制作成粉色系渐变心形形状，然后通过图层及蒙版的配合使用，以及更改图层不透明度，将心形上半部分制作出半透效果的高光，最后输入文字并选择较为正式的字体。部分效果展示如图4-10所示。

使用“自定形状工具”绘制心形　使用“图层蒙版”制作光泽效果　使用文字工具输入文字

图4-10　效果展示

案例技术要点

本案例中主要用到的功能及技术要点如下。

- 自定形状工具：使用该工具绘制心形形状。
- 图层蒙版：用来隐藏画面内容。
- 不透明度：通过设置图层的“不透明度”，制作标志上的光泽感。
- 文字工具：用来输入标志上的文字。

源文件路径	案例文件\第4章\实例88\		
素材路径	案例文件\第4章\实例88\		
视频路径	视频教学\第4章\实例88.flv		
难易程度	★★	学习时间	1分56秒

实例089 圆形标志——水晶质感标志

质感标志设计，就是将标志设计得富含立体感、真实感、空间感及存在感。标志通常是一个公司、企业的象征符号，其中质感设计尤为重要。

案例效果剖析

本案例中，首先要使用“椭圆选框工具”绘制圆形并填充颜色，使用添加“渐变叠加”及“描边”的图层样式，然后使用“钢笔工具”绘制形状，并设置图层“混合模式”及“不透明度”。部分效果展示如图4-11所示。

图4-11 效果展示

案例技术要点

本案例中主要用到的功能及技术要点如下。

- 椭圆选框工具：用来绘制选区并填充颜色。
- 钢笔工具：用来绘制形状并填充颜色。
- 图层样式：为图层添加渐变叠加以及描边命令。

案例制作步骤

源文件路径	案例文件\第4章\实例89\		
素材路径	案例文件\第4章\实例89\		
视频路径	视频教学\第4章\实例89.flv		
难易程度	★★	学习时间	2分51秒

❶ 打开背景素材“1.jpg”，如图4-12所示。

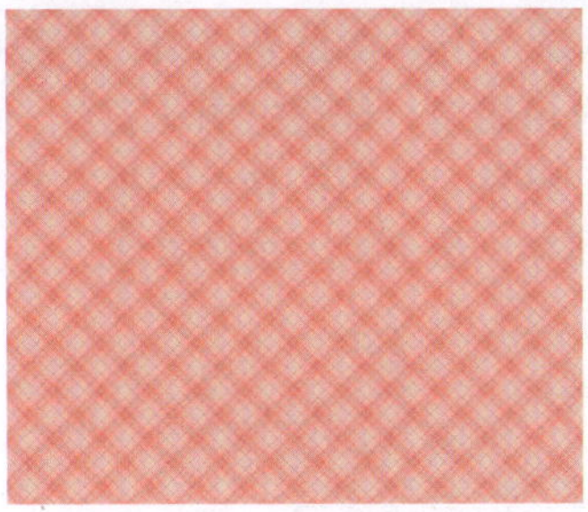

图4-12 背景素材

❷ 使用“椭圆选框工具”，按住“Shift”键，在画面中绘制正圆，并设置填充色为“白色”，如图4-13所示。选中该图层，执行“图层 | 图层样式 | 渐变叠加”命令，参数设置如图4-14所示；勾选“描边”选项，参数设置如图4-15所示。效果如图4-16所示。

图4-13 绘制正圆

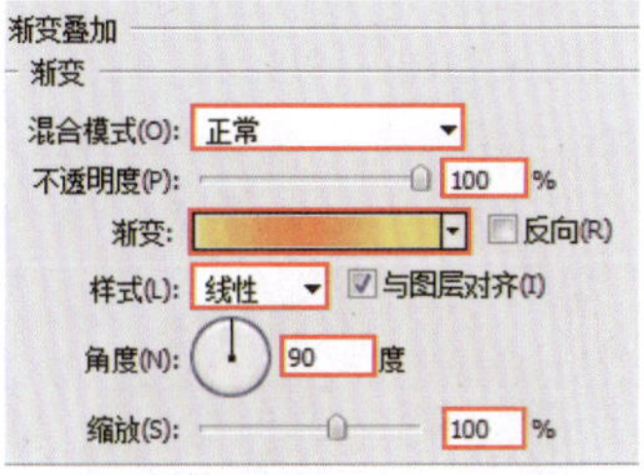

图4-14 “渐变叠加”参数

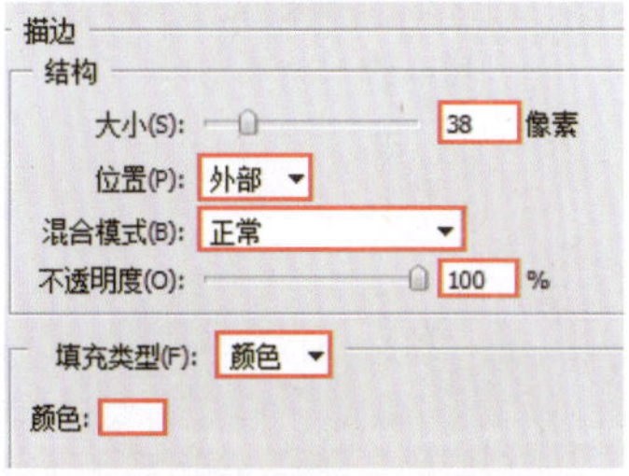

图4-15 “描边”参数

图4-16 正圆效果

提 示

选区的运算：

选择“矩形选框”工具组中的任意工具，在选项栏中会显示相应选区的运算按钮。

“新选区”按钮：点击该按钮后，可以创建一个新选区。若画面中已存在选区，那么新创建的选区将替换原来的选区。

“添加到选区”按钮：点击该按钮后，可以将当前创建的选区添加到原来的选区中。

“从选区减去”按钮：点击该按钮后，可以将当前创建的选区从原来的选区中减去。

“与选区交叉”按钮：点击该按钮后，新建选区时保留原有选区与新创建选区相交的部分。

❸ 制作高光效果，使用“钢笔工具”，“绘制模式”设置为“形状”，“填充色”设置为“白色”，然后在正圆的上方绘制月牙的形状，如图4-17所示。将“混合模式”设置为“柔光”，如图4-18所示。依法在圆形下方继续绘制图形并设置“填充色”为“白色”，“混合模式”设置为“柔光”，“不透明度”设置为70%，效果如图4-19所示。

图4-17 绘制形状

图4-18 “柔光”混合模式

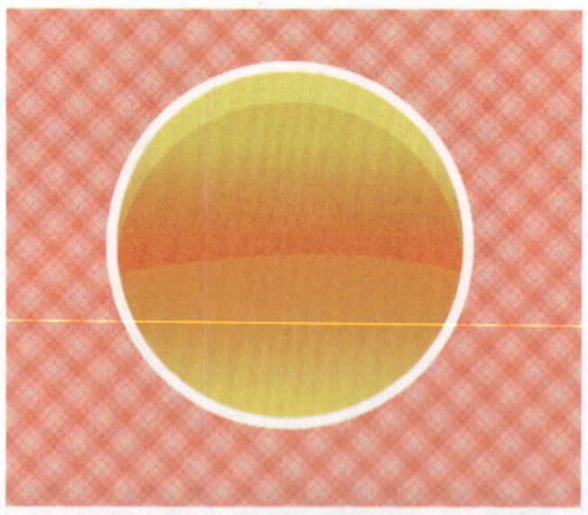

图4-19 高光效果

❹ 最后输入文字“WOW”，调整至合适的大小及位置，如图4-20所示。选中该图层执行“图层｜图层样式｜渐变叠加”命令，设置参数，如图4-21所示。勾选“描边”命令，设置参数，如图4-22所示。最终效果如图4-23所示。

图4-20 输入文字

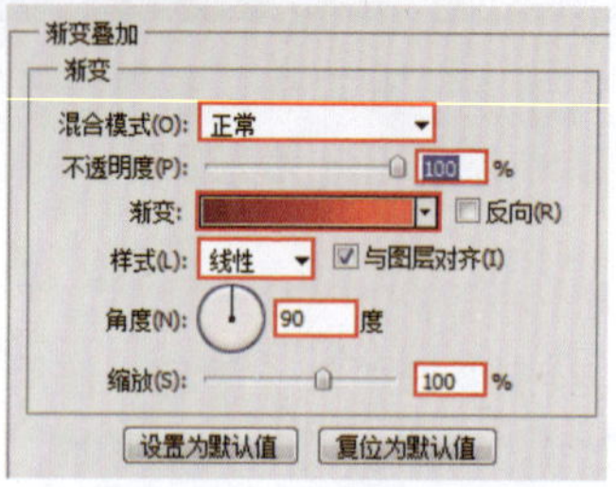

图4-21 “渐变叠加”参数

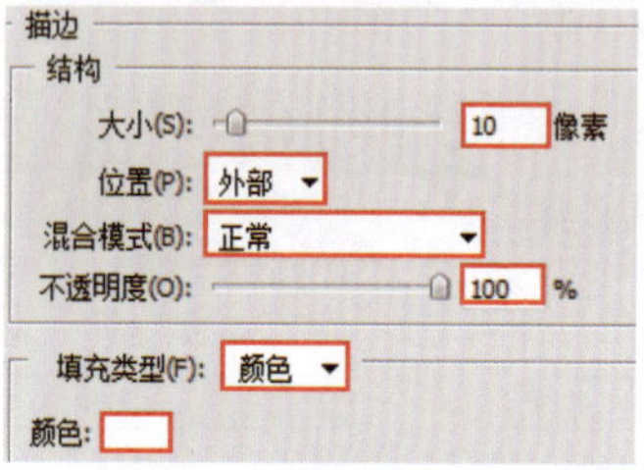

图4-22 “描边”参数

图4-23 最终效果

实例090 图文结合形标志——气泡标志

本案例中，标志背景是以蓝色调为主，配上不均匀的线条光束，主图是玫红色系渐变气泡对话框，气泡边框是灰色和黑色组成。使用“画笔工具”在画面中绘制一抹半透高光，增加气泡的立体感，粉色与蓝色两种互不相容的颜色因渐变使用得良好，使得衔接恰当，毫无违和感，最后输入白色文字，为画面增加了更为醒目的效果。

案例效果剖析

本案例制作时，首先绘制气泡形状，然后复制形状图层，将其填充为渐变颜色，制作标志的立体效果，最后输入文字，将文字旋转并放置在气泡上方。部分效果展示如图4-24所示。

图4-24 效果展示

案例技术要点

本案中主要用到的功能及技术要点如下。

- 自定形状工具：用来绘制气泡形状。
- 渐变工具：用来为气泡填充渐变颜色。
- 横排文字工具：用来输入文字。
- 自由变换：用来旋转文字。

源文件路径	案例文件\第4章\实例90\
素材路径	案例文件\第4章\实例90\
视频路径	视频教学\第4章\实例90.flv
难易程度	★★
学习时间	2分23秒

实例091　拉丁字母标志图形——渐变字母标识设计

本案例制作的是字母标志设计，字母标志采用较粗的字体，给人一种稳定、诚信的感觉。黄色系的渐变颜色又为标志增添了几分活力。

案例效果剖析

本案例在制作时，首先打开背景素材，然后使用“横排文字工具”输入文字，再使用“图层样式”为文字添加“渐变图层”样式和“投影”图层样式。部分效果展示如图4-25所示。

使用“打开”命令打开素材　使用“横排文字工具”输入文字　使用“图层样式”添加颜色

图4-25　效果展示

案例技术要点

本案例中主要用到的功能及技术要点如下。

- 文字工具：用来输入文字。
- 图层样式：用来制作文字上的颜色。

源文件路径	案例文件\第4章\实例91\		
素材路径	案例文件\第4章\实例91\		
视频路径	视频教学\第4章\实例91.flv		
难易程度	★★	学习时间	1分42秒

实例092　圆形标志——凸起质感设计

本案例讲解的是圆形质感的标志设计，圆形的标志设计，易于吸引人的注意，更容易形成视觉中心。圆形的标志主体，可以将人的视线从周围向中心点转移。

案例效果剖析

本案例使用的技术不多，首先使用“椭圆工具”绘制正圆形状，然后通过添加图层样式“内阴影”“渐变叠加”和“投影”的图层样式制作出凸起的效果，最后使用“横排文字工具”在画面中输入文字。部分效果展示如图4-26所示。

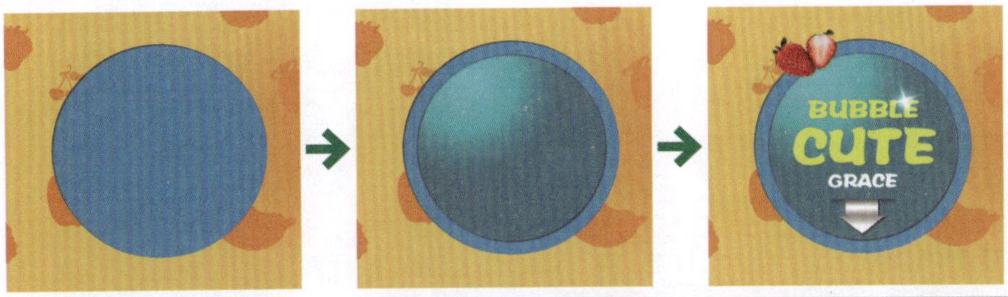

使用“椭圆工具”绘制正圆　使用“图层样式”制作凸起效果　使用“横排文字工具”添加文字

图4-26　效果展示

案例技术要点

本案例中主要用到的功能及技术要点如下。

- 图层样式：用来为正圆添加样式效果。
- 横排文字工具：用来输入画面中的文字。

案例制作步骤

源文件路径	案例文件\第4章\实例92\
素材路径	案例文件\第4章\实例92\
视频路径	视频教学\第4章\实例92.flv
难易程度	★★★
学习时间	3分53秒

❶ 打开背景素材“1.jpg”，选择工具箱中的“椭圆工具”按钮，在选项栏中设置“绘制模式”为“形状”，“填充”为“青色”，设置完成后，在画布相应位置按住“Shift”键绘制正圆形状，如图4-27所示。选择该形状图层，执行“图层 | 图层样式 | 内阴影”命令，参数设置如图4-28所示。阴影效果如图4-29所示。

图4-27　绘制正圆

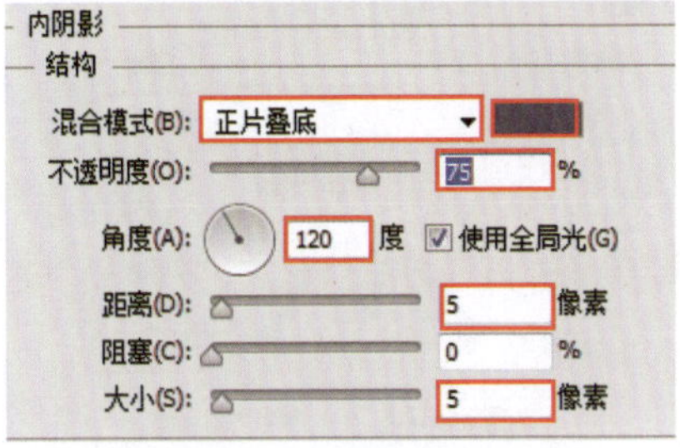

图4-28　“内阴影”参数

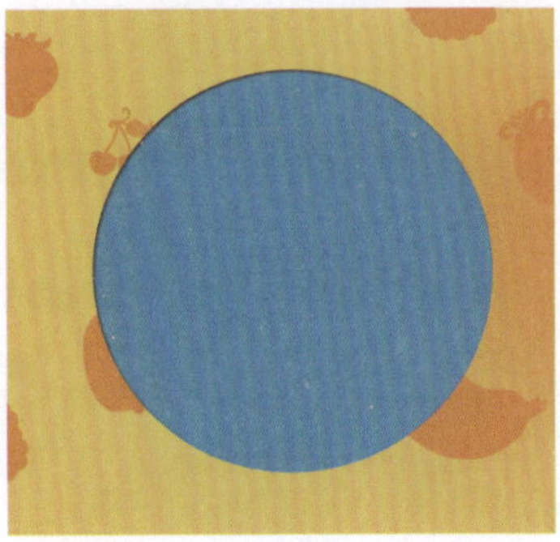

图4-29　“内阴影”效果

❷ 使用“椭圆工具”绘制一个稍小的正圆形状，如图4-30所示。选择该图层，执行“图层｜图层样式｜内阴影”命令，参数设置如图4-31所示；勾选“渐变叠加”选项，参数设置如图4-32所示；勾选“投影”选项，参数设置如图4-33所示。设置完成后单击“确定”按钮，画面效果如图4-34所示。

图4-30 绘制正圆

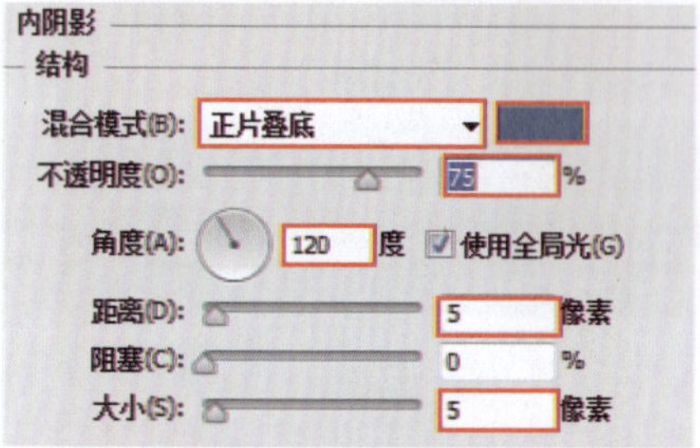

图4-31 “内阴影”参数

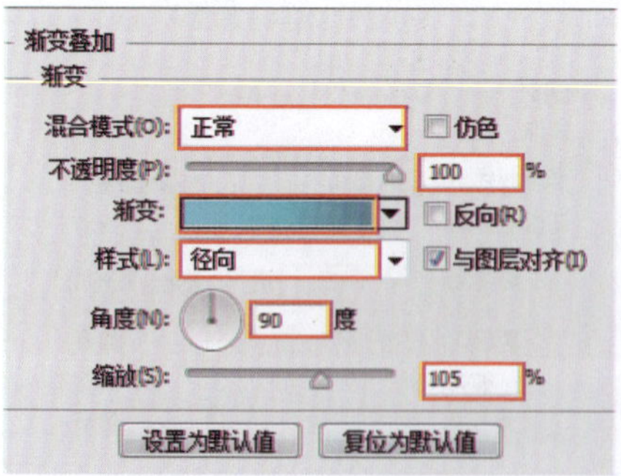

图4-32 “渐变叠加”参数

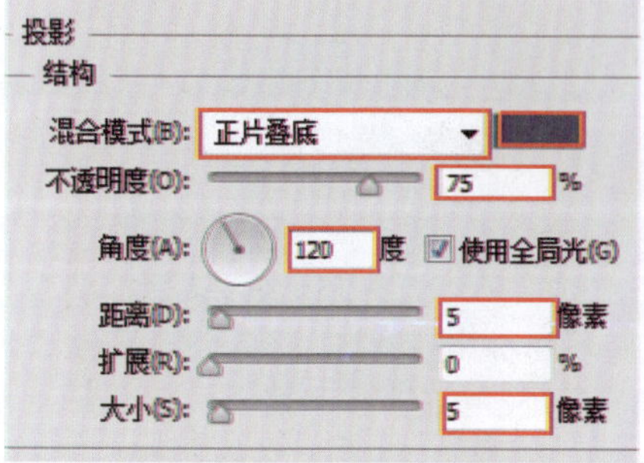

图4-33 “投影”参数

图4-34 正圆效果

❸ 选择工具箱中的“自定形状工具”按钮，选择箭头形状，然后在画面中相应位置绘制箭头，如图4-35所示。执行“图层｜图层样式｜投影”命令，参数设置如图4-36所示；勾选“渐变叠加”选项，参数设置如图4-37所示。箭头效果如图4-38所示。

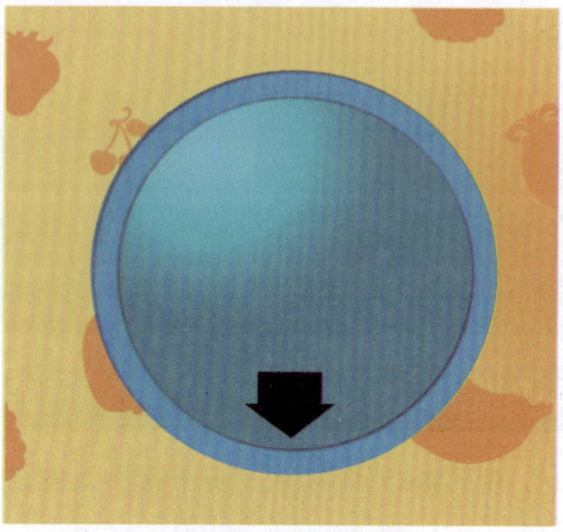

图4-35 绘制箭头

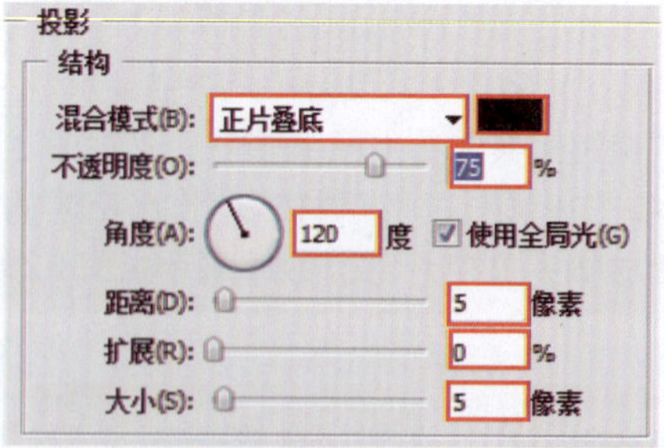

图4-36 “投影”参数

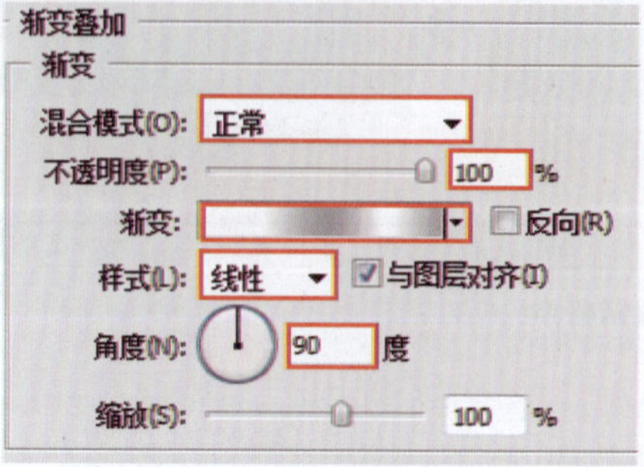

图4-37 “渐变叠加”参数

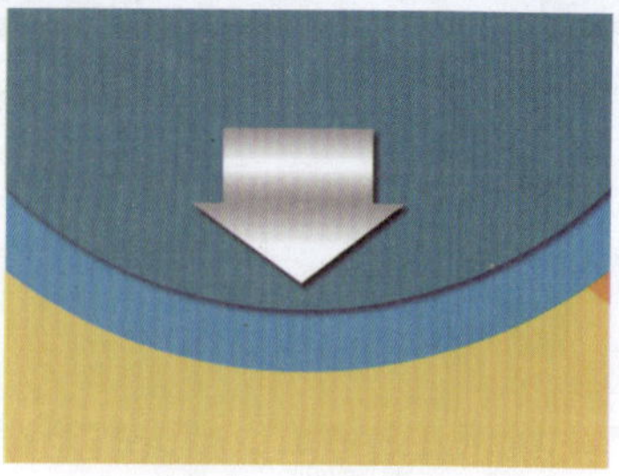

图4-38 箭头效果

❹ 制作箭头从中伸展出来的效果。新建图层，使用“矩形选框工具”在相应位置绘制矩形，将该选区填充为“黑色”，如图4-39所示。选择该图层，“不透明度”设置为45%，效果如图4-40所示。单击图层面板底部的“创建图层蒙版”按钮，为该图层添加图层蒙版，编辑一个黑白色系的“线性渐变”，填充蒙版，效果如图4-41所示。

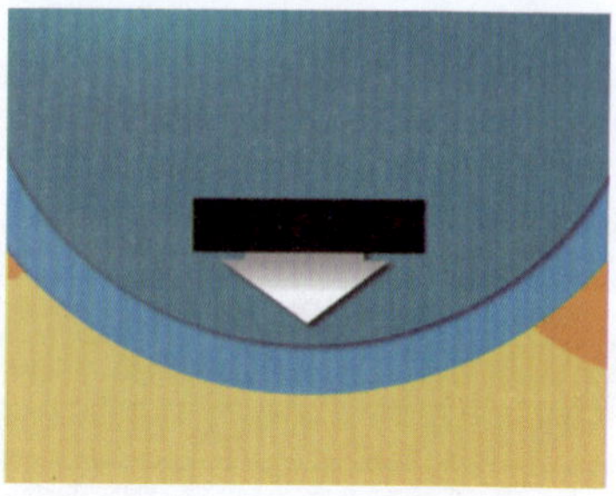

图4-39 绘制黑色矩形

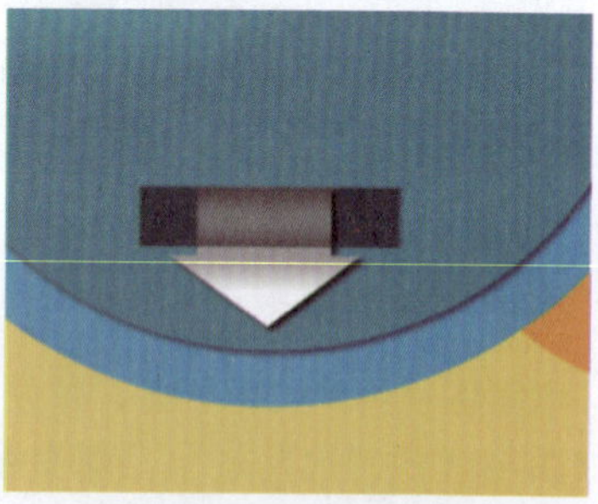

图4-40 降低不透明度

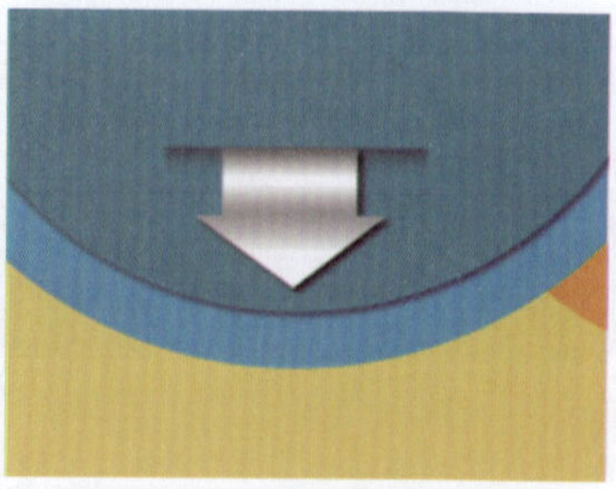

图4-41 填充蒙版效果

提 示

图层蒙版的分类：

在Photoshop中有快速蒙版、剪贴蒙版、矢量蒙版和图层蒙版四种类型。

5 选择工具箱中的“横排文字工具”T，在画面中的相应位置输入文字，效果如图4-42所示。最后导入素材“2.png”，效果如图4-43所示。

图4-42 输入文字

图4-43 最终效果

实例093 圆形标志——折页感标志设计

折页感标志设计是通过调整形状的部分颜色及形状，以颜色差异造成视觉层次感，从而形成折页的效果。

案例效果剖析

本案例使用了粉红色渐变的圆形作为标志的主体，通过图层蒙版调整圆形颜色制作出折页的效果，然后输入文字，为其添加投影，最后将文字进行旋转。部分效果展示如图4-44所示。

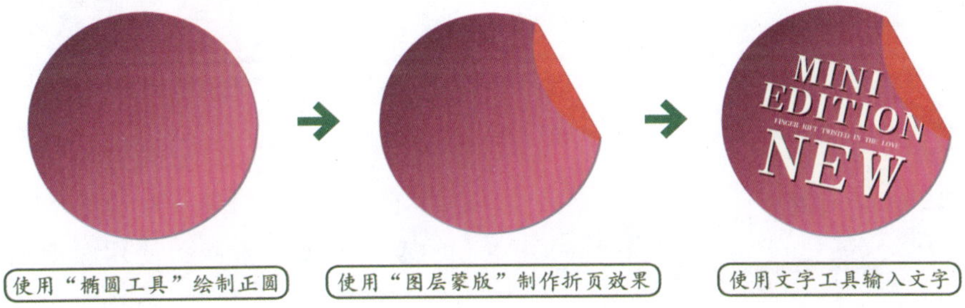

图4-44 效果展示

案例技术要点

本案例中主要用到的功能及技术要点如下。

- 椭圆工具：用来绘制正圆。
- 图层样式：为文字、形状添加投影。
- 横排文字工具：用来输入文字。
- 自由变换：用来旋转文字。

源文件路径	案例文件\第4章\实例93\		
素材路径	案例文件\第4章\实例93\		
视频路径	视频教学\第4章\实例93.flv		
难易程度	★★★	学习时间	2分32秒

实例094 植物造型标志——水果主题标志

本案例讲解的是一个以水果为主题的图文结合的标志设计，这是一种具象标志的表现形式。本案例中，以苹果为视觉重心，这个标志可以应用在与苹果有关的主题餐厅、商品中。

案例效果剖析

本案例在制作时，首先使用“钢笔工具”绘制苹果的形状，然后通过“渐变叠加”制作出苹果的立体效果。最后使用“椭圆工具”绘制椭圆形状并添加文字。部分效果展示如图4-45所示。

图4-45 效果展示

案例技术要点

本案例中主要用到的功能及技术要点如下。

- 钢笔工具：用来绘制形状。
- 椭圆工具：用来绘制椭圆形状。
- 文字工具：用来输入标题文字；
- 图层样式：使用渐变叠加、描边的图层样式。

案例制作步骤

源文件路径	案例文件\第4章\实例94\
素材路径	案例文件\第4章\实例94\
视频路径	视频教学\第4章\实例94.flv
难易程度	★★★
学习时间	4分24秒

❶ 新建一个A4大小的文件。选择工具箱中的“渐变工具”，在“渐变编辑器”中编辑一个绿色系的渐变，如图4-46所示。编辑完成后在画面中拖拽填充，效果如图4-47所示。

图4-46　渐变编辑器

图4-47　渐变效果

❷ 新建图层，单击工具箱中的“画笔工具”按钮，设置“前景色”为“白色”，在画笔选取器中选择一个柔角画笔，“大小”设置为800像素，“硬度”设置为0%，在画面中单击绘制，效果如图4-48所示。

❸ 新建图层，单击工具箱中的“钢笔工具”按钮，在选项栏中设置其“绘制模式”为“形状”，在画面中相应位置绘制苹果的轮廓，效果如图4-49所示。接下来为苹果上色，选择该图层，执行“图层｜图层样式｜渐变叠加”命令，参数设置如图4-50所示。苹果效果如图4-51所示。

图4-48　绘制白色光斑

图4-49　绘制苹果形状

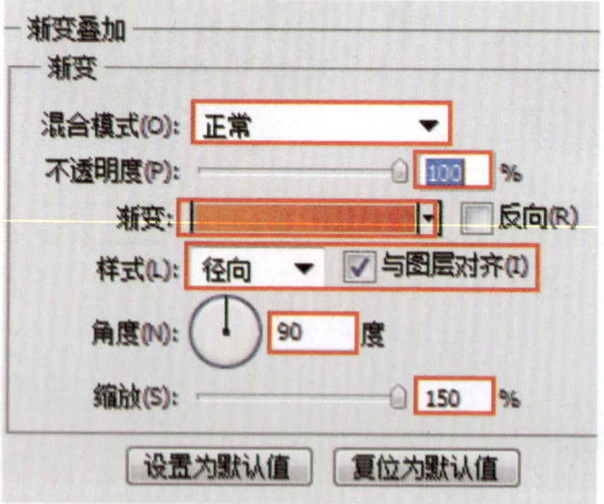

图4-50　“渐变叠加”参数

图4-51　苹果效果

❹ 绘制苹果高光部分，单击工具箱中的“钢笔工具”按钮，在选项栏中设置其“绘制模式”为“形状”，“填充”为“白色”，绘制形状如图4-52所示。根据以上步骤，绘制苹果其他部分，如图4-53所示。

图4-52　绘制苹果的高光

图4-53　苹果效果

❺ 绘制水滴形状。使用“钢笔工具”绘制水滴形状，如图4-54所示。选择该图层，执行“图层｜图层样式｜渐变叠加”命令，参数设置如图4-55所示。水滴效果如图4-56所示。按照上述方法，制作其他水滴，效果如图4-57所示。

图4-54　绘制水滴

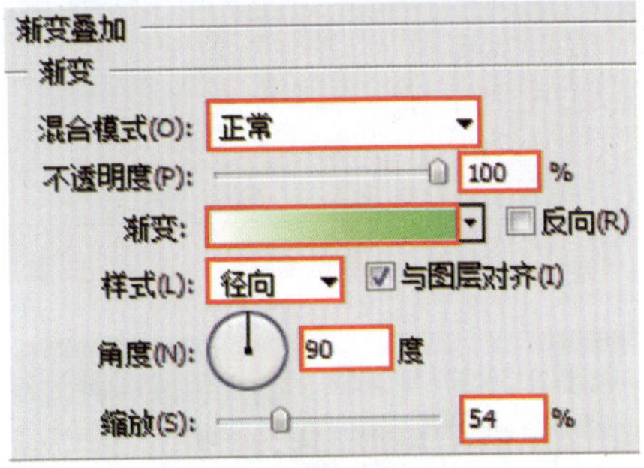

图4-55 “渐变叠加”参数

图4-56 水滴效果

图4-57 其他水滴效果

❻ 为水滴添加高光，新建图层，得到水滴选区，“填充”设置为“白色”，如图4-58所示。单击“添加图层蒙版”按钮，使用黑色的柔角画笔在蒙版中涂抹，制作出高光的效果，如图4-59所示。

图4-58 填充选区

图4-59 高光效果

❼ 选择“椭圆工具”，“绘制模式”设置为“形状”，“填充”设置为“黄色”，然后在画面中相应位置绘制椭圆，如图4-60所示。继续在画面中绘制不同颜色的椭圆，如图4-61所示。

图4-60 绘制黄色椭圆

图4-61 绘制其他椭圆

❽ 按住“Ctrl”键加选三个椭圆所在图层，使用自由变换快捷键“Ctrl+T”调出定界框，旋转图形，效果如图4-62所示。按快捷键“Ctrl+G”添加组，命名为“椭圆”。单击“添加图层蒙版”按钮，在工具箱中单击“画笔工具”按钮，设置“前景色”为“黑色”，并擦去多余部分，效果如图4-63所示。

图4-62 变换椭圆形状

图4-63 隐藏部分椭圆

❾ 单击工具箱中的“横排文字工具”按钮，在选项栏里选择合适的字体及字号，输入文字，使用“自由变换”工具对其进行适当旋转，如图4-64所示。选中相应文字将其更改为“白色”，如图4-65所示。

图4-64 标题文字

图4-65 调整文字颜色

⑩ 选择文字图层，执行“图层 | 图层样式 | 描边”命令，参数设置如图4-66所示。效果如图4-67所示。

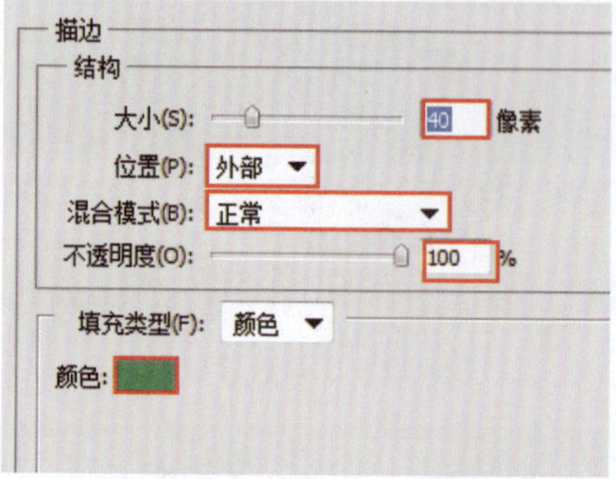

图4-66 “描边”参数

图4-67 文字效果

⑪ 单击工具箱中的“钢笔工具”按钮，绘制如图4-68所示的路径。单击“横排文字工具”按钮T，设置合适的字体、颜色及字号，将光标放置在路径上，在路径上输入相应文字，效果如图4-69所示。

图4-68 绘制弧线路径

图4-69 最终效果

实例095 器物造型的图形标志——吉他LOGO设计

logo的设计通常样式简洁，主题明确。案例中的吉他LOGO设计主要以文字为主体，通过调整文字形状、颜色及位置，将文字拼凑成吉他的形状。

案例效果剖析

本案例在制作时，首先输入文字，然后使用“创建文字变形”窗口制作变形文字，最后绘制吉他的上方，然后制作LOGO的投影。部分效果展示如图4-70所示。

使用文字工具输入文字　　制作变形文字　　使用“钢笔工具”绘制吉他

图4-70 效果展示

案例技术要点

本案例中主要用到的功能及技术要点如下。

- 横排文字工具：用来输入文字。
- “创建文字变形”窗口：用来制作变形文字。
- 图层样式：为文字添加“投影”的图层样式。
- 图层蒙版：用来隐藏画面内容。

源文件路径	案例文件\第4章\实例95\
素材路径	案例文件\第4章\实例95\
视频路径	视频教学\第4章\实例95.flv
难易程度	★★★
学习时间	3分33秒

实例096 抽象标志——立体图形效果标志

本案例制作的是立体图形效果标志，这种标志设计具有独特的造形，易于识别。

案例效果剖析

制作本案例时，首先使用“钢笔工具”绘制形状，在绘制形状时要注意通过调整颜色使标志产生立体的效果。最后输入文字并制作出透视的效果。部分效果展示如图4-71所示。

使用“钢笔工具”绘制形状

使用“选择工具”进行调整

使用文字工具输入文字

图4-71 效果展示

案例技术要点

本案例中主要用到的功能及技术要点如下。

- 钢笔工具：用来绘制形状。
- 横排文字工具：用来输入文字。
- 变形：通过变形制作透视文字。

案例制作步骤

源文件路径	案例文件\第4章\实例96\
素材路径	案例文件\第4章\实例96\
视频路径	视频教学\第4章\实例96.flv
难易程度	★★★
学习时间	1分40秒

❶ 绘制标志的顶部。单击工具箱中的“钢笔工具”按钮，在选项栏中设置其“绘制模式”为“形状”，“填充”为“紫色”。在适当位置绘制形状，如图4-72所示。按照上述方法，绘制左侧立面，如图4-73所示。接下来绘制右侧立面，如图4-74所示。

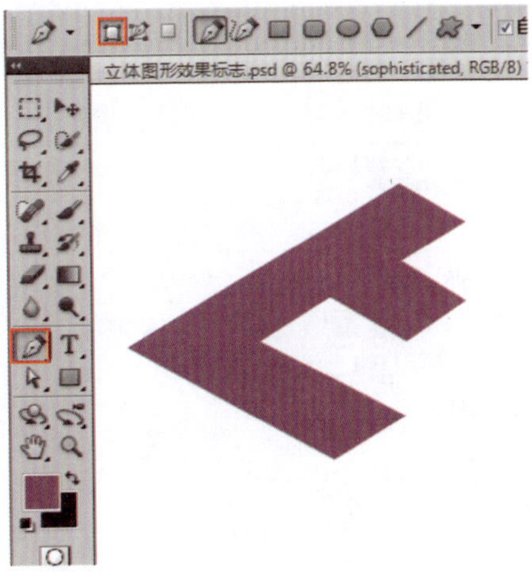

图4-72　绘制顶部

图4-73　绘制左侧立面

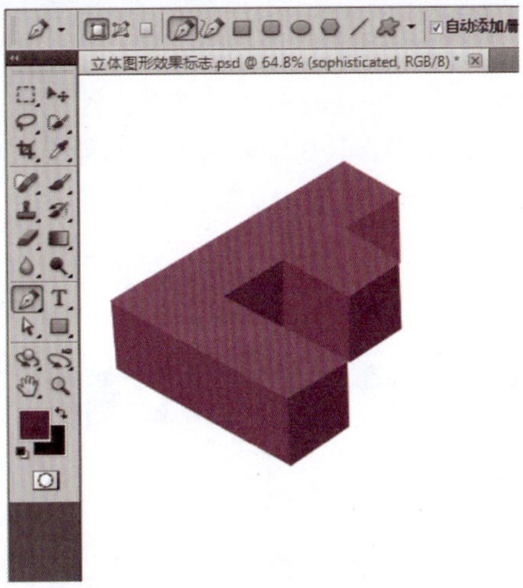

图4-74　绘制右侧立面

❷ 按照上述方法，绘制其他立体形状，如图4-75所示。

图4-75　绘制其他立体形状

❸ 输入文字，单击工具箱中的“横排文字工具”按钮，选择适当颜色、字体及字号，在立体形状底部输入文字，如图4-76所示。

图4-76　输入文字

❹ 执行“编辑 | 自由变换”命令，调出定界框，对其进行适当旋转和变形，如图4-77所示。效果如图4-78所示。

图4-77　文字变形

图4-78　最终效果

提　示

如何快速进行变形？

在对文字进行变形时，按住“Ctrl”键，鼠标拖动定界框一点，即可变形，如图4-79所示。

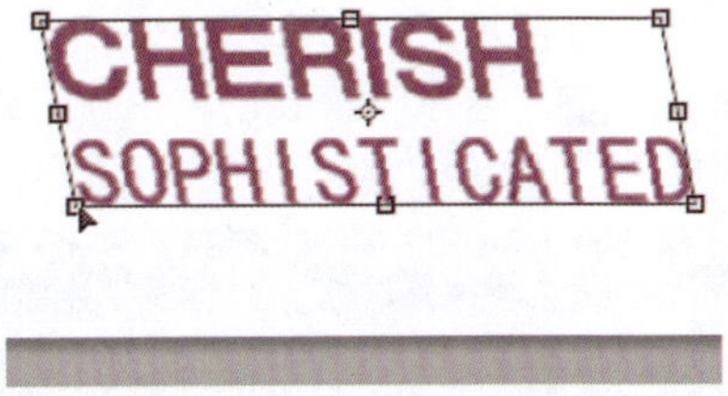

图4-79　文字变形

实例097

图文结合形标志——便签效果标志

本案例制作的是便签形状的标志设计。这种图案与文字相结合，造型简洁，耐人寻味，给人一种理性的秩序感，又具有强烈的现代感和视觉冲击力，给观者以良好的印象和深刻的记忆。

案例效果剖析

制作本案例时，首先使用“钢笔工具”绘制标签的形状，然后通过添加“渐变叠加”的图层样式，制作出便签翘起的感觉，最后输入文字，添加描边效果。部分效果展示如图4-80所示。

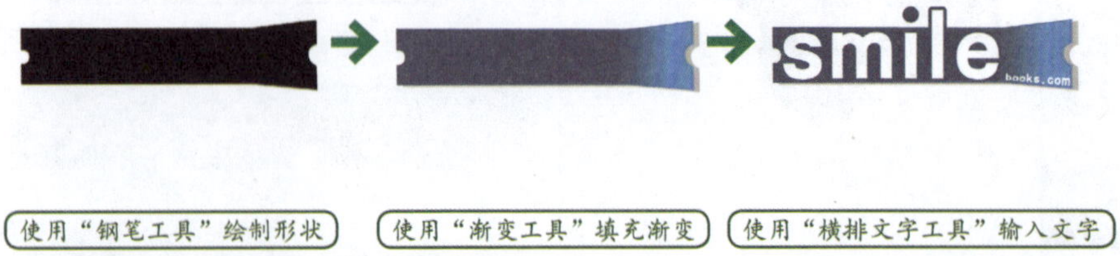

图4-80 效果展示

案例技术要点

本案例中主要用到的功能及技术要点如下。

- 钢笔工具：用来绘制便签形状。
- 图层样式：为对象添加描边、渐变叠加的图层样式。
- 图层蒙版：用来隐藏画面的内容。
- 椭圆工具：绘制蓝色的正圆形状。

案例制作步骤

源文件路径	案例文件\第4章\实例97\		
素材路径	案例文件\第4章\实例97\		
视频路径	视频教学\第4章\实例97.flv		
难易程度	★★★	学习时间	3分

❶ 新建一个A4大小的文件。单击工具箱的“钢笔工具”按钮，在选项栏中设置其“绘制模式”为“形状图层”，选择任意颜色，在画面相应位置绘制便签轮廓，如图4-81所示。

图4-81 便签轮廓

❷ 为便签填充颜色。选择该形状图层，执行“图层 | 图层样式 | 渐变叠加”命令，参数设置如图4-82所示；勾选“投影”选项，参数设置如图4-83所示。效果如图4-84所示。

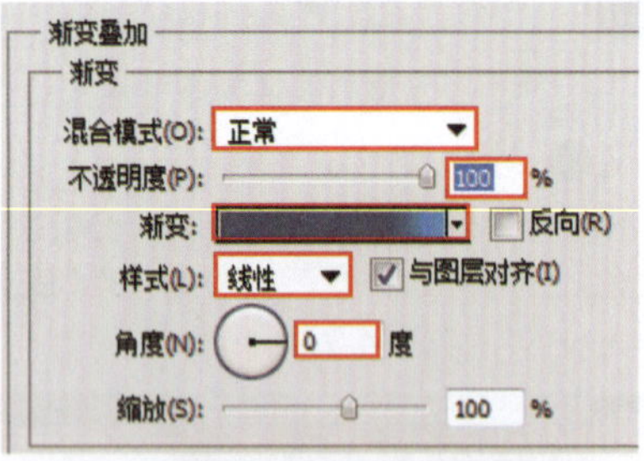

图4-82 “渐变叠加”参数

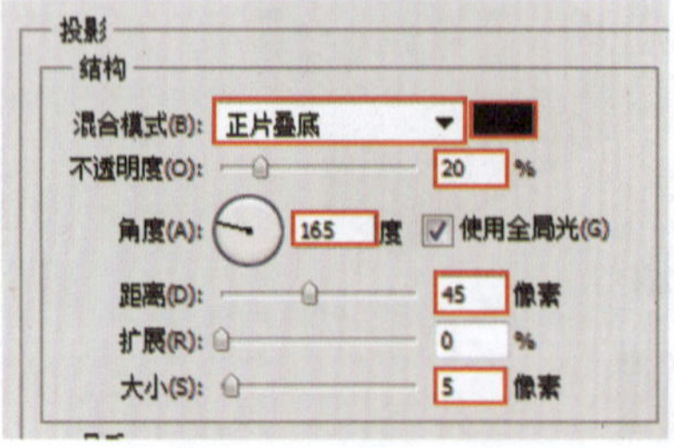

图4-83 “投影”参数

图4-84 便签效果

❸ 复制该图层，然后删除该图层的图层样式，接着将形状进行缩放，如图4-85所示。选择该图层，执行“图层 | 图层样式 | 渐变叠加”命令，参数设置如图4-86所示；勾选“描边”选项，参数设置如图4-87所示。标签效果如图4-88所示。

图4-85 缩放形状

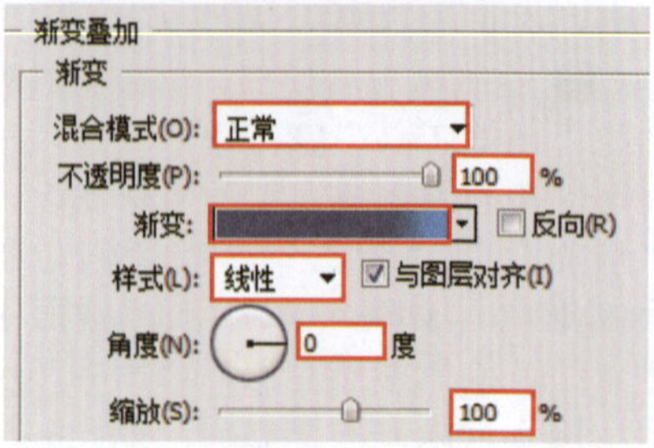

图4-86 “渐变叠加”参数

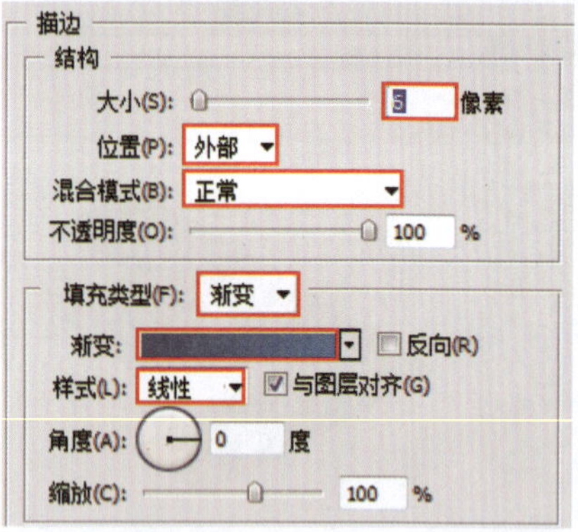

图4-87 “描边”参数

图4-88 标签效果

❹ 单击工具箱中的“横排文字工具”按钮，输入文字，如图4-89所示。执行“图层 | 图层样式 | 描边”命令，参数设置如图4-90所示。此时效果如图4-91所示。

图4-89 输入文字

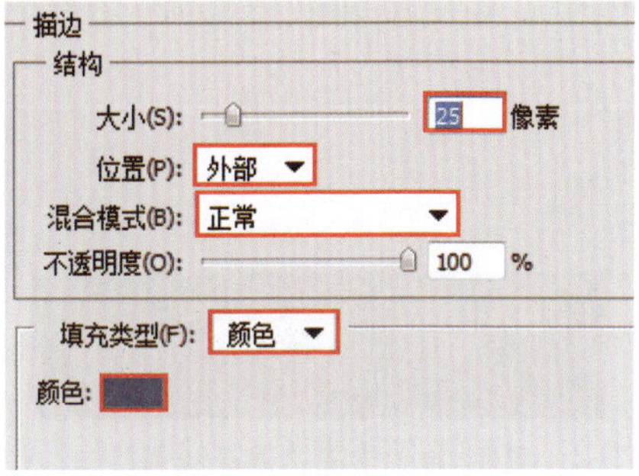

图4-90 “描边”参数

图4-91 描边后效果

❺ 单击“添加图层蒙版”按钮，在工具箱中单击“画笔工具”按钮，设置“前景色”为“黑色”，并擦掉字母“i”上的圆点，如图4-92所示。选择“椭圆工具”，设置“填充”为“蓝色”，然后在字母“i”上绘制正圆，如图4-93所示。

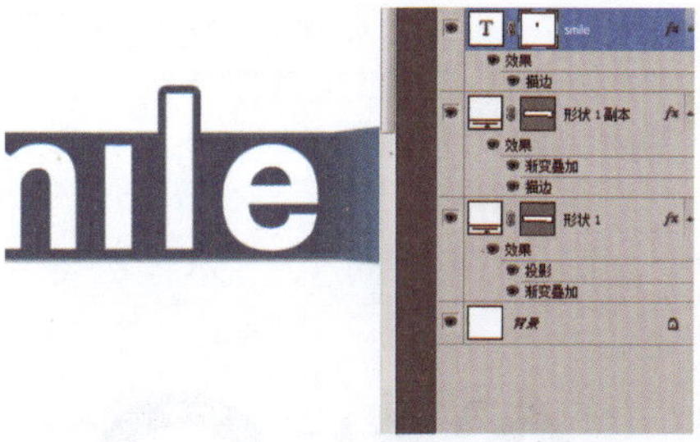

图4-92 擦掉“i”上的圆点

图4-93 绘制圆点

提 示

图层蒙版与图像的关系：

为图层创建图层蒙版后，默认情况下图层蒙版为白色。如果以半透明的方式来显示当前图像，可以用灰色填充图层蒙版；如果以全透明的方法来显示当前图像，可以用黑色来填充图层蒙版；如果以不透明的方法来显示当前图像，可以用白色来填充图层蒙版。

❻ 单击工具箱中的“横排文字工具”按钮，选择适当颜色、字体及字号，输入文字。使用自由变换快捷键“Ctrl+T”调出定界框，进行适当变形，效果如图4-94所示。最终效果如图4-95所示。

图4-94 文字变形

图4-95 最终效果

案例效果剖析

本案例中首先使用“横排文字工具”输入文字，然后为文字添加“外发光”“渐变叠加”及“描边”的图层样式，接着输入副标题文字并为其复制图层样式，最后添加图案装饰。部分效果展示如图4-96所示。

使用“横排文字工具”输入文字

添加“图层样式”

复制图层样式并置入素材

图4-96 效果展示

案例技术要点

本案例中主要用到的功能及技术要点如下。

- 图层样式：为文字添加图层样式。
- 横排文字工具：用来输入文字。

实例098 图文结合标志——旅行标志

本案例制作的是图案与文字相结合的标志设计，该标志以文字为主，以图案为辅。整个设计文字颜色淡雅，版式简洁，贴近自然的绿色。

源文件路径	案例文件\第4章\实例98\		
素材路径	案例文件\第4章\实例98\		
视频路径	视频教学\第4章\实例98.flv		
难易程度	★★	学习时间	1分29秒

实例099 汉字标志——中文餐厅标志

本案例讲解的是中式风格的标志设计，该案例以手写体的文字搭配上中国古典的图形，浑然天成的形成了中国风。该标志可以应用在中式的餐厅中。

案例效果剖析

本案例制作的是文字和图形相结合的标志。文字的字体应该选择书法体的文字，再为其添加相应的图形、图案作为装饰。制作时，首先制作背景，输入文字，然后通过形状工具制作圆环，最后再输入文字，添加素材。部分效果展示如图4-97所示。

图4-97 效果展示

案例技术要点

本案例中主要用到的功能及技术要点如下。

- 横排文字工具：输入画面中的文字。
- 自定形状工具：用来绘制圆环。
- 混合模式：用来制作背景部分。
- 矩形工具：用来绘制画面中的矩形形状
- 图层蒙版：用来隐藏素材中的多余部分。

案例制作步骤

源文件路径	案例文件\第4章\实例99\		
素材路径	案例文件\第4章\实例99\		
视频路径	视频教学\第4章\实例99.flv		
难易程度	★★★	学习时间	3分05秒

❶ 新建一个A4大小的文件。选择工具箱中的“矩形工具”，“绘制模式”设置为“形状”，“填充”设置为“褐色”，在适当的位置绘制矩形，如图4-98所示。导入素材“1.png”，放置在画面的下方，然后执行“图层 | 创建剪贴蒙版”命令，如图4-99所示。单击该图层“混合模式”设置为“颜色减淡”，“填充”设置为50%，此时效果如图4-100所示。

图4-98 绘制矩形

图4-99 导入素材

图4-100 设置“混合模式”

❷ 单击工具箱中的“横排文字工具”按钮，选择适当颜色、字体及字号，输入文字。选中相应文字，更改大小，如图4-101所示。

图4-101 输入文字

❸ 选择工具箱中的“自定形状工具”，“填充”设置为“红色”，选择“圆形边框”，在画面的右边绘制圆环，如图4-102所示。为该图层添加图层蒙版，选择工具箱中的“矩形工具”，在画面中绘制选区，并将选区填充为“黑色”，如图4-103所示。圆环效果如图4-104所示。

图4-102 绘制圆环

图4-103 制作半圆

图4-104 制作另一侧

4 导入祥云素材“2.png”，放置合适位置，如图4-105所示。执行“图层｜图层样式｜描边”命令，参数设置如图4-106所示。按快捷键“Ctrl+[”，将当前图层移动至下一层，此时效果如图4-107所示。

图4-105 祥云素材

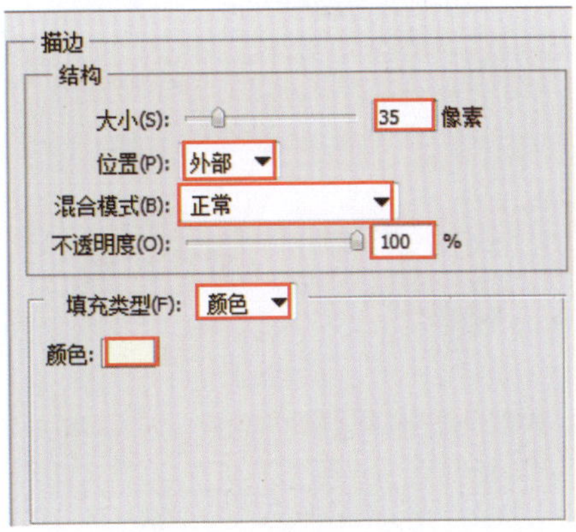

图4-106 “描边”参数

图4-107 效果

提 示

如何使用快捷键移动图层？

“Ctrl+]”向上移动一层；“Ctrl+[”向下移动一层；“Ctrl+Shift+]”移动到顶层；“Ctrl+Shift+[”移动到底层。

5 单击工具箱中的“横排文字工具”T按钮，选择适当颜色、字体及字号，输入文字，如图4-108所示。导入素材“3.png”，放置到适当位置，如图4-109所示。

图4-108 输入文字

图4-109 导入素材

实例100 拉丁字母标志——晶莹质感标志

本案例制作的是具有晶莹质感的标志设计，这样的标志具有晶莹剔透，颜色清淡的特点。该标志以淡绿色为主色调，清新、淡雅的特色比较适合应用在以女性为主题的商业作品中。

案例效果剖析

制作本案例时，首先打开背景素材，然后使用文字工具输入文字。接着使用“图层样式”为文字添加“斜面和浮雕”“描边”及“外发光”的效果，使文字的颜色及样式与背景相融合，设置了较强的外发光参数，营造了半透明的、晶莹质感的文字效果。部分效果展示如图4-110所示。

图4-110 效果展示

案例技术要点

本案例中主要用到的功能及技术要点如下。

- 横排文字工具：用来输入文字。
- 图层样式：为文字添加图层样式。

源文件路径	案例文件\第4章\实例100\		
素材路径	案例文件\第4章\实例100\		
视频路径	视频教学\第4章\实例100.flv		
难易程度	★★	学习时间	1分57秒

实例101 拉丁字母标志——剪纸LOGO

本案例制作的是剪纸LOGO标志，画面中的文字是设计的重点。在文字设计上，模拟文字从卡片中翻起的效果。这种风格的标志活泼有动感且不失个性。

案例效果剖析

本案例中，首先要制作出带花纹的卡片背景，然后制作翻起效果的文字。制作翻起的文字，首先要制作出文字的平面效果，然后通过变形工具制作出翻起的效果。最后使用同样的方法制作出其他的字母。部分效果展示如图4-111所示。

使用“扭曲”将图像变形　使用文字工具输入文字　复制图层样式

图4-111　效果展示

案例技术要点

本案例主要用到的功能及技术要点如下。

- 自由变换工具：将背景花纹和文字进行变形，制作透视效果。
- 横排文字工具：用来输入画面中的文字。
- 混合模式：用来制作文字上的贴图。
- 图层样式：用来制作文字的描边效果。
- 高斯模糊：为对象添加高斯模糊滤镜制作投影效果。

案例制作步骤

源文件路径	案例文件\第4章\实例101\		
素材路径	案例文件\第4章\实例101\		
视频路径	视频教学\第4章\实例101.flv		
难易程度	★★★	学习时间	4分41秒

❶ 新建一个“宽度”为248像素，“高度”为225像素的文件。将“前景色”设置为“浅灰色”，然后选择工具箱中的“画笔工具”，选择柔角画笔，将笔尖调大。在画面中四个角的位置绘制，制作出暗角的效果，如图4-112所示。

图4-112　制作暗角

❷ 导入素材“1.jpg”，如图4-113所示。执行“编辑丨变换路径丨扭曲”命令，对其进行适当变形，如图4-114所示。执行“图层丨新建调整图层丨色相/饱和度”命令，参数设置如图4-115所示。此时效果如图4-116所示。

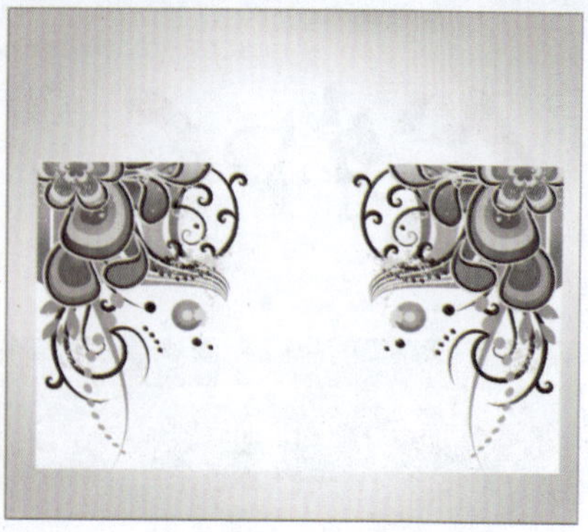

图4-113　导入素材

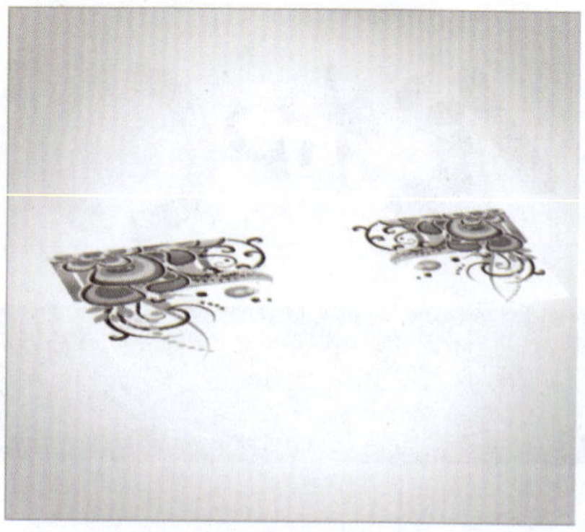

图4-114　图像变形

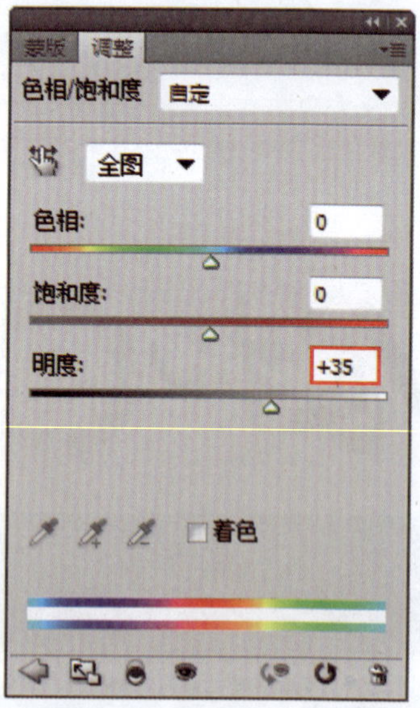

图4-115　“色相/饱和度”参数

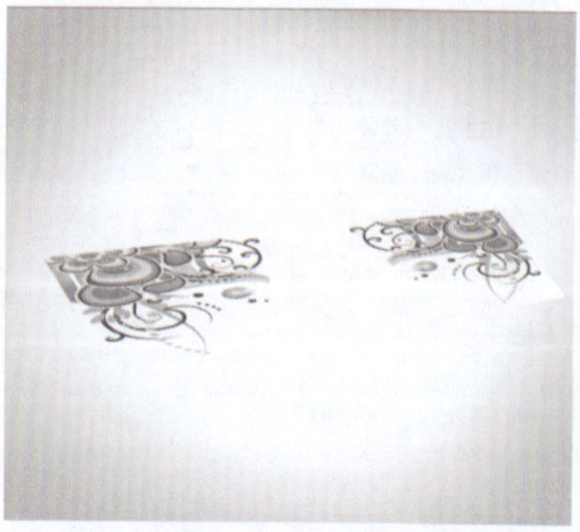

图4-116　调整后效果

3 先选择工具箱中的“钢笔工具”，设置“绘制模式”为“形状”，“填充”为“黑色”。然后在画面中绘制四边形，如图4-117所示。为该图层添加图层蒙版，并填充一个黑白色系的渐变，制作出渐隐的效果，如图4-118所示。

图4-117 绘制四边形

图4-118 填充渐变

4 为了让投影更加真实，接下来将其模糊。选择该图层，执行“滤镜 | 模糊 | 高斯模糊”命令，“半径”设置为40像素，参数设置如图4-119所示，模糊效果如图4-120所示。将该图层向下移动一层，效果如图4-121所示。

图4-119 “高斯模糊”参数

图4-120 模糊效果

图4-121 投影效果

5 单击工具箱中的“横排文字工具”按钮，选择适当颜色、字体及字号，输入文字，如图4-122所示。执行“图层 | 图层样式 | 内发光”命令，参数设置如图4-123所示；勾选“渐变叠加”选项，参数设置如图4-124所示；勾选“描边”选项，参数设置如图4-125所示。此时效果如图4-126所示。

图4-122 输入文字

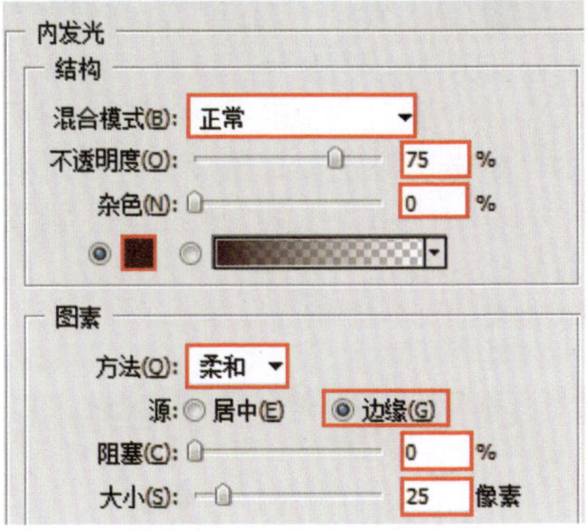

图4-123 “内发光”参数

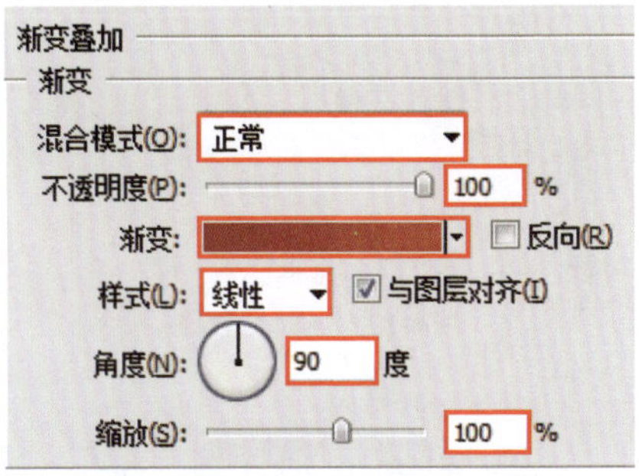

图4-124 “渐变叠加”参数

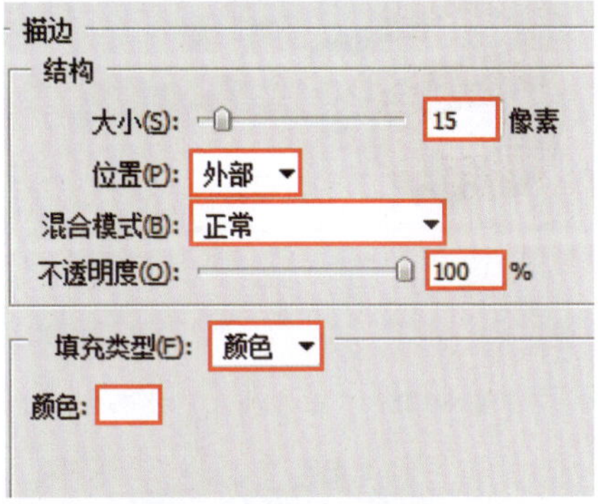

图4-125 “描边”参数

图4-126 文字效果

❻ 导入素材“2.jpg”，移至文字上，如图4-127所示。设置“混合模式”为“正片叠底”，如图4-128所示。单击“添加图层蒙版”，在工具箱中单击“画笔工具”按钮，设置前景色为黑色，并擦去多余部分，此时效果如图4-129所示。

图4-127　导入素材

图4-128　“正片叠底”效果

图4-129　效果

提　示

了解画笔选取器：

选择工具箱中的“画笔工具”，在画面中单击鼠标右键即可弹出画笔选取器。“大小”用来设置画笔笔尖的大小，“硬度”用来设置画笔笔尖边缘的柔和程度。在“画笔笔尖形态”列表中可以选择画笔笔尖。

❼ 执行“编辑｜变换｜扭曲”命令，对其进行变形，并移动到适当位置，如图4-130所示。执行“图层｜图层样式｜投影”命令，参数设置如图4-131所示。此时效果如图4-132所示。

图4-130　文字变形

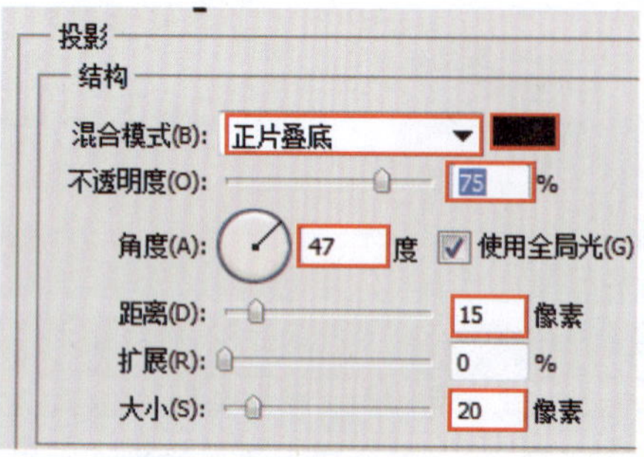

图4-131　“投影”参数

图4-132　投影效果

❽ 按照上述方法，制作其他文字，效果如图4-133所示。

图4-133　最终效果

实例102　拉丁字母标志——花式字体标志设计

本案例是以咖色及白色搭配的柔和线条作为背景，再搭配上装饰感极强的文字，使画面色调均衡，样式统一。

案例效果剖析

本案例使用了图层样式，为文字添加了“斜面和浮雕”“内阴影”及“外发光”的效果，使文字效果单调。通过调整花边素材的颜色、大小及位置，复制多个并摆放在相应位置形成文字花边效果。部分效果展示如图4-134所示。

图4-134　效果展示

案例技术要点

本案例中主要用到的功能及技术要点如下。

- 画笔面板：用来选择画笔笔尖、设置画笔动态。
- 文字工具：用来输入文字。
- 图层样式：为文字添加图层样式，增添效果。

源文件路径	案例文件\第4章\实例102\
素材路径	案例文件\第4章\实例102\
视频路径	视频教学\第4章\实例102.flv
难易程度	★★
学习时间	4分14秒

实例103 拉丁字母标志——创意文字标志

此文字标志设计采用了混合色轮上的邻近色，利用色轮上的反向色彩制造对比，根据此色彩原理绘制大小、颜色不同的圆形，并且为文字创建剪贴蒙版，制作出五彩斑斓的文字效果。由于背景颜色略为淡雅，所以彩色的文字在画面中成为抓住观众视觉的焦点。

案例效果剖析

制作本案例时，首先要制作一个浅灰色的背景，然后使用“椭圆工具”绘制大小不一、颜色多彩的正圆装饰，然后输入文字，以文字图层为基底图层，以“正圆”图层为“内容图层”创建剪贴蒙版，最后输入副标题文字。部分效果展示如图4-135所示。

图4-135 效果展示

案例技术要点

本案例中主要用到的功能及技术要点如下。

- 椭圆工具：用来绘制正圆。
- 混合模式：用来制作多彩圆形装饰。
- 文字工具：用来输入文字。
- 剪贴蒙版：用来制作文字贴图。

源文件路径	案例文件\第4章\实例103\		
素材路径	案例文件\第4章\实例103\		
视频路径	视频教学\第4章\实例103.flv		
难易程度	★★	学习时间	1分52秒

第5章 卡片设计

卡片设计是一种经过艺术化、个性化处理加工的艺术设计作品。卡片的面积通常较小，使用硬纸板或塑料板制作而成。常见的卡片设计种类有名片设计、请柬设计、VIP卡片设计、圣诞节贺卡、明信片等。

实例104 节日卡片——甜美节日

节日卡片通常色彩鲜艳，主题突出。节日卡片既要制作出卡片的真实效果，又要体现出欢庆的节日气氛。本案例中，甜美的粉色系背景搭配上中间心形的人像图案，甜美氛围体现地恰到好处。

案例效果剖析

在本案例中，首先要使用“椭圆选框工具”绘制选区，并使用渐变工具填充渐变色，然后使用“图层样式”为边框添加“投影”以及为人像添加“内阴影”。部分效果展示如图5-1所示。

打开人物素材　　导入相框素材　　为相框添加“投影”样式

图5-1　效果展示

案例技术要点

本案例中主要用到得功能及技术要点如下。

- 椭圆选框工具：用来绘制选区。
- 渐变工具：用来填充渐变色。
- 图层样式：添加“投影”及“内阴影”的图层样式。

案例制作步骤

源文件路径	案例文件\第5章\实例104\		
素材路径	案例文件\第5章\实例104\		
视频路径	视频教学\第5章\实例104.flv		
难易程度	★	学习时间	1分31秒

❶ 打开背景素材“1.jpg”，如图5-2所示。

图5-2　背景素材

❷ 选择工具箱中的“自定形状工具”，设置“绘制模式”为“路径”，选择心形形状，然后在画面中绘制心形路径，使用快捷键“Ctrl+Enter”将路径转换为选区，如图5-3所示。选择人物图层，单击“添加图层蒙版”按钮，基于选区添加图层蒙版，效果如图5-4所示。

图5-3　制作心形选区

图5-4 制作蒙版

❸ 选择人物图层，执行“图层|图层样式|内阴影”命令，参数设置如图5-5所示，效果如图5-6所示。使用文字工具，最终效果如图5-7所示。

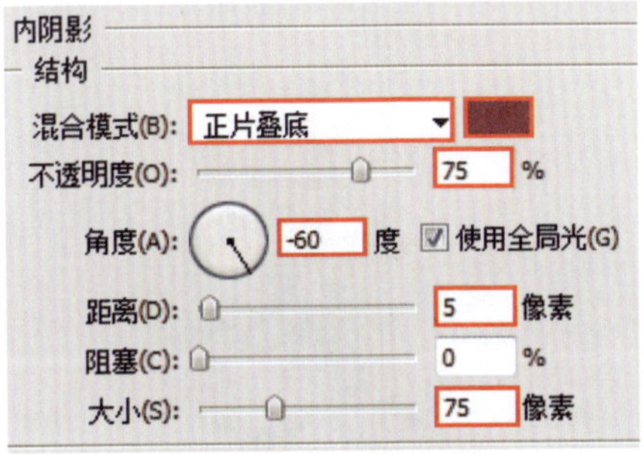

图5-5 “内阴影”参数

> **提 示**
>
> 如何创建自定义形状？
>
> 绘制路径后，执行“编辑|定义自定形状”命令，创建自定形状工具。

图5-6 内阴影效果

图5-7 最终效果

实例105 明信片——风景明信片设计

一张普通的照片要制作成明信片效果，需要经过后期的加工。本案例是以山水图片作为背景，并加边框及艺术感较强的手写体文字装饰，蓝天碧水的画面格外清新亮丽。

案例效果剖析

在制作本案例时，首先使用“光照效果”制作出画面阴影高光的效果，然后新建图层填充“黑色”，为该图层添加“镜头光晕”滤镜，设置该图层的“混合模式”为“滤色”，达到为画面添加光晕的效果。最后使用“置入”命令将相框装饰置入到画面中。部分效果展示如图5-8所示。

图5-8 效果展示

案例技术要点

本案例中主要用到的功能及技术要点如下。

- “光照效果”滤镜：用来制作出画面主光源的方向。
- “镜头光晕”滤镜：用来制作画面的光晕效果。
- “置入”命令：将前景的装饰导入到画面中。

源文件路径	案例文件\第5章\实例105\
素材路径	案例文件\第5章\实例105\
视频路径	视频教学\第5章\实例105.flv
难易程度	★★
学习时间	1分54秒

实例106 卡片照片——儿童大头贴

本案例制作的是以儿童为主题的卡通风格卡片。儿童的照片搭配卡通风格的插画，整个画面风格统一、可爱、有趣。

案例效果剖析

在制作本案例时，首先打开背景图片，然后将人物素材导入到画面中，接着将图片镶嵌在“相框”中，最后进行人物的调色，使整个画面的色调统一。部分效果展示如图5-9所示。

为图像添加“图层蒙版”

图5-9　效果展示

案例技术要点

本案例中主要用到的功能及技术要点如下。

- 图层蒙版：用来隐藏画面中的多余内容。
- 色相/饱和度：对人像部分进行调色。

案例制作步骤

源文件路径	案例文件\第5章\实例106\
素材路径	案例文件\第5章\实例106\
视频路径	视频教学\第5章\实例106.flv
难易程度	★
学习时间	1分35秒

❶ 打开素材“1.jpg”，如图5-10所示。

图5-10　打开素材

❷ 导入素材“2.jpg”文件，调整至合适大小，然后将人物图层暂时隐藏。单击工具箱中的“快速选择工具”按钮，得到背景图层中的白色部分，将人物图层显示出来，如图5-11所示。单击“添加图层蒙版”按钮，抠出图片，效果如图5-12所示。

图5-11　显示人物图层

图5-12　抠图效果

提　示

图层的显示与隐藏：

在图层面板中，单击图层前方的“指示图层可见性”图标即可控制图层的显示与隐藏。当该图标为状时，该图层为显示状态；当该图标为状时，该图层为隐藏状态。

❸ 执行“图层｜新建调整图层｜色相/饱和度”命令，设置参数，如图5-13所示。最终效果如图5-14所示。

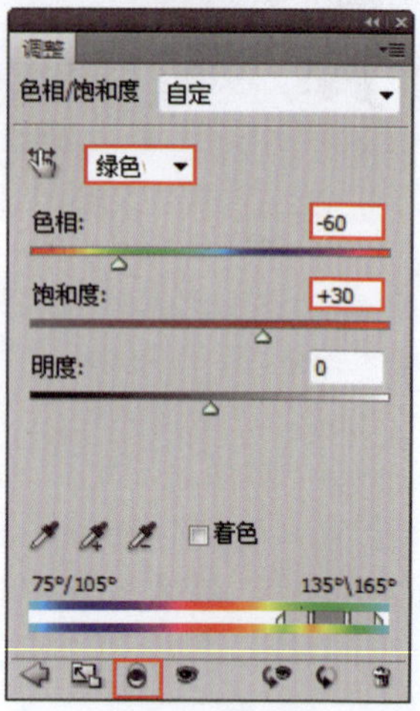

图5-13　“色相/饱和度”参数

图5-14　最终效果

实例107　可爱卡片——萌萌宠物

此案例制作的目的是将一张普通图片制作成贺卡或卡片的形式。制作中为图片添加圆润的圆角边框、气球，这样不仅丰富了整个画面，而且使画面整体效果通透且富有动感，添加手写体的文字又使画面略显俏皮可爱。

案例效果剖析

制作本案例时，首先在Photoshop中打开图片素材，然后新建图层并填充为“白色”，再使用“圆角矩形”工具绘制圆角矩形路径，并将路径转换为选区，接着将选区中的内容删除，相框的制作就完成了，最后为画面添加装饰。部分效果展示如图5-15所示。

打开图片素材　使用“圆角矩形”绘制选区　为卡片添加文字等装饰

图5-15　效果展示

案例技术要点

本案例中主要用到的功能及技术要点如下。

- 圆角矩形工具：用来绘制路径。
- “置入”命令：将气球装饰导入到画面中。

源文件路径	案例文件\第5章\实例107\		
素材路径	案例文件\第5章\实例107\		
视频路径	视频教学\第5章\实例107.flv		
难易程度	★★	学习时间	2分06秒

实例108 贺卡——卡通贺卡封面

卡通贺卡封面设计通常画面活泼、颜色多彩，贺卡有很强的应用性及趣味性，案例中的背景选用了色彩明度较暗的粉色，明亮的月亮在画面中尤显突出，两只小熊倚靠在月亮之上，为画面增添了不少温暖的氛围和生动可爱的感觉。粉色的文字加上白色描边，使文字与背景颜色达到统一。

案例效果剖析

制作本案例时，首先要在Photoshop中打开背景素材，然后使用“横排文字工具”输入文字，为了让文字具有层次感，需为文字添加粉色和白色的描边。部分效果展示如图5-16所示。

图5-16　效果展示

案例技术要点

本案例中主要用到的功能及技术要点如下。

- 横排文字工具：用来输入文字。
- “扩展”选区：使用该命令将文字选区扩大，然后填充选区，制作描边效果。

源文件路径	案例文件\第5章\实例108\		
素材路径	案例文件\第5章\实例108\		
视频路径	视频教学\第5章\实例108.flv		
难易程度	★★	学习时间	1分51秒

实例109 书签卡片——童话风格卡通书签

卡通书签的模式通常较为固定，图案简单明快，颜色统一。本案例制作的是紫色系书签，整体色调由淡紫色和纯白色组成，搭配上骆驼的卡通形象，简洁但又不单调。

案例效果剖析

本案例中，卡通骆驼的图案为整幅图片的中心，骆驼图片的嵌入是通过图层蒙版将部分图片遮挡而形成的，然后再输入文字，导入素材，形成书签的效果。部分效果展示如图5-17所示。

图5-17　效果展示

案例技术要点

本案例中主要用到得功能及技术要点如下。

- 矩形工具：用来绘制选区并填充颜色。
- 图层蒙版：用来隐藏图片中多余的部分。

案例制作步骤

源文件路径	案例文件\第5章\实例109\
素材路径	案例文件\第5章\实例109\
视频路径	视频教学\第5章\实例109.flv
难易程度	★
学习时间	2分

❶ 新建图像大小为1800×866像素的图层，然后将该图层填充为蓝紫色，如图5-18所示。新建图层，使用“矩形选框工具”绘制矩形选区并填充为白色，效果如图5-19所示。

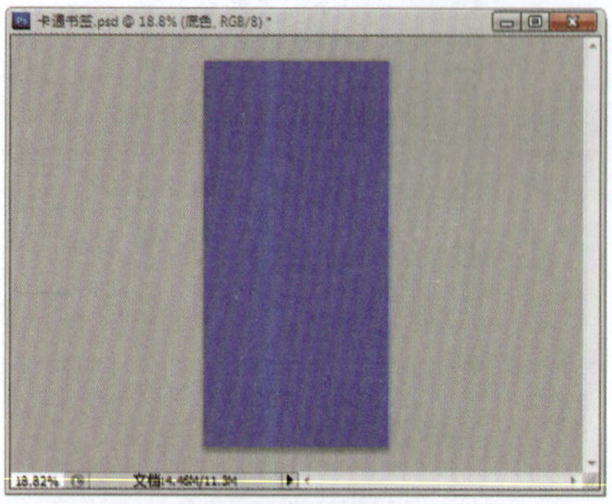

图5-18 紫色背景

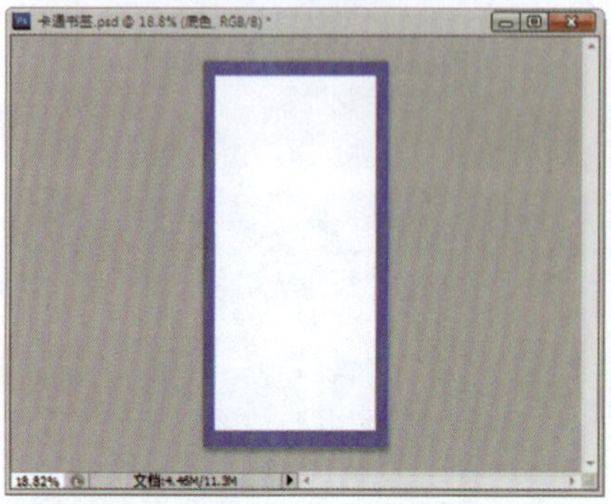

图5-19 白色矩形

提 示

前景色与背景色填充的快捷键。
填充前景色：Alt+Delete；
填充背景色：Ctrl+Delete。

❷ 打开素材“1.jpg”，使用“矩形选框工具”绘制矩形选区，如图5-20所示。单击图层面板底部的“添加图层蒙版”按钮，基于选区为该图层添加蒙版，效果如图5-21所示。

图5-20 绘制选区

图5-21 添加图层蒙版

❸ 打开素材“2.jpg”，放置在画面的合适位置，如图5-22所示。选择该图层，执行“图层 | 图层样式 | 描边”命令，参数设置如图5-23所示。描边效果如图5-24所示。

图5-22 装饰素材

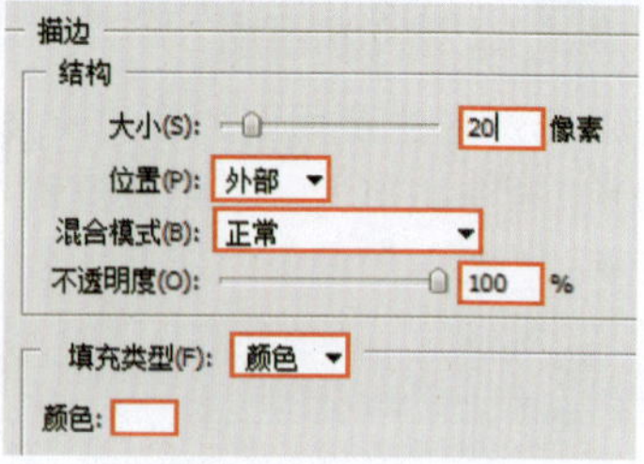

图5-23 “描边”参数

图5-24 描边效果

❹ 为图片搭配文字，使用“横排文字工具”，输入文字，并设置合适的字体、字号及颜色，如图5-25所示。继续输入文字，最终效果如图5-26所示。

图5-25 输入文字

图5-26 最终效果

实例110 名片设计——商务风格双色名片

名片是卡片设计的一种，是标示姓名、公司单位、职位和联系方法的卡片。在各种商业活动中，交换名片是新朋友互相认识、自我介绍时最快最有效的方法。本案例讲解的是商务风格的双色名片设计。

案例效果剖析

制作本案例时，首先制作卡片的背景，并填充为蓝色渐变，然后使用“投影”的图层样式制作出投影的效果，接着制作紫色系的三角形。部分效果展示如图5-27所示。

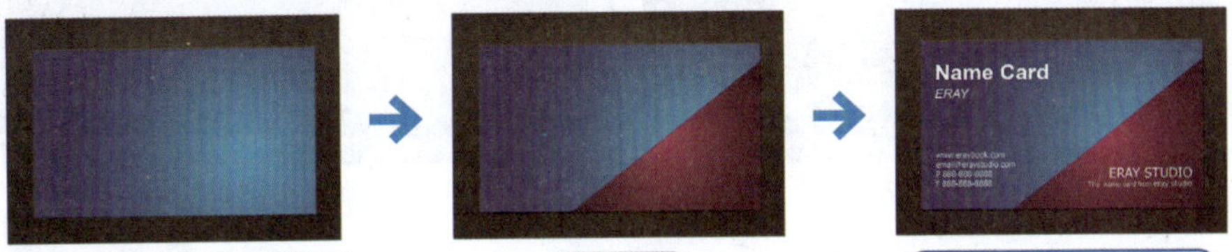

使用“渐变工具”制作背景　绘制选区　使用文字工具输入文字

图5-27　效果展示

案例技术要点

本案例主要用到的功能及技术要点如下。

- 矩形选框工具：用来绘制选区。
- 套索工具：用来绘制多边形选区。
- 渐变工具：用来编辑渐变色。
- 图层样式：为图层添加投影样式。
- 文字工具：用来输入点文字和段落文字。

案例制作步骤

源文件路径	案例文件\第5章\实例110\		
素材路径	案例文件\第5章\实例110\		
视频路径	视频教学\第5章\实例110.flv		
难易程度	★★★	学习时间	2分31秒

❶ 打开背景素材“1.jpg”，如图5-28所示。

图5-28　背景素材

❷ 新建图层，选择工具箱中的“矩形选框工具”，在画面中绘制选区，如图5-29所示。单击工具箱中的“渐变工具”，编辑蓝色的渐变，如图5-30所示。编辑完成后，在画面中拖拽填充，效果如图5-31所示。

图5-29　绘制选区

图5-30　编辑渐变

图5-31　渐变效果

❸ 选择该图层，执行“图层 | 图层样式 | 投影”命令，参数设置如图5-32所示。效果如图5-33所示。

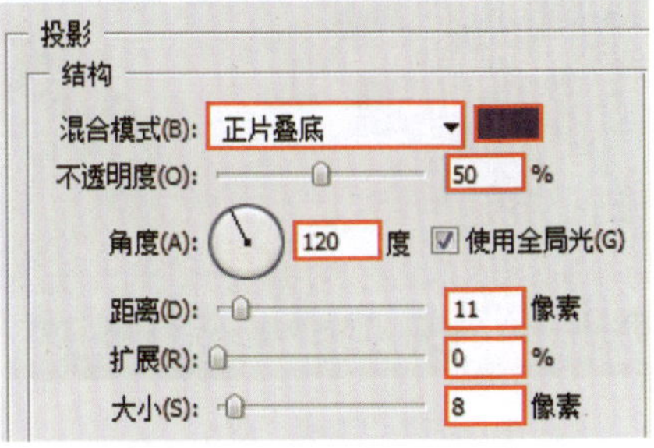

图5-32　“投影”参数

图5-33　投影效果

❹ 新建图层，选择工具箱中的“套索工具”，在画面相应位置绘制一个三角形选区，如图5-34所示。编辑一个紫色系的渐变，填充选区，如图5-35所示。

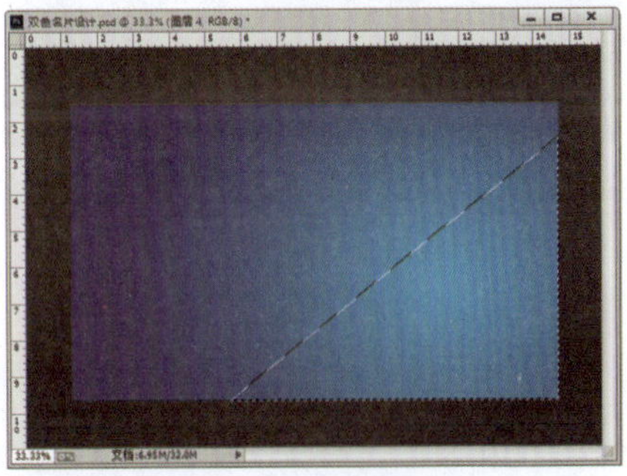

图5-34　绘制选区

图5-35　添加紫色系渐变

❺ 选择工具箱中的“横排文字工具”，在相应位置输入文字，如图5-36所示。继续使用“横排文字工具”在卡片的适当位置绘制文本框，如图5-37所示。在文本框中输入文字，如图5-38所示。

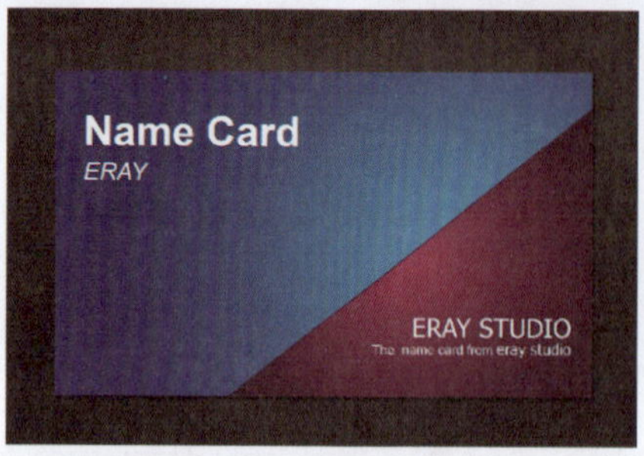

图5-36　输入文字

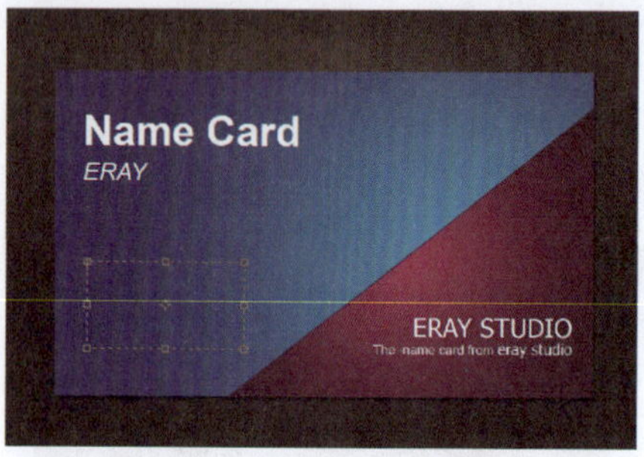

图5-37　绘制文本框

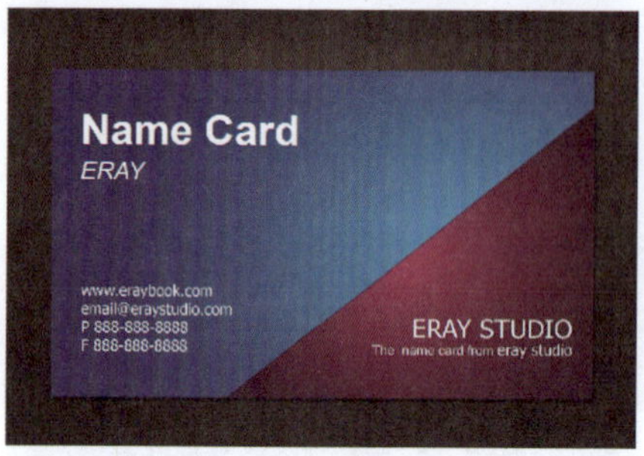

图5-38　文字效果

❻ 选中除背景图层以外的图层，然后使用盖印快捷键“Ctrl+Alt+E”将这些图层合并到一个独立图层，然后将图层进行旋转并移到到名片的下方，如图5-39所示。执行“编辑 | 变换 | 水平翻转”命令，将其水平翻转，效果如图5-40所示。

❼ 单击图层面板底部的“添加图层蒙版”按钮，为图层添加蒙版，使用“渐变工具”在蒙版中拖拽填充，制作出投影效果，最终效果如图5-41所示。

图5-39　旋转图层

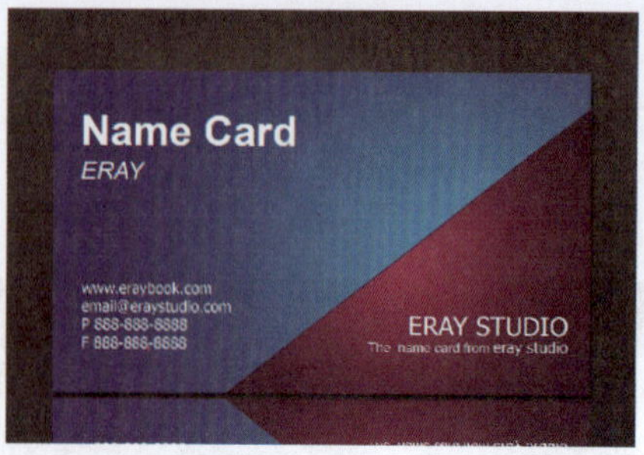

图5-40　翻转卡片

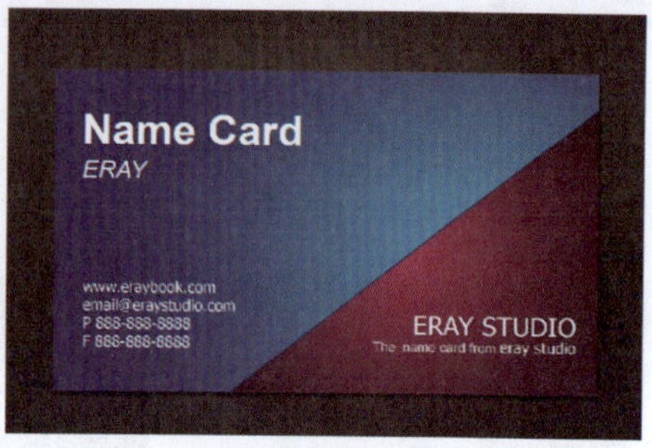

图5-41　最终效果

实例111　商品吊牌——自然风卡片

吊牌是用纸板或类似可折叠的材料或柔韧的材料制成的说明卡片。在吊牌上，将顾客选择时最需要了解的信息标在吊牌上，如品牌和价格，使顾客一目了然。吊牌一般包括卡片、吊绳两个部分。

案例效果剖析

在本案例中，吊牌是制作要点。首先使用矩形工具绘制吊牌，然后通过图层蒙版制作其打孔处，再用图层蒙版制作卡片的花纹。最后使用“画笔工具”绘制吊绳，使用文字工具输入文字。部分效果展示如图5-42所示。

图5-42　效果展示

案例技术要点

本案例中主要用到的功能及技术要点如下。

- 形状工具：用来绘制卡片的形状。
- 图层蒙版：用来制作吊牌打孔部分。
- 渐变叠加：为卡片添加渐变颜色。
- 画笔工具：用来制作吊绳。

案例制作步骤

源文件路径	案例文件\第5章\实例111\		
素材路径	案例文件\第5章\实例111\		
视频路径	视频教学\第5章\实例111.flv		
难易程度	★★★★	学习时间	4分17秒

❶ 打开背景图片“1.jpg”，如图5-43所示。

图5-43 打开背景

❷ 绘制矩形。选择工具箱中的“矩形工具”，“绘制模式”设置为“形状”，“填充”设置为“白色”，在画面中绘制形状，如图5-44所示。单击图层面板下方的“添加图层蒙版”按钮，选择“椭圆选框工具”，按住“Shift”键在蒙版上绘制圆形选框，并填充“黑色”，效果如图5-45所示。

图5-44 绘制选区

图5-45 制作“打孔”

❸ 为矩形添加“渐变叠加”效果。执行“图层 | 图层样式 | 渐变叠加”命令，参数设置如图5-46所示。效果如图5-47所示。

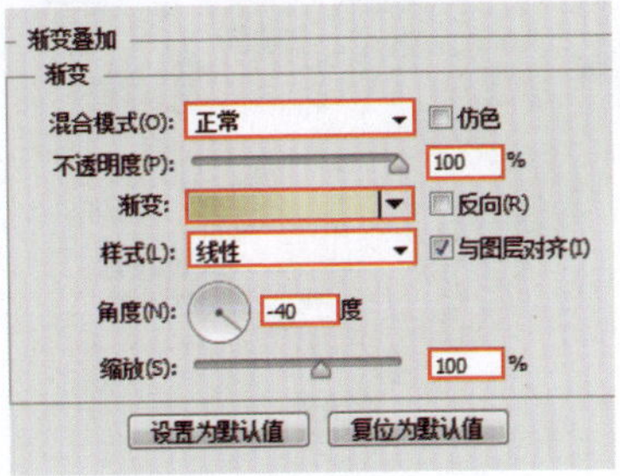

图5-46 “渐变叠加”参数

图5-47 颜色效果

❹ 导入素材“2.png”，放置在合适的位置，如图5-48所示。按住“Ctrl”键，同时单击“矩形”的“图层缩览图”，将“矩形”载入选区，然后单击图层面板下方的“添加图层蒙版”按钮，此时效果如图5-49所示。

图5-48 导入素材

图5-49 调整素材

❺ 绘制圆环。选择“椭圆工具”，“绘制模式”设置为“形状”，“颜色”设置为“褐色”，“描边”设置为“无颜色”，按住“Shift”键在画面中绘制正圆形，如图5-50所示。单击图层面板下方的“添加图层蒙版”按钮，选择“椭圆选框工具”，按住“Shift”键在蒙版上绘制“圆形选框”，并填充黑色，效果如图5-51所示。

图5-50 绘制正圆

图5-51 制作镂空效果

❻ 复制圆环，颜色更改为“浅褐色”，然后向上轻移，如图5-52所示。为其添加“斜面和浮雕”效果，执行“图层 | 图层样式 | 斜面和浮雕”命令，参数设置如图5-53所示。效果如图5-54所示。

图5-52 复制圆环

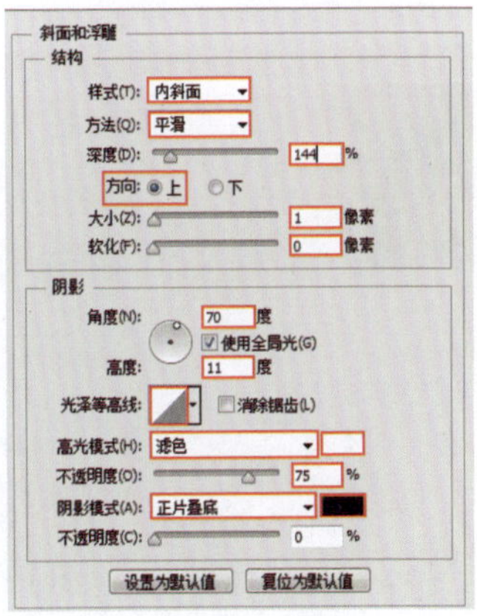

图5-53 “斜面和浮雕”参数

图5-54　浮雕效果

❼ 绘制“绳子”。选择工具箱中的“画笔工具”，设置“画笔大小”为15像素，“硬度”为100%，选择“硬角画笔”，在画面中绘制“绳子”的形状，如图5-55所示。

图5-55　绘制绳子

❽ 绘制“阴影”。为了更方便的看到效果，先将其他图层隐藏。选择工具箱中的“椭圆选框工具”，设置“羽化”为30像素，在画面中绘制椭圆选框，如图5-56所示。将选区填充为“褐色”，如图5-57所示。调整“不透明度”为40%，将其他图层显示出来，效果如图5-58所示。

图5-56　绘制羽化选区

图5-57　填充选区

图5-58　阴影效果

提　示

羽化选区的快捷键：

绘制完选区后，若要羽化选区可以使用快捷键“Shift+F6”调出“羽化选区”窗口，设置羽化参数。

❾ 输入文字。选择工具箱中的“横排文字工具”，设置“颜色”为“绿色”，再设置合适的字体和字号，在画面中输入文字，效果如图5-59所示。使用同样的方法绘制其他标签，如图5-60所示。

❿ 绘制前方的“圆形”标签。选择工具箱中的“椭圆工具”，“绘制模式”设置为“形状”，“填充”设置为“白色”，“描边”设置为“无颜色”，按住“Shift”键在画面中绘制圆形状，如图5-61所示。单击图层面板下方的“添加图层蒙版”按钮，选择“椭圆选框工具”，按住“Shift”键在蒙版上绘制圆形选框，并填充黑色。使用同样的方法制作其他部分，最终效果如图5-62所示。

图5-59　吊牌效果

图5-60　其他吊牌效果

图5-61　绘制圆形

图5-62　最终效果

实例112 商品吊牌——儿童服装卡片

儿童主题的设计通常样式可爱，颜色干净且鲜艳，此种设计效果不仅可以制作儿童服装吊牌卡片，而且可以应用于各种以儿童为题材的书籍、节日宣传等平面设计作品中。本案例使用“骨头”形状作为画面主体，并添加了“内阴影”的图层样式，使用剪贴蒙版为画面添加的花纹素材又为画面增加了俏皮感。

案例效果剖析

本案例使用“圆角矩形工具”绘制一个粉色的圆角矩形，然后添加投影效果，制作出卡片效果。使用“自定形状工具”绘制“骨头”，然后为画面添加图形和文字装饰。部分效果展示如图5-63所示。

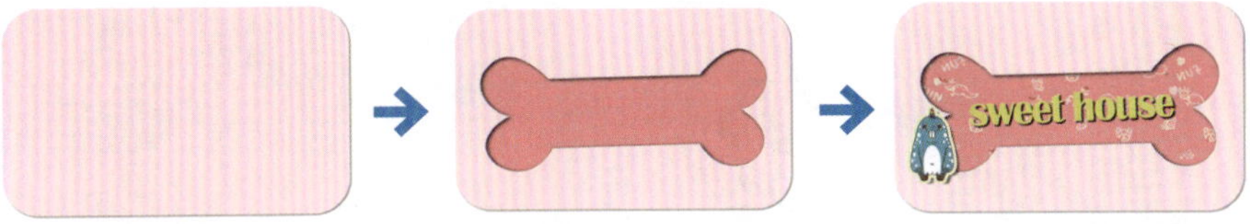

绘制“圆角矩形”　制作下陷效果的骨头　添加图案装饰

图5-63　效果展示

案例技术要点

本案例主要用到的功能及技术要点如下。

- 横排文字工具：用来输入文字。
- 剪贴蒙版：用来隐藏图层内容。
- 形状工具：用来绘制圆角矩形和骨头形状。

源文件路径	案例文件\第5章\实例112\		
素材路径	案例文件\第5章\实例112\		
视频路径	视频教学\第5章\实例112.flv		
难易程度	★★★	学习时间	3分03秒

实例113 唯美卡片——甜蜜情人节

本案例设计的是以情人节为主题的卡片。情人节卡片通常要能表达出爱意或心意，所以要制作地浪漫、温馨一些，这样才能更好的传递个人想要抒发的情感。

案例效果剖析

本案例中，使用“自定形状工具”绘制心形形状，然后添加“渐变填充”和“描边”样式使心形带有颜色和描边，接着制作装饰，最后使用“横排文字工具”输入相应的文字。部分效果展示如图5-64所示。

绘制心形的背景　为卡片添加装饰　为卡片添加文字

图5-64　效果展示

案例技术要点

本案例中主要用到的功能及技术要点如下。

- 自定形状工具：用来绘制心形。
- 图层样式：用来增添图层效果。
- 不透明度：用来更改图层的不同明度。
- 矩形选框工具：用来绘制矩形选区。
- 横排文字工具：用来输入画面中的文字。

案例制作步骤

源文件路径	案例文件\第5章\实例113\
素材路径	案例文件\第5章\实例113\
视频路径	视频教学\第5章\实例113.flv
难易程度	★★★★
学习时间	4分28秒

❶ 打开背景素材“1.jpg”，如图5-65所示。

图5-65　背景素材

❷ 绘制“心形”。选择工具箱中的“自定形状工具”，设置“绘制模式”为“形状”并选择“心形”形状，在画面中绘制“心形”，如图5-66所示。执行“图层 | 图层样式 | 描边”命令，参数设置如图5-67所示；勾选“渐变叠加”选项，参数设置如图5-68所示。效果如图5-69所示。

图5-66　绘制心形

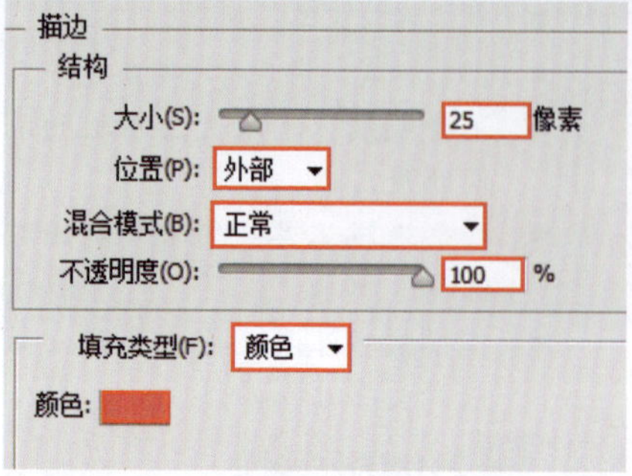

图5-67 “描边”参数

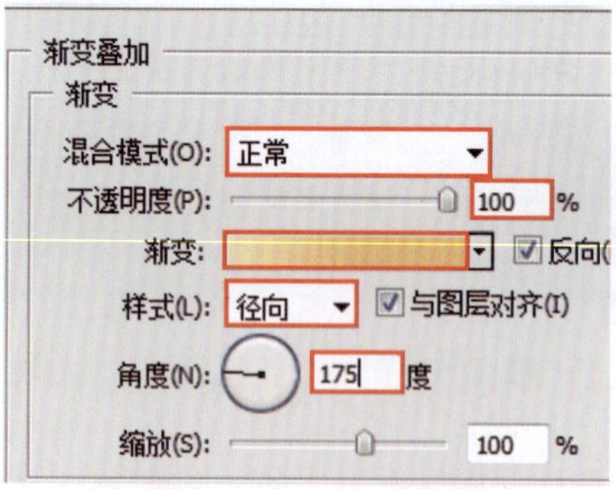

图5-68 “渐变叠加”参数

图5-69 图形效果

❸ 使用“自定形状工具”绘制“心形”。执行“图层 | 图层样式 | 描边”命令，参数设置如图5-70所示。设置完成后将“填充”设置为0，效果如图5-71所示。导入素材文件中的“2.png”和“3.png”，放置在画面中的合适位置，效果如图5-72所示。

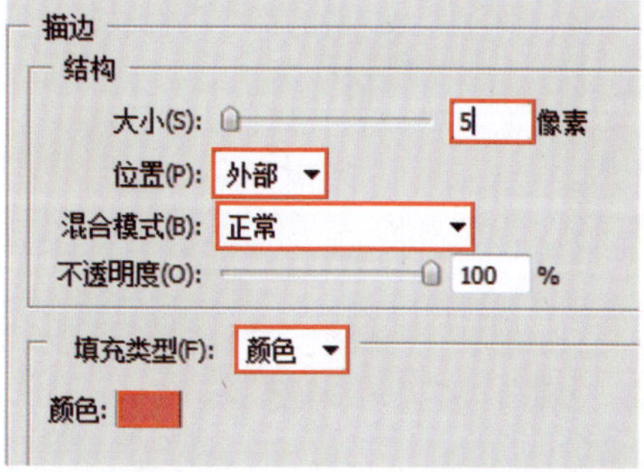

图5-70 “描边”参数

图5-71 绘制心形描边

图5-72 装饰素材

❹ 绘制蝴蝶。选择工具箱中的“自定形状工具”，“绘制模式”设置为“形状”，“颜色”设置为“蓝色”，选择“蝴蝶”形状，在画面中绘制蝴蝶，如图5-73所示。选中该图层，添加“描边”效果，执行“图层 | 图层样式 | 描边”命令，参数设置如图5-74所示。效果如图5-75所示。

图5-73 绘制蝴蝶

提 示

“描边”位置的设置：

在图层样式面板中，“描边”的位置有：“外部”“内部”和“中部”三种。

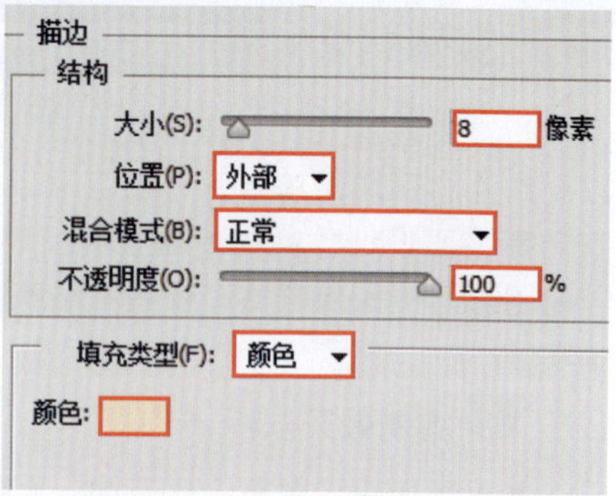

图5-74 “描边”参数

图5-75 蝴蝶效果

❺ 使用“自定形状工具”绘制“心形”，如图5-76所示。选中该图层，执行“图层 | 图层样式 | 描边”命令，参数设置如图5-77所示；勾选“内发光”选项，参数设置如图5-78所示；勾选“投影”选项，参数设置如图5-79所示。效果如图5-80所示。

图5-76 绘制心形

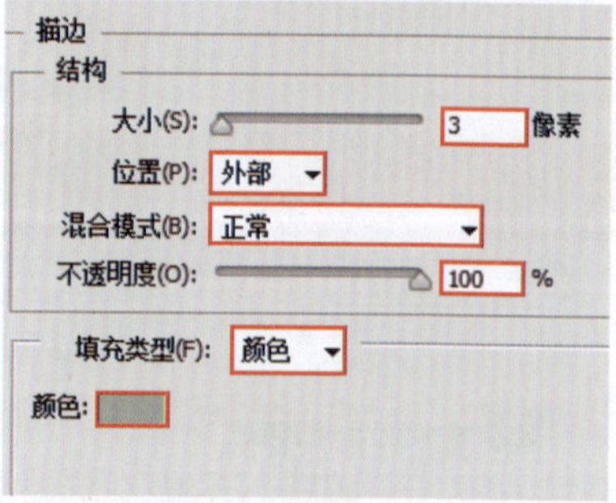

图5-77 “描边”参数

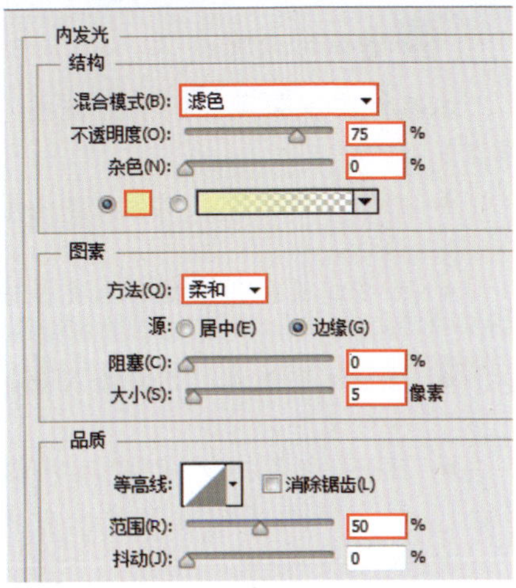

图5-78 “内发光”参数

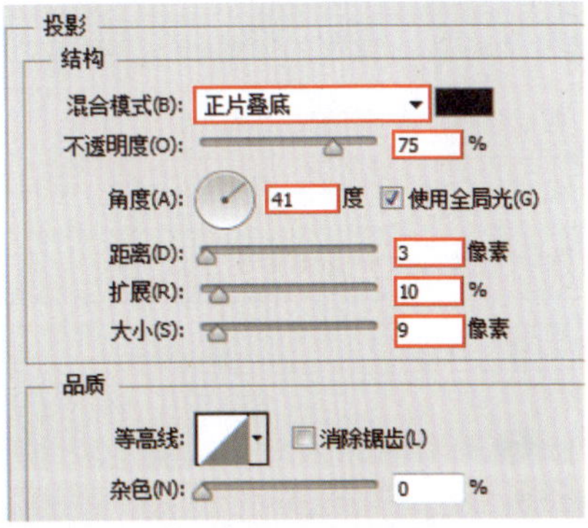

图5-79 “投影”参数

图5-80 心形效果

❻ 按住“Ctrl”键的同时在“心形”的“图层缩览图”上单击鼠标，将“心形”载入选区，然后在“心形”图层上新建图层，并填充为“黑色”，如图5-81所示。设置“不透明度”为10%，如图5-82所示。选择工具箱中的“矩形选框工具”，框选“心形”的一半，然后按“Delete”键删除，如图5-83所示。

❼ 输入文字。选择工具箱中的“横排文字工具”T，设置合适的颜色、字体和字号，在画面中输入相应的文字，卡片的最终效果如图5-84所示。

图5-81 制作黑色心形

图5-83 删除选区内容

图5-82 降低不透明度

图5-84 卡片效果

实例114 请柬——婚礼请柬封面设计

本案例设计制作的是婚礼请柬的封面。该案例中，采用了浪漫的粉色调，由淡粉色的玫瑰花做装饰，整体给人一种温情、浪漫的视觉感受。

案例效果剖析

本案例中制作的婚礼请柬封面，主要以粉白色调为主，使用“自由变换工具”调整花朵，并复制多个花朵，制作出向画面内侧延伸的效果，然后使用“减淡工具”减淡花朵颜色，使花朵不争抢主题，左侧画面的部分留白使画面在充盈的同时又不失设计感。部分效果展示如图5-85所示。

图5-85 效果展示

案例技术要点

本案例中主要用到的功能及技术要点如下。

- “置入”命令：用来导入文件，为画面添加装饰。
- 移动工具：用来移动对象。

源文件路径	案例文件\第5章\实例114\		
素材路径	案例文件\第5章\实例114\		
视频路径	视频教学\第5章\实例114.flv		
难易程度	★★	学习时间	3分31秒

实例115 宣传卡——度假村订房卡

本案例中右处的留白与左侧橙色实体之间形成对比，选用较圆润、平滑的字体置入于画面中心，伴随着恰当的留白空间、突出的橙色图案和微妙的字体位置摆放，版式中间并不明晰的中心点，使此宣传卡的设计取得了微妙的平衡，右侧使用蒙版及不透明度制作的若隐若现的楼宇，更是给画面增添了一丝的朦胧感。

案例效果剖析

案例在制作时，首先新建文件并填充灰色，然后导入卡片的背景素材并为其添加“投影”图层样式，接着导入素材，并另外复制一份降低不透明度，最后为画面上添加文字，宣传卡的制作就完成了。部分效果展示如图5-86所示。

制作卡片的背景　通过降低透明度制作图案　添加文字

图5-86　完成效果

案例技术要点

本案例中主要用到的功能及技术要点如下。

- 图层样式：为卡片添加“投影”图层样式。
- 不透明度：降低图层的不透明度，制作背景的花纹。
- 文字工具：用来输入画面中的文字。

源文件路径	案例文件\第5章\实例115\		
素材路径	案例文件\第5章\实例115\		
视频路径	视频教学\第5章\实例115.flv		
难易程度	★★★	学习时间	1分33秒

实例116 请柬——音乐会请柬卡片

请柬，又称为请帖、简帖，是为了邀请客人参加某项活动而发出的礼仪性的书信。请柬也是卡片的一种，它可以是卡片式的，也可以是折叠式的。本案例制作的是音乐会主题的请柬卡设计。

案例效果剖析

本案例设计制作的是音乐会主题的请柬。首先使用“矩形工具”绘制选区并填充渐变色，然后绘制金色的彩条进行装饰，使用文字工具输入文字，并填充图层样式，最后制作请柬的展示效果。部分效果展示如图5-87所示。

制作卡片背景　请柬平面效果　制作请柬卡的展示效果

图5-87　效果展示

案例技术要点

本案例中主要用到的功能及技术要点如下。

- 矩形选框工具：用来绘制矩形选区。
- 渐变工具：用来编辑渐变并进行填充。
- 直排文字工具：用来输入画面中的文字。
- 图层样式：为文字添加投影、斜面浮雕、渐变叠加等图层样式。

案例制作步骤

源文件路径	案例文件\第5章\实例116\
素材路径	案例文件\第5章\实例116\
视频路径	视频教学\第5章\实例116.flv
难易程度	★★★★★
学习时间	3分52秒

❶ 打开背景素材“1.jpg”，如图5-88所示。

图5-88　背景素材

❷ 新建图层，选择工具箱中的“矩形选框工具”，在画面中绘制矩形选区，然后单击工具箱中的“渐变工具”，在渐变编辑器中编辑一个红色系渐变，如图5-89所示，在画面中拖拽填充，效果如图5-90所示。取消选区，然后使用自由变换快捷键“Ctrl+T”调出定界框，然后按住“Ctrl”键调整控制点，制作出透视效果，如图5-91所示。

> **提　示**
>
> 如何取消选区？
>
> 使用快捷键“Ctrl+D”即可取消选区。

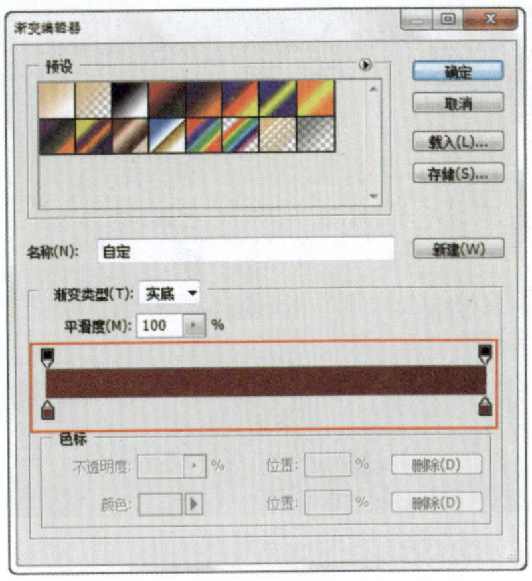

图5-89 编辑渐变

图5-90 矩形效果

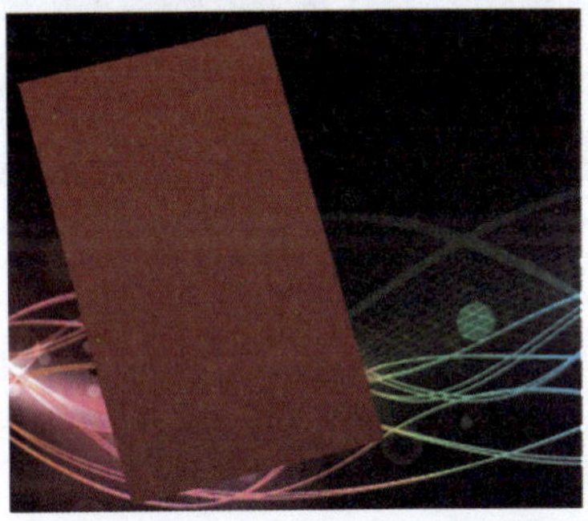
图5-91 透视效果

❸ 新建图层，选择工具工具箱中的“多边形套索工具”，在请柬上绘制四边形。编辑一个金属系渐变，如图5-92所示。渐变编辑完成后，在画面中拖拽填充，效果如图5-93所示。

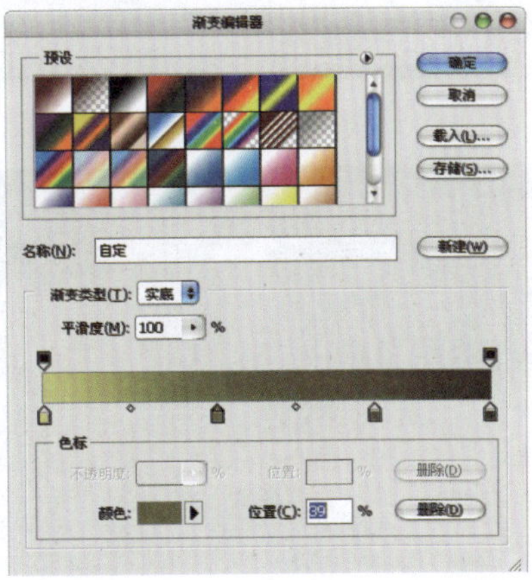

图5-92 编辑渐变

图5-93 四边形效果

❹ 导入花纹素材“2.png”，如图5-94所示。

图5-94 花纹素材

❺ 选择工具箱中的“横排文字工具”，设置合适的字体，在画面的下方输入文字，如图5-95所示。选择该图层，执行“图层 | 图层样式 | 投影”命令，参数设置如图5-96所示；勾选“斜面和浮雕”选项，参数设置如图5-97所示；勾选“光泽”选项，参数设置如图5-98所示；勾选“渐变叠加”选项，参数设置如图5-99所示。此时文字效果如图5-100所示。

图5-95 输入文字

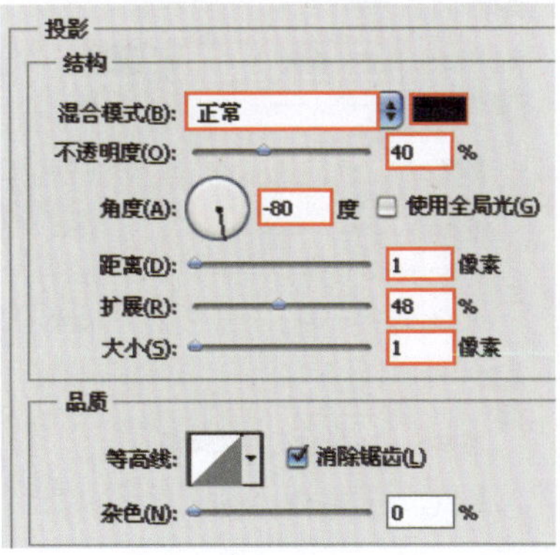

图5-96 “投影”参数

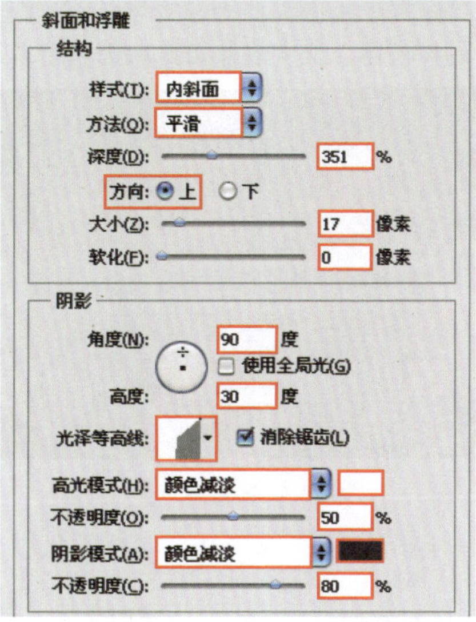

图5-97 “斜面和浮雕”参数

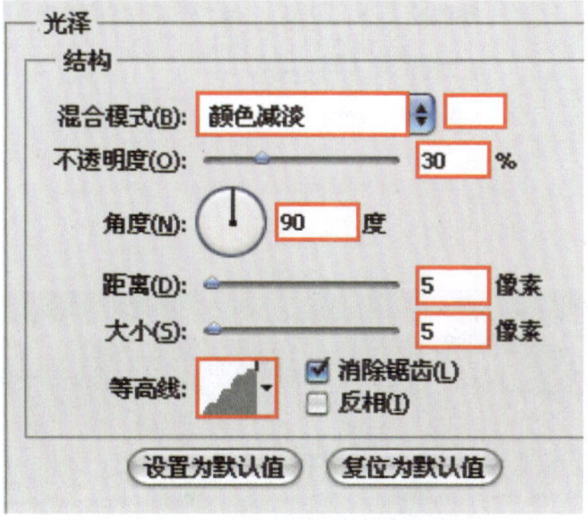

图5-98 “光泽”参数

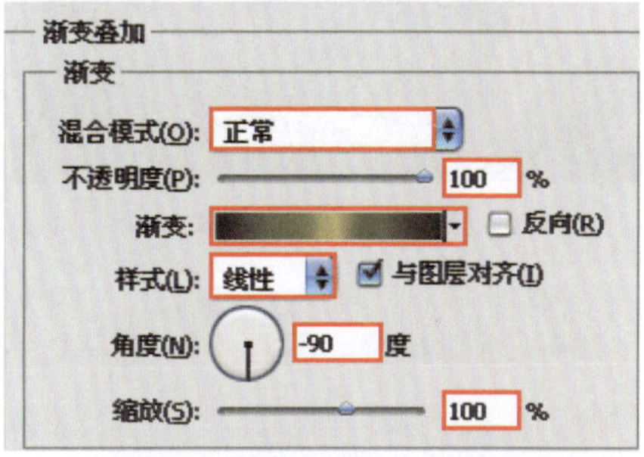

图5-99 “渐变叠加”参数

图5-100 文字效果

❻ 在画面中输入文字，旋转并移动到画面中的合适位置，如图5-101所示。选择该图层，执行“图层 | 图

层样式 | 投影”命令，参数设置如图5-102所示。文字效果如图5-103所示。

图5-101　输入文字

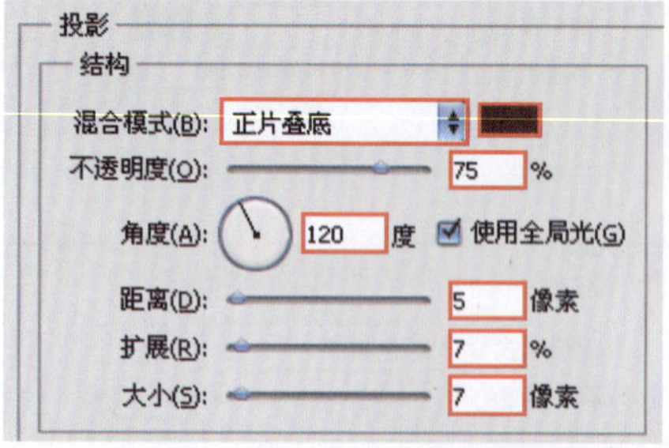

图5-102　“投影”参数

图5-103　文字效果

❼ 在画面中输入标题文字，如图5-104所示。执行“图层 | 图层样式 | 投影”命令，参数设置如图5-105所示。文字效果如图5-106所示。

图5-104　输入文字

❽ 封面部分制作完成后，将所有制作封面的图层进行编组，命名为“封面”。选择该图层组，使用盖印快捷键“Ctrl+Shift+E”将这些图层合并到一个独立图层，然后将“封面”图层组隐藏。将“封面”图层移动到画面中相应位置，如图5-107所示。选择该图层，执行“图层 | 图层样式 | 投影”命令，参数设置如图5-108所示。投影效果如图5-109所示。

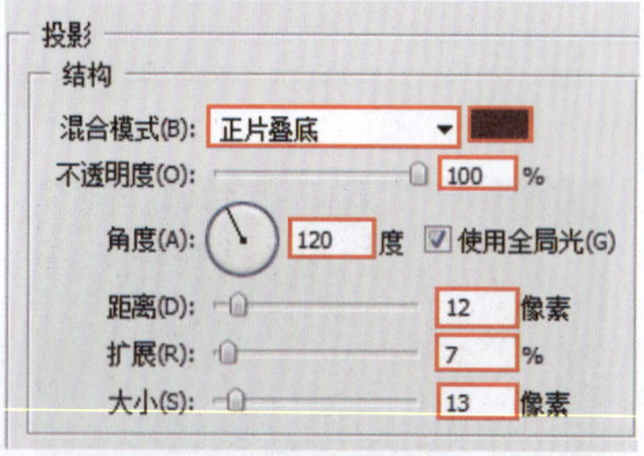

图5-105　“投影”参数

图5-106　文字效果

图5-107　移动对象位置

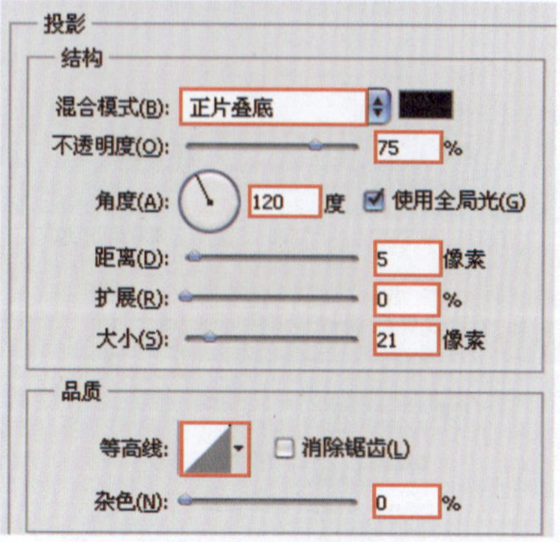

图5-108　“投影”参数

图5-109　投影效果

❾ 复制图层，移动请柬位置并调整颜色，效果如图5-110所示。

图5-110　复制请柬

❿ 导入小提琴素材“3.png”，如图5-111所示。拖拽“封面”组中的英文“City Huston”图层，创建副本，最终效果如图5-112所示。

图5-111　小提琴素材

图5-112　最终效果

实例117 明信片——清新自然草地明信片

本案例在组织和布局视觉元素时，遵循了色彩的艺术规律，选择了色轮的反向色彩，将红色的明信片信封置入于葱绿的草地之上，并且使用柔角画笔绘制出黑色阴影，然后使用图层蒙版抠出素材中的部分区域，并为人像明信片的白色边框添加了投影图层样式，为图案创造了秩序感和对比感。

案例效果剖析

制作本案例时，首先将素材打开，然后为信封添加阴影，接着导入人物素材，为该图层添加图层蒙版进行抠图，然后制作照片边框效果。部分效果展示如图5-113所示。

打开素材　将人物素材旋转后放在信封上方　为照片添加白色的描边

图5-113　效果展示

案例技术要点

本案例中主要用到的功能及技术要点如下。

- “高斯模糊”滤镜：用来制作信封的阴影。
- 图层蒙版：用来抠图。
- 自由变换：用来旋转图像。

源文件路径	案例文件\第5章\实例117\		
素材路径	案例文件\第5章\实例117\		
视频路径	视频教学\第5章\实例117.flv		
难易程度	★★★	学习时间	2分45秒

实例118 日历——假日海滩日历

本案例中制作了真实、立体的翻页台式日历效果，使用“自由变换”工具及“投影”的图层样式将日历纸张制作为翻页效果。恰当的使用了投影及描边的图层样式，制作了日历的上页及底页，整幅画面通过调整同一种颜色的不同透明度，形成了极佳的层次感。

案例效果剖析

本案例中，制作的重点是台历部分。制作时，首先要为其制作出折页翘边的效果，然后通过图层蒙版为日历添加图案，最后为台历添加装饰。部分效果展示如图5-114所示。

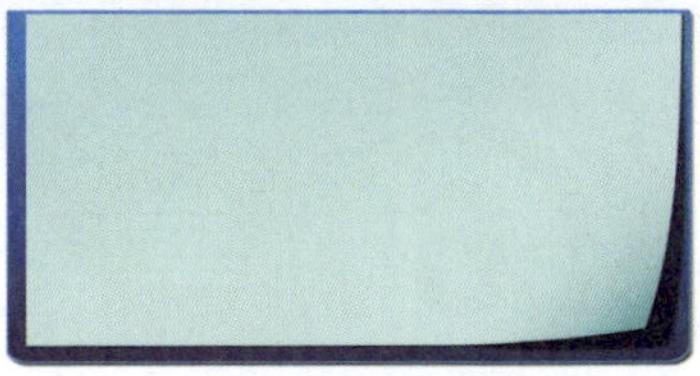

制作折页翘边效果

使用图层蒙版制作图像

添加文字和装饰

图5-114　效果展示

案例技术要点

本案例中主要用到的功能及技术要点如下。

- 渐变工具：为选区填充渐变颜色。
- 图层样式：主要使用“投影”“描边”的样式制作日历的上页及底页。
- 图层蒙版：用来抠图。
- 矩形工具：用来绘制矩形形状。

源文件路径	案例文件\第5章\实例118\
素材路径	案例文件\第5章\实例118\
视频路径	视频教学\第5章\实例118.flv
难易程度	★★★
学习时间	3分36秒

第6章 网页设计

网页设计是将网页美化的工作，以网页的宣传目的、受众人群喜好等方面为出发点，对网页中的颜色、字体、图片、样式进行设计。网页设计的主要目的是能充分吸引访问者的注意力，让访问者产生视觉上的愉悦感。网页是企业对外宣传的一种方式，美观的网页设计对于提高品牌形象有着至关重要的作用。

实例119 化妆品网页设计——网页标志

网站的标志与企业的标志一样，可以体现一个企业的文化，作为企业的一种标志。它是吸引用户的第一法宝，可以给用户一种良好的视觉印象。

案例效果剖析

制作本案例时，首先使用“椭圆工具”绘制两个不同颜色的正圆形状，然后降低上方正圆的不透明度，接着绘制一个正红色的正圆，使用“直接选择工具”更改正圆形状。最后输入文字，将其旋转后放在形状上方，标志的制作完成了。部分效果展示如图6-1所示。

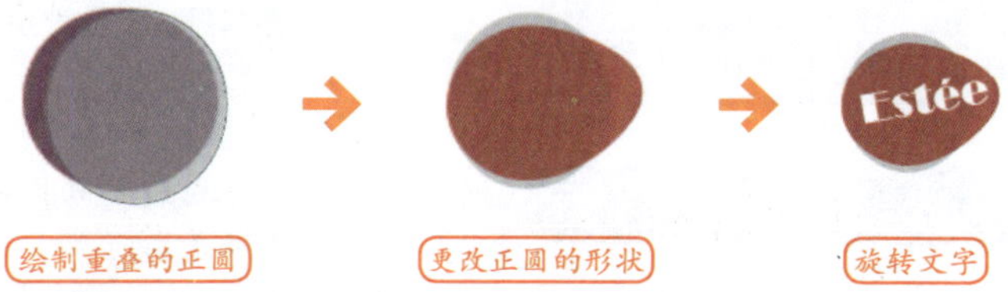

图6-1 效果展示

案例技术要点

本案例中主要用到的功能及技术要点如下。

- 椭圆形状工具：用来绘制正圆形状。
- 直接选择工具：用来更改正圆形状。
- 不透明度：通过更改图层的不透明度来更改标志的效果。

案例制作步骤

源文件路径	案例文件\第6章\实例119-122\		
素材路径	案例文件\第6章\实例119-122\		
视频路径	视频教学\第6章\实例119-122.flv		
难易程度	★	学习时间	5分14秒

❶ 新建一个1024×846像素的文件。首先制作画面中的logo，选择工具箱中的“椭圆工具”，“绘制模式”设置为“形状”，“颜色”设置为“紫色”。绘制完成后在画面中绘制正圆，如图6-2所示。复制紫色正圆图层，再复制本图层并向右移动，将其颜色更改为“白色”，并且将“不透明度”调整为60%，效果如图6-3所示。

图6-2 绘制正圆

图6-3 复制正圆

提 示

如何绘制正圆形状？

在绘制正圆形状或正圆选区时，可以按住“Shift”键绘制。按住“Alt+Shift”键是以中心绘制正圆。

❷ 使用“椭圆工具”绘制椭圆，“绘制模式”设置为“形状”，“填充”设置为“红色”，然后使用“直接选择工具”移动锚点来调整形状，效果如图6-4所示。设置该图层的“不透明度”为80%，如图6-5所示。

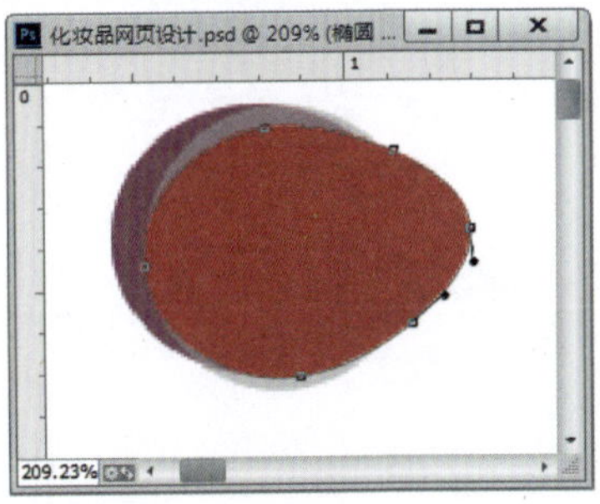

图6-4 调整正圆

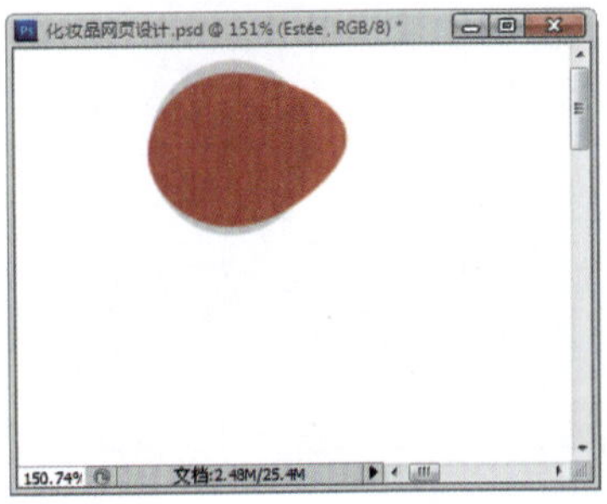

图6-5 调整“不透明度”

❸ 使用“横排文字工具”，输入相应文字，如图6-6所示。使用自由变换快捷键“Ctrl+T”调出定界框，进行旋转。旋转完成后，按“Enter”键确定变换操作，如图6-7所示。

图6-6 输入文字

图6-7 调整文字

实例120 化妆品网页设计——网页导航栏

网页导航栏是网页构成的重要组成部分，他为网站访问者提供一定的路径，使其可以方便快速地访问到所需的内容，也是人们浏览网站时快速从一个页面跳转到另一个页面的快速通道。导航栏在制作上通常要遵循简洁、直观、明确的原则。

案例效果剖析

本案例主要是制作分割线和文字部分，分割线是使用“矩形选框工具”绘制一个狭长的矩形选区，然后填充为“红色”，最后使用文字工具输入文字。部分效果展示如图6-8所示。

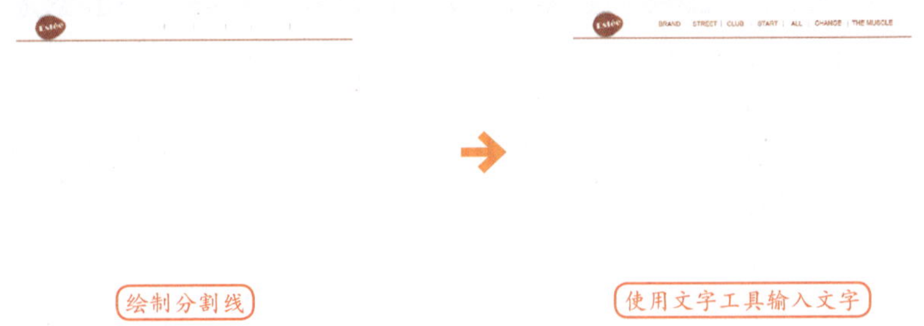

图6-8 效果展示

案例技术要点

本案例中主要用到的功能及技术要点如下。

- 矩形选框工具：用来绘制矩形选区。
- 横排文字工具：用来输入导航栏的文字。

案例制作步骤

源文件路径	案例文件\第6章\实例119-122\		
素材路径	案例文件\第6章\实例119-122\		
视频路径	视频教学\第6章\实例119-122.flv		
难易程度	★	学习时间	5分14秒

❶ 新建图层，选择工具箱中的“矩形选框工具”，在网页标志的下方绘制一个狭长的矩形选区，如图6-9所示。将该选区填充为“红色”，效果如图6-10所示。

图6-9 绘制选区

图6-10 填充红色

提 示

绘制分割线的方法：

使用“矩形选框工具”绘制选区并填充颜色，即可绘制分割线。还可以使用“画笔工具”，按住“Shift”键绘制分割线。

❷ 使用“横排文字工具”在画面中导航栏的位置输入文字，效果如图6-11所示。绘制每个单词中间的分割线，效果如图6-12所示。

图6-11 输入文字

图6-12 绘制分割线

实例121 化妆品网页设计——网页主体

网页的主体部分是整个网页的设计重点，是向用户传递某种信息，或展示产品、服务、理念、文化的重要区域。本案例是设计以化妆品为主题的网页，所以选择了与化妆品颜色相符的红色为主色调。

案例效果剖析

本案例中，主要是为画面添加图片素材装饰。制作的重点是使用“混合模式”为浪花调色和使用“图层蒙版”进行抠图。石榴、浪花素材导入到画面后，通过“混合模式”将浪花调整为红色，接着为画面添加人物和商品，最后输入文字。部分效果展示如图6-13所示。

图 6-13 效果展示

案例技术要点

本案例中主要用到的功能及技术要点如下。

- 图层样式：用来制作投影效果。
- 混合模式：使调色效果更加真实。
- 快速选择工具：用来得到人物选区。
- 图层蒙版：使用该工具进行抠图。

案例制作步骤

源文件路径	案例文件\第6章\实例119-122\		
素材路径	案例文件\第6章\实例119-122\		
视频路径	视频教学\第6章\实例119-122.flv		
难易程度	★★★	学习时间	5分14秒

❶ 将水果素材“1.png”导入到画面中，然后将波浪素材“2.png”导入到到画面中，效果如图6-14所示。选择水波图层，执行“图层 | 图层样式 | 投影”命令，参数设置如图6-15所示。画面效果如图6-16所示。

图6-14 导入素材

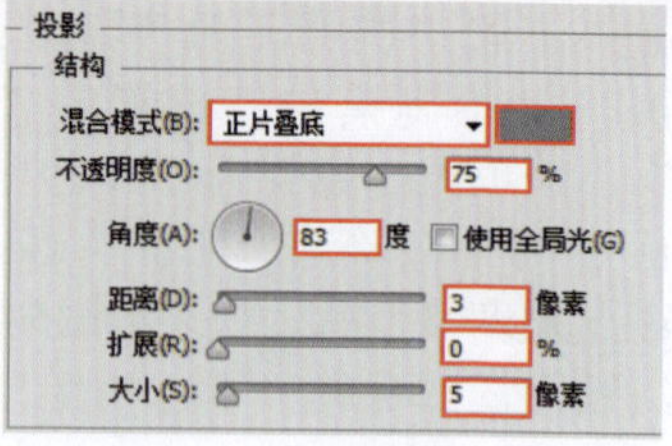

图6-15 “投影”参数

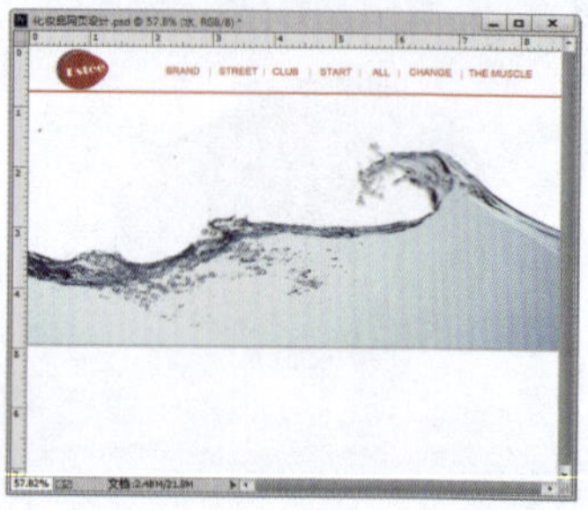

图6-16 画面效果

❷ 将水波调整为红色。新建图层并将其填充为红色，然后执行“图层 | 创建剪贴蒙版”命令，创建剪贴蒙版后的画面效果如图6-17所示。设置该图层的“混合模式”为“颜色”，效果如图6-18所示。

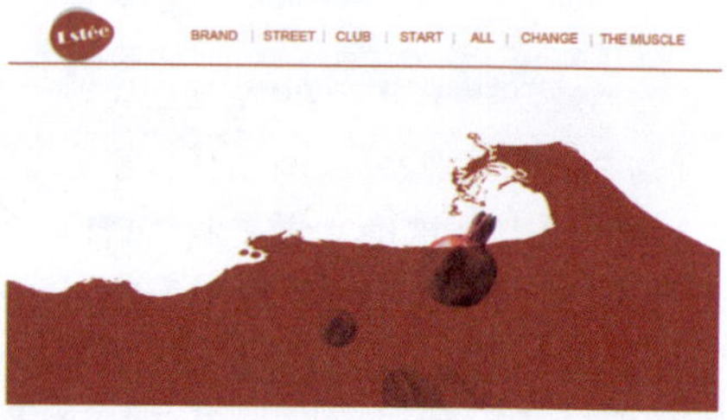

图6-17 创建剪贴蒙版

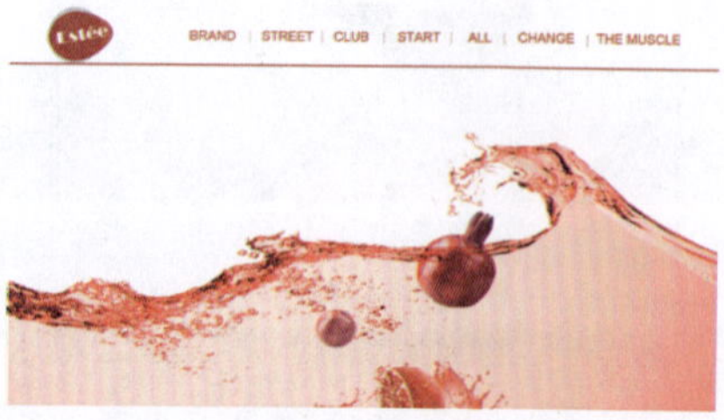

图6-18 红色水波

❸ 导入素材“3.jpg”到画面中，使用工具箱中的“快速选择工具”，将笔尖调整至合适的大小，在人物上方拖拽鼠标，得到人物的选区，如图6-19所示。单击“添加图层蒙版”按钮，基于选区添加图层蒙版进行

抠图，效果如图6-20所示。将素材“4.jpg”导入到画面中并抠图，效果如图6-21所示。

图6-19 获取人物选区

图6-20 抠取人像

图6-21 抠取化妆品

提 示

“快速选择工具”的使用原理：

使用“快速选择工具”，拖拽笔尖时，选区范围不但会向外扩张，而且还可以自动寻找并沿着图像的边缘来描绘边界。

❹ 最后使用“横排文字工具”输入文字，如图6-22所示。

图6-22 输入文字

实例122 化妆品网页设计——表格

通常在商业类的网页中，网页的中间部分用来推广主要商品，网页下方的表格中用来宣传与其相关的商品或衍生品。

案例效果剖析

制作本案例时，首先使用“圆角矩形工具”绘制圆角矩形，然后为圆角矩形添加“描边”的图层样式，最后添加分割线、素材和文字。部分效果展示如图6-23所示。

图6-23 效果展示

案例技术要点

本案例中主要用到的功能和技术要点如下。

- 圆角矩形：用来绘制圆角矩形。
- 图层样式：为圆角矩形添加描边的效果。
- 矩形选框工具：用来制作分割线。

案例制作步骤

源文件路径	案例文件\第6章\实例119-122\		
素材路径	案例文件\第6章\实例119-122\		
视频路径	视频教学\第6章\实例119-122.flv		
难易程度	★★	学习时间	5分14秒

❶ 选择工具箱中的“圆角矩形工具”，设置“绘制模式”为“形状”，“半径”为20xp，然后在画面的下方绘制圆角矩形，如图6-24所示。选择该图层，执行“图层 | 图层样式 | 描边”命令，参数设置如图6-25所示。设置完成后，将“填充”设置为0，效果如图6-26所示。

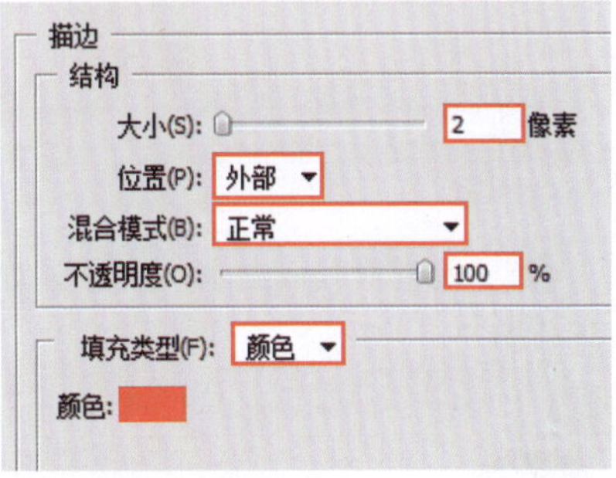

图6-25 “描边”参数

图6-24 绘制圆角矩形

图6-26 描边效果

提 示

使用其他方式制作镂空的圆角矩形：

使用“圆角矩形工具”绘制圆角矩形的路径，然后通过描边路径制作镂空的效果。

❷ 使用“矩形选框工具” 绘制选区，并填充红色，绘制分割线，效果如图6-27所示。使用“圆角矩形工具” 绘制一个红色的圆角矩形，效果如图6-28所示。

图6-27　分割线

图6-28　绘制圆角矩形

❸ 导入素材4.png，输入文字，如图6-29所示。

图6-29　最终效果

实例123　创意记事本——网站页面设计

网站页面设计通常由图片装扮文字，文字作为焦点被背景的空间所包围。本案例中文字部分使用了栏位分割技术，使大段文字更好阅读，一段文字中设置了不同的字体、颜色、大小及粗细，使用户可以快速辨识到文字概述的主体意思。使用“自由变换工具”旋转记事本页面至合适角度，给予画面随意、真实的感觉，然后为装饰的图片添加“投影”图层样式，使画面更有立体感。

案例效果剖析

在制作案例时，首先打开背景素材，将记事本素材导入到画面中，然后旋转和添加“投影”图层样式，接着导入前景的装饰素材，最后使用文字工具输入段落文字。部分效果展示如图6-30所示。

为笔记本添加投影效果　添加图案装饰　输入段落文字

图6-30　效果展示

案例技术要点

本案例中主要用到的功能及技术要点如下。

- 横排文字工具：用来输入文字。
- 自由变换：用来旋转对象。
- 图层样式：为图层添加“投影”的样式。

源文件路径	案例文件\第6章\实例123\		
素材路径	案例文件\第6章\实例123\		
视频路径	视频教学\第6章\实例123.flv		
难易程度	★★	学习时间	48秒

实例124　促销网站宣传广告——图形部分

宣传广告是网页构成的一个重要组成部分，在错综复杂的网页信息、图形、文字中，网页广告的表现形式应单纯、明确，用较少的色彩和简单不失个性的图像进行表现。

案例效果剖析

本案例中主要是制作网页广告中的图形部分。首先新建文件，然后编辑一个渐变颜色，为画面填充背景色，再使用“钢笔工具”绘制箭头并添加“渐变叠加”的图层样式，继续绘制其他的形状。部分效果展示如图6-31所示。

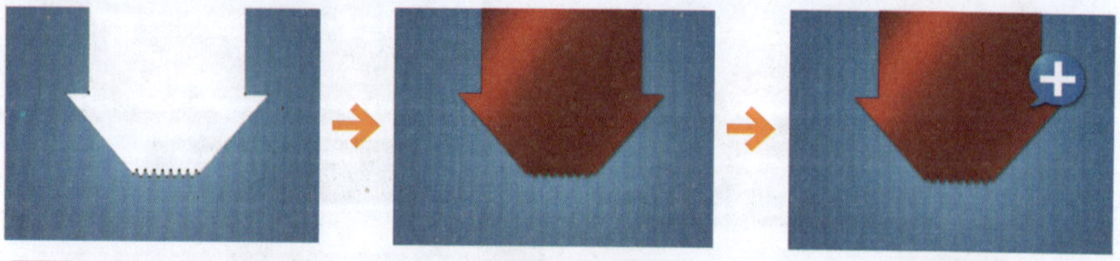

使用“钢笔工具”绘制形状　添加红色的渐变颜色　添加形状

图6-31　效果展示

案例技术要点

本案例中主要用到的功能和技术要点如下。

- 渐变工具：用来填充渐变，制作蓝色背景。
- 图层样式：用来制作背景部分和图形部分。
- 形状工具：使用钢笔工具、自定形状工具和矩形形状工具绘制形状。

案例制作步骤

源文件路径	案例文件\第6章\实例124-126\
素材路径	案例文件\第6章\实例124-126\
视频路径	视频教学\第6章\实例124-126.flv
难易程度	★★
学习时间	6分37秒

❶ 新建一个“宽度”为2480像素，“高度”为1853像素的文件。单击工具箱中的“渐变工具”按钮，编辑一个蓝色系的渐变颜色，如图6-32所示。设置完成后，将“渐变类型”设置为“径向”，然后在画面中拖拽填充，效果如图6-33所示。

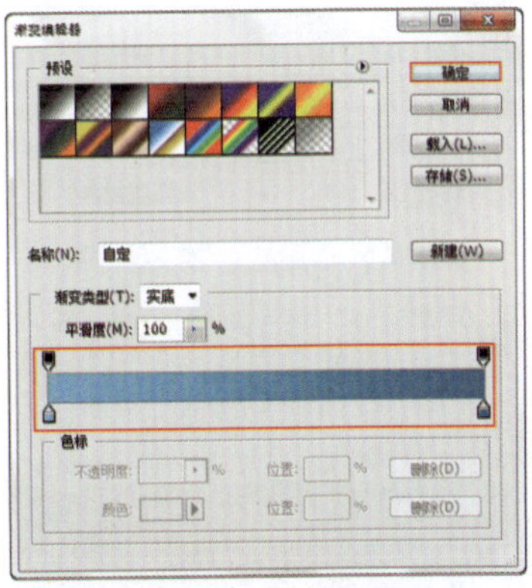

图6-32 编辑渐变

图6-33 渐变效果

❷ 为背景添加纹理。按住“Alt”键，双击背景图层，将他变成普通图层，执行“图层 | 图层样式 | 图案叠加”命令，参数设置如图6-34所示。画面效果如图6-35所示。

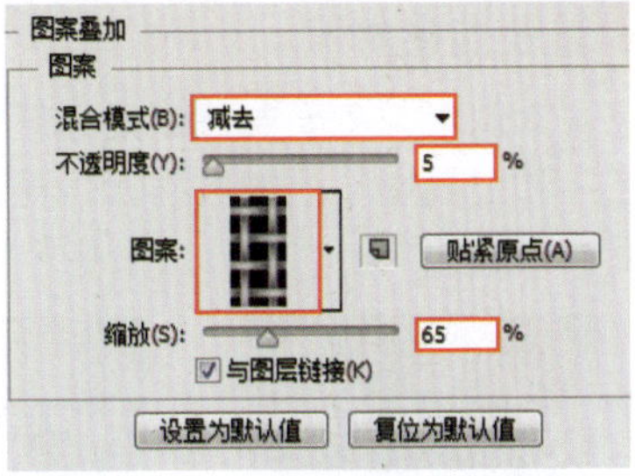

图6-34 “图案叠加“参数

图6-35 背景效果

❸ 单击工具箱中的“钢笔工具”按钮，设置“绘图模式”为“形状”，“在画面中绘制一个形状，如图6-36所示。选择该图层，执行“图层 | 图层样式 | 渐变叠加”命令，参数设置如图6-37所示；勾选“投影”选项，参数设置如图6-38所示。图形效果如图6-39所示。

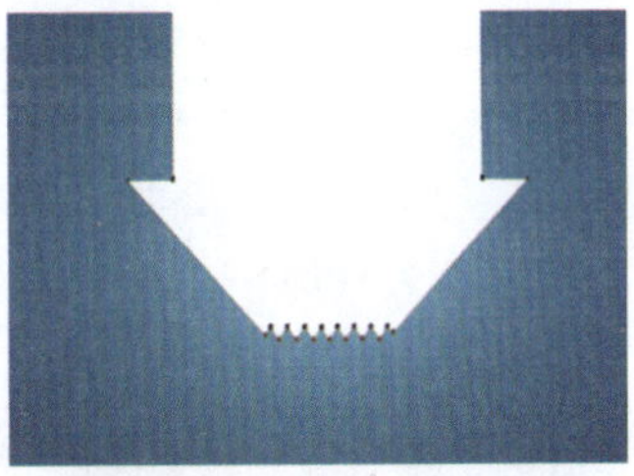

图6-36 绘制形状

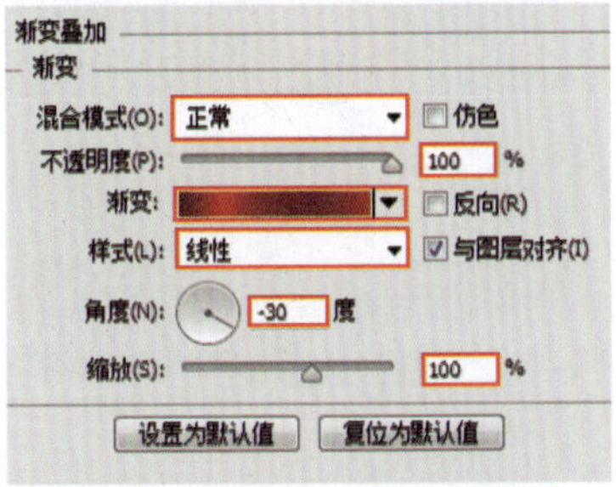

图6-37 “渐变叠加“参数

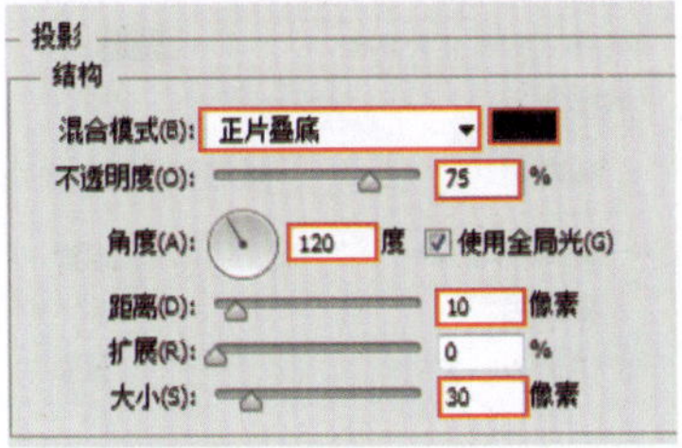

图6-38 “投影”参数

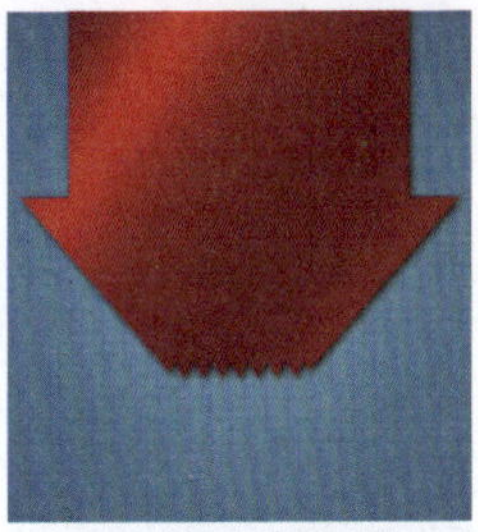

图6-39 形状效果

❹ 单击工具箱中的“自定形状工具”按钮，设置“绘图模式”为“形状”，“形状”为“会话6”，在画面中绘制形状，并对形状适当旋转，如图6-40所示。选择该图层，执行“图层 | 图层样式 | 渐变叠加”命令，参数设置如图6-41所示；勾选“投影”选项，参数设置如图6-42所示。图形效果如图6-43所示。

图6-40 绘制形状

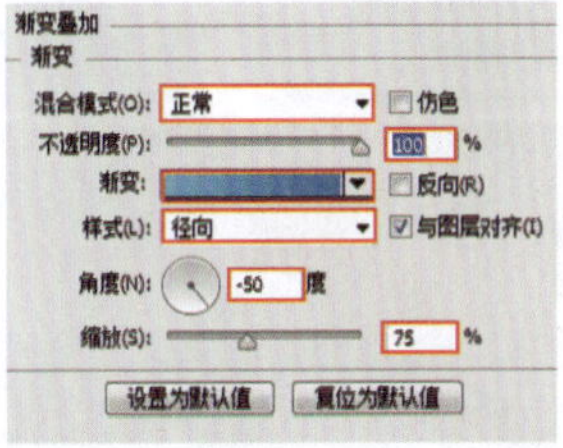

图6-41 “渐变叠加”参数

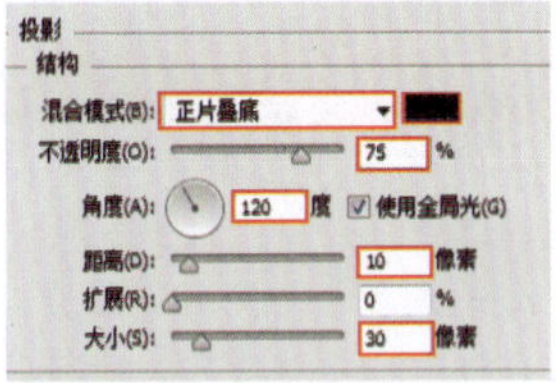

图6-42 “投影”参数

图6-43 图形效果

❺ 单击工具箱中的“矩形工具”按钮，在选项栏中设置“绘图模式”为“形状”，“填充”为“白色”，在画面中绘制一个矩形，如图6-44所示。复制矩形形状，并进行适当旋转，与前一个矩形垂直，效果如图6-45所示。

图6-44　绘制矩形

图6-45　复制矩形

提　示

如何使用文字工具制作“加号”与“减号”？

在上一步骤中，使用“矩形工具”绘制“加号”与“减号”。在操作中还可使用文字工具，选择合适的字体输入“加号”与“减号”。

实例125

促销网站宣传广告——文字部分

文字不仅是一种语言，也是图形的一种，他是一种传递信息的重要手段。所以在广告中，应该将文字设计地美观、大方，这样才更能吸引消费者。

案例效果剖析

本案例中，主要制作的是标题文字部分。首先输入字母，然后添加“渐变颜色”和“投影”的图层样式，再通过复制图层样式的方法制作其他的字母，最后输入其他文字。部分效果展示如图6-46所示。

图6-46　效果展示

案例技术要点

本案例主要用到的功能及技术要点如下。

- 横排文字工具：用来输入画面中的文字。
- 图层样式：用来制作文字的投影和颜色效果。

案例制作步骤

源文件路径	案例文件\第6章\实例124-126\		
素材路径	案例文件\第6章\实例124-126\		
视频路径	视频教学\第6章\实例124-126.flv		
难易程度	★★	学习时间	6分37秒

❶ 选择工具箱中的“横排文字工具”，在画面中输入文字，如图6-47所示。选择该图层，执行“图层 | 图层样式 | 投影”命令，参数设置如图6-48所示；勾选“渐变叠加”选项，参数设置如图6-49所示。文字效果如图6-50所示。

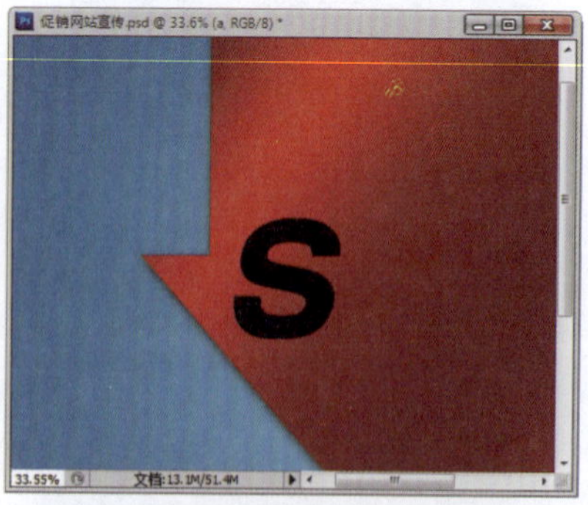

图6-47　输入文字

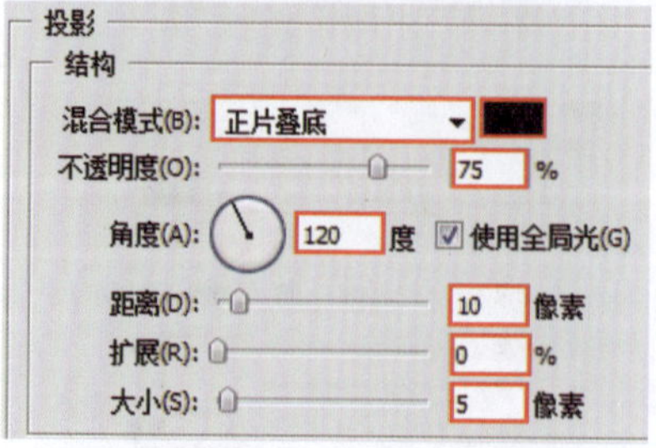

图6-48　“投影”参数

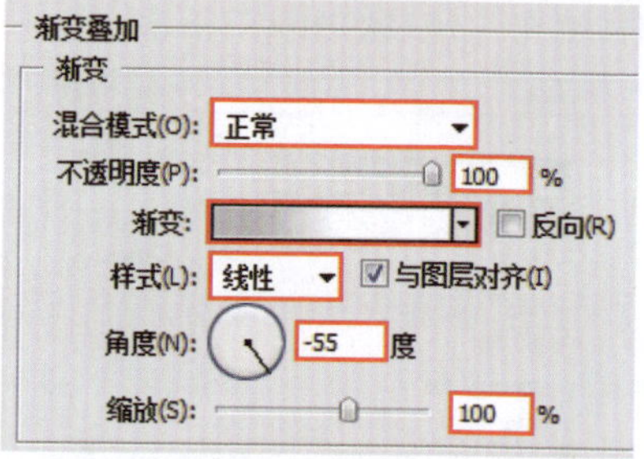

图6-49　“渐变叠加”参数

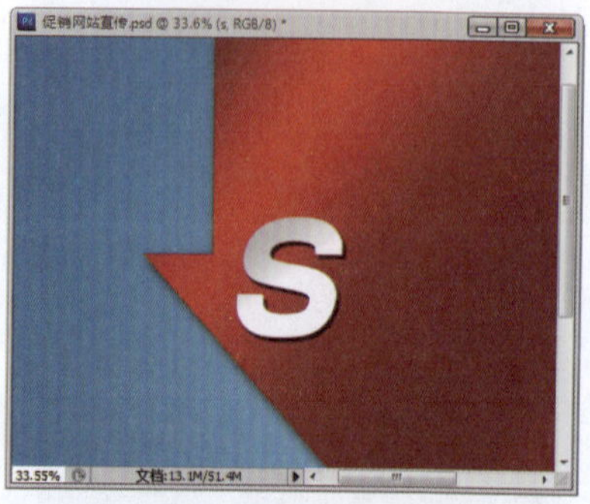

图6-50　文字效果

❷ 输入其他字母。在输入文字时让每个字母都作为独立的一个图层，如图6-51所示。选择“S”图层，单击鼠标右键，执行“拷贝图层样式”命令，然后选择字母“A”图层，单击鼠标右键，执行“粘贴图层样式”命令，文字效果如图6-52所示。继续将

图层样式复制给其他文字，效果如图6-53所示。最后将字母“A”的“渐变叠加”更改为“黄色”。效果如图6-54所示。

图6-51 输入字母

图6-52 复制图层样式

图6-53 文字效果

图6-54 更改字母颜色

❸ 在画面中输入文字，更改部分文字的颜色，效果如图6-55所示。

图6-55 文字最终效果

实例126 促销网站宣传广告——图案装饰

网页广告中的图案装饰通过精心的布局，可以让广告更加具有吸引力。本案例中，人物和图案装饰显得相得益彰。

案例效果剖析

制作本案例时，首先制作画面整体的阴影，这样能够使画面变得更加丰满，接着导入人像素材，使用图层蒙版进行抠图，最后为画面添加装饰。部分效果展示如图6-56所示。

图6-56 效果展示

案例技术要点

本案例中主要用到的功能及技术要点如下。

- 矩形工具：用来绘制矩形形状。
- 高斯模糊：使用高斯模糊滤镜将矩形进行模糊，制作出阴影效果。
- 快速选择：用来快速得到人物选区。
- 图层蒙版：用来抠图。
- 自定形状工具：使用该工具绘制“条幅”形状。

案例制作步骤

源文件路径	案例文件\第6章\实例124-126\		
素材路径	案例文件\第6章\实例124-126\		
视频路径	视频教学\第6章\实例124-126.flv		
难易程度	★★	学习时间	6分37秒

❶ 单击工具箱的“矩形工具”按钮，“绘图模式”设置为“形状”，“填充”设置为“黑色”，在画面中绘制矩形，如图6-57所示。选择该图层，执行“滤镜 | 高斯模糊”命令，参数设置如图6-58所示。效果如图6-59所示。

图6-57 绘制矩形

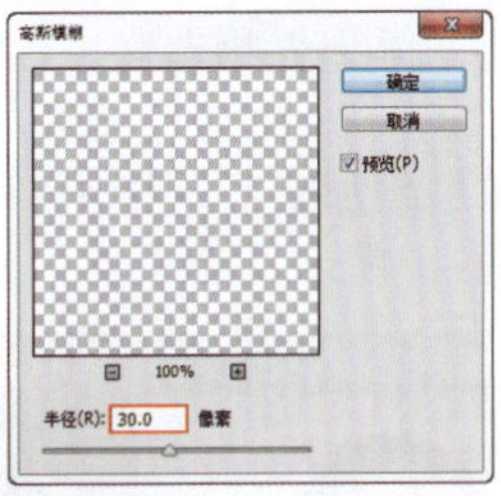
图6-58 “高斯模糊”参数

图6-59 模糊效果

提 示

“高斯模糊”滤镜的工作原理：

“高斯模糊”是常用的模糊滤镜，使用这个滤镜可以添加一些低频细节，使画面产生一种朦胧效果。

❷ 该图层的“不透明度”设置为30%，如图6-60所示。画面效果如图6-61所示。

图6-60 “不透明度”参数

图6-61 透明效果

❸ 将人物素材“1.jpg”导入到画面中。单击工具箱中的“快速选择工具”按钮，在人像上按住鼠标左键进行拖拽，得到人物选区，如图6-62所示。单击“添加图层蒙版”按钮，为图层添加蒙版，抠图后的画面效果如图6-63所示。

图6-62 获取人物选区

图6-63 抠图效果

❹ 新建图层，单击工具箱中的“画笔工具”按钮，设置画笔类型为柔角画笔，在画面中涂抹，制作阴影效果，如图6-64所示。调整图层的顺序，设置该图层的“不透明度”为50%，如图6-65所示。画面效果如图6-66所示。

图6-64 绘制阴影

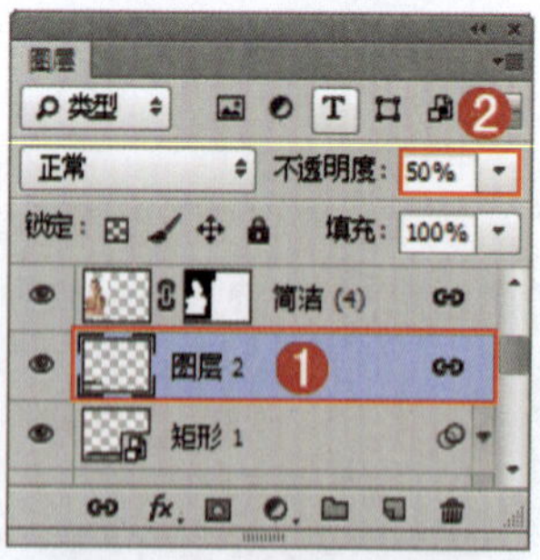

图6-65 调整图层

图6-66 阴影效果

❺ 制作蔬菜效果。导入蔬菜素材“2.png”，如图6-67所示。

图6-67 蔬菜素材

❻ 单击工具箱中的“自定形状工具”按钮，设置“绘图模式”为“形状”，“填充”为“白色”，“形状”为“横幅 3”，在画面中绘制，并适当调整位置，如图6-68所示。选择该图层，执行“图层 | 图层样式 | 描边”命令，参数设置如图6-69所示。画面效果如图6-70所示。新建图层，单击工具箱中的“画笔工具”按钮，选择一个柔角画笔，然后将前景色调整为灰色，在画面中绘制“条幅”的投影，如图6-71所示。

图6-68 绘制形状

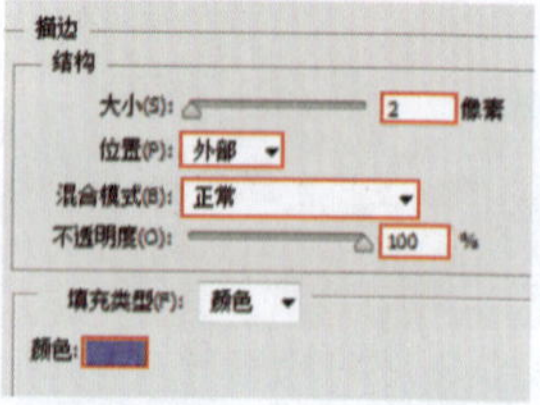

图6-69 “描边”参数

图6-70 描边效果

图6-71　投影效果

❼ 在画面中输入文字，效果如图6-72所示。

图6-72　最终效果

实例127　旅行网站——栏目设计

网站栏目设计，背景中要突出栏目框，本案例中的背景选用了蓝色渐变的单纯色系。文字部分加大了文字之间的行距，使画面更具有通透感，硬朗的字体及纯黑色的文字使页面略显正式。栏目框使用矩形工具绘制尖角矩形，并且很好的利用了设计中的对比方法，将栏目框分别设置为深蓝色和灰色，使栏目框中的文字在众多文字之中突显。

案例效果剖析

制作本案例时，首先打开背景，然后导入图片素材，接着使用“矩形工具”绘制不一样颜色的矩形形状，制作按钮效果，最后输入文字。部分效果展示如图6-73所示。

打开素材

绘制矩形形状　　输入文字

图6-73　效果展示

案例技术要点

本案例中主要用到的功能及技术要点如下。

- 移动工具：用来移动图层内容。
- 矩形工具：用来绘制矩形形状。
- 横排文字工具：用来绘制文本框，然后输入文字。

案例制作步骤

源文件路径	案例文件\第6章\实例127\		
素材路径	案例文件\第6章\实例127\		
视频路径	视频教学\第6章\实例127.flv		
难易程度	★★	学习时间	1分25秒

实例128　个人网站页面设计——背景设计

个人网站是以自我个性为中心的网页设计，通常指体现个人或团体的某种兴趣或拥有的某种专业技术的网站，也指那些提供某种服务或为了把自己的作品、商品展示和销售而制作的具有独立空间域名的网站。

案例效果剖析

本案例制作时，首先使用“图层蒙版”将装饰素材与背景进行合成，然后使用“圆角矩形工具”绘制一个圆角矩形，接着为其添加“渐变填充”和“投影”图层样式，最后使用“混合模式”将纹理与圆角矩形融合在一起。部分效果展示如图6-74所示。

使用图层蒙版合成背景　　绘制圆角矩形　　为图形添加纹理

图6-74　效果展示

案例技术要点

本案例中主要用到的功能及技术要点如下。

- 图层蒙版：用来制作背景。
- 圆角矩形工具：用来绘制圆角矩形。
- 图层样式：使用该工具制作背景上的颜色及投影。
- 混合模式：将花纹融入到背景中。

案例制作步骤

源文件路径	案例文件\第6章\实例128-132\
素材路径	案例文件\第6章\实例128-132\
视频路径	视频教学\第6章\实例128-132.flv
难易程度	★★
学习时间	7分19秒

❶ 新建一个“宽度”为1600像素，“高度”为2048像素的文件。将“前景色”设置为“浅卡其色”，使用快捷键“Alt+Delete”填充，如图6-75所示。

图6-75　填充颜色

❷ 导入素材“1.jpg”，如图6-76所示。单击“添加图层蒙版”按钮，为图层添加蒙版，使用黑色柔角画笔涂抹，画面效果如图6-77所示。

图6-76　导入素材

图6-77　渐隐效果

❸ 单击工具箱中的“圆角矩形工具”按钮，在画面中绘制圆角矩形，如图6-78所示。选择该圆角矩形，执行“图层 | 图层样式 | 投影”命令，参数设置如图6-79所示；勾选“渐变叠加”选项，参数设置如图6-80所示。矩形效果如图6-81所示。

图6-78　圆角矩形

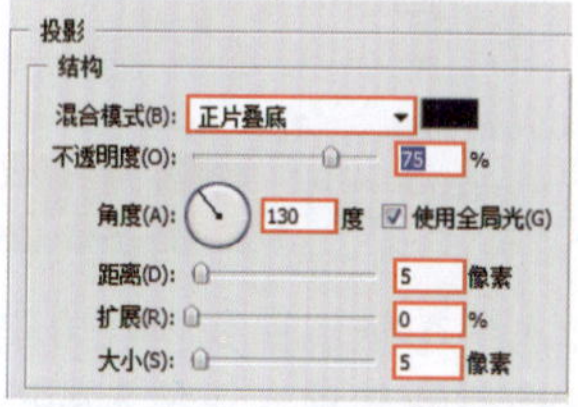

图6-79　“投影”参数

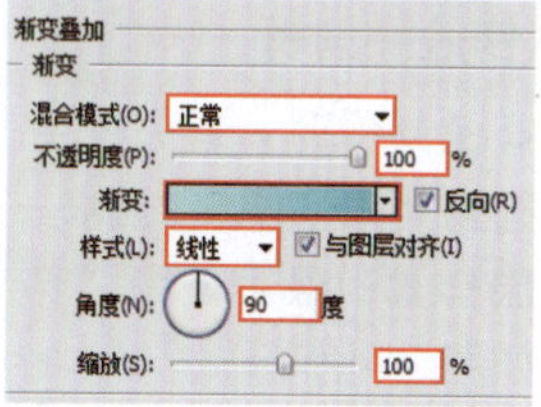

图6-80　“渐变叠加”参数

图6-81　圆角矩形效果

提　示

使用“全局光”选项：

“全局光”是指调整其中一个图层投影光线的角度，所有图层的光线角度都会随之变化。不使用全局光时，就可以单独对其中一个图层的投影角度进行调整。

❹ 导入底纹素材“2.png”，如图6-82所示。设置“混合模式”为“滤色”，“不透明度”为60%，画面效果如图6-83所示。

图6-82　底纹素材

图6-83　混合模式效果

实例129 个人网站页面设计——笔记本图形

本案例为个人网页设计，这类网站通常要求构图巧妙、造型新颖。本案例中，将网页的各个模块制作成笔记本的效果，整个画面生动有趣，富有创意。

案例效果剖析

本案例中，首先使用“圆角矩形工具”绘制一个圆角矩形，然后为其添加“渐变叠加”和“投影”图层样式，接着使用“图层蒙版”为画面添加花朵装饰，最后制作笔记本右侧的环形部分，使笔记本的效果更加逼真。部分效果展示如图6-84所示。

图6-84 效果展示

图6-89 花朵素材

图6-90 添加图层蒙版

案例技术要点

本案例中主要用到的功能及技术要点如下。

- 圆角矩形工具：使用该工具可以绘制笔记本的封面。
- 椭圆选框工具：使用该工具可以绘制正圆选区。
- 图层样式：用来制作图像的颜色、投影。

案例制作步骤

源文件路径	案例文件\第6章\实例128-132\		
素材路径	案例文件\第6章\实例128-132\		
视频路径	视频教学\第6章\实例128-132.flv		
难易程度	★★	学习时间	7分19秒

❶ 选择工具箱中的“圆角矩形工具”，在画面中绘制形状，如图6-85所示。选择该矩形，执行“图层 | 图层样式 | 投影”命令，参数设置如图6-86所示；勾选“渐变叠加”选项，参数设置如图6-87所示。圆角矩形效果如图6-88所示。

图6-85 圆角矩形

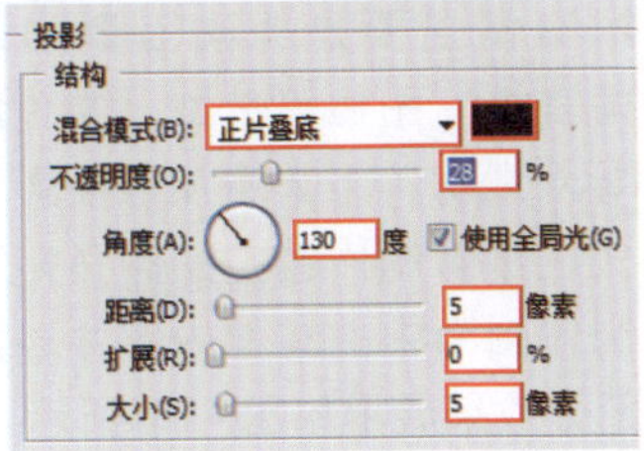

图6-86 “投影”参数

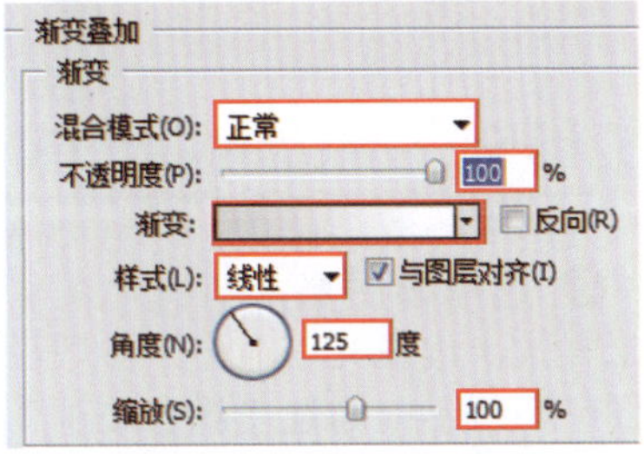

图6-87 “渐变叠加”参数

图6-88 圆角矩形效果

❷ 导入素材“3.png”，如图6-89所示。选择该图层，得到圆角矩形的选区，然后单击“图层”面板底部的“添加图层蒙版”按钮，基于选区为该图层添加图层蒙版，效果如图6-90所示。

提 示

快速创建剪贴蒙版的方法：

选择被作为“内容图层”的图层，将光标移动至“内容图层”和“基底图层”之间，按住“Alt”键，当光标变为状时单击鼠标左键，即可创建剪贴蒙版。

❸ 制作笔记本打孔效果。新建图层，单击工具箱中的“椭圆选框工具”按钮，绘制选区并填充灰色，如图6-91所示。按住“Alt+Shift”键，单击鼠标平移复制图层，如图6-92所示。使用同样方法制作其他圆孔，如图6-93所示。选择制作圆点的图层，使用快捷键“Ctrl+E”进行合并，并命名为“圆点”。

图6-91 绘制正圆

图6-92　复制正圆

图6-93　复制圆孔

❹ 选择该图层，执行“图层｜图层样式｜内阴影”命令，参数设置如图6-94所示。效果如图6-95所示。

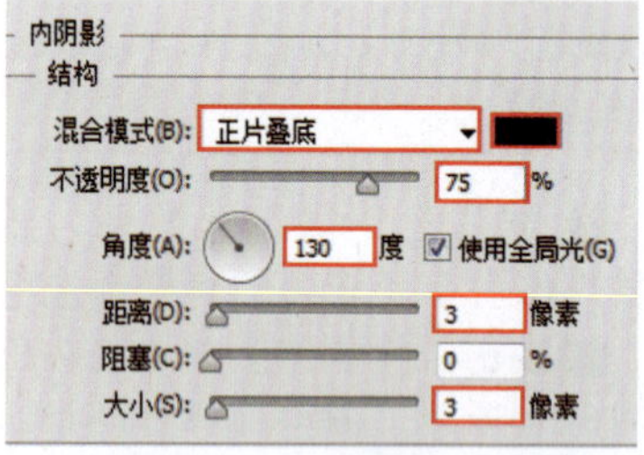

图6-94　“内阴影”参数

图6-95　内阴影效果

❺ 制作笔记本上的金属圈。单击工具箱的“圆角矩形工具”按钮，绘制形状，如图6-96所示。将圆角矩形复制并移动到合适位置，然后选择这些圆角矩形图层，使用盖印快捷键“Ctrl+E”将其盖印，如图6-97所示。

图6-96　绘制圆角矩形

图6-97　复制圆角矩形

❻ 选择该图层，执行“图层｜图层样式｜内发光”命令，参数设置如图6-98所示；勾选“颜色叠加”选项，参数设置如图6-99所示；勾选“渐变叠加”选项，参数设置如图6-100所示；勾选“投影”选项，参数设置如图6-101所示。最终效果如图6-102所示。

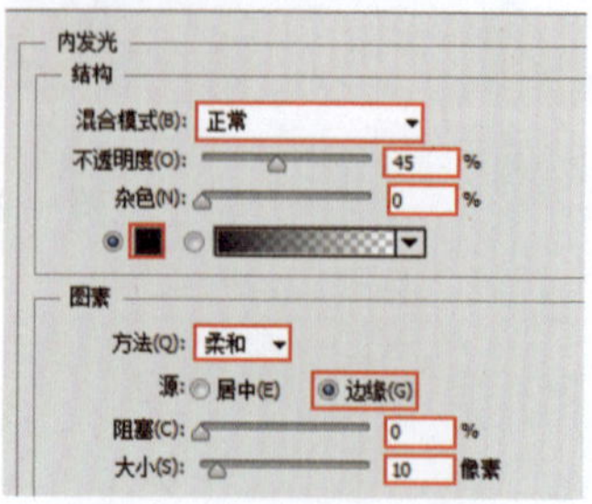

图6-98　“内发光”参数

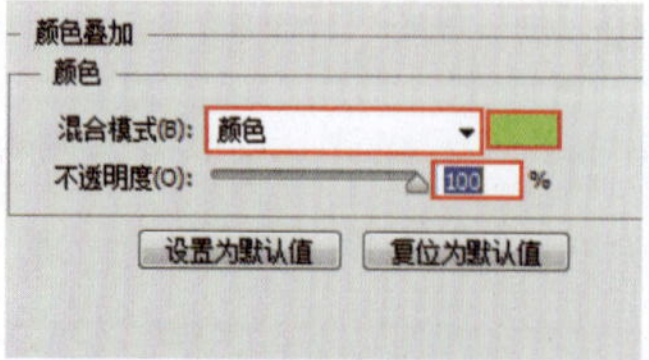

图6-99　“颜色叠加”参数

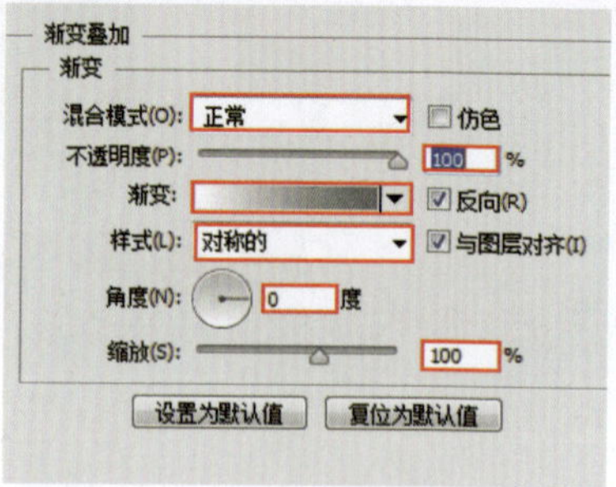

图6-100　“渐变叠加”参数

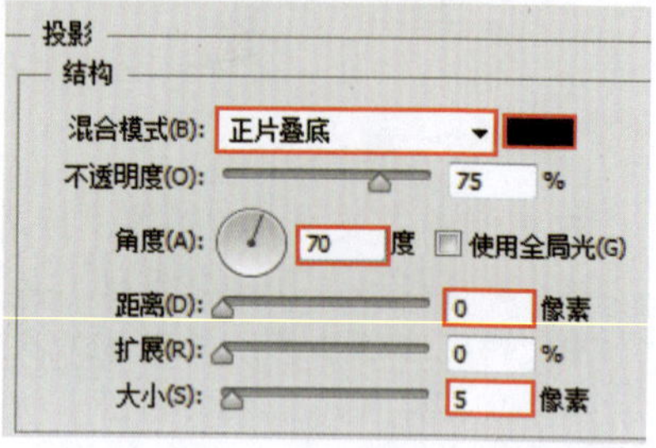

图6-101　“投影”参数

图6-102　最终效果

实例130
个人网站页面设计——图案装饰

个人网站上的装饰图案在制作上比较讲究。本案例将图案制作成笔记本的形式，这不仅与背景中的笔记本相呼应，也体现着个人网站的独特风格。

案例效果剖析

本案例主要是为画面添加笔记本、留言板、图像等装饰。制作时，首先导入素材，为其添加“投影”图层样式，接着制作镂空的圆角矩形，继续制作画面中的其他内容并添加文字。部分效果展示如图6-103所示。

图6-103 效果展示

案例技术要点

本案例中主要用到的功能和技术要点如下。

- 图层样式：主要使用到了投影、渐变叠加、描边等样式。
- 图层蒙版：用来隐藏画面中的部分内容。

案例制作步骤

源文件路径	案例文件\第6章\实例128-132\		
素材路径	案例文件\第6章\实例128-132\		
视频路径	视频教学\第6章\实例128-132.flv		
难易程度	★★	学习时间	7分19秒

❶ 导入素材“4.png”，放置在笔记本的下方，如图6-104所示。选择该图层，执行“图层丨图层样式丨投影”命令，参数设置如图6-105所示。效果如图6-106所示。

图6-104 导入素材

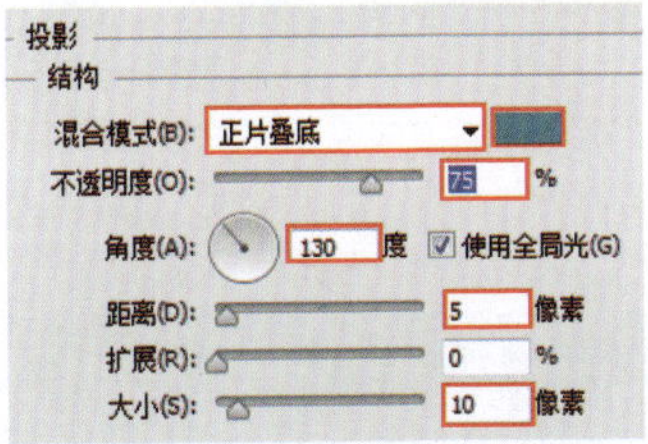

图6-105 “投影”参数

图6-106 投影效果

❷ 单击工具箱中的“圆角矩形工具”按钮，在选项栏中设置“绘图模式”为“形状”，“填充”为“白色”，在画面中绘制矩形，如图6-107所示。在选项栏中单击按钮，执行“排除重叠形状”命令，如图6-108所示。在画面中再次绘制一个圆角矩形，制作镂空圆角矩形效果，如图6-109所示。调整“不透明度”为60%，画面效果如图6-110所示。

图6-107 绘制圆角矩形

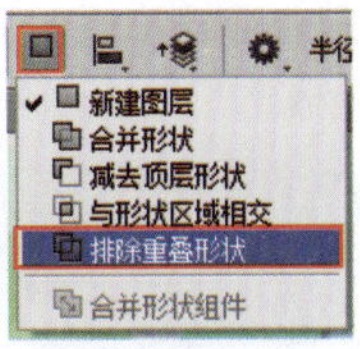

图6-108 排除重叠形状

图6-109 镂空圆角矩形

图6-110 画面效果

❸ 导入留言板素材“5.png”，如图6-111所示。

图6-111 留言板素材

❹ 单击工具箱中的“圆角矩形工具”按钮，然后在相应位置绘制圆角矩形并旋转至合适的角度，效果如图6-112所示。选择该图层，执行“图层丨图层样式丨投影”命令，参数设置如图6-113所示；勾选“渐变叠加”选项，参数设置如图6-114所示。效果如图6-115所示。

图6-112 绘制圆角矩形

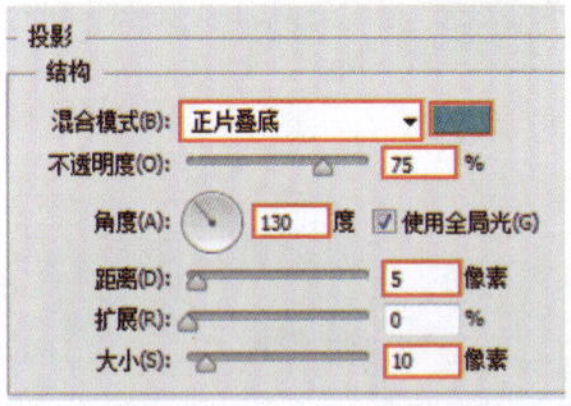

图6-113 “投影”参数

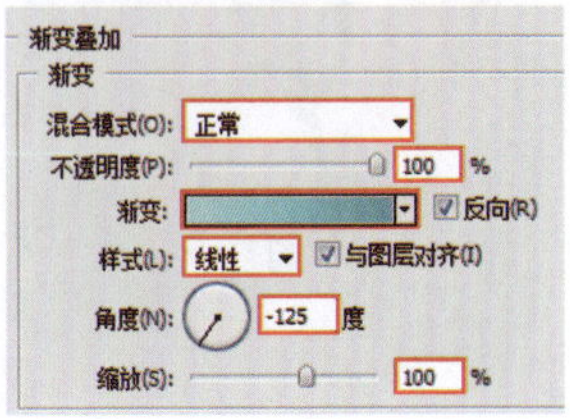

图6-114 “渐变叠加”参数

图6-115　矩形效果

❺ 导入人像素材“6.jpg”，如图6-116所示。单击“圆角矩形工具”按钮，设置“绘制模式”为“路径”，调整圆角矩形的位置，如图6-117所示。将路径转换为选区，单击“添加图层蒙版”按钮，效果如图6-118所示。

图6-116　人物素材

图6-117　圆角矩形选区

图6-118　制作蒙版

提　示

如何设置“圆角矩形”的半径？

在绘制“圆角矩形”前，可以在选项栏中的“半径”选项中设置参数，确定圆角的半径。数值越大，圆角越大。

❻ 选择该图层，执行“图层 | 图层样式 | 投影”命令，参数设置如图6-119所示；勾选“描边”选项，参数设置如图6-120所示。效果如图6-121所示。

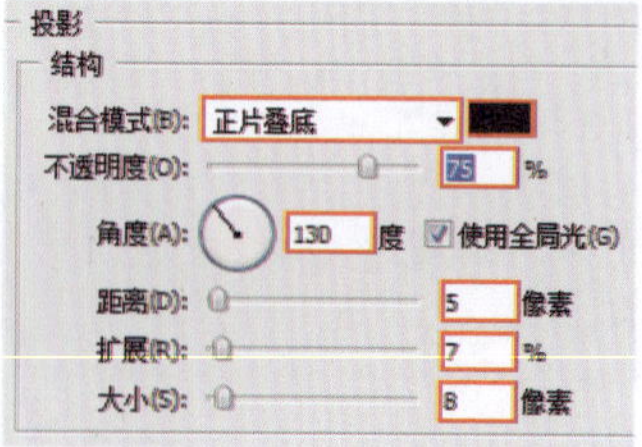

图6-119　“投影”参数

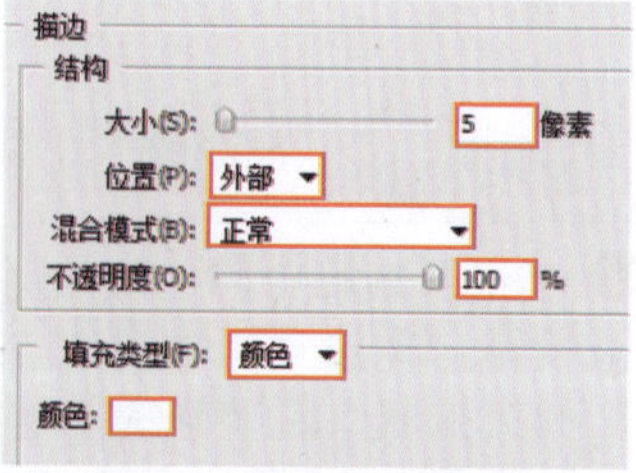

图6-120　“描边”参数

图6-121　人像效果

❼ 复制该图层并将其旋转，效果如图6-122所示。

图6-122　效果图

实例131 个人网站页面设计——网站标志

标志具有识别作用，个人网站页面的LOGO设计可以增加网页的识别性。网络中最常用的LOGO规格为88×31像素。

案例效果剖析

本案例主要讲解的是制作网站的LOGO，该LOGO是一种图文结合的标志设计。制作时，首先导入花朵素材，然后输入文字，通过剪贴蒙版制作文字上的图案，使用图层样式制作文字的“外发光”效果，文字标志完成后，使用同样的方法制作其他文字。部分效果展示如图6-123所示。

图6-123　效果展示

案例技术要点

本案例中主要用到的功能及技术要点如下。

- 横排文字工具：用来输入文字。
- 图层样式：使用“外发光”样式制作文字的效果。
- 剪贴蒙版：用来制作文字上的花纹。

案例制作步骤

源文件路径	案例文件\第6章\实例128-132\		
素材路径	案例文件\第6章\实例128-132\		
视频路径	视频教学\第6章\实例128-132.flv		
难易程度	★	学习时间	7分19秒

❶ 导入素材“8.png”，如图6-124所示。单击工具箱中的“横排文字工具”T按钮，在选项栏中设置字体和字号，输入文字，如图6-125所示。选择该图层，执行“图层 | 图层样式 | 外发光”命令，参数设置如图6-126所示。文字效果如图6-127所示。

图6-124 导入素材

图6-125 输入文字

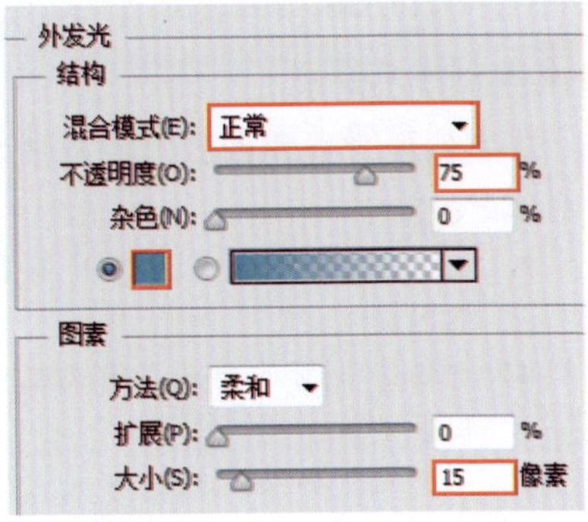

图6-126 “外发光”参数

图6-127 文字效果

❷ 导入花朵素材“9.png”，如图6-128所示。选择该图层，执行“图层 | 创建剪贴蒙版”命令，画面效果如图6-129所示。使用同样方法继续制作其他文字，如图6-130所示。

图6-128 花朵素材

图6-129 创建剪贴蒙版

图6-130 制作其他文字

实例132 个人网站页面设计——整体调色

画面内容整体制作完成后，可以对画面的色调进行调整。通过观察可以看到此时的网页颜色偏灰，色彩的饱和度不够高，所以在本案例中讲解如何对画面进行整体的调色。

案例效果剖析

本案例中，画面颜色的对比不够强烈，可以通过“曲线”命令增加画面颜色的对比度。调整完成后，画面的颜色会过于鲜艳，接下来需使用“色相/饱和度”命令减少画面颜色的饱和度。部分效果展示如图6-131所示。

使用“曲线”增加颜色对比度

使用“色相/饱和度”减少颜色饱和度

图6-131 效果展示

案例技术要点

本案例中主要用到的功能及技术要点如下。

- 曲线：用来调整画面的明暗程度。
- 色相/饱和度：用来调整画面颜色的色调和色彩饱和度。

案例制作步骤

源文件路径	案例文件\第6章\实例128-132\
素材路径	案例文件\第6章\实例128-132\
视频路径	视频教学\第6章\实例128-132.flv
难易程度	★★
学习时间	7分19秒

❶ 执行“曲线”命令将画面颜色压暗。执行“图层｜新建调整图层｜曲线”命令，调整曲线形状，如图6-132所示。画面效果如图6-133所示。

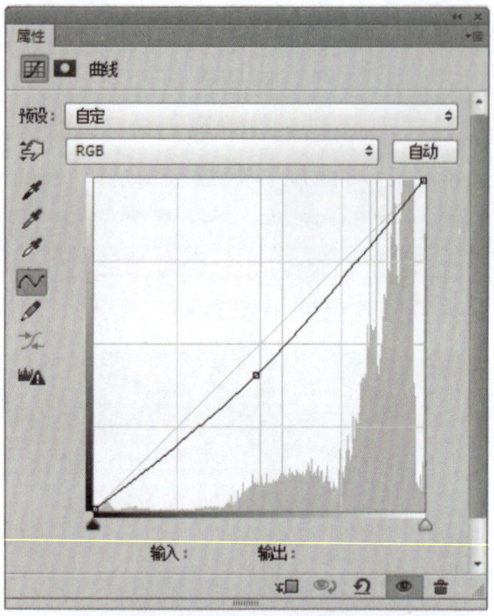

图6-132　曲线调整图层

图6-133　画面效果

❷ 调整画面饱和度。执行“图层｜新建调整图层｜色相/饱和度”命令，“饱和度”设置为-10，参数设置如图6-134所示。画面的最终效果如图6-135所示。

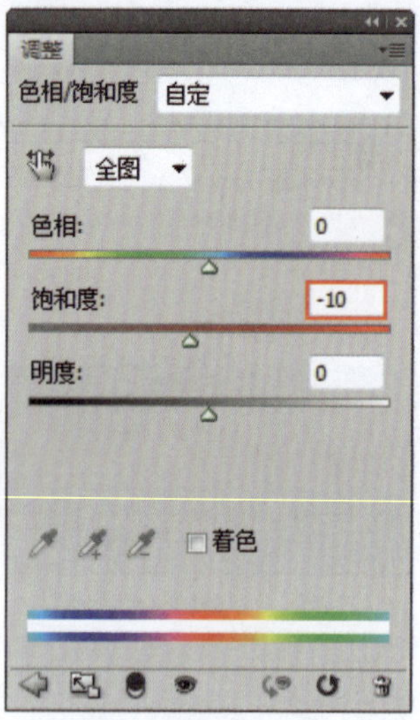

图6-134　“色相/饱和度”参数

图6-135　最终效果

> **提　示**
>
> 了解“色相/饱和度”：
>
> 使用“色相/饱和度”命令可以对“色相”“饱和度”和“明度”进行调整，同时也可以在“色相/饱和度”菜单中，针对某单一通道进行调整。

实例133　女性主题网站——首页设计

本案例是以女性为主题的网站设计，背景采用了黑色系为主的暗沉色调，以此突出前景部分，前景人像的制作使用了多边形工具。

案例效果剖析

制作本案例时，首先打开背景素材，然后导入人物素材，接着使用矢量蒙版和图层样式制作六边形相框效果。可以使用同样的方法制作另几处图像。本案例的重点是制作六边形相框效果，使用了“描边”和“渐变叠加”图层样式，为图片添加了多彩的边框，边框清爽亮丽的颜色与背景形成鲜明对比。部分效果展示如图6-136所示。

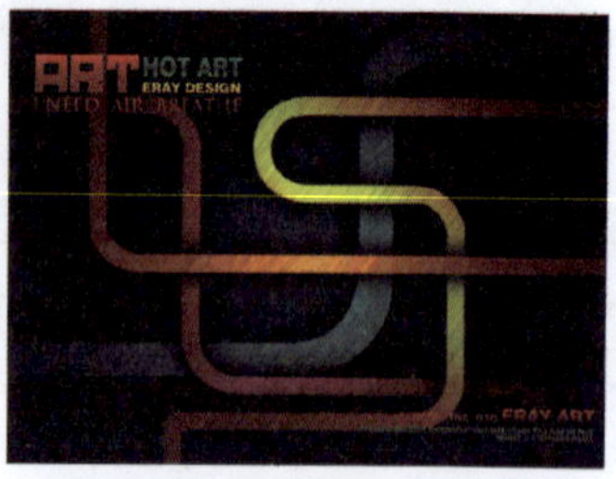

打开素材

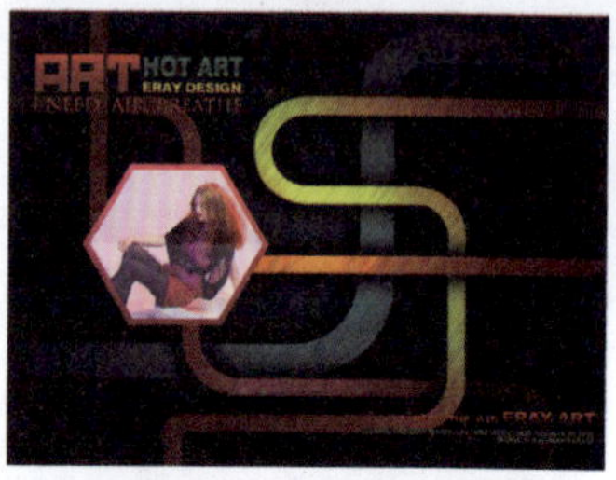

使用图层样式制作描边效果

同样方法制作其他人像

图6-136　效果展示

案例技术要点

本案例中主要用到的功能及技术要点如下。

- 矢量蒙版：使用该工具进行抠图。
- “描边”图层样式：用来制作相框效果。
- “置入”命令：用来导入人像和装饰素材。

源文件路径	案例文件\第6章\实例133\		
素材路径	案例文件\第6章\实例133\		
视频路径	视频教学\第6章\实例133.flv		
难易程度	★★	学习时间	2分10秒

实例134 手机网页促销广告——广告背景

在网页设计中，背景部分往往决定着作品大体的设计方向。背景的颜色制作通常较为简单，但会添加一些精致的装饰来丰富画面内容。

案例效果剖析

本案例制作的手机网页促销广告的背景部分采用渐变色进行填充，然后制作光斑效果。部分效果展示如图6-137所示。

图6-137 效果展示

案例技术要点

本案例中主要用到的功能及技术要点如下。

- 渐变工具：用来编辑渐变进行填充。
- 椭圆选框工具：用来绘制正圆选区。
- 不透明度：用来调整光斑的不透明度。

案例制作步骤

源文件路径	案例文件\第6章\实例134-136\		
素材路径	案例文件\第6章\实例134-136\		
视频路径	视频教学\第6章\实例134-136.flv		
难易程度	★	学习时间	4分37秒

❶ 新建文件，选择工具箱中的“渐变工具”，在“渐变编辑器”中编辑橘黄色系渐变，如图6-138所示。在选项栏中单击“径向渐变”按钮，在画面中拖拽鼠标，效果如图6-139所示。

图6-138 编辑渐变

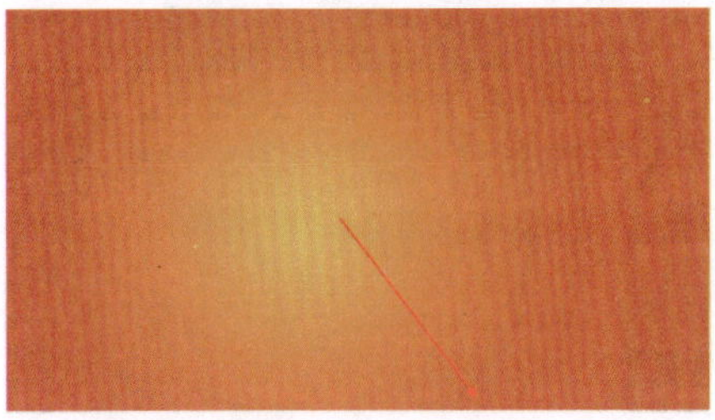

图6-139 填充渐变

❷ 绘制光斑。新建图层，选择工具箱中的“椭圆选框工具”，在选项栏中设置“羽化”为10像素，按住“Shift”键，在画面中拖拽鼠标绘制正圆选框，并为其填充为“白色”，如图6-140所示。调整该图层的“不透明度”为8%，制作出光斑的效果，效果如图6-141所示。使用同样的方法绘制其他光斑，适当调整光斑的不透明度，效果如图6-142所示。

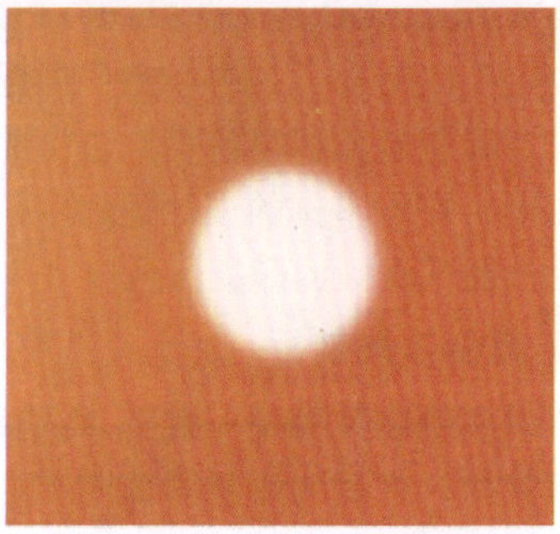

图6-140 绘制光斑

图6-141 降低“不透明度”

图6-142 光斑效果

❸ 绘制黄色光晕。新建图层，选择工具箱中的“画笔工具”，设置“前景色”为“黄色”，选择“画笔工具”，设置为柔角，在画面中进行涂抹，制作出光晕的效果，画面效果如图6-143所示。

图6-143 背景效果

提 示

通过画笔动态绘制光斑效果：

通过“画笔面板”，设置画笔的“形状动态”“散布”选项来调整笔尖散布的状态，达到绘制光斑的效果。

实例135　手机网页促销广告——创意图形

本案例制作的是网页广告中的图形部分，在网页广告中，图形部分是制作的关键。在本案例的设计理念中，不仅宣传了商品，还将图形进行创意变形，为受众留下深刻的印象。

案例效果剖析

本案例制作的是一种图片从手机中飘出来的特效展示。制作时，首先添加手机素材，然后为手机添加阴影，接着导入图像，进行扭曲并添加阴影效果，再制作其他图形部分。部分效果展示如图6-144所示。

图6-144　效果展示

案例技术要点

本案例中主要用到的功能及技术要点如下。

- 画笔工具：用来绘制阴影。
- 变换：将图形进行变换。
- 钢笔工具：用来绘制形状。
- 图层蒙版：用来制作投影渐隐的效果。

案例制作步骤

源文件路径	案例文件\第6章\实例134-136\		
素材路径	案例文件\第6章\实例134-136\		
视频路径	视频教学\第6章\实例134-136.flv		
难易程度	★★	学习时间	4分37秒

❶ 将手机素材“1.png”导入到画面中，放置在合适位置，如图6-145所示。新建图层，选择工具箱中的“画笔工具”，将“前景色”设置为“灰色”，按住“Shift”键，在手机下方绘制一条直线，然后将该图层移动到手机图层的下方，如图6-146所示。

图6-145　手机素材

图6-146　制作阴影

❷ 导入电话桌面素材“2.png”，如图6-147所示。执行“编辑 | 变换 | 扭曲”命令，调整界定框左侧两个控制点的位置，将上面的点向下移动，下面的点向上移动，如图6-148所示。

图6-147　电话桌面素材

图6-148　扭曲变换

> **提　示**
>
> 如何快速扭曲对象？
>
> 调出定界框后，按住“Ctrl”键拖拽控制点，可快速进行扭曲处理。

❸ 单击鼠标右键，在弹出的快捷菜单中点击“变形”命令，通过移动上方的控制棒将图片进行变形，如图6-149所示。完成后按“Enter”键，确定变换，如图6-150所示。

图6-149　图片变形

图6-150 变换效果

❹ 绘制阴影。选择工具箱中的“钢笔工具”，设置“绘制模式”为“形状”，“颜色”为“黑色”，在画面中绘制形状，效果如图6-151所示。调整“不透明度”为20%，如图6-152所示。选中该图层，单击图层面板下方的“添加图层蒙版”按钮，为图层添加蒙版，选择“渐变工具”，设置“渐变”为“由黑到白的线性渐变”，在蒙版中拖拽鼠标，制作出阴影的渐隐效果，效果如图6-153所示。将该图层移动到电话桌面图层的下一层，效果如图6-154所示。

图6-151 绘制形状

图6-152 设置“不透明度”

图6-153 渐隐效果

图6-154 移动图层

❺ 分别导入素材“3.png”和“4.png”，使用同样的方法对图片进行变形，并制作相对应的阴影效果，如图6-155所示。

图6-155 图形效果

实例136

手机网页促销广告——文字效果

虽然作品中的图像通常是用来抓住人物的眼球，文字是用来说明广告所传递的内容，但文字的版式也会影响到整个设计作品的效果。本案例的重点就是讲解如何制作画面中的文字部分。

案例效果剖析

制作本案例时，首先使用文字工具输入文字，接着使用“椭圆工具”绘制文字前的正圆，最后使用“圆角矩形工具”绘制圆角矩形，然后为其添加渐变颜色和文字。部分效果展示如图6-156所示。

图6-156 效果展示

案例技术要点

本案例中主要用到的功能和技术要点如下。

- 圆角矩形工具：用来绘制形状。
- 横排文字工具：用来输入画面中的文字。
- 椭圆工具：用来绘制正圆形状。

案例制作步骤

源文件路径	案例文件\第6章\实例134-136\
素材路径	案例文件\第6章\实例134-136\
视频路径	视频教学\第6章\实例134-136.flv
难易程度	★★
学习时间	4分37秒

❶ 制作按钮。执行“图层｜新建填充图层｜渐变”命令，参数设置如图6-157所示。使用“圆角矩形工具”，设置“绘制模式”为“路径”，设置“半径”为30xp，然后绘制圆角矩形，如图6-158所示。接着执行“图层｜矢量蒙版｜当前路径”命令，建立矢量蒙版，效果如图6-159所示。

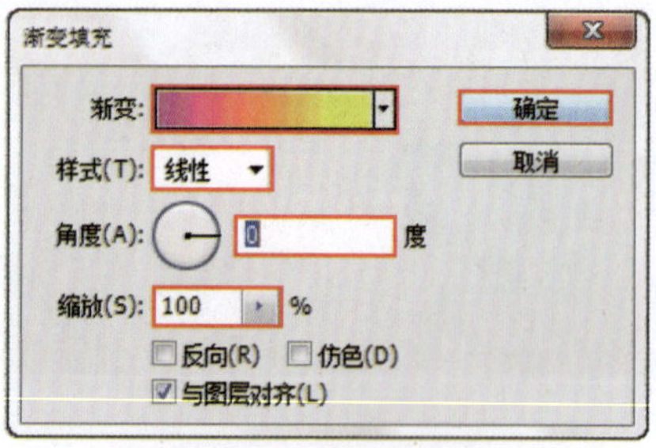

图6-157 “渐变填充”参数

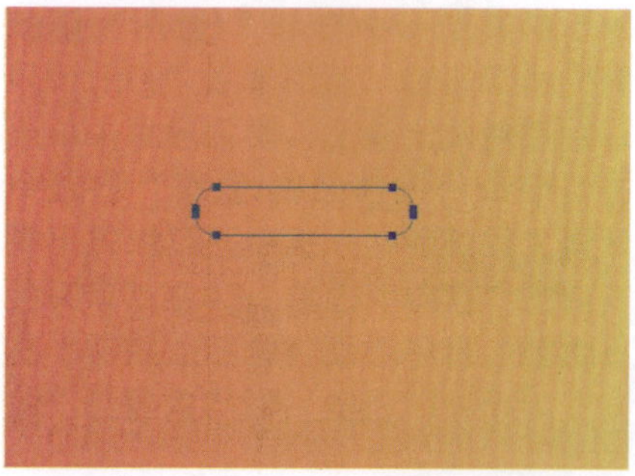
图6-158 绘制路径

图6-159 矢量蒙版效果

提 示

创建“矢量蒙版”的其他方法：

按住“Ctrl”键单击“图层面板”底部的“添加图层蒙版”按钮，即可创建矢量蒙版。

❷ 选择工具箱中的“横排文字工具”，“颜色”设置为“白色”，再设置合适的字体和字号，在圆角矩形上输入文字，效果如图6-160所示。使用同样的方法绘制另一个圆角矩形并输入相应的文字，如图6-161所示。

图6-160 输入文字

图6-161 其他按钮

❸ 绘制圆形。使用“椭圆工具”，设置“绘制模式”为“形状”，“颜色”为“白色”，在画面中绘制正圆形，如图6-162所示。复制正圆，如图6-163所示。使用“横排文字工具”，设置合适的颜色、字体和字号，在画面中输入文字，画面最终效果如图6-164所示。

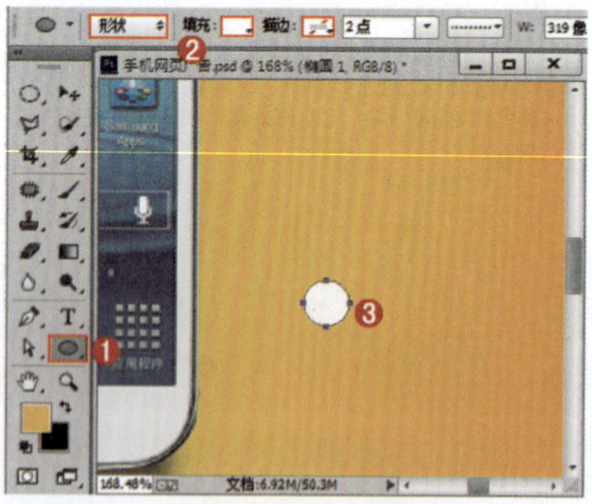

图6-162 绘制正圆

图6-163 复制正圆

图6-164 最终效果

实例137 撕边风格——网页栏目

本案例中的网页以小动物为题材，所以在背景及文字的选择上要更加倾向于自然。本案例选择淡绿色作为背景，使用竹绿色作为文字的颜色，这完美的制作了小清新风格的撕边效果。

案例效果剖析

本案例制作的是网页的栏目框，是网页中的一部分。制作时，使用“图层蒙版工具”将普通的长方形图片裁剪为圆形图片，然后使用“画笔工具”涂抹蒙版区域，使圆形边框变得随意，制作出撕边的效果。部分效果展示如图6-165所示。

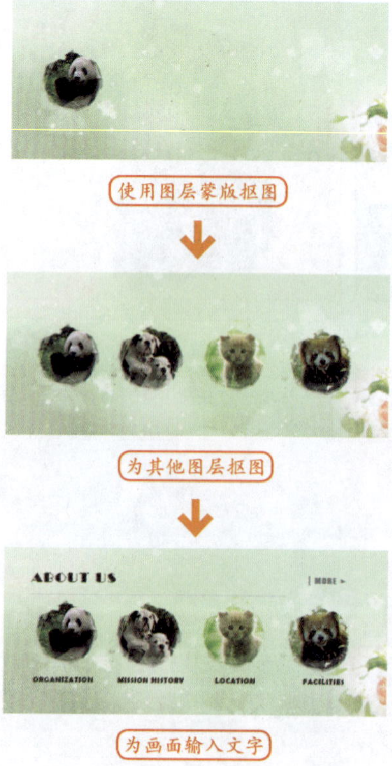

图6-165 效果展示

案例技术要点

本案例中主要用到的功能及技术要点如下。

- 图层蒙版：使用该工具抠图。
- 横排文字工具：用来输入文字。
- 矩形工具：用来绘制分割线。

源文件路径	案例文件\第6章\实例137\		
素材路径	案例文件\第6章\实例137\		
视频路径	视频教学\第6章\实例137.flv		
难易程度	★★	学习时间	1分17秒

实例138 网店促销广告——折纸效果

本案例主要制作的是网店促销广告的图像部分。该图形模拟折纸效果，这样的效果生动、有趣，富有立体感。在图像的上方输入文字，可以更好的传递文字信息。

案例效果剖析

本案例主要是制作背景部分和心形部分。制作时，首先绘制一个红色的矩形，然后添加玫瑰做装饰，接着绘制心形形状并添加投影图层样式，再复制心形并旋转，接着在心形上方输入文字并旋转，最后在心形上方添加折叠效果。部分效果展示如图6-166所示。

图6-166 效果展示

案例技术要点

本案例主要用到的功能及技术要点如下。

- 矩形工具：用来绘制矩形。
- 高斯模糊：用来制作对象的模糊效果。
- 多边形套索工具：用来绘制选区。
- 自定形状工具：用来绘制心的形状。

案例制作步骤

源文件路径	案例文件\第6章\实例138-139\		
素材路径	案例文件\第6章\实例138-139\		
视频路径	视频教学\第6章\实例138-139.flv		
难易程度	★★	学习时间	4分38秒

❶ 新建文档，设置“前景色”为“淡黄色”，使用填充前景色的快捷键“Alt+Delete”进行快速填充，如图6-167所示。新建图层组并命名为“背景”。单击“矩形工具”按钮，在选项栏中设置“绘制模式”为“形状”，“填充”为“红色”，在画面中绘制矩形，如图6-168所示。

图6-167 填充颜色

图6-168 绘制红色矩形

❷ 导入玫瑰素材“1.png”，放在画面的右下角，如图6-169所示。选中玫瑰图层，执行“滤镜｜模糊｜高斯模糊”命令，设置“半径”为3像素，参数设置如图6-170所示。画面效果如图6-171所示。

图6-169 玫瑰素材

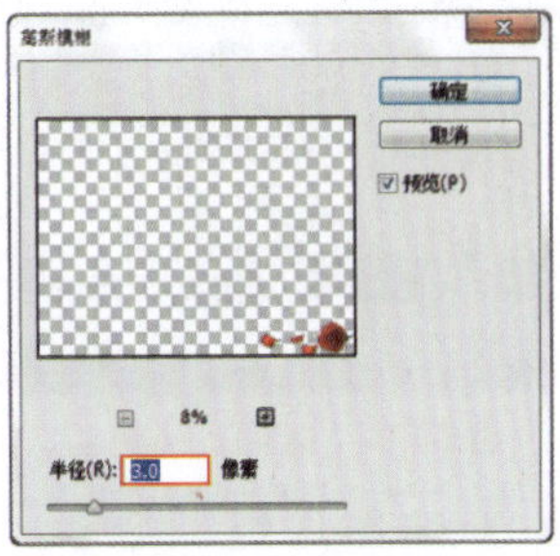

图6-170 “高斯模糊”参数

图6-171 模糊效果

❸ 调整玫瑰素材的亮度。执行“图层｜新建调整图层｜曲线”命令，调整曲线形状，单击“将其调整剪贴到此图层”按钮，如图6-172所示。此时调整效果只对下面的玫瑰图

层起作用，画面效果如图6-173所示。复制玫瑰素材图层与曲线调整图层，并将复制的玫瑰放在画面左上角，如图6-174所示。

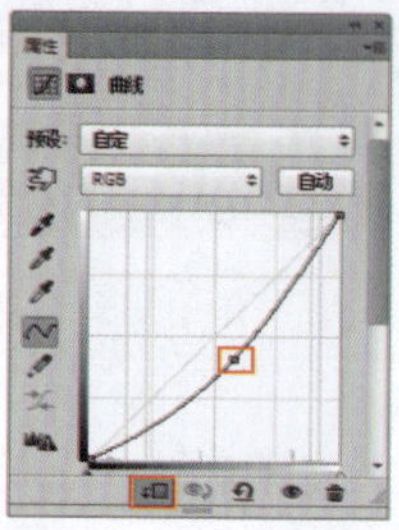

图6-172 调整曲线形状

图6-173 玫瑰效果

图6-174 复制玫瑰图层

4 新建图层组，命名为“左侧”。单击“自定形状工具” 按钮，在选项栏设置“绘制模式”为“形状”，“填充”为“红色”，在形状下拉列表中选择“心形”，绘制心形，如图6-175所示。使用自由变换快捷键“Ctrl+T”旋转心形，如图6-176所示。

图6-175 绘制心形

图6-176 旋转心形

5 选中心形图层，执行“图层 | 图层样式 | 投影”命令，参数设置如图6-177所示，效果如图6-178所示。复制心形图层，选中心形图层副本，执行“自由变换”命令，旋转副本心形，如图6-179所示。

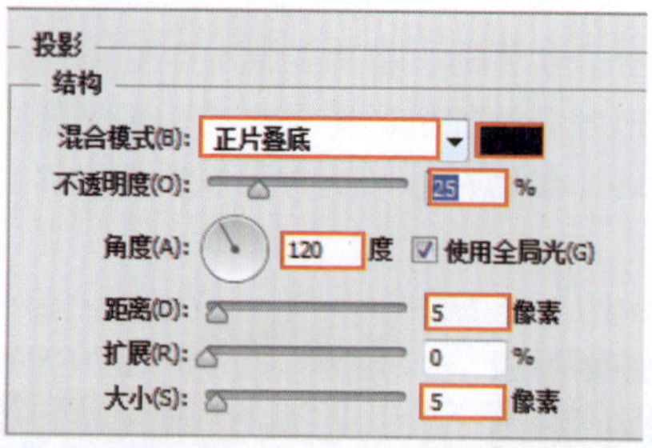

图6-177 “投影”参数

图6-178 投影效果

图6-179 复制心形

提 示

如何更改投影的不透明度？

通过“图层”面板中的“不透明度”选项可以控制投影的效果。

6 使用“横排文字工具” ，在画面中输入文字，并进行旋转，放在心形上方，如图6-180所示。

图6-180 输入文字

7 制作心形上面的折痕效果。新建图层，按住“Ctrl”键，单击心形图层，显示出心形的选区，选中新建图层，将选区填充为“黑色”，如图6-181所示。使用“多边形套索工具” 绘制一个选区，如图6-182所示。单击图层面板底部的“添加图层蒙版” 按钮，继续绘制选区，添加图层蒙版，效果如图6-183所示。

图6-181 制作黑色心形

图6-182 绘制选区

图6-183 添加蒙版

8 选择该图层的图层蒙版，使用黑色的柔角“画笔工具”在画面中涂抹，制作阴影效果，如图6-184所示。将该图层的不透明度设置为20%，效果如图6-185所示。使用同样的方式制作折纸效果，如图6-186所示。

图6-184 制作阴影

图6-185 降低不透明度

图6-186 折纸效果

实例139 网店促销广告——文字及按钮

文字是广告诉求的核心部分，本案例讲解的是如何制作文字及按钮。在网页广告中，文字和按钮也是丰富广告内容的重要表现形式。它们的美感关乎着整个画面的效果和广告的宣传力度。

案例效果剖析

制作本案例时，首先使用“钢笔工具”绘制黄色的四边形，接着使用文字工具输入文字，最后使用“矩形工具”绘制矩形并添加文字，制作按钮效果。部分效果展示如图6-187所示。

绘制四边形 输入文字 制作按钮

图6-187 效果展示

案例技术要点

本案例中主要用到的功能及技术要点如下。

- 钢笔工具：用来绘制四边形。
- 形状工具：用来绘制心形形状。
- 横排文字工具：用来输入画面中的相应文字。

案例制作步骤

源文件路径	案例文件\第6章\实例138-139\		
素材路径	案例文件\第6章\实例138-139\		
视频路径	视频教学\第6章\实例138-139.flv		
难易程度	★★	学习时间	4分38秒

1 新建图层组，命名为“右侧”。使用“钢笔工具”绘制形状，在选项栏中设置“绘制模式”为“形状”，“填充”为“黄色”，绘制黄色的四边形形状，如图6-188所示。使用“自定形状工具”绘制心形，如图6-189所示。复制心形图层，并选中复制的心形图层，使用自由变换快捷键“Ctrl+T”旋转并缩放心形，如图6-190所示。在右侧使用“横排文字工具”输入文字，如图6-191所示。

图6-188 绘制四边形

图6-189 绘制心形

图6-190 复制心形

图6-191 输入文字

提 示

“直接选择工具”和“路径选择工具”的使用方法：

“直接选择工具”是用来选择路径上的单个或多个锚点，通过拖拽锚点来更改形状。

“路径选择工具”是选择路径后拖拽，可以移动路径所在位置。

❷ 使用“矩形工具”，在画面中绘制白色的矩形，如图6-192所示。在矩形上输入文字，如图6-193所示。

图6-192　绘制矩形

图6-193　输入文字

❸ 使用同样的方法制作另一个按钮，效果如图6-194所示。最后，在相应位置绘制心形，最终效果如图6-195所示。

图6-194　制作其他按钮

图6-195　最终效果

实例140　双色调风格——导航设计

本案例制作的是由黑色及粉色组成的双色调网站导航。标题栏文字选用了卡通可爱风格的字体，导航栏中则使用了较古板的方正体的文字，一抹粉色置入黑色的导航栏中，使深沉单调的页面略显气质感，然后使用投影图层样式制作画面的部分小细节。

案例效果剖析

本案例中，首先使用形状工具绘制形状，然后制作导航栏上的按钮，最后使用文字工具输入文字，制作网页的LOGO和导航栏上的文字。部分效果展示如图6-196所示。

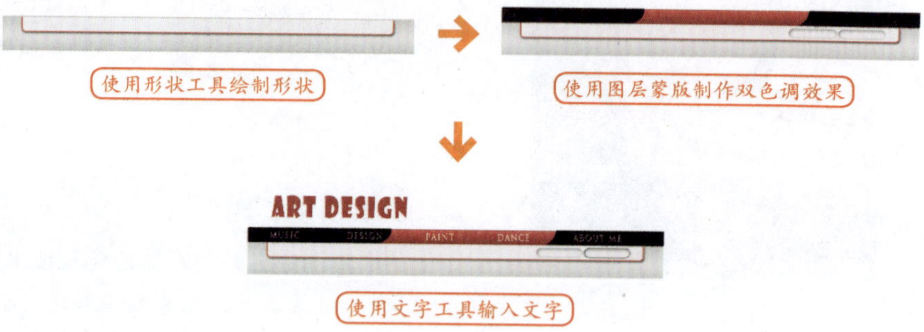

图6-196　效果展示

案例技术要点

本案例主要用到的功能及技术要点如下。

- 横排文字工具：用来制作网站导航的logo和文字。
- 形状工具：用来制作按钮。
- 图层蒙版：用来制作双色调的导航。

源文件路径	案例文件\第6章\实例140\		
素材路径	案例文件\第6章\实例140\		
视频路径	视频教学\第6章\实例140.flv		
难易程度	★★★	学习时间	3分42秒

实例141　化妆品特卖网首页设计——页眉

网页的页眉是指网页最顶端的部分，他通常以图形为主，文字为辅的方式出现。本案例中设计的网页页眉主要是用来推广商品。

案例效果剖析

制作本案例时，首先使用“矩形工具”绘制米白色的矩形，然后导入导航条素材，继续使用“矩形工具”绘制红色的矩形，再为矩形添加图层样式，使其产生凸起的效果，接着为其添加文字和装饰，最后输入文字。部分效果展示如图6-197所示。

图6-197　效果展示

案例技术要点

本案例主要用到的功能及技术要点如下。

- 矩形工具：用来绘制矩形形状。

- 图层样式：用来制作按钮效果。
- 椭圆工具：通过使用该工具绘制正圆，使文字凸出。
- 画笔工具：用来绘制分割线的部分。

案例制作步骤

源文件路径	案例文件\第6章\实例141-142\		
素材路径	案例文件\第6章\实例141-142\		
视频路径	视频教学\第6章\实例141-142.flv		
难易程度	★★★	学习时间	14分17秒

❶ 新建一个横向A4的文件，单击工具箱中的“矩形工具”按钮，设置“绘制模式”为“形状”，“颜色”为“淡黄色”，在画面中绘制矩形形状，如图6-198所示。导入搜索栏素材“1.jpg”，如图6-199所示。导入标志素材“2.png”，如图6-200所示。

图6-198 绘制矩形

图6-199 导航栏素材

图6-200 标志素材

❷ 单击工具箱中的“矩形工具”按钮，设置“绘图模式”为“形状”，“颜色”为“红色”，在标志的右侧绘制矩形，如图6-201所示。选择该图层，执行“图层 | 图层样式 | 描边”命令，参数设置如图6-202所示；勾选“内发光”选项，参数设置如图6-203所示；勾选“颜色叠加”选项，参数设置如图6-204所示；勾选“渐变叠加”选项，参数设置如图6-205所示。矩形效果如图6-206所示。

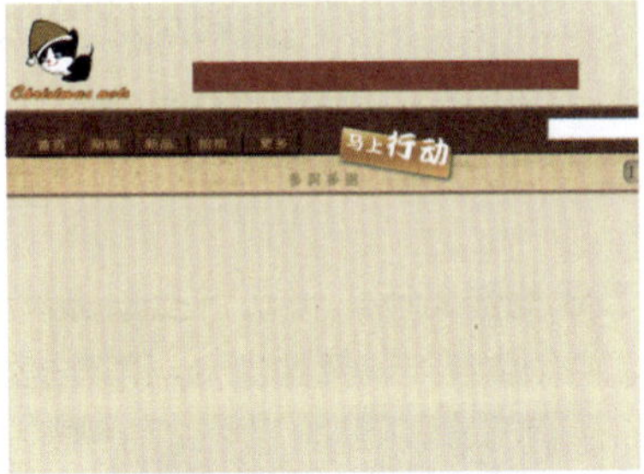

图6-201 绘制矩形

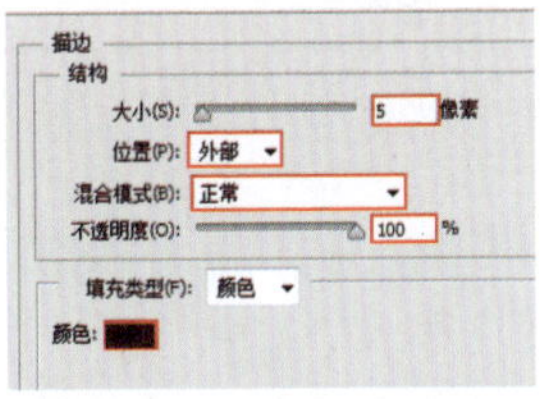

图6-202 “描边”参数

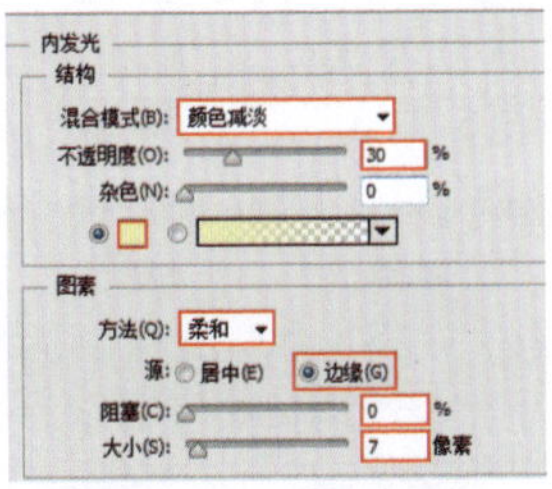

图6-203 “内发光”参数

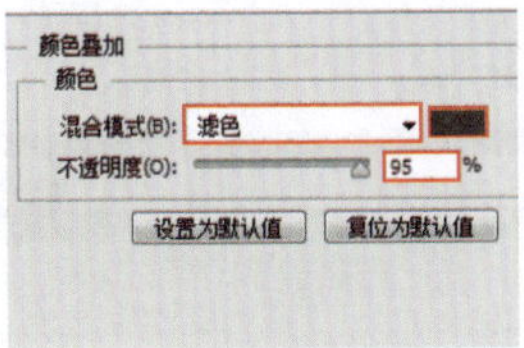

图6-204 “颜色叠加”参数

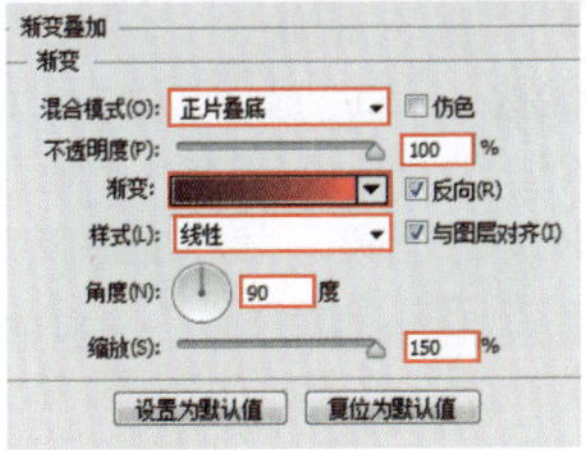

图6-205 “渐变叠加”参数

图6-206 矩形效果

❸ 导入化妆品素材“3.png”，如图6-207所示。选择该图层，执行“图层 | 图层样式 | 投影”命令，参数设置如图6-208所示。效果如图6-209所示。

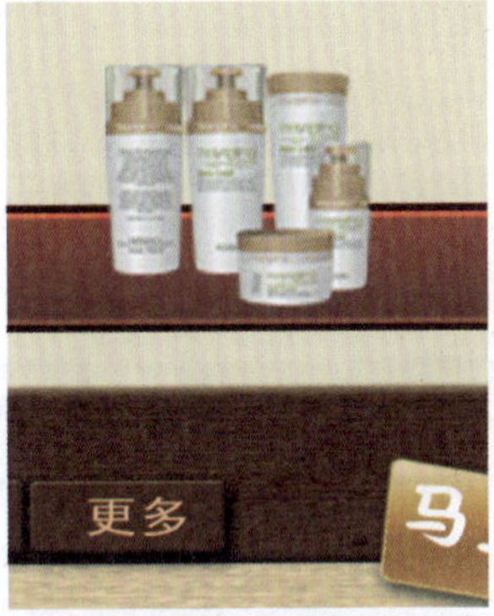

图6-207 化妆品素材

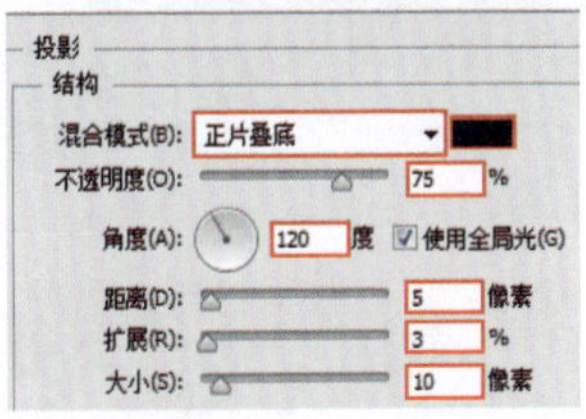

图6-208 “投影”参数

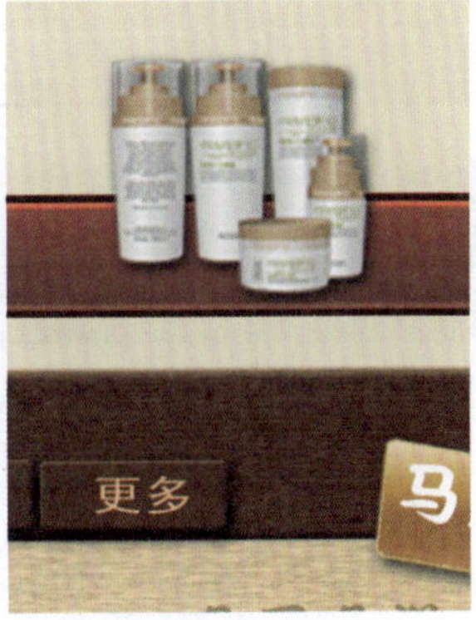

图6-209 投影效果

❹ 单击工具箱中“椭圆形状工具”按钮，设置“绘图模式”为“形状”，“颜色”为“黄色”，在画面中绘制正圆形状，如图6-210所示。单击工具箱中的“横排文字工具”按钮，在选项栏中设置合适的字体和字号，在画面中输入文字，并适当对文字进行旋转，如图6-211所示。使用同样方法输入其他文字，如图6-212所示。

图6-210 绘制正圆

图6-211 旋转文字

图6-212 输入其他文字

❺ 输入文字，如图6-213所示。选择该图层，执行“图层｜图层样式｜描边”命令，参数设置如图6-214所示。文字效果如图6-215所示。

图6-213 输入文字

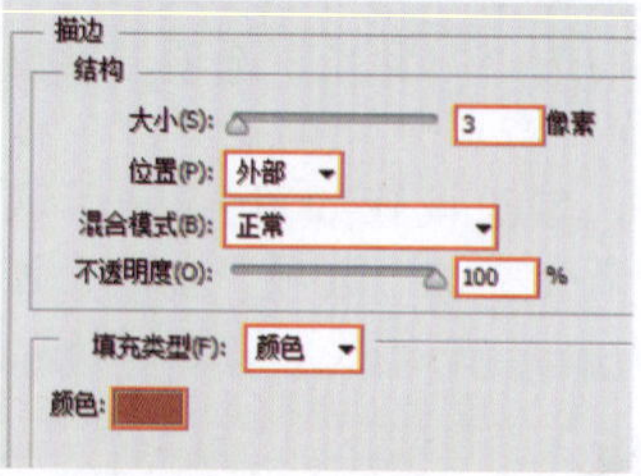

图6-214 “描边”参数

图6-215 文字效果

❻ 单击工具箱中的“横排文字工具”按钮，在选项栏中设置合适的字体和字号，在画面中输入文字，如图6-216所示。接着绘制分割线。新建图层，单击工具箱中的“画笔工具”按钮，“颜色”为“黑色”，按住“Shift”键在画面中绘制几条水平线，如图6-217所示。

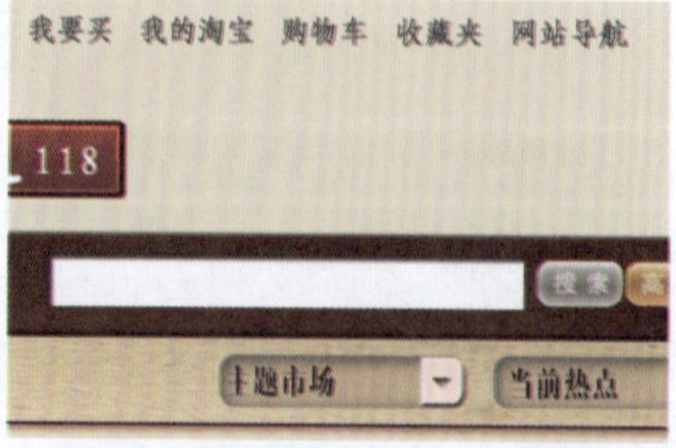

图6-216 输入文字

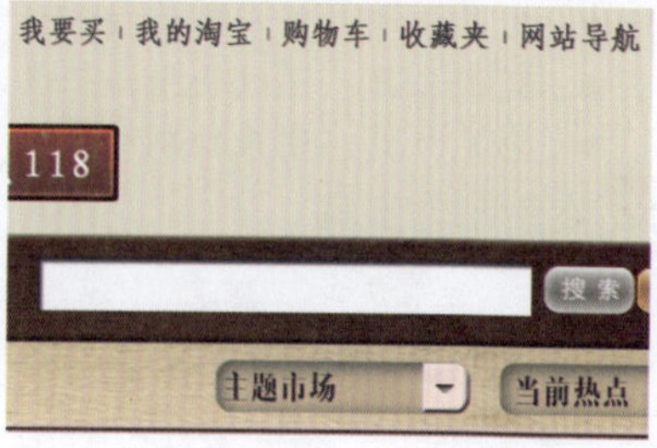

图6-217 绘制分割线

❼ 制作按钮。单击工具箱中的“圆角矩形工具”按钮，设置“绘图模式”为“形状”，“颜色”为“灰色”，在画面中绘制形状，如图6-218所示。选择该图层，执行“图层｜图层样式｜内发光”命令，参数设置如图6-219所示；勾选“渐变叠加”选项，参数设置如图6-220所示；勾选“投影”选项，参数设置如图6-221所示。按钮效果如图6-222所示。最后在画面中输入文字，按钮效果如图6-223所示。

图6-218 绘制圆角矩形

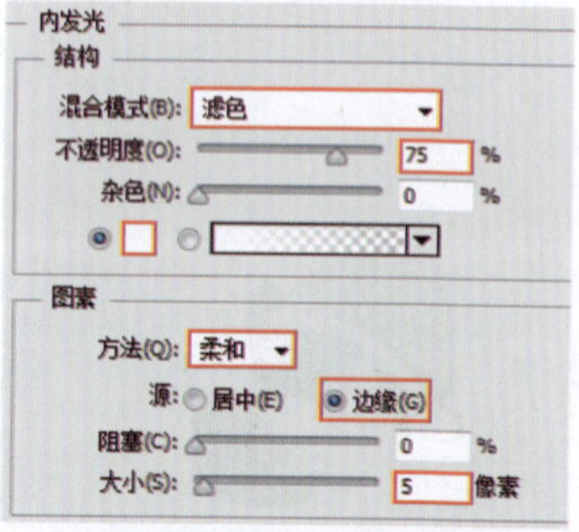

图6-219 “内发光”参数

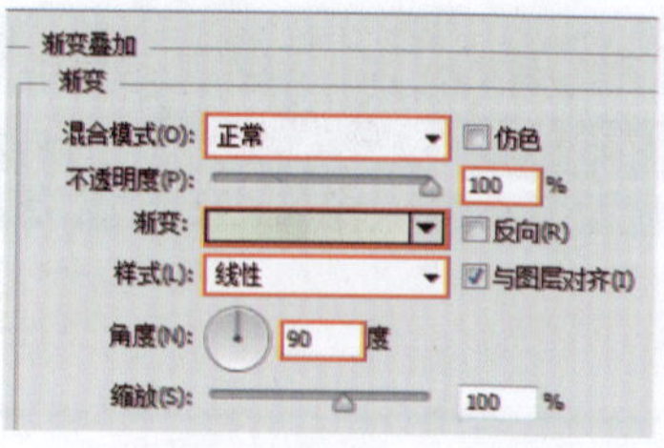

图6-220 “渐变叠加”参数

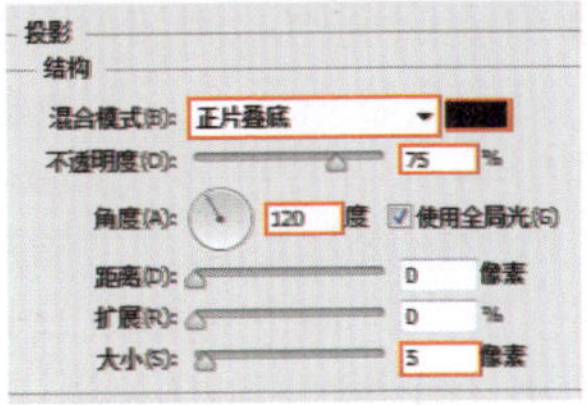

图6-221 “投影”参数

图6-222 按钮效果

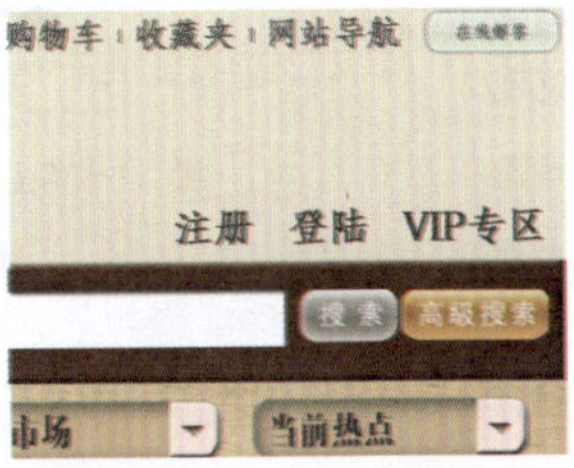

图6-223 最终效果

实例142 化妆品特卖网首页设计——主体

网页主体的制作需要合理的构图将图题凸显出来。本案例中，主要采用了“L”型的构图方式。这样不仅突出主体，还可以将其他信息传递出来。

案例效果剖析

制作本案例时，首先制作画面左侧分类栏，然后制作网站中心部分，最后制作画面的下方。部分效果展示如图6-224所示。

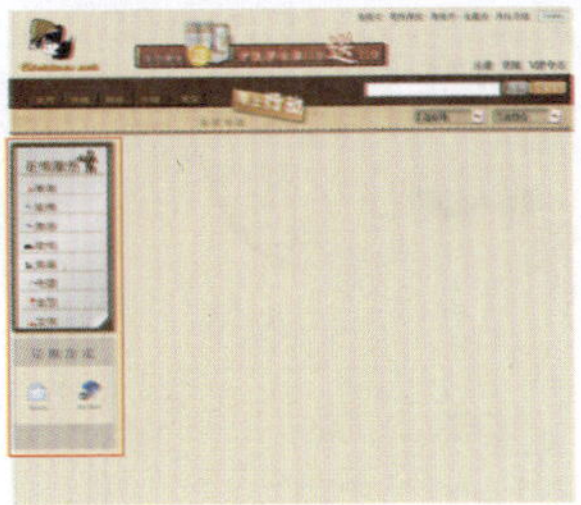

制作左侧分类栏

制作中心部分

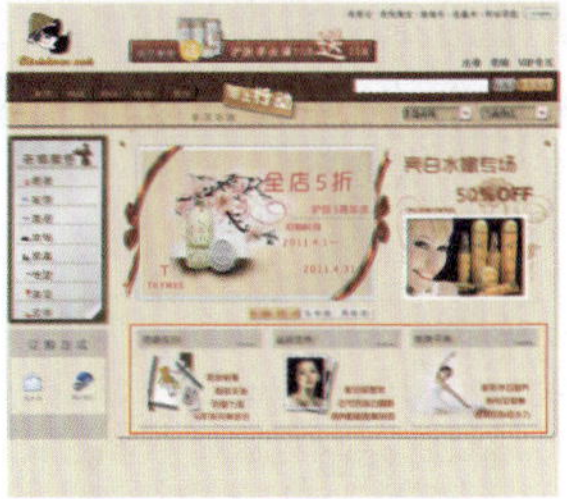

制作下方内容

图6-224 效果展示

案例技术要点

本案例中主要用到的功能及技术要点如下。

- 羽化选区：用来羽化矩形边的部位。
- 画笔面板：通过在画笔面板中调整画笔间距，制作虚线。
- 横排文字工具：用来输入文字。
- 图层样式：为图层添加“投影”“渐变叠加”等图层样式。

案例制作步骤

源文件路径	案例文件\第6章\实例141-142\		
素材路径	案例文件\第6章\实例141-142\		
视频路径	视频教学\第6章\实例141-142.flv		
难易程度	★★★★	学习时间	14分17秒

❶ 新建图层，单击工具箱中的“矩形选框工具”按钮，在画面中框选一个矩形选区，使用快捷键“Ctrl+F6”，在弹出的羽化选区对话框中设置羽化半径为2像素，接着为选区填充“棕色”，画面效果如图6-225所示。导入素材“4.png”，如图6-226所示。单击工具箱中的“横排文字工具”按钮，在选项栏中设置合适的字体和字号，在画面中输入文字，如图6-227所示。

图6-225 制作矩形

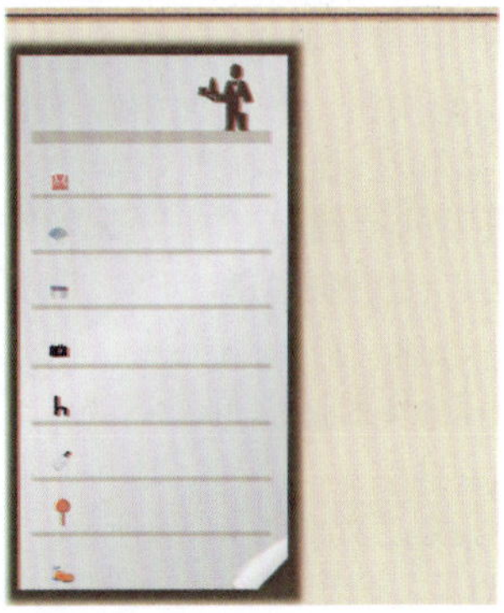

图6-226 导入素材

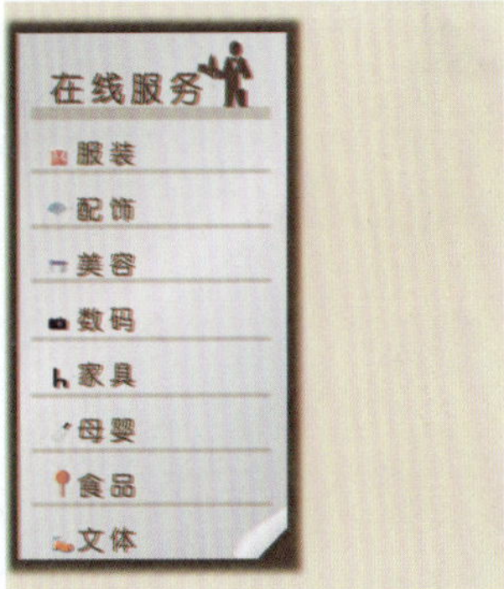

图6-227 输入文字

❷ 单击工具箱中的“矩形工具”▭按钮，在选项栏中设置“绘图模式”为“形状”，“颜色”为“浅褐色”，绘制矩形，如图6-228所示。在浅褐色矩形上方绘制一个稍小的浅黄色矩形，效果如图6-229所示。

图6-228　浅褐色矩形

图6-229　浅黄色矩形

❸ 单击工具箱中的“横排文字工具”T按钮，在画面中输入文字，如图6-230所示。制作分割线，单击工具箱中的“画笔工具”✓按钮，新建图层，使用快捷键“F5”调出画笔面板，选择“方形画笔”，设置“大小”为20像素，“间距”为120%，如图6-231所示。按住“Shift”键绘制分割线，如图6-232所示。使用“Ctrl+T”调出界定框，调整分割线的宽度，如图6-233所示。

图6-230　输入文字

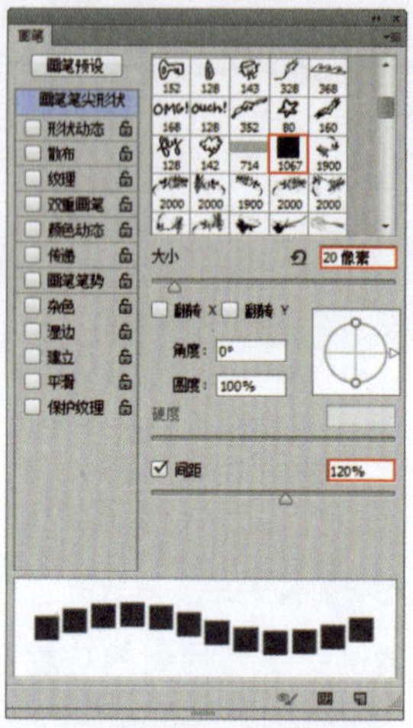

图6-231　画笔面板

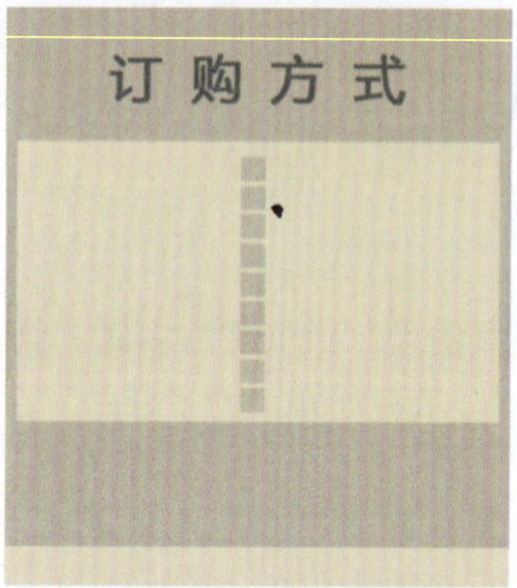

图6-232　绘制分割线

图6-233　分割线效果

❹ 导入素材“5.png”，左栏效果制作完成，如图6-234所示。

图6-234　导入素材

❺ 制作网页的右侧部分。单击工具箱中的“圆角矩形工具”▢按钮，在画面中绘制圆角矩形，如图6-235所示。选择该图层，执行“图层 | 图层样式 | 投影”命令，参数设置如图6-236所示。投影效果如图6-237所示。

图6-235　绘制圆角矩形

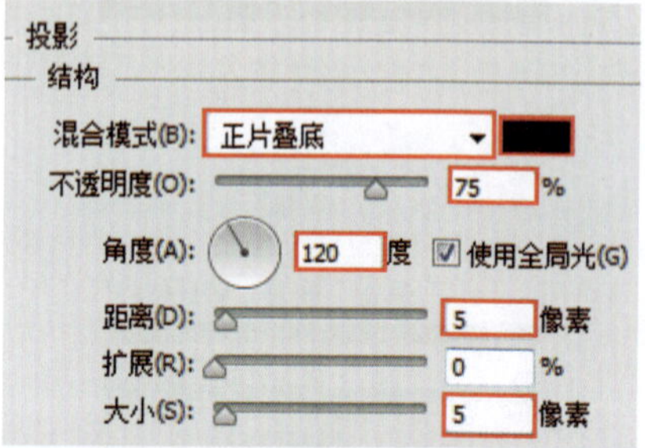

图6-236　“投影”参数

图6-237　投影效果

❻ 导入素材“6.png”，如图6-238所示。单击工具箱中的“横排文字工具”T按钮，在画面中输入文字，效果如图6-239所示。

图6-238　导入素材

图6-239 输入文字

7 导入人物素材“7.png”，单击工具箱中的“圆角矩形工具”按钮，在选项栏中设置“绘图模式”为“形状”，在人物素材上方绘制一个圆角矩形，如图6-240所示。选择相框图层，执行“图层丨图层样式丨内阴影”命令，参数设置如图6-241所示；勾选“描边”选项，参数设置如图6-242所示。最后将“填充”设置为0%，相框效果如图6-243所示。

图6-240 绘制圆角矩形

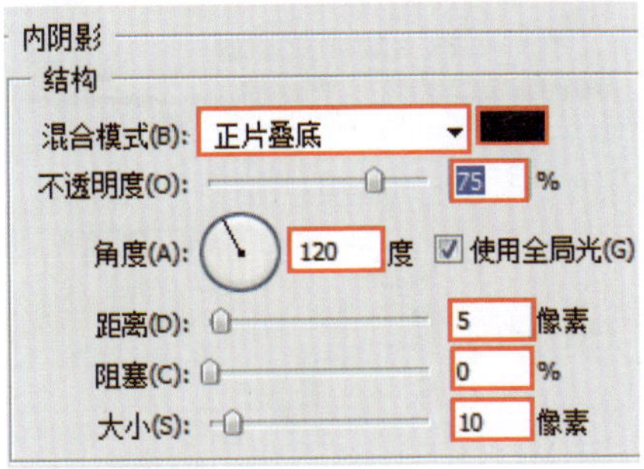

图6-241 “内阴影”参数

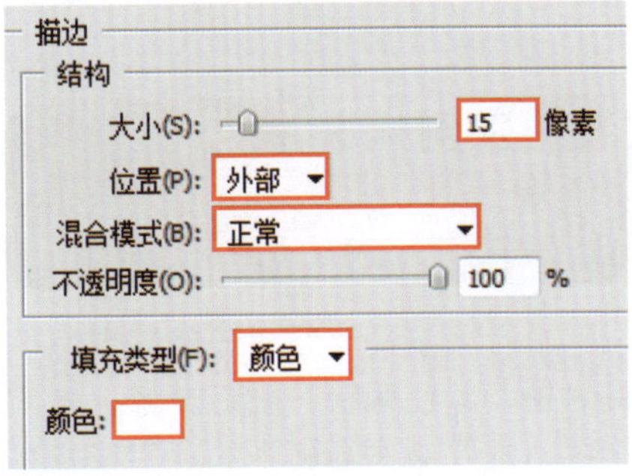

图6-242 “描边”参数

图6-243 相框效果

8 绘制浅橙色的圆角矩形，如图6-244所示。选择该图层，执行“图层丨图层样式丨描边”命令，参数设置如图6-245所示；勾选“渐变叠加”选项，参数设置如图6-246所示；勾选“投影”选项，参数设置如图6-247所示。按钮效果如图6-248所示。

图6-244 绘制圆角矩形

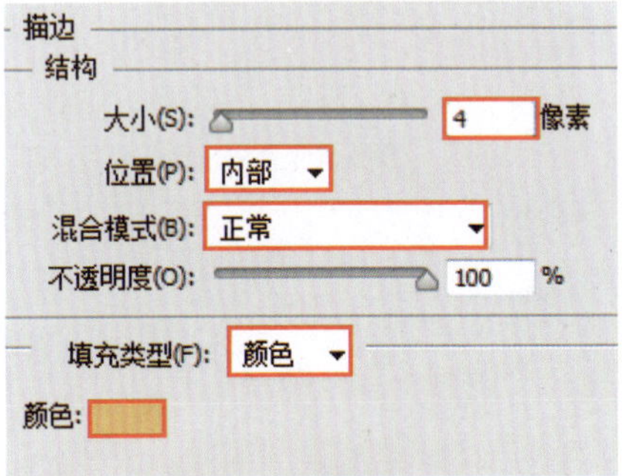

图6-245 “描边”参数

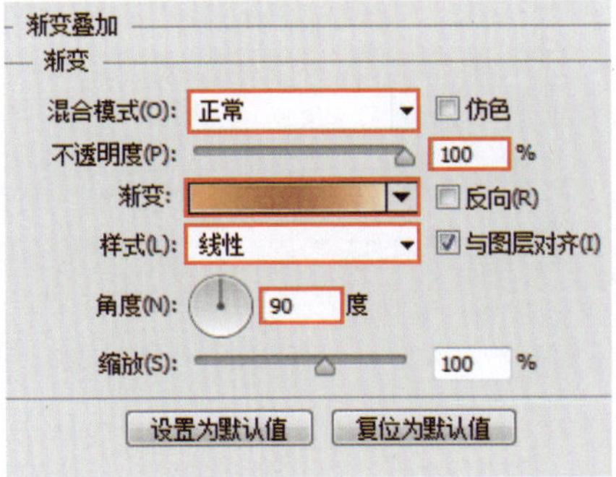

图6-246 “渐变叠加”参数

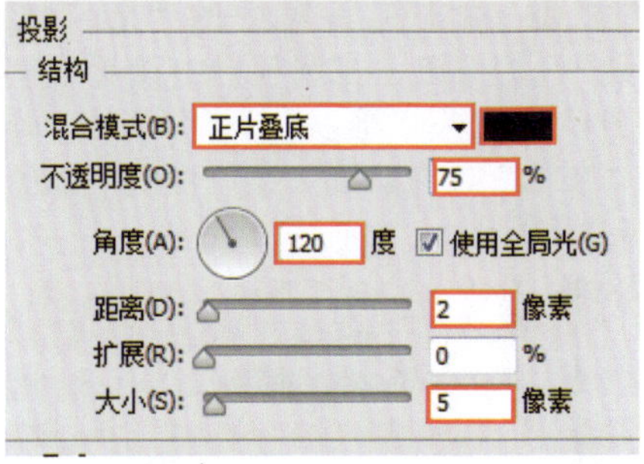

图6-247 “投影”参数

图6-248 按钮效果

提 示

如何将图层样式添加到“样式”面板中？

选择带有图层样式的图层，然后执行“窗口丨样式”命令，打开“样式”窗口，单击该窗口中的“创建新样式”按钮即可。

9 同样方法制作白色按钮效果，画面如图6-249所示。单击工具箱中的“横排文字工具”按钮，在选项栏中设置合适的字体和字号，在画面中输入文字，如图6-250所示。

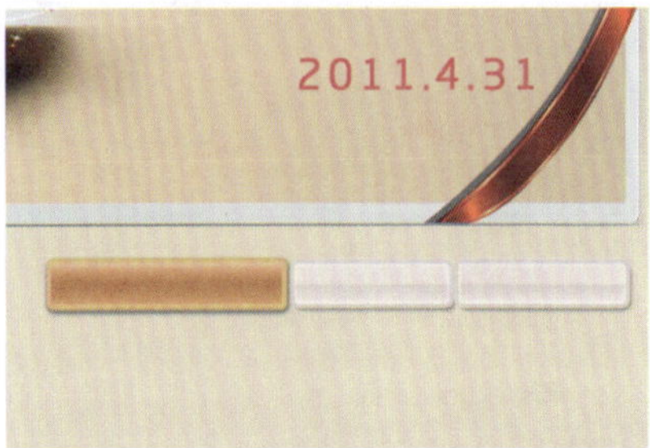

图6-249 其他按钮

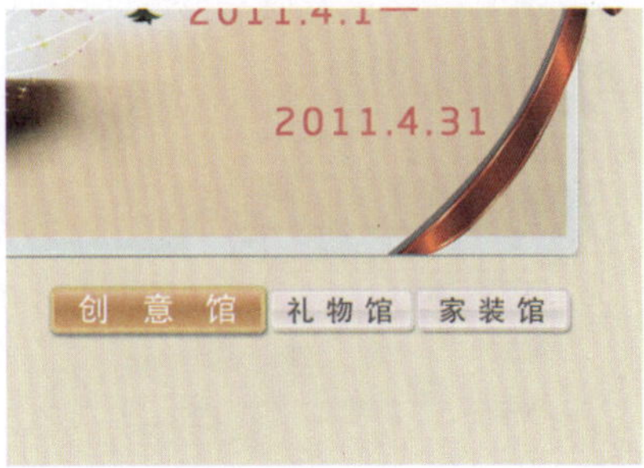

图6-250 输入文字

⑩ 单击工具箱中的“钢笔工具” 按钮，在选项栏中设置“绘图模式”为“形状”，“填充”为“灰色”，在画面中绘制形状，如图6-251所示。

图6-251　绘制形状

⑪ 单击工具箱中的“圆角矩形工具” 按钮，设置“绘图模式”为“形状”，“颜色”为“灰色”，在画面中绘制圆角矩形，如图6-252所示。选择该图层，执行“图层 | 图层样式 | 描边”命令，参数设置如图6-253所示；勾选“渐变叠加”选项，参数设置如图6-254所示。按钮效果如图6-255所示。

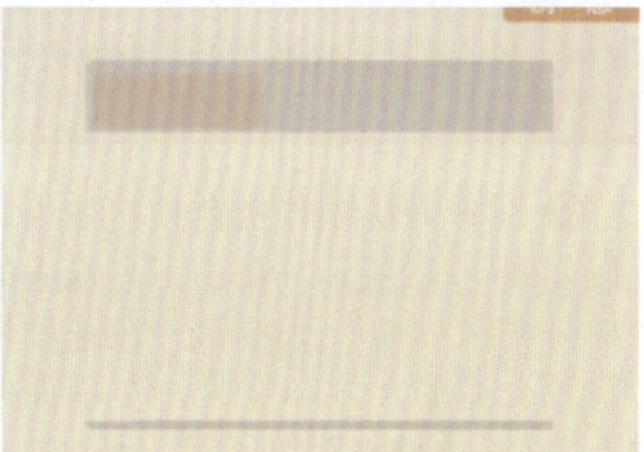
图6-252　绘制圆角矩形

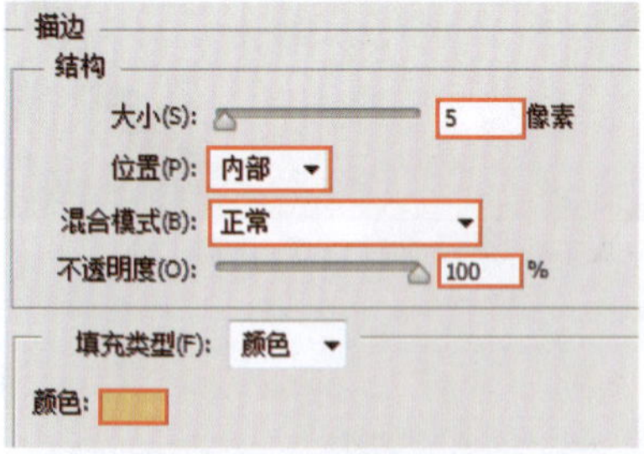

图6-253　“描边”参数

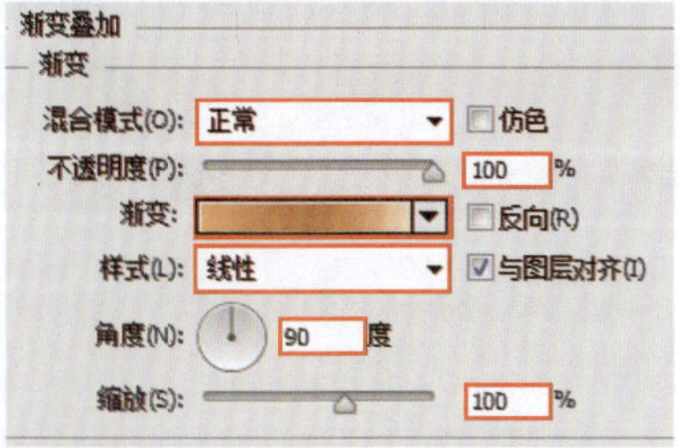

图6-254　“渐变叠加”参数

图6-255　按钮效果

⑫ 单击工具箱中的“横排文字工具” 按钮，在选项栏中设置字体和字号，在画面中输入文字，效果如图6-256所示。单击工具箱中的“钢笔工具” 按钮，在选项栏中设置“绘图模式”为“形状”，“填充”为“灰色”，在画面中绘制一个三角形形状，如图6-257所示。

图6-256　输入文字

图6-257　绘制三角形

⑬ 选择这些图层，单击“新建分组”按钮，创建新组，设置分组名称为“产品介绍模块”。选择“产品介绍模块”分组，使用快捷键“Ctrl+Alt+E”，将其盖印到独立图层，单击工具箱中的“移动工具” 按钮，向左平移并复制图层，再次移动位置，画面效果如图6-258所示。导入素材“8.png”，放置在合适位置，如图6-259所示。

图6-258　复制模块

图6-259　素材8

⑭ 单击工具箱中的“横排文字工具” 按钮，在选项栏中设置字体和字号，在画面中输入文字，最终效果如图6-260所示。

图6-260　最终效果

实例143
活力旅行网站设计——顶栏

旅行网站设计题材通常以自然风格为主，颜色明快，贴近自然。本案例中，主要制作画面中的顶栏以及按钮部分。按钮的制作方法较为简单，就是使用“圆角矩形工具”和其他形状工具绘制，然后输入文字。

案例效果剖析

制作本案例时，首先打开风景素材，然后为画面添加镜头光晕滤镜，接着输入文字，制作网页的LOGO，再使用“圆角矩形工具”绘制圆角矩形，通过“颜色叠加”制作彩色的按钮效果，最后为按钮添加图案和文字。部分效果展示如图6-261所示。

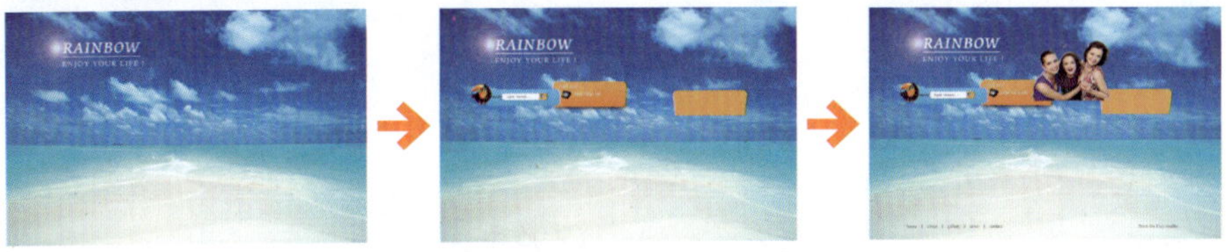

使用滤镜为画面添加光晕　使用形状工具绘制按钮　添加人物素材

图6-261　效果展示

案例技术要点

本案例中主要用到的功能及技术要点如下。

- 横排文字工具：用来输入文字。
- 形状工具：用来绘制按钮。
- “镜头光晕”滤镜：为画面添加光晕效果。
- 直接移动工具：用来移动锚点位置，更改形状。

源文件路径	案例文件\第6章\实例143-146\		
素材路径	案例文件\第6章\实例143-146\		
视频路径	视频教学\第6章\实例143-146.flv		
难易程度	★★★	学习时间	9分10秒

实例144 活力旅行网站设计——导航栏

本案例中，导航栏位于页面的最顶端。颜色与画面中的主体相呼应，采用同色系的黄色调可以保证导航栏色调统一。

案例效果剖析

制作本案例时，首先使用“钢笔工具”绘制出导航栏的形状，然后制作标志和按钮。部分效果展示如图6-262所示。

使用“钢笔工具”绘制导航栏形状　制作网页logo　制作导航文字

图6-262　效果展示

案例技术要点

本案例中主要用到的功能和技术要点如下。

- 图层样式：为logo添加“渐变叠加”图层样式。
- 横排文字工具：用来输入文字。
- 圆角矩形：用来绘制圆角矩形，制作按钮。

源文件路径	案例文件\第6章\实例143-146\		
素材路径	案例文件\第6章\实例143-146\		
视频路径	视频教学\第6章\实例143-146.flv		
难易程度	★★★	学习时间	9分10秒

实例145 活力旅行网站设计——信息栏目

本案例中，主要是制作网页左侧的信息栏目部分，左侧部分是旅游景区的介绍，这个部分的制作是通过圆角矩形作为模块，然后在上面添加文字、图案和按钮。

案例效果剖析

制作本案例时，首先使用圆角矩形绘制一个模块，然后添加图案，接着使用“圆角矩形工具”绘制按钮，再为其添加“渐变叠加”的图层样式，最后为这个模块添加文字。继续使用同样的方法制作其他部分。部分效果展示如图6-263所示。

图6-263　效果展示

案例技术要点

本案例中主要用到的功能和技术要点如下。

- 横排文字工具：用来输入文字。
- 图层样式：为文字添加“描边”“投影”的图层样式。

源文件路径	案例文件\第6章\实例143-146\
素材路径	案例文件\第6章\实例143-146\
视频路径	视频教学\第6章\实例143-146.flv
难易程度	★★★
学习时间	9分10秒

实例146

活力旅行网站设计——筛选模块

本案例中，主要是制作网页的右侧。网页右侧的筛选模块是使用圆角矩形模块，该部分的颜色比左侧颜色略鲜艳一些，这是为了与左侧有所区别，以使画面中的每个部分有所不同。

案例效果剖析

制作本案例时，首先使用“圆角矩形工具”绘制模块和按钮，然后输入文字。制作时使用次数最多的是“圆角矩形工具”，使用该工具时要注意“半径”数值的设置。部分效果展示如图6-264所示。

图6-264 效果展示

案例技术要点

本案例中主要用到的功能及技术要点如下。

- 横排文字工具：用来输入文字。
- 圆角矩形工具：用来绘制圆角矩形。
- 图层样式：为图层添加“渐变叠加”“描边”的图层样式。

源文件路径	案例文件\第6章\实例143-146\		
素材路径	案例文件\第6章\实例143-146\		
视频路径	视频教学\第6章\实例143-146.flv		
难易程度	★★★	学习时间	9分10秒

第 7 章 户外广告

户外广告就是安置在户外的一种广告，户外广告的表现形式丰富多彩，常见的有：路边广告牌、高立柱广告牌、灯箱、霓虹灯广告牌、LED看板等，现在甚至还有升空气球、飞艇等先进的户外广告形式。在户外广告的设计上，要突出自己的特色，让广告与环境融为一体，才能够让消费者非常自然地接受广告。户外广告通常都会设立在人流量密集的区域，例如机场、火车站、轮船码头、车站、商业中心等位置。

实例147 自然风格——旅游户外广告

旅游户外广告是具有商业性质的广告，所以既要将广告诉求直接了当的表达出来，又要融汇于户外及旅游的素材中。本案例中，蓝天、大海、沙滩的图片与商业化广告的设计搭配是恰到好处，让人有心旷神怡之感。

案例效果剖析

制作本案例时，首先在软件中打开背景素材，然后使用“钢笔工具”绘制形状并添加图层样式，最后添加文字和图片。部分效果展示如图7-1所示。

打开背景素材　制作说明文字　输入标题文字

图7-1　效果展示

案例技术要点

本案例中用到的功能及技术要点如下。

- 钢笔工具：设置绘制模式为形状，然后绘制画面下方的形状。
- 图层样式：用来制作内发光、投影的效果。
- 画笔工具：用来绘制虚线。
- 剪贴蒙版：使素材嵌入背景中。

案例制作步骤

源文件路径	案例文件\第7章\实例147\		
素材路径	案例文件\第7章\实例147\		
视频路径	视频教学\第7章\实例147.flv		
难易程度	★★★	学习时间	1分49秒

❶ 打开背景素材“1.jpg”，如图7-2所示。

图7-2　背景素材

提　示

如何在Photoshop中打开图片？

执行“文件 | 打开”命令，在弹出的“打开”窗口中选择图片，即可打开所需图片。也可以直接将图片拖拽到Photoshop之中。

❷ 选择工具箱中的“钢笔工具”，设置“绘制模式”为“路径”，“颜色”为“白色”，然后在画面的右下角绘制形状，如图7-3所示。选择该形状图层，执行“图层 | 图层样式 | 内发光”命令，设置参数，如图7-4所示。发光效果如图7-5所示。

图7-3　绘制形状

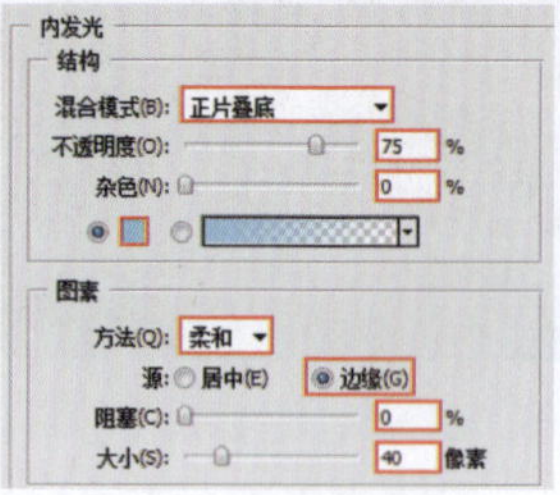

图7-4 “内发光”参数

图7-5 发光效果

❸ 将素材“2.jpg”导入到画面中，然后执行“图层 | 创建剪贴蒙版”命令，效果如图7-6所示。在画面上输入文字，调整至适当的颜色、大小及位置，如图7-7所示。

图7-6 导入素材

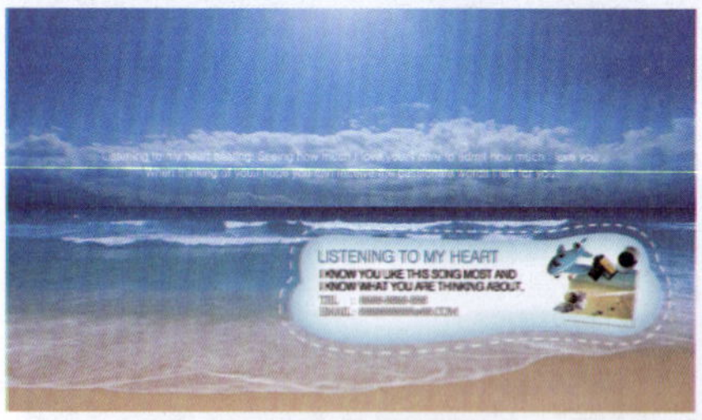

图7-7 输入文字

❹ 输入标题文字，并适当调整大小，如图7-8所示。选中该图层，执行“图层 | 图层样式 | 描边”命令，参数设置如图7-9所示。最终效果如图7-10所示。

图7-8 输入标题

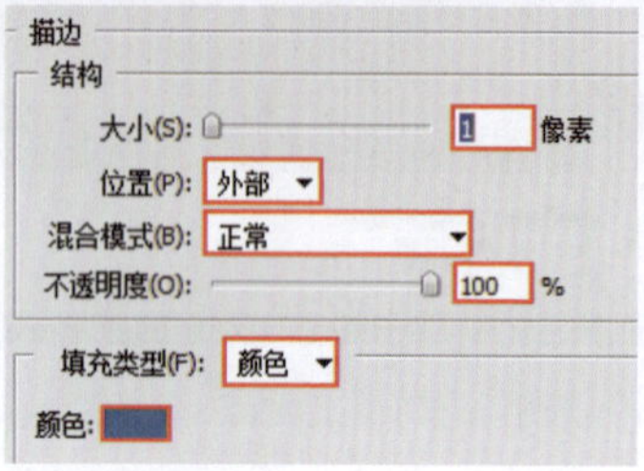

图7-9 “描边”参数

图7-10 最终效果

实例148 POP风格——户外广告设计

POP风格广告的用途是刺激和引导消费，活跃卖场气氛，其表现形式夸张幽默、色彩强烈，能有效地吸引顾客的眼球并唤起购买欲，这种低价高效的广告方式已被广泛应用。

案例效果剖析

制作本案例时，首先打开背景图片，然后使用“置入”命令将人物素材导入到画面中，接着使用“自定形状工具”绘制对话框的形状，最后输入文字。部分效果展示如图7-11所示。

图7-11 效果展示

案例技术要点

本案例中主要用到的功能及技术要点如下。

- “打开”命令：用来打开背景素材。
- “置入”命令：用来导入人物素材。
- 自定形状工具：用来绘制对话框。
- 横排文字工具：用来输入文字。

源文件路径	案例文件\第7章\实例148\		
素材路径	案例文件\第7章\实例148\		
视频路径	视频教学\第7章\实例148.flv		
难易程度	★★	学习时间	3分04秒

实例149 化妆品户外广告——背景及人像

化妆品广告主要是针对女性消费群体，所以一般会选择女性喜爱的粉色调、紫色、红色调等。一般还会使用具有一定知名度的人物增加亮点。最关键的是添加商品的图像。

案例效果剖析

制作本案例时，首先打开背景素材，然后导入人像素材，接着使用“图层蒙版”进行抠图，最后通过“色相饱和度”调整人物嘴唇的颜色。部分效果展示如图7-12所示。

图7-12 效果展示

案例技术要点

本案例中主要用到的功能及技术要点如下。

- 魔棒工具：使用该工具可以得到人物的选区。
- 色相/饱和度：用来增加画面的颜色饱和度。
- 图层蒙版：用来抠图。

案例制作步骤

源文件路径	案例文件\第7章\实例149-150\		
素材路径	案例文件\第7章\实例149-150\		
视频路径	视频教学\第7章\实例149-150.flv		
难易程度	★★	学习时间	4分34秒

❶ 打开背景素材“1.jpg”，如图7-13所示。导入人像素材“2.jpg”，使用“魔棒工具”点击白色的背景，按“Delete”键删除背景，如图7-14所示。

图7-13 背景素材

图7-14 人物抠图

提 示

“魔棒工具”的使用：

对于初学者来说，使用“魔棒工具”抠图是较好的选择。“魔棒工具”是根据选取颜色的差别来得到所需的选区。

❷ 增加人物嘴唇颜色的饱和度。执行“图层 | 新建调整图层 | 色相/饱和度”命令，参数设置如图7-15所示。画面效果如图7-16所示。

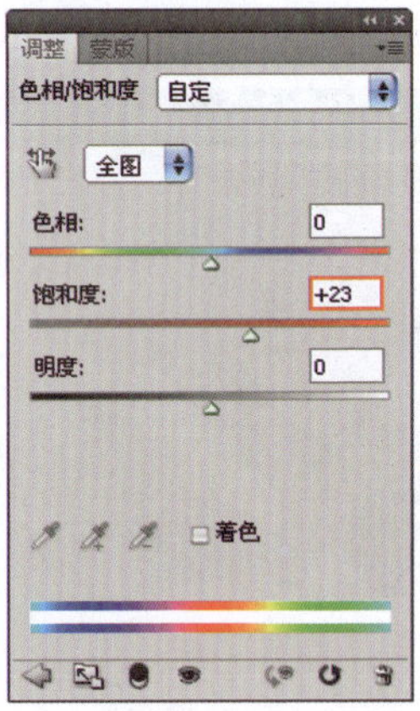

图7-15 “色相/饱和度”参数

图7-16 画面效果

❸ 设置完成后选择该调整图层的蒙版，将其填充为“黑色”。使用“白色”的柔角画笔在嘴唇处涂抹。嘴唇效果如图7-17所示。

图7-17 嘴唇效果

实例150 化妆品户外广告——商品部分

化妆品广告中，被宣传的商品是设计的重点。宣传通常要准确有效地传达产品的信息，还要刺激消费者的购买欲望，美化企业形象。

案例效果剖析

制作本案例时，首先导入商品素材，然后为画面添加光斑和商品的光带，最后使用文字工具输入商品上的标志文字和说明文字。部分效果展示如图7-18所示。

为画面添加文字

图7-18　效果展示

案例技术要点

本案例主要用到的功能及技术要点如下。

- 图层蒙版：用来隐藏部分内容。
- 图层样式：用来制作发光效果。
- 文字工具：用来输入画面中的文字。

案例制作步骤

源文件路径	案例文件\第7章\实例149-150\		
素材路径	案例文件\第7章\实例149-150\		
视频路径	视频教学\第7章\实例149-150.flv		
难易程度	★★★	学习时间	4分34秒

❶ 导入唇彩素材“3.png”，如图7-19所示。导入三条光线素材“4.png”，如图7-20所示。

图7-19　唇彩素材

图7-20　光线素材

❷ 选择光线图层，为该图层添加图层蒙版，然后使用黑色的柔角画笔，将部分的光效隐藏，制作出光线缠绕商品的效果，如图7-21所示。选择光线图层，执行“图层 | 图层样式 | 外发光”命令，参数设置如图7-22所示。效果如图7-23所示。

图7-21　隐藏光效

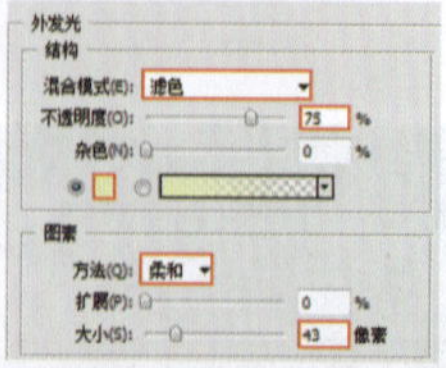

图7-22　“外发光”参数

图7-23　外发光效果

❸ 导入光斑素材“5.png”，设置“不透明度”为75%，效果如图7-24所示。

图7-24　光斑效果

❹ 导入商标素材“6.png”，如图7-25所示。复制商标图层，并使用自由变换快捷键“Ctrl+T”调出定界框，进行旋转。分别为每个唇彩添加商标，效果如图7-26所示。

图7-25　商标素材

图7-26　复制商标

❺ 选择工具箱中的“横排文字工具”T，在画面中输入文字，效果如图7-27所示。

图7-27　最终效果

实例151 神秘风格——红黑双色户外广告

黑色的背景中，红色显得格外神秘、妖艳，烘托出一种神秘感。这种风格的户外广告可以应用在影视宣传、服装服饰或楼盘地产等户外广告中。

案例效果剖析

制作本案例时，首先在软件中打开人物素材，接着使用文字工具输入文字，然后制作文字上的光斑，最后为画面添加光效。部分效果展示如图7-28所示。

打开背景素材　制作艺术字　制作梦幻效果

图7-28　效果展示

案例技术要点

本案例主要用到的功能和技术要点如下。

- 横排文字工具：用来输入文字。
- 混合模式：用来制作画面中的光效。
- "曲线"命令：用来调整图层，制作画面中的暗角效果。

源文件路径	案例文件\第7章\实例151\		
素材路径	案例文件\第7章\实例151\		
视频路径	视频教学\第7章\实例151.flv		
难易程度	★★★	学习时间	1分46秒

实例152 汽车户外广告——背景

本案例制作的是以汽车为主题的户外广告设计，由于汽车行业的目标消费群户外活动较多，且户外广告自身具有冲击力强的特性，适合承载汽车广告。本案例主要制作的是广告中的背景部分，背景部分的制作要注意空间感的设计，这样才能让平面这样有限的空间产生无限延伸的视觉效果。

案例效果剖析

制作本案例时，首先打开背景素材，然后导入大厦素材，接着为大厦添加"外发光"的图层样式，再复制图层，制作大厦倒影效果，最后添加矢量装饰素材。部分效果展示如图7-29所示。

打开背景素材　制作大厦部分　添加装饰素材

图7-29　效果展示

案例技术要点

本案例中主要用到的功能及技术要点如下。

- 图层样式：用来添加"外发光"的样式。
- 垂直翻转：用来垂直翻转对象，制作投影的效果。
- 不透明度：用来降低图层的不透明度，使投影更加真实。
- 图层蒙版：用来制作投影的渐隐效果。

案例制作步骤

源文件路径	案例文件\第7章\实例152-154\
素材路径	案例文件\第7章\实例152-154\
视频路径	视频教学\第7章\实例152-154.flv
难易程度	★★★
学习时间	4分41秒

❶ 创建新组并命名为"背景"，打开背景素材"1.jpg"，如图7-30所示。导入大厦素材"2.png"，选择该图层，执行"图层 | 图层样式 | 外发光"命令，参数设置如图7-31所示。效果如图7-32所示。

图7-30　背景素材

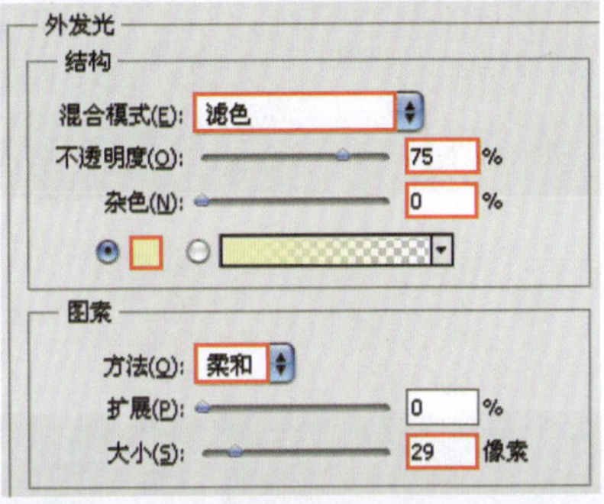

图7-31　"外发光"参数

图7-32　效果图

❷ 制作大厦的投影。选择“大厦”图层，使用快捷键“Ctrl+J”复制图层，继续执行“编辑 | 变换 | 垂直翻转”命令，并将其移动到相应位置，然后删除图层样式，如图7-33所示。该图层的“不透明度”设置为35%，然后添加图层蒙版，使用黑色画笔轻轻涂抹倒影，效果如图7-34所示。

图7-33 翻转对象

图7-34 投影效果

❸ 导入花纹素材“3.png”，如图7-35所示。

图7-35 花纹素材

实例153 汽车户外广告——立体文字

在平面设计作品中，文字既可以是表达信息的手段，也可以作为一种装饰图形。本案例主要是制作立体效果的文字，这使本来单调的平面图产生一种延伸的立体空间感。

案例效果剖析

本案例主要是制作画面的文字部分。首先使用文字工具输入文字，然后将文字扭曲变形，制作出透视的效果，接着使用3D命令制作出立体效果，再为文字添加“图层样式”制作出文字的玻璃质感，最后为文字添加投影。部分效果展示如图7-36所示。

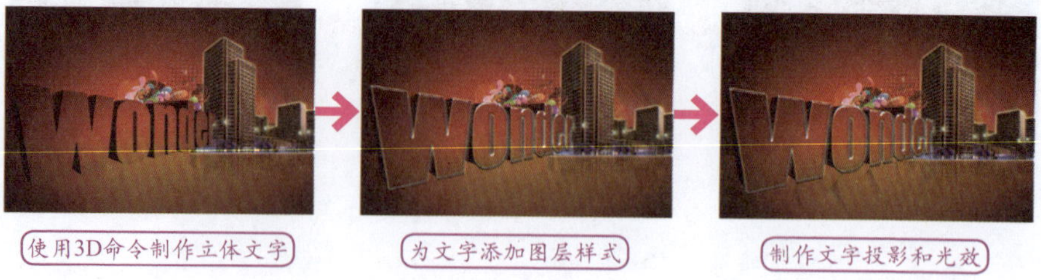

图7-36 效果展示

案例技术要点

本案例主要用到的功能和技术要点如下。

- 横排文字工具：用来输入文字。
- “扭曲”命令：用来制作变形文字。
- 3D命令：用来制作立体文字。
- 图层样式：为文字添加图层样式制作玻璃质感。

案例制作步骤

源文件路径	案例文件\第7章\实例152-154\		
素材路径	案例文件\第7章\实例152-154\		
视频路径	视频教学\第7章\实例152-154.flv		
难易程度	★★★★★	学习时间	4分41秒

❶ 使用“横排文字工具”T输入英文“wonder”，然后将其变形，如图7-37所示。

图7-37 输入英文

❷ 添加“3D凸纹”效果，执行“3D | 凸纹 | 文本图层”命令，在弹出的“凸纹”对话框中设置“凸纹形状预设”为“凸出”，参数设置如图7-38所示。鼠标左键双击“选取颜色副本凸出材质”，进入材质界面，设置渐变颜色，然后在文字图层中点击右键执行“栅格化图层”，效果如图7-39所示。

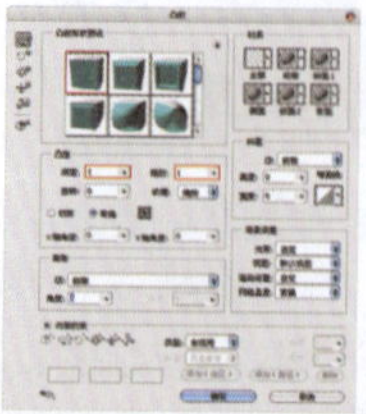
图7-38 “凸纹”参数

图7-39 效果图

❸ 为文字添加图层样式，制作出玻璃效果。选择文字图层，执行“图层｜图层样式｜投影”命令，参数设置如图7-40所示；勾选“外发光”选项，参数设置如图7-41所示；勾选“斜面和浮雕”选项，参数设置如图7-42所示；勾选“等高线”选项，参数设置如图7-43所示；勾选“描边”选项，参数设置如图7-44所示。文字效果如图7-45所示。

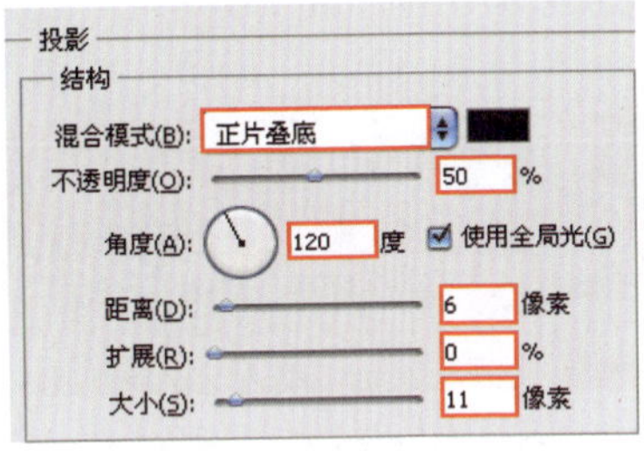

图7-40 “投影”参数

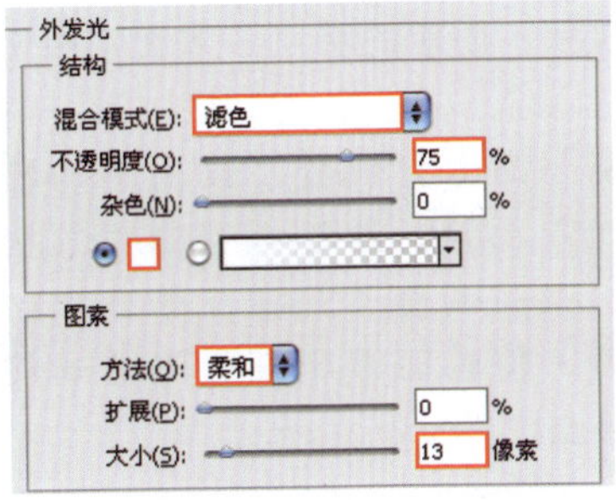

图7-41 “外发光”参数

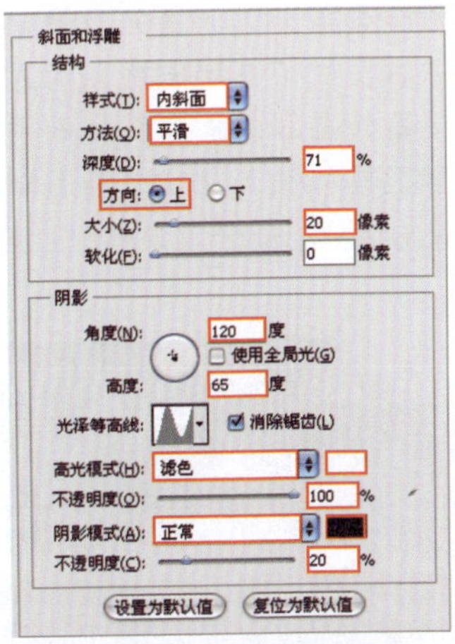

图7-42 “斜面和浮雕”参数

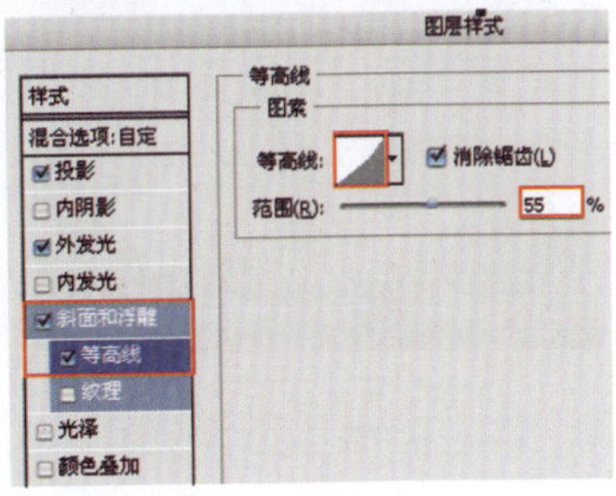

图7-43 “等高线”参数

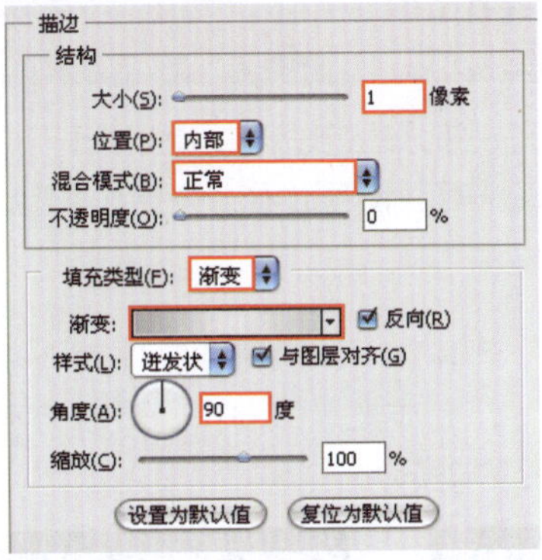

图7-44 “描边”参数

图7-45 文字效果

提 示

“等高线”的作用：

使用“等高线”可以在浮雕中创建凹凸起伏的效果。

❹ 制作文字上方的高光。复制文字图层，删除图层样式，执行“图层｜图层样式｜外发光”命令，参数设置如图7-46所示。将“高光”图层向右位移1像素，再向下位移1像素，效果如图7-47所示。

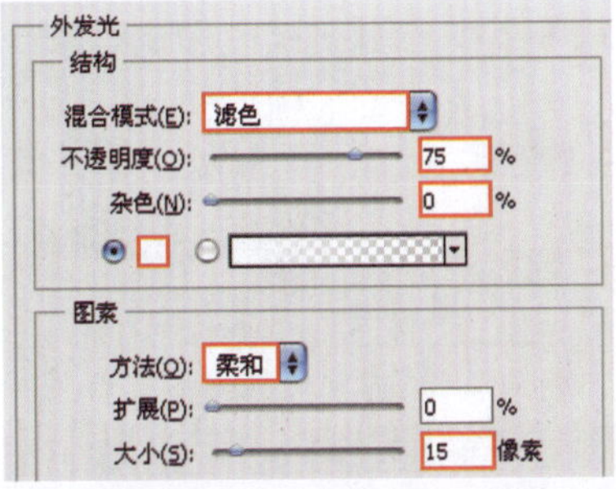

图7-46 “外发光”参数

图7-47 效果图

❺ 将文字图层复制一层，然后填充为“黑色”并移动至文字的最下方。执行“滤镜｜模糊｜高斯模糊”命令，参数设置如图7-48所示。阴影效果如图7-49所示。

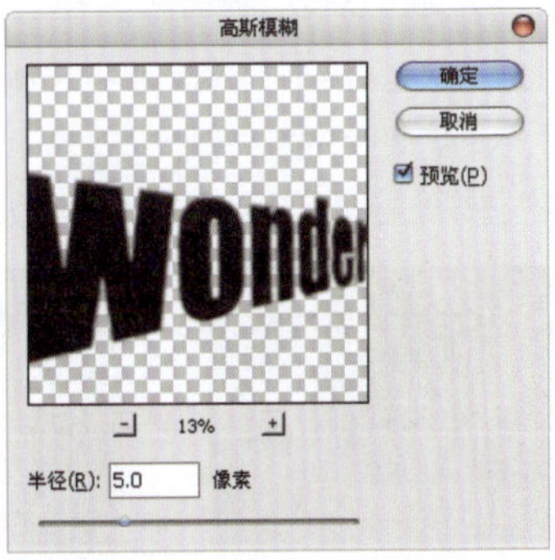

图7-48 “高斯模糊”参数

图7-49 效果图

❻ 将制作立体效果文字的图层加选，然后使用盖印快捷键“Ctrl+Shift+E”将其盖印，将其旋转并移动到合适位置，如图7-50所示。设置“不透明度”为25%，添加图层蒙版，使用黑色画笔涂抹出倒影效果，如图7-51所示。

图7-50 制作倒影

图7-51 倒影效果

实例154 汽车户外广告——装饰

本案例主要制作广告中的光效部分，画面光效部分是通过混合模式制作而成。最后还添加了汽车和人物剪影进行装饰，这些装饰可以使画面看上去更加丰富。

案例效果剖析

制作本案例时，首先将光效素材"置入"到画面中，放置在画面中合适的位置，然后设置该图层的混合模式为"滤色"，完成光效的制作，最后为画面添加汽车、人物剪影装饰。部分效果展示如图7-52所示。

"置入"光效素材　设置混合模式　添加商品素材

图7-52　效果展示

案例技术要点

本案例主要用到的功能及技术要点如下。

- 混合模式：使用此工具将光效融入到画面中。
- 画笔工具：用来绘制汽车的阴影。

案例制作步骤

源文件路径	案例文件\第7章\实例152-154\		
素材路径	案例文件\第7章\实例152-154\		
视频路径	视频教学\第7章\实例152-154.flv		
难易程度	★★★	学习时间	4分41秒

❶ 制作光效装饰。导入光效素材"4.png"，放置在画面中合适的位置，如图7-53所示。设置"混合模式"为"滤色"，"不透明度"为66%，如图7-54所示。

图7-53　光效素材

图7-54　光效效果

❷ 导入汽车素材"5.png"，如图7-55所示。在汽车图层下方新建图层，使用黑色画笔绘制车底下的阴影效果，如图7-56所示。

图7-55　汽车素材

图7-56　阴影效果

❸ 导入人物剪影素材"6.png"，最终效果如图7-57所示。

图7-57　最终效果

实例155 清新童趣——儿童摄影机构户外广告

儿童摄影机构户外广告既要表现出儿童的童真、可爱，又要表现出户外自然、明朗的特点。本案例中使用了"色阶""色相/饱和度"及"色彩平衡"命令，调整了画面中的装饰和光效部分。通过调整曲线形状及图层蒙版调整了儿童及草地素材的亮度，使画面下半部分与上半部分衔接自然。

案例效果剖析

制作本案例时，首先打开背景素材，然后使用"图层蒙版"为人像抠图，接着为画面添加素材，使用"横排文字工具"输入文字，最后制作画面边缘的边框。部分效果展示如图7-58所示。

使用蒙版抠图

为画面添加装饰　　制作边框效果

图7-58　效果展示

案例技术要点

本案例中主要用到的功能及技术要点如下。

- 图层蒙版：使用该工具抠图。
- 横排文字工具：用来输入画面中的说明文字。
- 矩形工具：使用此工具绘制满版的矩形，然后通过删除的方式制作边框效果。

源文件路径	案例文件\第7章\实例155\		
素材路径	案例文件\第7章\实例155\		
视频路径	视频教学\第7章\实例155.flv		
难易程度	★★★★	学习时间	1分46秒

实例156　相机户外广告——人像

本案例主要是向受众群体传递青春、活力、年轻、时尚的感觉。案例中选择了一个带有动感的人像作为画面的视觉中心，给人一种充满活力与朝气的感觉。

案例效果剖析

制作本案例时，首先打开背景素材，然后使用“置入”命令将人物素材导入到画面中，接着使用“通道”抠图法对人像抠图，最后调整人像的对比颜色。部分效果展示如图7-59所示。

打开背景素材　　“置入”人像素材　　进行人物的抠图

图7-59　效果展示

案例技术要点

本案例中主要用到的功能和技术要点如下。

- 钢笔工具：用来抠图。
- “曲线”命令：用来提亮画面中人物皮肤的亮度。
- “色阶”命令：用来增加黑白对比度。

案例制作步骤

源文件路径	案例文件\第7章\实例156-158\
素材路径	案例文件\第7章\实例156-158\
视频路径	视频教学\第7章\实例156-158.flv
难易程度	★★★★
学习时间	3分05秒

❶ 打开背景素材“1.jpg”，如图7-60所示。导入人物素材“2.jpg”，如图7-61所示。

图7-60　背景素材

图7-61　人物素材

❷ 首先抠取头发部分。选择人物图层，单击工具箱中的“矩形选框工具”按钮，在人物头发的位置绘制矩形选区，然后使用快捷键“Ctrl+J”将选区复制到图层。将其他图层隐藏，效果如图7-62所示。复制“蓝”通道，执行“图像 | 调整 | 色阶”命令，参数设置如图7-63所示。设置完成后，使用快捷键“Ctrl+I”将颜色反选，如图7-64所示。

图7-62　复制头发选区

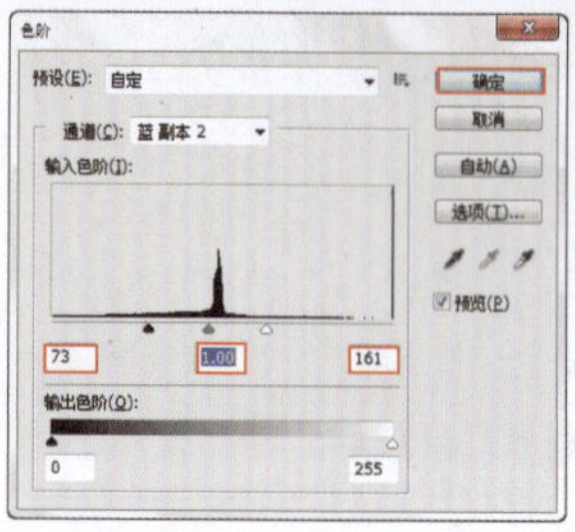

图7-63 “色阶”参数

图7-64 颜色反选

提 示

“色阶”命令的不同功效：

“色阶”命令可以针对图像进行明暗对比的调整；可以对图像的阴影、中间调和高光强度级别进行调整；可以对各个通道进行调整。

❸ 按住“Ctrl”键单击“蓝副本”通道的缩览图，得到选区。返回到图层面板中，基于选区添加图层蒙版，进行抠图，效果如图7-65所示。使用使用“钢笔工具” 绘制人像，建立选区并添加图层蒙版，抠出人像，如图7-66所示。

图7-65 抠取头发

图7-66 抠取人像

❹ 提高人物皮肤的亮度。执行“图层丨新建调整图层丨曲线”命令，调整曲线形状，如图7-67所示。选择图层蒙版，将其填充为“黑色”。选择图层蒙版，使用白色的柔角“画笔工具” ，在人物脸部及肩部的位置涂抹，效果如图7-68所示。

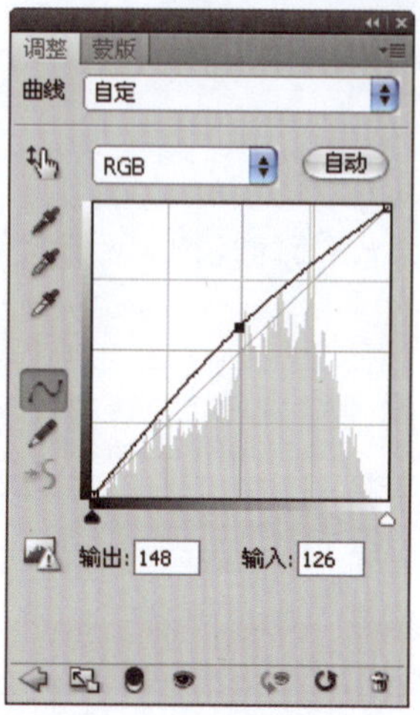

图7-67 “曲线”参数

图7-68 效果图

图7-69 效果展示

案例技术要点

本案例主要用到的功能和技术要点如下。

- 矩形选框工具：用来绘制矩形选区。
- 图层样式：用来添加外发光的效果。
- 魔棒工具：用来得到白色背景的选区。
- 图层蒙版：使用该工具抠图。
- 混合模式：使用此工具将光效素材融入到画面中。

案例制作步骤

源文件路径	案例文件\第7章\实例156-158\
素材路径	案例文件\第7章\实例156-158\
视频路径	视频教学\第7章\实例156-158.flv
难易程度	★★★
学习时间	3分05秒

实例157 相机户外广告——装饰图片

本案例制作的是相机为主题的户外广告，因此选用照片作为装饰材料。在此是制作照片装饰，使用这些照片装饰可以使画面的主题更加明确。画面中的光效也为整个作品添加了科技感和时尚感。

案例效果剖析

制作案例时，首先导入照片素材，然后为其添加“投影”效果，接着导入商品素材，制作倒影效果，最后使用“混合模式”制作照片上的光效。部分效果展示如图7-69所示。

❶ 创建新组，命名为“小照片”，导入照片素材“3.jpg”，放置在画面中合适的位置，如图7-70所示。在该图层的下一层新建图层，然后使用“矩形选框工具”绘制选区并填充为“黑色”，降低该图层的“不透明度”为30%，如图7-71所示。同理，制作其他照片，适当调整照片的前后关系，并各自添加阴影，如图7-72所示。

图7-70　照片素材

图7-71　照片阴影

图7-72　制作其他照片

❷ 在人像前面添加最后一张小照片。选择该图层，执行“图层 | 图层样式 | 外发光”命令，参数设置如图7-73所示。效果如图7-74所示。

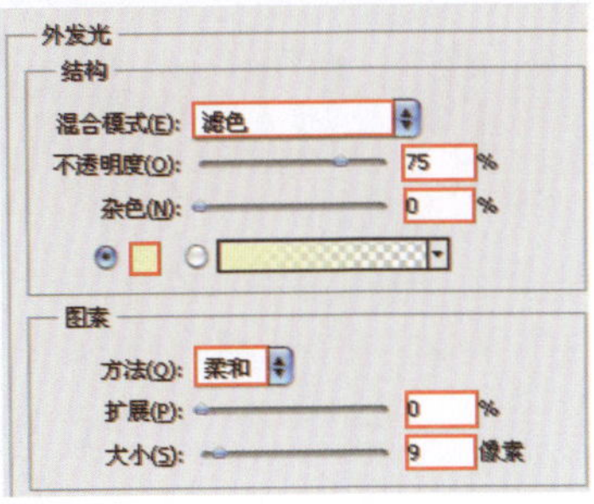

图7-73　“外发光”参数

图7-74　效果图

提　示

“外发光”效果：

外发光效果可以模拟真实的发光效果，使图层边缘产生向外发光的效果。

❸ 导入相机素材“4.jpg”，使用“魔棒工具”点击白色部分，反向选择，添加图层蒙版，如图7-75所示。复制相机图层，命名为“倒影”，使用自由变换工具快捷键“Ctrl+T”调出定界框，点击右键，执行“垂直翻转”命令。降低“不透明度”为55%，如图7-76所示。

图7-75　相机素材

图7-76　制作倒影

❹ 将光效素材“5.png”导入到画面中，并放置在合适的位置，如图7-77所示。设置该图层的“混合模式”为“绿色”并添加图层蒙版，隐藏部分光效，效果如图7-78所示。

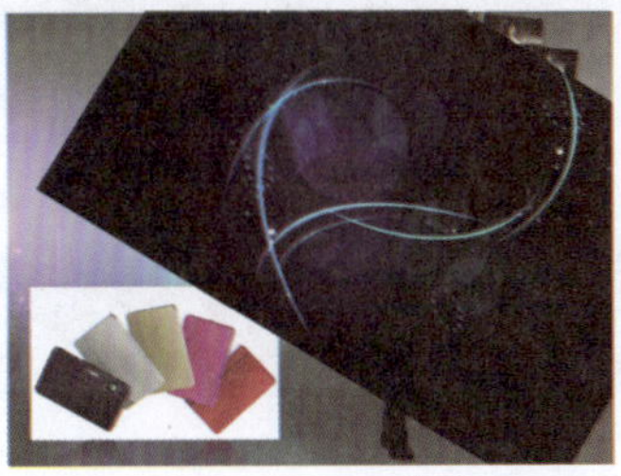
图7-77　光效素材

图7-78　光效效果

❺ 使用同样的方法制作光斑效果，如图7-79所示。

图7-79　光斑效果

实例158　相机户外广告——标志及文字

每一幅平面广告设计作品中，都有文字或标志的元素。这样的设计可以让广告更具说服力，也能够让受众在短时间内更多地了解商品。

案例效果剖析

本案例制作的是画面中的文字及标志。首先选择一个富有个性的字体，然后输入标志文字，接着为其添加“投影”的图层样式，接着输入说明性文字，最后将标志文字复制、旋转，并移动到商品上方。部分效果展示如图7-80所示。

输入标志文字

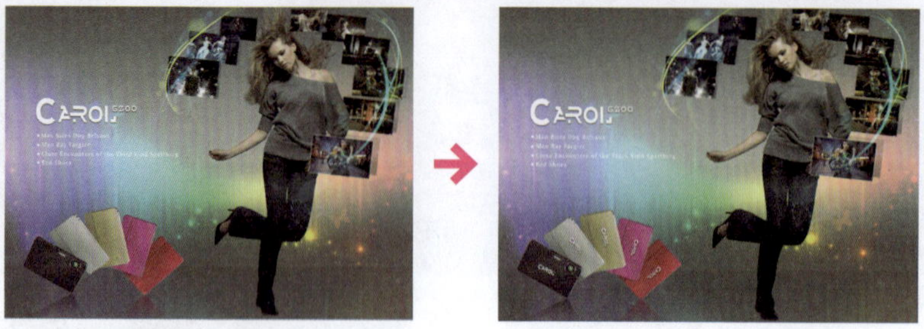

输入说明文字　　为商品上添加文字标志

图7-80　效果展示

案例技术要点

本案例主要用到的功能及技术要点如下。

- 横排文字工具：用来输入文字。
- 图层样式：用来制作文字投影的效果。
- 自由变换：用来旋转文字标志。

案例制作步骤

源文件路径	案例文件\第7章\实例156-158\		
素材路径	案例文件\第7章\实例156-158\		
视频路径	视频教学\第7章\实例156-158.flv		
难易程度	★★	学习时间	3分05秒

❶ 选择工具箱中的“横排文字工具”T，在画面中输入文字，如图7-81所示。选择该图层执行“图层｜图层样式｜投影”命令，参数设置如图7-82所示。文字效果如图7-83所示。

图7-81　输入文字

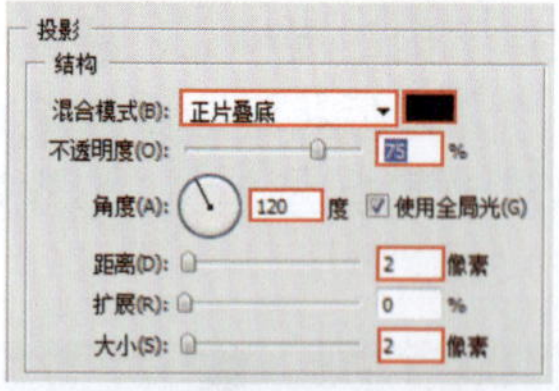

图7-82　“投影”参数

图7-83　投影效果

❷ 将文字图层复制，移动到商品上方，效果如图7-84所示。

图7-84　复制标志

> **提　示**
>
> 快速复制对象的方法：
>
> 选择对象图层，按住“Alt”键，拖拽该图层即可快速复制对象。

❸ 导入文字素材“7.png”，放置在画面中相应的位置，效果如图7-85所示。

图7-85　最终效果

实例159　甜美风格——化妆品户外广告

化妆品广告颜色通常比较淡雅，符合女性柔雅的特质。本案例使用了粉色和白色搭配的颜色为主体色，主体文字和按钮使用了粉色系的“渐变叠加”的图层样式，然后使用“直线工具”绘制分割线，使画面整体居于中心，视觉效果统一。

案例效果剖析

制作本案例时，首先将背景图片打开，然后使用文字工具输入相应的文字，接着使用形状工具绘制图形，最后添加商品素材。部分效果展示如图7-86所示。

打开背景素材

输入文字

导入商品素材

图7-86　效果展示

案例技术要点

本案例中主要用到的功能及技术要点如下。

- 横排文字工具：用来输入画面中的文字。
- 矩形形状工具：用来绘制分割线和按钮。
- “置入”命令：用来导入素材。

源文件路径	案例文件\第7章\实例159\
素材路径	案例文件\第7章\实例159\
视频路径	视频教学\第7章\实例159.flv
难易程度	★★
学习时间	1分56秒

实例160 中式风格——饮食主题户外广告

制作中式风格的广告，不免要与中国传统文化相结合，本案例就是将中式古典花纹和手写文字相结合，打造出古色古香的气氛。

案例效果剖析

制作本案例时，首先打开背景素材，然后导入素材，通过“图层蒙版”进行抠图，最后使用“直排文字工具”输入文字。部分效果展示如图7-87所示。

打开背景素材　添加图片素材　添加直排文字

图7-87　效果展示

案例技术要点

本案例中主要用到的功能及技术要点如下。

- “打开”命令：用来打开背景。
- 图层蒙版：使用该工具进行抠图。
- 直排文字工具：用来输入文字。

源文件路径	案例文件\第7章\实例160\		
素材路径	案例文件\第7章\实例160\		
视频路径	视频教学\第7章\实例160.flv		
难易程度	★★	学习时间	40秒

第 8 章 画册设计

画册是一种图文并茂的表达形式，通常图案的数量要比文字多一些。画册就是一个展示的平台，通过这样的平台可以将企业和个人的形象、风貌、理念等展示出来，从而让别人了解自己。画册的优势在于将信息表现得足够醒目，能让人一目了然，而且通过精简的文字对图形进行概述说明，更进一步体现了画册设计的魅力所在。

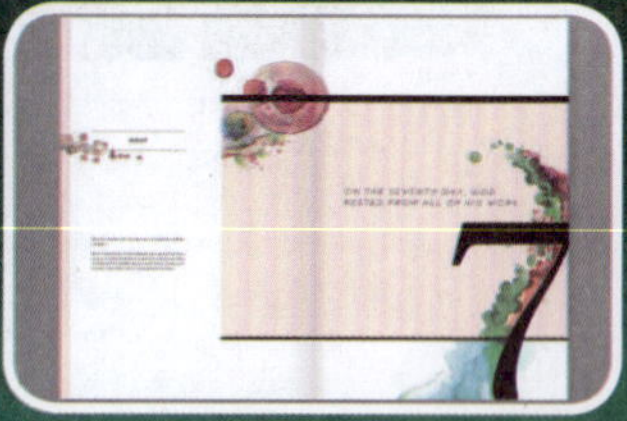

实例161 产品画册——简约风格画册版式设计

本案例讲解的是简约画册的版式设计，在画面中，图案与文字组合排列，使用到了骨骼型的构图方式，给人一种稳定、扎实的视觉感受。

案例效果剖析

制作本案例时，首先要确定画面中图像的大概位置，然后使用文字工具输入点文字和段落文字，最后制作出书页凸起的感觉。部分效果展示如图8-1所示。

为画面添加图案　为版面添加文字　制作杂志的立体效果

图8-1　效果展示

案例技术要点

本案例中主要用到的功能和技术要点如下。

- 矩形工具：用来绘制矩形形状。
- 横排文字工具：用来输入点文字和段落文字。
- 混合模式：用来设置图层的混合模式。
- 渐变工具：使用该工具为选区填充渐变颜色。

案例制作步骤

源文件路径	案例文件\第8章\实例161\		
素材路径	案例文件\第8章\实例161\		
视频路径	视频教学\第8章\实例161.flv		
难易程度	★★★★	学习时间	7分

❶ 新建“宽度”为3508像素，“高度”为2480像素的画布。导入素材“1.jpg”“2.jpg”“3.jpg”，分别放置到适当位置，如图8-2所示。

图8-2　导入素材

❷ 绘制图标。单击工具箱中的“矩形工具”按钮，在选项中设置“绘制模式”为“形状”，“颜色”为“灰色”，在画布上方绘制矩形，如图8-3所示。按照上述方法绘制其他矩形，如图8-4所示。

图8-3　绘制矩形

图8-4 绘制其他矩形

❸ 输入页码。单击工具箱中的“横排文字工具”T按钮，选择适当字体、颜色及字号，输入数字，如图8-5所示。输入标题文字。单击工具箱中的“横排文字工具”T按钮，选择适当字体、颜色及字号，输入标题文字，如图8-6所示。

图8-5 输入页码

图8-6 输入标题文字

❹ 输入段落文字。在画布上绘制文本框，如图8-7所示。在文本框内输入段落文字，如图8-8所示。按照上述方法输入其他文字，如图8-9所示。

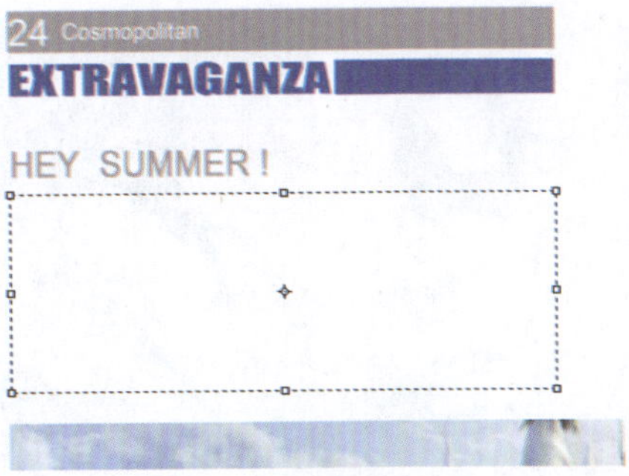

图8-7 绘制文本框

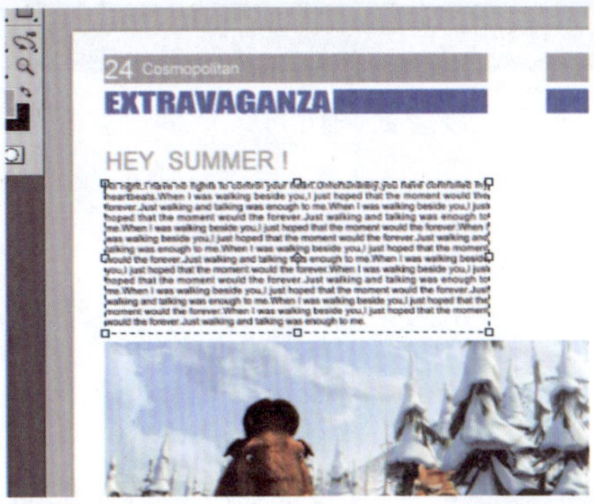

图8-8 输入段落文字

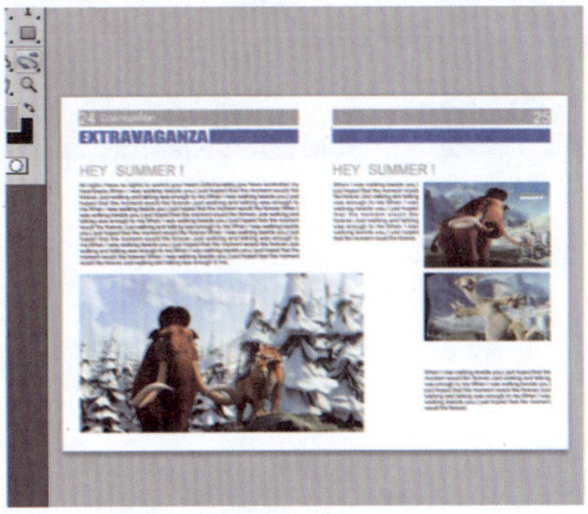

图8-9 文字效果

提 示

如何调整文本框的大小？

绘制完文本框以后，将光标移动到控制点处，按住鼠标左键拖拽控制点，即可调整文本框的大小，和自由变换的操作一样。

❺ 绘制矩形。单击工具箱中的“矩形工具”▢按钮，在选项中设置“绘制模式”为“形状”，“颜色”为“蓝色”，绘制矩形，如图8-10所示。设置该图层的“混合模式”为“正片叠底”，效果如图8-11所示。继续在这个蓝色的矩形上方输入段落文字，效果如图8-12所示。

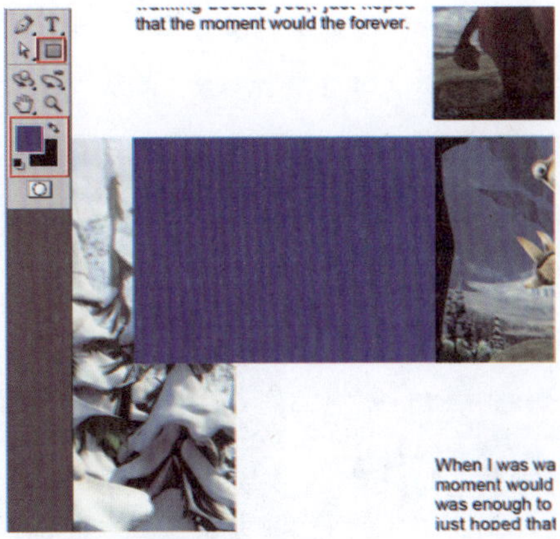

图8-10 绘制矩形

图8-11 效果图

图8-12 输入文字

❻ 绘制渐变效果。新建图层，单击工具箱中的“矩形选框工具”⬚按钮，在画布绘制矩形选框。使用“渐变工具”填充一个由透明到黑色的渐变，效果如图8-13所示。设置该图层的“不透明度”为10%，效果如图8-14所示。

图8-13 添加渐变

图8-14 最终效果

实例162 粉嫩写真画册版式设计——人物调色

本案例制作的是以女性为主题的版式设计，该版面采用粉红色调，整个画面给人一种粉嫩、青春的视觉感受。

案例效果剖析

制作本案例时，首先将人物素材放置在画面中合适的位置，然后新建调整图层进行调色，再通过“图层蒙版”隐藏画面中的部分调色效果，只调整背景部分。部分效果展示如图8-15所示。

图8-15 效果展示

案例技术要点

本案例中主要用到的功能和技术要点如下。

- 色相/饱和度：用来更改人物背景的颜色。
- 曲线：为画面进行调色。

案例制作步骤

源文件路径	案例文件\第8章\实例162-163\		
素材路径	案例文件\第8章\实例162-163\		
视频路径	视频教学\第8章\实例162-163.flv		
难易程度	★★★	学习时间	2分42秒

❶ 新建一个420毫米×297毫米的新文件，然后将人物素材“1.jpg”和“2.jpg”导入到画面中，分别放在画面的左侧和右侧，效果如图8-16所示。

图8-16 人物素材

❷ 调整右侧人像背景颜色。执行“图层 | 新建调整图层 | 色相/饱和度”命令，参数设置如图8-17所示。将蒙版填充为“黑色”，然后使用白色的画笔在右侧人物背景部分涂抹，效果如图8-18所示。

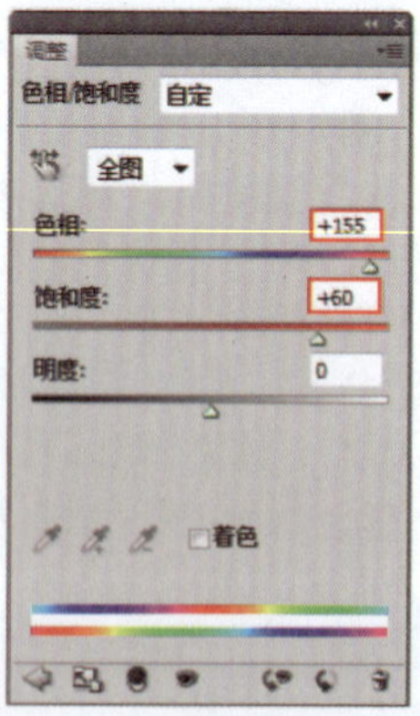

图8-17 “色相/饱和度”参数

图8-18 填充蒙版

❸ 执行“图层 | 新建调整图层 | 曲线”命令，调整曲线形状，如图8-19所示。将“色相/饱和度”调整图层的蒙版复制给“曲线”调整图层，画面效果如图8-20所示。

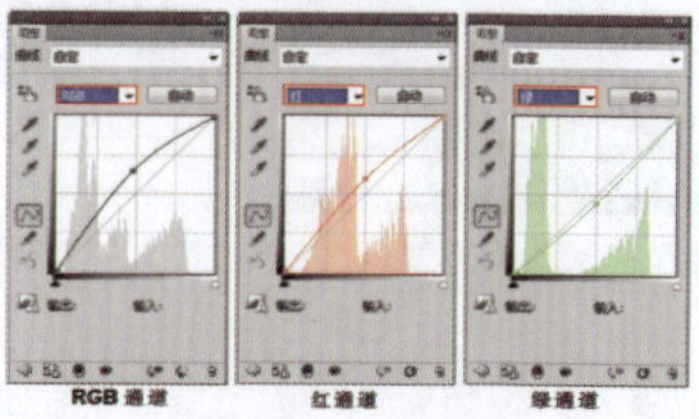

图8-19 曲线形状

图8-20 画面效果

> **提 示**
>
> 设置通道的曲线形状：
>
> 选择相应通道后调整曲线形状，从而调整图像的颜色。

❹ 新建“曲线调整图层”，调整曲线形状，如图8-21所示。再次复制图层蒙版给该图层，效果如图8-22所示。

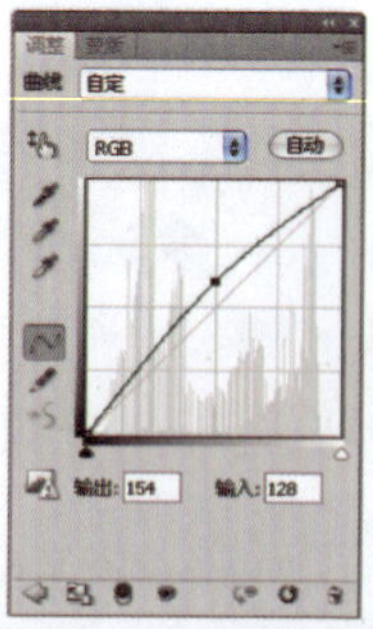

图8-21 曲线调整图层

图8-22 效果图

实例163 粉嫩写真画册版式设计——装饰版面

版面的装饰也是设计的一种，本案例中要为人物背景添加波点装饰，还要为整个版面添加文字装饰。

案例效果剖析

制作本案例时，将波点素材导入到画面中，然后设置“不透明度”和添加“图层蒙版”制作出波点背景效果，接着为画面添加文字进行装饰。部分效果展示如图8-23所示。

制作背景的波点　　添加装饰

图8-23　效果展示

案例技术要点

本案例中主要用到的功能和技术要点如下。

- 图层蒙版：用来隐藏多余内容。
- 横排文字工具：用来输入画面中的文字。
- 图层样式：用来添加投影图层样式。

案例制作步骤

源文件路径	案例文件\第8章\实例162-163\		
素材路径	案例文件\第8章\实例162-163\		
视频路径	视频教学\第8章\实例162-163.flv		
难易程度	★★★	学习时间	2分42秒

❶ 导入白色斑点素材“3.png”，添加图层蒙版，使用黑色画笔涂抹人像部分，效果如图8-24所示。导入粉色斑点素材“4.png”，添加图层蒙版，使用黑色画笔涂抹人像部分，如图8-25所示。

图8-24　白色斑点素材

图8-25　粉色斑点素材

❷ 导入人像素材“5.jpg”，自由变换后放置在图像右下方，如图8-26所示。

图8-26　人像素材

> **提　示**
>
> 如何制作波点背景？
>
> 制作波点背景可以选择“画笔工具”，通过“画笔面板”，调整画面动态，从而进行绘制。

❸ 使用“横排文字工具”T，输入文字，如图8-27所示。选择该文字图层，执行“图层｜图层样式｜投影”命令，参数设置如图8-28所示。投影效果如图8-29所示。

图8-27　输入文字

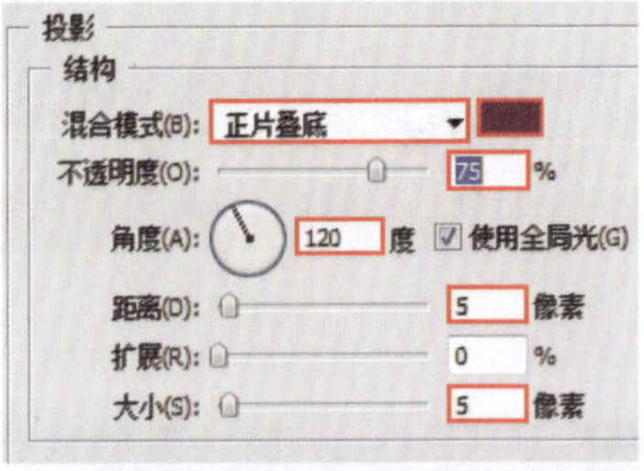

图8-28　“投影”参数

图8-29　投影效果

❹ 导入素材“6.png”，如图8-30所示。在画面中输入文字，效果如图8-31所示。

图8-30　导入素材

图8-31　输入文字

❺ 导入装饰素材“7.png”，效果如图8-32所示。

图8-32　最终效果

实例164　写真画册——可爱风格画册内页设计

画面分为左右两个板块，板块不同但色调相同。画面背景颜色都是以粉色、绿色及白色为主，背景颜色与人像服装颜色相吻合，画面中同类颜色的搭配使色调达成了统一。

案例效果剖析

制作本案例时，首先打开背景素材，然后导入人像素材，接着使用“背景橡皮擦”工具抠图，最后为画面添加装饰。部分效果展示如图8-33所示。

图8-33　效果展示

案例技术要点

本案例中主要用到的功能及技术要点如下。

- 背景橡皮擦工具：使用该工具进行抠图。
- “置入”命令：使用该命令将素材导入到画面中。

源文件路径	案例文件\第8章\实例164\		
素材路径	案例文件\第8章\实例164\		
视频路径	视频教学\第8章\实例164.flv		
难易程度	★★	学习时间	4分24秒

实例165　写真画册——淡雅风格封面设计

本案例整体画面以蓝白色为主。由于相机正常拍摄的画面色调较浑浊，为了制作淡雅清新的外景色调，对画面整体进行了调色。

案例效果剖析

制作本案例时，首先打开人物素材，然后对整个画面进行调色，将颜色调整为青色调，最后导入文字装饰素材。部分效果展示如图8-34所示。

图8-34　效果展示

案例技术要点

本案例中主要用到的功能和技术要点如下。

- 曲线：用来提亮画面亮度。
- 选取颜色：用来增加画面中的青色。
- 自然饱和度：用来增加画面颜色的饱和度。

源文件路径	案例文件\第8章\实例165\		
素材路径	案例文件\第8章\实例165\		
视频路径	视频教学\第8章\实例165.flv		
难易程度	★★	学习时间	1分53秒

实例166 婚纱相册封面设计——照片部分的处理

封面是装帧设计的一个重点，他就如同优美的序曲，将读者慢慢引向内容。封面设计要遵循平衡与调和的造型规律，突出主题，大胆设想，运用构图、色彩、图案等知识，设计出比较完美、个性，富有情感的封面，提高设计应用的能力。本案例主要讲解画面中的照片部分。

案例效果剖析

制作本案例时，首先新建文件，然后将人物素材导入到画面中，接着为画面右侧的图像添加相框，然后添加文字素材并为其添加“颜色叠加”的图层样式。部分效果展示如图8-35所示。

图8-35 效果展示

案例技术要点

本案例主要用到的功能和技术要点如下。

- 矩形选框工具：用来绘制矩形选区。
- 图层蒙版：基于选区添加图层蒙版，隐藏不要的内容。
- 图层样式：用来制作木质的相框效果以及花边效果。

案例制作步骤

源文件路径	案例文件\第8章\实例166-167\		
素材路径	案例文件\第8章\实例166-167\		
视频路径	视频教学\第8章\实例166-167.flv		
难易程度	★★★★	学习时间	10分10秒

❶ 执行“文件 | 新建”命令，新建文件，“宽度”为3300像素，“高度”为2550像素，“分辨率”为300像素/英寸，设置名称为“婚纱相册封面设计”，如图8-36所示。导入素材“1.jpg”，将素材放在画面左边位置，如图8-37所示。

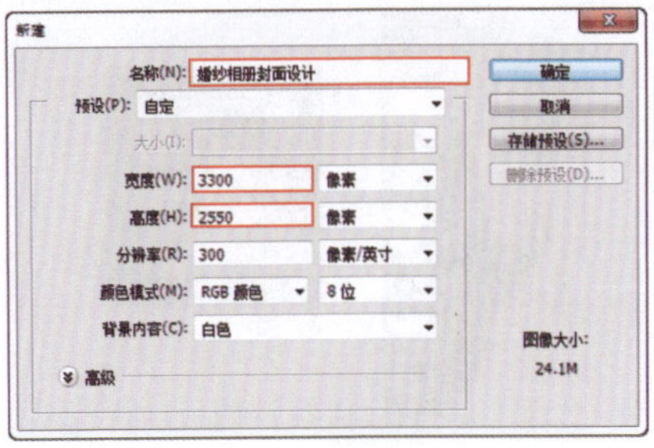

图8-36 新建文件

图8-37 导入素材

❷ 选择工具箱中的“矩形选框工具”，在画面的左侧绘制矩形选区，如图8-38所示。选择该图层，单击图层面板底部的“添加图层蒙版”按钮，基于选区添加蒙版，效果如图8-39所示。

图8-38 绘制选区

图8-39 添加蒙版

❸ 制作相框。导入照片“2.jpg”，如图8-40所示。新建图层，使用“矩形选框工具”，在照片上绘制选区并填充颜色，如图8-41所示。得到素材“2.jpg”的选区，删除矩形部分，相框形状就制作完成了，效果如图8-42所示。

图8-40 照片素材

图8-41 绘制选区

图8-42　相框形状

❹ 载入图案，丰富版面。导入预设图案，执行“编辑｜预设｜预设管理器”命令，打开“预设管理器”对话框，“预设类型”设置为“图案”，单击“载入”按钮，载入图案素材，如图8-43所示。

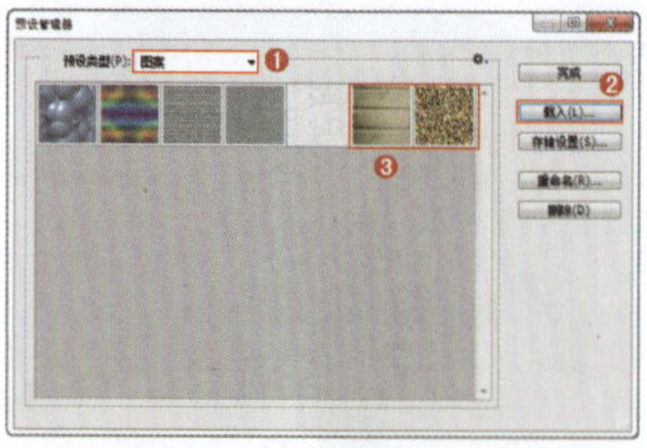

图8-43　导入图片

❺ 选择该图层，执行“图层｜图层样式｜斜面和浮雕”命令，参数设置如图8-44所示；勾选“内发光”选项，参数设置如图8-45所示；勾选“渐变叠加”选项，参数设置如图8-46所示；勾选“图案叠加”选项，参数设置如图8-47所示；勾选“投影”选项，参数设置如图8-48所示。画面效果如图8-49所示。

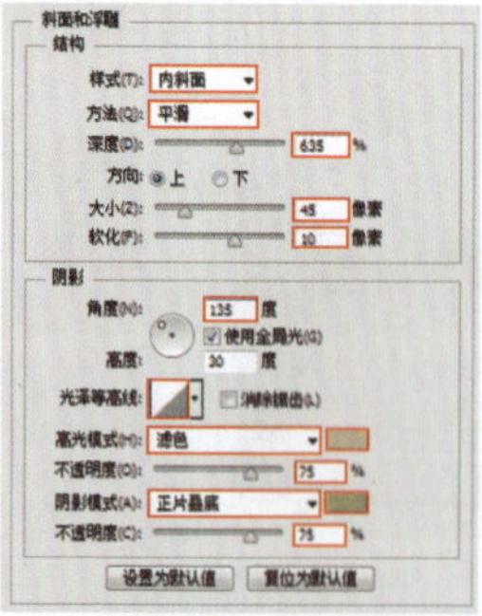

图8-44　“斜面和浮雕”参数

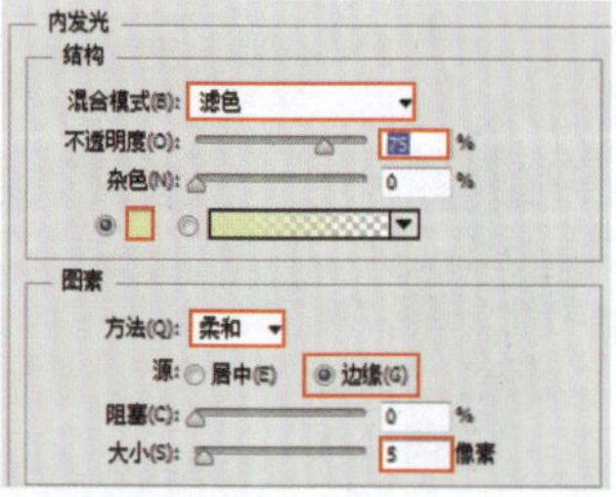

图8-45　“内发光”参数

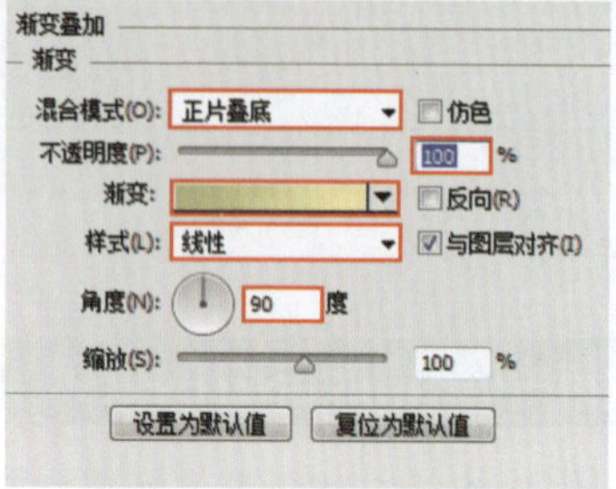

图8-46　“渐变叠加”参数

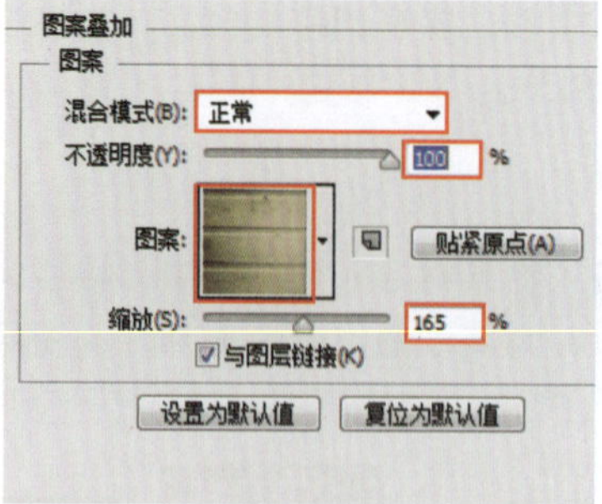

图8-47　“图案叠加”参数

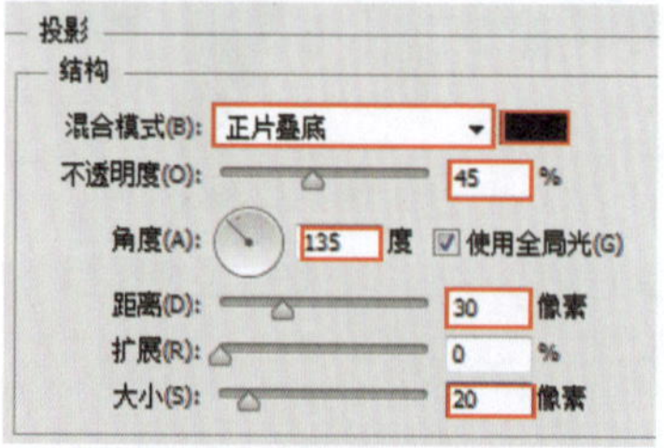

图8-48　“投影”参数

图8-49　相框效果

❻ 制作相框的木质边缘。导入素材“4.jpg”，降低该图层的不透明度，在相册的外边缘绘制矩形选区，如图8-50所示。单击图层面板底部的“添加图层蒙版”按钮，基于选区添加图层蒙版，效果如图8-51所示。在照片上方绘制一个矩形选区，填充为“黑色”，将图层的不透明度调整为100%，效果如图8-52所示。

图8-50　绘制选区

图8-51　添加图层蒙版

图8-52　木质相册

❼ 选择该图层，执行“图层｜图层样式｜投影”命令，参数设置如图8-53所示。投影效果如图8-54所示。

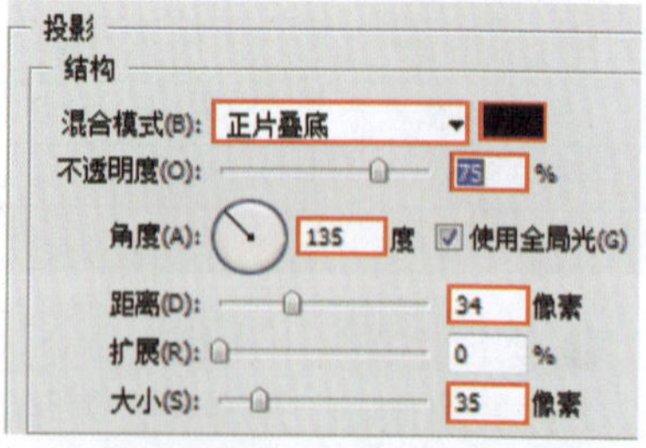

图8-53　“投影”参数

图8-54　投影效果

8 调整相框颜色。执行“图层 | 新建调整层 | 可选颜色”命令，参数设置如图8-55所示，效果如图8-56所示。

图8-55 “可选颜色”参数

图8-56 相框效果

9 导入边框素材“5.png”，如图8-57所示。选择该图层，执行“图层 | 创建剪贴蒙版”命令，效果如图8-58所示。

图8-57 边框素材

图8-58 创建剪贴蒙版

10 选择该图层，执行“图层 | 图层样式 | 斜面和浮雕”命令，参数设置如图8-59所示；勾选“图案叠加”选项，参数设置如图8-60所示；勾选“投影”选项，参数设置如图8-61所示。单击“确定”按钮，画面效果如图8-62所示。

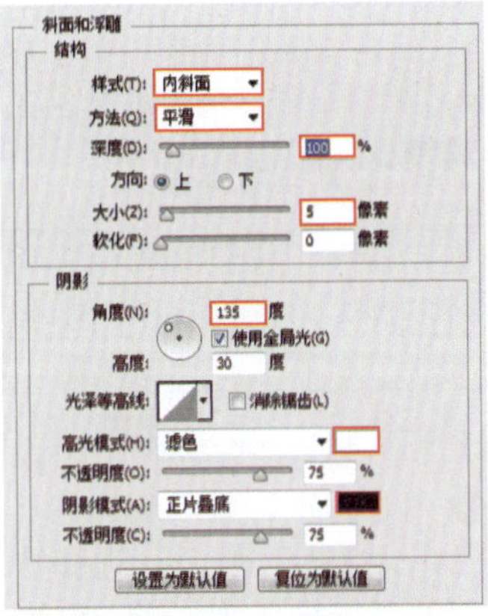

图8-59 “斜面和浮雕”参数

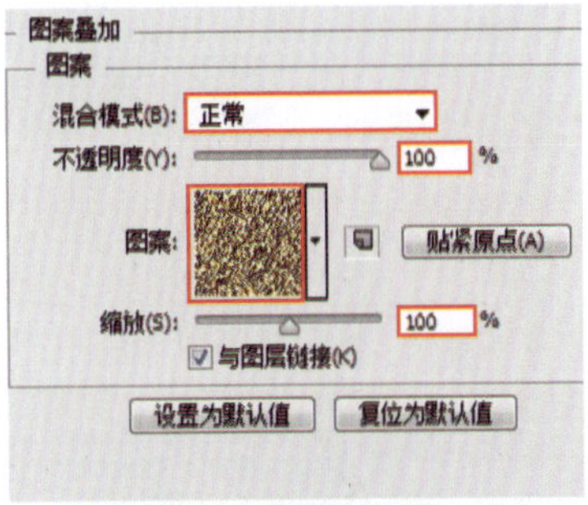

图8-60 “图案叠加”参数

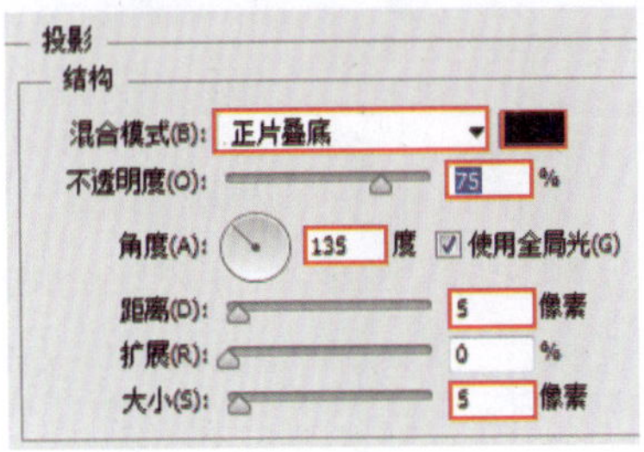

图8-61 “投影”参数

图8-62 边框效果

11 导入艺术文字素材“6.png”，如图8-63所示。选择该图层，执行“图层 | 图层样式 | 颜色叠加”命令，参数设置如图8-64所示。文字效果如图8-65所示。

图8-63 文字素材

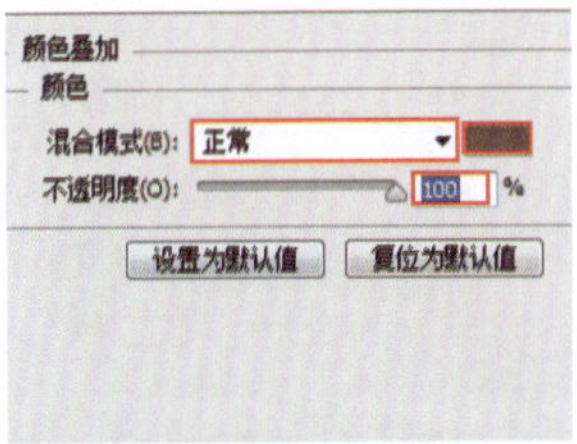

图8-64 “颜色叠加”参数

图8-65 文字效果

⑫ 导入花边素材“7.png”，如图8-66所示。选择该图层，执行“图层 | 图层样式 | 图案叠加”命令，参数设置如图8-67所示；勾选“投影”选项，参数设置如图8-68所示。单击“确定”按钮，画面效果如图8-69所示。

图8-66　花边素材

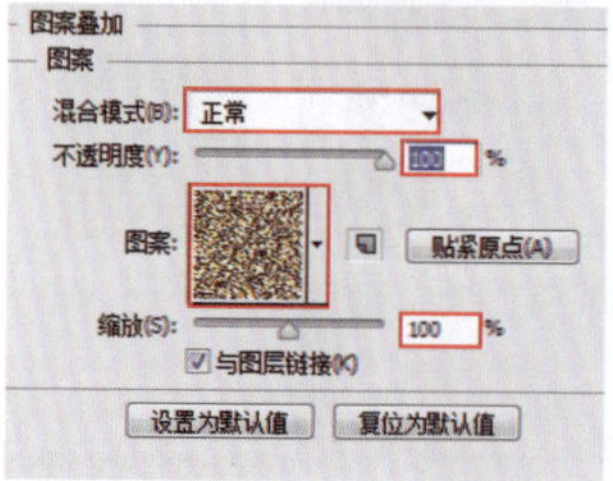

图8-67　“图案叠加”参数

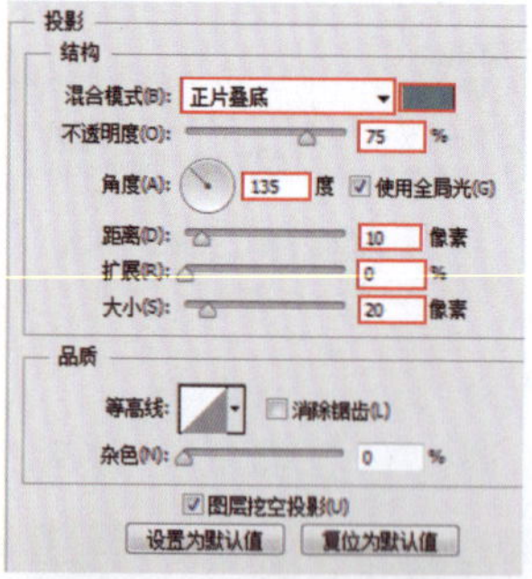

图8-68　“投影”参数

图8-69　花边效果

实例167　婚纱相册封面设计——欧式风格边框

本案例制作的是边框部分，棕黄色的边框呈现出欧式的华丽，边框部分的制作要与整个画面的风格相统一。

案例效果剖析

制作版面的欧式风格边框，首先是要制作边框的形状，然后通过画笔制作心形的装饰，最后为其添加图层样式。部分效果展示如图8-70所示。

图8-70　效果展示

案例技术要点

本案例中主要用到的功能和技术要点如下。

- 矩形选框工具：用来绘制矩形选区。
- 画笔工具：用来绘制心形的装饰。
- 画笔面板：用来编辑画笔动态。

案例制作步骤

源文件路径	案例文件\第8章\实例166-167\		
素材路径	案例文件\第8章\实例166-167\		
视频路径	视频教学\第8章\实例166-167.flv		
难易程度	★★★	学习时间	10分10秒

❶ 制作边框形状。新建图层并填充颜色，如图8-71所示。选择该图层“不透明度”设置为50%，效果如图8-72所示。

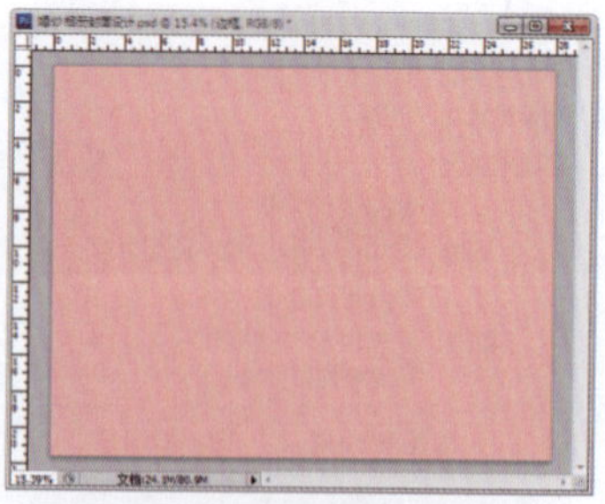
图8-71　新建图层

图8-72　降低不透明度

❷ 选择工具箱中的“矩形选框工具” 在画面中绘制矩形选区，然后按“Delete”键删除选区的内容，如图8-73所示。继续绘制矩形选区，删除选区的内容，将“不透明度”调整为100%。边框形状如图8-74所示。

图8-73　删除选区内容

图8-74　边框形状

> **提 示**
>
> 如何移动选区？
>
> 绘制完选区后，在“新选区”□和选框工具的状态下，将光标移动到选区内，当光标变为▷状时，即可移动选区位置。

❸ 选择该图层，执行“图层｜图层样式｜颜色叠加”命令，参数设置如图8-75所示；勾选“图案叠加”选项，参数设置如图8-76所示；勾选“投影”选项，参数设置如图8-77所示。单击“确定”按钮，画面效果如图8-78所示。

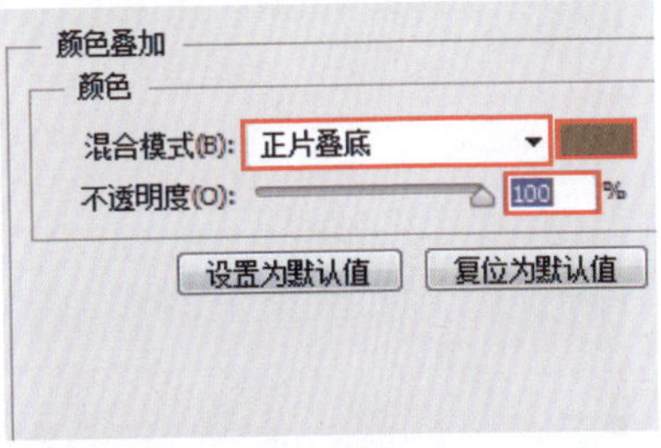

图8-75 “颜色叠加”参数

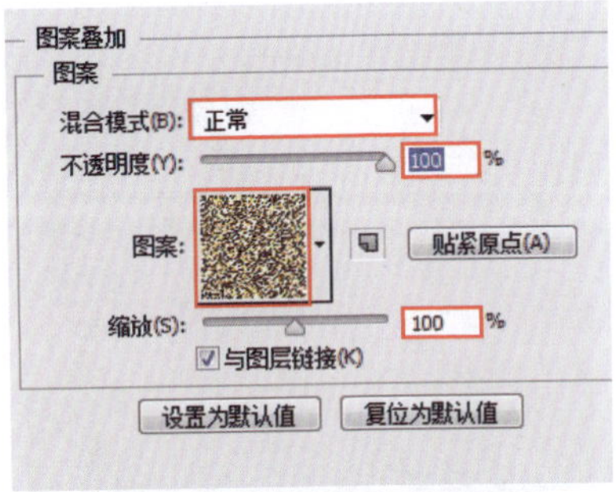

图8-76 “图案叠加”参数

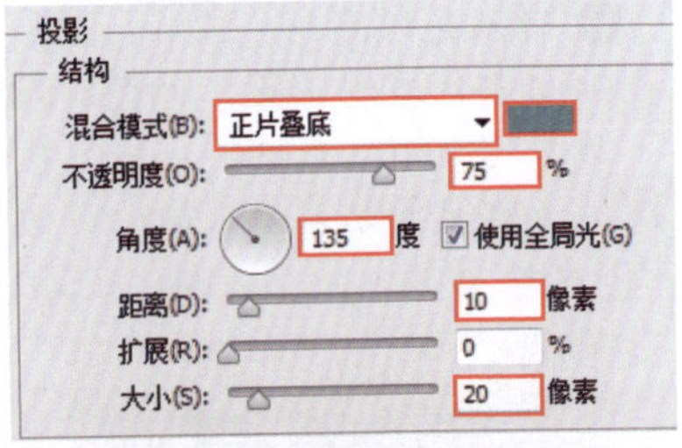

图8-77 “投影”参数

图8-78 画面效果

❹ 新建图层，单击工具箱中的“画笔工具”按钮，使用快捷键“F5”，调出画笔面板，选择“心形画笔”，设置“大小”为90像素，“间距”为125%，参数设置如图8-79所示。按住“Shift”键绘制心形装饰，如图8-80所示。

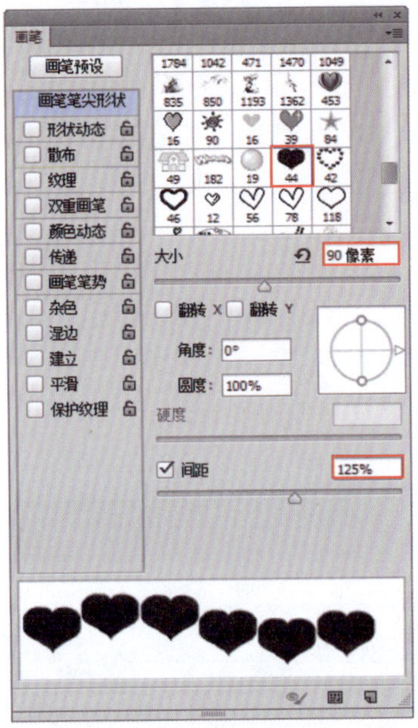

图8-79 画笔面板

图8-80 绘制心形装饰

❺ 选择该图层，执行“图层｜图层样式｜图案叠加”命令，参数设置如图8-81所示；勾选“投影”选项，参数设置如图8-82所示。单击“确定”按钮，画面效果如图8-83所示。

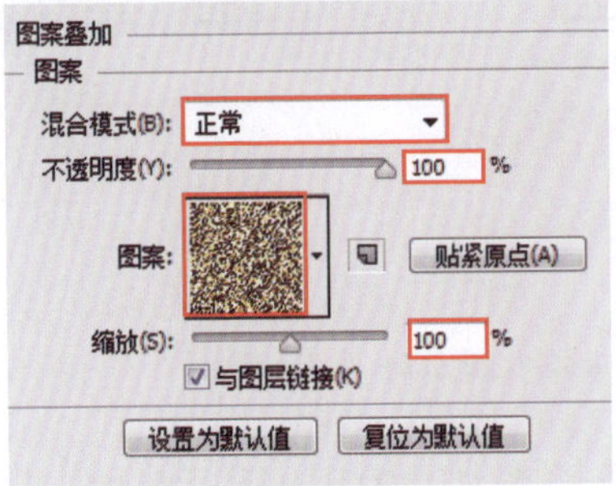

图8-81 “图案叠加”参数

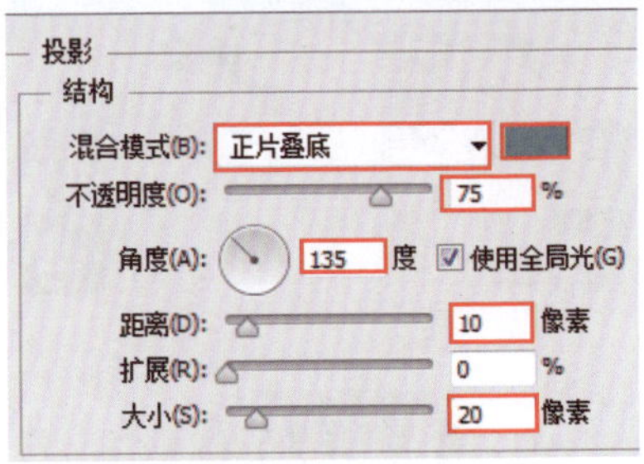

图8-82 “投影”参数

图8-83 最终效果

实例168 写真版式——可爱风格版式

青春写真版式通常样式活泼，颜色明快。本案例使用了方块样式的图层蒙版，将一张图像裁切为单独的方框样式，粉绿色调的画面风格使整体版式青春洋溢。

案例效果剖析

制作本案例时，新建一个背景为透明的文件，然后将人物素材导入到画面中，接着新建图层，填充为淡粉色，再为该图层添加图层蒙版，通过图层蒙版制作心形拼贴效果，最后为画面添加波点装饰、边框和文字。部分效果展示如图8-84所示。

将图像素材移动到合适的位置

为粉色图层添加图层蒙版　　制作画面中的装饰

图8-84　效果展示

案例技术要点

本案例中主要用到的功能和技术要点如下。

- 图层蒙版：使用此工具进行抠图。
- 图层样式：为图层添加“内阴影”和“投影”图层样式。
- 横排文字工具：用来输入装饰文字。

源文件路径	案例文件\第8章\实例168\		
素材路径	案例文件\第8章\实例168\		
视频路径	视频教学\第8章\实例168.flv		
难易程度	★★★	学习时间	3分22秒

实例169　中式菜谱——封面

本案例讲解的是中式菜谱画册的封面设计，在封面中，采用了红色调，然后添加很多中式风格的装饰，这样可以凸显中式风格特有的韵味。

案例效果剖析

制作本案例时，首先打开背景素材，然后使用“矩形工具”绘制红色矩形，接着为封面添加花纹，最后为封面添加文字。部分效果展示如图8-85所示。

绘制红色矩形　　为封面添加花纹　　制作封面上的文字

图8-85　效果展示

案例技术要点

本案例主要用到的功能及技术要点如下。

- 矩形工具：用来绘制矩形。
- 图层样式：用来为图层添加投影和描边的图层样式。
- 横排文字工具：用来输入文字。
- 钢笔工具：用来绘制形状。

案例制作步骤

源文件路径	案例文件\第8章\实例169-170\
素材路径	案例文件\第8章\实例169-170\
视频路径	视频教学\第8章\实例169-170.flv
难易程度	★★★★
学习时间	5分02秒

❶ 打开背景素材“1.jpg”，如图8-86所示。绘制矩形，选择工具箱中的“矩形工具”，设置“绘制模式”为“形状”，“填充”为“红色”，在画面中绘制矩形，如图8-87所示。

图8-86　背景素材

图8-87　绘制矩形

❷ 导入花纹素材“2.png”，放置在画面中合适的位置，如图8-88所示。裁剪超出矩形页面的部分，执行“图层 | 创建剪贴蒙版”命令，效果如图8-89所示。

图8-88　花纹素材

图8-89　效果图

❸ 制作线框，选择工具箱中的“矩形工具”，设置“绘制模式”为“形状”，在画面中合适的位置绘制矩形，如图8-90所示。执行“图层｜图层样式｜描边”命令，参数设置如图8-91所示。将“填充”设置为0%，效果如图8-92所示。

图8-90　绘制形状

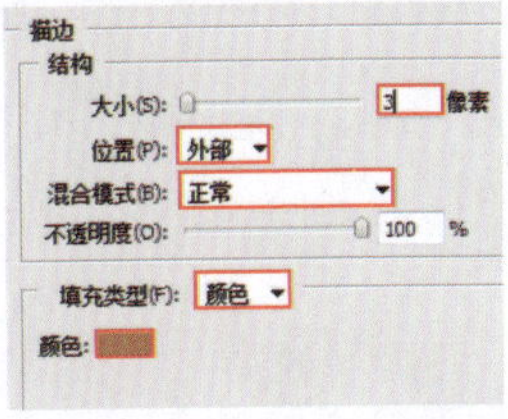

图8-91　“描边”参数

图8-92　矩形效果

❹ 选择工具箱中的“横排文字工具”，设置“颜色”为“黑色”，设置合适的字体和字号，在画面中输入文字，如图8-93所示。执行“图层｜图层样式｜描边”命令，参数设置如图8-94所示。效果如图8-95所示。使用同样的方法输入其他文字，效果如图8-96所示。

图8-93　输入文字

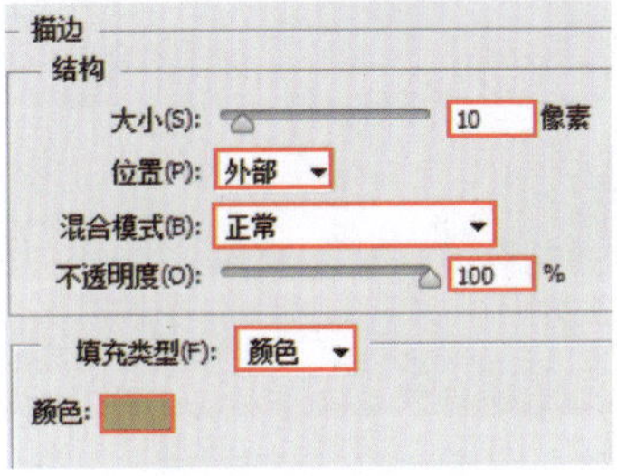

图8-94　“描边”参数

图8-95　描边效果

图8-96　文字效果

❺ 将文字和线框一体化。选择“线框”图层，单击鼠标右键执行“栅格化图层”命令，将该图层栅格化。单击图层面板下方的“添加图层蒙版”按钮，为其添加蒙版，然后使用“黑色”的柔角画笔在蒙版中进行涂抹，使文字和线框更好的融合在一起，效果如图8-97所示。

图8-97　边框效果

提　示

如何为电脑系统添加新字体？

字体的格式为“ttf”，选择该文字文件，将其复制，打开“计算机｜本地磁盘｜Windows｜Fonts”文件夹，然后将文字文件粘贴在该文件中即可。

❻ 导入素材“3.jpg”，放置在画面中合适的位置，如图8-98所示。调整画面颜色，执行“图层｜新建调整图层｜可选颜色”命令，参数设置如图8-99所示。画面效果如图8-100所示。

图8-98　导入素材

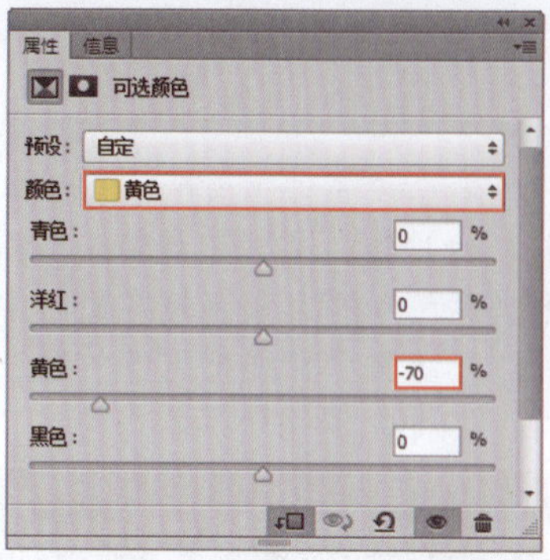

图8-99 “可选颜色”参数

图8-100 画面效果

❼ 制作菜谱边缘。选择工具箱中的“矩形选框工具”，在画面中绘制“矩形选框”，如图8-101所示。单击图层面板下方的“添加图层蒙版”按钮，为其添加蒙版，将多余的部分去除掉，效果如图8-102所示。输入文字，选择工具箱中的“直排文字工具”，在画面中输入文字，效果如图8-103所示。

图8-101 绘制选区

图8-102 添加蒙版

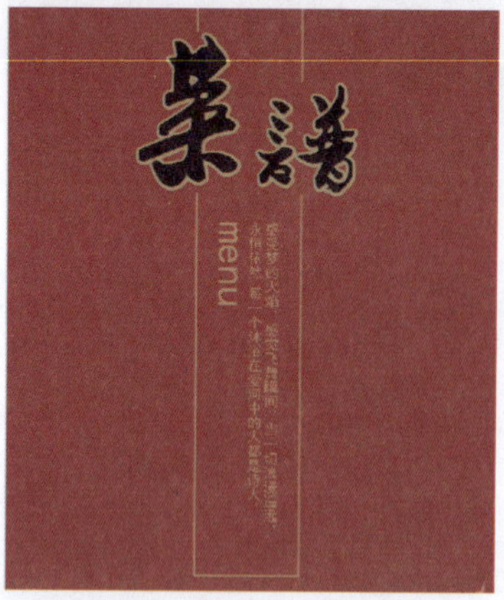

图8-103 输入文字

❽ 绘制形状，选择工具箱中的“钢笔工具”，设置“绘制模式”为“形状”，“颜色”为“黄色”，在画面中绘制形状，如图8-104所示。为该图层添加“渐变叠加”效果，执行“图层｜图层样式｜渐变叠加”命令，参数设置如图8-105所示。效果如图8-106所示。

图8-104 绘制形状

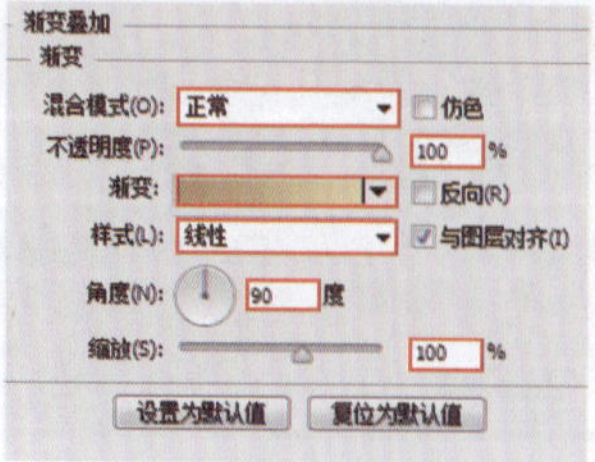

图8-105 “渐变叠加”参数

图8-106 渐变叠加效果

❾ 选择工具箱中的“横排文字工具”，设置“颜色”为“黄色”，设置合适的字体和字号，在所绘制的图形上方输入文字，如图8-107所示。增加文字效果，按住“Ctrl”键的同时单击文字图层，将文字载入选区，如图8-108所示。返回到“形状”图层，单击图层面板下方的“添加图层蒙版”按钮，为其添加蒙版，然后隐藏文字图层，效果如图8-109所示。目前效果并不理想，接下来将蒙版中的颜色进行“反相”。选择该图层蒙版，使用快捷键“Ctrl+I”执行“反相”操作，画面效果如图8-110所示。

图8-107 输入文字

图8-108 获取文字选区

图8-109　添加图层蒙版

图8-110　文字效果

⑩ 对图层“编组”。单击图层面板下方的“创建新组” 按钮，将所制作的图片、矩形、文字移动到该组中，如图8-111所示。选择该图层组，执行“图层 | 图层样式 | 投影”命令，参数设置如图8-112所示。封面效果如图8-113所示。

图8-111　创建图层组

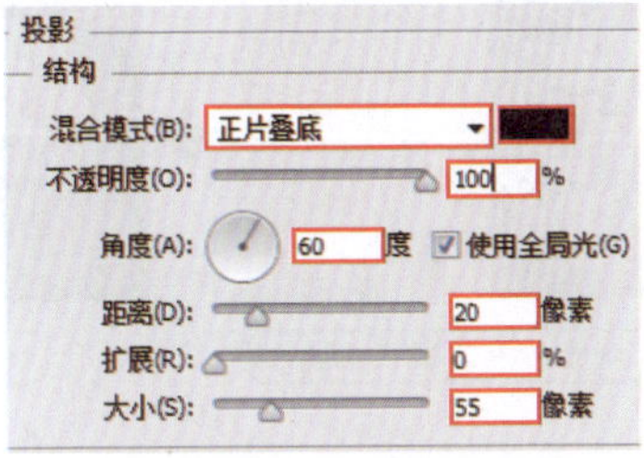

图8-112　“投影”参数

图8-113　封面效果

实例170　中式菜谱——封底

本案例主要讲解菜谱的封底部分，封底要与封面的风格保持统一。制作本案例时，只需要将封面复制，然后将部分内容进行更改即可。

案例效果剖析

制作本案例时，首先复制“封面”图层组，然后将其进行旋转，再删除不需要的内容，接着将国画素材移动到画面的右侧，最后删除不需要的内容。部分效果展示如图8-114所示。

复制封面　删除不需要的内容　移动国画素材

图8-114　效果展示

案例技术要点

本案例中主要用到的功能和技术要点如下。

- 移动图层蒙版：用来更改图像的显示区域。
- 水平翻转：用来调整对象所在位置。

案例制作步骤

源文件路径	案例文件\第8章\实例169-170\
素材路径	案例文件\第8章\实例169-170\
视频路径	视频教学\第8章\实例169-170.flv
难易程度	★★★
学习时间	5分02秒

❶ 制作菜谱封底。复制“封面组”，使用快捷键“Ctrl+T”执行“自由变换”操作，单击鼠标右键，在弹出的选项面板中执行“水平翻转”命令，如图8-115所示。变换后的效果如图8-116所示。

图8-115　“水平翻转”命令

图8-116　变换效果

❷ 在复制的组中，删除用不到的部分，将花纹水平翻转，再将封面中的酒和不规则形状自由变换并放大，放置在封底的中央，如图8-117所示。

图8-117　调整封底

❸ 更改封底中边缘的图片。选择图片所在图层，单击该图层上蒙版与图片之间"取消链接蒙版"的按钮，如图8-118所示。移动图片，此时图片只会在事先绘制的框中移动，以显示不同的部位，最终效果如图8-119所示。

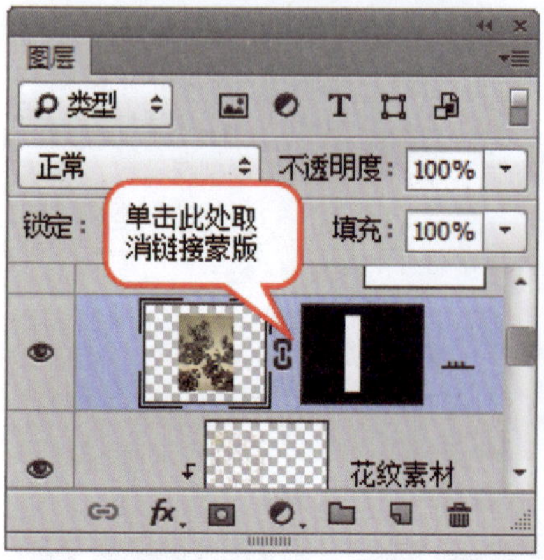

图8-118　取消链接蒙版

图8-119　最终效果

提　示

链接蒙版与取消链接蒙版：

默认情况下，图层或图层组与其图层蒙版或矢量蒙版是处于链接状态。如果使用移动工具移动图层或移动其蒙版时，该图层及其蒙版会在图像中同时移动。取消链接后可以单独移动它们，并可独立于图层改变蒙版的边界。

实例171　婚纱相册——古典风格婚纱照版式

古典风格婚纱照主要是将中国古典风格元素融入于画面之中，本案例将中国毛笔文字、竹叶、水墨画等一系列中国风的素材汇集于图像之中。

案例效果剖析

制作本案例时，首先新建文件，将"背景色"设置为"浅黄色"并进行填充，然后将人物素材导入到画面中，放置在版面的左侧，接着制作版面的右侧，最后添加装饰素材和黑色的边框。部分效果展示如图8-120所示。

图8-120　效果展示

案例技术要点

本案例中主要用到的功能和技术要点如下。

- 图层蒙版：使用该工具进行抠图。
- 混合模式：使用该工具进行合成。
- 图层样式：为图层添加"图案叠加"和"外发光"的图层样式，制作边框。

源文件路径	案例文件\第8章\实例171\		
素材路径	案例文件\第8章\实例171\		
视频路径	视频教学\第8章\实例171.flv		
难易程度	★★★	学习时间	2分25秒

实例172　简约风格商务画册——左页

本案例制作的是简约风格的商务画册，该版面采用干净的白色调，通过添加图形及文字进行版面的装饰。

案例效果剖析

本案例制作的重点是画面装饰部分。首先新建文件，接着绘制矩形并添加投影，然后为画面添加水滴、彩带、水珠等素材，最后使用"横排文字工具"输入文字。部分效果展示如图8-121所示。

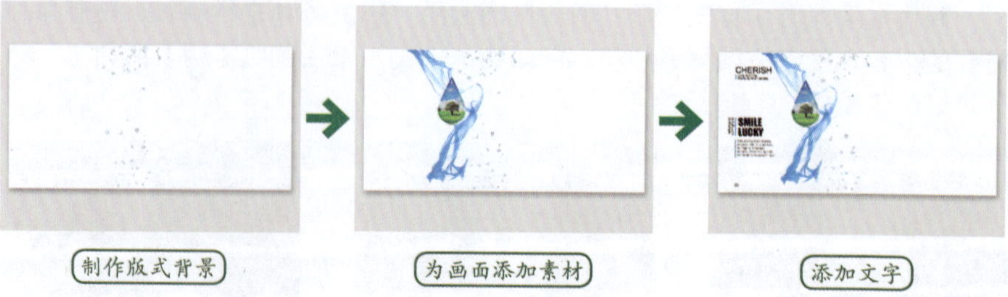

图8-121　效果展示

案例技术要点

本案例中主要用到的功能和技术要点如下。

- 矩形工具：用来绘制形状。
- 文字工具：用来输入文字。
- 渐变映射：使用该工具为对象更改颜色。
- 图层样式：用来为水滴添加图层样式，制作出水滴的立体效果。

案例制作步骤

源文件路径	案例文件\第8章\实例172-174\		
素材路径	案例文件\第8章\实例172-174\		
视频路径	视频教学\第8章\实例172-174.flv		
难易程度	★★★	学习时间	2分57

❶ 新建文件，并填充为“灰色”，如图8-122所示。绘制矩形，选择工具箱中的“矩形工具”，设置“绘制模式”为“形状”，“颜色”为“白色”，在画面中绘制“矩形”，如图8-123所示。

图8-122　填充灰色

图8-123　绘制白色矩形

❷ 建立参考线。使用快捷键“Ctrl+R”调出“标尺”，在“标尺”上拖拽鼠标，拖拽出“参考线”，如图8-124所示。在制作画册时，左右留出的距离要相同，上方的距离可以多于下方，如图8-125所示。

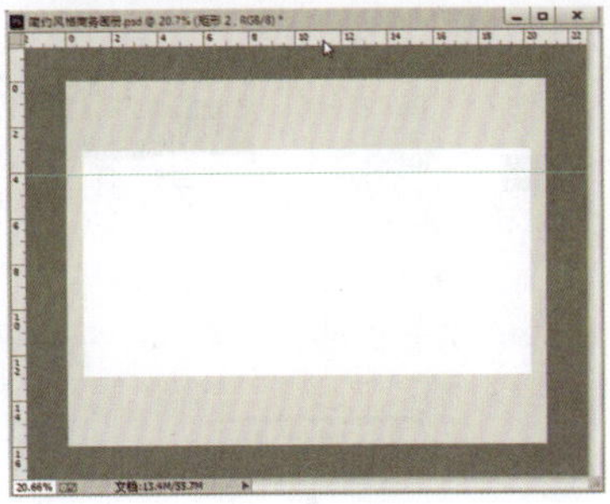

图8-124　参考线-1

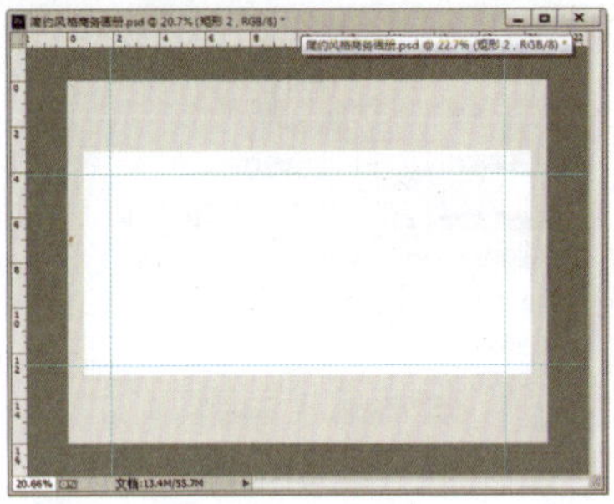

图8-125　参考线-2

提　示

什么是参考线？

参考线是用来精确对齐物体的辅助线。

❸ 导入水珠素材“1.png”，放置在画面中合适的位置，如图8-126所示。由于导入的素材画面多于画册页面，需使用“创建剪贴蒙版”去除多余的部分，执行“图层 | 创建剪贴蒙版”命令，效果如图8-127所示。选择“水珠”图层，“不透明度”设置为55%，效果如图8-128所示。

图8-126　水珠素材

图8-127　创建剪贴蒙版

图8-128　水珠效果

❹ 导入素材“2.jpg”，放置在画面中的合适位置，如图8-129所示。为其添加“渐变映射”效果，执行“图层 | 图层样式 | 渐变映射”命令，在“属性”面板中设置“渐变”为“蓝色系渐变”，如图8-130所示。渐变效果如图8-131所示。为了达到更加真实的效果，设置“混合模式”为“变暗”，效果如图8-132所示。

图8-129　导入素材

图8-130　“渐变映射”参数

图8-131　渐变映射效果

图8-132　调整“混合模式”

❺导入素材“3.jpg”，如图8-133所示。选择工具箱中的“自定形状工具”，设置“绘制模式”为“路径”，选择“雨滴”形状，然后在风景素材上方绘制路径，如图8-134所示。使用快捷键“Ctrl+Enter”，将路径转换为选区，单击图层面板下方的“添加图层蒙版”按钮，为其添加蒙版，效果如图8-135所示。

图8-133　导入素材

图8-134　绘制水滴路径

图8-135　添加蒙版

❻为“水滴”添加“斜面和浮雕”效果。执行“图层 | 图层样式 | 斜面和浮雕”命令，参数设置如图8-136所示。效果如图8-137所示。

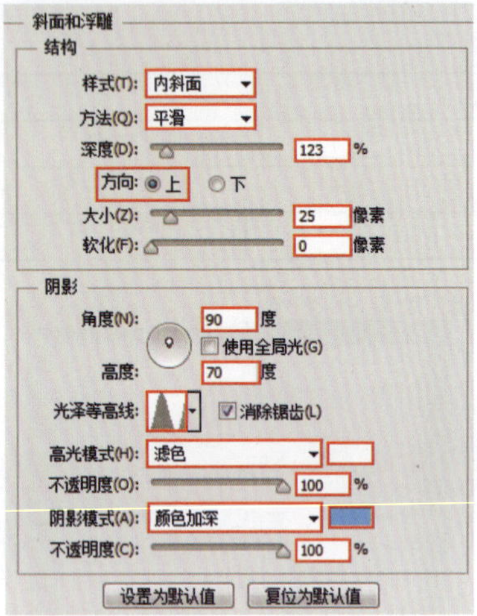

图8-136　“斜面和浮雕”参数

图8-137　水滴效果

❼绘制矩形。选择工具箱中的“矩形工具”，设置“绘制模式”为“形状”，“颜色”为“蓝色”，沿着画面左侧的“参考线”绘制矩形，如图8-138所示。输入文字，选择工具箱中的“横排文字工具”，“颜色”设置为“黑色”，设置合适的字体和字号，在矩形旁边输入文字，如图8-139所示。使用同样的方法绘制其他的“矩形”和“文字”，效果如图8-140所示。

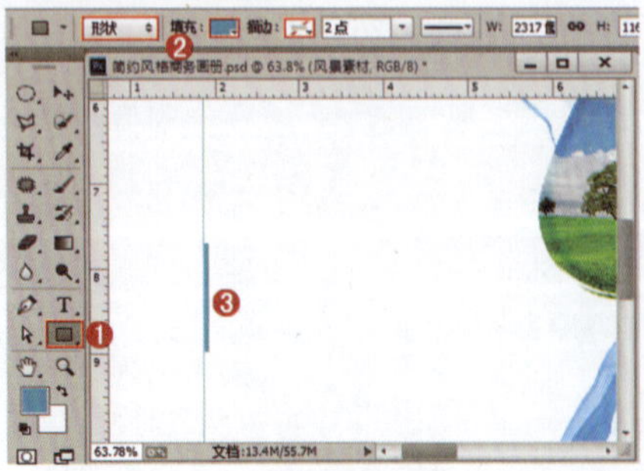

图8-138　绘制矩形

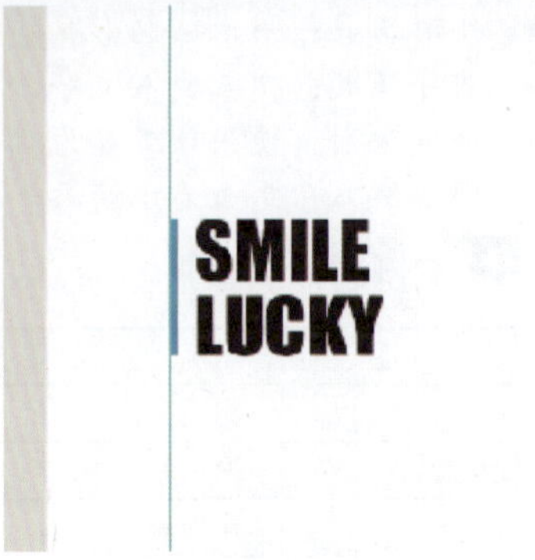

图8-139　输入文字

图8-140　画面效果

实例173
简约风格商务画册——右页

本案例制作右侧版面部分。该部分以文字为主，图案为辅。上图下文的版式可以减缓阅读的疲劳感。文字用分割线进行分割，使整体内容条理清晰。

案例效果剖析

本案例的重点是制作网格图形和输入文字。首先将图片素材导入到画面中，然后通过添加图层蒙版制作网格效果，最后使用文字工具输入文字。部分效果展示如图8-141所示。

导入图片素材

制作网格效果　　添加文字

图8-141　效果展示

案例技术要点

本案例中主要用到的功能和技术要点如下。

- 横排文字工具：用来输入点文字和段落文字。
- 图层蒙版：用来隐藏画面中的部分内容。
- 画笔工具：用来绘制直线。

案例制作步骤

源文件路径	案例文件\第8章\实例172-174\		
素材路径	案例文件\第8章\实例172-174\		
视频路径	视频教学\第8章\实例172-174.flv		
难易程度	★★★	学习时间	2分57

❶ 制作右侧版本部分。首先导入素材"4.jpg""5.jpg""6.jpg"和"7.jpg"，放置在画面中合适的位置，进行拼图，如图8-142所示。

图8-142　导入素材

❷ 绘制"矩形"。选择工具箱中的"矩形工具"，设置"绘制模式"为"形状"，"填充"为"绿色"，沿着画面右侧的"参考线"绘制"矩形"，如图8-143所示。选择工具箱中的"横排文字工具"，设置"颜色"为"白色"，设置合适的字体和字号，在所绘制的"矩形"中输入文字，效果如图8-144所示。使用同样的方法绘制其他矩形，效果如图8-145所示。

图8-143　绘制矩形

图8-144输入文字

图8-145　制作其他矩形

❸ 删除多余部分。单击图层面板下方的"创建新组"按钮，将制作的图片、矩形、文字都移动到该组中。选择该组，使用工具箱中的"矩形选框工具"，在画面中绘制"矩形选框"，如图8-146所示。单击图层面板下方的"添加图层蒙版"按钮，为其添加蒙版，图层面板如图8-147所示。效果如图8-148所示。

图8-146　绘制选区

图8-147　添加图层蒙版

图8-148　效果图

❹ 制作"拼图"效果。选择工具箱中的"画笔工具"，设置"画笔大小"为5像素，"硬度"为100%，"前景色"设置为"黑色"。按住"Shift"键，在蒙版中拖拽鼠标绘制直线，如图8-149所示。使用同样的方法绘制其他直线，效果如图8-150所示。

图8-149　绘制直线

图8-150　拼图效果

❺ 输入文字。选择工具箱中的"横排文字工具"，"颜色"设置为"黑色"，在相应位置输入，使用快捷键"Ctrl+T"调出定界框，旋转并移动到合适的位置，效果如图8-151所示。

图8-151　旋转文字

❻ 绘制“形状”。选择工具箱中的“矩形工具”，“绘制模式”设置为“形状”，“颜色”设置为“黄色”，在画面中绘制“矩形”，如图8-152所示。使用“直线工具”绘制分割线，如图8-153所示。

图8-152　绘制矩形

图8-153　绘制分割线

❼ 输入文字。选择工具箱中的“横排文字工具”，“颜色”设置为“黑色”，设置合适的字体和字号，在画面中输入文字，如图8-154所示。使用同样的方法绘制矩形、直线和文字，效果如图8-155。

图8-154　输入文字

图8-155　效果图

> **提　示**
>
> 绘制文本框的方法：
>
> 选择文字工具，在相应位置按住鼠标左键拖拽，即可绘制出文本框。

实例174　简约风格商务画册——展示效果

通常情况下，平面设计作品制作完成后，都会做出展示效果，达到吸引受众者注意的目的。

案例效果剖析

本案例制作的是杂志的展示效果。制作本案例时，首先制作左侧版面凸起的效果，再为整个版面添加“投影”的图层样式。部分效果展示如图8-156所示。

绘制矩形　　添加蒙版制作凸起效果　　添加“投影”的图层样式

图8-156　效果展示

案例技术要点

本案例主要用到的功能和技术要点如下。

- 矩形工具：用来绘制矩形形状。
- 图层样式：为图层添加“投影”的图层样式。

案例制作步骤

源文件路径	案例文件\第8章\实例172-174\
素材路径	案例文件\第8章\实例172-174\
视频路径	视频教学\第8章\实例172-174.flv
难易程度	★★
学习时间	2分57

❶ 制作画册的“立体效果”。使用“矩形工具”，绘制黑色的矩形，“不透明度”设置为20%，如图8-157所示。单击图层面板下方的“添加图层蒙版”按钮，为其添加蒙版。选择“渐变工具”，“渐变”设置为“由黑到白渐变”，在蒙版中拖拽鼠标，效果如图8-158所示。

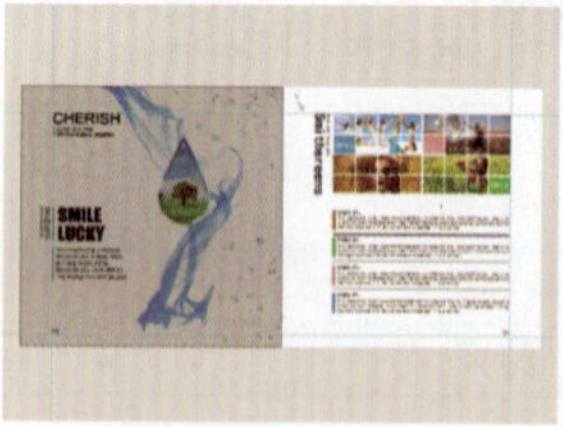

图8-157　降低不透明度

图8-158　渐变效果

❷ 为画册添加投影效果。选择最开始绘制的矩形图层，执行“图层 | 图层样式 | 投影”命令，参数设置如图8-159所示。最终效果如图8-160所示。

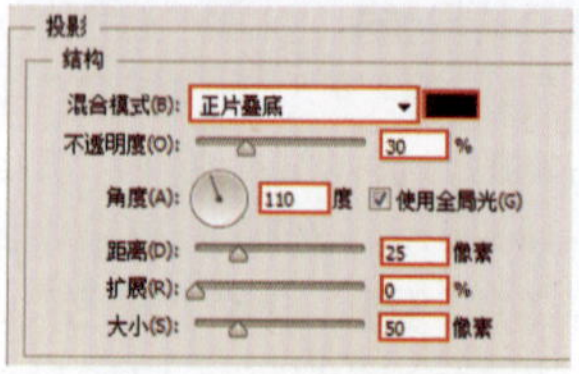

图8-159　“投影”参数

图8-160　最终效果

第9章 杂志设计

"杂志"一词，英文为"Magazine"，是一种定期发行的连续出版物，其中包含各种内容的文章，是一种介于书籍和报纸之间的出版物。杂志设计通常分为两大部分，首先是杂志封面的设计，各期杂志封面设计要风格统一，且杂志名称所用的字体和位置要固定，这样才能使读者对其印象深刻；其次是杂志内页的版式设计，这需要根据具体问题和内容酌情处理。

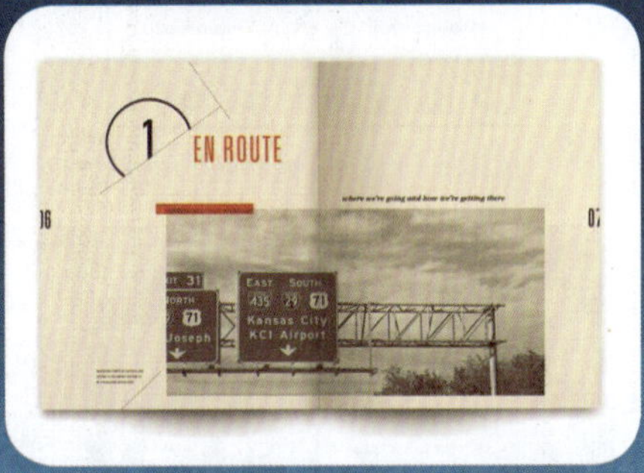

实例175 欧式风格杂志——广告页面

本案例制作的是欧式风格杂志的页面设计，该案例制作方法比较简单，主要是针对图片进行调色和装饰。使用"亮度/对比度"调整画面的亮度和对比度，接着调整小图片中的城堡颜色。

案例效果剖析

制作本案例主要是在图片上调整色调及添加装饰。通过执行"色相/饱和度""亮度/对比度"等命令对图像进行调整，然后使用"图层蒙版"将标志部分隐藏，最后置入文字素材，并使用"照片滤镜"命令调节画面整体色调。部分效果展示如图9-1所示。

打开风景素材　导入小照片以及装饰　使用文字工具制作艺术字

图9-1　效果展示

案例技术要点

本案例中主要用到的功能和技术要点如下。

- 亮度/对比度：用来增加画面颜色的亮度和对比度。
- 色相/饱和度：用来增加画面颜色的饱和度。
- 图层蒙版：用来隐藏图层部分内容。
- 照片滤镜：用来调整画面整体色调。

案例制作步骤

源文件路径	案例文件\第9章\实例175\
素材路径	案例文件\第9章\实例175\
视频路径	视频教学\第9章\实例175.flv
难易程度	★★★
学习时间	1分58秒

❶ 打开背景素材"1.jpg"，如图9-2所示。创建新组，命名为"画框"。导入小图素材"2.jpg"，如图9-3所示。

图9-2　背景素材

图9-3　小图素材

提　示

如何移动整个图层组和单个图层？

选择工具箱中的“移动工具”，在选项栏中选择“图层”或者“组”，如图9-4所示。若选择“组”，移动的就是整个图层组；若选择“图层”就只能移动图层。

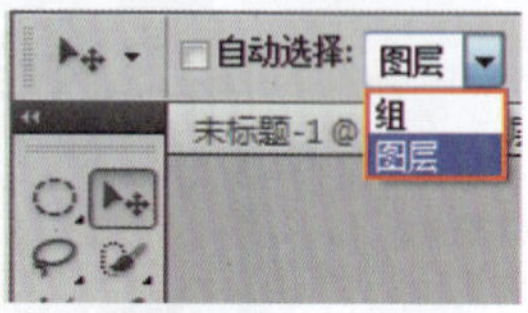

图9-4　选择移动的对象

❷ 调整画面颜色的亮度和对比度。执行“图层 | 新建调整图层 | 亮度/对比度”命令，参数设置如图9-5所示。画面效果如图9-6所示。

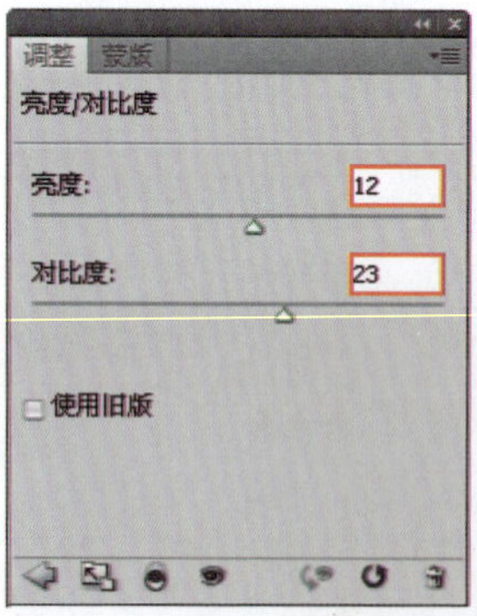

图9-5　“亮度/对比度”参数

图9-6　效果图

❸ 增加城堡的颜色饱和度。执行“图层 | 新建调整图层 | 色相/饱和度”命令，参数设置如图9-7所示。创建剪贴蒙版，将其填充为“黑色”，然后使用白色的柔角画笔在城堡的位置涂抹，效果如图9-8所示。

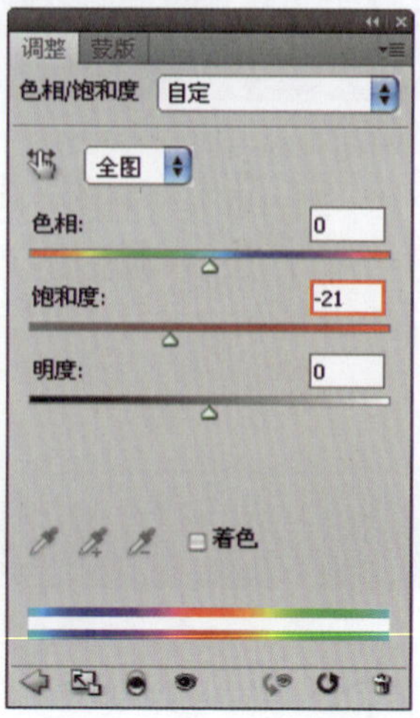

图9-7　“色相/饱和度”参数

图9-8　效果图

❹ 导入画框素材“3.png”，如图9-9所示。导入横条素材“4.png”，添加图层蒙版，使用“黑色”画笔涂抹，挡住部分画框，如图9-10所示。导入艺术字素材“5.png”，如图9-11所示。

图9-9　相框素材

图9-10　横条素材

图9-11　艺术字素材

❺ 创建新的“照片滤镜”调整图层，在弹出的“照片滤镜”对话框中调整颜色，参数设置如图9-12所示。最终效果如图9-13所示。

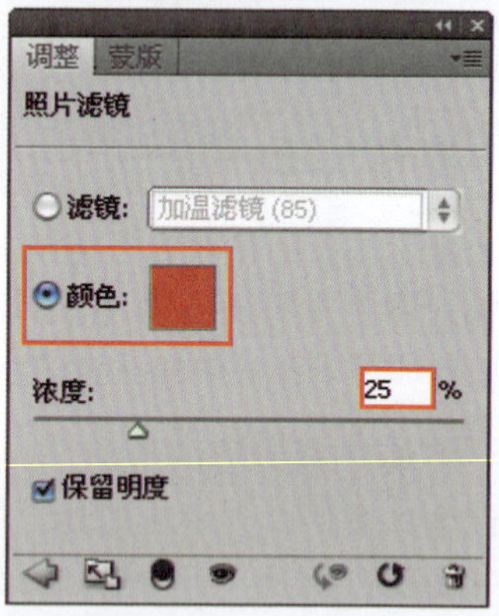

图9-12　“照片滤镜”参数

图9-13　最终效果

实例176　杂志内页图像处理——时尚摄影

很多摄影作品都不是一次成功，而是经过后期的处理达到预期效果。本案例中，可以看到原摄影作品的颜色对比度较低，而且颜色偏暗，所以需要通过后期处理来改善画面质量。

案例效果剖析

本案例在制作时，首先要增加画面的曝光度，然后增加画面亮度的对比，最后调整人物颜色的饱和度。制作中主要是通过调整数值，将偏暗的图像调亮。部分效果展示如图9-14所示。

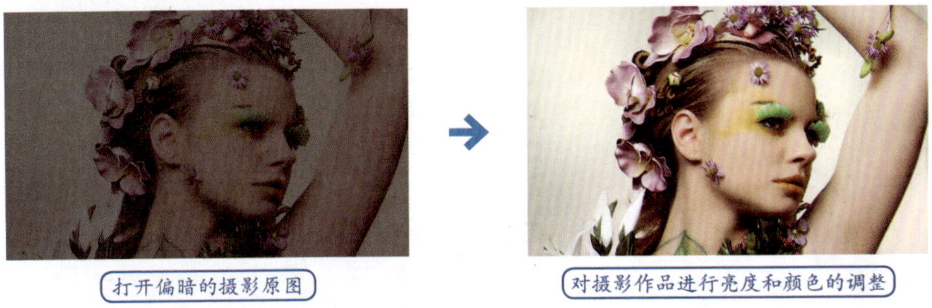

图9-14 效果展示

案例技术要点

本案例中主要用到的功能及技术要点如下。

- 亮度/对比度：用来增加画面颜色的亮度和对比度。
- 色相/饱和度：用来增加画面颜色的饱和度。
- 曝光度：用来提亮画面曝光度。

源文件路径	案例文件\第9章\实例176\		
素材路径	案例文件\第9章\实例176\		
视频路径	视频教学\第9章\实例176.flv		
难易程度	★★	学习时间	3分33秒

实例177 杂志大图版面——婚纱广告

杂志版面精简、明了，主体内容以图片为主，这是当今杂志、画册的主流趋势。本案例中，明快的图片搭配上艺术感很强的字体，简约但不单调而且使主题突出。

案例效果剖析

制作本案例时，首先使用图层蒙版，将图像右侧部分隐藏，然后使用“直排文字工具”输入文字，通过调节文字颜色及字号制作出简约风格的文字效果。部分效果展示如图9-15所示。

9-15 效果展示

案例技术要点

本案例中主要用到的功能及技术要点如下。

- 图层蒙版：用来隐藏画面中多余的部分。
- 矩形选框工具：用来绘制矩形选区。
- 直排文字工具：使用该工具，输入直排文字。

案例制作步骤

源文件路径	案例文件\第9章\实例177\
素材路径	案例文件\第9章\实例177\
视频路径	视频教学\第9章\实例177.flv
难易程度	★★★★
学习时间	1分13秒

❶ 新建一个“宽度”为385毫米，“高度”为485毫米的文件。将人物素材“1.jpg”导入到画面中，如图9-16所示。选择工具箱中的“矩形选框工具”，绘制矩形选区，如图9-17所示。单击图层面板底部的“添加图层蒙版”按钮，基于选区添加图层蒙版，效果如图9-18所示。

图9-16 人物素材

图9-17 绘制选区

图9-18 添加蒙版

❷ 选择工具箱中的“直排文字工具”，在画面的右侧输入文字，如图9-19所示。更改字母“D”的颜色，效果如图9-20所示。

图9-19 输入文字

图9-20 更改字母颜色

❸ 在画面中输入其他文字，最终效果如图9-21所示。

图9-21 最终效果

提 示

快速调整文字方向的方法：

输入文字后，可以单击选项栏中的“切换文本曲线”按钮，来改变文字的方向。

实例178 杂志内页插图——童话仙境

童话仙境风格的设计不仅适用于杂志中，也常作为电影海报和摄影后期的制作中。此案例的颜色冷暖对比得当，画面可爱活泼。制作的重点是对人像的抠图，以及对素材颜色上的调整。

案例效果剖析

本案例是通过调整颜色及众多元素的搭配，使画面产生梦幻、童话般的意境。首先执行“选取颜色”命令调整背景装饰颜色，创建剪贴蒙版制作阴影区域，然后利用图层蒙版抠图，接着通过调整曲线及饱和度等命令，调整人像亮度及色调等，最后通过调整图层混合模式继续调节画面整体效果，制作出童话仙境风格的杂志内页插图。部分效果展示如图9-22所示。

打开背景素材并添加植物元素　导入人像并进行颜色和形态的调整　调整整体颜色

图9-22 效果展示

案例技术要点

本案例中主要用到的功能及技术要点如下。

- 图层蒙版：用来隐藏画面中多余的部分，达到抠图的效果。
- 亮度/对比度：用来增加画面颜色的亮度和对比度。
- 色相/饱和度：用来增加画面颜色的饱和度。
- 曲线：用来调亮或调暗画面色调。
- 剪贴蒙版：用来选择命令控制区域。

源文件路径	案例文件\第9章\实例178\
素材路径	案例文件\第9章\实例178\
视频路径	视频教学\第9章\实例178.flv
难易程度	★★★★
学习时间	9分11秒

实例179 欧美风格分割色块杂志内页——调整人像

本案例主要讲解如何制作欧美风格海报中调整人像的部分。首先将人物部分进行去色，然后填充渐变颜色，制作成由红黄绿组成的渐变彩条。

案例效果剖析

本案例制作效果酷炫，富有个性，其半透明的效果，增强了画面的艺术感。首先执行“黑白”命令，将彩色图像调整为黑白，然后使用“渐变工具”，通过调整图层混合模式制作出彩色条块的效果。部分效果展示如图9-23所示。

打开素材

图9-23 效果展示

案例技术要点

本案例中主要用到的功能及技术要点如下。

- 黑白：将图像调整为黑色。
- 渐变工具：编辑渐变并进行填充。

案例制作步骤

源文件路径	案例文件\第9章\实例179-180\
素材路径	案例文件\第9章\实例179-180\
视频路径	视频教学\第9章\实例179-180.flv
难易程度	★★★★
学习时间	2分24秒

❶ 打开人物素材“1.png”，如图9-24所示。

❷ 将图像转换为黑白。执行“图层 | 新建调整图层 | 黑白”命令，参数设置如图9-25所示。画面效果如图9-26所示。

图9-24 人物素材

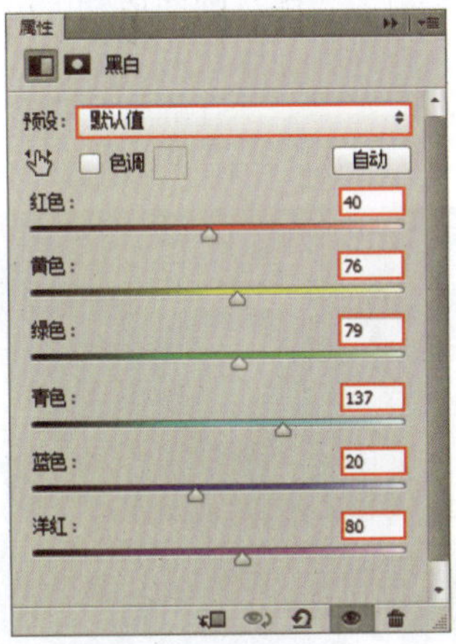

图9-25 “黑白”参数

图9-26 画面效果

提 示

使用调整图层调色的优势：

使用调整图层调色和使用“调色”菜单命令的调色效果是相同的。使用调整图层进行调色，是一种非破坏性的调色方式。新建调整图层顾名思义就是新建了一个图层，在新图层中调色，不会对原图层进行破坏，而且调整图层结合了图层蒙版，可以隐藏部分的调色效果。使用调整图层进行调色后，还可以随时调整调色效果。

❸ 为画面添加渐变效果。新建图层，选择工具箱中的“渐变工具”，在“渐变编辑器”中设置渐变，然后在画面中拖拽鼠标，如图9-27所示。设置“混合模式”为“颜色”，此时画面效果如图9-28所示。

图9-27 渐变效果

图9-28 画面颜色

实例180

欧美风格分割色块海报——制作分割色块

本案例主要讲解如何制作分割色块部分。使用Y字形文字，将渐变彩色部分隐藏，使中间区域露出原本的黑白色，再使用文字工具输入文字。

案例效果剖析

本案例讲解如何制作海报的分割色块部分，首先使用图层蒙版制作Y字形区域，将画面色块分割，接着使用文字工具在画面中输入主体文字部分。然后为文字选区添加蒙版，制作出彩块分割的效果，最后输入文字。部分效果展示如图9-29所示。

使用文字工具输入文字并翻转

为彩色渐变图层添加蒙版，隐藏部分区域

添加文字信息

图9-29　效果展示

案例技术要点

本案例中主要用到的功能及技术要点如下。

- 横排文字工具：用来输入文字。
- 图层蒙版：基于选区添加蒙版制作彩块分割。

案例制作步骤

源文件路径	案例文件\第9章\实例179-180\
素材路径	案例文件\第9章\实例179-180\
视频路径	视频教学\第9章\实例179-180.flv
难易程度	★★★★★
学习时间	2分24秒

❶选择“横排文字工具”T，设置“颜色”为“黑色”，设置合适的字体和字号，在画面中输入文字，如图9-30所示。选择文字图层，执行“编辑｜变换｜垂直翻转”命令，效果如图9-31所示。

图9-30　输入文字

图9-31　翻转文字

❷制作分割色块。按住“Ctrl”键，单击文字图层缩览图，得到文字选区，然后隐藏文字图层。接着选择渐变图层，单击图层面板底部的“添加图层蒙版”按钮，基于选区添加图层蒙版，效果如图9-32所示。

图9-32　建立图层蒙版

❸输入文字。选择工具箱中的“横排文字工具”T，设置“颜色”为“白色”，设置合适的字体和字号，在画面中输入文字，效果如图9-33所示。使用同样的方法继续输入其他文字，效果如图9-34所示。

图9-33　输入文字

图9-34　最终效果

实例181 杂志内页设计——霓虹光效页面

溅起的水花与霓虹光效果相结合，给人一种梦幻的想象力，且动感十足。此类风格常用在商业广告的宣传中，绚丽的风格能瞬间吸引人们的眼球。在案例中，主要针对标题文字进行设置，然后为其添加混合模式和图层样式。

案例效果剖析

本案例将一幅普通人像通过后期制作，达到唯美、绚丽的海报效果。通过调整图层混合模式，使光线素材萦绕在人物周围，然后通过为图层添加图层样式并更改其混合模式，使文字与画面色调相融合。通过使用“外发光”及“渐变叠加”的图层样式，制作炫彩的文字。部分效果展示如图9-35所示。

打开原图素材 添加光效素材并设置混合模式 使用文字及图层样式制作炫彩文字

图9-35 效果展示

案例技术要点

本案例中主要用到的功能及技术要点如下。

- 横排文字工具：用来输入文字。
- 图层样式：用来调整文字的颜色及效果。
- 混合模式：用来调节两个图层的混合效果。

源文件路径	案例文件\第9章\实例181\		
素材路径	案例文件\第9章\实例181\		
视频路径	视频教学\第9章\实例181.flv		
难易程度	★★★★	学习时间	2分

实例182 时尚杂志封面——主体文字

杂志封面是读者对杂志的第一印象，它必须涵盖杂志的整体特征。本案例讲解的是杂志的封面文字，所以文字的字形不仅要美观新颖，还要具有较高的识别度。案例中，主要通过为文字添加图层样式，制作封面文字。

案例效果剖析

制作本案例时，首先使用“渐变工具”绘制渐变色背景，然后使用“横排文字工具”选择合适的字体，在画面中输入文字，最后为文字添加“投影”“渐变叠加”“斜面和浮雕”的图层样式，使主体文字更加生动美观。部分效果展示如图9-36所示。

为背景填充渐变

制作文字并添加“渐变叠加”的图层样式

为标题文字添加图层样式

图9-36 效果展示

案例技术要点

本案例中主要用到的功能及技术要点如下。

- 渐变工具：用来编辑渐变颜色。
- 横排文字工具：用来输入画面中的文字。
- 图层样式：为文字添加图层样式，制作封面文字。

案例制作步骤

源文件路径	案例文件\第9章\实例182-183\
素材路径	案例文件\第9章\实例182-183\
视频路径	视频教学\第9章\实例182-183.flv
难易程度	★★★★★
学习时间	3分25秒

❶ 新建一个纵向A4大小的文件。选择工具箱中的"渐变工具"，在"渐变编辑器"中编辑浅黄到白色的渐变，如图9-37所示。编辑完成后，设置"渐变类型"为"线性"，在画面中拖拽填充，效果如图9-38所示。

图9-37 "渐变编辑器"参数

图9-38 渐变背景

提 示

如何载入预设中的渐变？

在预设渐变缩览图的右上角有一个三角按钮，在下拉菜单中的下半部有相应的预设，执行该命令后即可载入预设渐变。

❷ 使用"横排文字工具"输入英文，如图9-39所示。执行"图层 | 图层样式 | 投影"命令，参数设置如图9-40所示；勾选"斜面和浮雕"选项，参数设置如图9-41所示；勾选"颜色叠加"选项，参数设置如图9-42所示；勾选"渐变叠加"选项，参数设置如图9-43所示。此时文字效果如图9-44所示。

图9-39 输入英文

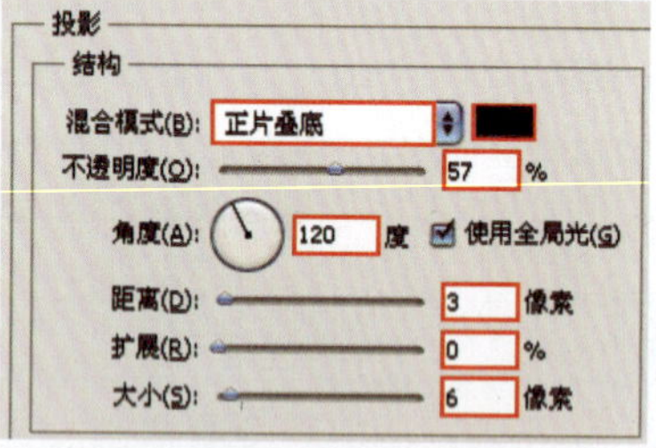

图9-40 "投影"参数

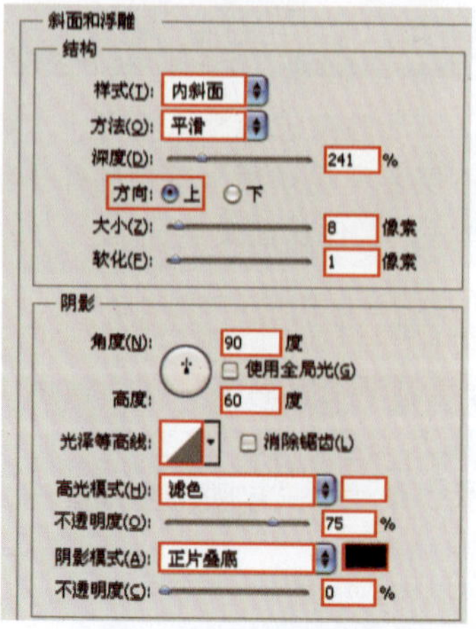

图9-41 "斜面和浮雕"参数

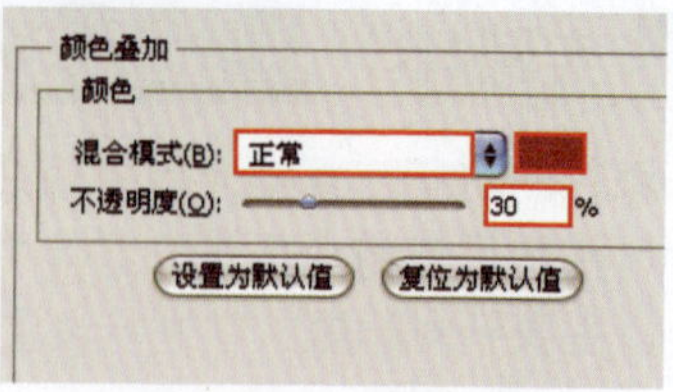

图9-42 "颜色叠加"参数

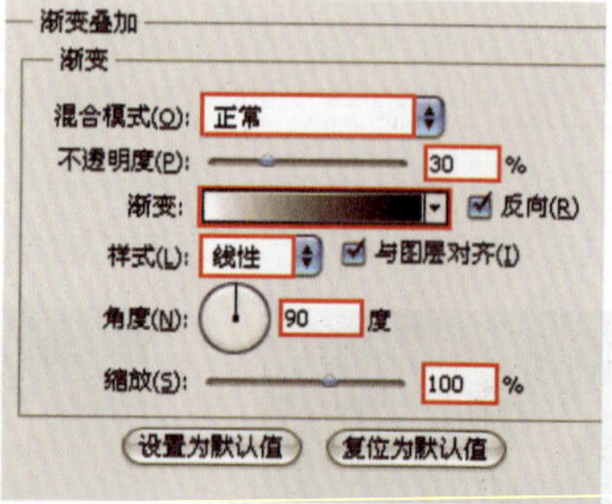

图9-43 "渐变叠加"参数

图9-44 效果图

❸ 选择文字图层，设置"不透明度"为30%，"填充"为0，如图9-45所示。文字效果如图9-46所示。

图9-45 参数设置

图9-46 文字效果

实例183 时尚杂志封面——素材处理以及其他文字的制作

本案例制作的杂志封面定位为时尚，时尚类的杂志封面通常采用人物肖像作为画面的主体。本案例中，主要讲解素材的抠图和添加文字的方法。

案例效果剖析

使用图层蒙版抠取人像，这属于一种较常用的方式。制作本案例时，以人物图像作为画面主体，围绕主体制作文字，对文字旋转、添加图层样式等操作。利用“魔棒工具”及“图层蒙版”的配合使用，抠出人物图像，然后使用文字工具输入文字并对其进行相应的调整，以得到预期效果。部分效果展示如图9-47所示。

图9-47 效果展示

案例技术要点

本案例中主要用到的功能及技术要点如下。

- 魔棒工具：用来获取人物背景的选区。
- 横排文字工具：用来输入画面中的文字。
- 椭圆工具：用来绘制正圆形状。

案例制作步骤

源文件路径	案例文件\第9章\实例182-183\		
素材路径	案例文件\第9章\实例182-183\		
视频路径	视频教学\第9章\实例182-183.flv		
难易程度	★★★★★★	学习时间	3分25秒

❶ 导入条形码素材“1.png”，如图9-48所示。导入人像“2.jpg”，使用“魔棒工具”点击人像的白色背景，建立选区，再按反向选择快捷键“Ctrl+Shift+I”选择，添加图层蒙版，抠出人像，如图9-49所示。

图9-48 条形码素材

图9-49 抠取人像

❷ 创建新组，命名为“底部”，使用“横排文字工具”输入两组英文，选择英文图层，执行“图层 | 图层样式 | 渐变叠加”命令，参数设置如图9-50所示。文字效果如图9-51所示。

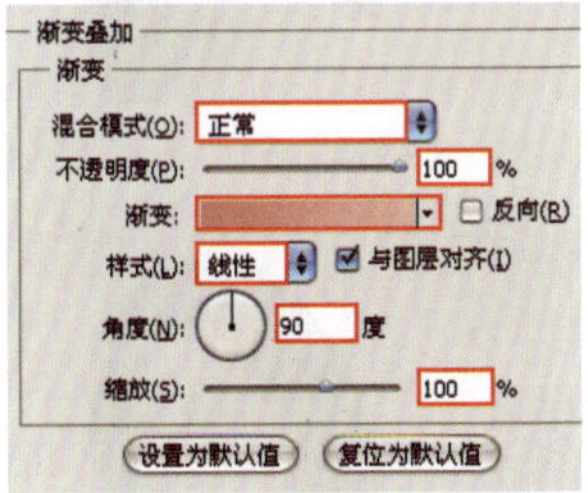

图9-50 “渐变叠加”参数

图9-51 文字效果

❸ 更换颜色和字体，输入底部其他文字，如图9-52所示。选择工具箱中的“椭圆工具”，然在相应位置绘制正圆形状，绘制完成后，在正圆里面输入文字，如图9-53所示。

图9-52 输入文字

图9-53 绘制正圆

❹ 将素材“3.png”导入到画面中，如图9-54所示。

❺ 使用“横排文字工具”输入画面中的文字，如图9-55所示。选择该文字图层，执行“图层 | 图层样式 | 渐变叠加”命令，如图9-56所示。文字效果如图9-57所示。

图9-54　导入素材

图9-55　输入文字

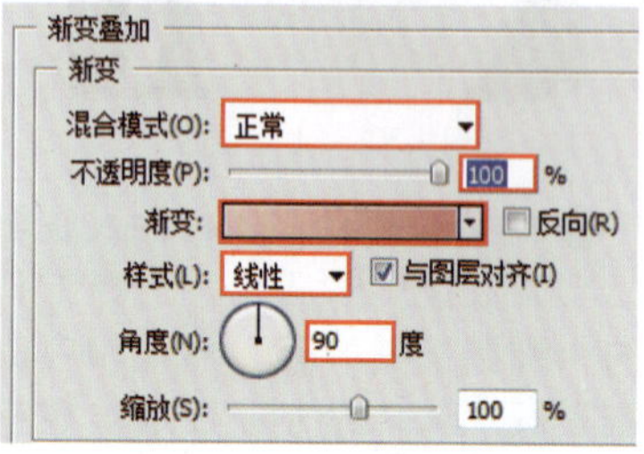

图9-56　“渐变叠加”参数

图9-57　文字效果

❻ 在图中再添加两段文字，最终效果如图9-58所示。

图9-58　最终效果

实例184　图文杂志内页版式——制作左侧版面

杂志的内页版式，通常都是图文并茂，一般采用骨骼型的构图方式。在该案例中主要是制作版面的左侧部分。

案例效果剖析

制作本案例时，首先使用“黑白”命令对图像进行去色，然后使用文字工具，选择较为浮夸的字体，输入文字，最后使用“钢笔工具”绘制选区并填充颜色。部分效果展示如图9-59所示。

打开照片素材　使用文字工具键入文字　添加色块并设置混合模式

图9-59　效果展示

案例技术要点

本案例中主要用到的功能及技术要点如下。

- 黑白：用来降低画面的颜色饱和度。
- 钢笔工具：用来绘制彩色部分的形状。
- 直排文字工具：使用该工具输入字母。
- 混合模式：用来制作彩块中的半透明效果。

案例制作步骤

源文件路径	案例文件\第9章\实例184-185\
素材路径	案例文件\第9章\实例184-185\
视频路径	视频教学\第9章\实例184-185.flv
难易程度	★★★★★
学习时间	2分36秒

❶ 新建“宽度”为3508像素，“高度”为2480像素的画布。导入素材“1.jpg”，放置适当位置，如图9-60所示。执行“图层 | 新建调整图层 | 黑白”命令，设置参数，如图9-61所示。此时效果如图9-62所示。

图9-60　新建文件

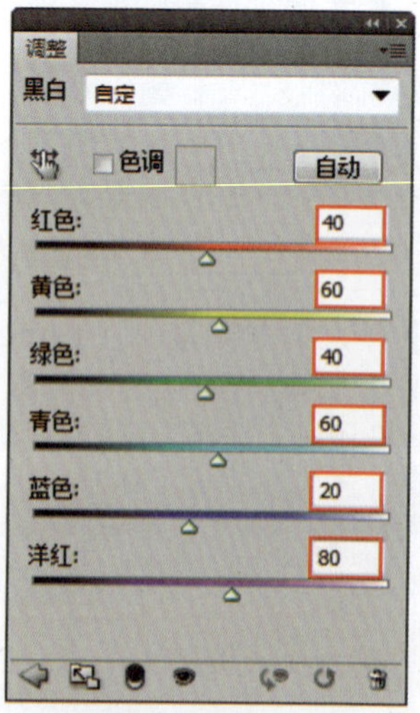

图9-61　“黑白”参数

图9-62　效果图

提 示

使用“黑白”命令调色：

使用“黑白”调整图层，不仅可以将图像进行去色，还可以将他调整为单色。

❷ 单击工具箱中的“横排文字工具”按钮，选择适当的颜色、字体及字号，输入文字，如图9-63所示。

图9-63 输入文字

❸ 单击工具箱中的“钢笔工具”按钮，在选项栏中设置“绘制模式”为“形状”，“颜色”为“黄色”，在画面左侧绘制四边形，在画面左下方绘制三角形，如图9-64所示。单击图层面板中的“混合模式”，选择“正片叠底”，此时效果如图9-65所示。

❹ 单击工具箱中的“横排文字工具”按钮，选择适当颜色、字体及字号，输入文字，如图9-66所示。

图9-64 绘制图形

图9-65 画面效果

图9-66 输入文字

实例185 图文杂志内页版式——制作右侧版面

本案中，主要是制作右侧的版面部分。该部分文字分为两栏，可以降低阅读时，由于大面积文字所带来的压迫感。

案例效果剖析

本案例中主要是对文字部分的制作，需要使用“横排文字工具”，并适当调整文字的大小，然后使用“矩形工具”绘制粉色矩形。部分效果展示如图9-67所示。

使用“横排文字工具”制作右侧页面标题文字

使用“横排文字工具”制作段落文字

9-67 效果展示

案例技术要点

本案例中主要用到的功能及技术要点如下。

- 矩形工具：用来绘制矩形形状。
- 横排文字工具：用来输入标题文字和段落文字。

案例制作步骤

源文件路径	案例文件\第9章\实例184-185\
素材路径	案例文件\第9章\实例184-185\
视频路径	视频教学\第9章\实例184-185.flv
难易程度	★★★
学习时间	2分36秒

❶ 制作版面的右侧。单击工具箱中的“横排文字工具”按钮，选择适当颜色、字体及字号，输入标题文字，如图9-68所示。接下来输入段落文字，在“横排文字工具”的状态下，在相应位置绘制文本框，如图9-69所示。设置合适的字体、字号，在文本框中输入文字，如图9-70所示。

图9-68 输入标题

图9-69 绘制文本框

图9-70　输入段落文字

❷ 导入素材“2.jpg”，放置在标题文字的右侧，如图9-71所示。选择工具箱中的“矩形工具”按钮，在选项栏中设置“绘制模式”为“形状”，“颜色”为粉红色，在人像左侧绘制矩形，如图9-72所示。

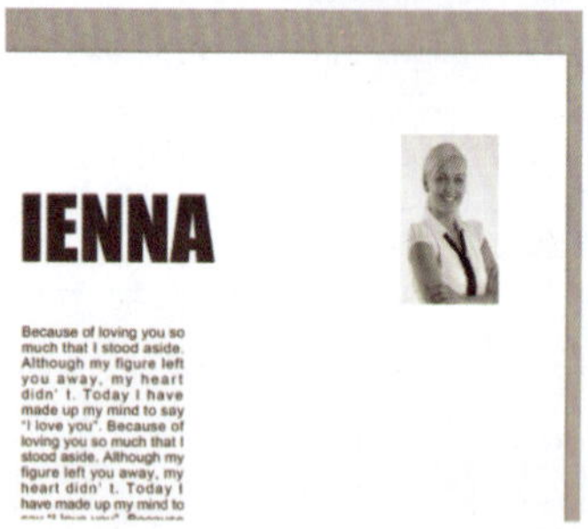

图9-71　导入素材

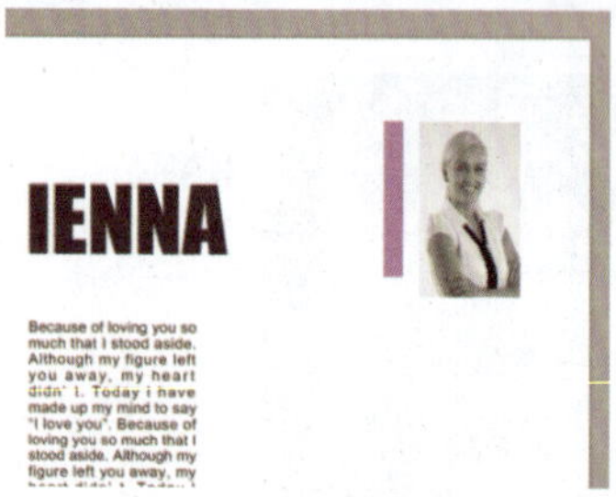

图9-72　绘制矩形

❸ 单击工具箱中的“横排文字工具”按钮，选择适当颜色、字体及字号，输入文字，如图9-73所示。按照上述方法，继续输入其他文字，效果如图9-74所示。

图9-73　输入段落文字

图9-74　最终效果

提　示

使用参考线使版面更加规范。

为了更好地规范版式，可以建立参考线。执行“视图｜标尺”命令，此时页面如图9-75所示。鼠标放置在标尺上，可以向画布中拖拽参考线，如图9-76所示。

图9-75　标尺

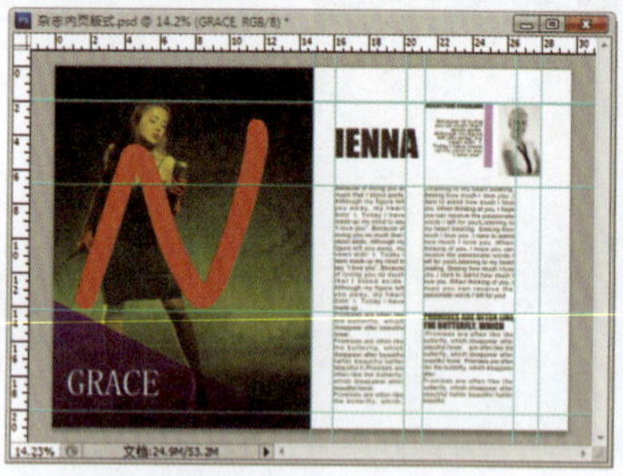

图9-76　建立参考线

实例186　清新风格杂志——内页版式设计

通常杂志的版式都是图文相结合。本案例中，采用图形作为背景，这样可以让画面内容看起来饱满、丰富，避免了大段文字所带来的枯燥、乏味之感。在本案例中，主要是使用文字工具输入标题文字和段落文字，制作起来比较简单。

案例效果剖析

本案例中，通过调整文字的颜色、字体及字号，使文字与图像相搭配。部分效果展示如图9-77所示。

打开背景素材并输入段落文字　　打开背景素材并输入标题文字

图9-77　效果展示

案例技术要点

本案例中主要用到的功能及技术要点如下。

- 横排文字工具：使用文字工具输入点文字和段落文字。

源文件路径	案例文件\第9章\实例186\		
素材路径	案例文件\第9章\实例186\		
视频路径	视频教学\第9章\实例186.flv		
难易程度	★★★	学习时间	1分27秒

实例187 杂志大图版式页面——制作背景

本案例主要讲解杂志的版式设计，杂志的版式要标新立异，通过独特的版式与读者沟通，用灼热的情怀去感染并吸引读者。本案例主要是讲解背景的制作方法。

案例效果剖析

本案例巧妙的更改了图层混合模式及不透明度，使底纹与背景底色完美融合。部分效果展示如图9-78所示。

打开背景素材并导入花纹素材　设置混合模式　导入人像素材

9-78　效果展示

案例技术要点

本案例中主要用到的功能及技术要点如下。

- 混合模式：通过设置图层的混合模式使花纹素材融入到背景中。
- 不透明度：用来调整图层的不透明度。

案例制作步骤

源文件路径	案例文件\第9章\实例187-189\		
素材路径	案例文件\第9章\实例187-189\		
视频路径	视频教学\第9章\实例187-189.flv		
难易程度	★★★★	学习时间	1分40秒

❶ 打开背景素材“1.jpg”，如图9-79所示。

图9-79　背景素材

❷ 导入底纹素材“2.jpg”，如图9-80所示。设置该图层的“混合模式”为“颜色加深”，“不透明度”为70%，画面效果如图9-81所示。

> **提　示**
>
> “颜色加深”的工作原理：
>
> 通过增加上下图像之间的对比度，使像素变暗，与白色混合后不会产生变化。

图9-80　底纹素材

图9-81　画面效果

❸ 导入人像素材“3.jpg”，将其放置在版面的右侧，如图9-82所示。

图9-82　人像素材

实例188 杂志大图版式页面——图形部分的制作

本案例是以女性为主题，所以版式采用颜色鲜艳的红色调，而且整体设计简洁而庄重，精致而含蓄。案例主要讲解图形部分的制作。

案例效果剖析

本案例主要制作画面左侧的图形部分。首先使用“钢笔工具”及“矩形工具”绘制选区并填充颜色，然后使用文字工具输入文字。部分效果展示如图9-83所示。

使用“钢笔工具”和“图层样式”制作照片背景

继续制作第二个照片背景

导入照片素材

图9-83 效果展示

案例技术要点

本案例中主要用到的功能及技术要点如下。

- 钢笔工具：用来绘制形状。
- 横排文字工具：用来输入画面中的文字。
- 图层样式：用来为图层中的对象添加投影和渐变颜色。

案例制作步骤

源文件路径	案例文件\第9章\实例187-189\
素材路径	案例文件\第9章\实例187-189\
视频路径	视频教学\第9章\实例187-189.flv
难易程度	★★★★
学习时间	1分40秒

❶ 制作左侧版面中的纸片效果。选择工具箱中的“钢笔工具”，设置“绘制模式”为“形状”，“颜色”为“黑色”，然后在画面的左侧绘制多边形，如图9-84所示。绘制完成后，执行“图层丨图层样式丨渐变叠加”命令，参数设置如图9-85所示；勾选“投影”选项，参数设置如图9-86所示。图形效果如图9-87所示。

图9-84 绘制多边形

❷ 选择工具箱中的“横排文字工具”，设置合适的字体、字号，在画面中输入文字，然后旋转，如图9-88所示。

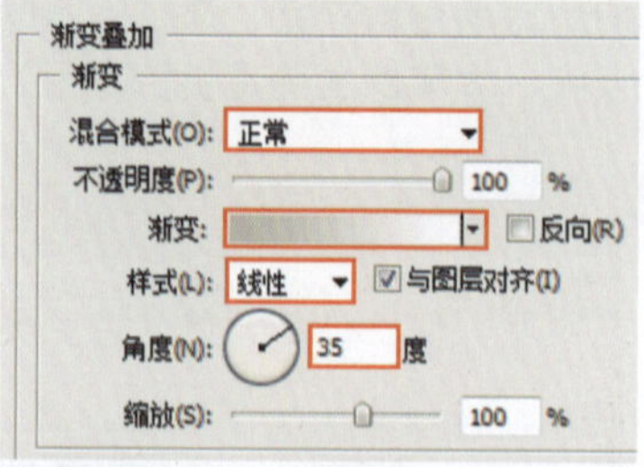

图9-85 “渐变叠加”参数

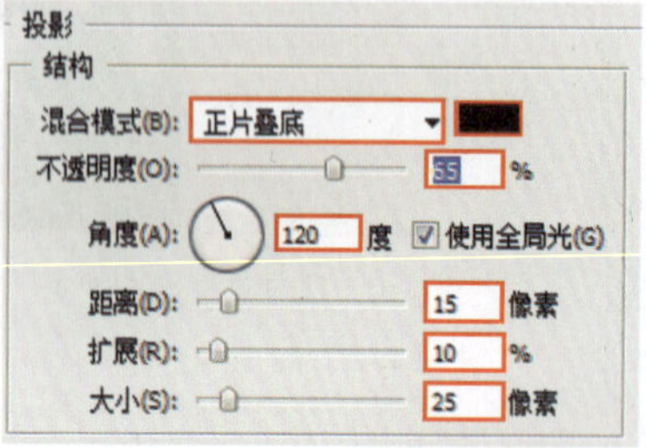

图9-86 “投影”参数

图9-87 形状效果

图9-88 输入文字

❸ 选择工具箱中的“矩形工具”，在画面中绘制一个矩形，然后旋转，如图9-89所示。选择多边形形状图层，单击鼠标右键执行“拷贝图层样式”命令，将图层样式复制。选择该矩形形状图层，单击鼠标右键执行“粘贴图层样式”命令，粘贴图层样式，效果如图9-90所示。导入人物素材“4.jpg”，然后将图像进行旋转，放置在四边形内，效果如图9-91所示。

图9-89 绘制矩形

图9-90 添加图层样式

图9-91 人物素材

❹ 导入艺术字素材“5.png”，如图9-92所示。在顶层输入一段文字，如图9-93所示。

图9-92 艺术字素材

图9-93 输入文字

实例189

杂志大图版式页面——调整版面内容

版面中的大致内容已经制作完成，最后进行版面的装饰和调色部分。首先导入素材，接着制作画面的暗角。最后添加边框。

案例效果剖析

本案例主要使用了“图层混合模式”，使艺术字与背景相融合，然后利用“曲线”及“图层蒙版”的配合，对画面进行细微的调整，为画面制作暗角。部分效果展示如图9-94所示。

置入光效素材

为光效素材设置混合模式

添加前景装饰

图9-94　效果展示

案例技术要点

本案例中主要用到的功能及技术要点如下。

- 曲线调整图层：用来降低画面的明度。
- 图层蒙版：用来隐藏和调整部分效果，制作画面的暗角。

案例制作步骤

源文件路径	案例文件\第9章\实例187-189\
素材路径	案例文件\第9章\实例187-189\
视频路径	视频教学\第9章\实例187-189.flv
难易程度	★★★★
学习时间	1分40秒

❶ 导入装饰素材“6.png”，摆放在画面的下方，如图9-95所示。设置该图层的“混合模式”为“滤色”，画面效果如图9-96所示。

图9-95　装饰素材

图9-96　画面效果

❷ 制作暗角效果。执行“图层 | 新建调整图层 | 曲线”命令，如图9-97所示。效果如图9-98所示。

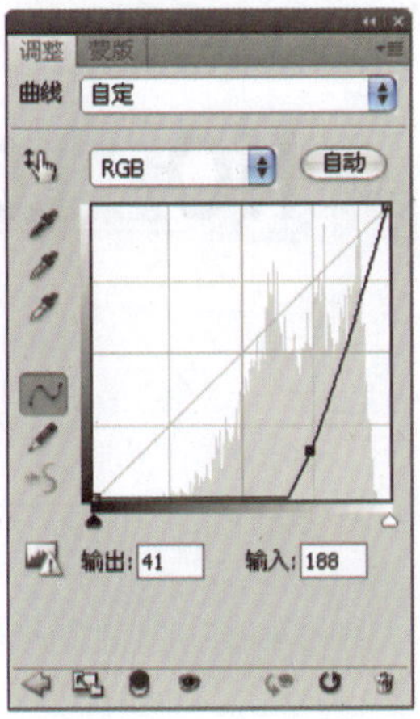

图9-97　“曲线”参数

图9-98　画面效果

提　示

其他版本的“调整”面板：

在其他版本中，“调整”面板称为“属性”面板。在功能上没有太多的调整。

❸ 选择该调整图层的图层蒙版。单击工具箱中的“画笔工具”按钮，如图9-99所示。暗角效果如图9-100所示。

图9-99　蒙版中涂抹的位置

图9-100　暗角效果

❹ 导入边框素材“7.png”，最终效果如图9-101所示。

图9-101　最终效果

实例190　时尚杂志图文内页——图文混排

本案例为时尚杂志内页版式设计，该案例采用满版的布局方式，给人一种大气的视觉感受。正文部分位于版面的左侧，符合读者的阅读习惯，标题文字采用大字号的方式吸引人的注意。在制作过程中，需要思考字体、字号之间的直接关系。

案例效果剖析

制作本案例时，首先打开背景素材，然后使用文字工具绘制文本框，输入段落文字，接着输入标题文字。部分效果展示如图9-102所示。

打开背景素材　　输入文字

图9-102　效果展示

案例技术要点

本案例中主要用到的功能及技术要点如下。

- 横排文字工具：为画面输入文字。

源文件路径	案例文件\第9章\实例190\		
素材路径	案例文件\第9章\实例190\		
视频路径	视频教学\第9章\实例190.flv		
难易程度	★★★★★	学习时间	1分24秒

实例191　简约风格杂志封面设计——名称部分

杂志封面的设计，直接展现了期刊的精神风貌。本案例制作的是简约风格的杂志，该杂志采用白色为主调，简约与时尚并存。

案例效果剖析

制作本案例时，首先使用“自定形状工具”绘制形状并填充不同颜色，然后使用文字工具输入文字并调整不同文字的大小。部分效果展示如图9-103所示。

创建封面背景并输入文字　　添加矢量图形　　输入其他文字

图9-103　效果展示

案例技术要点

本案例中主要用到的功能及技术要点如下。

- 矩形工具：用来绘制矩形形状。
- 横排文字工具：用来输入文字。
- 自定形状工具：使用该工具绘制爪印形状。

案例制作步骤

源文件路径	案例文件\第9章\实例191-193\
素材路径	案例文件\第9章\实例191-193\
视频路径	视频教学\第9章\实例191-193.flv
难易程度	★★★
学习时间	3分16秒

❶ 新建文件，为其填充灰色，如图9-104所示。新建图层，选择工具箱中的“矩形工具”，设置“绘制模式”为“形状”，“填充”为“白色”，“描边颜色”为“无颜色”，在画面中绘制“矩形”，如图9-105所示。

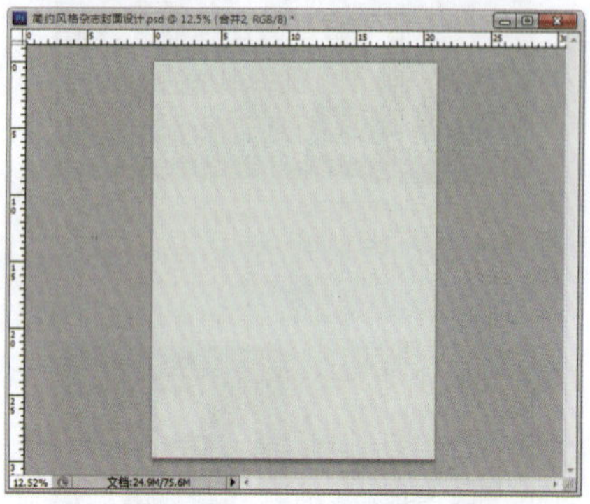

图9-104　制作背景

图9-105　绘制矩形

提　示

如何调整图像形状？

使用“路径选择工具”可以选择路径。使用“直接选择工具”可以选择锚点，通过拖拽来更改图形的形状。

❷输入文字。选择工具箱中的“横排文字工具”，“颜色”设置为“黑色”，设置合适的字体和字号，在画面中输入文字，如图9-106所示。选择工具箱中的“矩形工具”，设置“绘制模式”为“形状”，“颜色”为“蓝色”，然后在文字的右侧绘制正方形，如图9-107所示。

图9-106 输入文字

图9-107 绘制正方形

❸选择工具箱中的“自定形状工具”，设置“绘制模式”为“形状”，“填充”为“白色”，然后点击选项栏中“形状”选项后的“倒三角”按钮，在下拉列表中选择“爪印（猫）”形状，在画面中绘制形状，再使用自由变换快捷键“Ctrl+T”调出定界框，进行旋转，如图9-108所示。选择该形状的图层，执行“图层｜创建剪贴蒙版”命令，效果如图9-109所示。

图9-108 绘制爪印

图9-109 创建剪贴蒙版

❹选择工具箱中的“横排文字工具”，“颜色”设置为“白色”，再设置合适的字体、字号，在画面中输入文字，如图9-110所示。将文字图层旋转并创建剪贴蒙版，效果如图9-111所示。

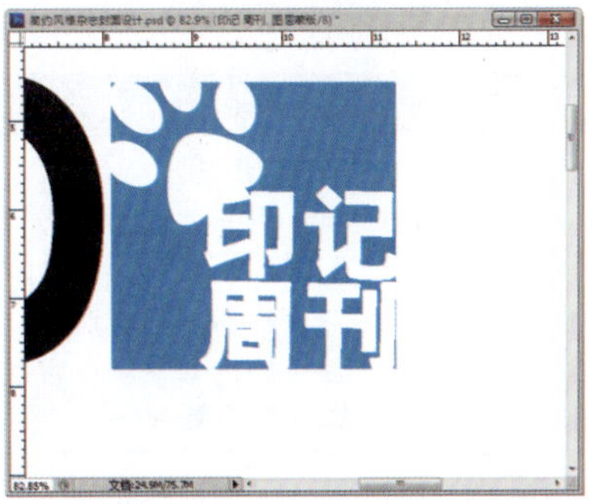

图9-110 输入文字

图9-111 调整文字

❺在画面中输入文字，效果如图9-112所示。

图9-112 调整效果

实例192 简约风格杂志封面设计——图案部分

本案例中，主要讲解封面图案部分的制作。杂志封面通常要求简约、时尚，在图像的选择上，要尽量美观、大方，这样才能够吸引读者的眼球。

案例效果剖析

本案例主要制作图案部分，首先使用图层蒙版隐藏部分图像，然后设置文字的字体、颜色及字号，在画面中输入文字。部分效果展示如图9-113所示。

导入人像素材　利用图层蒙版隐藏部分图像　使用文字工具输入封面文字

图9-113 效果展示

案例技术要点

本案例中主要用到的功能及技术要点如下。

- 矩形选框工具：用来绘制矩形选区。
- 图层蒙版：用来隐藏图像中的部分内容。

- 横排文字工具：用来输入画面中的文字。

案例制作步骤

源文件路径	案例文件\第9章\实例191-193\
素材路径	案例文件\第9章\实例191-193\
视频路径	视频教学\第9章\实例191-193.flv
难易程度	★★★★★
学习时间	3分16秒

❶ 导入素材“1.jpg”，放置在画面中的合适位置，如图9-114所示。使用“矩形选框工具”，在画面中绘制矩形选框，如图9-115所示。单击图层面板下方的“添加图层蒙版”按钮，为其添加蒙版，去掉选框外的部分，效果如图9-116所示。

图9-114 导入素材

图9-115 绘制矩形选区

图9-116 添加蒙版

提 示

基于选区添加图层蒙版：

绘制出选区后，单击“添加图层蒙版”按钮，这种添加图层蒙版的方法被称为“基于选区添加图层蒙版”，这样的效果是选区中的内容在画面中显示，选区外的内容被图层蒙版隐藏。

❷ 输入文字。选择工具箱中的“横排文字工具”，设置合适的颜色、字体和字号，在画面中输入相应的文字，如图9-117所示。

图9-117 输入文字

❸ 对图层进行“编组”。单击图层面板下方的“创建新组”按钮，将所绘制的形状和文字移动到该组中，如图9-118所示。

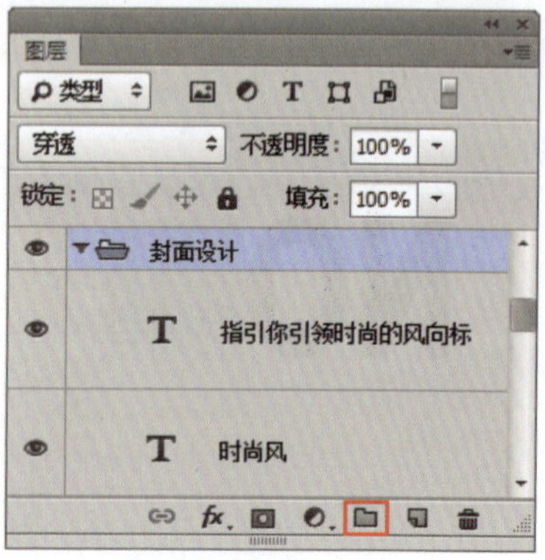

图9-118 创建新组

实例193 简约风格杂志封面设计——杂志展示效果

本案例主要是制作案例的展示效果，他可以使杂志封面效果充分展示出来，而且可以当作海报，作为宣传之用。在制作时，通过“扭曲”命令将图形进行变形，然后制作阴影效果。

案例效果剖析

制作本案例时，首先执行“扭曲”命令，对图像进行扭曲变形，然后通过添加“外发光”的图层样式，使画面更具有立体感及真实感。部分效果展示如图9-119所示。

将封面进行自由变换操作　为封面添加阴影效果　制作第二本杂志

图9-119 效果展示

案例技术要点

本案例中主要用到的功能及技术要点如下。

- 扭曲：使用此工具对图形进行变形。
- 图层样式：为图层添加“外发光”的图层样式，为杂志制造投影的效果。

案例制作步骤

源文件路径	案例文件\第9章\实例191-193\
素材路径	案例文件\第9章\实例191-193\
视频路径	视频教学\第9章\实例191-193.flv
难易程度	★★★★★
学习时间	3分16秒

❶ 制作杂志的堆叠效果。选择“封面设计”组，使用快捷键“Ctrl+Alt+E”将该组进行“盖印”，然后将“封面设计组”隐藏。选择合并图层，执行“编辑｜变换｜扭曲”命令，调整控制点的位置，对该图层变形，效果如图9-120所示。

图9-120 封面变形

❷ 选择该图层，执行“图层｜图层样式｜外发光”命令，参数设置如图9-121所示。效果如图9-122所示。

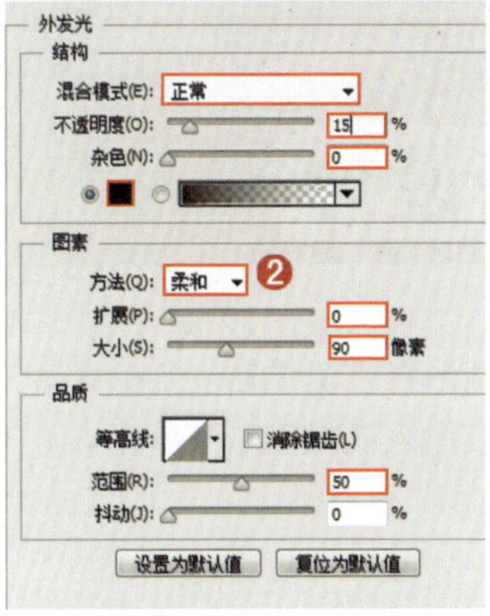

图9-121 “外发光”参数

图9-122 外发光效果

❸ 选择合并的图层，使用快捷键“Ctrl+J”复制该图层，使用快捷键“Ctrl+T”调出定界框，进行旋转，效果如图9-123所示。

图9-123 最终效果

实例194 杂志彩页插图——淡雅柔和风格彩页

此案例风格柔和，使人心情平静。文字颜色、大小和字体的不一致，打破了版面单调的沉闷，丰富了版面的层次感。制作中，使用“图层蒙版”删去图像多余的部分，使其更好融入到背景中。

案例效果剖析

制作本案例时，利用了“图层蒙版”及“画笔工具”，并适当降低不透明度，使画面颜色舒缓，在颜色过渡部分使用文字工具输入文字并不断调整文字的颜色、粗细及大小。部分效果展示如图9-124所示。

图9-124 效果展示

案例技术要点

本案例中主要用到的功能及技术要点如下。

- 横排文字工具：在画面中输入文字。
- 图层蒙版：用来隐藏图像中多余的部分。
- 画笔工具：在蒙版中涂抹，以擦除图像中多余的部分。

源文件路径	案例文件\第9章\实例194\
素材路径	案例文件\第9章\实例194\
视频路径	视频教学\第9章\实例194.flv
难易程度	★★★★
学习时间	1分44秒

第10章 书籍设计

书籍是以传播知识为目的，用文字或图形符号记录在一定的载体上。作为人类交流思想、传播知识的工具，书籍不仅承载着巨大的信息量，而且其形态给人以美感。一般来说，书籍包括封面、封底、书脊、环衬、扉页、腰封和护封。在书籍装帧设计中，整体的设计才能称之为装帧设计或整体设计，只完成封面或版式等部分设计的，只能称作封面设计或版式设计等。

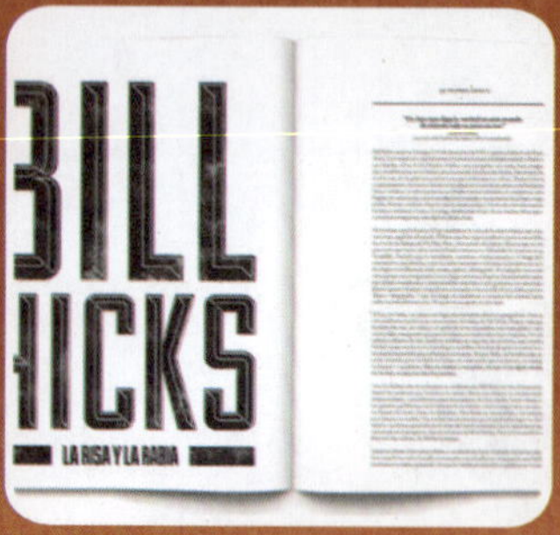

实例195 科技感书籍内页版式——制作文字部分

该版面采用左右分割线设计，文字居左侧对齐，在视觉上给人一种整齐的感觉。画面中的背景采用深灰色调，这样可以将画面中的色彩凸显出来。

案例效果剖析

本案例中主要使用了“矩形工具”绘制选区并填充颜色，然后针对不同区域选择不同颜色及不同字号的文字。部分效果展示如图10-1所示。

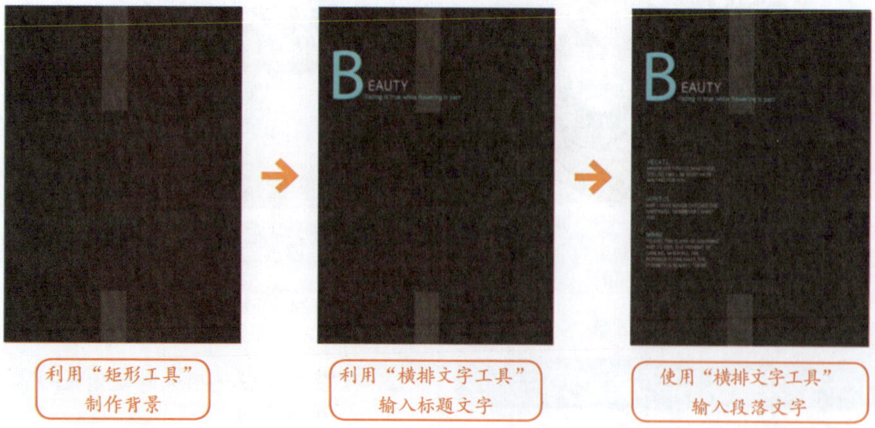

图10-1　效果展示

案例技术要点

本案例中主要用到的功能及技术要点如下。

- 矩形工具：用来绘制矩形。
- 横排文字工具：用来输入画面中的文字。

案例制作步骤

源文件路径	案例文件\第10章\实例195-196\
素材路径	案例文件\第10章\实例195-196\
视频路径	视频教学\第10章\实例195-196.flv
难易程度	★★
学习时间	3分09秒

❶ 打开背景素材“1.png”，如图10-2所示。选择工具箱中的“矩形工具”，设置“绘制模式”为“形状”，“颜色”为“灰色”，在画面的上方绘制矩形，如图10-3所示。继续在画面中绘制矩形，如图10-4所示。设置该图层的“不透明度”为30%，效果如图10-5所示。

图10-2　背景素材

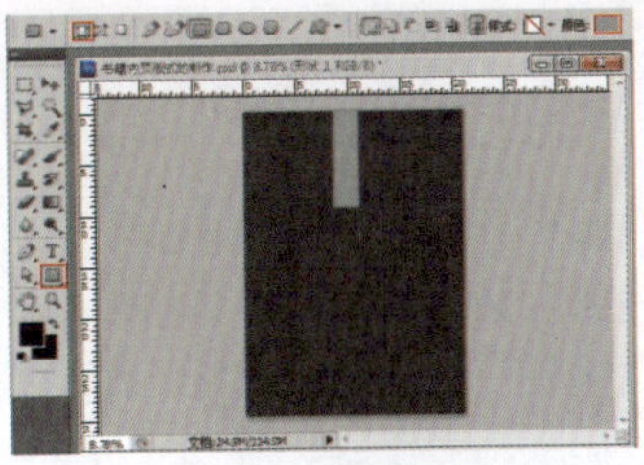

图10-3　绘制矩形-1

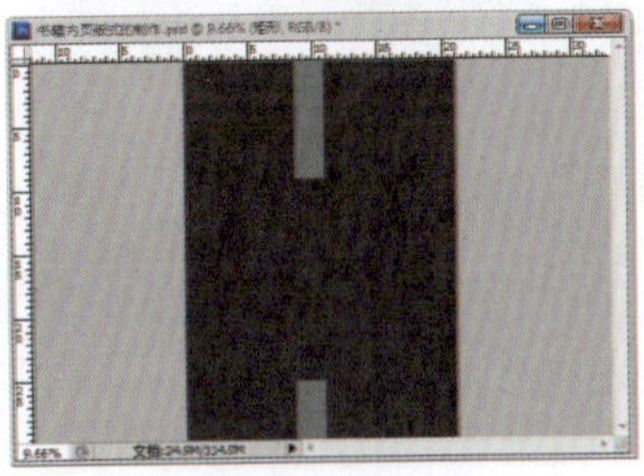

图10-4　绘制矩形-2

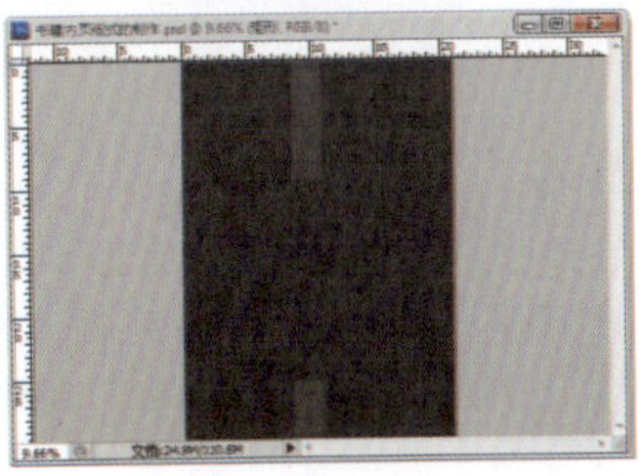

图10-5　降低不透明度

提　示

快速复制形状的方法：

选择形状图层，按住“Alt”键拖拽，即可复制形状。

❷输入文字。选择工具箱中的“横排文字工具”T，“颜色”设置为“蓝色”，设置合适的字体和字号，在画面中输入文字，如图10-6所示。将字号调小，继续输入文字。效果如图10-7所示。

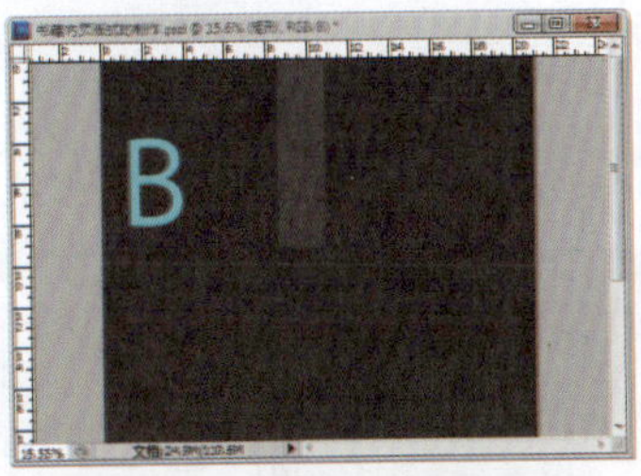

图10-6　输入字母

图10-7　输入其他字母

❸输入区域文字。使用“横排文字工具”T，拖拽鼠标在画面中绘制区域，如图10-8所示。此时所输入的文字都将在所绘制的区域内，如图10-9所示。使用同样的方法继续输入其他几组文字，效果如图10-10所示。

图10-8　绘制文本框

图10-9　输入文字

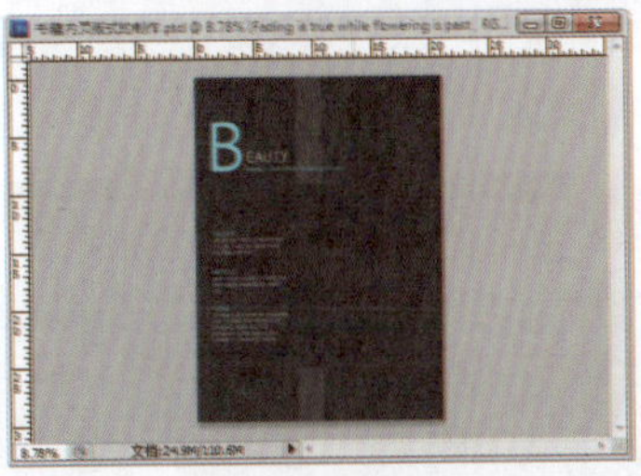

图10-10　文字效果

实例196　科技感书籍内页版式——制作图形部分

本案例中，整个版面整洁、规范，给人一种严谨的视觉感受。文字与图形部分均匀的分割开来，并且颜色亮丽，画面充满质感。

案例效果剖析

该案例中主要是通过“矩形工具”绘制矩形，利用矩形作为基底图层创建剪贴蒙版，控制图像大小，从而使图像规整的排列。部分效果展示如图10-11所示。

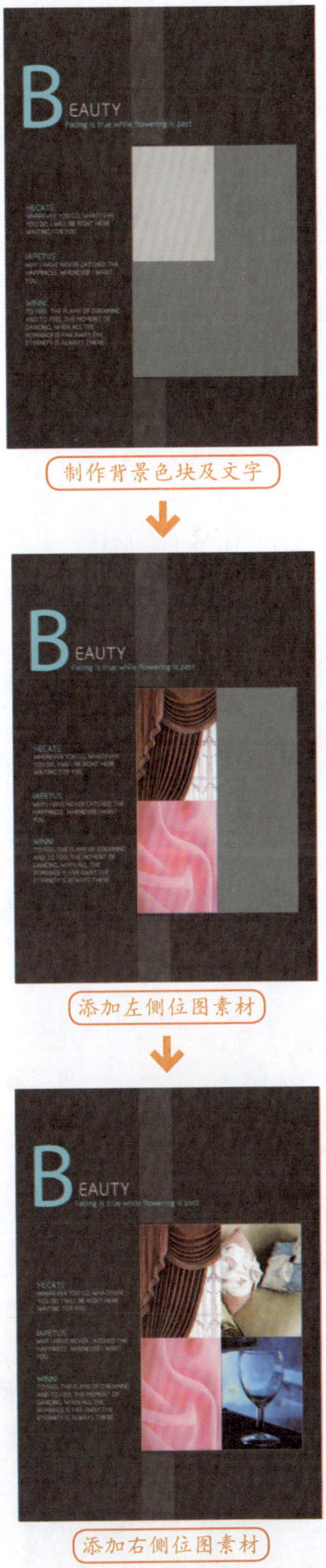

10-11　效果展示

案例技术要点

本案例中主要用到的功能及技术

要点如下。

- 剪贴蒙版：用来隐藏多余部分。
- 直线工具：用来绘制画面中的分割线。

案例制作步骤

源文件路径	案例文件\第10章\实例195-196\
素材路径	案例文件\第10章\实例195-196\
视频路径	视频教学\第10章\实例195-196.flv
难易程度	★★★
学习时间	3分09秒

❶选择“矩形工具”▣，设置“绘制模式”为“形状”，“图层”为“灰色”，在画面中绘制矩形，如图10-12所示。为矩形添加“描边”效果，执行“图层｜图层样式｜描边”命令，参数设置如图10-13所示。此时效果如图10-14所示。

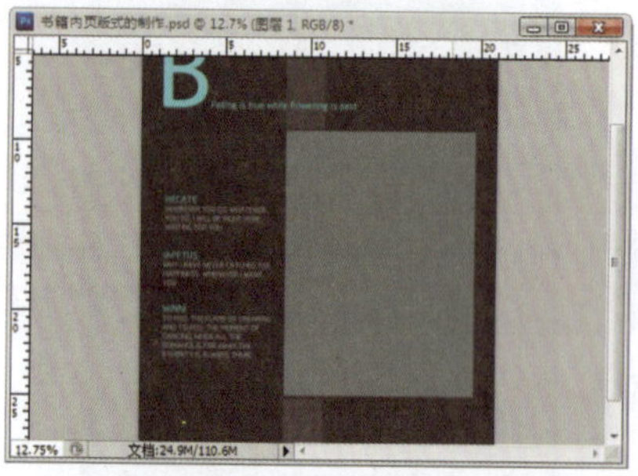

图10-12　绘制矩形

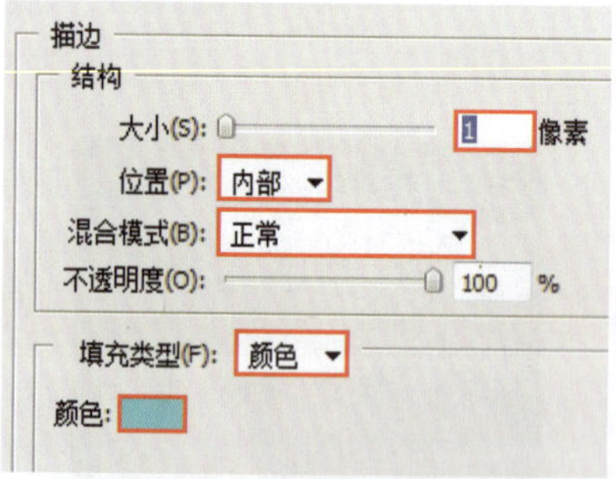

图10-13　“描边”参数

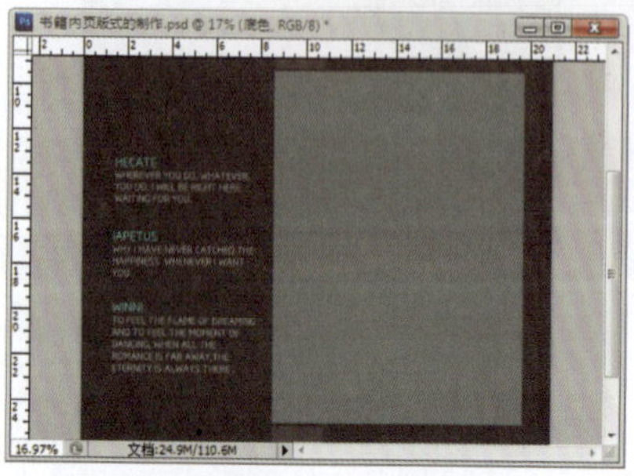

图10-14　描边效果

❷使用“矩形工具”▣绘制矩形，如图10-15所示。导入素材“2.png”，放置在所绘制的矩形上，如图10-16所示。因导入的图片大于所绘制的矩形，执行“图层｜创建剪贴蒙版”命令，将图片剪贴到矩形中，效果如图10-17所示。使用同样的方法制作其他矩形，此时画面效果如图10-18所示。

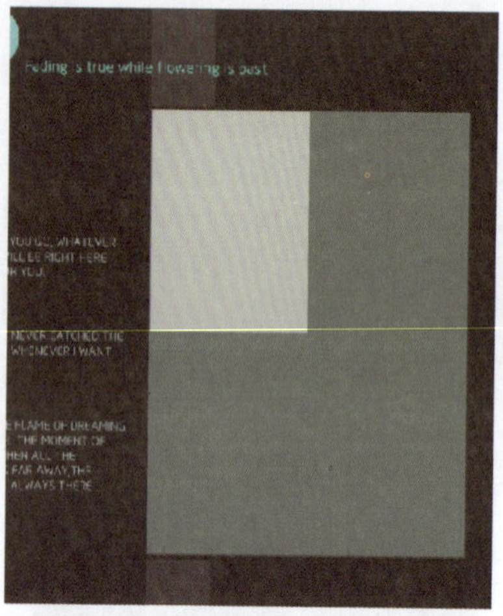

图10-15　绘制矩形

图10-16　导入素材

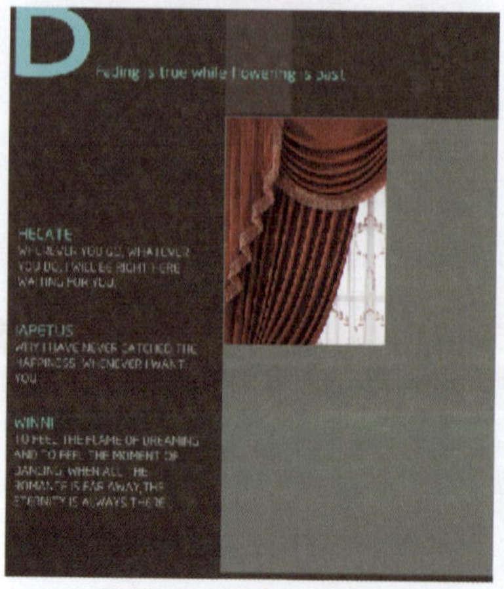

图10-17　创建剪贴蒙版

图10-18　画面效果

❸绘制直线。选择工具箱中的“直线工具”╱，设置“绘制模式”为“像素”，“模式”为“正常”，“不透明度”为30%，“粗细”为5像素，设置完成后在画面中绘制直线，如图10-19所示。使用同样的方法绘制另一条直线，此时画面效果如图10-20所示。

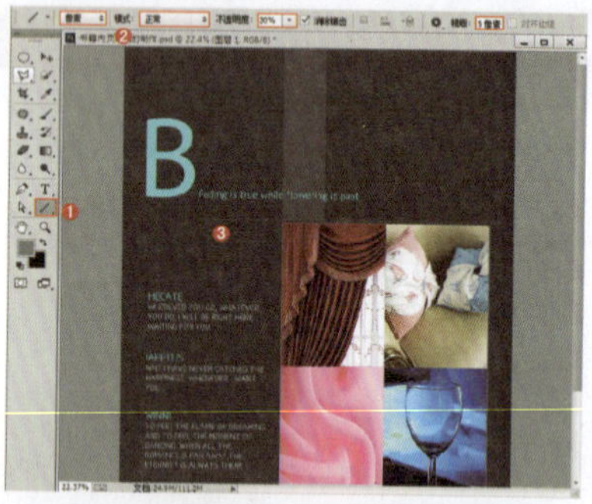

图10-19　绘制直线

图10-20　绘制另一条直线

实例197 奇幻风格书籍——封面设计

本案例制作的是奇幻风格的封面设计。在这个封面中，人物采用旋转的方式排列，在视觉上产生一种重叠之感。本案例中，人物变形是制作的重点。

案例效果剖析

制作本案例时，首先将人物进行操控变形，然后将其复制，用旋转和缩放的方式进行调整。调整完成后，执行“选取颜色”命令将其进行调色，最后添加文字素材。部分效果展示如图10-21所示。

执行“置入”命令导入人像素材

使用“操控变形”调整人像

执行“选取颜色”命令调节色调

图10-21 效果展示

案例技术要点

本案例中主要用到的功能及技术要点如下。

- 操控变形：对人像进行变形调整。
- 复制图层：用来复制人像图层。
- 选取颜色：用来调节画面整体色调。

源文件路径	案例文件\第10章\实例197\		
素材路径	案例文件\第10章\实例197\		
视频路径	视频教学\第10章\实例197.flv		
难易程度	★★★★	学习时间	3分43秒

实例198 中式古典风格书籍——内页版式

一般情况下，文字配套的插图都是与行文相关的。本案例是以老北京火锅为主题，采用了国画作为插图，并搭配直排的文字，凸显了中式古典的主题。

案例效果剖析

制作本案例时，首先更改图层混合模式，使两个图层色调一致，然后使用图层蒙版将部分图像区域隐藏，再导入装饰素材，最后使用“直排文字工具”输入文字。部分效果展示如图10-22所示。

调整图层混合模式

使用蒙版抠图并输入文字

为文字添加图层样式

图10-22 效果展示

案例技术要点

本案例中主要用到的功能及技术要点如下。

- 图层蒙版：用来隐藏图像的部分区域。
- 直排文字工具：用来输入文字。
- 图层样式：用来为文字制作阴影效果。

案例制作步骤

源文件路径	案例文件\第10章\实例198\
素材路径	案例文件\第10章\实例198\
视频路径	视频教学\第10章\实例198.flv
难易程度	★★★
学习时间	2分24秒

实例199 现代感风格书籍——版面设计

现代感版面设计通常采用抽象的图案，富有动感，时代气息强，简约但不简单。通常此类版面设计被应用于节日、插画、商业等相关的平面设计作品中。本案例中，半文字半图片的版面布局以及简单明了的文字，使得整幅图片现代感极强。

案例效果剖析

本案例是在原有图像的基础上，通过设计排版，添加文字和装饰，制作文字时添加图层样式，使其效果更加饱满、丰盈，然后通过“钢笔工具”及“画笔工具”的配合使用，制作出装饰效果的花朵。部分效果展示如图10-23所示。

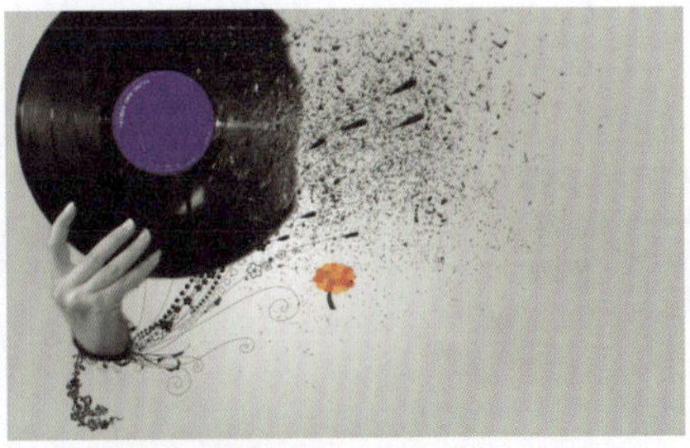

使用“画笔工具”及“钢笔工具”绘制花朵

图10-23 效果展示

案例技术要点

本案例中主要用到的功能及技术要点如下。

- 图层样式：为图层添加“内阴影”的样式。
- 钢笔工具：用来绘制选区。
- 画笔工具：用来绘制圆点，组合成花朵形状。

案例制作步骤

源文件路径	案例文件\第10章\实例199\		
素材路径	案例文件\第10章\实例199\		
视频路径	视频教学\第10章\实例199.flv		
难易程度	★★★★	学习时间	2分35秒

❶ 打开背景素材“1.jpg”，如图10-24所示。

图10-24 背景素材

❷ 绘制花的花茎部分。选择工具箱中的“钢笔工具”，设置“绘制模式”为“形状”，“颜色”为“墨绿色”，然后在画面中相应位置绘制形状，如图10-25所示。选择“画笔工具”，并设置画笔大小，如图10-26所示。更改画笔颜色，绘制花瓣，如图10-27所示。

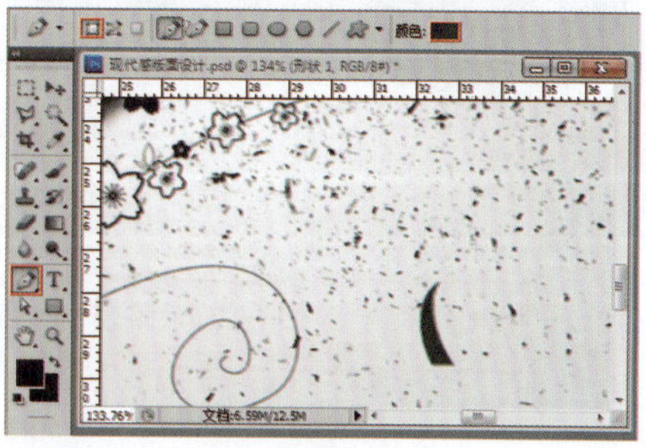

图10-25 绘制花茎

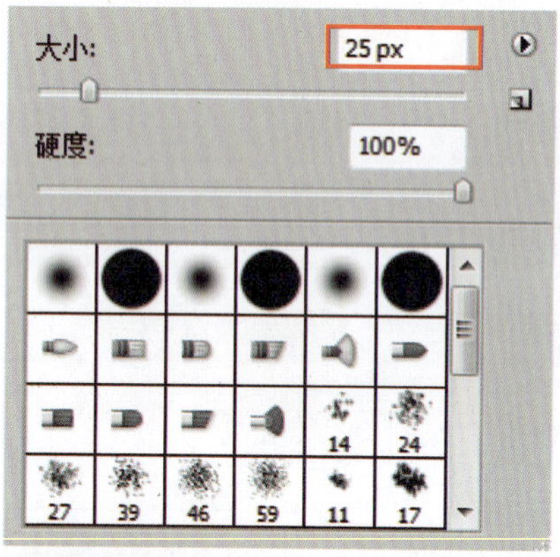

图10-26 设置画笔

图10-27 绘制花瓣

❸ 选择工具箱中的“横排文字工具”，设置合适的字体、字号，在画面中输入文字，如图10-28所示。选择该文字图层，执行“图层 | 图层样式 | 内阴影”命令，参数设置如图10-29所示。效果如图10-30所示，

图10-28 输入文字

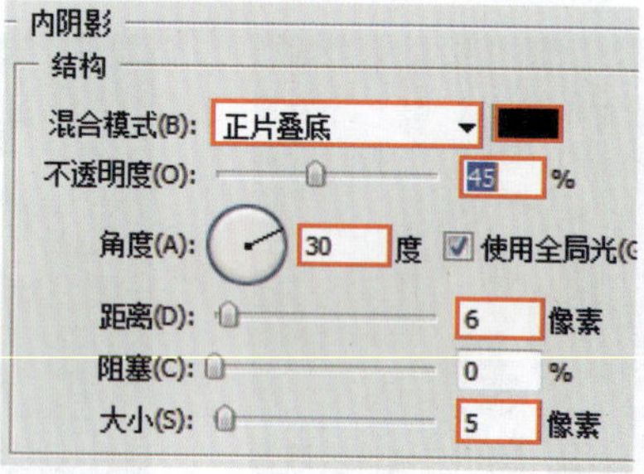

图10-29 “内阴影”参数

图10-30 效果图

❹ 在画面中输入文字，如图10-31所示。接下来输入段落文字，选择“横排文字工具”在画面中绘制文本框，如图10-32所示。输入段落文字，最终效果如图10-33所示。

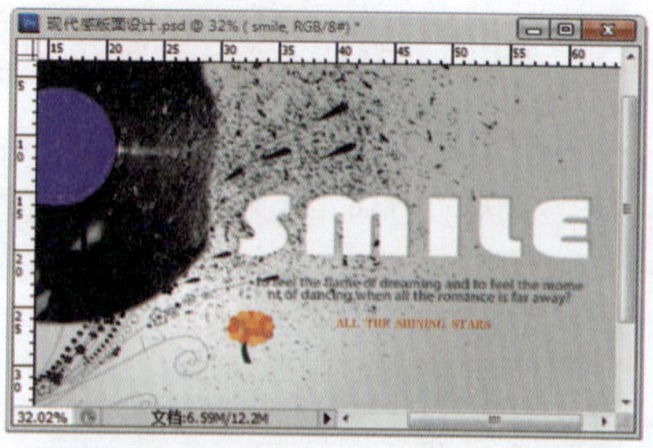

图10-31 输入文字

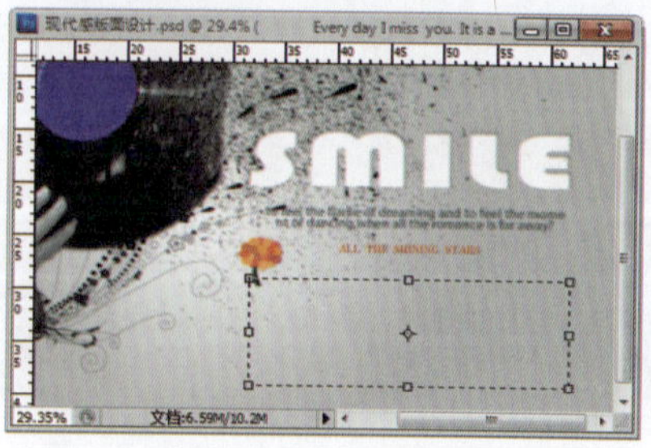

图10-32 绘制文本框

图10-33 最终效果

> **提 示**
>
> 调整文本框的大小：
>
> 绘制完文本框后，若想调整文本框的大小，可以将光标移动到控制点处，按住鼠标左键拖拽控制点即可更改文本框的大小，与调整定界框大小的方法相同。

实例200 典雅华丽风格书籍装帧——制作封面背景

本案例主要讲解封面背景部分的制作，该封面是典雅华丽风格的封面设计。封面采用紫色，梦幻的颜色给人深沉、神秘的视觉感受，欧式的底纹装点了画面背景，增强了画面的质感。

案例效果剖析

制作本案例时，使用了紫色径向渐变，使画面产生了由外至内的收缩感。此类书籍背景的制作要充分考虑到主体风格的特殊性与后期制作前景的和谐性。色彩交替的描边图层样式增强了页面的立体感，其中心条块部分的制作则交替使用了羽化、渐变叠加的图层样式、图层蒙版等工具。部分效果展示如图10-34所示。

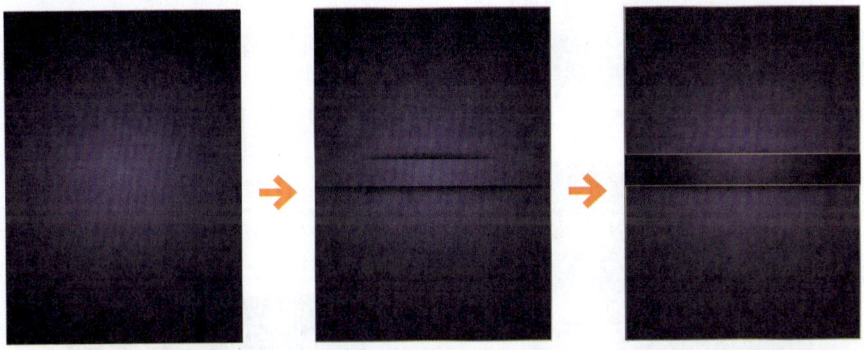

使用渐变工具填充背景色　绘制阴影效果　使用图层样式并叠加花纹素材

图10-34 效果展示

案例技术要点

本案例中主要用到的功能及技术要点如下。

- 渐变工具：用来编辑渐变颜色。
- 羽化选区：用来羽化选区，制作选区边缘柔和的效果。
- 矩形选框工具：用来绘制矩形选区并填充颜色。

案例制作步骤

源文件路径	案例文件\第10章\实例200-202\		
素材路径	案例文件\第10章\实例200-202\		
视频路径	视频教学\第10章\实例200-202.flv		
难易程度	★★★	学习时间	8分33秒

❶ 执行“文件 | 新建”命令，设置“大小”为A4。单击工具箱中的“渐变工具”按钮，单击选项栏中的渐变编辑器，编辑一种由浅紫色到深紫色的渐变，如图10-35所示。单击“径向渐变工具”按钮，在画面中从中心向四周进行拖拽填充，如图10-36所示。

图10-35 编辑渐变

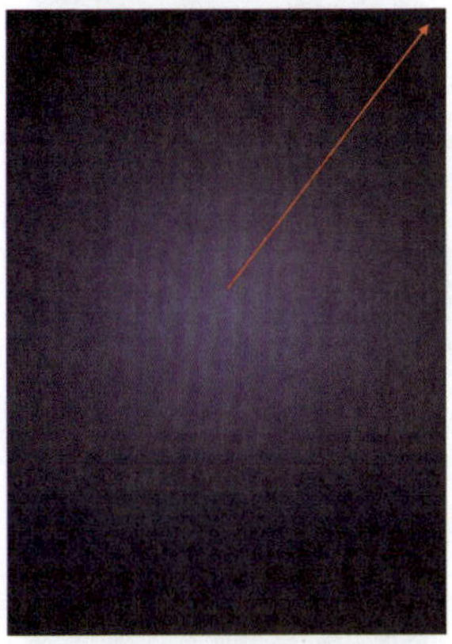

图10-36 填充渐变

❷ 选择背景图层，按住“Alt”键双击背景图层，将其转换为普通图层。执行“图层 | 图层样式 | 描边”命令，参数设置如图10-37所示。描边效果如图10-38所示。导入花纹素材“1.png”，调整至合适大小，如图10-39所示。

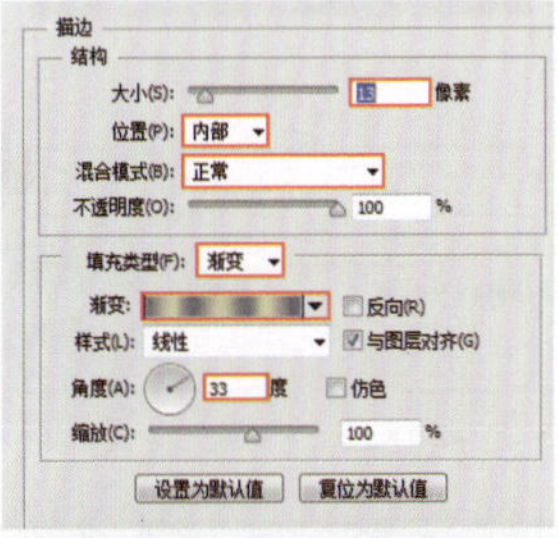

图10-37 “描边”参数

图10-38 描边效果

图10-39　花纹素材

③ 新建图层，单击工具箱中的“椭圆选框工具” 按钮，在画面中绘制大小合适的椭圆，如图10-40所示。执行“选择｜修改｜羽化”命令，设置“羽化半径”数值为50像素，如图10-41所示。设置“前景色”为“黑色”，新建图层并填充前景色，如图10-42所示。

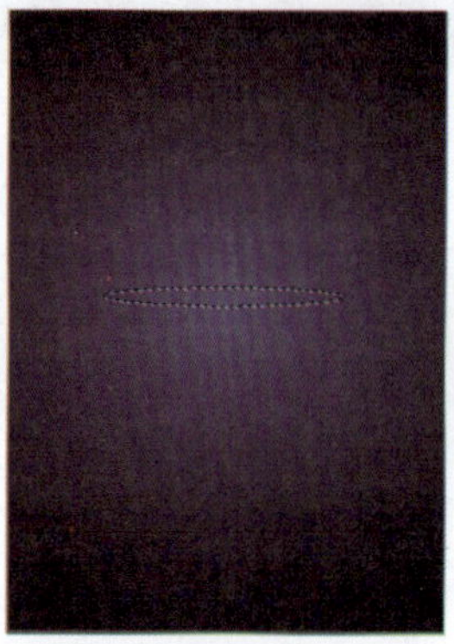

图10-40　绘制选区

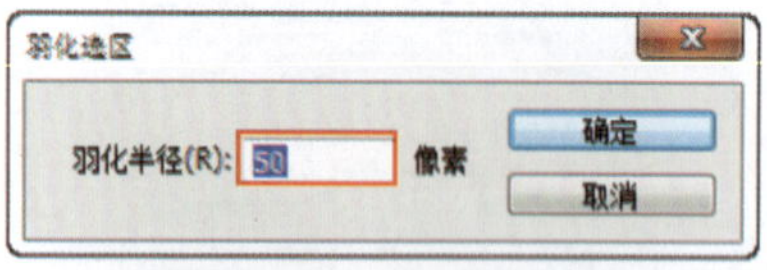

图10-41　羽化选区

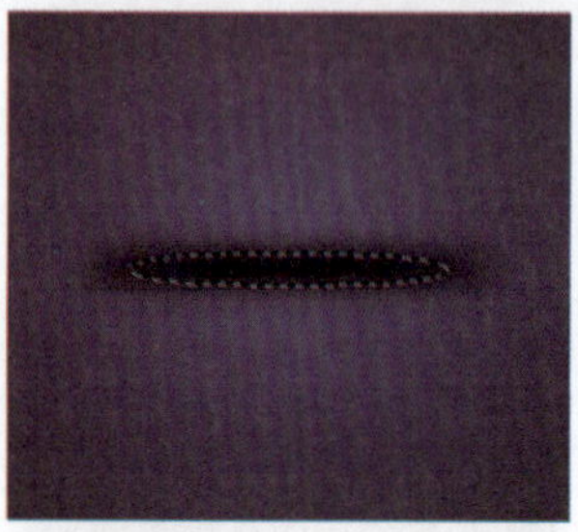

图10-42　填充羽化选区

提　示

羽化选区的设置方法：

在使用选区工具绘制选区之前，在选项栏设置“羽化”选区选项，也可以设置羽化的参数。

④ 制作阴影。选择工具箱中的“矩形选框工具” ，在阴影上绘制大小合适的选区，如图10-43所示。单击图层面板上的“添加图层蒙版” 按钮，隐藏多余部分，按快捷键“Ctrl+D”取消选区，如图10-44所示。使用同样的方法制作另外一个羽化椭圆，如图10-45所示。

图10-43　绘制选区

图10-44　添加蒙版

图10-45　阴影效果

⑤ 使用“矩形选框工具” ，在画面中绘制大小合适的矩形选区，填充任意颜色，如图10-46所示。执行“图层｜图层样式｜渐变叠加”命令，参数设置如图10-47所示。矩形效果如图10-48所示。

图10-46　绘制矩形

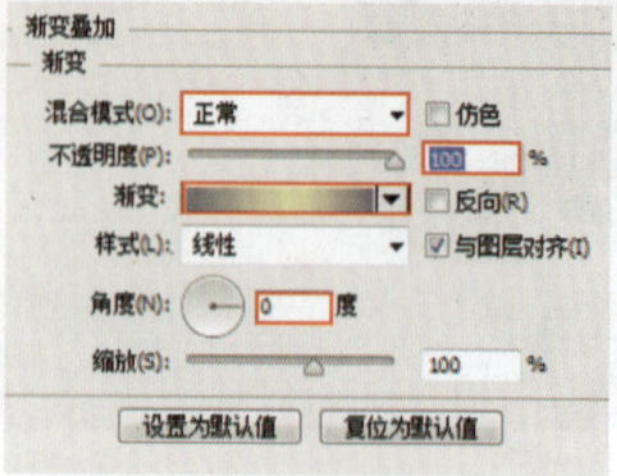

图10-47　“渐变叠加”参数

图10-48　矩形效果

⑥ 绘制一个小一点的矩形，使用“渐变工具” 填充紫色系径向渐变，如图10-49所示。复制花纹素材“1.png”，将其放置在顶层，适当缩小花纹素材，在图层面板中单击鼠标右键，执行“创建剪贴蒙版”命令，如图10-50所示。

图10-49　填充渐变

图10-50　添加花纹

实例201 典雅华丽风格书籍装帧——制作封面装饰

本案例主要讲封面的装饰部分。封面装饰部分是封面设计的一个重要的环节。在制作装饰时，要秉承设计风格统一的原则，因此在文字及装饰的选择上，都选择了欧式和华丽的风格。

案例效果剖析

一件作品的品质往往是从细节处表现出来，本案例在制作封面背景的基础上添加了文字及装饰，为了增强文字的美感，对其添加了“投影”及“渐变叠加”的图层样式，使其与边角的花纹颜色上形成对比。部分效果展示如图10-51所示。

输入文字并调整图层样式　继续输入文字并拷贝图层样式　执行置入命令导入素材

图10-51　效果展示

案例技术要点

本案例中主要用到的功能及技术要点如下。

- 图层样式：用来为文字等添加“投影”“渐变叠加”的图层样式。
- 选区的运算：用来得到直角选区的效果。

案例制作步骤

源文件路径	案例文件\第10章\实例200-202\		
素材路径	案例文件\第10章\实例200-202\		
视频路径	视频教学\第10章\实例200-202.flv		
难易程度	★★★	学习时间	8分33秒

❶ 单击工具箱中的“横排文字工具”T按钮，设置合适的字体及字号，单击渐变矩形并输入文字，如图10-52所示。执行“图层｜图层样式｜渐变叠加”命令，参数设置如图10-53所示；勾选“投影”选项，参数设置如图10-54所示。效果如图10-55所示。

图10-52　输入文字

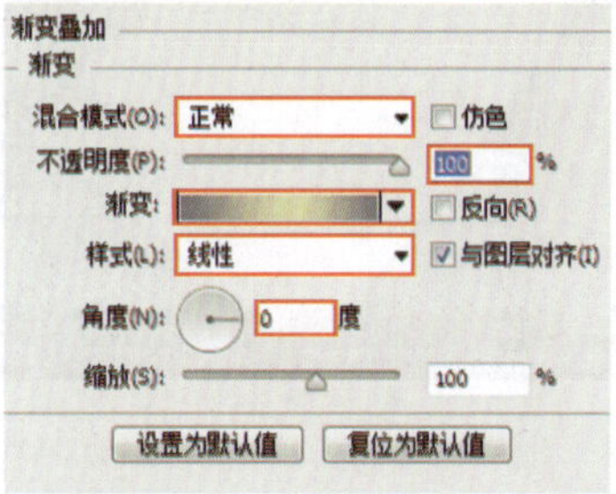

图10-53　“渐变叠加”参数

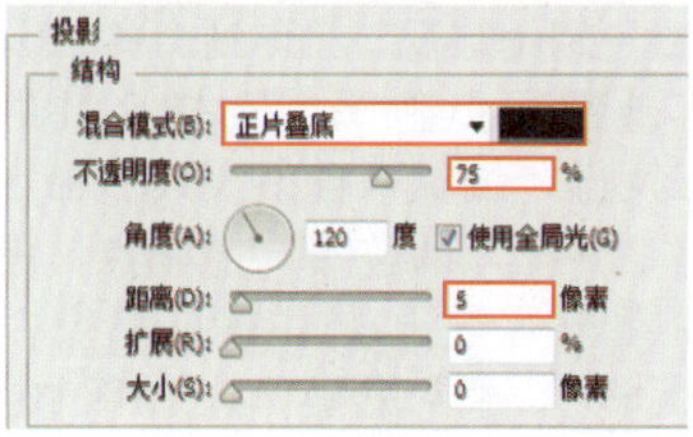

图10-54　“投影”参数

图10-55　文字效果

❷ 导入花纹素材“2.png”，调至合适大小及位置，如图10-56所示。选择文字图层，在图层面板上单击右键，执行“拷贝图层样式”命令，选择花纹素材，在图层面板上单击右键，执行“粘贴图层样式”命令，如图10-57所示。继续使用“横排文字工具”T，在合适位置输入文字，粘贴花纹素材“2.png”的图层样式，效果如图10-58所示。

图10-56　花纹素材

图10-57　复制图层样式

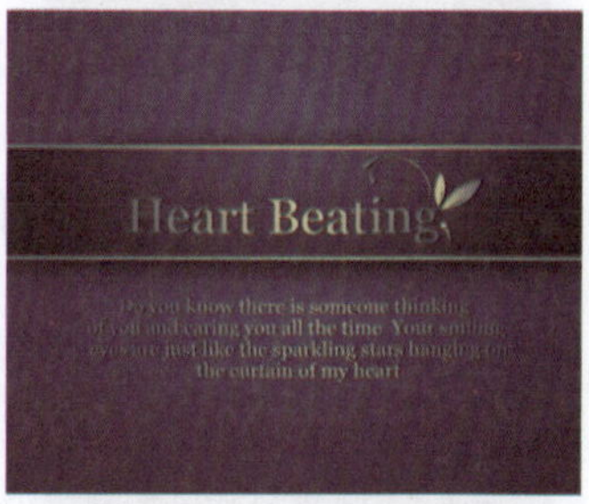

图10-58　文字效果

❸ 新建图层，单击“矩形选框工具”按钮，在选项栏中单击“添加

到选区”按钮，在版面的右下角绘制一个直角选区，如图10-59所示。粘贴花纹素材“2.png”的图层样式，如图10-60所示。使用同样的方法制作左上角的直角形状，如图10-61所示。

图10-59 选区效果

图10-60 选区效果

图10-61 复制直角

❹ 导入花纹素材“3.png”，调至合适大小及位置，如图10-62所示。

图10-62 花纹素材

实例202 典雅华丽风格书籍装帧——制作书籍展示效果

平面的书籍封面显得有些单调和枯燥，稍加以改变，则完全不同。本案例中对封面进行了扭曲变形，通过背景素材中图书的阴影效果增强了书籍的展示性，并且通过调节曲线等一系列细节，使书籍装帧效果更加完美。

案例效果剖析

本案例制作时，首先将封面变形，然后制作暗角效果，最后调整画面的色调。部分效果展示如图10-63所示。

图10-63 效果展示

案例技术要点

本案例中主要用到的功能及技术要点如下。

- 自由变换：用来制作封面的变形。
- 渐变工具：用来编辑渐变颜色，制作暗角效果。
- 曲线工具：用来调整画面颜色对比度。

案例制作步骤

源文件路径	案例文件\第10章\实例200-202\		
素材路径	案例文件\第10章\实例200-202\		
视频路径	视频教学\第10章\实例200-202.flv		
难易程度	★★★	学习时间	8分33秒

❶ 打开背景素材“4.jpg”，如图10-64所示。

图10-64 背景素材

❷ 制作封面的图层编组。选择该图层组，使用盖印快捷键“Ctrl+Shift+E”，得到合并图层。将其他图层组隐藏，选择合并的图层，执行“编辑 | 自由变换”命令，调出定界框，调整四周控制点，使画册封面与背景上的书籍更贴合，按“Enter”键完成操作，如图10-65所示。

图10-65 调整封面

❸ 制作暗角效果。新建图层，按住“Ctrl”键单击合并图层的图层缩览图，得到该图层的选区。选择工具箱中的“渐变工具”，在渐变编辑器中编辑由黑色到透明的渐变，如图10-66所示。从右侧向左侧进行拖拽，填充选区，如图10-67所示。设置“混合模式”为“正片叠底”，“不透明度”设置为30%，如图10-68所示。

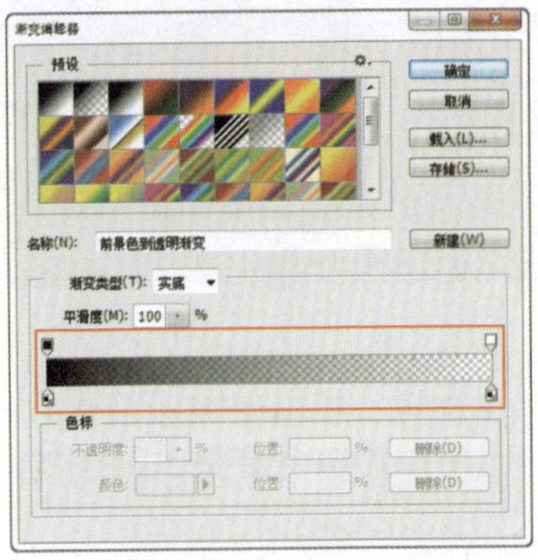

图10-66 编辑渐变

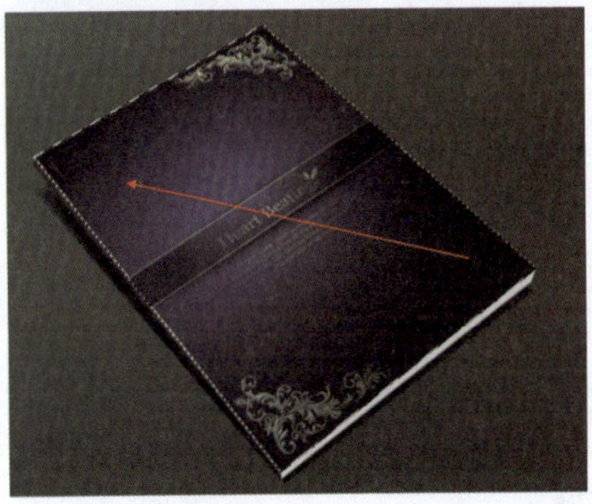

图10-67 填充渐变

图10-68 暗角效果

提 示

设置“杂色渐变”：

“杂色渐变”是一种多种颜色相间的渐变颜色。在“渐变编辑器”中，通过设置“渐变类型”来选择“实底渐变”或“杂色渐变”。

❹ 载入画册封面选区，执行“图像 | 调整 | 曲线”命令，调整曲线形状，单击“确定”按钮，如图10-69所示。最终效果如图10-70所示。

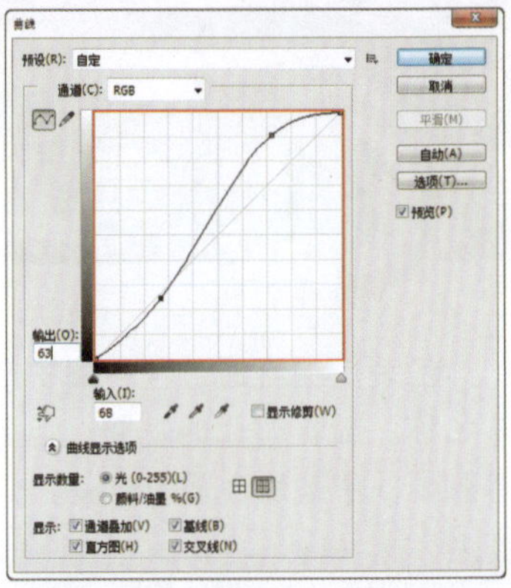

图10-69 曲线形状

图10-70 最终效果

第11章 包装设计

包装是在流通过程中保护产品，方便储运，促进销售，按一定的技术方法所用的容器、材料和辅助物等的总体名称。随着时代的发展，包装的功能再也不仅限于保护商品，而是包括美观性和实用性的综合评估，两者的统筹兼顾，才是最合理的包装。

实例203 饮料包装设计——制作包装的主体

在包装设计中，通常先要设计包装的形态和包装的展示效果。本案例中，首先简单处理一下背景，然后为包装添加图案装饰。

案例效果剖析

本案例的制作是由多个素材集结拼凑而成。案例制作中主要使用“钢笔工具”和“渐变工具”，绘制路径选区并填充颜色，以确定包装主色调，再通过“画笔工具”使图片与瓶身过渡融合。部分效果展示如图11-1所示。

执行“置入”命令置入背景素材 → 执行“置入”命令制作瓶身素材 → 填充渐变色制作瓶身

图11-1 效果展示

案例技术要点

本案例中主要用到的功能及技术要点如下。

- 钢笔工具：用来沿着瓶子的轮廓绘制路径并转换为选区。
- 渐变工具：用来为选区填充渐变色。
- 横排文字工具：用来设置合适的字体和字号，在瓶身上输入相应的文字。

案例制作步骤

源文件路径	案例文件\第11章\实例203-205\
素材路径	案例文件\第11章\实例203-205\
视频路径	视频教学\第11章\实例203-205.flv
难易程度	★★★
学习时间	3分05秒

❶ 打开背景素材“1.jpg”，如图11-2所示。执行“文件 | 置入”命令，或是按快捷键“Ctrl+O”导入叶子素材“2.png”，如图11-3所示。接着，导入瓶子模型素材“3.png”，如图11-4所示。

图11-2 背景素材

图11-3　叶子素材

图11-4　瓶子模型素材

❷ 制作第一个饮料瓶的包装，创建新组，命名为“包装1 ”，导入苹果素材“4.png”，如图11-5所示。新建图层，使用“钢笔工具”沿着瓶子边缘绘制路径，按快捷键“Ctrl+Enter”转换为选区。使用“渐变工具”，在渐变编辑器中编辑黄绿色渐变，在选框内拖拽鼠标，为其添加一层黄绿色渐变。选择工具箱中的“画笔工具”，设置“前景色”为“红色”，在接近水果的边缘处使用“柔角画笔”绘制，按“Ctrl+D”取消选区，如图11-6所示。

图11-5　苹果素材

图11-6　绘制包装皮

提　示

制作包装时，渐变填充的要点：

绘制渐变时，要注意渐变的深浅度，使包装纸具有原本立体的效果，并在绘制其他包装纸时，应遵循统一渐变方式和深浅度。

❸ 设置“前景色”为“淡黄色”，使用工具箱中的“横排文字工具”，在属性栏中设置合适的字体和字号，在画面中输入文字，如图11-7所示。

图11-7　输入文字

实例204　饮料包装设计——瓶身制作

饮料的包装是产品的关键所在，包装的美观性是人们关注的一大焦点，所以在进行包装设计时，应该充分考虑大众的审美观和适应程度，设计出符合大众审美需求的包装。本案例中，应用了拉链素材作为瓶身的装饰，为这款饮料包装的设计增添了一个很具有创意的设计点，使这款包装能够快速吸引人们的视线。

案例效果剖析

本案例中使用了“投影”的图层样式，使拉链装饰素材更加立体，使用“画笔工具”在瓶身的边缘位置绘制了包装上所具有的高光效果和阴影效果，然后继续对其他空白瓶身进行同样制作。本案例中主要是对已有素材进行细节刻画，以及绘制高光、阴影等，使瓶身更具存在感及立体感。部分效果展示如图11-8所示。

图11-8　效果展示

案例技术要点

本案例中主要用到的功能及技术要点如下。

- 图层样式：用来为拉链添加投影效果。
- 画笔工具：在瓶身上绘制高光和阴影。

案例制作步骤

源文件路径	案例文件\第11章\实例203-205\
素材路径	案例文件\第11章\实例203-205\
视频路径	视频教学\第11章\实例203-205.flv
难易程度	★★★
学习时间	3分05秒

❶ 导入拉链素材“5.png”，如图11-9所示。为其添加图层样式，执行“图层 | 图层样式 | 投影”命令，参数设置如图11-10所示。此时效果如图11-11所示。

图11-9　拉链素材

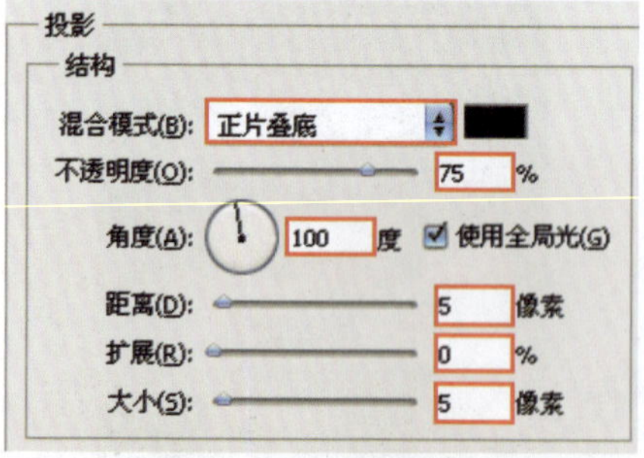

图11-10　“投影”参数

图11-11　效果图

❷ 创建新图层，命名为“高光”，设置“前景色”为“白色”，使用“柔角画笔工具”在瓶的边缘绘制淡淡的高光效果，如图11-12所示。得到苹果部分的选区，复制出一个苹果，放置在“包装1”组的最顶层，如图11-13所示。使用黑色“柔角画笔”，在属性栏中降低“不透明度”和“流量”，为苹果添加一点阴影效果，此时“包装1”组制作完成，效果如图11-14所示。

图11-12　绘制高光

图11-13　复制苹果

图11-14　“包装1”组制作效果

❸ 使用同样的方法，制作其他包装，效果如图11-15所示。

图11-15　制作包装组

> **提　示**
>
> 如何创建新组？
>
> 制作饮料的包装时，会产生大量的图层，此时可以单击“图层”面板下方的“创建新组”按钮，在图层面板中创建组，将相应的图层移动至该组中，这样可以方便操作。

实例205　饮料包装设计——装饰素材的制作

在一幅作品中，适当的加入一些装饰素材，能使画面更加的丰富，同时能够对画面中的主体物起到陪衬作用。本案例中白色柔角画笔绘制的前景光效，给画面增添了些许意境。

案例效果剖析

制作本案例时，首先将素材导入至画面中，放置在合适的位置，并使用“钢笔工具”绘制叶子的形状，放置在饮料瓶的前方作为装饰的一部分，最后新建图层，使用“画笔工具”，设置“前景色”为“白色”，在属性栏中设置合适的“不透明度”，在该图层中绘制光效。部分效果展示如图11-16所示。

使用“钢笔工具”制作叶子　执行“置入”命令导入前景素材　使用“画笔工具”绘制光效

图11-16　效果展示

提　示

使用“画笔工具”绘制光斑：

绘制大小不同的光斑时，可以在画笔面板中调整画笔笔尖的间距，勾选“散布”选项，调大散布数值；勾选“形状动态”选项，增加大小抖动数值；勾选“传递”选项，增大不透明度的抖动数值。

案例技术要点

本案例中主要用到的功能及技术要点如下。

- 钢笔工具：用来制作叶子的形状并转换为选区，形成画面中的一个装饰素材。
- 画笔工具：用来绘制光效效果。

案例制作步骤

源文件路径	案例文件\第11章\实例203-205\		
素材路径	案例文件\第11章\实例203-205\		
视频路径	视频教学\第11章\实例203-205.flv		
难易程度	★★★	学习时间	3分05秒

❶ 复制“叶子”图层，建立“叶子副本”图层，使用“钢笔工具”在导入的叶子上绘制闭合路径，按快捷键“Ctrl+Enter”将路径转换为选区，按快捷键“Ctrl+Shift+I”执行反选，按“Delete”键删除其他部分，如图11-17所示。导入精灵素材“9.png”，放在右侧的饮料上，如图11-18所示。

图11-17　复制“叶子”图层

图11-18　精灵素材

❷ 在图层面板的顶端新建图层，设置“前景色”为“白色”，使用柔角画笔绘制前景光效，并导入前景素材“10.png”，如图11-19所示。最终效果如图11-20所示。

图11-19　前景素材

图11-20　最终效果

实例206

瓶装饮料包装设计——多彩果味饮料

饮料的包装设计不仅追求实用还追求美观，我们可以针对不同的饮品对包装进行分类设计。在本案例中，饮料瓶是制作的重点。由于该瓶子是玻璃材料，所以要制作出玻璃的光泽感，另外还要制作出瓶子的阴影。

案例效果剖析

制作本案例时，首先使用图层蒙版使瓶口处具有透明效果，然后通过“画笔工具”及“蒙版”的搭配使用，对粘贴标志素材进行抠图，并且为其制作高光效果，使瓶身效果更加真实。部分效果展示如图11-21所示。

使用蒙版工具制作透明瓶口

使用蒙版工具对标志进行抠图

使用"画笔工具"制作阴影及高光

图11-21　效果展示

案例技术要点

本案例中主要用到的功能及技术要点如下。

- 图层蒙版：用来隐藏画面中的部分图像。
- 画笔工具：在蒙版中进行涂抹以隐藏部分区域，以及绘制瓶身高光。

案例制作步骤

源文件路径	案例文件\第11章\实例206\		
素材路径	案例文件\第11章\实例206\		
视频路径	视频教学\第11章\实例206.flv		
难易程度	★★★★	学习时间	8分26秒

实例207　茶叶礼盒包装设计——平面图制作

茶是一种著名的保健饮品，是中国的"国饮"。经过长时间的发展，茶也变得越来越多元化，所以在包装的设计上不仅要充分考虑中国的传统元素，还要符合广大群众的审美需求。

案例效果剖析

本案例中，这款茶叶包装的正面选用了大面积绿色的图片，代表着自然、健康，这样也凸显出中国的"茶"文化，然后使用文字工具，在画面中输入主题文字，并添加描边效果。部分效果展示如图11-22所示。

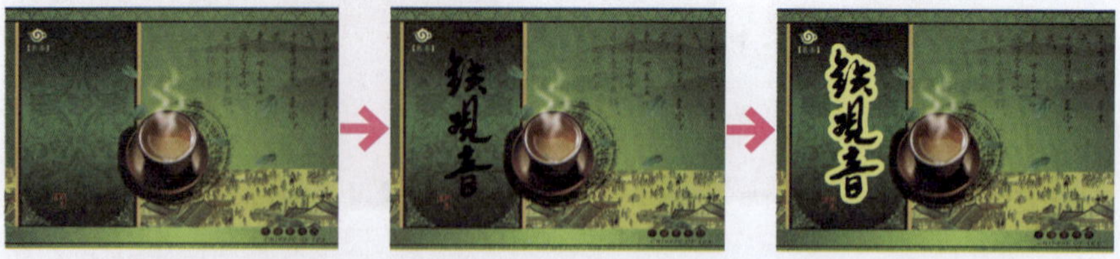

执行"打开"命令打开背景素材　使用文字工具输入文字　为文字添加描边等图层样式

图11-22　效果展示

案例技术要点

本案例中主要用到的功能及技术要点如下。

- 横排文字工具：用来在画面中输入主题文字。
- 描边：用来为文字添加描边的效果。

案例制作步骤

源文件路径	案例文件\第11章\实例207-208\		
素材路径	案例文件\第11章\实例207-208\		
视频路径	视频教学\第11章\实例207-208.flv		
难易程度	★★★	学习时间	3分45秒

❶ 打开素材文件"1.jpg"，如图11-23所示。

图11-23　打开素材

❷ 使用工具箱中的"直排文字工具"，在属性栏中设置合适的字体、字号和颜色，在画面中输入"铁观音"，如图11-24所示。执行"图层 | 图层样式 | 描边"命令，参数设置如图11-25所示。

图11-24　输入文字

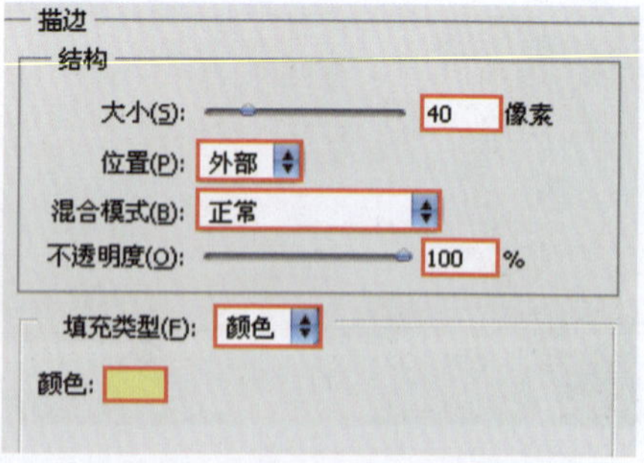

图11-25　"描边"参数

❸ 选中"铁观音"文字图层，按快捷键"Ctrl+J"创建文字副本，单击"图层"面板下方的"创建新图层"按钮，新建图层，然后按快捷键"Ctrl+E"合并两个图层，命名为"文字2"，使用"矩形选框工具"框选"铁观音"文字的一半，执行"图层 | 图层样式 | 描边"命令，参数设置如图11-26所示。此时效果如图11-27所示。

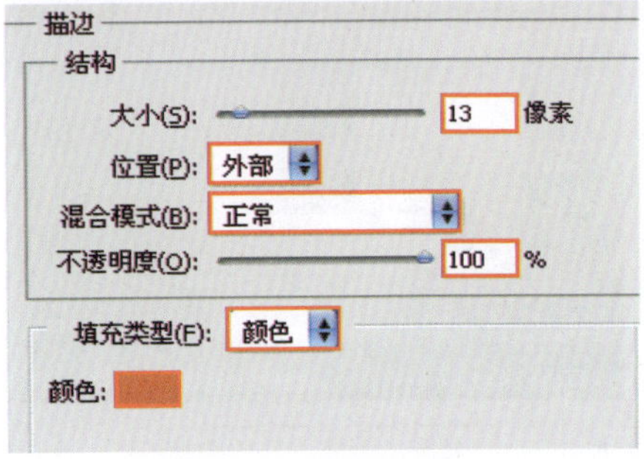

图11-26 “描边”参数

图11-27 效果图

提 示

如何创建文字副本？

在设计这款茶叶包装时，需要输入主体文字，为文字添加图层样式，然后将文字的所有图层选中，使用快捷键“Ctrl+J”进行复制，这时就形成了文字的副本，在副本中对文字进行设置，两组文字叠加在一起，便产生了立体的效果。

实例208 茶叶包装设计——立体效果制作

本产品的包装是绿色系，背景图片则大胆选用了具有大面积红色的图片，这样可以突出前景中的茶叶包装，使第一视线就定格在茶叶包装的主体上。将底纹素材和绳子素材导入至画面中，再使用“画笔工具”在包装盒上绘制阴影，使得到包装盒充满立体效果。

案例效果剖析

制作本案例时，执行“自由变换”命令，使制作完成的平面图像具有立体透视感，然后根据素材位置绘制阴影，再通过调整“不透明度”使图像投影更加真实。部分效果展示如图11-28所示。

执行“扭曲”命令调整图像透视效果 → 置入素材并绘制阴影效果 → 置入茶壶素材

图11-28 效果展示

案例技术要点

本案例中主要用到的功能及技术要点如下。

- 自由变换：将图像进行变形。
- 画笔工具：用来绘制图像的阴影。

案例制作步骤

源文件路径	案例文件\第11章\实例207-208\		
素材路径	案例文件\第11章\实例207-208\		
视频路径	视频教学\第11章\实例207-208.flv		
难易程度	★★	学习时间	3分45秒

❶ 导入背景“2.jpg”，如图11-29所示。创建“封面”组副本，单击鼠标右键选择“合并组”选项，然后执行“编辑|变换|扭曲”命令，通过移动控制点为其添加透视效果，如图11-30所示。导入底纹“3.png”，如图11-31所示。导入绳子“4.png”，如图11-32所示。

图11-29 背景素材

图11-30 复制“封面”组

图11-31 底纹素材

图11-32 绳子素材

❷ 绘制绳子的投影。创建新图层，设置“前景色”为“黑色”，使用“画笔工具”，选择柔角画笔，在绳子的下面进行绘制，然后设置该图层的“不透明度”为50%，效果如图11-33所示。导入茶壶“5.png”，如图11-34所示。

图11-33　绳子阴影

图11-34　茶壶素材

❸ 按住“Shift”键并点击“茶叶袋”组和“壶”，将其进行复制，命名为“倒影”，使用快捷键“Ctrl+E”合并图层，再使用快捷键“Ctrl+T”执行自由变换。在图像上单击鼠标右键，在下拉菜单中选择“垂直翻转”选项，将其进行变换，如图11-35所示。在图层面板中设置“不透明度”为45%，再添加图层蒙版，使用黑色柔边圆画笔，降低流量和不透明度，绘制倒影，如图11-36所示。

图11-35　复制副本

图11-36　绘制倒影

❹ 导入商标“6.png”，放置在画面的右上角，最终效果如图11-37所示。

图11-37　最终效果

提　示

透视工具的作用：

在进行包装设计时，需要制作出包装的立体效果。自由变换中的透视工具是立体效果的制作中最快也最常用的方法，通过移动透视上的锚点可制作出包装盒的透视效果。

实例209　月饼礼盒包装设计——背景的制作

月饼是我国的传统美食，已经有着两千多年的历史，一直是馈赠的佳品。月饼的包装设计不仅需要保护商品，还要美观、大方。该设计的背景图片上有一朵红花，红色在中国象征着吉祥如意，将其运用在背景中，为画面增添了中国的传统元素，也使画面更加的喜庆。

案例效果剖析

制作本案例时，导入图片作为月饼礼盒的包装背景，然后创建新组，在该组中继续导入底图、花和底纹素材。将素材分组可以更好地规整版式，方便制作。部分效果展示如图11-38所示。

图11-38　效果展示

案例技术要点

本案例中主要用到的功能及技术要点如下。

- 创建新组：单击图层面板下方的创建新组按钮可以新建图层组，用来对图层进行管理。

案例制作步骤

源文件路径	案例文件\第11章\实例209-211\
素材路径	案例文件\第11章\实例209-211\
视频路径	视频教学\第11章\实例209-211.flv
难易程度	★★★
学习时间	5分23秒

❶ 打开素材文件“1.jpg”，如

图11-39所示。在图层面板中单击下方的“创建新组”按钮，创建出新组，并命名为“封面”，如图11-40所示。

图11-39 素材文件

图11-40 创建新组

❷ 在“封面组”中导入底图文件“2.jpg”，如图11-41所示。导入花素材“3.png”，如图11-42所示。导入底纹素材“4.png”，如图11-43所示。

图11-41 底图素材

图11-42 花素材

图11-43 底纹素材

实例210 月饼礼盒包装设计——平面图制作

在本案例中，月饼盒包装采用红色调，这与节日的气氛相映衬，其金色的文字与红色的背景及花朵的搭配相得益彰，使画面更具节日喜庆的感觉。为文字添加不同的图层样式，使文字的存在感及立体感更强。

案例效果剖析

制作本案例时，使用文字工具输入包装盒上的文字，通过添加图层样式为文字添加“描边”“斜面和浮雕”等效果，制作出文字的立体效果，再输入标题文字，为该文字添加图层样式，得到包装盒上主体文字的立体效果。部分效果展示如图11-44所示。

图11-44 效果展示

案例技术要点

本案例中主要用到的功能及技术要点如下。

- 图层样式：用来为文字添加各种效果。
- 复制组：将文字组进行复制，以便后续操作。

案例制作步骤

源文件路径	案例文件\第11章\实例209-211\
素材路径	案例文件\第11章\实例209-211\
视频路径	视频教学\第11章\实例209-211.flv
难易程度	★★★
学习时间	5分23秒

❶ 创建新组，命名为“文字”，使用工具箱中的“直排文字工具”，在属性栏中设置合适的颜色、字体和字号，在画面相应位置输入文字，如图11-45所示。使用“横排文字工具”输入文字“盛典”，如图11-46所示。

图11-45 输入文字

图11-46 输入文字“盛典”

❷ 添加图层样式，执行“图层｜图层样式｜投影”命令，参数设置如图11-47示。执行“图层｜图层样式｜外发光”命令，参数设置如图11-48示；执行“图层｜图层样式｜内发光”命令，参数设置如图11-49示；执行“图层｜图层样式｜斜面和浮雕”命令，参数设置如图11-50；执行“图

层｜图层样式｜光泽”命令，在光泽面板中的“渐变”上单击鼠标左键，在“渐变编辑器”中设置合适的渐变，如图11-51所示；执行“图层｜图层样式｜渐变叠加”命令，参数设置如图11-52所示。画面效果如图11-53所示。

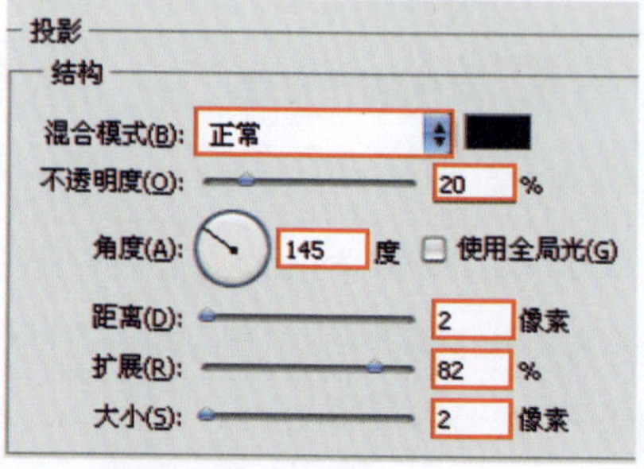

图11-47 “投影”参数

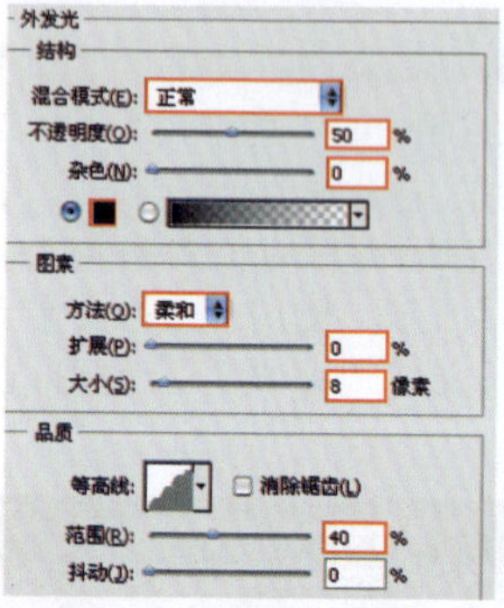
图11-48 “外发光”参数

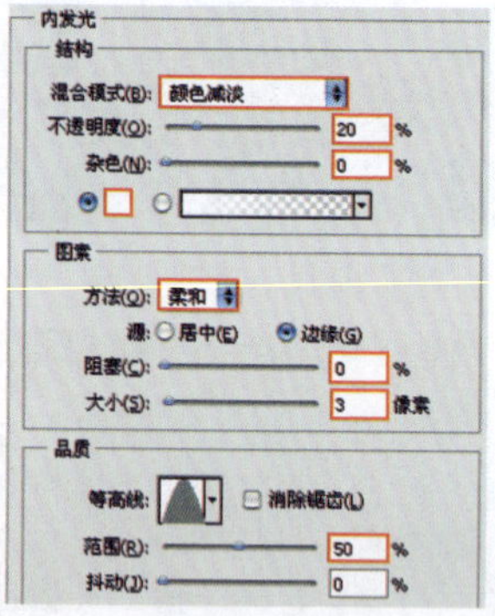
图11-49 “内发光”参数

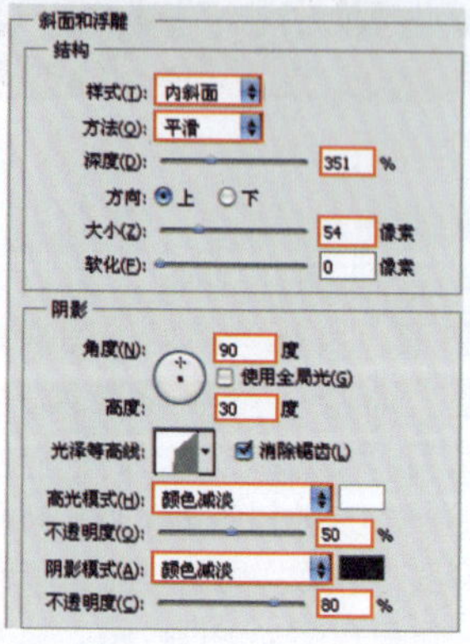
图11-50 “斜面和浮雕”参数

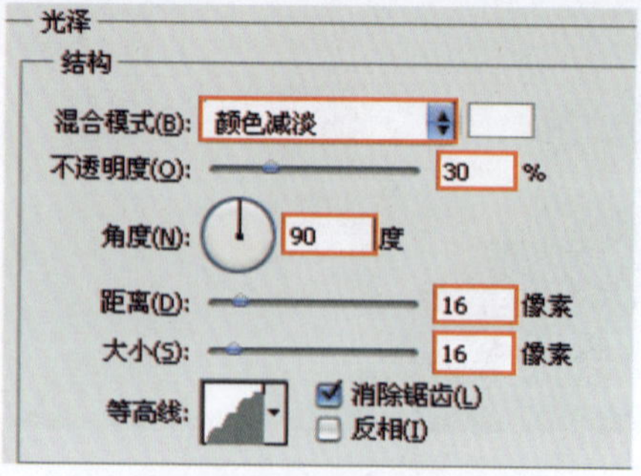

图11-51 “光泽”参数

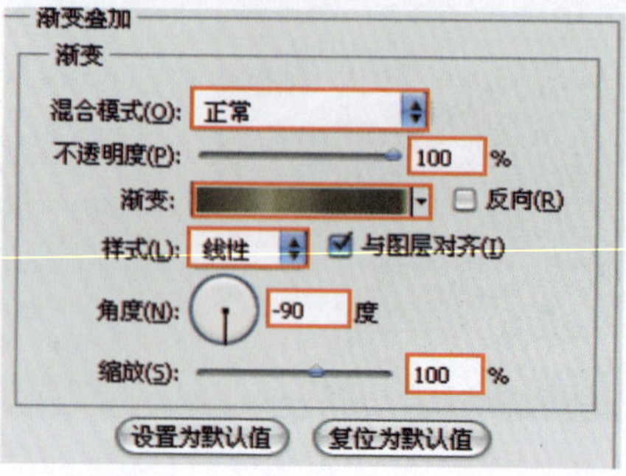

图11-52 “渐变叠加”参数

图11-53 效果图

❸ 使用“直排文字工具”，在画面中分别输入文字“中秋”“圆月”。为其添加添加图层样式，执行“图层｜图层样式｜投影”命令，参数设置如图11-54所示；执行“图层｜图层样式｜斜面和浮雕”命令，参数设置如图11-55所示。此时效果如图11-56所示。为了使文字加深一些，可以再复制“文字”组，如图11-57所示。

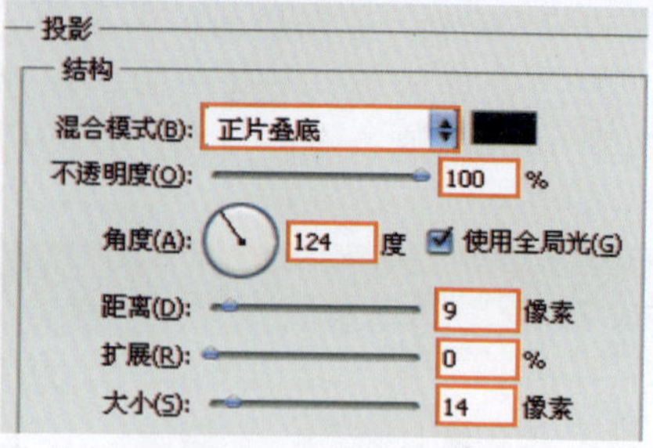

图11-54 “投影”参数

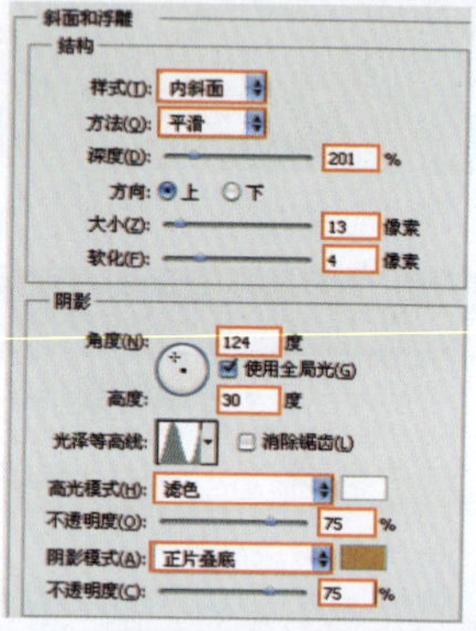
图11-55 “斜面和浮雕”参数

图11-56 效果图

图11-57 复制“文字”组

实例211 月饼礼盒包装设计——展示效果

在月饼盒包装设计中，要重视传统文化意蕴的表达，同时也要兼顾时代特征，突破现有的形式和常规。在品牌众多的月饼竞争市场中，要创新包装形象，提高包装的文化品位，让传统的中秋月饼经过包装后，既能传达节日喜庆的氛围又能折射出时代的气息感。

案例效果剖析

在本案例中，使用“矩形选框工具”绘制矩形并填充颜色，然后对其执行模糊命令，使其具有阴影的效果，再导入“盖”和“月饼”素材，使用“橡皮擦工具”，制作出投影效果。部分效果展示如图11-58所示。

图11-58 效果展示

案例技术要点

本案例中主要用到的功能及技术要点如下。

- 自由变形：对图像进行变形，以制作立体透视效果。
- 模糊：用来对矩形进行模糊处理，使其具有阴影的效果。
- 橡皮擦工具：设置合适的不透明度和流量，用来在画面中绘制投影效果。

案例制作步骤

源文件路径	案例文件\第11章\实例209-211\		
素材路径	案例文件\第11章\实例209-211\		
视频路径	视频教学\第11章\实例209-211.flv		
难易程度	★★★	学习时间	5分23秒

❶ 创建新组，命名为“月饼盒”，在组中新建“盒子组”，在该组中使用“矩形选框工具” 绘制矩形选框，并填充颜色，再使用快捷键“Ctrl+T”执行自由变换操作。在图像上单击鼠标右键，在下拉菜单中选择“透视”选项，将其变形，然后绘制盒边和盒盖的效果，如图11-59所示。

❷ 拖拽“盒子”组至图层面板下方的“创建新图层”上，创建该组的副本，在组副本上单击鼠标右键，在下拉菜单中选择“合并组”选项，命名为盒子阴影，并填充“黑色”，执行“滤色 | 模糊 | 高斯模糊”命令，参数设置如图11-60所示。在图层面板中设置“不透明度”为85%，如图11-61所示。

图11-59 透视效果

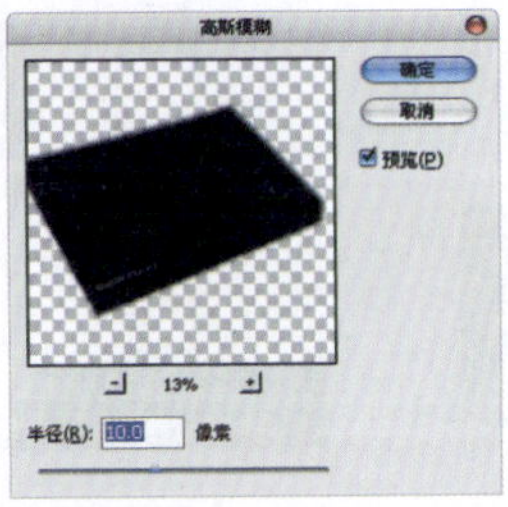

图11-60 “高斯模糊”参数

图11-61 不透明度效果

❸ 导入掀开盒素材“5.png”，如图11-62所示。导入月饼素材“6.png”，如图11-63所示。

图11-62 掀开盒素材

图11-63 月饼素材

❹ 复制月饼图层，使用快捷键“Ctrl+T”执行自由变换操作，在图像上单击鼠标右键，在下拉菜单中选择“垂直翻转”选项，然后使用“橡皮擦工具”，设置流量和不透明度分别为50%，在画面中绘制出投影效果，如图11-64所示。

图11-64 月饼投影

❺ 从“封面”组中拖拽“文字”组，建立文字副本，命名为“中秋圆月”，如图11-65所示。最终效果如图11-66所示。

图11-65 复制“文字”组

图11-66 最终效果

提 示

“高斯模糊”工具的应用：

为了使所制作的包装更加具有立体感，绘制了矩形并填充为黑色，使用高斯模糊工具，将所绘制的矩形进行高斯模糊处理，经过处理后的矩形具有阴影效果，将其放置在包装盒的后方，使包装盒达到阴影效果。

实例212 牛奶包装设计——纸盒包装设计

牛奶的包装盒通常需要表现出牛奶的自然与营养，还会通过颜色和装饰物去表述这款牛奶的口味。本案例中，需要制作出包装盒的立体效果，以及他的展示效果。

案例效果剖析

本案例在制作品牌及介绍性的文字时使用了投影、描边等图层样式，以丰富文字样式，并且通过变形制作小盒牛奶，以做搭配。部分效果展示如图11-67所示。

执行“置入”命令导入素材

通过使用“图层蒙版”制作包装

使用“渐变工具”制作彩色奶盒

图11-67 效果展示

案例技术要点

本案例中主要用到的功能及技术要点如下。

- 自由变形：用来将大盒牛奶通过复制变形为小盒牛奶。
- 渐变工具：为牛奶盒填充渐变色。
- 横排文字工具：在画面中输入文字。
- 图层样式：为文字添加投影、斜面与浮雕等图层样式。
- 图层蒙版：用来隐藏部分图像的内容。

源文件路径	案例文件\第11章\实例212\		
素材路径	案例文件\第11章\实例212\		
视频路径	视频教学\第11章\实例212.flv		
难易程度	★★★★★	学习时间	3分34秒

实例213 白酒包装设计——平面图正面

白酒是我国传统的饮品。如今，白酒的包装设计越来越追求“时尚感”和“现代化”，但这不能抛弃具有中国传统文化特色的元素，要将传统与现代巧妙的结合在一起。本案例中使用酒红色作为主色调，给人以悠久、深邃的视觉感受，金色的搭配又彰显出品质感。

案例效果剖析

本案例中，首先新建文件，将素材依次导入至画面中，然后使用文字工具在画面中输入文字，并为文字添加描边、斜面与浮雕等效果，再将素材导入至画面中。部分效果展示如图11-68所示。

执行“置入”命令导入素材

使用文字工具输入文字

为文字添加图层样式

图11-68 效果展示

案例技术要点

本案例中主要用到的功能及技术要点如下。

- 新建文件：通过执行“新建”命令，在新建窗口中设置合适的大小，在画面中建立新的文件。
- 图层样式：为文字添加多种图层样式，使文字产生立体的效果。

案例制作步骤

源文件路径	案例文件\第11章\实例213-216\		
素材路径	案例文件\第11章\实例213-216\		
视频路径	视频教学\第11章\实例213-216.flv		
难易程度	★★★	学习时间	3分30秒

❶ 执行“文件 | 新建”命令，在弹出的窗口中，设置图像“宽度”为2910像素，“高度”为2363像素，点击“确定”按钮。新建文件后，导入底纹素材“1.png”，如图11-69所示。导入文字素材“2.png”，如图11-70所示。导入“特窖”素材“3.png”，如图11-71所示。导入商标素材“4.png”，如图11-72所示。

图11-69　底纹素材

图11-70　文字素材

图11-71　“特窖”素材

图11-72　商标素材

❷ 使用工具箱中的“横排文字工具”[T]，在画面中输入文字“福”。为其添加图层样式，执行“图层 | 图层样式 | 内阴影”命令，参数设置如图11-73所示；执行“图层 | 图层样式 | 内发光”命令，参数设置如图11-74所示；执行“图层 | 图层样式 | 斜面与浮雕”命令，参数设置如图11-75所示；勾选“等高线”选项，参数设置如图11-76所示。

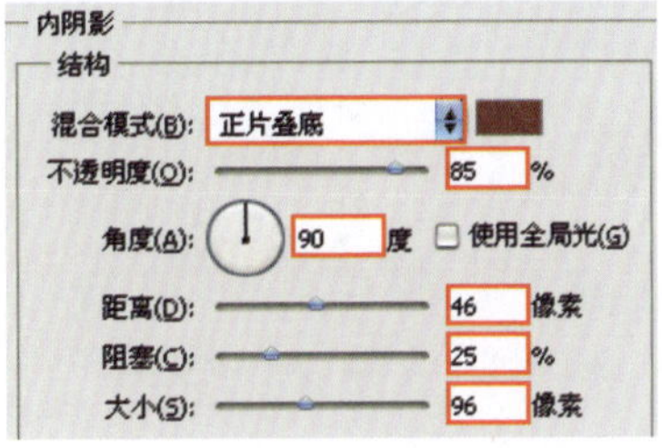

图11-73　“内阴影”参数

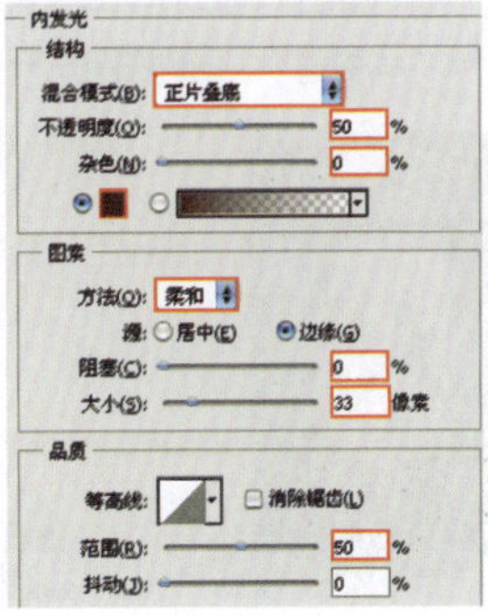

图11-74　“内发光”参数

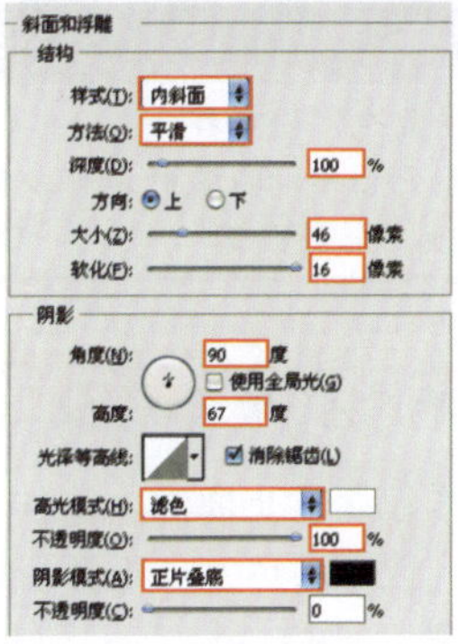

图11-75　“斜面和浮雕”参数

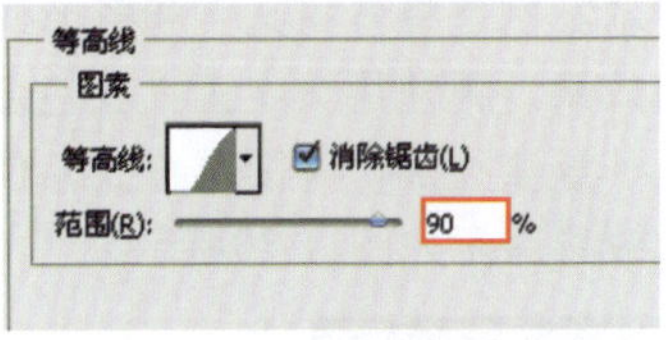

图11-76　“等高线”参数

❸ 执行“图层 | 图层样式 | 描边”命令，参数设置如图11-77所示。添加完图层样式后，画面效果如图11-78所示。

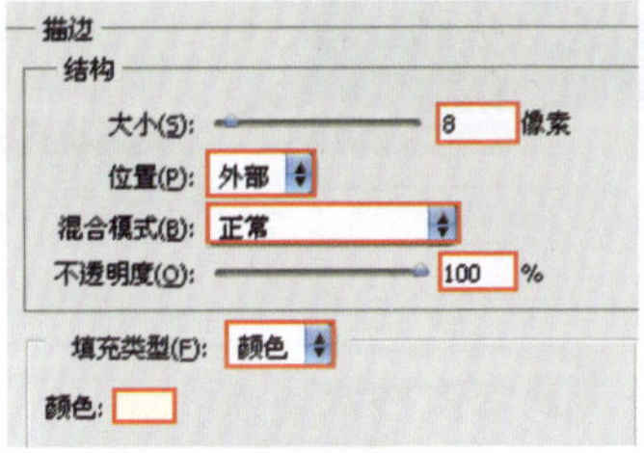

图11-77　“描边”参数

图11-78　效果图

❹ 导入印章素材“5.png”，如图11-79所示。

图11-79　印章素材

提 示

"内发光"图层样式：

在制作白酒的包装时，可以为文字添加"内发光"的效果，设置合适的参数，使文字产生凸起的效果。

实例214 白酒包装设计——平面图侧面

制作包装盒正面后，制作背面图像，背面效果与正面不同的，其效果要简洁凝练，但在颜色上与正面相呼应协调。

案例效果剖析

本案例是将素材文字和条形码等导入画面中。制作时，先制作出包装盒的平面效果，再使用文字工具在包装盒上输入相应的文字，最后为文字添加"投影""渐变叠加"等图层样式，使文字产生立体的效果，为包装盒增添色彩。部分效果展示如图11-80所示。

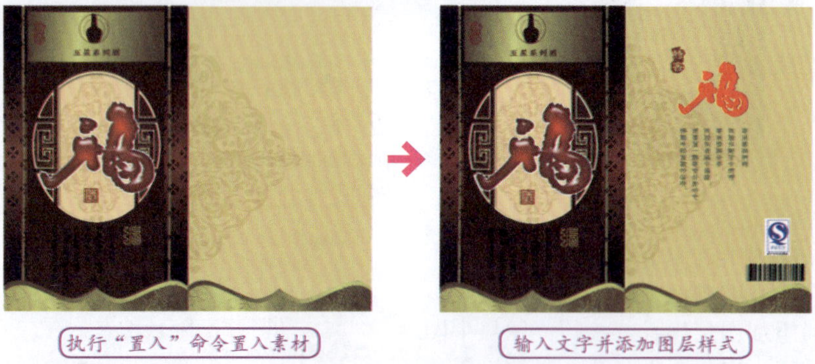

图11-80 效果展示

案例技术要点

本案例中主要用到的功能及技术要点如下。

- 图层样式：通过为文字添加"渐变叠加""内发光"等样式，使文字的色彩更加的丰富。
- 横排文字工具：为画面输入文字。

案例制作步骤

源文件路径	案例文件\第11章\实例213-216\		
素材路径	案例文件\第11章\实例213-216\		
视频路径	视频教学\第11章\实例213-216.flv		
难易程度	★★★	学习时间	3分30秒

❶ 导入底纹素材"6.png"，如图11-81所示。

图11-81 底纹素材

❷ 导入特窖素材和条码素材"7.png"，如图11-82所示。再次导入文字素材"2.png"，如图11-83所示。

图11-82 导入素材

图11-83 文字素材

❸ 使用"横排文字工具"T，在属性栏中设置合适的字体、字号和颜色，在画面中输入文字"福"。为其添加图层样式，执行"图层｜图层样式｜投影"命令，参数设置如图11-84所示；执行"图层｜图层样式｜内发光"命令，参数设置如图11-85所示；执行"图层｜图层样式｜斜面与浮雕"命令，参数设置如图11-86所示；勾选"等高线"选项，参数设置如图11-87所示。

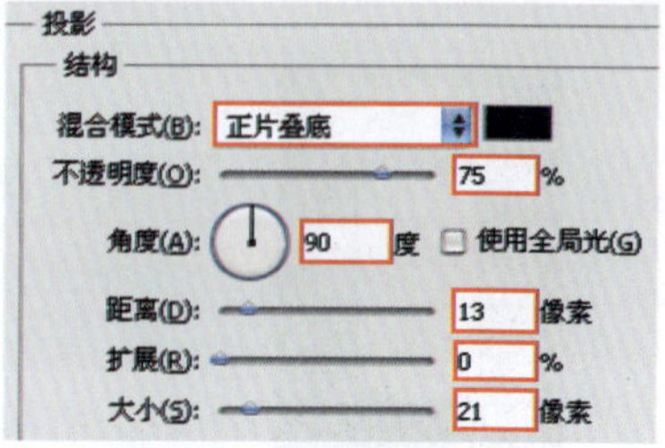

图11-84 "投影"参数

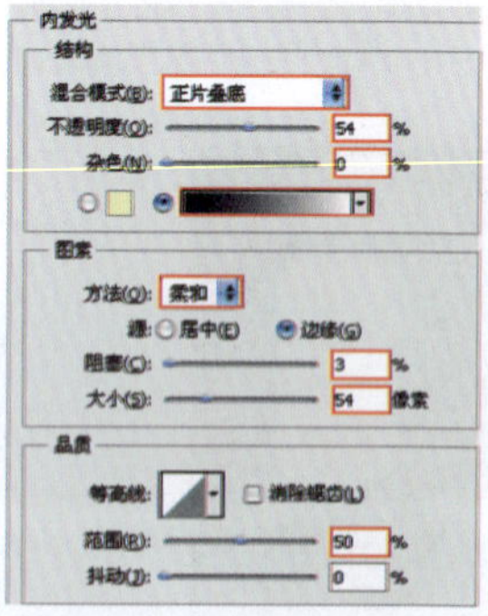

图11-85 "内发光"参数

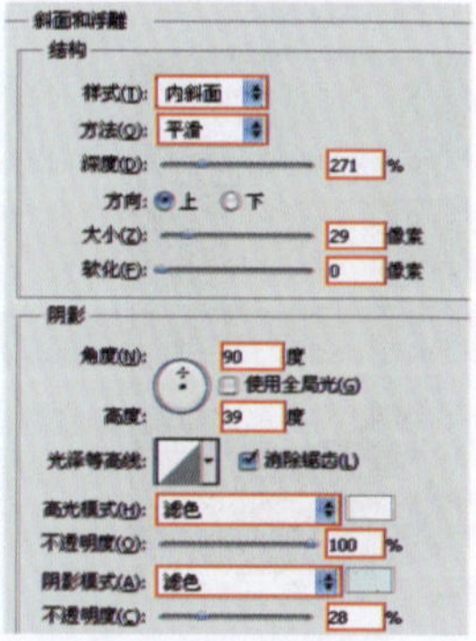

图11-86 "斜面与浮雕"参数

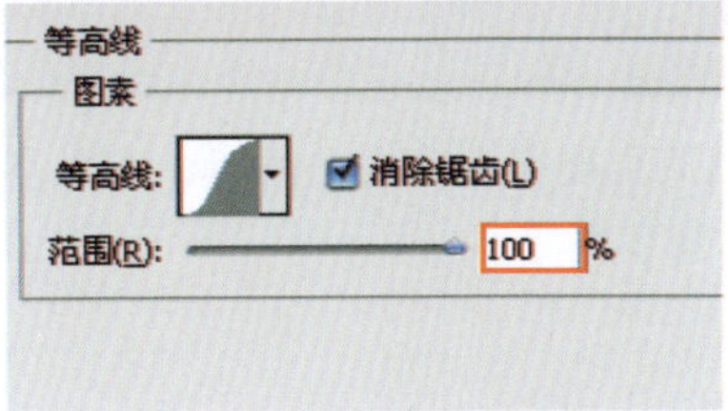

图11-87 “等高线”参数

❹ 执行“图层｜图层样式｜光泽”命令，参数设置如图11-88所示；执行“图层｜图层样式｜颜色叠加”命令，参数设置如图11-89所示；执行“图层｜图层样式｜渐变叠加”命令，参数设置如图11-90。文字效果如图11-91所示。

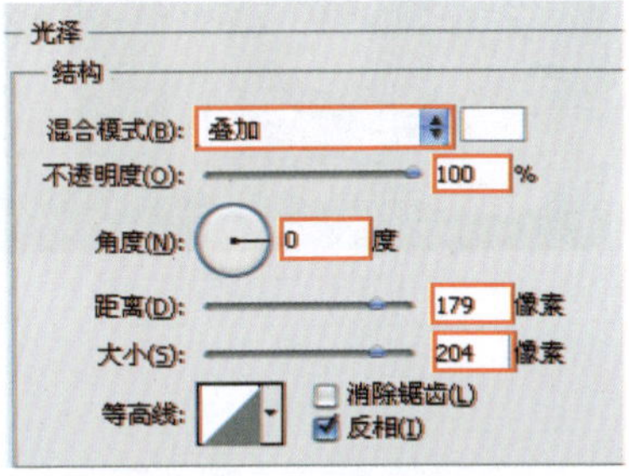

图11-88 “光泽”参数

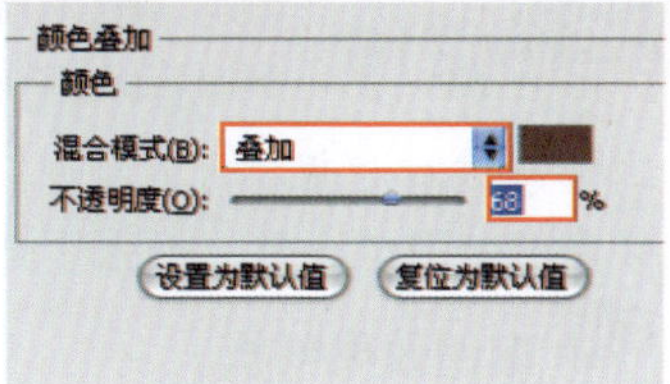

图11-89 “颜色叠加”参数

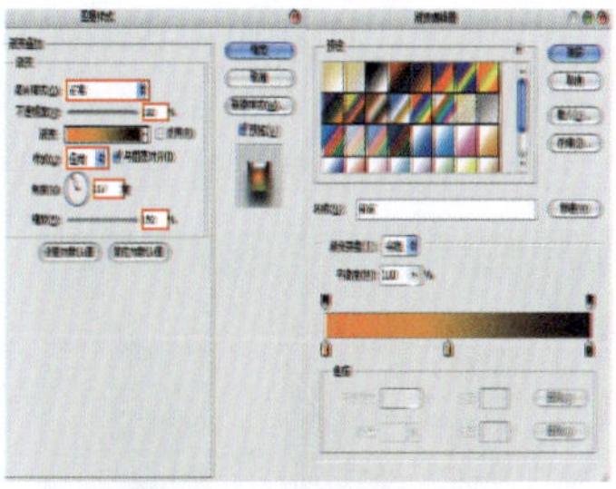

图11-90 “渐变叠加”参数

图11-91 文字效果

提 示

“斜面与浮雕”图层样式：

产品包装上的文字要有凸起的立体效果，所以在使用文字工具输入文字后，为文字“添加斜面与浮雕”的图层样式，可以使包装上的文字产生立体的效果。

实例215 白酒包装设计——包装盒立体效果制作

本款白酒的包装从整体上来看，古朴大方、新颖独特，酒文化与美的享受融为一体。通过“自由变形工具”，利用人对视角的错觉，将平面化的包装盒制作出具有透视效果的立体感，并且通过复制叠加，将包装盒制作出错落有致的层次感。

案例效果剖析

制作本案例时，将素材导入至画面中，对其进行透视操作。对页面进行角度转换并且添加投影，通过调整不透明度等参数，使画面产生明暗、前后的对比关系。得到了具有立体感的效果，再使用“矩形选框工具”绘制一个矩形选框并填充“黑色”，对其进行模糊处理，将经过高斯模糊处理后的矩形放置在包装盒的后方，可以产生阴影的效果，使画面更加的立体。部分效果展示如图11-92所示。

使用“自由变换”命令调整形状　　复制图层并添加投影样式

图11-92 效果展示

案例技术要点

本案例中主要用到的功能及技术要点如下。

- 高斯模糊：用来制作阴影效果。
- 透视：用来制作包装盒的立体效果。

案例制作步骤

源文件路径	案例文件\第11章\实例213-216\
素材路径	案例文件\第11章\实例213-216\
视频路径	视频教学\第11章\实例213-216.flv
难易程度	★★★
学习时间	3分30秒

❶ 创建新组，命名为“包装”，导入背景素材“8.jpg”，如图11-93所示。创建新组，命名为“盒”，拖拽“正面组”和“侧面组”建立副本，并且分别使用快捷键“Ctrl+E”合并组，使用快捷键“Ctrl+T”执行“自由变换”操作。在图像上单击鼠标右键，在下拉菜单中选择“透视”选项，调整盒子形状，如图11-94所示。将“盒”组拖拽至图层面板下方的“创建新图层”按钮上，建立“盒副本”组，放置在后面，如图11-95所示。

图11-93 背景素材

图11-94 自由变换

图11-95　复制组

❷ 制作夹层阴影。新建图层，使用“矩形选框工具”绘制正方形选框并设置“前景色”为“黑色”，使用快捷键“Alt+Delete”对选框进行填充，在图层面板中设置“不透明度”为50%，如图11-96所示。拖拽“盒”组和“盒副本”组，合并图层并命名为“盒阴影”，设置“填充”为“黑色”，执行“滤镜 | 模糊 | 高斯模糊”命令，在高斯模糊对话框中设置“半径”为20像素，如图11-97所示。效果如图11-98所示。

图11-96　制作夹层阴影

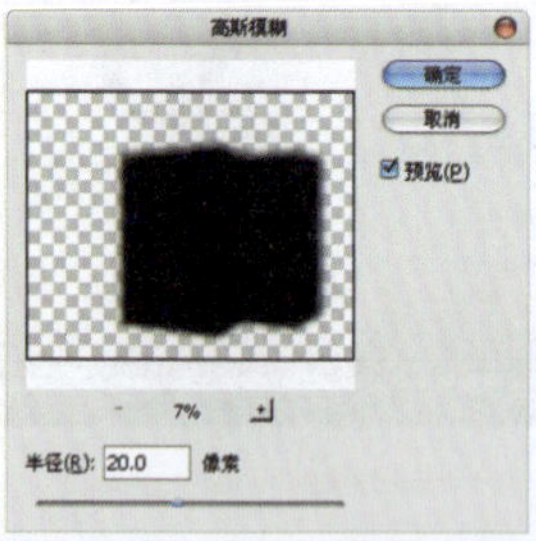

图11-97　“高斯模糊”参数

图11-98　效果图

实例216　白酒包装设计——展示效果

本案例讲解酒瓶部分的制作。透明的酒瓶更能突出商品的质量，在文字上与包装盒部分形成一致，增强了画面的展示宣传效果。

案例效果剖析

制作本案例时，首先将酒瓶素材导入至画面中，复制之前导入的标志，拖拽至酒瓶上，使酒瓶与包装盒形成一体，然后使用“画笔工具”，将“前景色”设置为“黑色”，沿着白酒瓶的边缘绘制阴影部分，这样使酒瓶更加立体、更加真实，也使整体画面更显立体效果。部分效果展示如图11-99所示。

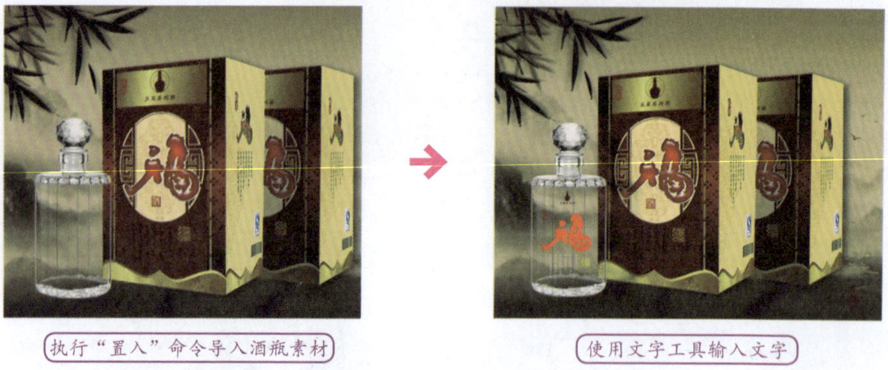

图11-99　效果展示

案例技术要点

本案例中主要用到的功能及技术要点如下。

- 画笔工具：用来绘制酒瓶边缘处的阴影。

案例制作步骤

源文件路径	案例文件\第11章\实例213-216\		
素材路径	案例文件\第11章\实例213-216\		
视频路径	视频教学\第11章\实例213-216.flv		
难易程度	★★★	学习时间	3分30秒

❶ 创建新组，命名为“瓶”，导入酒瓶素材“9.png”，如图11-100所示。复制“商标”“特窖”“文字”，拖拽至瓶子上，如图11-101所示。在“正面”组中拖拽“福”字组，创建文字副本并放置在“酒瓶”组里，如图11-102所示。

图11-100　酒瓶素材

图11-101　复制素材

图11-102　复制“福”字

❷ 创建新图层，将“前景色”设置为“黑色”，使用“画笔工具”绘制酒瓶阴影部分，最终效果如图11-103所示。

图11-103 最终效果图

实例217 调料包装设计——瓶身部分

本案例中设计的是一款调料瓶，是日常生活中最常见的东西，如何使最日常的东西设计得有特色，是需要考虑的问题之一。选用绿色条纹的背景奠定了画面亮丽清新的风格，然后选择了同色系的深绿色作为瓶身，使其与背景颜色相呼应。

案例效果剖析

制作本案例时，首先将背景素材导入画面中，然后使用“钢笔工具”绘制调料瓶的形状，将所绘制的路径转换为选区，再使用“渐变工具”为选区填充渐变，最后使用“钢笔工具”绘制调料瓶的瓶底部，并为其填充合适的渐变效果，从而使调料瓶更立体化。部分效果展示如图11-104所示。

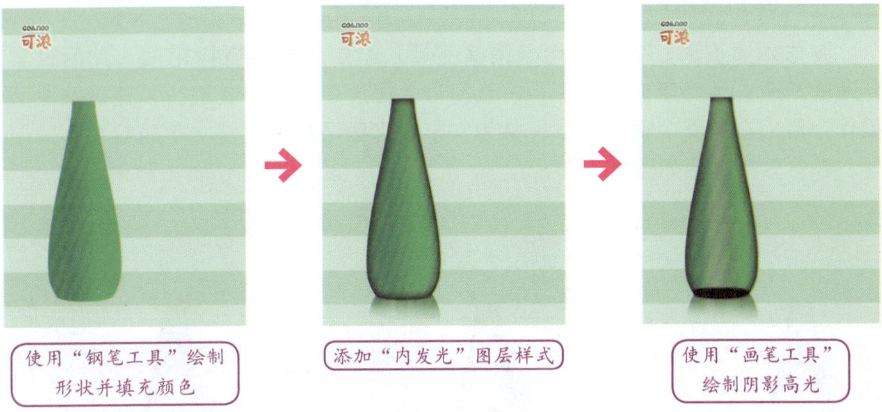

图11-104 效果展示

案例技术要点

本案例中主要用到的功能及技术要点如下。

- 钢笔工具：用来绘制调料瓶的形状。
- 画笔工具：使用钢笔工具绘制瓶身的高光部分。
- 渐变工具：用来填充所绘制的调料包装。

案例制作步骤

源文件路径	案例文件\第11章\实例217-221\		
素材路径	案例文件\第11章\实例217-221\		
视频路径	视频教学\第11章\实例217-221.flv		
难易程度	★★★	学习时间	12分03秒

❶ 打开背景素材“1.Jpg”，如图11-105所示。

图11-105 背景素材

❷ 制作瓶子，选择工具箱中的“钢笔工具”，在属性栏中设置“绘制模式”为“路径”，按快捷键“Ctrl+Enter”将路径转换为选区，如图11-106所示。得到选区后为其填充绿色渐变，如图11-107所示。

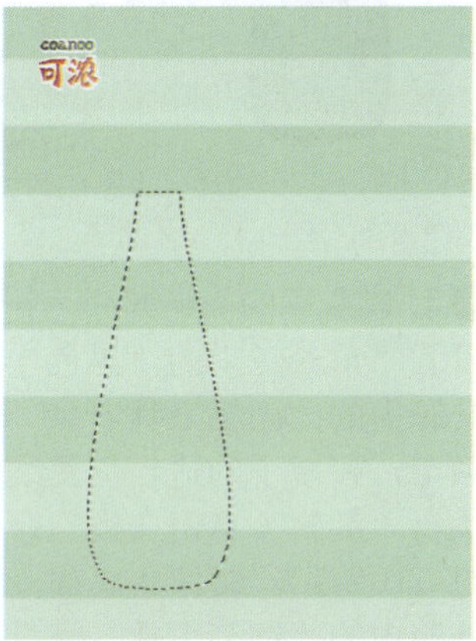

图11-106 制作瓶子

图11-107 填充渐变

❸ 制作瓶子的阴影效果，执行“图层 | 图层样式 | 内发光”命令，参数设置如图11-108所示。效果如图11-109所示。

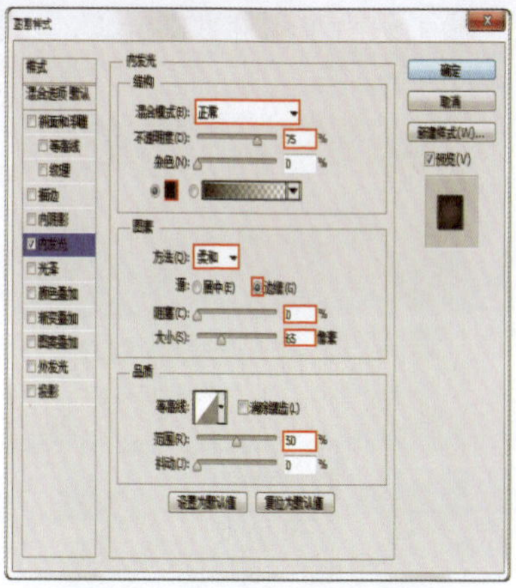

图11-108 “内发光”参数

图11-109 内发光效果

❹ 绘制瓶子的高光部分，新建图层，设置“前景色”为“黑色”，使用工具箱中的“画笔工具”，选择柔角画笔，在瓶子的适当位置绘制高光，执行“编辑 | 自由变换”命令，如图11-110所示。制作瓶底部分，选择工具箱中的“钢笔工具”绘制瓶底的形状，并转换为选区，如图11-111所示。填充“深绿色”，在图层面板中设置“不透明度”为88%，效果如图11-112所示。

图11-110 自由变换

图11-111 绘制瓶底

图11-112 效果图

提 示

使用“画笔工具”绘制瓶子上的高光：

本案例中的调料瓶是玻璃材质，因此在瓶身上应该有高光的效果。使用工具箱中的“画笔工具”，在属性栏中设置合适的“不透明度”和“流量”，将“前景色”设置为“白色”，设置完成后新建图层，在瓶身上绘制高光，使瓶子达到立体的效果。

实例218 调料包装设计——商标部分

在商品的展示中，商标是购买者首先关注的部分，也代表着企业的品牌文化，因此商标的重要性不言而喻。商标的设计既要与商品瓶身的颜色相协调，又要从中突显出来，这就需要设计者在颜色的选择上慎之再慎。

案例效果剖析

制作本案例时，首先使用“钢笔工具”绘制瓶身的商标轮廓，然后设置合适的渐变，为其填充渐变，再将素材导入画面中，并对其进行创建剪贴蒙版操作，最后在画面中输入文字，并为文字添加图层样式，使文字的效果更加明显。部分效果展示如图11-113所示。

图11-113 效果展示

案例技术要点

本案例中主要用到的功能及技术要点如下。

- 钢笔工具：用来绘制瓶身上的标志。
- 剪贴蒙版：利用基底图层形状控制内容图层形状。
- 图层样式：用来添加文字的立体效果。

案例制作步骤

源文件路径	案例文件\第11章\实例217-221\
素材路径	案例文件\第11章\实例217-221\
视频路径	视频教学\第11章\实例217-221.flv
难易程度	★★★
学习时间	12分03秒

❶ 使用工具箱中的“钢笔工具”在瓶身上绘制形状，如图11-114所示。按快捷键“Ctrl+Enter”将路径转换为选区，单击工具箱中的“渐变工具”，在渐变编辑器中设置渐变颜色，如图11-115所示。填充渐变后，效果如图11-116所示。

图11-114 绘制形状

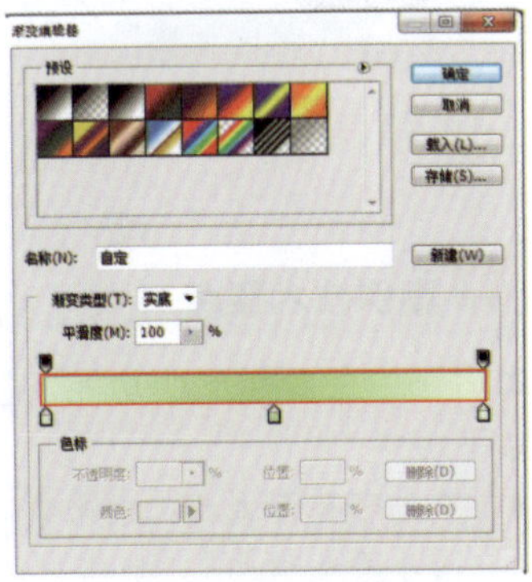

图11-115 设置渐变

图11-116 填充渐变

❷ 将素材“2.Png”导入到画面中并放置到合适位置，如图11-117所示。选择该图层，执行“图层 | 创建剪贴蒙版”命令，此时画面效果如图11-118所示。选择工具箱中的“横排文字工具”，在相应的位置输入文字，如图11-119所示。

图11-117 导入素材

图11-118 创建剪贴蒙版

图11-119 输入文字

❸ 为文字添加图层样式。选择文字图层，执行“图层 | 图层样式 | 描边”命令，参数设置如图11-120所示。执行“图层 | 图层样式 | 渐变叠加”命令，参数设置如图11-121所示。执行“图层 | 图层样式 | 内阴影”命令，参数设置如图11-122所示。添加图层样式后，文字效果如图11-123所示。

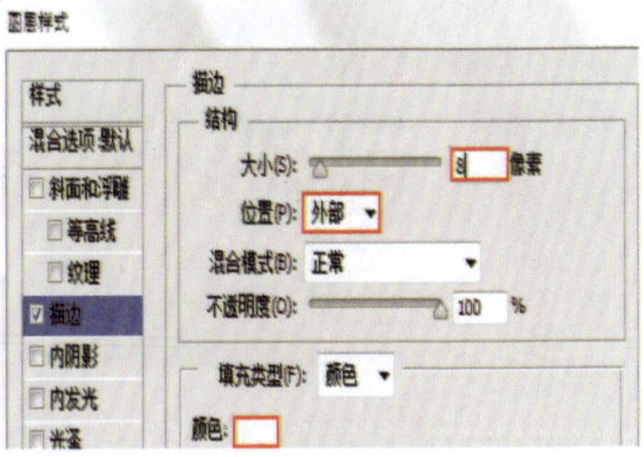

图11-120 “描边”参数

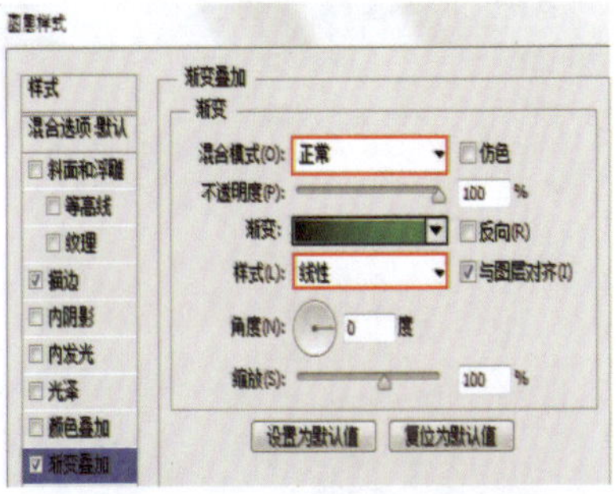

图11-121 “渐变叠加”参数

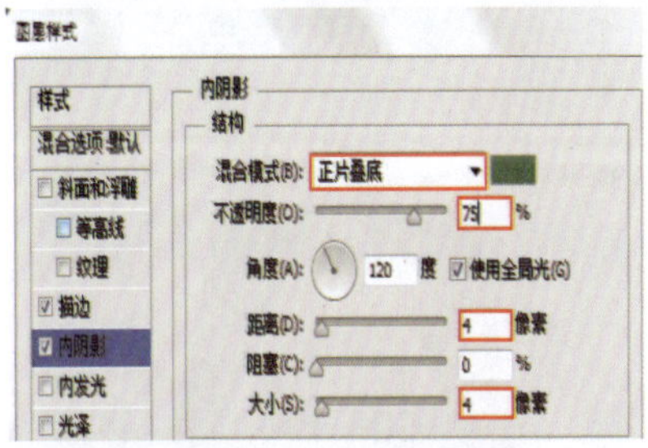

图11-122 “内阴影”参数

图11-123 文字效果

❹ 使用“横排文字工具”，在画面中输入文字，如图11-124所示。选择英文图层，执行“图层 | 图层样式 | 拷贝图层样式”命令，复制该图层的图层样式。选择中文的文字图层，执行“图层 | 图层样式 | 粘贴图层样式”命令，将图层样式粘贴给该

图层，如图11-125所示。文字效果如图11-126所示。

图11-124 输入文字

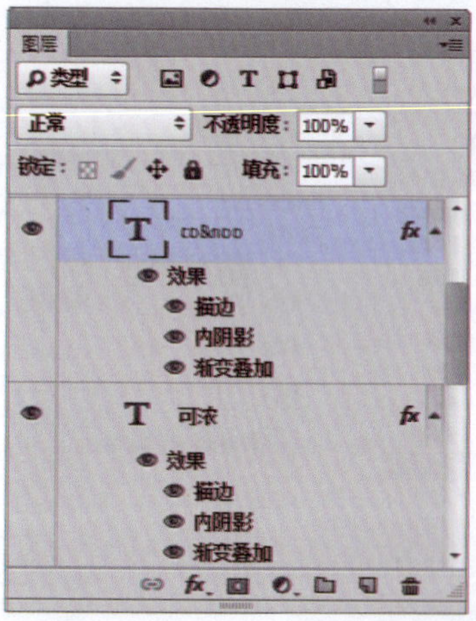

图11-125 复制图层样式

图11-126 文字效果

❺ 更改中文文字图层的颜色。选择该图层，打开图层样式窗口，执行“图层 | 图层样式 | 渐变叠加”命令，在“渐变叠加”复选框中将“渐变”更改为橘黄色系的渐变，如图11-127所示。文字效果如图11-128所示。

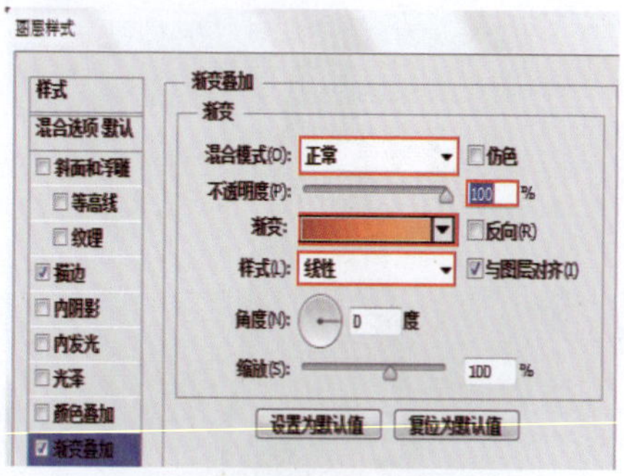

图11-127 更改渐变

图11-128 文字效果

提 示

创建剪贴蒙版的作用：

制作商标时，导入的图片会超出所绘制的形状，此时可以使用创建剪贴蒙版，这样就可以将图片裁剪成合适的大小。

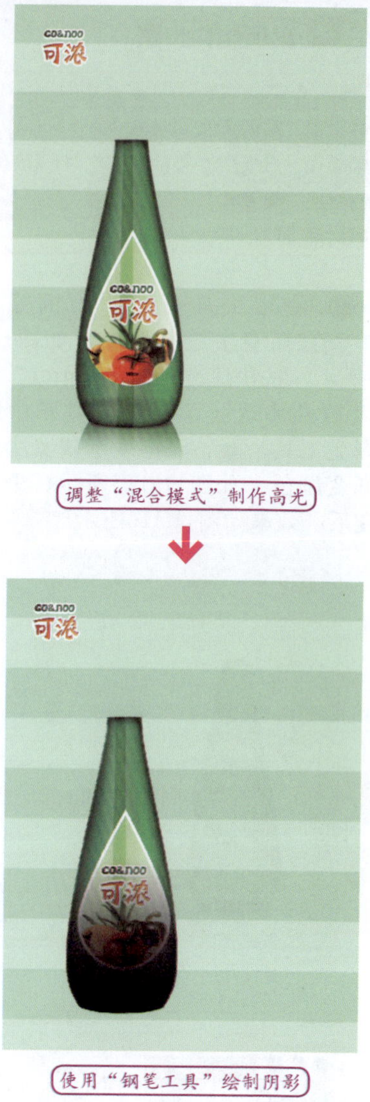

图11-129 效果展示

案例技术要点

本案例中主要用到的功能及技术要点如下。

- 多边形套索工具：用来绘制选区并填充颜色。
- 不透明度：为所绘制的选区调整不透明度，使得调料瓶的立体效果更加真实。

案例制作步骤

源文件路径	案例文件\第11章\实例217-221\
素材路径	案例文件\第11章\实例217-221\
视频路径	视频教学\第11章\实例217-221.flv
难易程度	★★★
学习时间	12分03秒

实例219 调料包装设计——强化瓶子质感

这个包装瓶的材质为玻璃材质，在制作本案例时，要考虑到玻璃材质的特征，因此该案例要针对玻璃材质的细节处进行制作。

案例效果剖析

制作本案例时，首先使用“多边形套锁工具”绘制形状并调整“不透明度”，然后使用“钢笔工具”绘制阴影的形状并设置不透明度，使其更加的自然。最后新建图层并填充渐变，在图层面板中适当的调整不透明度，得到调料瓶的立体效果。部分效果展示如图11-129所示。

❶ 制作瓶身的立体效果，使用工具箱中“多边形套索工具”得到选区，将“填充”设置为“深绿色”，如图11-130所示。在图层面板中设置“混合模式”为“柔光”，如图11-131所示。效果如图11-132所示。

图11-130　填充选区

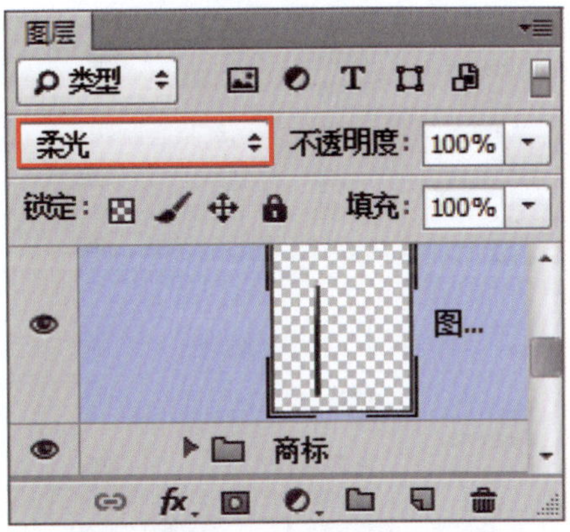

图11-131　设置“混合模式”

图11-132　效果图

❷ 制作瓶子底部阴影，使用工具箱中的“钢笔工具”，绘制出阴影的形状，如图11-133所示。在图层面板中设置“不透明度”为16%，效果如图11-134所示。

图11-133　绘制阴影

图11-134　“不透明度”效果

❸ 新建图层，获取瓶子的选区，为其填充一个由透明到黄色的渐变，如图11-135所示。在图层面板中设置混合模式为“强光”，“不透明度”为35%，效果如图11-136所示。

图11-135　填充渐变

图11-136　效果图

❹ 使用上述同样的方法绘制下面的部分，如图11-137所示。在图层面板中设置“不透明度”为16%，效果如图11-138所示。

图11-137　绘制下面的部分

图11-138　瓶身效果

实例220 调料包装设计——瓶盖部分

此案例是制作瓶盖，模拟了真实瓶盖的棱角效果，并且通过明暗、高光等细节部分的处理，使制作效果更加真实。

案例效果剖析

制作本案例时，首先绘制出瓶盖的形状，并为其填充渐变，然后为瓶盖添加“斜面与浮雕”，使瓶盖部分产生立体效果，再使用“画笔工具”，在瓶盖上绘制纹理，并为所绘制的纹理添加“内阴影”等图层样式，使这些纹理变得更加的真实，从而得到更加立体的效果。部分效果展示如图11-139所示。

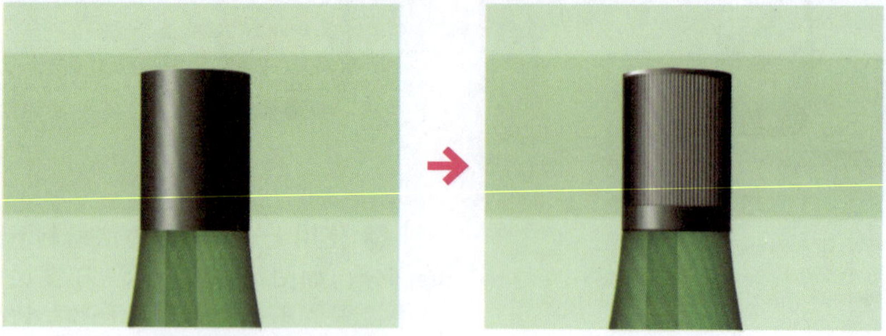

使用渐变工具为瓶盖填充渐变色　　使用“钢笔工具”绘制形状并为其添加图层样式

图11-139　效果展示

案例技术要点

本案例中主要用到的功能及技术要点如下。

- 渐变工具：为瓶盖填充黑色渐变。
- 图层样式：用来为瓶盖添加效果。
- 画笔工具：用来绘制瓶盖上的纹理。

案例制作步骤

源文件路径	案例文件\第11章\实例217-221\		
素材路径	案例文件\第11章\实例217-221\		
视频路径	视频教学\第11章\实例217-221.flv		
难易程度	★★★	学习时间	12分03秒

❶ 按照上述方法绘制瓶盖的形状，并填充“黑色”的渐变，效果如图11-140所示。为瓶盖添加立体效果，执行“图层 | 图层样式 | 斜面和浮雕”命令，参数设置如图11-141所示。效果如图11-142所示。

图11-140　绘制瓶盖

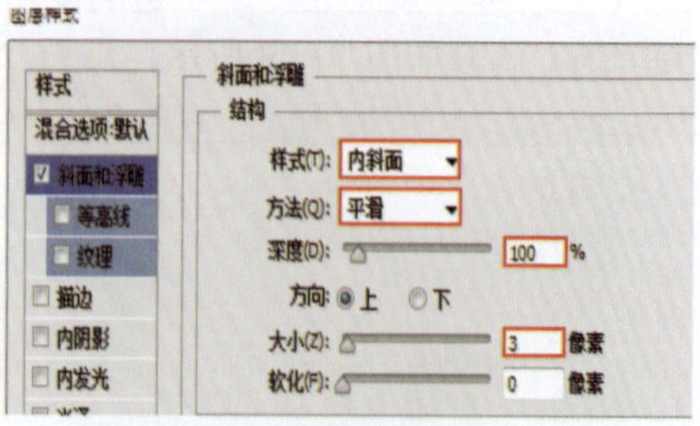

图11-141　“斜面和浮雕”参数

图11-142　效果图

❷ 制作瓶盖上的纹理。选择工具箱中的“画笔工具”，在选项栏中选择“方角”画笔，绘制出下图中的形状，再执行“自由变换”命令，效果如图11-143所示。执行“图层 | 图层样式 | 内阴影”命令，参数设置如图11-144所示。执行“图层 | 图层样式 | 渐变叠加”命令，参数设置如图11-145所示。效果如图11-146所示。

图11-143　绘制纹理

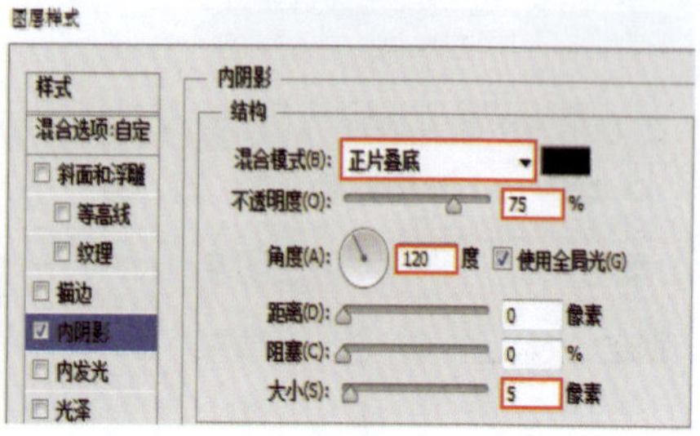

图11-144　“内阴影”参数

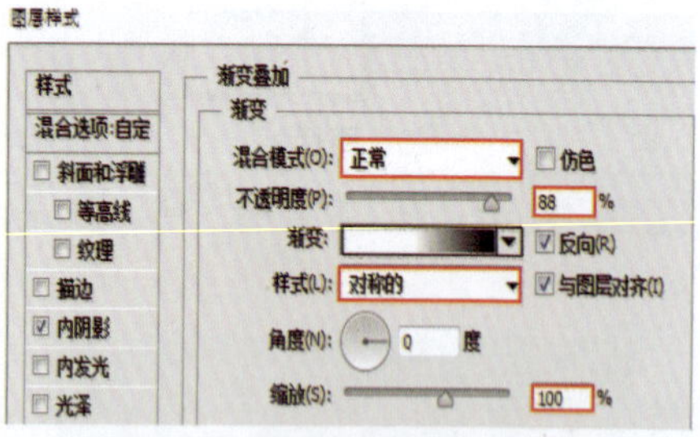

图11-145　“渐变叠加”参数

图11-146　效果图

❸ 绘制瓶盖的细节部分。使用“钢笔工具”绘制出顶部的形状，再填充“黑色”的渐变，如图11-147所示。使用同样的方法绘制出其他的细节。效果如图11-148所示。

图11-147 绘制细节部分

图11-148 细节效果

提 示

使用“钢笔工具”绘制瓶盖的细节：

调料瓶的瓶盖上有凹凸的纹理，以增大摩擦力，瓶盖上的这部分细节可以使用“钢笔工具”绘制，再将所绘制的纹理进行多次复制，达到纹理的效果。

实例221 调料包装设计——展示效果

本案例首先是制作瓶子的倒影，使其效果更加真实。由于画面将瓶身放置在画面的偏左侧，为了使画面达到平衡，需要在右侧同样位置再制作一个瓶身，为了打破画面颜色的单调性，右侧的包装瓶选用了与绿色不同色系的橙黄色。

案例效果剖析

制作本案例时，选中所有绘制瓶子的图层，将其进行盖印操作，形成一个盖印图层，复制该图层并进行垂直翻转，再创建图层蒙版，在蒙版中填充黑白渐变，制作出调料瓶的倒影效果，使用同样的方法制作另一个调料瓶。部分效果展示如图11-149所示。

图11-149 效果展示

案例技术要点

本案例中主要用到的功能及技术要点如下。

- 变换：通过此操作得到调料瓶的倒影效果。
- 添加图层蒙版：通过添加图层蒙版，在图层蒙版中添加渐变，使得倒影效果更加真实。

案例制作步骤

源文件路径	案例文件\第11章\实例217-221\		
素材路径	案例文件\第11章\实例217-221\		
视频路径	视频教学\第11章\实例217-221.flv		
难易程度	★★	学习时间	12分03秒

❶ 制作瓶子的投影部分。选中制作瓶子的图层，使用盖印快捷键“Ctrl+Alt+E”，合并所有的瓶子图层。选中盖印得到的图层，执行“编辑 | 变换 | 垂直翻转”命令，然后将瓶子移动到画面下方，如图11-150所示。设置该图层的“不透明度”为70%，如图11-151所示。

图11-150 垂直翻转

图11-151 调整不透明度

❷ 选中该图层，单击图层面板底部的“添加图层蒙版”按钮，编辑一个由白色到黑色的线性渐变，然后在蒙版中拖拽填充，效果如图11-152所示。使用同样的方法制作另一个瓶子，效果如图11-153所示。

图11-152 填充渐变

图11-153 最终效果

第12章 界面设计

UI的英文全称为User Interface，User的中文翻译为“用户”，Interface的中文翻译为“界面、接口”。从字面意思理解是用户和界面，但这还包括用户和界面之间的交互关系。好的UI设计不仅是让软件变得有个性、有品味，还让软件的操作变得舒适、简单、自由，充分体现软件的定位和特点。

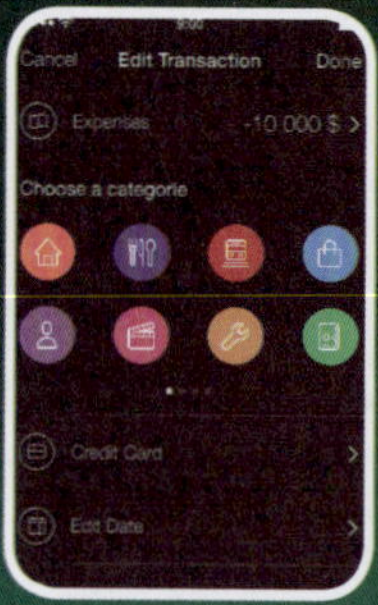

实例222 手机界面模块——背景及文字

扁平化设计属于二次元，是制作网页及手机应用界面的主流趋势，这种表现方式简单直接，可以减少认知障碍。在本案例中，充分利用了扁平化设计的理念，营造出小清新风格的页面。

案例效果剖析

制作本案例时，首先绘制圆角矩形，然后添加渐变颜色，接着绘制指示按钮，最后输入文字。部分效果展示如图12-1所示。

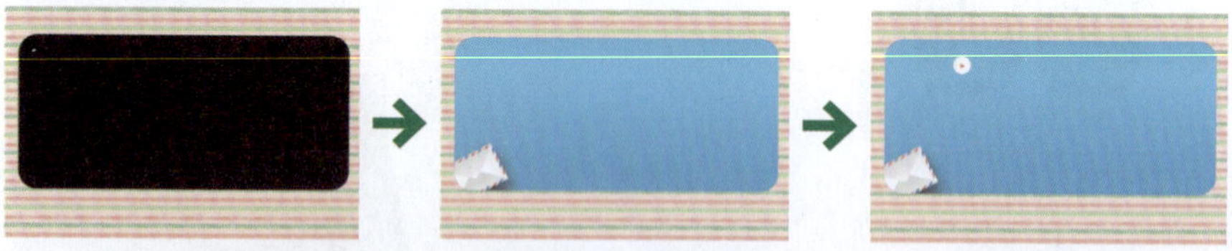

使用“圆角矩形”绘制形状　　为图层添加“渐变叠加”　　使用“多边形工具”绘制形状

图12-1　效果展示

案例技术要点

本案例中主要用到的功能及技术要点如下。

- 圆角矩形：用来绘制圆角矩形并填充颜色。
- 图层样式：为图层添加图层样式。

案例制作步骤

源文件路径	案例文件\第12章\实例222-223\		
素材路径	案例文件\第12章\实例222-223\		
视频路径	视频教学\第12章\实例222-223.flv		
难易程度	★★	学习时间	2分22秒

❶ 执行“文件 | 打开”命令，打开背景素材“1.jpg”，如图12-2所示。

图12-2　背景素材

❷ 单击工具箱中的“圆角矩形工具”按钮，设置“绘制模式”为“形状”，“半径”为40px，在画面中绘制圆角矩形并填充为“黑色”，如图12-3所示。选中该图层，执行“图层 | 图层样式 | 渐变叠加”命令，参数设置如图12-4所示。效果如图12-5所示。

图12-3　填充黑色

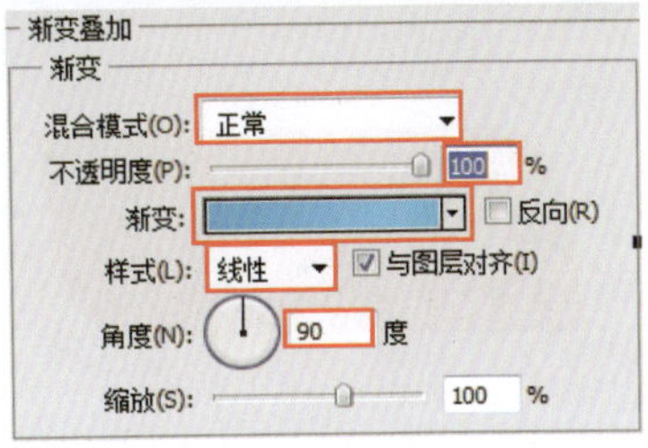

图12-4 “渐变叠加”参数

图12-5 效果图

❸ 执行“文件 | 置入”命令，导入素材“2.jpg”，调整他的大小及位置，如图12-6所示。

图12-6 导入素材

❹ 选择工具箱中的“椭圆工具”，设置“绘制模式”为“形状”，“颜色”为“白色”，然后在相应位置绘制正圆形状，如图12-7所示。使用“多边形工具”，设置“绘制模式”为“形状”，“边数”为3，“填充”为“橙黄色”，在正圆里面绘制三角形，选择工具箱中的“横排文字工具”，设置合适的字体、字号，输入文字，效果如图12-8所示。

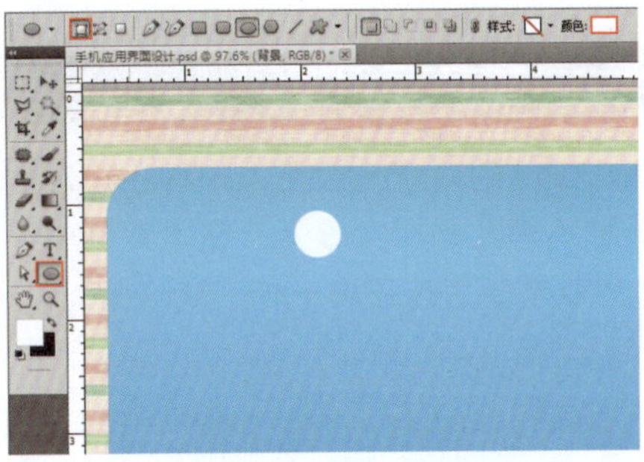

图12-7 绘制正圆

图12-8 输入文字

实例223 手机应用界面设计——制作按钮

手机应用界面通常样式简洁，颜色明快鲜艳。扁平化的设计在手机应用界面设计中被各平面设计作品所推崇。本案例主要是制作按钮部分，按钮的样式摒弃一切装饰，只是用几个色块，简单明了的将所要表达的内容体现出来。

案例效果剖析

不同的颜色具有不同的重量感，本案例中的按钮虽然没有过多的处理，但其颜色深浅的变化，使按钮具有别样的层次感。部分效果展示如图12-9所示。

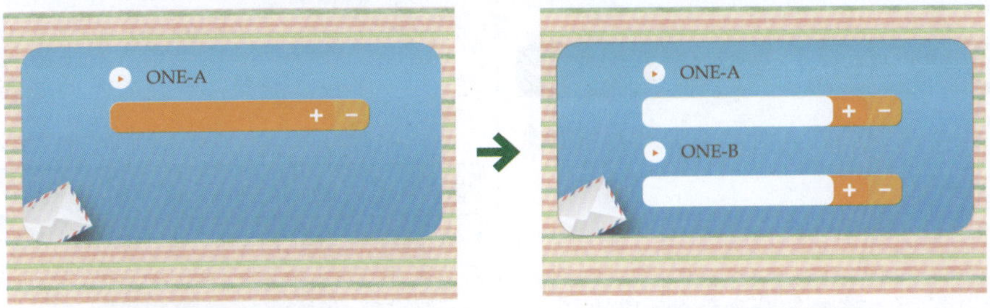

使用圆角矩形绘制形状　　输入文字并绘制形状

图12-9 效果展示

案例技术要点

本案例中主要用到的功能及技术要点如下。

- 横排文字工具：在画面中输入文字。
- 圆角矩形：用来制作按钮效果。

案例制作步骤

源文件路径	案例文件\第12章\实例222-223\
素材路径	案例文件\第12章\实例222-223\
视频路径	视频教学\第12章\实例222-223.flv
难易程度	★★
学习时间	2分22秒

❶ 单击工具箱中的“圆角矩形工具”按钮，在选项栏中设置“颜色”为“橙黄色”，“半径”为20px，在画面中绘制，如图12-10所示。按照此方法再绘制不同大小、不同颜色的圆角矩形，如图12-11所示。

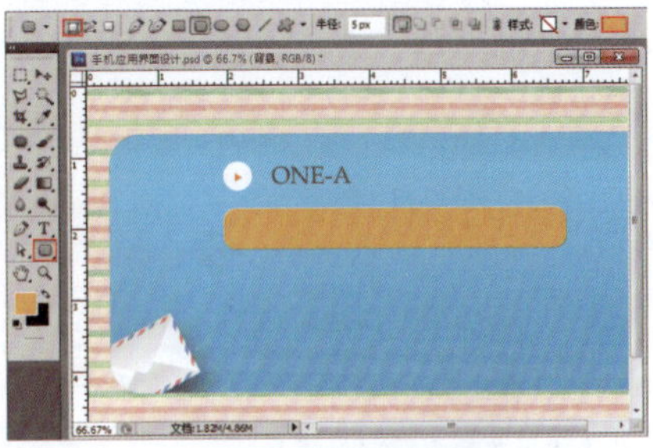

图12-10 绘制圆角矩形

图12-11 按钮效果

❷ 单击工具箱中的“横排文字工具”按钮，输入符号“+”“-”，并设置“颜色”为“白色”，调整大小，效果如图12-12所示。

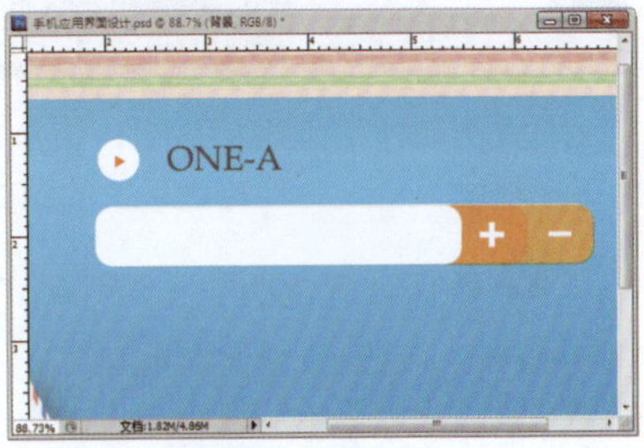

图12-12 输入符号

❸ 加选制作按钮部分的图层，然后进行编组。将复制得到图层组移动到相应位置，并更改文字。效果如图12-13所示。

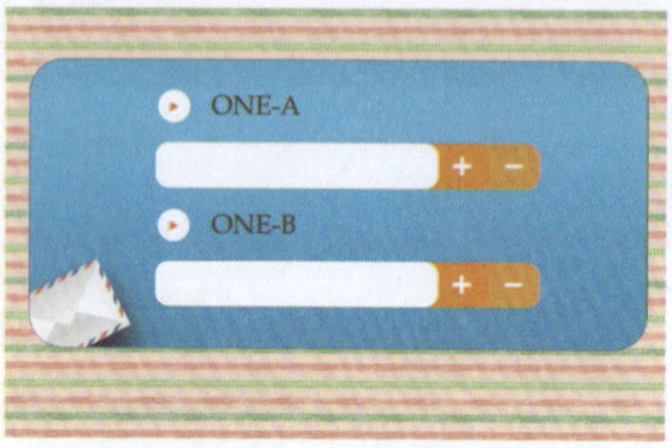

图12-13　最终效果

实例224　界面按钮设计——橙色倾斜按钮

本案例制作的是带有倾斜效果的按钮，倾斜的对象一般给人一种不稳定的感觉，在界面中，倾斜的按钮也会给人一种不稳定的视觉感受。在本案例中，用倾斜的按钮则是要呈现出一种“残缺”的效果，为按钮增一种“缺陷美”。

案例效果剖析

制作本案时，首先使用“圆角矩形工具”绘制圆角矩形，然后为其添加“图层蒙版”制作折角效果，接着为其添加“描边”“投影”的图层样式，再输入按钮上的文字，最后将整个按钮进行旋转。部分效果展示如图12-14所示。

使用圆角矩形绘制形状　为图层添加图层样式　使用文字工具输入文字

图12-14　效果展示

案例技术要点

本案例中主要用到的功能及技术要点如下。

- 横排文字工具：用来在画面中输入主体文字。
- 图层样式：用来为图层添加投影的图层样式。
- 圆角矩形工具：用来绘制层叠的圆角矩形的按钮效果。

源文件路径	案例文件\第12章\实例224\		
素材路径	案例文件\第12章\实例224\		
视频路径	视频教学\第12章\实例224.flv		
难易程度	★★★	学习时间	2分18秒

实例225　质感界面按钮——橙色风格

本案例制作的是橙色按钮，该按钮模拟水晶的质感，通过渐变及对细节处的高光制作，给人一种玲珑剔透的视觉感受。

案例效果剖析

制作本案例时，首先绘制按钮的形状；然后为其添加渐变颜色和制作出光泽感；接着输入文字，通过“斜面和浮雕”和“内阴影”的图层样式制作文字下陷的效果；最后制作按钮上下两边的高光点。部分效果展示如图12-15所示。

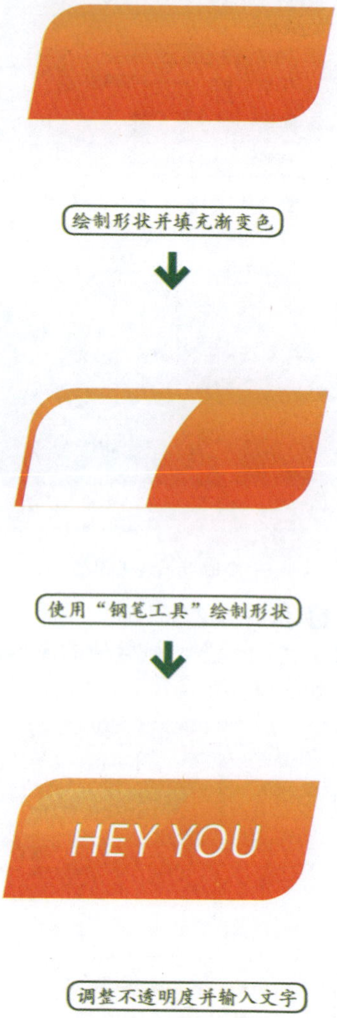

图12-15　效果展示

案例技术要点

本案例中主要用到的功能及技术要点如下。

- 横排文字工具：在画面中输入主体文字。
- 图层样式：为图层添加投影的图层样式。
- 图层蒙版：用来隐藏画面中的部分图像。
- 渐变工具：在图层蒙版中填充黑白色渐变，制作高光的过渡效果。

源文件路径	案例文件\第12章\实例225\
素材路径	案例文件\第12章\实例225\
视频路径	视频教学\第12章\实例225.flv
难易程度	★★
学习时间	3分25秒

实例226 星形界面按钮——主体部分

界面按钮设计通常颜色鲜艳，色系相近但却可以衬托主体，主要是将平面图形通过添加特效使其立体化、突出化，以营造出按钮突起的感觉。

案例效果剖析

本案例中浅粉色的背景衬托出明黄色的星形，制作时为星形添加了多种图层样式，使其更加立体化，更加符合制作按钮设计的章法。部分效果展示如图12-16所示。

图12-16 效果展示

案例技术要点

本案例中主要用到的功能及技术要点如下。

- 自定形状工具：用来绘制星形形状。
- 图层样式：用来制作按钮的凸起效果。

案例制作步骤

源文件路径	案例文件\第12章\实例226-227\		
素材路径	案例文件\第12章\实例226-227\		
视频路径	视频教学\第12章\实例226-227.flv		
难易程度	★★★	学习时间	2分14秒

❶ 执行“文件 | 打开”命令，打开背景素材“1.jpg”，如图12-17所示。选择工具箱中的“自定形状工具”，在选项栏下设置“绘制模式”为“形状”，“填充颜色”为“白色”，“形状”为“五角星”，绘制出下图中的星形，效果如图12-18所示。

图12-17 背景素材

图12-18 星形

❷ 选中星形图层，执行“图层 | 图层样式 | 斜面和浮雕”命令，参数设置如图12-19所示；勾选“描边”选项，参数设置如图12-20所示；勾选“颜色叠加”选项，参数设置如图12-21所示。单击“确定”按钮，效果如图12-22所示。

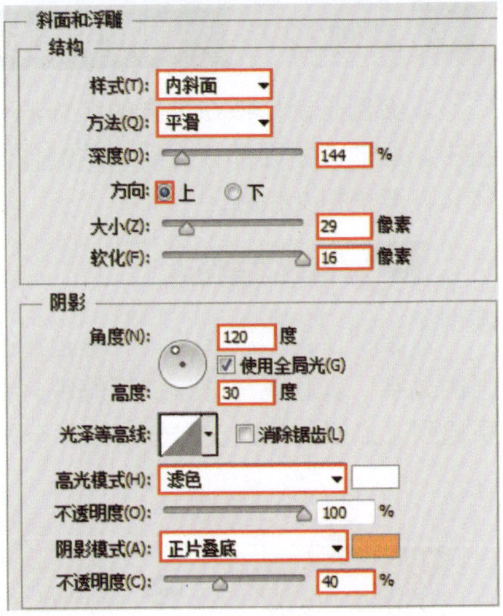

图12-19 “斜面和浮雕”参数

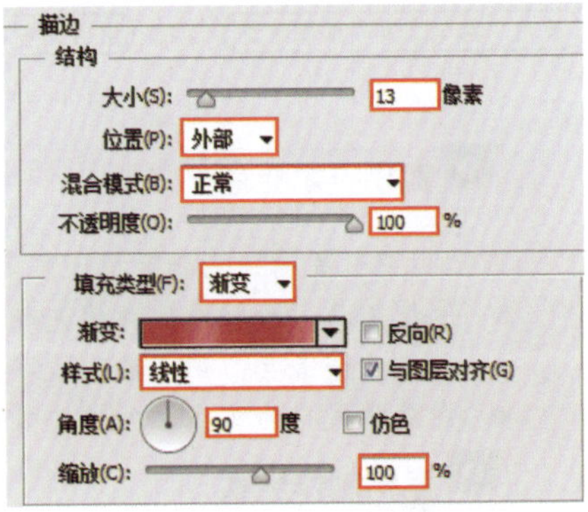

图12-20 “描边”参数

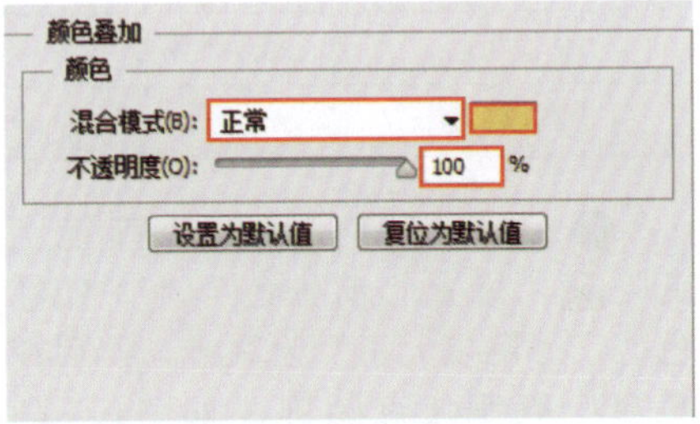

图12-21 “颜色叠加”参数

图12-22 按钮效果

实例227 星形界面按钮——装饰部分

本案例是制作按钮上方的装饰部分，装饰可以使按钮不再单调。在这个按钮中，星形的主题部分为后续的制作做了极好的铺垫，而星形中粉红色系的字体又与背景相交相融。

案例效果剖析

本案例使用“画笔工具”等绘制画面装饰性的部分，然后选用了艺术感较强的文字，其颜色与背景交相辉映，文字的装饰不仅起到了解释说明的作用，更起到了点缀的作用。部分效果展示如图12-23所示。

图12-23　效果展示

案例技术要点

本案例中主要用到的功能及技术要点如下。

- 选框工具：绘制选区并填充颜色
- 横排文字工具：用来输入文字。
- 图层样式：为文字添加描边效果

案例制作步骤

源文件路径	案例文件\第12章\实例226-227\		
素材路径	案例文件\第12章\实例226-227\		
视频路径	视频教学\第12章\实例226-227.flv		
难易程度	★★	学习时间	2分14秒

❶ 选择工具箱中的“画笔工具”，设置“前景色”为“橘红色”，“笔尖大小”为24px，然后在星星上绘制波点装饰，如图12-24所示。

图12-24　绘制圆点

❷ 选择工具箱中的“矩形工具”绘制红色的矩形，如图12-25所示。选中红色矩形图层，然后单击星形图层蒙版缩略图，得到星形选区，单击图层面板底端的“添加图层蒙版”按钮，此时星形外的部分被隐藏，效果如图12-26所示。

图12-25　红色矩形

图12-26　添加蒙版

❸ 选择工具箱中的“横排文字工具”，设置适当的字体、字号及颜色，在相应的位置输入文字信息，如图12-27所示。为主题文字添加描边效果，执行“图层｜图层样式｜描边”命令，设置参数如图12-28所示。继续输入文字，最终效果如图12-29所示。

图12-27　输入文字

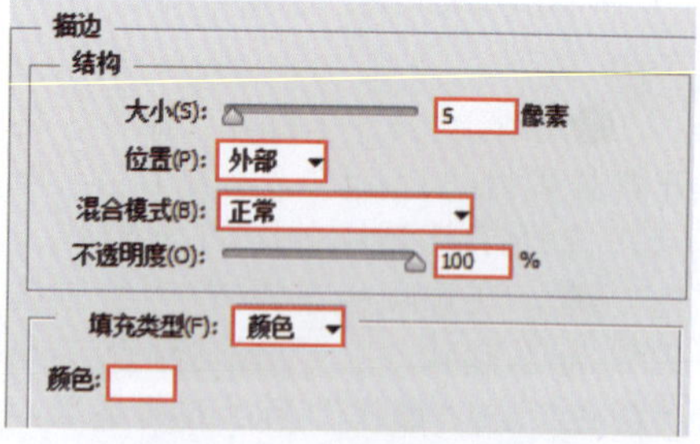

图12-28　“描边”参数

图12-29　最终效果

实例228 气泡文字设计——甜蜜粉色风格

该案例为粉红色调的按钮设计，这样的按钮广泛应用在各式UI设计作品中。该案例使用蓝白色调作为背景，而按钮则选择了明度及饱和度都较高的粉红色，在颜色搭配上给人亮丽的视觉感受，并且通过制作光泽效果，使按钮更具层次和立体感。

案例效果剖析

本案例制作起来比较简单。首先使用“矩形工具”和“钢笔工具”绘制出按钮的形状，然后制作出按钮上方的光泽感，接着输入文字并添加投影图层样式。部分效果展示如图12-30所示。

图12-30 效果展示

案例技术要点

本案例中主要用到的功能及技术要点如下。

- 矩形工具：用来绘制矩形并填充颜色为粉色。
- 横排文字工具：在画面中输入文字。
- 钢笔工具：用来绘制路径选区并填充颜色。
- 剪贴蒙版：由基底图层形状控制上方图层形状。

源文件路径	案例文件\第12章\实例228\		
素材路径	案例文件\第12章\实例228\		
视频路径	视频教学\第12章\实例228.flv		
难易程度	★★	学习时间	2分35秒

实例229 色块感界面——界面下半部分

色块感界面是由颜色、大小不同的色块组成的界面，此类界面色彩明快，界面简单但又不失时尚感与美感，是很多网页及杂志界面所推崇的设计方式之一。本案例中使用了饱和度较高的蓝色作为背景，又将画面上半部分填充为灰色系，使界面强弱对比明显，其中又添加了明度较高的几个色块，使整个页面的设计更是锦上添花。

案例效果剖析

本案例制作界面的下半部分，首先绘制不同颜色及大小的矩形，然后导入人物图像素材，根据剪贴蒙版基地图层形状限制上方图像图层显示状态的原理，对人像形状进行操控。部分效果展示如图12-31所示。

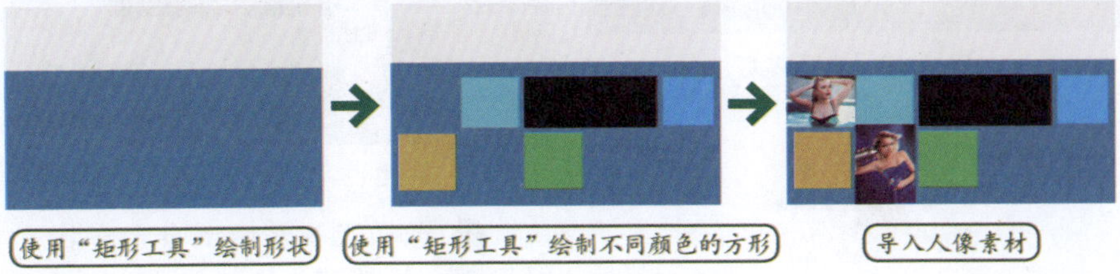

图12-31 效果展示

案例技术要点

本案例中主要用到的功能及技术要点如下。

- 矩形工具：用来绘制矩形并填充颜色。
- 剪贴蒙版：用来隐藏图片中多余的部分。

案例制作步骤

源文件路径	案例文件\第12章\实例229-230\
素材路径	案例文件\第12章\实例229-230\
视频路径	视频教学\第12章\实例229-230.flv
难易程度	★★★
学习时间	3分12秒

❶ 新建一个A4大小的文件，设置“前景色”为“浅灰色”，按填充前景色快捷键“Alt+Delete”填充前景色，如图12-32所示。选择工具箱中的“矩形工具”，设置“绘制模式”为“形状”，“填充”为“蓝色”，在画面底端绘制矩形，如图12-33所示。

图12-32 新建文件

图12-33 蓝色矩形

❷ 使用同样的方法，绘制出其他不同大小的矩形并填充为不同颜色，如图12-34所示。

图12-34　绘制矩形

❸ 执行“文件 | 导入”命令，导入素材“1.png”，放置在合适位置，如图12-35所示。执行“图层 | 创建剪贴蒙版”命令，为图层创建剪贴蒙版，效果如图12-36所示。继续导入素材“2.Png”和“3.Png”到画面中，并使用上述同样的方法创建剪贴蒙版来编辑图片的大小，效果如图12-37所示。

图12-35　导入素材

图12-36　剪贴蒙版

图12-37　图形效果

实例230　色块感界面——界面顶栏

界面顶栏的设计要有承上启下的设计效果，本案例中上半部分使用了颜色较灰的颜色作为背景，但在上方添加了与下半部分相呼应的蓝色色块，使整幅画面的明暗度中和。

案例效果剖析

本案例中，界面的顶栏主要由不同颜色及形状的色块组成。使用自定形状工具绘制三角形，并将其垂直翻转，最后输入文字完成案例制作。部分效果展示如图12-38所示。

图12-38　效果展示

案例技术要点

本案例中主要用到的功能及技术要点如下。

- 自定形状工具：用来绘制三角形。
- 横排文字工具：在画面中输入不同颜色的文字。
- 垂直翻转：用来垂直翻转三角形。

案例制作步骤

源文件路径	案例文件\第12章\实例229-230\		
素材路径	案例文件\第12章\实例229-230\		
视频路径	视频教学\第12章\实例229-230.flv		
难易程度	★★★	学习时间	3分12秒

❶ 制作顶栏部分，选择工具箱中的“矩形工具”，设置其“绘制模式”为“形状”，“填充”为“深灰色”，如图12-39所示。选择该图层，执行“图层 | 图层样式 | 图案叠加”命令，参数设置如图12-40所示。图形效果如图12-41所示。再绘制一个黑色的矩形，如图12-42所示。

图12-39　灰色矩形

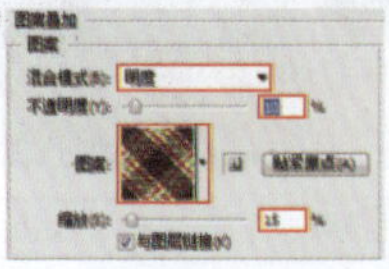
图12-40　“图案叠加”参数

图12-41　矩形效果

图12-42　黑色矩形

❷ 选择工具箱中“自定形状工具”，设置其“绘制模式”为“形

状”，“填充”为“蓝色”，“形状”为“三角形”，在画面中绘制图形，如图12-43 所示。执行“编辑 | 变换 | 垂直翻转”命令，效果如图12-44所示。

图12-43 三角形

图12-44 翻转三角形

❸ 选择工具箱中的“横排文字工具”T，设置适当的字体、字号及颜色，在三角形的上方输入字母，标志效果如图12-45所示。继续在画面中输入文字，效果如图12-46所示。

图12-45 标志效果

图12-46 最终效果

实例231 图形风格界面——彩块化界面设计

彩块化的效果是界面设计中常用的手法，这样的界面设计色彩丰富、变幻多样、现代感十足。本案例颜色基调主要以粉色和蓝色为主，背景与图形在颜色选择上和图形方向上都取得了一致。

案例效果剖析

本案例使用画笔、圆角矩形等工具，在空白的画面中进行多次绘制，使其呈现彩块化效果。首先制作彩块化的背景，然后制作立体的圆角，最后输入文字并进行旋转，画面整体随着图形的旋转向左倾斜。部分效果展示如图12-47所示。

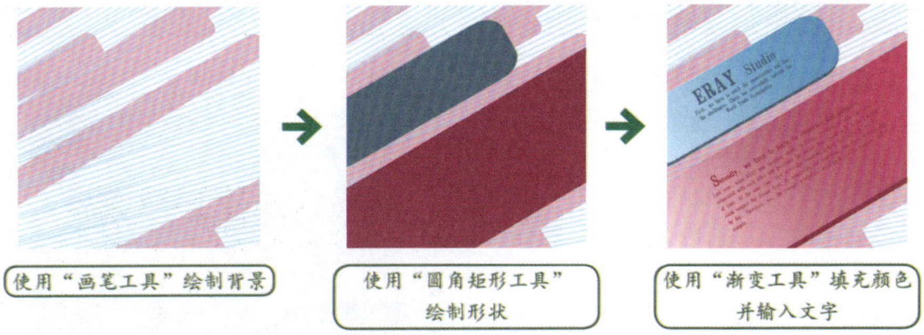

图12-47 效果展示

案例技术要点

本案例中主要用到的功能及技术要点如下。

- 圆角矩形工具：用来绘制圆角矩形。
- 横排文字工具：用来在画面中输入大段文字。
- 画笔工具：用来绘制蓝色背景条纹。
- 渐变工具：为选区填充渐变色。

源文件路径	案例文件\第12章\实例231\		
素材路径	案例文件\第12章\实例231\		
视频路径	视频教学\第12章\实例231.flv		
难易程度	★★★	学习时间	6分55秒

实例232 条状质感按钮设计——按钮主体

质感按钮设计的初衷是使用平面设计软件制作出富有质感的、三维化的按钮界面。本案例中蓝色的渐变纯粹而高贵，与灰色系的按钮相互呼应。按钮拟物化的设计与阴影的制作，更增加了真实感。

案例效果剖析

本案例主要是针对绘制形状的蒙版及不透明度进行调整，从而制作按钮的质感效果。首先使用形状工具绘制所需要的形状，然后使用蒙版绘制高光部分，最后为文字添加“斜面和浮雕”的图层样式，使文字在按钮中不仅凸出而且更加立体。部分效果展示如图12-48所示。

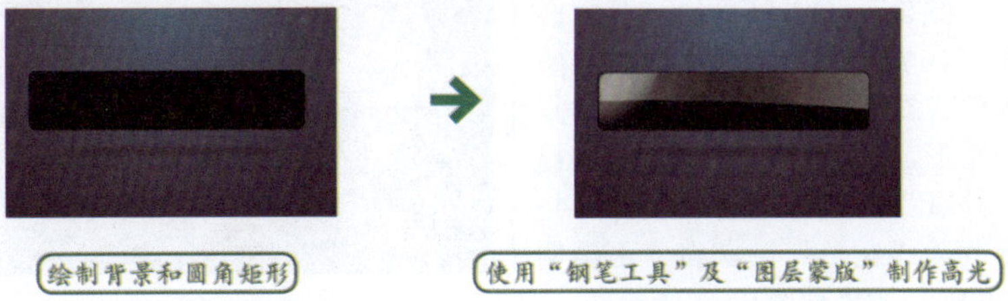

图12-48 效果展示

案例技术要点

本案例中主要用到的功能及技术要点如下。

- 渐变工具：为背景填充渐变。
- 图层蒙版：用来隐藏多余的区域。
- 钢笔工具：用来绘制形状。

案例制作步骤

源文件路径	案例文件\第12章\实例232-233\		
素材路径	案例文件\第12章\实例232-233\		
视频路径	视频教学\第12章\实例232-233.flv		
难易程度	★★★	学习时间	5分25秒

❶ 新建一个A4文件。选择工具箱中的“渐变工具”，在“渐变编辑器”中设置渐变颜色为“蓝色系”，如图12-49所示。在“选项栏”中选择“径向渐变”，在画面中拖拽鼠标填充渐变，效果如图12-50所示。

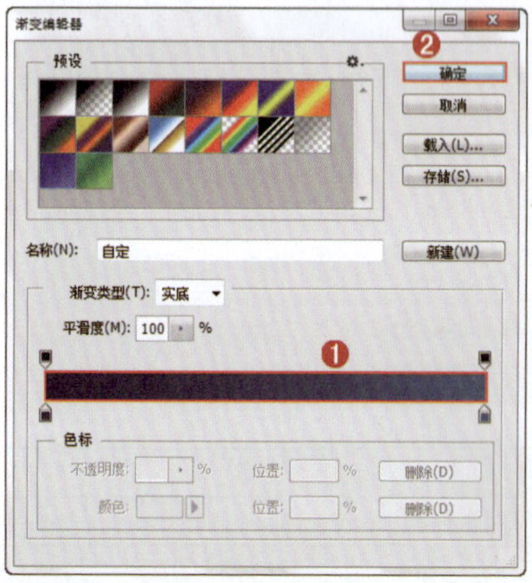

图12-49　编辑渐变

图12-50　填充渐变

❷ 绘制“圆角矩形”。选择工具箱中的“圆角矩形工具”，在选项栏中设置“绘制模式”为“形状”，“颜色”为“黑色”，在画面中绘制“圆角矩形”，如图12-51所示。按复制图层快捷键“Ctrl+J”，复制圆角矩形，然后使用自由变换快捷键“Ctrl+T”对其适当的缩放，并将颜色更改为“灰色”，调整“不透明度”为50%，效果如图12-52所示。

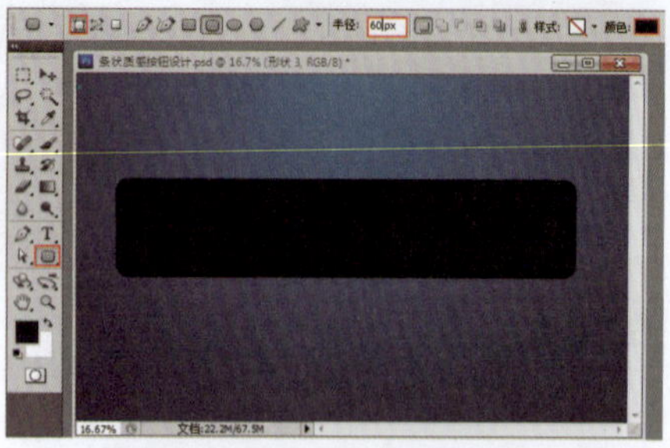

图12-51　圆角矩形

图12-52　复制矩形

❸ 绘制按钮上的“高光”。单击图层面板下方的“添加图层蒙版”按钮，为其添加蒙版，在蒙版上选择“钢笔工具”，设置“绘制模式”为“路径”，在画面中绘制路径，如图12-53所示。按快捷键“Ctrl+Ente”，将路径转换为选区，并为其填充颜色为“黑色”，如图12-54所示。

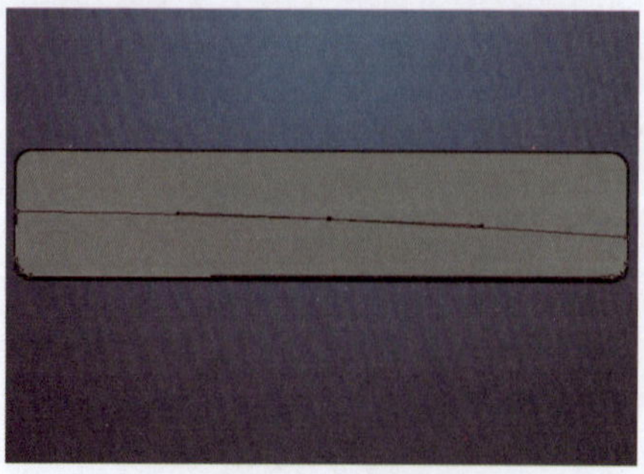

图12-53　绘制路径

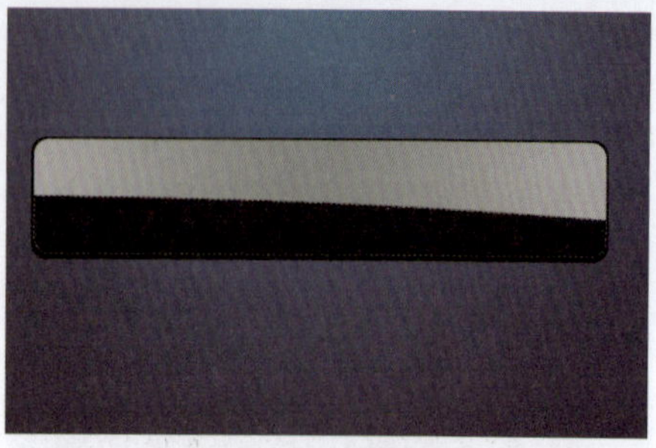

图12-54　填充颜色

❹ 增加按钮的光泽感。选择工具箱中的“渐变工具”，在“渐变编辑器”中设置“灰色系”渐变，如图12-55所示。在“选项栏”中选择“线性”渐变，在蒙版中拖拽鼠标填充渐变，效果如图12-56所示。

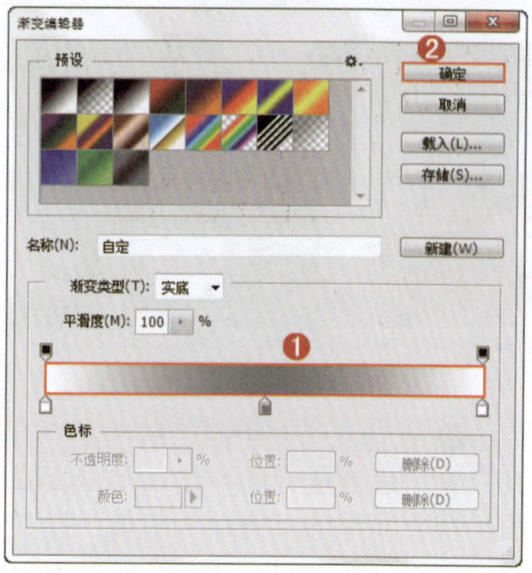

图12-55　渐变编辑器

图12-56　效果图

❺ 使用“钢笔工具”，设置“绘制模式”为“形状”，“颜色”为“白色”，在画面中绘制形状，如图12-57所示。选中“高光”图层，按住“Ctrl”键的同时单击“圆角矩形”的图层缩览图，将“圆角矩形”载入选区，然后单击图层面板底端的“添加图层蒙版”按钮，隐藏多余部分，设置高光的“不透明度”为50%，如图12-58所示。再使用黑色的柔角画笔，在蒙版中涂抹，制作边缘柔和的效果，如图12-59所示。

图12-57　绘制形状

图12-58　添加蒙版

图12-59　光泽效果

❻ 绘制顶部“高光”。选择“矩形工具”，在按钮顶部绘制白色的矩形，如图12-60所示。单击图层面板下方的“添加图层蒙版”按钮，使用黑色的柔角“画笔工具”隐藏矩形边缘，制作出光效渐隐的效果，如图12-61所示。

图12-60　绘制矩形

图12-61　效果图

❼ 选择工具箱中的“横排文字工具”，字体颜色设置为“白色”，再设置合适的字体和字号，在画面中输入文字，如图12-62所示。执行“图层｜图层样式｜斜面和浮雕”命令，参数设置如图12-63所示。效果如图12-64所示。

图12-62　输入文字

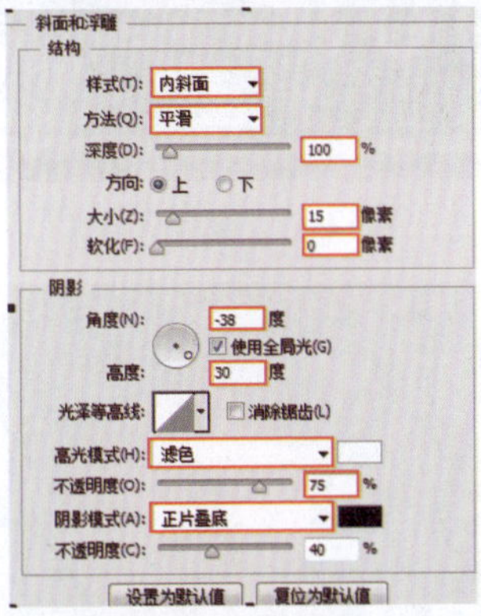

图12-63　“斜面和浮雕”参数

图12-64　效果图

实例233　条状质感按钮设计——装饰部分

本案例主要是制作按钮的装饰部分，装饰部分采用会话框进行装饰，鲜亮的气泡颜色打破矩形按钮原本的理性，为按钮增添了些许俏皮感。

案例效果剖析

本案例是通过对图层的调整，制作高光、阴影等效果。首先绘制自定形状，然后通过调整“图层蒙版”及“不透明度”来添加图形装饰，使装饰部分与按钮主体部分具有同样的质感效果。部分效果展示如图12-65所示。

图12-65　效果展示

案例技术要点

本案例中主要用到的功能及技术要点如下。

- 横排文字工具：用来输入文字。
- 图层样式：用来制作斜面和浮雕效果。
- 自定形状工具：用来绘制会话框等形状。

案例制作步骤

源文件路径	案例文件\第12章\实例232-233\
素材路径	案例文件\第12章\实例232-233\
视频路径	视频教学\第12章\实例232-233.flv
难易程度	★★★
学习时间	5分25秒

❶ 选择工具箱中的“自定形状

工具”，设置“绘制模式”为“形状”，“填充”为“橘黄色”，“形状”为“会话1”，然后在画面中绘制形状，如图12-66所示。为形状添加效果，执行“图层｜图层样式｜渐变叠加”命令，参数设置如图12-67所示。效果如图12-68所示。

图12-66 绘制形状

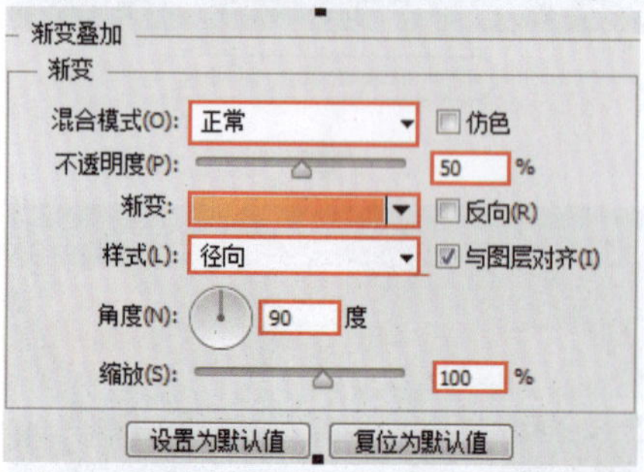

图12-67 “渐变叠加”参数

图12-68 效果图

❷ 按复制图层快捷键“Ctrl+J”，复制“形状”图层，颜色更换为“黑色”，然后使用自由变换快捷键“Ctrl+T”对其进行自由变换，并进行适当的移动，如图12-69所示。将其放置在“形状”图层后方，形成阴影效果，如图12-70所示。

图12-69 复制图层

图12-70 阴影效果

❸ 绘制“高光”部分。使用“椭圆工具”在画面中绘制“椭圆形状”，如图12-71所示。单击图层面板下方的“添加图层蒙版”按钮，为其添加蒙版，然后选择工具箱中的“画笔工具”，选择“柔角画笔”并设置合适的大小，在蒙版中进行涂抹，效果如图12-72所示。使用同样的方法绘制其他“高光部分”，效果如图12-73所示。

图12-71 绘制椭圆

图12-72 画笔涂抹

图12-73 高光效果

❹ 选择工具箱中的“自定形状工具”，设置“绘制模式”为“形状”，“填充颜色”为“白色”，“形状”为“音量”，在画面中绘制形状，如图12-74所示。为形状添加效果，执行“图层｜图层样式｜斜面和浮雕”命令，参数设置如图12-75所示。效果如图12-76所示。

图12-74 音量形状

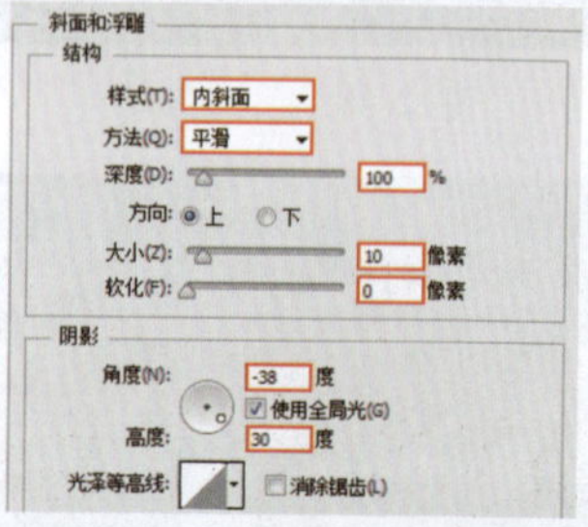

图12-75 “斜面和浮雕”参数

图12-76 效果图

❺ 选择工具箱中的“椭圆选框工具”，设置“羽化”为30px，然后在按钮的下方绘制选区，如图12-77所示。将选区填充为“黑色”，如图12-78所示。调整“不透明度”为“20%”，最终效果如图12-79所示。

图12-77 绘制羽化选区

图12-78 填充选区

图12-79 最终效果

实例234 水晶质感效果——按钮设计

本案例制作的是水晶质感的按钮，此类型是时下较为流行的按钮设计，通常按钮本身晶莹剔透，光泽感强烈。本案例中深蓝色的背景使人感到沉稳，由红至黄的渐变按钮则提示了画面的温度。

案例效果剖析

本案例中充分灵活运用了图层蒙版及各个工具，并且通过添加不同的图层样式，使单一的色块变得富有立体感。首先使用圆角矩形绘制出按钮的形状，然后通过形状工具制作其光泽感，再制作按钮上的圆形装饰，接着制作出绿色的丝带效果，最后添加文字及样式。部分效果展示如图12-80所示。

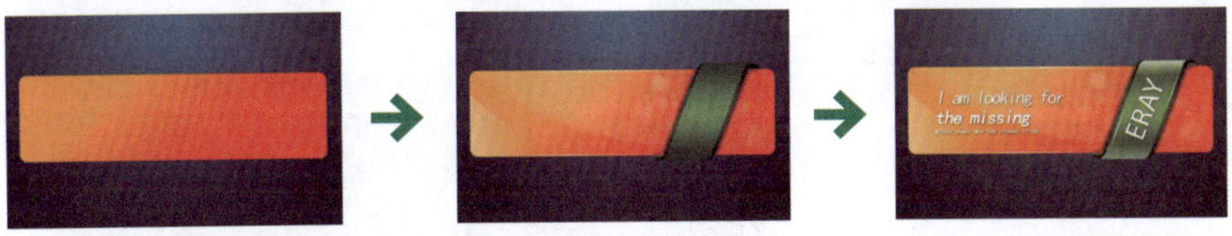

绘制形状并填充渐变色　　绘制形状并添加图层样式　　使用文字工具输入文字

图12-80 效果展示

案例技术要点

本案例中主要用到的功能及技术要点如下。

- 图层蒙版：用来隐蔽部分的图像。
- 圆角矩形工具：用来绘制圆角矩形。
- 图层样式：用来制作投影、渐变叠加及浮雕效果。
- 横排文字工具：在画面中输入文字并对其进行调整。

源文件路径	案例文件\第12章\实例234\		
素材路径	案例文件\第12章\实例234\		
视频路径	视频教学\第12章\实例234.flv		
难易程度	★★★	学习时间	6分36秒

实例235 播放器界面——质感影音播放器

本案例讲解的是播放器的制作方法，播放器是用来播放视频和音频文件的。播放器主色调采用天蓝色，并以绿色作为点缀，精简的造型使用户在操作上更加便捷。

案例效果剖析

本案例主要是通过绘制不同形状和添加图层样式完成的。首先新建文件，然后为背景图层填充一个蓝色系的渐变，然后使用圆角矩形绘制平面和按钮，最后使用自定形状工具绘制按钮上的图标。部分效果展示如图12-81所示。

使用形状工具绘制形状

执行“置入”命令置入图像

使用剪贴蒙版控制图像

图12-81 效果展示

案例技术要点

本案例中主要用到的功能及技术要点如下。

- 自定形状工具：用来绘制按钮图标。
- 圆角矩形工具：用来绘制圆角矩形。
- 图层样式：用来制作投影、渐变叠加及浮雕的效果。

源文件路径	案例文件\第12章\实例235\		
素材路径	案例文件\第12章\实例235\		
视频路径	视频教学\第12章\实例235.flv		
难易程度	★★★★	学习时间	3分

实例236 清新风格界面设计——背景

清新风格界面的设计通常用同色系的颜色进行搭配，版式也简洁，点缀物所占面积偏小，此设计思路制作了一个很成功的小清新风格界面背景。

案例效果剖析

本案例依次对背景底纹、白色方框、花纹装饰、虚线边框进行了制作。画面主要以绿色为主色调，给人以春天的感觉，通过调整混合模式使底纹与背景相融合，然后通过绘制形状并添加图层样式等一系列操作，完成背景的设计。部分效果展示如图12-82所示。

图12-82 效果展示

案例技术要点

本案例中主要用到的功能及技术要点如下。

- 图层蒙版：用来制作花边样式。
- 自定形状工具：在画面中绘制花型装饰。
- 图层样式：为图层添加描边、外发光等图层样式。

案例制作步骤

源文件路径	案例文件\第12章\实例236-238\		
素材路径	案例文件\第12章\实例236-238\		
视频路径	视频教学\第12章\实例236-238.flv		
难易程度	★★★	学习时间	8分29秒

❶ 执行“文件 | 新建”命令，新建一个225×170大小的文件。选择工具箱中的“矩形选框工具”，获取矩形选区，并设置“前景色”为“浅绿色”，按填充前景色快捷键“Alt+Delete”，为选区填充前景色，如图12-83所示。导入素材“1.png”，如图12-84所示。设置该图层的“混合模式”为“减去”，“不透明度”为60%，效果如图12-85所示。

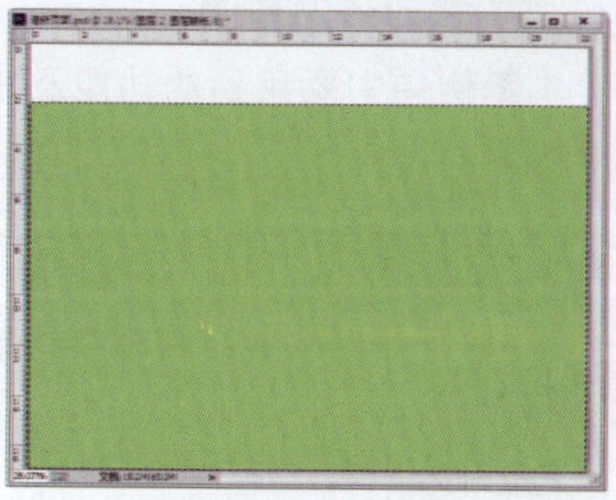

图12-83 绿色矩形

图12-84 导入素材

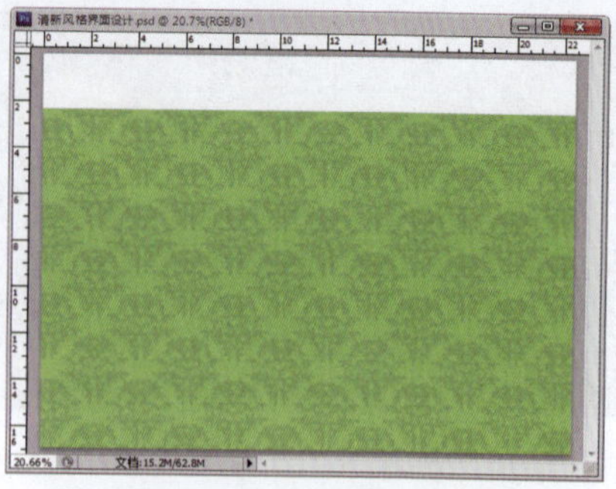

图12-85 混合模式

❷ 选择工具箱中的“自定形状工具”，设置“绘制模式”为“形状”，“形状”为“花型装饰2”，“颜色”为“白色”，然后在画面的左上角绘制形状，如图12-86所示。选择该图层，执行“图层 | 图层样式 | 描边”命令，参数设置如图12-87所示。效果如图12-88所示。复制该形状图层，并移动到相应位置，制作成一排花型装饰的效果，如图12-89所示。

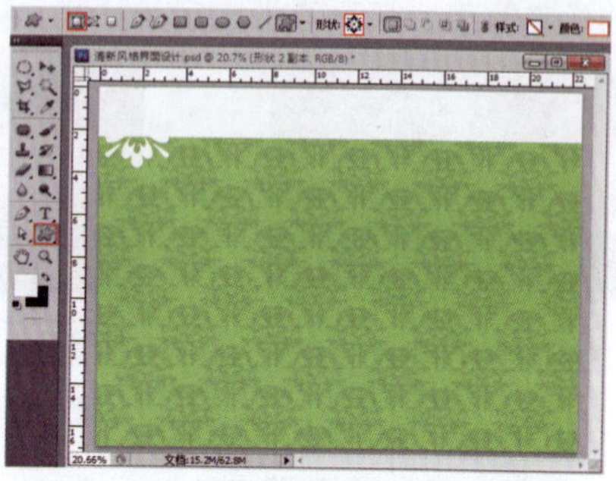

图12-86 绘制形状

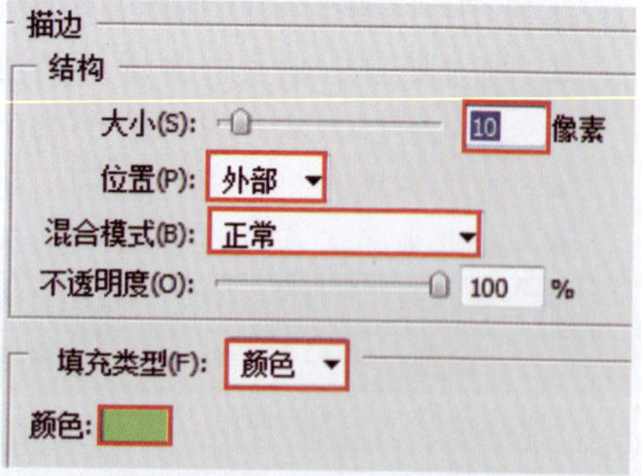

图12-87 “描边”参数

图12-88 描边效果

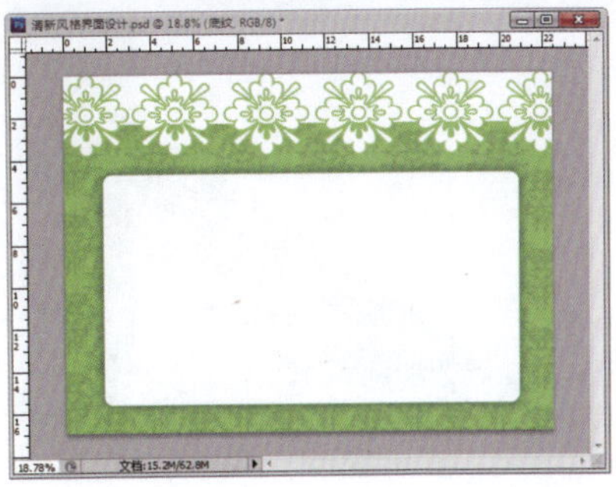

图12-89 复制形状

❸ 选择工具箱中的“圆角矩形工具”，设置“绘制模式”为“形状”，“填充颜色”为“白色”，“半径”为60px，绘制出圆角矩形，如图12-90所示。选择该图层，执行“图层丨图层样式丨外发光”命令，参数设置如图12-91所示。效果如图12-92所示。

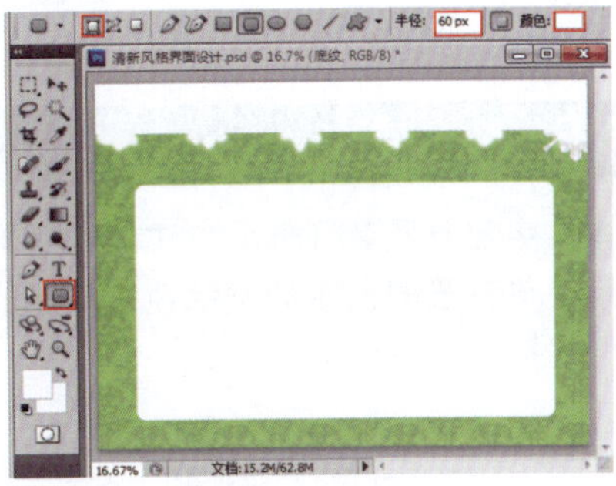

图12-90 圆角矩形

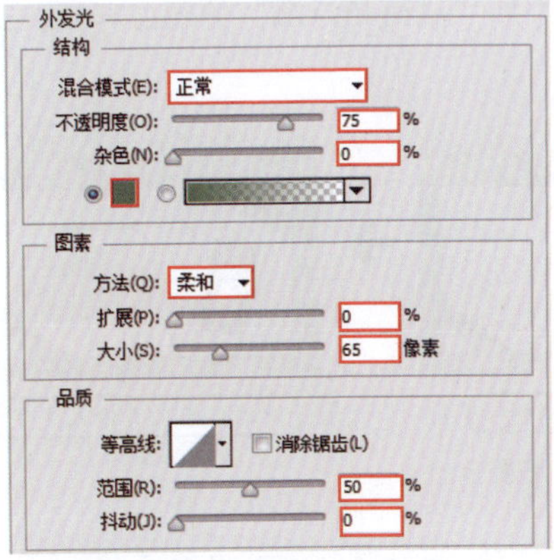

图12-91 “外发光”参数

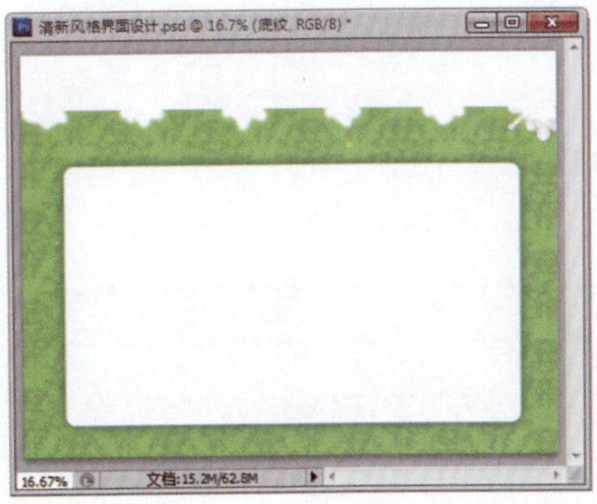

图12-92 矩形效果

❹ 制作虚线装饰。在白色矩形内部再绘制矩形，如图12-93所示。选择该图层，执行“图层丨图层样式丨描边”命令，参数设置如图12-94所示。设置该图层的“填充”为0，效果如图12-95所示。

图12-93 绘制矩形

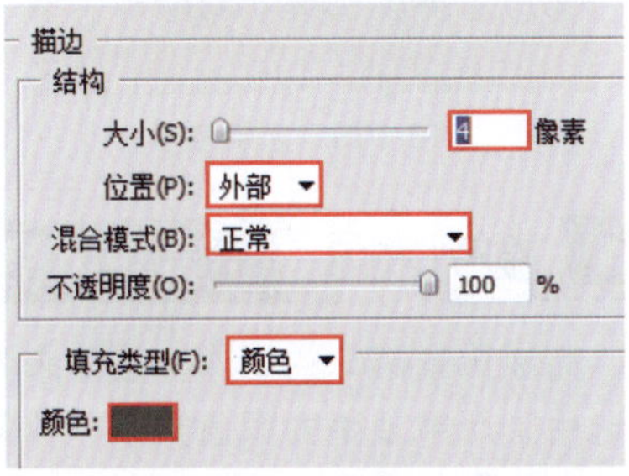

图12-94 “描边”参数

图12-95 描边效果

❺ 选择该图层，单击鼠标右键，执行“栅格化”图层命令，栅格化该图层，然后为该图层添加图层蒙版，使用黑色柔角画笔，在描边上涂抹，制作虚线效果，如图12-96所示。

图12-96 虚线效果

实例237 清新风格界面设计——边角

本案例主要是在已完成背景的基础上继续对背景进行装饰，边角部分虽然占据面积较小，但合理的摆放及制作依旧可以完美的展现出界面的品质。该界面通过添加边角效果，使画面生成真实的贺卡效果。

案例效果剖析

本案例中边角的制作主要是通过绘制形状并添加不同的图层样式制作而成。首先使用“钢笔工具”绘制形状并填充颜色，“画笔工具”与蒙版的合理搭配，为图案制作了很好的高光效果。部分效果展示如图12-97所示。

图12-97 效果展示

案例技术要点

本案例中主要用到的功能及技术要点如下。

- 钢笔工具：用来绘制形状。
- 画笔工具：用来涂抹高光。

案例制作步骤

源文件路径	案例文件\第12章\实例236-238\
素材路径	案例文件\第12章\实例236-238\
视频路径	视频教学\第12章\实例236-238.flv
难易程度	★★
学习时间	8分29秒

❶ 选择工具箱中的“钢笔工具”，绘制出下图中的形状并填充为“绿色”，如图12-98所示。执行“图层｜图层样式｜内发光”命令，参数设置如图12-99所示。效果如图12-100所示。

图12-98　绘制形状

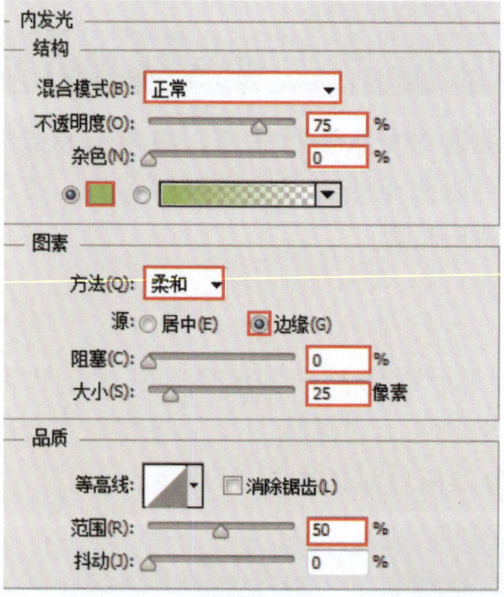

图12-99　“内发光”参数

图12-100　效果图

❷ 按复制图层快捷键“Ctrl+J”，复制图层并将图层样式删除，如图12-101所示。更改复制图层的颜色，并单击图层面板底部的“添加图层蒙版”按钮，使用工具箱中的“画笔工具”，选择柔角画笔，在蒙版中通过涂抹将复制图层的部分内容隐藏，效果如图12-102 所示。使用上述同样的方法绘制出矩形对角的部分，如图12-103所示。

图12-101　复制图层

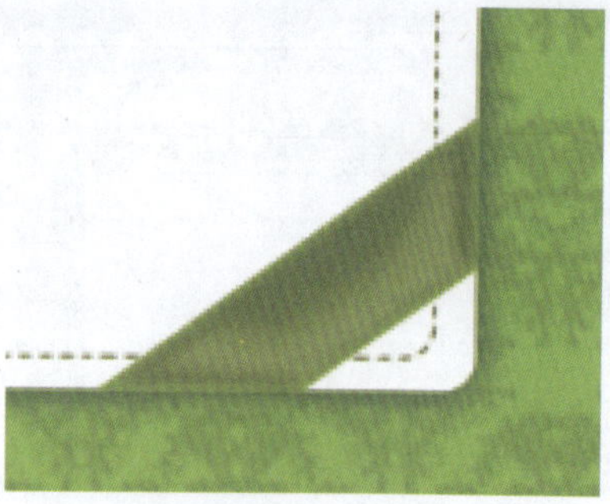

图12-102　高光效果

图12-103　效果图

实例238　清新风格界面设计——装饰

完成背景部分的制作，接下来制作主体文字部分及装饰部分，主体文字部分选用了严肃规整的黑色文字，标签则选用了与背景同色系的深绿色，倾斜的标签在画面中略显动感。

案例效果剖析

制作本案例时，首先使用选框工具绘制选框并填充颜色，然后使用“钢笔工具”绘制封皮，最后为书签的圆孔部分添加“斜面和浮雕”的图层样式。部分效果展示如图12-104所示。

图12-104　效果展示

案例技术要点

本案例中主要用到的功能及技术要点如下。

- 钢笔工具：用来绘制选区。
- 横排文字工具：在画面中输入文字。
- 图层样式：用来制作斜面和浮雕的效果。

案例制作步骤

源文件路径	案例文件\第12章\实例236-238\		
素材路径	案例文件\第12章\实例236-238\		
视频路径	视频教学\第12章\实例236-238.flv		
难易程度	★★★	学习时间	8分29秒

❶ 绘制绿色矩形，然后使用自由变换快捷键“Ctrl+T”，对其进行自由旋转，如图12-105所示。选择“椭圆选框工具”，在画面中绘制选区，按“Delete”键将选区中的内容删除，制作出标签上方的圆孔，如图12-106所示。

图12-105 绿色矩形

图12-106 圆孔效果

❷ 使用工具箱中的“钢笔工具”，设置“绘制模式”为“形状”，“颜色”为“橄榄绿”，在矩形上方绘制形状，制作卡片的光泽感，效果如图12-107所示。导入素材“1.png”到画面中，并调整至合适的位置，如图12-108所示。

图12-107 光泽效果

图12-108 导入素材

❸ 选择工具箱中的“椭圆选框工具”，使用上述同样的方法制作出圆孔的外形，如图12-109所示。为其添加效果，执行“图层｜图层样式｜斜面和浮雕”命令，参数设置如图12-110所示。效果如图12-111所示。

图12-109 圆孔

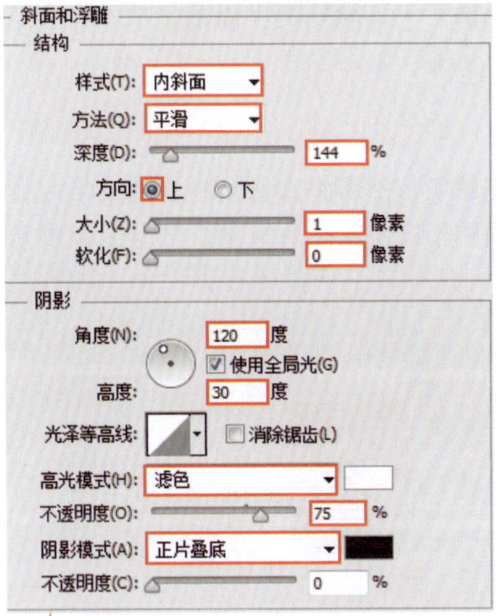

图12-110 “斜面和浮雕”参数

图12-111 效果图

❹ 使用“画笔工具”，设置“画笔大小”为10px，“颜色”为“深绿色”，然后在画面中绘制绳子，如图12-112所示。

图12-112 绘制绳子

❺ 选择工具箱中的“横排文字工具”，设置合适的字体、颜色及字号，然后在适当位置输入文字，最终效果如图12-113所示。

图12-113 最终效果

实例239 促销界面——优惠券按钮设计

本案例制作的是促销界面中优惠券的按钮，这样的按钮常常应用于网店的页面中，一般颜色艳丽、醒目，用于快速吸引消费者的注意。本案例选用了浅绿色作为背景，按钮的设计由高明度的黄色与低明度的酒红色相搭配，使整体搭配在鲜明的同时又不失稳重。

案例效果剖析

本案例中，按钮主要是由色块及文字组成，所以在制作时需要绘制不同大小、位置的条形方块。制作时，首先要绘制出按钮的形状，然后为其添加一个“渐变填充”图层样式，使其产生色彩，然后使用“矩形工具”绘制矩形，制作出分割线的效果，最后输入文字。部分效果展示如图12-114所示。

图12-114 效果展示

案例技术要点

本案例中主要用到的功能及技术要点如下。

- 横排文字工具：在画面中输入文字。
- 图层样式：用来添加投影的图层样式
- 矩形选框工具：用来绘制矩形并填充颜色。

源文件路径	案例文件\第12章\实例239\		
素材路径	案例文件\第12章\实例239\		
视频路径	视频教学\第12章\实例239.flv		
难易程度	★★★	学习时间	4分09秒

实例240 界面列表模块——排行榜栏目设计

本案例制作的是界面中的列表栏目，该案例能够时刻让人感受到界面设计所带来的细致与方便，左右型的版式使画面有一种微妙的平衡感，顶端文字与图片颜色的统一性，凸显了界面设计的协调感与美观感。

案例效果剖析

制作本案时，首先使用圆角矩形绘制轮廓，然后将人像素材摆放在相应位置，接着制作右侧方块部分，最后在画面的相应位置输入文字。部分效果展示如图12-115所示。

执行“置入”命令导入图像

使用“圆角矩形工具”绘制图形

使用文字工具输入文字

图12-115 效果展示

案例技术要点

本案例中主要用到的功能及技术要点如下。

- 横排文字工具：在画面中输入文字。
- 图层样式：用来添加“投影”“描边”等图层样式。
- 圆角矩形：在画面中绘制圆角矩形。

源文件路径	案例文件\第12章\实例240\
素材路径	案例文件\第12章\实例240\
视频路径	视频教学\第12章\实例240.flv
难易程度	★★★★
学习时间	2分26秒

第13章 DM单广告

DM单广告是一种通过邮递、赠送形式实现的广告。DM单广告形式有广义和狭义之分，广义上包括广告单页、折页等，例如街头、商场的宣传单。狭义上仅指装定成册的集纳型广告宣传画册。DM单广告具有针对性强、低投入，高回报的优点，还有特殊的投递方式。

实例241 饮品DM宣传单——多彩DM单页

这张宣传单中，画面是由各种商品图片组合而成，搭配的图形装饰更能衬托商品，而且采用鲜艳亮丽的颜色吸引观众目光。本案例中，饮品图片是主要部分，图片摆放得井井有条，给阅读者清爽的感觉。

案例效果剖析

制作本案例时，标题栏通过添加图层样式，制作了渐变叠加以及投影的效果，然后规整的摆放饮品图片，最后输入文字，标明价格。部分效果展示如图13-1所示。

图13-1 效果展示

案例技术要点

本案例中主要用到的功能及技术要点如下。

- 横排文字工具：在图片下方输入商品价格。
- 矩形选框工具：用来绘制选区并填充颜色。
- 图层样式：用来添加渐变叠加及投影的样式。

案例制作步骤

源文件路径	案例文件\第13章\实例241\		
素材路径	案例文件\第13章\实例241\		
视频路径	视频教学\第13章\实例241.flv		
难易程度	★★★	学习时间	2分52秒

❶ 新建一个A4大小的文件。新建图层，为该图层填充任意颜色，然后选择工具箱中的“矩形选框工具”，在画面中绘制矩形选区再按“Delete”键，删除选区内容，效果如图13-2所示。

图13-2 黑色矩形

❷ 选择该图层，执行“图层｜图层样式｜颜色叠加”命令，参数设置如图13-3所示；勾选“投影”选项，参数设置如图13-4所示。矩形效果如图13-5所示。

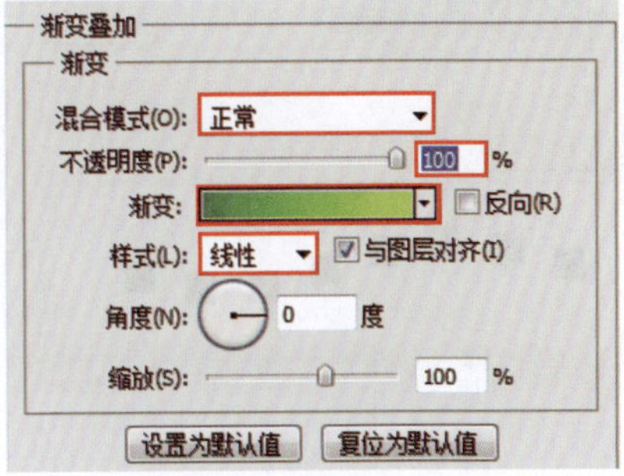

图13-3 “渐变叠加”参数

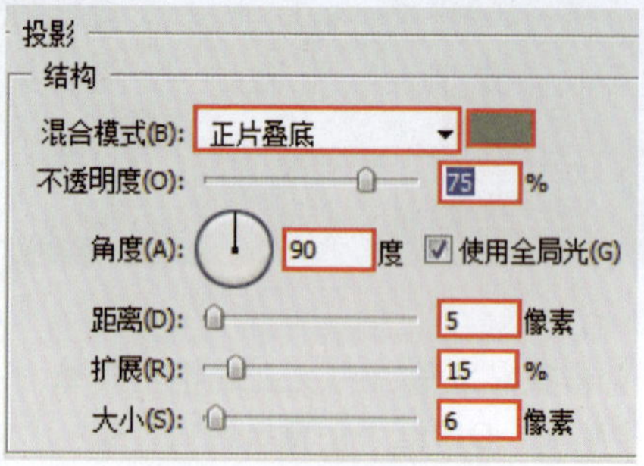

图13-4 “投影”参数

图13-5 矩形效果

❸ 制作分割线。新建图层，选择工具箱中的“画笔工具”，使用快捷键“F5”打开“画笔”面板，选择一个方形画笔，设置合适的参数，如图13-6所示。设置完成后，将“前景色”设置为“嫩绿色”，然后按住“Shift”键，在相应位置进行绘制，如图13-7和图13-8所示。选择该图层，使用自由变换快捷键“Ctrl+T”将其进行横向缩放，效果如图13-9所示。

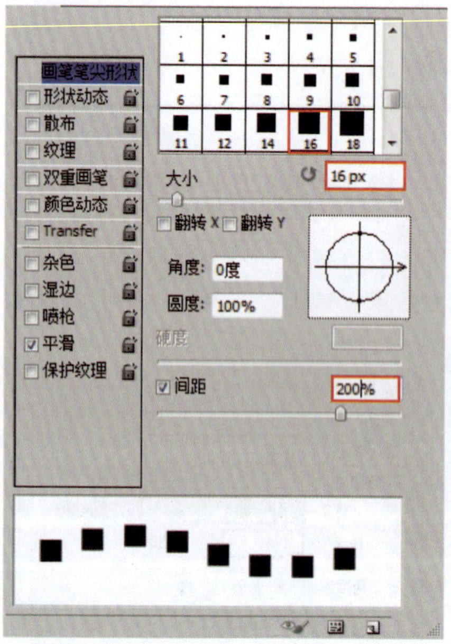

图13-6 “画笔”参数

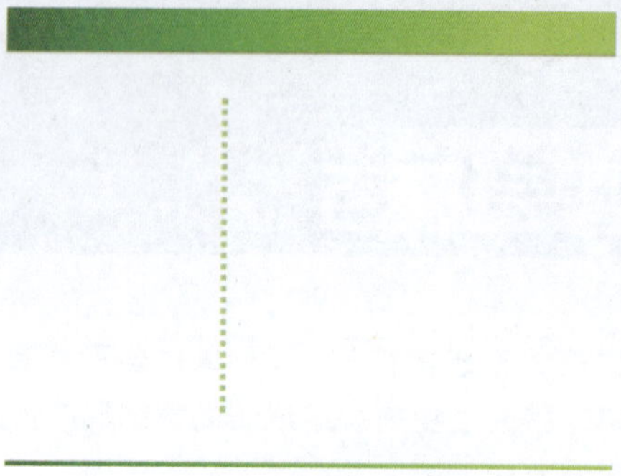

图13-7 绘制直线

图13-8 制作分割线

图13-9 分割线效果

提 示

方头画笔在哪里？

按“F5”键调出画笔面板，单击“画笔预设”，载入“方头画笔”画笔，即可选择方头画笔笔刷。

❹ 打开素材“1.png”，调整至合适的大小及位置，如图13-10所示。同理，将其他素材导入到画面中，放置到合适的位置，效果如图13-11所示。

图13-10 饮料素材

图13-11 其他饮料素材

❺ 输入文字，并调整至合适的字号、位置和颜色，最终效果如图13-12所示。

图13-12 最终效果

实例242 促销DM宣传页——唯美化妆品宣传

本案例是化妆品宣传单页的设计，整体采用红色调，广告语的背景选用了与背景颜色有些许差异的黄色，并通过简短有力的广告语来吸引消费者。

案例效果剖析

本案例主要是对已有素材进行抠图，并通过调整颜色奠定画面的整体色调。在制作过程中，首先对背景部分进行调色，然后制作标题文字，最后添加装饰。部分效果展示如图13-13所示。

图13-13 效果展示

案例技术要点

本案例中主要用到的功能及技术要点如下。

- 图层蒙版：用来对人像进行抠图。
- 色相/饱和度：使用该调色命名对图层进行调色。
- 图层样式：为图层添加渐变叠加、描边的图层样式。
- 横排文字工具：用来输入画面中的文字。
- 矩形工具：用来绘制矩形形状。

案例制作步骤

源文件路径	案例文件\第13章\实例242\		
素材路径	案例文件\第13章\实例242\		
视频路径	视频教学\第13章\实例242.flv		
难易程度	★★★★	学习时间	3分16秒

❶ 打开背景素材“1.jpg”，如图13-14所示。执行“图层 | 新建调整图层 | 色相/饱和度”命令，参数设置如图13-15所示。调色效果如图13-16所示。

图13-14 导入素材

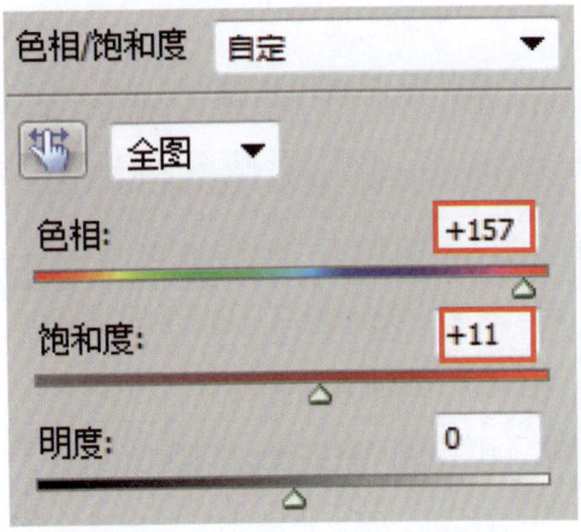

图13-15 “色相/饱和度”参数

图13-16 调色效果

❷ 单击工具箱中的“矩形工具”▭按钮，选择适当颜色，在合适的位置绘制矩形。使用自由变换快捷键“Ctrl+T”调出定界框，旋转图形，如图13-17所示。选择该图层，执行“图层 | 图层样式 | 投影”命令，参数设置如图13-18所示。此时效果如图13-19所示。导入素材“2.png”，放置到合适位置，如图13-20所示。

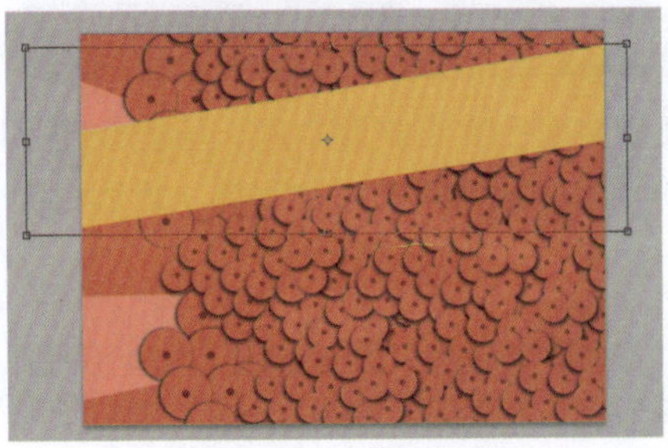

图13-17 绘制矩形

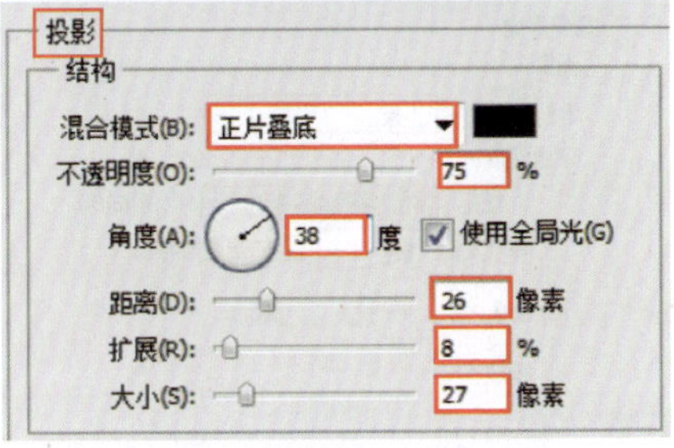

图13-18 “投影”参数

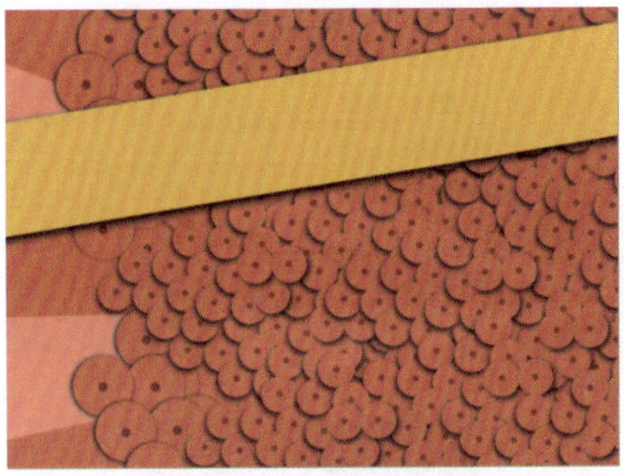

图13-19 投影效果

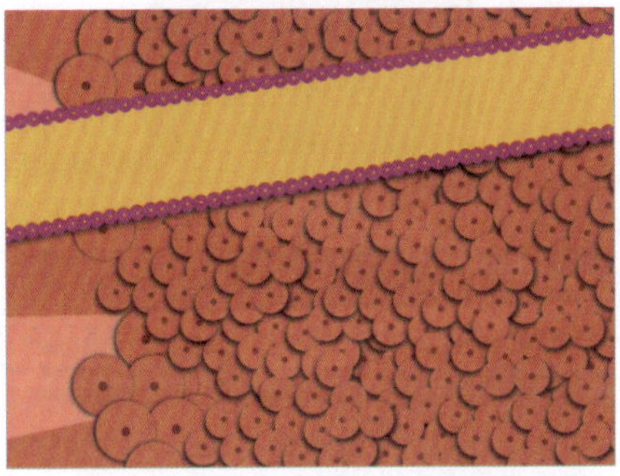

图13-20 导入素材

❸ 单击工具箱中的“横排文字工具”T按钮，选择适当颜色、字体及字号，输入文字。使用自由变换快捷键“Ctrl+T”调出定界框，进行适当变形，如图13-21所示。

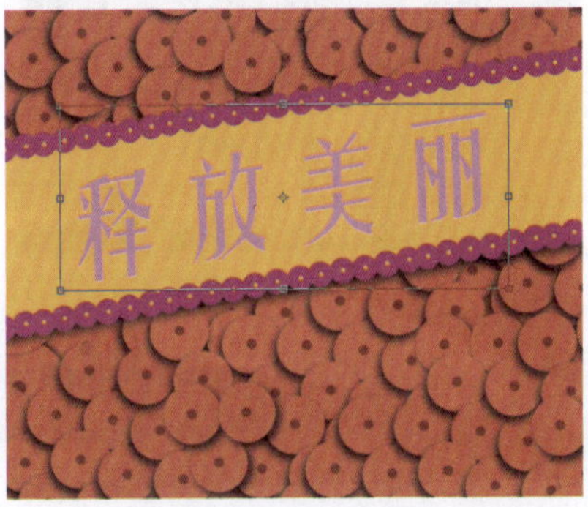

图13-21 输入文字

❹ 选择文字图层，执行“图层 | 图层样式 | 渐变叠加”命令，参数设置如图13-22所示；勾选“描边”选项，参数设置如图13-23所示。此时效果如图13-24所示。

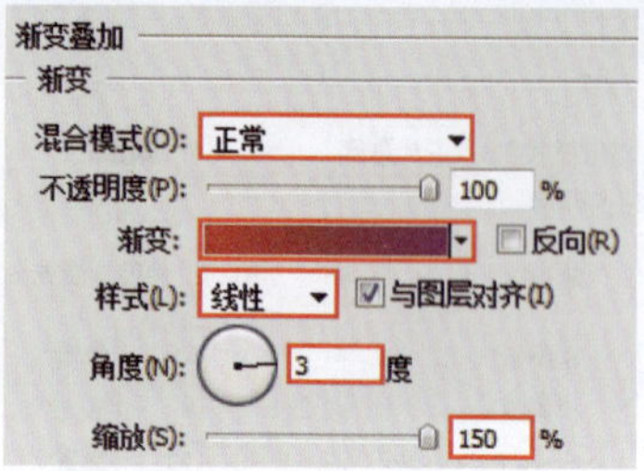

图13-22 “渐变叠加”参数

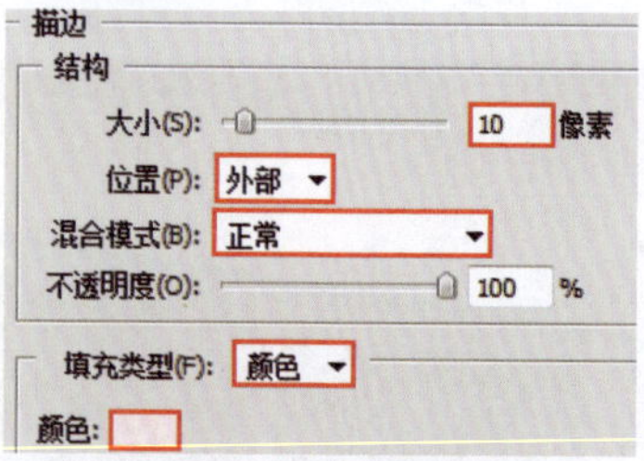

图13-23 “描边”参数

图13-24 文字效果

提 示

复位图层样式面板中的参数：

若要将设置完成的参数进行复位，可按“Alt”键，此时“取消”按钮就会变为“复位”按钮。

❺ 导入素材“3.png”，放置到合适的位置，如图13-25所示。

图13-25 导入素材

❻ 单击工具箱中的“横排文字工具”T按钮，选择适当颜色、字体及字号，输入文字，如图13-26所示。选择该图层，执行“图层｜图层样式｜描边”命令，参数设置如图13-27所示。此时效果如图13-28所示。

图13-26 输入文字

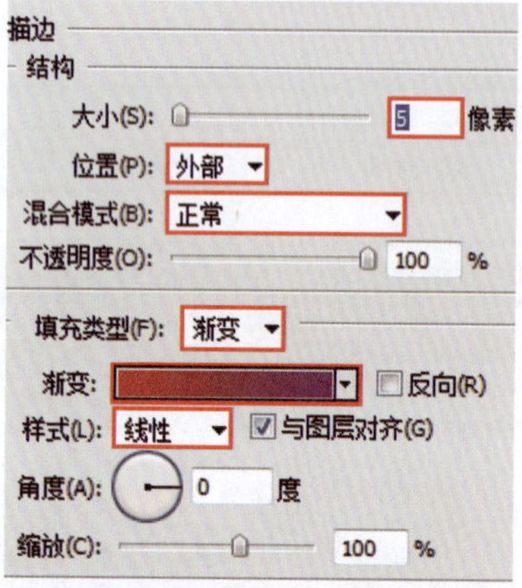

图13-27 “描边”参数

图13-28 最终效果

执行“置入”命令导入背景

使用文字工具输入文字

使用“钢笔工具”绘制形状

图13-29 效果展示

案例技术要点

本案例中主要用到的功能及技术要点如下。

- 字符面板：用来设置字符。
- 钢笔工具：用来绘制形状。
- 矩形工具：用来绘制矩形形状。

案例制作步骤

源文件路径	案例文件\第13章\实例243-245\
素材路径	案例文件\第13章\实例243-245\
视频路径	视频教学\第13章\实例243-245.flv
难易程度	★★★
学习时间	3分35秒

❶ 打开背景素材“1.jpg”，如图

实例243 网页感旅游DM单设计——背景

网页感旅游DM单通常题材新颖，颜色亮丽，突出旅游主题，给受众传递一种强烈的向往感。本案例中，蓝天主题背景搭配清新的白色字体，最后由亮丽的颜色点缀，实属画龙点睛之笔。

案例效果剖析

本案例主要以文字制作为主体，图像为点缀，使用“钢笔工具”绘制路径选区并填充颜色，为规整的画面增添些许柔和。部分效果展示如图13-29所示。

13-30所示。导入素材“2.png”，放置到合适的位置，如图13-31所示。

图13-30 背景素材

图13-31 素材2

❷ 选择工具箱中的“横排文字工具”，执行“窗口 | 字符”命令，调出字符面板，如图13-32所示。在字符面板中选择合适的字号，选择“仿粗体”、“全部大写字母”和“下划线”，然后在画面中输入文字，如图13-33所示。继续在画面中输入文字，效果如图13-34所示。

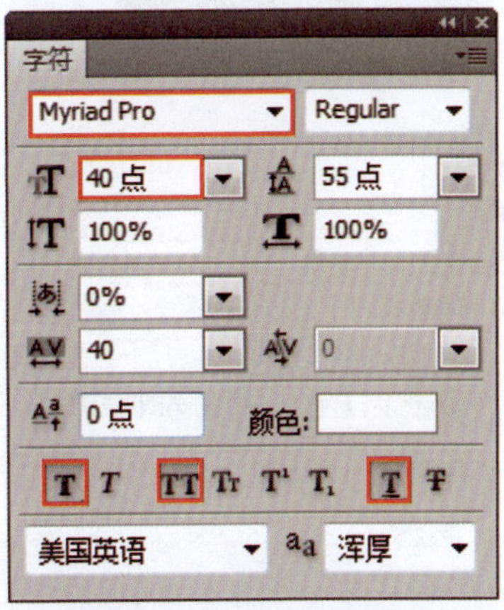

图13-32 字符面板

图13-33 输入文字

图13-34 文字效果

❸ 选择工具箱中的“钢笔工具”，设置“绘制模式”为“形状”，“颜色”为“米黄色”，在版面的上方绘制形状，如图13-35所示。

图13-35 绘制形状

实例244 网页感旅游DM单设计——标志

标志是以单纯、显著、易识别的物象、图形或文字符号为直观语音，二是表明特征的记号。因此在图形选用上要具有特殊的代表性。本案例中标志设计简洁凝练，图形及文字以渐变的橙黄色为主体，在富有变化的同时又不失杂乱。

案例效果剖析

本案例的制作主要是在输入文字和导入素材后，为其添加渐变叠加的图层样式。文字为主要部分，文字添加了渐变叠加的效果，并且是通过底色映射衬托出来的，并且为鸟的素材添加了图层样式，使之成为标志。部分效果展示如图13-36所示。

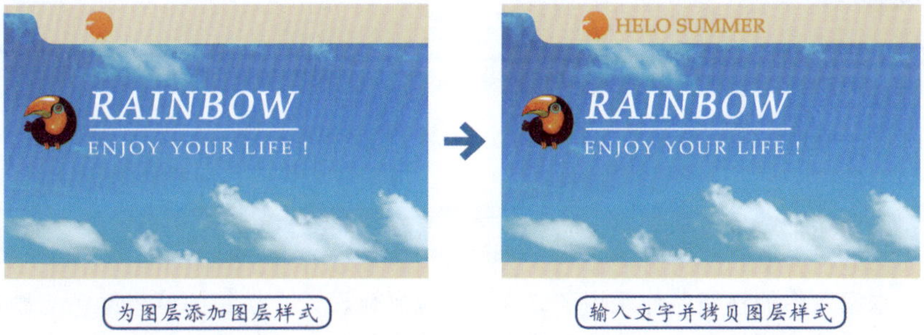

图13-36 效果展示

案例技术要点

本案例中主要用到的功能及技术要点如下。

- 拷贝图层样式：用来为文字添加图层样式。
- 横排文字工具：用来输入文字。

案例制作步骤

源文件路径	案例文件\第13章\实例243-245\		
素材路径	案例文件\第13章\实例243-245\		
视频路径	视频教学\第13章\实例243-245.flv		
难易程度	★★	学习时间	3分35秒

❶ 复制小鸟图层，将该图层移动到画面的上方。使用自由变换的快捷键“Ctrl+T”调出定界框，然后将其缩放，如图13-37所示。选择该图层，执行“图层 | 图层样式 | 渐变叠加”命令，参数设置如图13-38所示。其效果如图13-39所示。

图13-37　复制“小鸟”

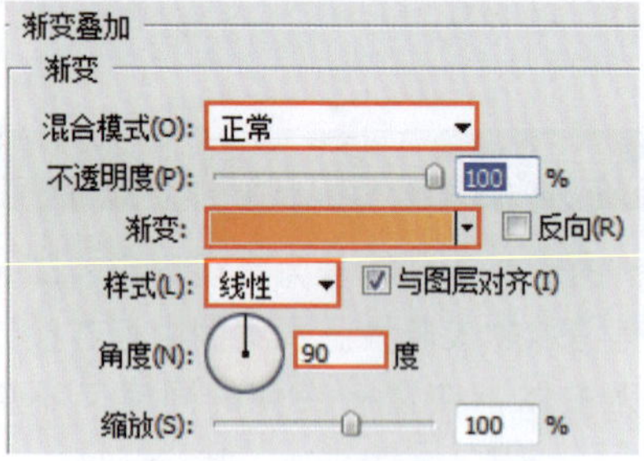

图13-38　“渐变叠加”参数

图13-39　效果图

❷选择工具箱中的“横排文字工具”T，在相应位置输入文字，效果如图13-40所示。选择小鸟图层，单击鼠标右键，执行“拷贝图层样式”命令复制图层样式，然后选择文字图层，单击鼠标右键，执行“粘贴图层样式”命令，文字效果如图13-41所示。

图13-40　输入文字

图13-41　文字效果

实例245　网页感旅游DM单设计——按钮

本案例中的按钮制作采用了二次元的扁平化设计，按钮的背景颜色与整体天空背景颜色相互呼应，按钮处选用了与标志颜色一致的橙黄色，使其设计规整又不单调，鲜艳又不突兀。

案例效果剖析

本案例制作上简单明了，几个柔和边缘的色块配上规整的文字就组合成扁平化的按钮效果。首先要使用“圆角矩形工具”绘制圆角矩形，并添加图层样式，然后为文字及图案添加渐变叠加。部分效果展示如图13-42所示。

使用“圆角矩形工具”绘制形状　绘制形状并输入文字　使用同样方法继续制作

图13-42　效果展示

案例技术要点

本案例中主要用到的功能及技术要点如下。

- 圆角矩形工具：用来绘制圆角矩形并添加颜色。
- 图层样式：为图像添加渐变叠加的图层样式。

案例制作步骤

源文件路径	案例文件\第13章\实例243-245\
素材路径	案例文件\第13章\实例243-245\
视频路径	视频教学\第13章\实例243-245.flv
难易程度	★★★
学习时间	3分35秒

❶选择“圆角矩形工具”▢，设置“绘制模式”为“形状”，“半径”为30px，在画面中绘制圆角矩形，如图13-43所示。执行“图层｜图层样式｜渐变叠加”命令，参数设置如图13-44所示。效果如图13-45所示。依照上述方法绘制不同颜色及不同大小的圆角矩形，如图13-46所示。

图13-43　绘制矩形

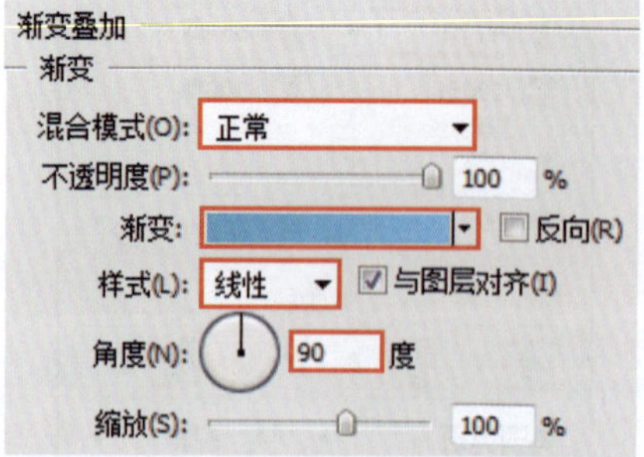

图13-44　“渐变叠加”参数

图13-45　效果图

图13-46 绘制其他矩形

❷使用“横排文字工具”T输入文字，并调整至合适的大小及位置，如图13-47所示。复制圆角矩形图层以及文字图层，如图13-48所示。

图13-47 输入文字

图13-48 复制图层

❸选择工具箱中的“矩形工具”▭，设置“绘制模式”为“形状”，“颜色”为“米黄色”，在版面的下方绘制矩形，如图13-49所示。

图13-49 最终效果

实例246 儿童主题活动DM单广告——宣传页

以儿童为主题的作品主要倡导活泼、健康的概念，一般通过干净、清爽的配色，活泼可爱的造型来吸引小朋友的注意。本案例中橙色边缘的文字表现了儿童的童真及他们的朝气蓬勃。

案例效果剖析

本案例主要制作的是文字部分。文字部分的制作大致分为三个部分，首先输入文字，然后为文字添加图层样式，使之产生立体感，最后使用“钢笔工具”绘制文字的背景，使文字产生粗描边的效果。部分效果展示如图13-50所示。

图13-50 效果展示

案例技术要点

本案例中主要用到的功能及技术要点如下。

- 横排文字工具：用来输入文字。
- 钢笔工具：在画面中绘制路径并填充颜色。
- 图层样式：为文字添加描边的图层样式。

源文件路径	案例文件\第13章\实例246\		
素材路径	案例文件\第13章\实例246\		
视频路径	视频教学\第13章\实例246.flv		
难易程度	★★★	学习时间	3分04秒

实例247 美容机构DM单——添加人像元素

美容机构的DM单主要针对女性，所以会通过健康美丽的女性形象去吸引受众群体。本案例中柔和的渐变米黄色将背景塑造成温婉、柔和的感觉，人像素材柔美的形态为后期的制作奠定了完美的基础。

案例效果剖析

本案例是通过使用“快速选择工具”对人像素材的不同像素之间进行辨析，从而识别出背景与图像的差异，再进行抠图。制作中，首先使用“快速选择工具”得到人像选区，然后基于选区添加图层蒙版，将人像抠取出来，部分效果展示如图13-51所示。

图13-51 效果展示

案例技术要点

本案例中主要用到的功能及技术要点如下。

- 快速选择工具：用来得到人物选区。
- 图层蒙版：基于选区用来添加图层蒙版。

案例制作步骤

源文件路径	案例文件\第13章\实例247-249\		
素材路径	案例文件\第13章\实例247-249\		
视频路径	视频教学\第13章\实例247-249.flv		
难易程度	★★	学习时间	3分58秒

❶ 打开背景素材“1.jpg”，如图13-52所示。

图13-52　背景素材

❷ 导入人物素材“2.jpg”，放置到适当位置，如图13-53所示。单击工具箱中的“快速选择工具”按钮，在选项栏中调节画笔大小，按住鼠标在人像上涂抹，得到人物选区，如图13-54所示。单击“添加图层蒙版”按钮，完成人像抠图，如图13-55所示。

图13-53　人物素材

图13-54　人像选区

图13-55　已抠人像

提　示

选区运算按钮的使用方法：

单击工具箱中的“快速选择工具”按钮，在选项栏中可以看到三个选区运算按钮，这三个按钮可以控制选区的大小范围。

激活“新选区”按钮，可以创建一个新的选区；激活“添加到选区”按钮，可以在原有选区的基础上添加新创建的选区；激活“从选区减去”按钮，可以在原有选区的基础上减去当前绘制的区域。

实例248　美容机构DM单——制作标题文字

本案例主要是制作标题的文字部分。在美容主题的DM单上，标题文字应该醒目大方，设计风格要与整个画面的风格相吻合，本案例中文字的颜色与背景颜色相呼应，且散发着金属的光辉质感。

案例效果剖析

本案例中通过为文字添加光斑效果来使文字增光添彩。首先使用“图层蒙版”及“画笔工具”，为文字制作高光效果，然后使用椭圆工具、矩形工具等形状工具，在画面中绘制图形。部分效果展示如图13-56所示。

图13-56　效果展示

案例技术要点

本案例中主要用到的功能及技术要点如下。

- 图层蒙版：用来隐藏图像中多余的内容。
- 画笔工具：用来在蒙版中绘制。
- 椭圆工具：用来绘制椭圆形状。
- 矩形工具：用来绘制矩形形状。

案例制作步骤

源文件路径	案例文件\第13章\实例247-249\
素材路径	案例文件\第13章\实例247-249\
视频路径	视频教学\第13章\实例247-249.flv
难易程度	★★★
学习时间	3分58秒

❶ 单击工具箱中的“横排文字工具”按钮，选择适当颜色、字体及字号，输入文字，如图13-57所示。复制图层，更改文字颜色，如图13-58所示。单击“添加图层蒙版”按钮，然后在工具箱中单击“画笔工具”按钮，设置“前景色”为“黑色”，擦去多余部分并制作高光，如图13-59所示。

图13-57 输入文字

图13-58 文字颜色

图13-59 文字高光

❷ 单击工具箱中的“横排文字工具”按钮，输入文字，选中相应文字，更改颜色，如图13-60所示。按照上一步骤制作高光，效果如图13-61所示。

图13-60 更改部分文字颜色

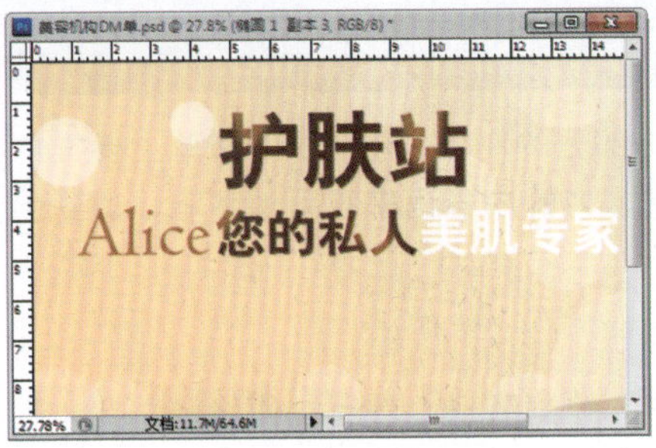

图13-61 文字高光

❸ 选择工具箱中的“椭圆工具”，设置“绘制模式”为“形状”，“颜色”为“褐色”，然后在白色的文字上方绘制正圆，如图13-62所示。复制三次图层，并把它们移动至合适的位置，如图13-63所示。按住“Ctrl”键并选择正圆图层，然后将其移动到文字图层的下一层，如图13-64所示。

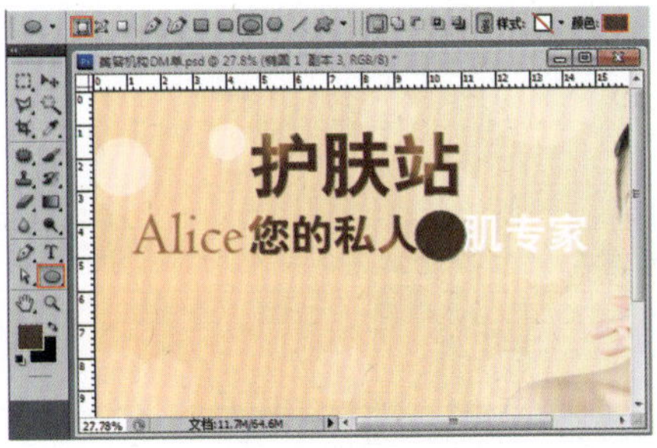

图13-62 绘制正圆

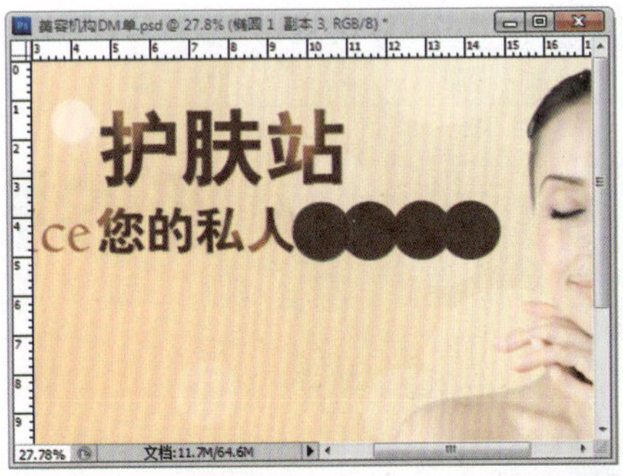

图13-63 复制正圆

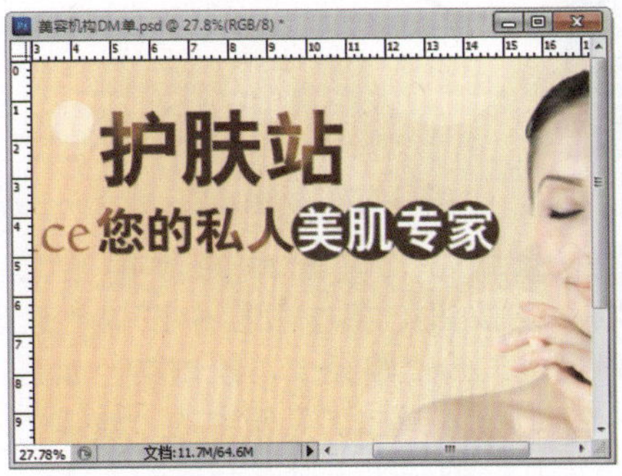

图13-64 移动正圆图层

提 示

加选图层的方法：

加选连续的图层，是先选择第1个图层，然后按住“Shift”键选择最后1个图层；加选不连续的图层是按住Ctrl键进行加选。

❹ 选择工具箱中的“矩形工具”，在画面相应位置绘制矩形，如图13-65所示。单击“添加图层蒙版”按钮，然后在工具箱中单击“画笔工具”按钮，设置“前景色”为“黑色”，并擦去多余部分，如图13-66所示。复制图层，使用自由变换快捷键“Ctrl+T”调出定界框，单击鼠标右键，执行“水平翻转”命令，并移动至合适位置，如图13-67所示。

图13-65 绘制矩形

图13-66 制作渐隐效果

图13-67 复制矩形

实例249 美容机构DM单——制作装饰部分

本案例主要制作画面装饰部分。装饰部分的制作，要选择DM单主要推广的商品作为主体，然后通过简短且具有说服力的广告语来吸引消费者，达到刺激消费的作用。

案例效果剖析

制作本案例时，首先使用“钢笔工具”绘制图形，然后制作路径文字，最后导入商品，并对其进行处理。除文字的点缀外，还需要对图形和图像进行装饰。部分效果展示如图13-68所示。

使用“钢笔工具”绘制形状　执行“置入”命令导入化妆品素材　为素材制作倒影效果

图13-68　效果展示

案例技术要点

本案例中主要用到的功能及技术要点如下。

- 钢笔工具：用来绘制形状及路径。
- 图层蒙版：用来制作图形渐隐效果。
- 路径文字：用来绘制路径后输入文字。

案例制作步骤

源文件路径	案例文件\第13章\实例247-249\		
素材路径	案例文件\第13章\实例247-249\		
视频路径	视频教学\第13章\实例247-249.flv		
难易程度	★★★	学习时间	3分58秒

❶ 单击工具箱中的“钢笔工具”按钮，在选项栏中设置其“绘制模式”为“形状”，在画面相应位置绘制形状，如图13-69所示。单击图层面板底部的“添加图层蒙版”按钮，然后在工具箱中单击“画笔工具”，设置“前景色”为“黑色”，擦去多余部分，制作渐隐效果，如图13-70所示。

图13-69　绘制形状

图13-70　渐隐效果

❷ 单击工具箱中的“钢笔工具”按钮，在选项栏中设置“绘制模式”为“路径”，绘制路径如图13-71所示。单击工具箱中的“横排文字工具”按钮，设置合适的字体、字号及颜色，将光标放置在路径上，当光标变为状时，单击鼠标右键，输入文字，如图13-72所示。

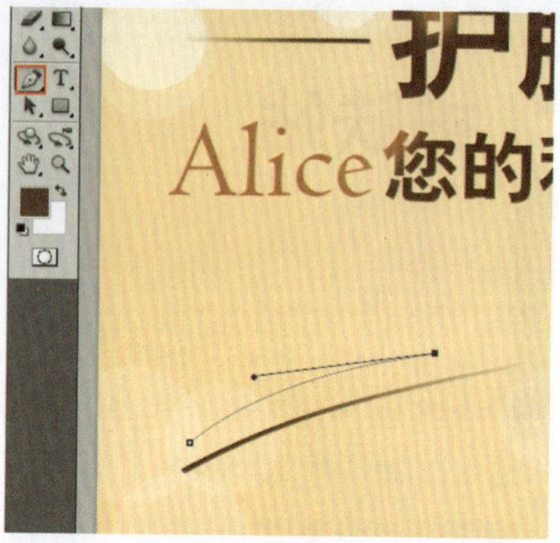

图13-71　绘制路径

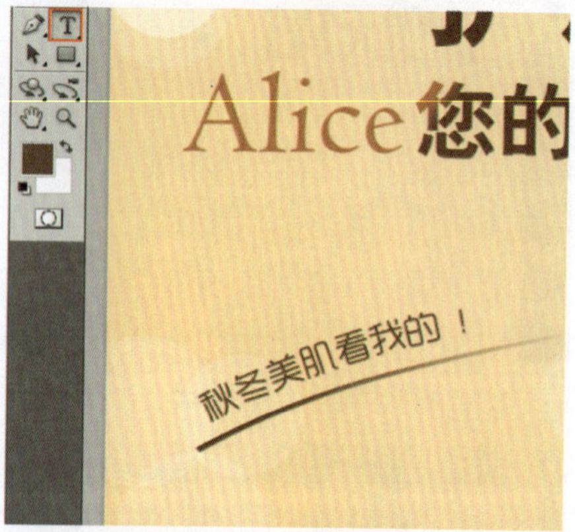

图13-72　输入文字

❸ 导入素材“3.png”，放置至合适的位置，如图13-73所示。制作倒影，复制图层，执行“编辑｜变换｜垂直翻转”命令，并移动至合适的位置，调整其“不透明度”为40%，如图13-74所示。

图13-73　导入素材

图13-74　最终效果

实例250 美容主题DM单——唯美花朵风格广告

本案例制作的是宣传单，宣传单的制作讲究连贯性和整体性。在本案例中，以美容为主题，所以采用了粉红色调，通过女性优美的体态来吸引观众。

案例效果剖析

本案例的制作要点是使用通道对人像及背景进行分离。制作时，首先打开背景，然后进行人像的抠取，抠图时要注意裙摆和头发部分，人像抠取完成后再输入文字。部分效果展示如图13-75所示。

使用图层蒙版进行抠图　　执行“置入”命令导入装饰素材　　使用文字工具输入文字

图13-75　效果展示

案例技术要点

本案例中主要用到的功能及技术要点如下。

- 横排文字工具：在画面中输入文字。
- 图层蒙版：用来隐蔽画面中的部分图像。
- 通道抠图：用来选取背景区域。

源文件路径	案例文件\第13章\实例250\		
素材路径	案例文件\第13章\实例250\		
视频路径	视频教学\第13章\实例250.flv		
难易程度	★★★	学习时间	3分10秒

实例251 购物狂欢夜主题DM广告——梦幻背景

本案例为购物主题的DM广告设计，该案例主要是处理背景。背景颜色选择了紫色调，紫色调的配色本身就会给人一种如梦如幻的感受。背景还搭配了闪烁的星光，整个背景都充满这奇幻的色彩。

案例效果剖析

紫色本身给人以绚丽、繁华的心理感受，通过调整混合模式等使光斑呈现出渐变模糊的效果，这更是给人以纸醉金迷、灯红酒绿的感觉。本案例主要是对光斑素材进行适当调整，使其与背景颜色相互融合，从而制作奇妙、梦幻的背景效果。部分效果展示如图13-76所示。

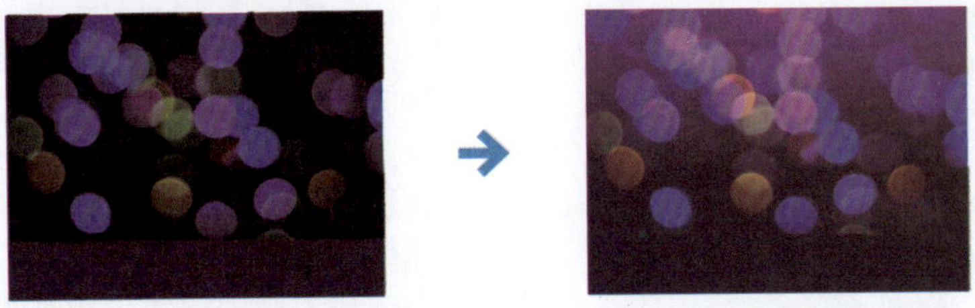

使用“渐变工具”制作背景并置入素材　　调整图层混合模式

图13-76　效果展示

案例技术要点

本案例中主要用到的功能及技术要点如下。

- 渐变工具：用来填充渐变色。
- 混合模式：用来将星光素材与背景更融洽的融合在一起。

案例制作步骤

源文件路径	案例文件\第13章\实例251-254\
素材路径	案例文件\第13章\实例251-254\
视频路径	视频教学\第13章\实例251-254.flv
难易程度	★★★
学习时间	6分05秒

❶新建“宽度”为2480像素，“高度”为1865像素的画布，单击工具箱中的“渐变工具”按钮，然后在选项栏中单击“线性渐变”，在渐变编辑器中编辑一个紫色系渐变，如图13-77所示。渐变编辑完成后，在画面中进行拖拽填充，效果如图13-78所示。

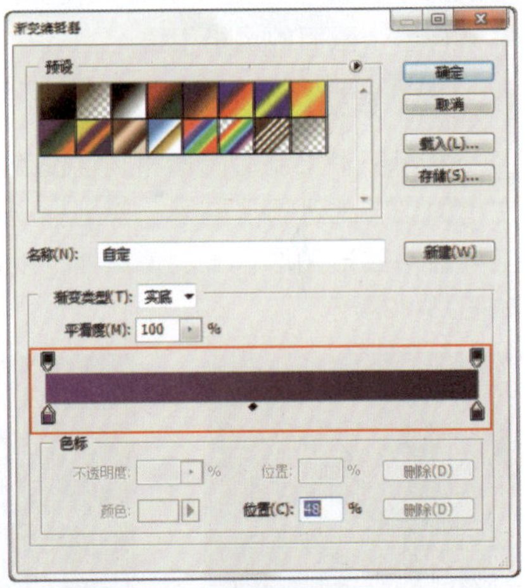

图13-77　编辑渐变

图13-78　填充渐变

提　示

制作渐变图层的其他方法：

通过新建渐变调整图层，可以新建图层并添加渐变。执行“图层 | 新建填充图层 | 渐变”命令，即可新建渐变填充图层。

❷导入素材“1.jpg”，放置到适当位置，如图13-79所示。设置该图层的“混合模式”为“线性减淡”，效果如图13-80所示。选择该图层，单击图层面板底部的“添加图层蒙版”按钮，添加图层蒙版，然后使用黑色的柔角画笔在蒙版中进行涂抹，隐藏多余的部分，效果如图13-81所示。

图13-79　导入素材

图13-80　设置混合模式

图13-81　背景效果

实例252　购物狂欢夜主题DM广告——副标题文字

本案例制作的是购物狂欢夜主题DM广告的副标题文字，这是一种辅助标题的文字，通常通过图形装饰使其醒目。本案例中，将副标题制作成霓虹效果，与整个画面的风格相统一。

案例效果剖析

本案例对绘制的图形和文字使用了“内发光”及“外发光”的图层样式，在小的细节处进行了刻画，使副标题也成为画面中的一大亮点。案例中使用的工具除对图形图层样式的使用外，就是对文字背景图形的绘制。部分效果展示如图13-82所示。

图13-82　效果展示

案例技术要点

本案例中主要用到的功能及技术要点如下。

- 钢笔工具：用来绘制形状。
- 图层样式：用来制作内发光效果。
- 填充：用来降低图层的填充数值，制作霓虹效果。
- 路径文字：绘制路径后输入文字，制作弧形文字效果。

案例制作步骤

源文件路径	案例文件\第13章\实例251-254\		
素材路径	案例文件\第13章\实例251-254\		
视频路径	视频教学\第13章\实例251-254.flv		
难易程度	★★★	学习时间	6分05秒

❶单击工具箱中的“钢笔工具”按钮，在选项中设置其“绘制模式”为“形状”，在画面相应位置绘制形状轮廓，如图13-83所示。在图层面板中执行“图层 | 图层样式 | 内发光”命令，进行参数设置，如图13-84所示。设置“填充”为65%，效果如图13-85所示。

图13-83　绘制形状

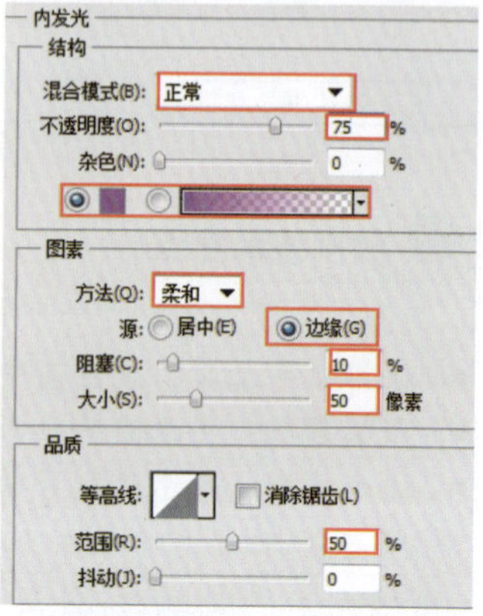

图13-84　“内发光”参数

图13-85　图形效果

> **提　示**
>
> 使用“自定形状工具”绘制条幅形状：
>
> 在上一步骤中，是使用“钢笔工具”绘制条幅形状，另一种方法是使用“自定形状工具”中的“预设形状”进行绘制。

❷单击工具箱中的“椭圆工具”按钮，在选项栏中设置其“绘制模式”为“形状”，如图13-86所示。在条幅的边缘绘制圆形，执行“图层 | 图层样式 | 内发光”命令，

参数设置如图13-87所示。效果如图13-88所示。复制多次并移动到适当位置，如图13-89所示。

图13-86　绘制圆形

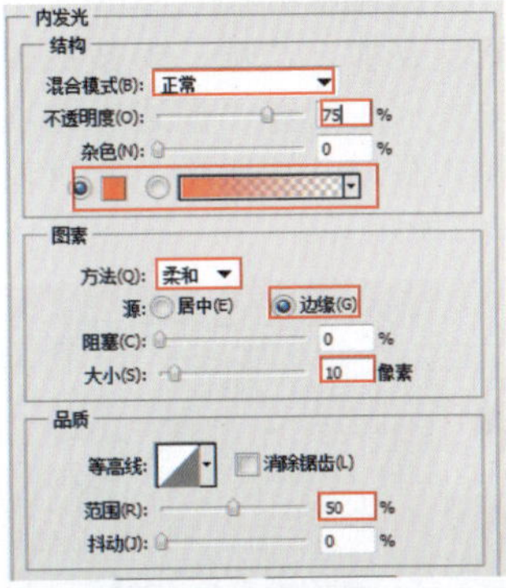

图13-87　“内发光”参数

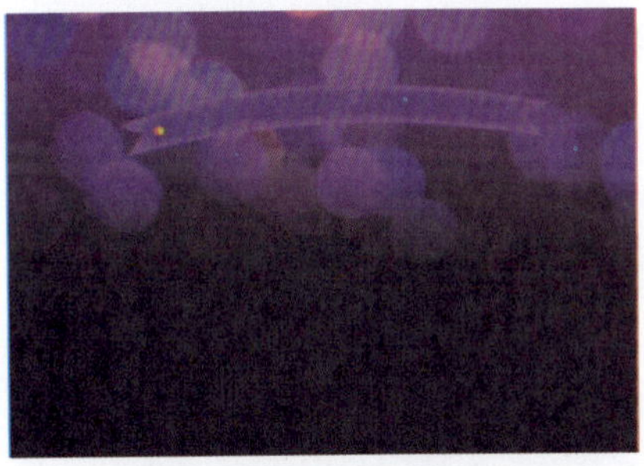

图13-88　内发光效果

图13-89　复制形状

③单击工具箱中的“钢笔工具”按钮，设置“绘制模式”为“路径”，在条幅的正中央绘制弧线路径，如图13-90所示。选择工具箱中的“横排文字工具”，设置合适的字体、字号及颜色，将光标放置在路径上，当光标变成时，在路径上单击鼠标左键插入光标，然后输入文字，如图13-91所示。

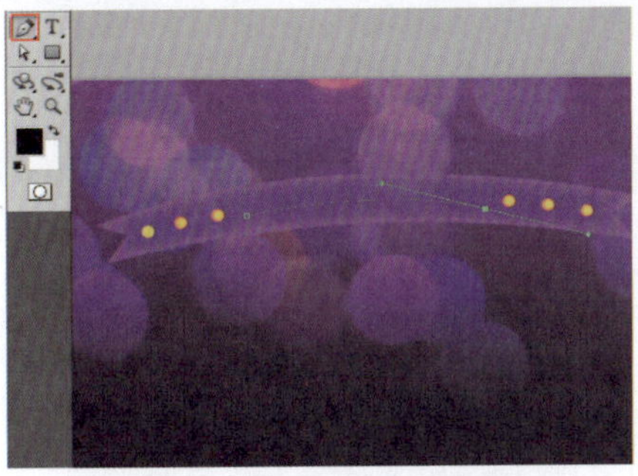

图13-90　绘制路径

图13-91　路径文字

④选择文字图层，执行“图层 | 图层样式 | 外发光”命令，参数设置如图13-92所示。效果如图13-93所示。

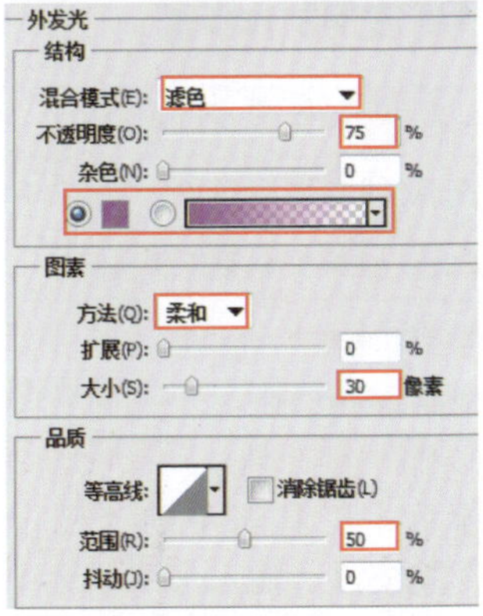

图13-92　“外发光”参数

图13-93　外发光效果

实例253　购物狂欢夜主题DM广告——标题文字

本案例制作的是画面中的主体文字，主体文字的制作要具有醒目、视觉冲击力强的特点。在本案例中，主要使用到了文字工具、图层蒙版和自由变换等技术。

案例效果剖析

本案例主要是通过输入文字，并使用工具对文字颜色、形状等进行适当调整。制作中，在字符面板中调整文字的颜色及使用自由变换命令调整文字倾斜角度，使主体标题文字具有多变性。部分效果展示如图13-94所示。

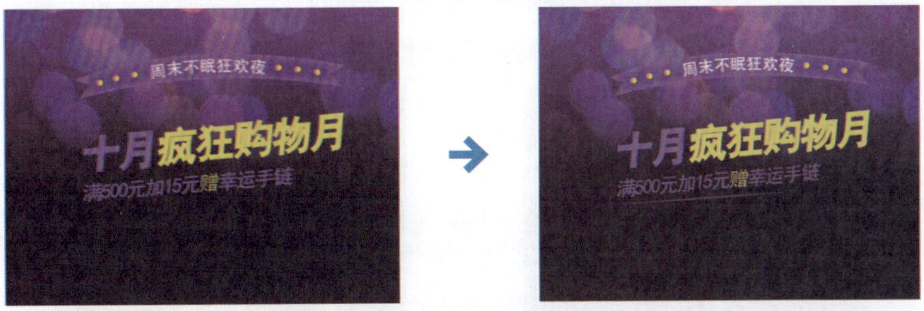

使用文字工具输入文字　　使用矩形工具绘制形状

图13-94　效果展示

案例技术要点

本案例中主要用到的功能及技术要点如下。

- 横排文字工具：用来制作标题文字。
- 图层蒙版：用来制作渐隐效果。
- 自由变换：用来进行标题文字的变形。

案例制作步骤

源文件路径	案例文件\第13章\实例251-254\
素材路径	案例文件\第13章\实例251-254\
视频路径	视频教学\第13章\实例251-254.flv
难易程度	★★★
学习时间	6分05秒

❶单击工具箱中的“横排文字工具”按钮，输入文字。选中相应文字，更改字体、字号及颜色。使用自由变换快捷键“Ctrl+T”调出定界框，进行适当变形，如图13-95所示。

图13-95　输入文字

❷制作文字下划线效果。单击工具箱中的“矩形工具”按钮，绘制矩形。选择该图层执行“编辑｜变换｜旋转”命令，旋转图形，如图13-96所示。单击图层面板底部的“添加图层蒙版”按钮，然后在工具箱中单击“画笔工具”按钮，设置“前景色”为“黑色”，并擦去多余部分，如图13-97所示。

图13-96　绘制形状

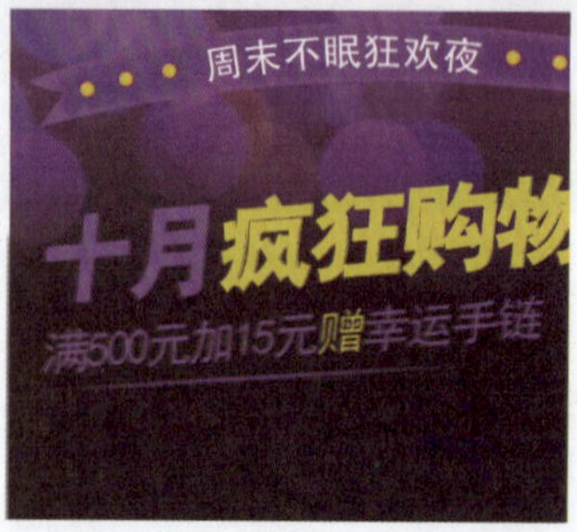

图13-97　添加图层蒙版

实例254　购物狂欢夜主题DM广告——装饰部分

本案例主要是制作发光文字及其他图像的装饰部分，其中发光文字可以应用在副标题处，也可以应用在正标题处，是一种很实用的文字设计方案，图案零散的摆放又给画面增添了些许随性感。案例中，主要使用外发光、渐变叠加等图层样式来制作。

案例效果剖析

本案例的制作难点在左上角文字处，此文字通过不同图层样式的处理，使其产生光亮的效果。制作中主要使用了不同的图层样式为文字添加图形、渐变颜色、描边、外发光的效果。部分效果展示如图13-98所示。

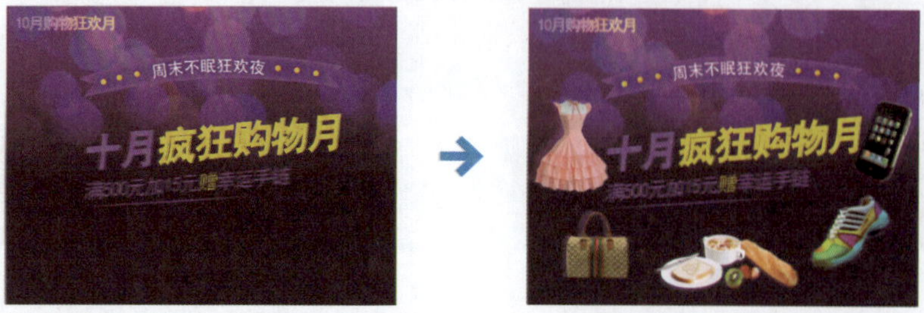

输入文字并添加图层样式　　执行“置入”命令置入素材

图13-98　效果展示

案例技术要点

本案例中主要用到的功能及技术要点如下。

- 图层样式：用来制作发光的文字效果。

案例制作步骤

源文件路径	案例文件\第13章\实例251-254\
素材路径	案例文件\第13章\实例251-254\
视频路径	视频教学\第13章\实例251-254.flv
难易程度	★★★
学习时间	6分05秒

❶单击工具箱中的“横排文字工具”按钮，选择适当的字体、字号及颜色，输入文字，如图13-99所示。执行“图层｜图层样式｜渐变叠加”命令，参数设置如图13-100所示；勾选“图案叠加”选项，参数设置如图13-101所示；勾选“描边”选项，参数设置如图13-102所示。此时效果如图13-103所示。

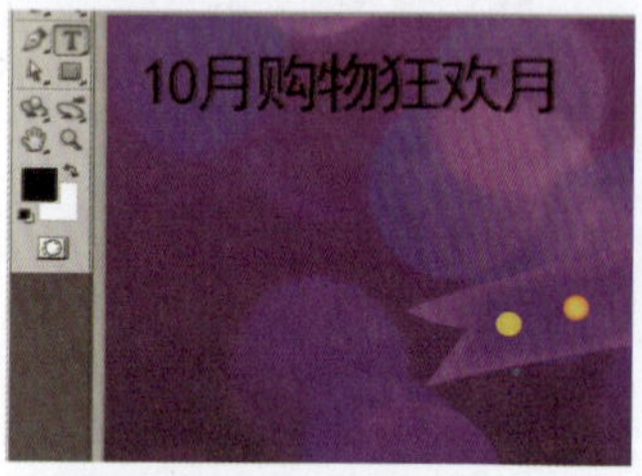

图13-99　输入文字

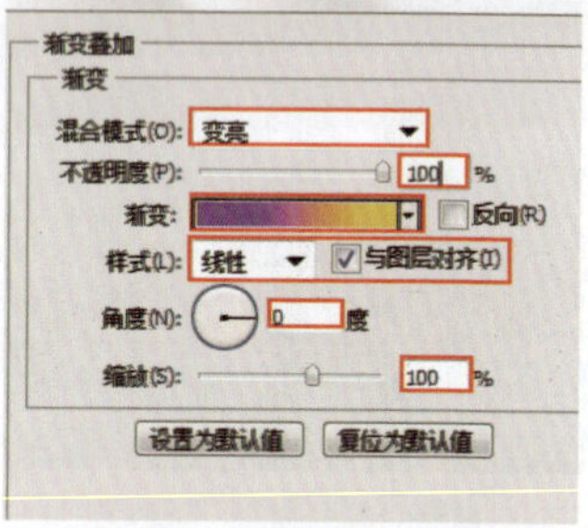

图13-100　“渐变叠加”参数

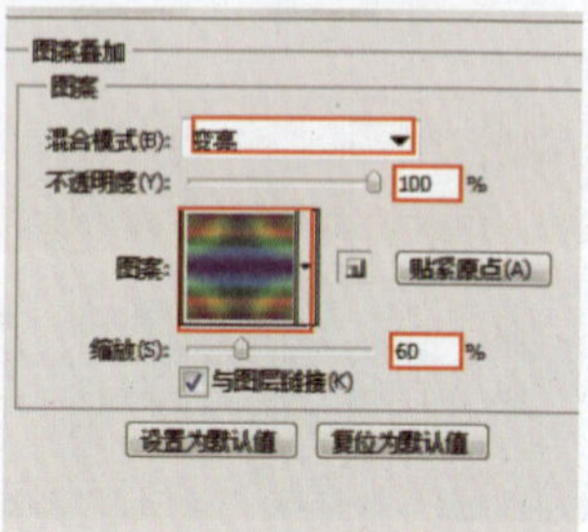

图13-101　“图案叠加”参数

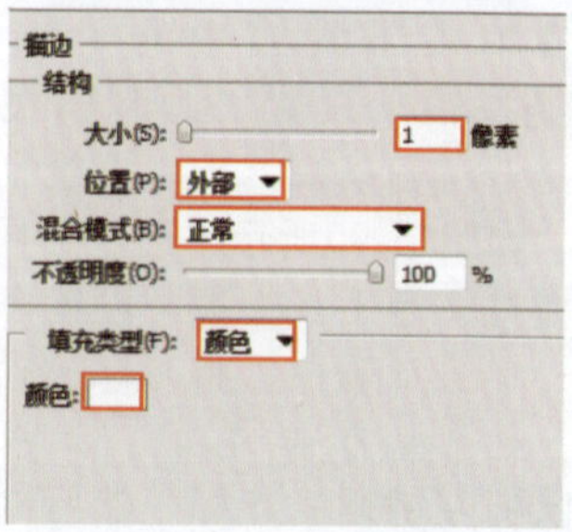

图13-102　“描边”参数

图13-103　文字效果

提 示

将文字图层栅格化的方法：

在Photoshop中若想对文字图层应用这些滤镜或变换时，就需要将文字图层转换为普通图层。选择文字图层，单击鼠标右键，执行“栅格化文字”命令，即可将文字图层转换为普通图层。

❷ 制作文字的发光效果。复制图层并删除图层样式。执行“图层 | 图层样式 | 外发光”命令，参数设置如图13-104所示。该图层的“填充”设置为0，文字效果如图13-105所示。接着为该图层添加图层蒙版，使用“黑色”的“画笔工具”在文字的右侧进行涂抹，隐藏部分发光效果，如图13-106所示。使用同样的方法增加发光效果，如图13-107所示。

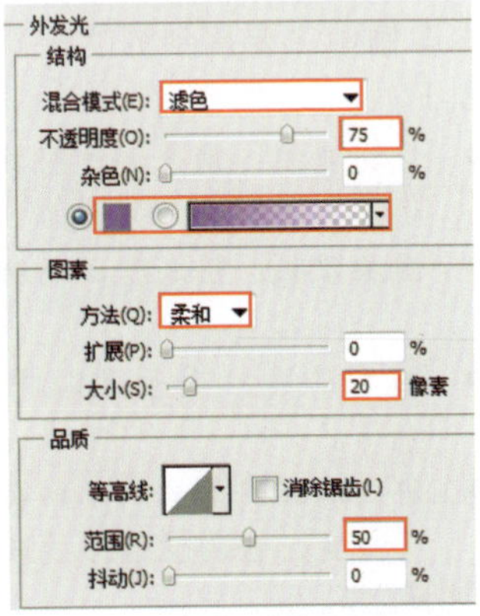

图13-104　“外发光”参数

图13-105　发光效果

图13-106　隐藏部分发光效果

图13-107　文字效果

❸ 导入素材“2.png”，放至合适的位置，效果如图13-108所示。

图13-108　最终效果

实例255　数码产品DM单——宣传单制作

本案例制作的是以数码产品为主题的宣传单设计。案例中，采用鲜艳的黄绿色调，然后通过色块、文字图形等装饰，给人一种自信、活泼的视觉感受。

案例效果剖析

本案例通过调整椭圆形状的大小、颜色及不透明度，制作出由内至外的扩张效果。首先使用图形工具制作矢量化的背景，然后通过对文字的调整制作标题文字，最后通过绘制椭圆并调整其混合模式及不透明度，制作装饰素材。部分效果展示如图13-109所示。

图13-109　效果展示

案例技术要点

本案例中主要用到的功能及技术要点如下。

- 横排文字工具：用来在画面中输入文字并调整其形状。
- 椭圆工具：用来绘制圆形并填充不同颜色。
- 图层蒙版：用来隐藏部分图像。
- 钢笔工具：用来绘制路径选区并填充颜色。

源文件路径	案例文件\第13章\实例255\
素材路径	案例文件\第13章\实例255\
视频路径	视频教学\第13章\实例255.flv
难易程度	★★★★
学习时间	5分22秒

第14章 海报设计

海报是用来悬挂或张贴在公共场合的印刷品。在技术不发达的时代，海报通常使用画笔进行绘制。在现代，海报设计一般通过电脑进行制图。它是一种“瞬间艺术”，需要设计师通过图片、文字、色彩、空间等要素将其完美的结合，在第一时间内将人们的目光吸引住，并获得瞬间的刺激。海报通常张贴在各处商场、街道、影（剧）院、机场、车站、码头、公园等公共场所。

实例256 唯美复古风格——海报设计

复古指的是怀旧的生活意念，复古风格的海报设计通常色调古朴、风格简约，从画面中我们能够感受到时间流逝的痕迹。本案例中，采用了一种很经典的复古色调——黄褐色，还采用了牛皮纸素材，使整个画面的复古韵味十足。

案例效果剖析

本案例中导入了多个素材，由于素材的颜色基调各不相同，所以需要通过调整图层混合模式使这些素材进行统一色调的融合，通过对素材的调整、处理，使其呈现出黄褐色调，以制作复古效果。然后，通过调整曲线的形状来调整画面的明暗及制作暗角效果。部分效果展示如图14-1所示。

执行“置入”命令导入背景素材　调整图层混合模式　输入文字并添加素材

图14-1　效果展示

案例技术要点

本案例中主要用到的功能及技术要点如下。

- 自由变换：用来调整图像的大小及位置。
- 图层蒙版：用来隐藏画面中的多余内容。
- 画笔工具：用于蒙版中进行涂抹。
- 曲线工具：用来调节画面色调及亮度，并制作暗角效果。

案例制作步骤

源文件路径	案例文件\第14章\实例256\
素材路径	案例文件\第14章\实例256\
视频路径	视频教学\第14章\实例256.flv
难易程度	★★★
学习时间	3分37秒

❶ 打开背景素材“1.jpg”，如图14-2所示。导入素材“2.png”，执行“编辑 | 自由变换”命令，进行适当放大及旋转，如图14-3所示。

图14-2　背景素材1

图14-3　导入素材2

❷导入素材“3.jpg”，执行“编辑｜自由变换”命令，进行适当放大及旋转，如图14-4所示。单击图层面板中的“混合模式”，选择“正片叠底”，如图14-5所示。单击“添加图层蒙版”按钮，然后在工具箱中单击“画笔工具”按钮，设置“前景色”为“黑色”，并擦去多余部分，效果如图14-6所示。

图14-4　导入素材3

图14-5　正片叠底效果

图14-6　添加图层蒙版

❸输入文字。单击工具箱中的“横排文字工具”按钮，选择适当字体、字号及颜色，输入文字，如图14-7所示。

图14-7　输入文字

❹导入素材“4.png”，放到适当位置，如图14-8所示。执行“图层｜图层样式｜投影”命令，参数设置如图14-9所示。效果如图14-10所示。

图14-8　导入素材4

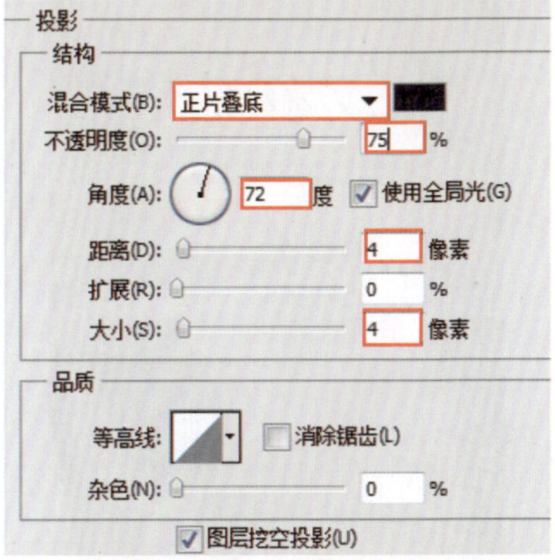

图14-9　“投影”参数

图14-10　投影效果

❺执行“图层｜新建调整图层｜曲线”命令，参数设置如图14-11所示。单击工具箱中的“画笔工具”按钮，设置“前景色”为“黑色”，绘制出暗角，效果如图14-12所示。

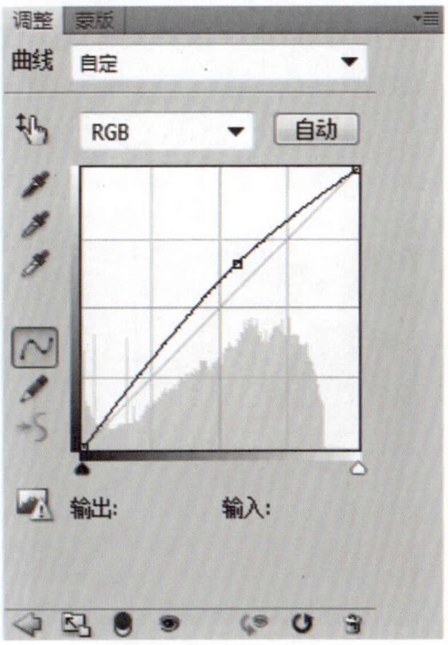

图14-11　“曲线”参数

图14-12　效果图

❻ 按照上述方法，再次调整，如图14-13所示。效果如图14-14所示。

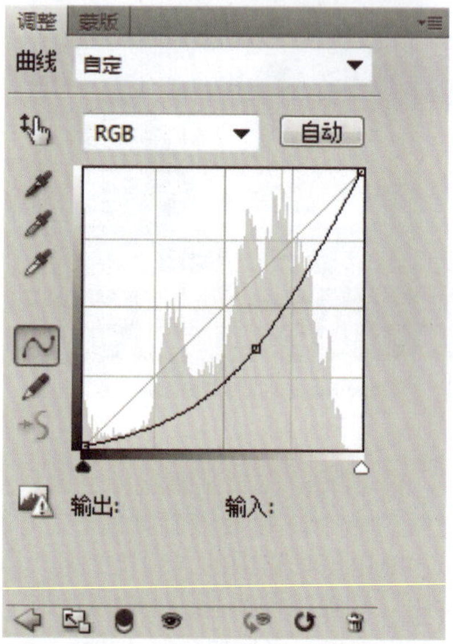

图14-13　“曲线”参数

图14-14　效果图

实例257　活动海报——展览宣传海报

本案例制作的是艺术展馆海报设计，背景选用复古的纸张素材，前景的花纹也透露些许年代感及艺术感，最后文字颜色的选用更是与背景颜色相吻合，使此海报页面中充满了艺术气息。

案例效果剖析

本案例制作要点是对背景花纹的旋转、复制，使其效果更加充盈。案例主要是背景部分的制作，首先打开素材，然后将花纹素材导入到画面中，接着将其复制并垂直翻转，制作出对称的效果，最后导入主体素材并在画面中输入文字。部分效果展示如图14-15所示。

置入背景并复制花纹素材　执行“置入”命令置入素材　使用文字工具输入文字

图14-15　效果展示

案例技术要点

本案例中主要用到的功能及技术要点如下。

- 文字工具：在画面中输入文字并适度调节字号。
- 复制工具：用来复制背景花纹并对其进行移动处理。

源文件路径	案例文件\第14章\实例257\		
素材路径	案例文件\第14章\实例257\		
视频路径	视频教学\第14章\实例257.flv		
难易程度	★★★	学习时间	3分03秒

实例258　典雅风格红酒广告——酒瓶标签

红酒广告通常以红酒作为主体的设计元素，通过画面去营造浪漫、典雅的气氛。本案例中以酒红色配以明亮的绿色，这种对比色搭配给人以强烈的视觉冲击力，并且通过制作酒瓶标签，使其更具有商业价值。

案例效果剖析

本案例主要是制作红酒的标签。案例主要是根据标签的文字及酒瓶圆柱体的特征，为标签底色添加渐变叠加的图层样式。制作时，首先绘制标签形状，然后使用颜色叠加为标签添加颜色，最后制作便签上的光泽效果。部分效果展示如图14-16所示。

执行打开命令打开素材　使用“钢笔工具”制作标签　输入文字并导入素材

图14-16　效果展示

案例技术要点

本案例中主要用到的功能及技术要点如下。

- 图层蒙版：用来隐藏多余的内容。
- 图层样式：为标签添加渐变颜色。
- 画笔工具：用来绘制瓶子包装皮的高光部分。

案例制作步骤

源文件路径	案例文件\第14章\实例258-259\		
素材路径	案例文件\第14章\实例258-259\		
视频路径	视频教学\第14章\实例258-259.flv		
难易程度	★★★	学习时间	2分32秒

❶ 打开背景素材“1.jpg”，如图14-17所示。导入窗帘素材“2.png”，放置在画面的右上角，如图14-18所示。选择该图层，单击图层面板底部的“添加图层蒙版”按钮，为该图层添加图层蒙版，使用黑色柔角画笔在蒙版中涂抹，隐藏多余的部分，效果如图14-19所示。

图14-17 背景素材

图14-18 窗帘素材

图14-19 添加图层蒙版

❷ 创建新组，命名为“包装”，使用“钢笔工具”，设置“绘制模式”为“形状”，然后在瓶身处绘制包装皮的轮廓，如图14-20所示。选择该图层，执行“图层 | 图层样式 | 渐变叠加”命令，参数设置如图14-21所示。包装皮的效果如图14-22所示。

图14-20 绘制形状

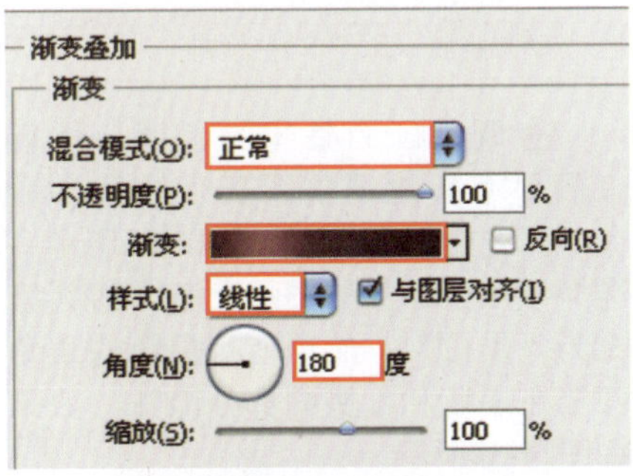

图14-21 “渐变叠加”参数

图14-22 效果图

❸ 导入花纹素材“3.png”，如图14-23 所示。导入艺术字素材“4.png”，如图14-24所示。

图14-23 花纹素材

图14-24 艺术字素材

❹ 使用“横排文字工具”，输入英文，如图14-25所示。选中文字，单击选项栏中的“创建文字变形”按钮，在弹出的“变形文字”窗口中设置参数，如图14-26所示。文字效果如图14-27所示。

图14-25 输入文字

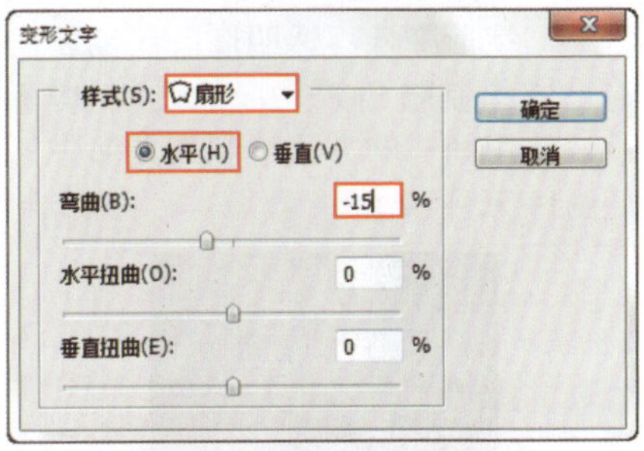

图14-26 “变形文字”参数

图14-27 文字效果

实例259 典雅风格红酒广告——展示效果

标签制作完成后，首先需要对标签的细节部分进行微调，使其效果更加真实立体，然后再对画面整体色调进行调整，以达到典雅风格的效果。

案例效果剖析

本案例的阴影及高光主要是使用画笔工具并调整其不透明度制作而成，整体基调的调整则是通过曲线工具及图层蒙版相配合制作而成。制作时，首先要调整平时部分的阴影和高光，然后调整画面的色调，最后添加画面的装饰素材。部分效果展示如图14-28所示。

使用画笔制作高光阴影　　通过曲线调节画面色调　　执行“置入”命令导入素材

图14-28　效果展示

案例技术要点

本案例中主要用到的功能及技术要点如下。

- 画笔工具：用来绘制包装皮上的暗角和高光。
- 曲线：用来调整画面颜色的对比效果。

案例制作步骤

源文件路径	案例文件\第14章\实例258-259\		
素材路径	案例文件\第14章\实例258-259\		
视频路径	视频教学\第14章\实例258-259.flv		
难易程度	★★★	学习时间	2分32秒

❶ 制作包装皮的暗角部分。新建图层，选择工具箱中的“画笔工具”，设置“前景色”为“黑色”，然后降低不透明度，在包装皮的上方绘制暗角效果，如图14-29所示。使用同样的方法绘制高光部分，如图14-30所示。

图14-29　制作暗角

图14-30　制作高光

❷ 调整画面整体的色调。执行“图层 | 新建调整图层 | 曲线”命令，调整曲线形状，如图14-31所示。选择该调整图层的图层蒙版，将其填充为“黑色”，然后使用白色的柔角画笔在酒瓶和木头的部分涂抹，效果如图14-32所示。

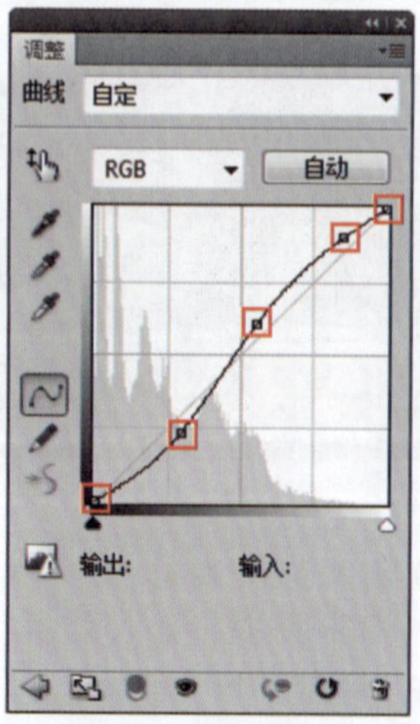

图14-31　调整曲线

图14-32　效果图

提　示

“曲线”预设选项：

调出曲线面板后，单击“预设”倒三角按钮可以看到预设的曲线，其中包括：色彩负片、反冲、较暗、增加对比度、较亮、线性对比度、中对比度、负片、强对比度。

❸ 导入LOGO素材“5.png”，最终效果如图14-33所示。

图14-33　最终效果

实例260 浪漫主题海报——玫瑰情人

本案例融合了复古与现代两种风格，通过这两种风格的融合，营造出浪漫又时尚的画片感。火红的玫瑰与烈焰红唇给人以诱惑感，金灿灿的珠宝又透露出雍容华贵的气质，前景的制作在古朴的背景中完美凸显出来，暗角的制作更是给海报页面增添了一丝浪漫与神秘。

案例效果剖析

本案例主要在于对人像细节的调整，以及珠宝、花瓣等装饰在颜色基调方面的调整。首先制作背景及背景装饰，这部分提供了素材，所以制作起来比较简单；然后通过抠图和调整制作人像部分；接着制作前景的装饰部分和文字；最后制作画面的暗角。部分效果展示如图14-34所示。

导入素材并绘制白色背景　　使用图层蒙版抠取人像　　使用文字工具输入文字

图14-34　效果展示

案例技术要点

本案例中主要用到的功能及技术要点如下。

- 画笔工具：使用柔角画笔在画面中绘制不规则的图形。
- 图层蒙版：用来隐藏画面中的部分图像。
- 图层样式：为珠宝素材添加颜色叠加的效果。

源文件路径	案例文件\第14章\实例260\		
素材路径	案例文件\第14章\实例260\		
视频路径	视频教学\第14章\实例260.flv		
难易程度	★★★★	学习时间	5分25秒

实例261　魔幻电影海报——添加人像元素

电影海报作为电影的重要宣传形式，在影片的宣传过程中起着不可替代的作用，越来越受到人们的重视。本案例制作海报背景的人像部分，撕裂的人像效果给人以真实又魔幻的视觉感受，并给人无限的遐想空间。

案例效果剖析

本案例的制作要点在于对人像隐藏区域的选择，以及对撕裂边缘处细节的把握。制作时，首先要使用快速选择工具抠取人像，然后利用图层蒙版制作人像撕裂的效果。部分效果展示如图14-35所示。

使用图层蒙版抠出人像　　使用图层蒙版及快速选择工具调整图像

图14-35　效果展示

案例技术要点

本案例中主要用到的功能及技术要点如下。

- 图层蒙版：用来对人像进行抠图。
- 快速选择工具：用来得到人物选区。

案例制作步骤

源文件路径	案例文件\第14章\实例261-263\
素材路径	案例文件\第14章\实例261-263\
视频路径	视频教学\第14章\实例261-263.flv
难易程度	★★★
学习时间	2分36秒

❶ 打开背景素材“1.jpg”，如图14-36所示。

图14-36　背景素材

❷ 创建新组，命名为“人像”。导入人像素材“2.jpg”，如图14-37所示。选择工具箱中的“快速选择工具”，设置合适的笔尖大小，在人像上方拖拽得到人物选区，如图14-38所示。得到选区后单击图层面板底部的“添加图层蒙版”按钮，基于选区添加图层蒙版，效果如图14-39所示。

图14-37　人像素材

图14-38　人物选区

图14-39　抠取人像

❸ 继续调整人像。选择工具箱中的“画笔工具”，选择一个不规则的画笔，将“前景色”设置为“黑色”，在人像上涂抹，制作人像撕裂的效果，如图14-40所示。

图14-40　人像效果

实例262　魔幻电影海报——人像调色

电影海报是传达电影信息和吸引观众注意的重要宣传形式，不同于其他的绘画形式，它要求诉求简洁明确，使人迅速对所要宣传的影片信息印象深刻。本案例主要是对人像进行调色。

案例效果剖析

本案例中的调色命令主要是通过新建调整图层命令执行的。首先是将彩色图像调整为黑白，然后通过调整曲线及亮度对比度，使画面明暗区域区分开来，最后使用画笔绘制一抹红色，为整幅黑白画面添彩。部分效果展示如图14-41所示。

执行“黑白”命令调为灰度图像　使用曲线调节亮度　使用画笔制作红色头发

图14-41　效果展示

案例技术要点

本案例中主要用到的功能及技术要点如下。

- 调整图层：用来为人像调色。
- 剪贴蒙版：用来控制命令的执行区域。
- 画笔工具：在头发上进行绘制，制作变色头发。

案例制作步骤

源文件路径	案例文件\第14章\实例261-263\		
素材路径	案例文件\第14章\实例261-263\		
视频路径	视频教学\第14章\实例261-263.flv		
难易程度	★★★	学习时间	2分36秒

❶ 将人像去色。执行“图层 | 新建调整图层 | 黑白”命令，参数设置如图14-42所示。单击右键创建剪贴蒙版，效果如图14-43所示。

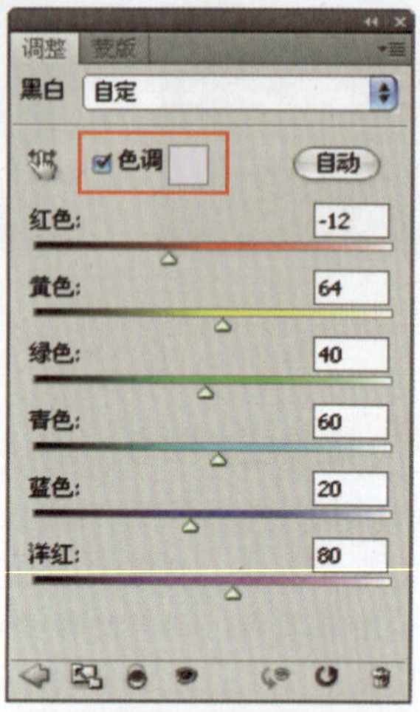

图14-42　“黑白”参数

图14-43　效果图

❷ 增加画面的对比度。执行“图层 | 新建调整图层 | 曲线”命令，调整曲线形状，如图14-44所示。此时人像效果如图14-45所示。

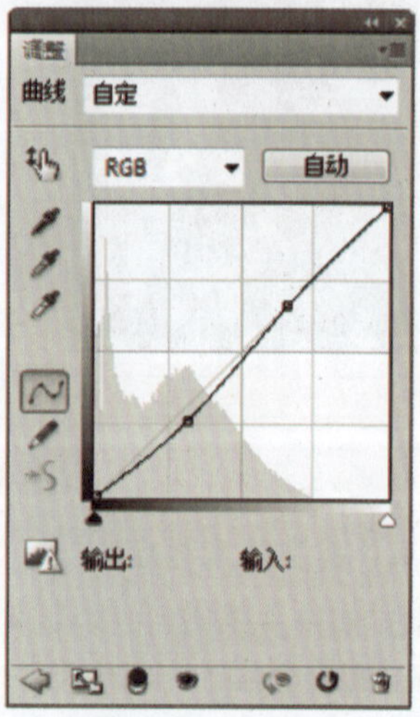

图14-44　曲线形状

图14-45 人像效果

③ 增加画面颜色的亮度和对比度。执行“图层｜新建调整图层｜亮度/对比度”命令，参数设置如图14-46所示。画面效果如图14-47所示。

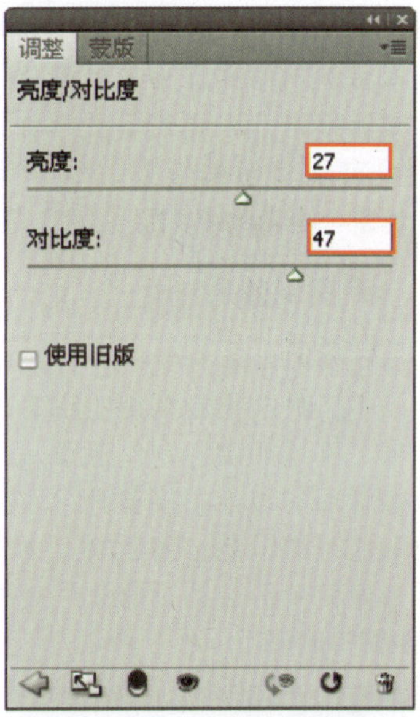

图14-46 “亮度/对比度”参数

图14-47 画面效果

④ 创建新图层，使用红色画笔绘制头发，如图14-48所示。设置“混合模式”为“柔光”，效果如图14-49所示。

图14-48 绘制红色头发

图14-49 头发效果

提 示

设置图层的混合模式：

在上一步的操作中，不要拘束于某个图层样式，可以试试其他混合模式，看看哪个的效果更好。

实例263 魔幻电影海报——制作装饰

在设计电影海报时，要紧扣电影的主题，这样才能吸引更多观众的关注。在画面中添加花朵的装饰，产生了颜色的对比感让画面产生了魔幻般的视觉感受。本案例主要是进行整体画面的调色和添加装饰。

案例效果剖析

本案例在制作时巧妙的运用了曲线工具、画笔工具及图层蒙版。制作时主要是在置入素材后，通过调整曲线形状，对整体对比度及明暗进行调整。部分效果展示如图14-50所示。

执行置入命令导入素材　使用文字工具输入文字　使用曲线工具调节亮度

图14-50 效果展示

案例技术要点

本案例中主要用到的功能及技术要点如下。

- 曲线工具：用来调整画面颜色的明暗对比效果。
- 画笔工具：用来在图层蒙版中涂抹，以起到隐藏部分内容的作用。

案例制作步骤

源文件路径	案例文件\第14章\实例261-263\		
素材路径	案例文件\第14章\实例261-263\		
视频路径	视频教学\第14章\实例261-263.flv		
难易程度	★★★	学习时间	2分36秒

❶ 创建新组，命名为“前景装饰”。导入花瓣素材“3.png”，如图14-51所示。导入艺术字素材“4.png”，如图14-52所示。

图14-51　花瓣素材

图14-52　艺术字素材

❷ 整体画面压暗一些，执行“图层｜新建调整图层｜曲线”命令，调整曲线形状，如图14-53所示。效果如图14-54所示。

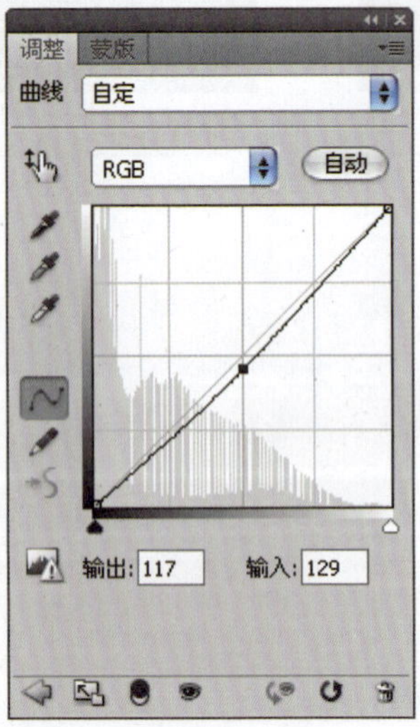

图14-53　曲线形状

图14-54　效果图

❸ 为画面四周制作暗角，将整体压暗一些。执行“图层｜新建调整图层｜曲线”命令，调整曲线形状，如图14-55所示。此时画面效果如图14-56所示。点击“曲线”图层蒙版，设置蒙版背景为“黑色”，“画笔工具”为“白色”绘制四周，最终效果如图14-57所示。

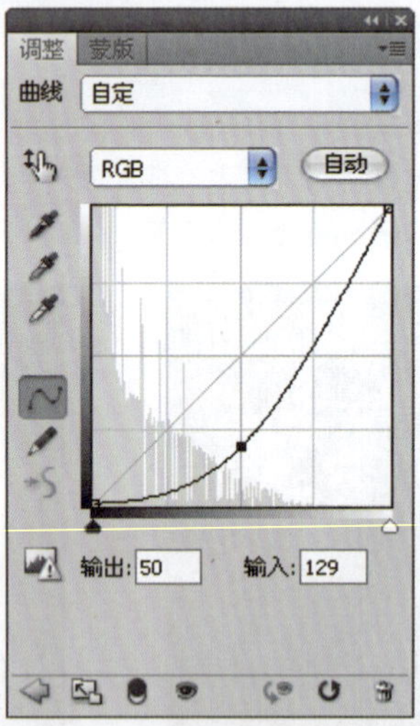

图14-55　曲线形状

图14-56　画面效果

图14-57　最终效果

实例264
创意海报设计——时装海报

本案例制作的是时装海报设计。在这幅海报中，人像处于主导地位，通过具有现代感的线条、纹理等装饰，使整个画面动感十足。

案例效果剖析

在制作时，首先要制作背景，通过“画笔工具”绘制精细的线条；然后降低“不透明度”制作背景，再制作人像背后的装饰；接着进行人像的润色和服装的调色；最后输入文字并对字形做简单的装饰。部分效果展示如图14-58所示。

使用“画笔工具”绘制形状

使用“图层蒙版”抠出图像　　通过图层调节人像颜色

图14-58　效果展示

案例技术要点

本案例中主要用到的功能及技术要点如下。

- 画笔工具：用来绘制不规则图形。
- 图层蒙版：通过蒙版及画笔工具的配合使用，隐藏画面中的部分内容。

案例制作步骤

源文件路径	案例文件\第14章\实例264\		
素材路径	案例文件\第14章\实例264\		
视频路径	视频教学\第14章\实例264.flv		
难易程度	★★★★	学习时间	5分26秒

实例265　时尚文字海报——文字部分

本案例制作的是文字海报设计，文字海报是指画面中以文字为主体的海报设计。通常设计文字海报时，都会将文字进行变形或添加装饰。本案例就是通过为文字添加图形装饰来制作的。

案例效果剖析

本案例的制作重点是文字样式及其嵌入效果。制作时，首先使用图层蒙版将较大的文字进行部分隐藏，然后调整字号后输入文字，并对其进行旋转，最后为文字添加阴影的图层样式。部分效果展示如图14-59所示。

使用文字工具输入文字　　添加蒙版并继续输入文字

图14-59　效果展示

案例技术要点

本案例中主要用到的功能及技术要点如下。

- 横排文字工具：用来输入画面中的文字。
- 图层样式：为文字添加投影的图层样式。
- 自由变换：用来旋转文字。

案例制作步骤

源文件路径	案例文件\第14章\实例265-266\
素材路径	案例文件\第14章\实例265-266\
视频路径	视频教学\第14章\实例265-266.flv
难易程度	★★★
学习时间	2分43秒

❶ 打开背景素材“1.jpg”，如图14-60所示。

图14-60　背景素材

❷ 使用“横排文字工具”T，输入字母“A”，在字符面板中设置文字的字体和字号，如图14-61所示。添加图层蒙版，涂抹掉“A”字的一部分，如图14-62所示。

图14-61　输入英文

图14-62　添加图层蒙版

提　示

为文字图层添加图层蒙版：
文字图层可以直接添加图层蒙版，其蒙版的使用和普通蒙版无异。

❸添加图层样式。选择文字图层，执行“图层｜图层样式｜投影”命令，参数设置如图14-63所示。效果如图14-64所示。

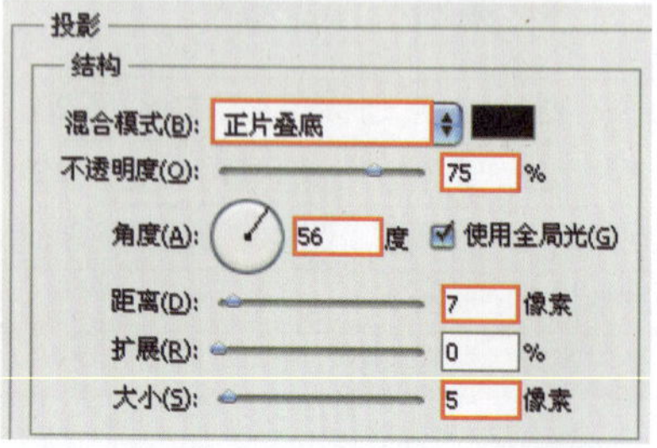

图14-63　“投影”参数

图14-64　文字效果

❹输入文字，使用自由变换快捷键“Ctrl+T”调出定界框，将文字进行旋转，放置在字母“A”的缺口上，如图14-65所示。执行“图层｜图层样式｜投影”命令，参数设置如图14-66所示。效果如图14-67所示。

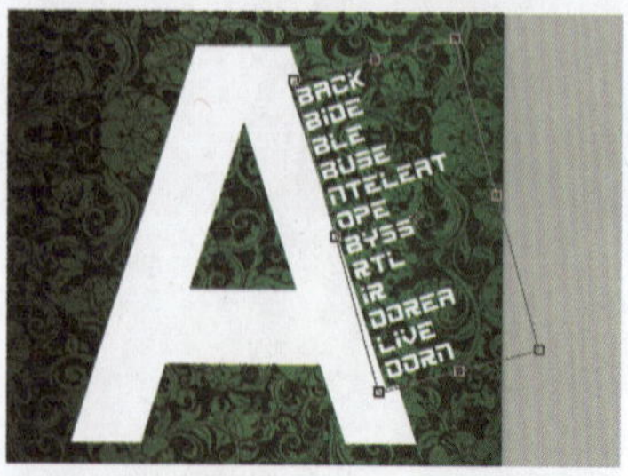

图14-65　旋转文字

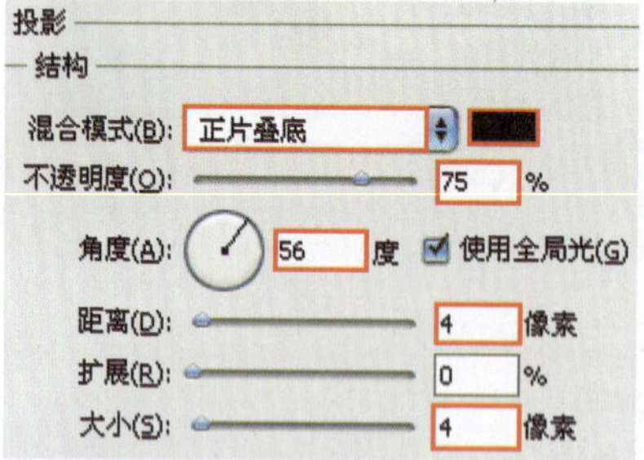

图14-66　“投影”参数

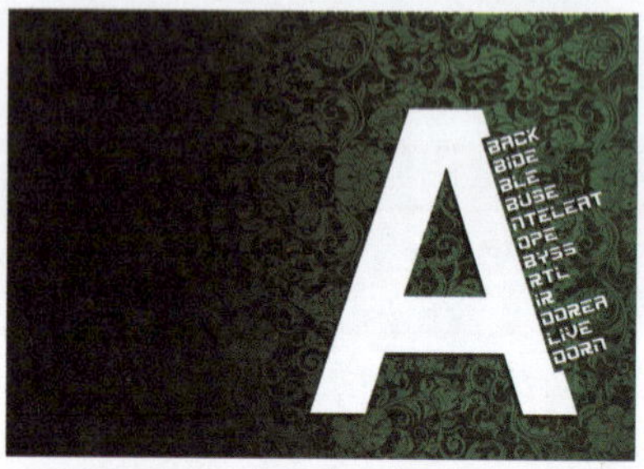

图14-67　文字效果

实例266　时尚文字海报——文字装饰

白色的文字一般显得太过单调，可以选用多彩的图案对文字进行装饰。本案例通过使用图层蒙版将五彩斑斓的花纹装饰与主体文字相融合，起到提升页面色温的作用。

案例效果剖析

本案例的制作目的是将花纹素材与白色文字完美衔接，案例中的花纹是采用矢量花纹进行装饰。制作时，首先通过添加投影图层样式为花纹添加投影，然后通过图层蒙版隐藏花纹。部分效果展示如图14-68所示。

执行“置入”命令导入素材　　使用蒙版并调整图层混合模式

图14-68　效果展示

案例技术要点

本案例中主要用到的功能及技术要点如下。

- 图层样式：用来为花纹添加投影的图层样式。
- 不透明度：设置图层的不透明度，将花纹融入到字母上。

案例制作步骤

源文件路径	案例文件\第14章\实例265-266\
素材路径	案例文件\第14章\实例265-266\
视频路径	视频教学\第14章\实例265-266.flv
难易程度	★★★
学习时间	2分43秒

❶导入素材“2.png”，放置在字母的上方。选择该图层，执行“图层｜图层样式｜投影”命令，参数设置如图14-69所示。投影效果如图14-70所示。在花纹图层添加图层蒙版，使用黑色画笔将“A”字凸出来，如图14-71所示。

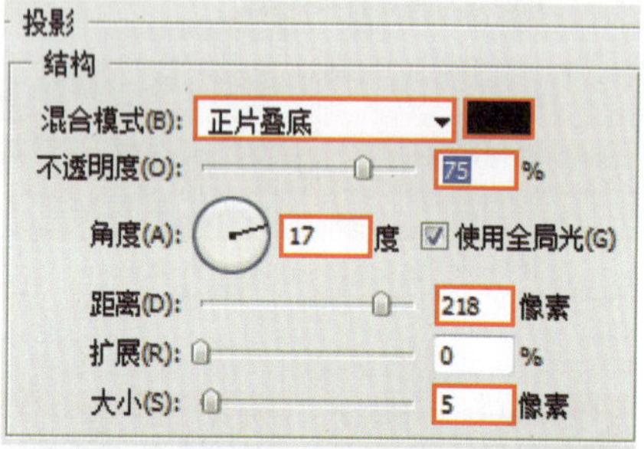

图14-69　“投影”参数

图14-70　投影效果

图14-71　添加图层蒙版

> **提 示**
>
> 添加图层样式的其他方法：
>
> 选择相应图层，单击“图层”面板底部的fx.按钮，在弹出的菜单中选择相应命令即可弹出图层样式窗口，也可以双击图层缩览图打开图层样式窗口。

❷ 导入素材“3.png”，放置在字母A的上方，然后通过图层蒙版隐藏多余部分，效果如图14-72所示。设置图层的“不透明度”为40%，效果如图14-73所示。

图14-72 导入素材

图14-73 最终效果

实例267 欧美风海报——时代都市

本案例讲解的是欧美风格的海报设计，我们可以看到整个画面呈现出一种倾斜的状态。这种布局，给人一种极度的不稳定感，而且颜色的选择也较为跳跃，所以这样的设计更加容易引人注意。

案例效果剖析

本案例的制作重点在于对各种形状的绘制以及颜色的搭配选用。案例中虽提供了城市、花纹等素材，但是其他装饰需要通过“钢笔工具”、形状工具进行绘制。案例在制作的过程中，不但要讲求方法，还需要较多的耐心。部分效果展示如图14-74所示。

使用“钢笔工具”绘制形状

继续绘制形状并置入素材

使用文字工具输入文字

图14-74 效果展示

案例技术要点

本案例中主要用到的功能及技术要点如下。

- 钢笔工具：用来绘制路径选区并填充不同颜色。
- 椭圆工具：用来绘制不同大小的圆形并填充颜色。
- 横排文字工具：用来输入文字并进行旋转。

源文件路径	案例文件\第14章\实例267\		
素材路径	案例文件\第14章\实例267\		
视频路径	视频教学\第14章\实例267.flv		
难易程度	★★★★	学习时间	5分02秒

实例268 音乐会海报——制作单色背景

本案例制作的是音乐会海报，在这幅海报设计作品中，将其制作成写真版式，这样可以让作品深入人心，能有效的吸引观众、走进观众的视线。

案例效果剖析

音乐会给人一种高贵的感觉，因此在制作背景时使用调整图层删除画面颜色，制作成具有明暗关系的黑白图像。调整图层是使画面在保留原图品质的情况下调整为黑白图像。部分效果展示如图14-75所示。

执行“置入”命令导入素材

调整曲线压暗图像亮度

执行“黑白”命令制作灰度图像

图14-75 效果展示

案例技术要点

本案例中主要用到的功能及技术要点如下。

- 曲线工具：用来压暗画面亮度。
- 黑白工具：使画面颜色变为单色。

案例制作步骤

源文件路径	案例文件\第14章\实例268-271\
素材路径	案例文件\第14章\实例268-271\
视频路径	视频教学\第14章\实例268-271.flv
难易程度	★★★
学习时间	5分13秒

❶ 创建新组，命名为“背景”。打开背景素材“1.jpg”，如图14-76所示。制作黑白效果的图像，执行“图层 | 图层样式 | 曲线”命令，将图像的整体颜色调暗，如图14-77所示。画面效果如图14-78所示。

图14-76　背景素材

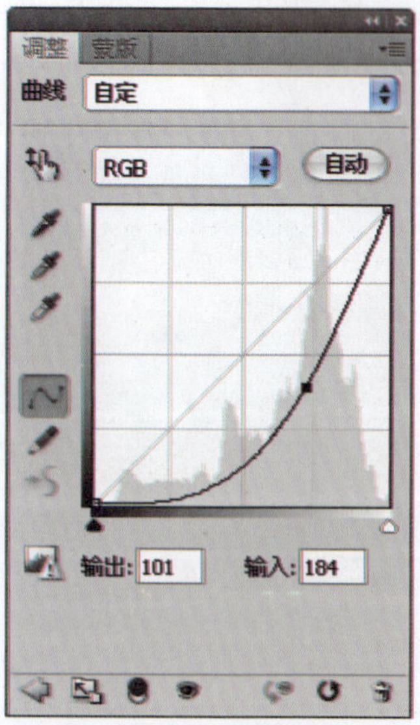

图14-77　“曲线”参数

图14-78　画面效果

❷ 将画面去色。执行“图层 | 图层样式 | 黑白”命令，参数设置如图14-79所示。画面效果如图14-80所示。

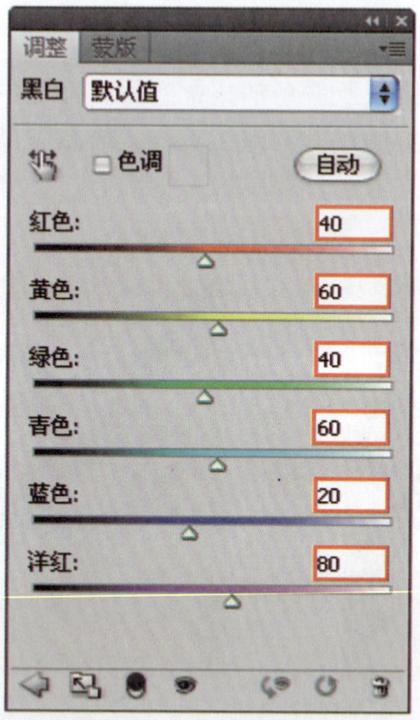

图14-79　“黑白”参数

图14-80　画面效果

实例269

音乐会海报——人像调色

本案例中，需要将整个画面调整为低饱和度的青灰色调。这样既迎合了背景颜色，又保证了整个画面色调的和谐与统一。在图案的形状上，选择了倾斜裁切的版式，使画面产生失重的效果。

案例效果剖析

本案例制作中主要是对图像的裁切处理及图像颜色的调整。制作时，首先使用图层蒙版制作具有倾斜角度的人像，然后执行选取颜色命令调整画面颜色。部分效果展示如图14-81所示。

执行“置入”命令置入人像素材

使用图层蒙版进行抠图

调整可选颜色数值

图14-81 效果展示

案例技术要点

本案例中主要用到的功能及技术要点如下。

- 钢笔工具：用来绘制路径。
- 图层蒙版：用来隐藏画面中多余的内容。
- 变化命令：用来将人物制作成单色调。
- 可选颜色命令：用来调整画面颜色。

案例制作步骤

源文件路径	案例文件\第14章\实例268-271\		
素材路径	案例文件\第14章\实例268-271\		
视频路径	视频教学\第14章\实例268-271.flv		
难易程度	★★★	学习时间	5分13秒

❶ 导入人像素材“2.jpg”，调整人像大小和位置，如图14-82所示。选择工具箱中的“钢笔工具”，设置“绘制模式”为“路径”，在人物主体部分绘制一个平行四边形的路径，绘制完成后，按快捷键“Ctrl+Enter”建立选区，如图14-83所示。单击图层面板底部的“添加图层蒙版”按钮，基于选区添加蒙版，效果如图14-84所示。

图14-82 人像1素材

图14-83 建立选区

图14-84 绘制效果

❷ 对人像进行调色。执行“图像|调整|变化”命令，在弹出的“变化”窗口中，勾选“中间调”，“精细与粗糙”的指针从中间向左移两格，在图像中点击2次“加深青色”，让“人像1”变为青色调，如图14-85所示。变化效果如图14-86所示。使用同样的方法制作做不同颜色效果的图像，如图14-87所示。

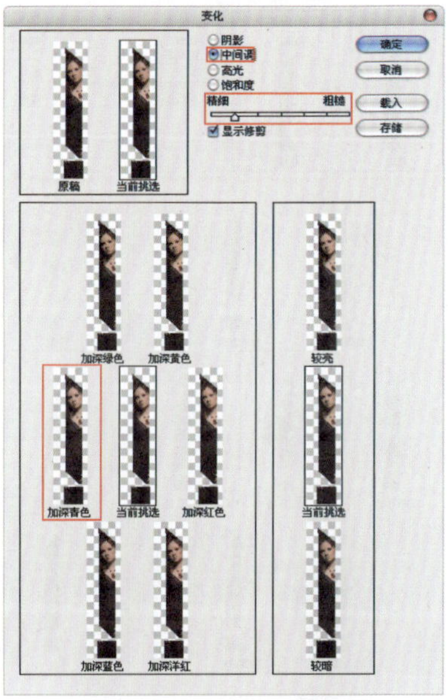

图14-85 “变化”窗口

图14-86 变化效果

图14-87 图像效果

提 示

如何使用“变化”命令？

在执行“变化”命令所弹出的变化窗口中，多次点击的颜色，调整之后的颜色效果就会倾向于多次点击的颜色。在调整精细与粗糙时，将数值调整的越大，颜色饱和度就越大，如图14-88所示。

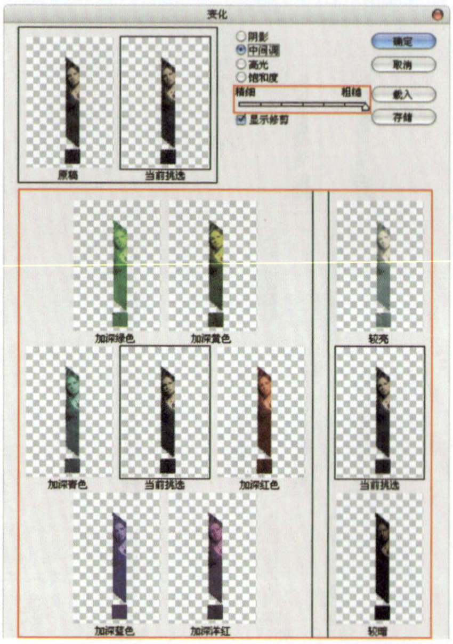

图14-88 变换窗口

③对人像整体进行调色。执行“图像｜调整｜可选颜色”命令，参数设置如图14-89所示。画面效果如图14-90所示。

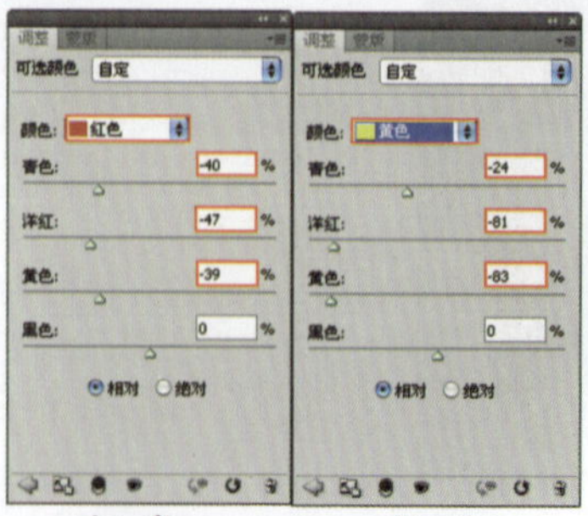

红 色　　黄 色

图14-89 “可选颜色”参数

图14-90 画面效果

实例270 音乐会海报——制作彩块装饰

在海报设计中，装饰可以让画面内容更加丰富。本案例中，明度较低的青蓝色及黄色搭配，给黑白色调的背景增添了一丝光彩，主体添加彩块、线条等装饰，使画面效果更加充盈。

案例效果剖析

本案例是在人像制作的基础上，对其前景进行添加装饰。制作时，首先导入素材，然后绘制矩形边框装饰，最后使用“画笔工具”绘制彩色光效线条。部分效果展示如图14-91所示。

执行“置入”命令置入素材　使用矩形选框工具绘制边缘　使用画笔绘制线条

图14-91 效果展示

案例技术要点

本案例中主要用到的功能及技术要点如下。

- 矩形选框工具：用来绘制矩形选区。
- 画笔工具：用来绘制线段。

案例制作步骤

源文件路径	案例文件\第14章\实例268-271\
素材路径	案例文件\第14章\实例268-271\
视频路径	视频教学\第14章\实例268-271.flv
难易程度	★★★
学习时间	5分13秒

①执行“文件｜置入”命令，导入彩块装饰素材“6.png”，如图14-92所示。

图14-92 彩块装饰素材

②创建新图层，选择工具箱中的“矩形选框工具”，绘制多个长条矩形选框。“前景色”设置为“黑色”，使用颜色填充快捷键“Alt+Delete”填充颜色。使用自由变换工具快捷键“Ctrl+T”调出定界框，分别调整大小和位置，如图14-93所示。

图14-93 绘制效果

❸ 新建图层，选择工具箱中的“画笔工具”，将“前景色”设置为“黄色”，选择一个硬角画笔，“笔尖大小”为2px，然后在画面中绘制线条，如图14-94所示。使用同样的方法绘制更多的线条装饰，效果如图14-95所示。

图14-94 绘制线条

图14-95 线条效果

提 示

如何绘制直线？

使用“画笔工具”绘制直线时，需按住“Shift”键进行绘制。

实例271 音乐会海报——制作说明文字

文字是用来说明海报的内容，设计通常要与整个画面的内容风格相统一。本案例选用了镂空的文字效果，青蓝色的文字与前景彩色条块相互呼应，两端文字之间由于角度的调整形成直角，使画面取得微妙的平衡感。

案例效果剖析

本案例是在文字输入后，通过调整其图层样式及混合模式完成的。制作时，分别使用了“横排文字工具”及“直排文字工具”输入文字，然后添加“描边”效果，最后设置图层混合模式。部分效果展示如图14-96所示。

使用文字工具输入文字　　为文字添加图层样式

图14-96 效果展示

案例技术要点

本案例中主要用到的功能及技术要点如下。

- 横排（直排）文字工具：用来输入文字。
- 图层样式：为文字添加描边的图层样式。
- 混合模式：用来隐藏文字原有颜色，制作空心文字效果。

案例制作步骤

源文件路径	案例文件\第14章\实例268-271\		
素材路径	案例文件\第14章\实例268-271\		
视频路径	视频教学\第14章\实例268-271.flv		
难易程度	★★★	学习时间	5分13秒

❶ 输入文字。选择工具箱中的“横排文字工具”，设置合适的字体、字号，在画面的左下角输入文字，如图14-97所示。

图14-97 输入文字

❷ 选择该图层，设置该图层的“混合模式”为“色相”，如图14-98所示。执行“图层｜图层样式｜描边”命令，参数设置如图14-99所示。文字效果如图14-100所示。

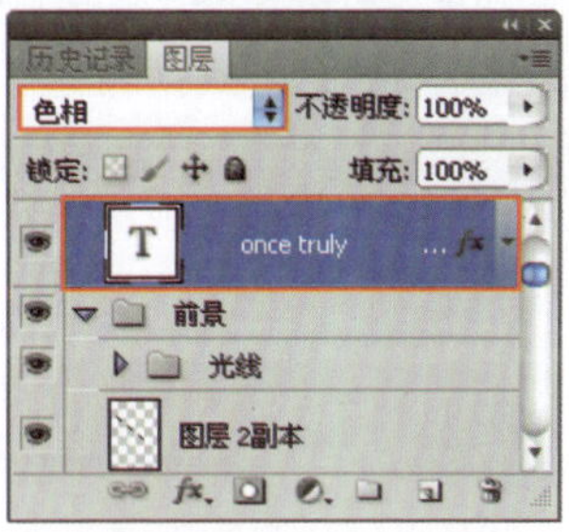

图14-98 混合模式

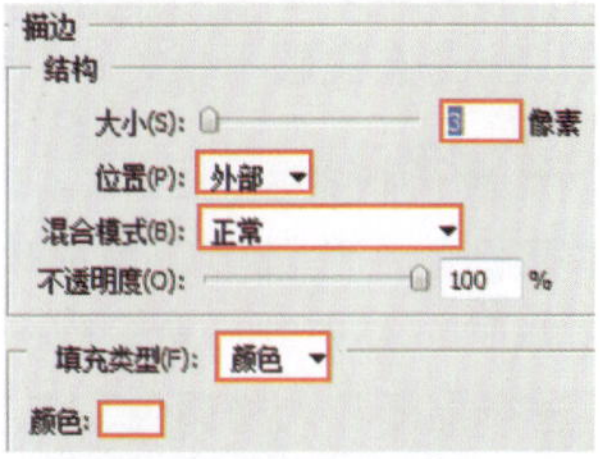

图14-99 “描边”参数

图14-100 文字效果

提 示

如何制作空心文字？

在制作空心文字的过程中，将文字图层的“混合模式”设置为“色相”时，画布中是无任何文字效果的，这是因为画布中的文字被设置了不透明度的效果，此时只是需要将文字选区添加描边样式，即可做出空心文字。

③ 选择完成的“文字”图层，点击并拖拽到创建新图层按钮中建立副本。使用自由变换工具快捷键“Ctrl+T”调出定界框，点击右键选择“旋转90°（顺时针）”，打开描边样式，将颜色调整为蓝色，如图14-101所示。描边效果如图14-102所示。

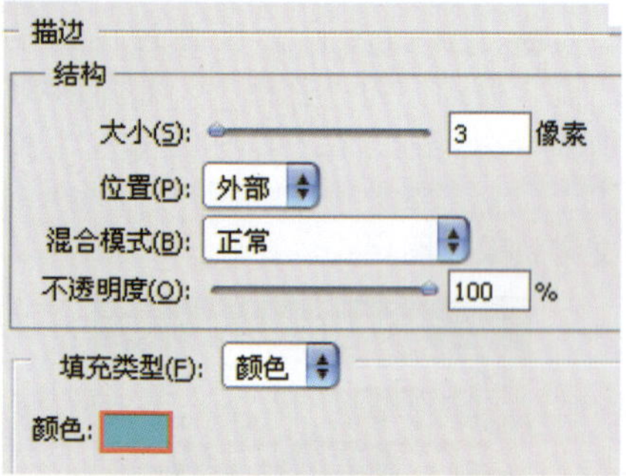

图14-101 “描边”参数

图14-102 描边效果

④ 使用“横排文字工具”T，再输入两排普通的英文字母，最终效果如图14-103所示。

图14-103 最终效果

实例272 电影海报——异次元幻境

本案例通过合成的方式将多个素材融入到画面中。黑白的方格给人向内的延伸感，营造出异次元的效果，通过对人像的抠图及肤色的调整，使其效果更加冰冷，一些与主题不相关的小装饰素材，给画面增添了奇异幻境的效果。

案例效果剖析

本案例的制作细节较为琐碎，主要制作难点是对人像的抠取及色调的调整。制作时，首先制作背景部分，然后通过不同视角制作出具有透视效果的窗口，再进行抠图和人物调色，最后添加素材并输入文字。部分效果展示如图14-104所示。

执行置入命令置入素材

使用蒙版抠出人像

使用文字工具输入文字

图14-104 效果展示

案例技术要点

本案例中主要用到的功能及技术要点如下。

- 图层蒙版：用来对人像进行抠图。
- 调整图层：用来调节人物及画面的整体颜色。
- 横排文字工具：用来在画面中输入文字。

源文件路径	案例文件\第14章\实例272\
素材路径	案例文件\第14章\实例272\
视频路径	视频教学\第14章\实例272.flv
难易程度	★★★★
学习时间	5分37秒

第15章 创意广告

广告创意是指通过独特的技术手法或巧妙的广告脚本，更突出体现产品特性和品牌内涵，并以此促进产品销售。广告创意能够唤起消费者对产品的关注与理解、降低企业营销传播的成本，是实现品牌跳跃的重要功能。

实例273 光效杂志广告片——背景

光效杂志广告通常是使用各种光效素材，营造出梦幻的画面效果，常用于杂志插图、海报、广告等商业平面设计作品中，此效果制作出的作品绚丽，别出心裁。

案例效果剖析

本案例中蓝黑色幽深的背景与滤色混合模式的光效素材搭配，使得画面的视觉感相统一，电子设备素材的置入又给画面增添了些许律动感和时代感。部分效果展示如图15-1所示。

执行“置入”命令导入背景　执行“置入”命令导入光效素材　调整图层混合模式

图15-1　效果展示

案例技术要点

本案例中主要用到的功能及技术要点如下。

- 混合模式：用来设置滤色混合模式。

案例制作步骤

源文件路径	案例文件\第15章\实例273-275\		
素材路径	案例文件\第15章\实例273-275\		
视频路径	视频教学\第15章\实例273-275.flv		
难易程度	★★★	学习时间	1分38秒

❶ 创建新组，命名为“背景”。执行“文件丨打开”命令，打开背景素材“1.jpg”，如图15-2所示。

图15-2　背景素材

❷ 执行“文件丨置入”命令，置入光效素材“2.jpg”，并放至合适位置，如图15-3所示。设置该图层的“混合模式”为“滤色”，效果如图15-4所示。导入电子设备素材“3.png”，并放至合适位置，如图15-5所示。

图15-3　光效素材

图15-4　混合模式

图15-5　电子设备素材

图15-8　图层蒙版

实例274　光效杂志广告片——人像

本案例是制作前景——人像部分。背景的光效梦幻绚丽，因此在人像的制作上也不能逊色。此部分的制作也使人物散发着别样的光芒，并且通过调色使人物升温，在冰冷的背景中自然凸显出来。

案例效果剖析

本案例主要是处理人像。制作时，首先使用“钢笔工具”进行抠图，接着为其添加“外发光”的图层样式，最后通过调整图层对人物进行调色。部分效果展示如图15-6所示。

图15-6　效果展示

案例技术要点

本案例中主要用到的功能及技术要点如下。

- 钢笔工具：用来绘制路径，然后进行抠图。
- 图层样式：为人物图层添加外发光的图层样式。
- 亮度/对比度：用来增加人像颜色的亮度和对比度。
- 曲线：用来更改人物颜色。

案例制作步骤

源文件路径	案例文件\第15章\实例273-275\		
素材路径	案例文件\第15章\实例273-275\		
视频路径	视频教学\第15章\实例273-275.flv		
难易程度	★★★	学习时间	1分38秒

❶ 创建新组，命名为“人像”。导入人像素材“4.jpg”，点击该图层，执行“栅格化图层”命令，使用工具箱中的“钢笔工具”，“绘制模式”设为“路径”，绘制人像边缘，如图15-7所示。按选区快捷键“Ctrl+Enter”，将路径转换为选区，然后按图层面板底部的“添加图层蒙版”按钮，此时选区以外的部分被隐藏，如图15-8所示。

图15-7　绘制路径

❷ 为图层添加图层样式，选中人像图层，执行“图层｜图层样式｜外发光”命令，参数设置如图15-9所示。此时人像效果如图15-10所示。

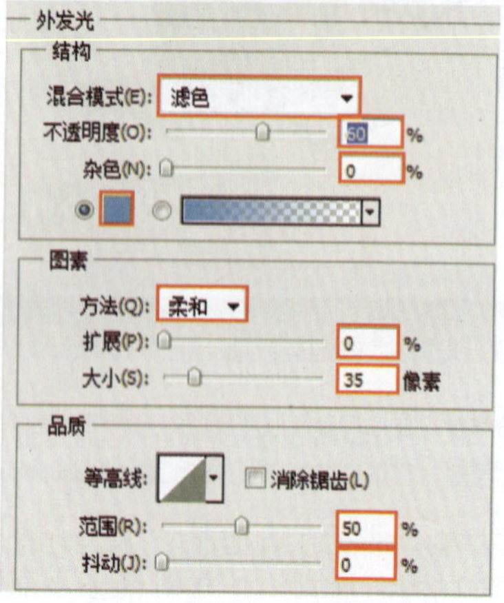

图15-9　“外发光”参数

图15-10　人像效果

❸ 执行“图层｜新建调整图层｜亮度/对比度”命令，参数设置如图15-11所示。选中该图层，执行“图层｜创建剪贴蒙版”命令，效果如图15-12所示。

图15-11　“亮度/对比度”参数

图15-12　效果图

提　示

创建剪贴蒙版的方法：

创建剪贴蒙版的方法除了在图层下拉菜单中执行外，还可以单击“调整”面板下方的“创建剪贴蒙版”按钮；还可以用鼠标右键单击选中图层，在菜单中执行“创建剪贴蒙版”命令；或者在图层面板中按住“Alt”键，将光标放置在两个图层中间，用鼠标左键单击，即可创建剪贴蒙版。

❹ 执行“图层 | 新建调整图层 | 曲线”命令，在“曲线”属性面板中调整曲线形状，如图15-13所示。选中该图层，执行“图层 | 创建剪贴蒙版”命令，效果如图15-14所示。

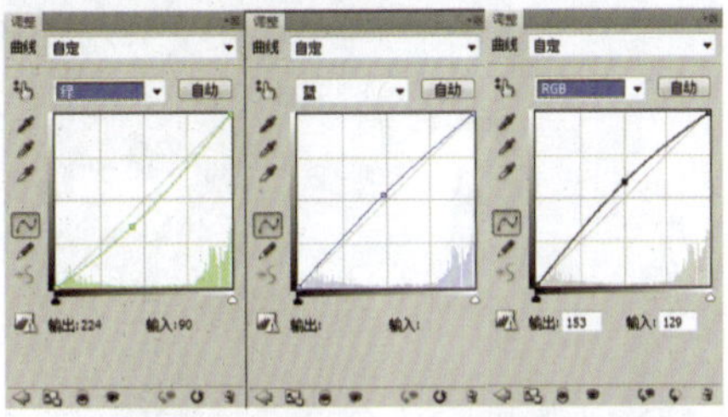
图15-13　调整曲线

图15-14　效果图

实例275　光效杂志广告片——添加光效

光效素材的良好搭配运用是制作光效杂志广告的关键所在。前面所制作的背景及人像在偌大的空间中显得有些空洞，本案例在制作中通过更改图层的混合模式，并恰当合理的运用装饰效果的光效素材，使得整幅画面流光溢彩。

案例效果剖析

本案例主要是对已有的光效素材通过调整图层的混合模式，使其与背景色调相融合。制作时，充分利用了各种不同的光效素材，并调整其图层混合模式，使素材与背景及人物达到完美融合。部分效果展示如图15-15所示。

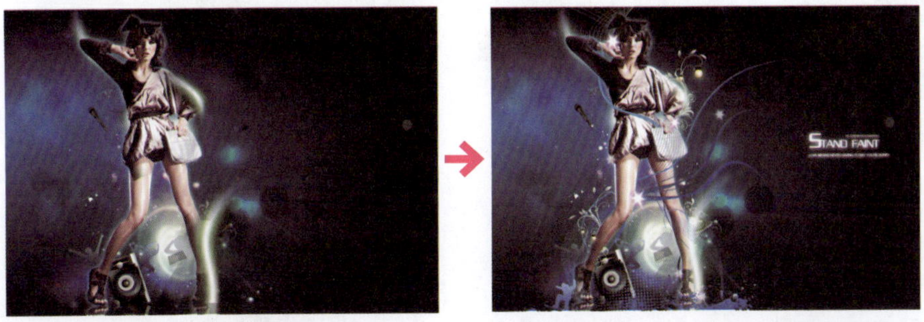

执行“置入”命令置入光效素材　　执行“置入”命令置入艺术字素材

图15-15　效果展示

案例技术要点

本案例中主要用到的功能及技术要点如下。

- 图层混合模式：用来调整图层的效果。

案例制作步骤

源文件路径	案例文件\第15章\实例273-275\
素材路径	案例文件\第15章\实例273-275\
视频路径	视频教学\第15章\实例273-275.flv
难易程度	★★★
学习时间	1分38秒

❶ 执行“文件 | 置入”命令，导入素材“5.png”，并调整至合适的位置，如图15-16所示。继续导入素材“6.png”“7.png”，如图15-17和图15-18所示。

图15-16　素材5

图15-17　素材6

图15-18　素材7

❷ 导入光效素材“8.png”，设置图层的“混合模式”为“滤色”，如图15-19所示。

图15-19　素材8

❸ 导入艺术字素材“9.png”，最终效果如图15-20 所示。

图15-20　最终效果

实例276　炫彩唇膏广告——色彩设计

本案例制作的是女性唇膏广告。该案例中，以女性的面庞为视觉重点，这样就能突出商品的效果。案例在背景装饰的颜色选择方面，选用了饱和度较低的颜色，但人物唇部的颜色则明度较高，这样就自然而然的凸出了画面的重点。

案例效果剖析

本案例制作的要点是人物唇部彩色条块的制作。制作中，首先打开人像，接着为其添加装饰，并通过调整装饰图层的混合模式及不透明度，使装饰的彩条色彩更加柔和，然后绘制嘴唇所需要的彩条。最后通过混合模式和图层蒙版将彩条颜色融合在嘴唇上方，制作出多彩的唇膏效果。部分效果展示如图15-21所示。

图15-21　效果展示

案例技术要点

本案例中主要用到的功能及技术要点如下。

- 图层混合模式：用来调整图层效果。
- 图层蒙版：用来隐藏画面的部分图像。
- 画笔工具：用来在蒙版中涂抹，以去除多余的图像部分。

源文件路径	案例文件\第15章\实例276\		
素材路径	案例文件\第15章\实例276\		
视频路径	视频教学\第15章\实例276.flv		
难易程度	★★★★	学习时间	3分08秒

实例277　清新水果盛宴创意广告——主体部分

本案例中水果是主题，所以画面感要清爽、干净、纯粹。在制作时选择了淡青色色调的背景，营造出水果清新的氛围。人像素材的甜美及素材中的青苹果使页面色调统一，完美体现出想要表达的主题。

案例效果剖析

本案例的要点是对人像抠图及其阴影部分的制作。制作时，使用了“钢笔工具”抠出人像，使用“图层蒙版”隐藏了多余区域，并且为人物制作了阴影效果。部分效果展示如图15-22所示。

图15-22　效果展示

案例技术要点

本案例中主要用到的功能及技术要点如下。

- 钢笔工具：用来绘制路径，然后抠取人像。
- 高斯模糊：用来模糊人像阴影。

案例制作步骤

源文件路径	案例文件\第15章\实例277-278\		
素材路径	案例文件\第15章\实例277-278\		
视频路径	视频教学\第15章\实例277-278.flv		
难易程度	★★★	学习时间	3分04秒

❶ 执行"文件｜打开"命令，打开背景素材"1.jpg"，如图15-23所示。创建新组，命名为"人像"，执行"文件｜置入"命令，导入人物素材"2.jpg"，如图15-24所示。

图15-23　背景素材

图15-24　人物素材

❷ 鼠标右键单击人物图层，执行"栅格化图层"命令，使用工具箱中的"钢笔工具"，"绘制模式"设置为"路径"，沿人物边缘绘制人像（人像头部勾勒出需要删除的一部分），如图15-25所示。按选区快捷键"Ctrl+Enter"，将路径转换为选区，然后单击图层面板底部的"添加图层蒙版"按钮，抠出人像，如图15-26所示。

图15-25　绘制路径

图15-26　添加蒙版

提　示

栅格化图层：

栅格化就是把矢量图转化成位图，这样就能使用位图的处理方法。例如，填充渐变、扭曲等。

❸ 制作人像"阴影"。按住"Ctrl"键的同时点击"人像"图层蒙版，建立选区，并按复制快捷键"Ctrl+C"，再按粘贴快捷键"Ctrl+V"，复制出缺少一部分头部的人像，填充颜色为"黑色"，如图15-27所示。执行"滤镜｜模糊｜高斯模糊"命令，参数设置如图15-28所示。

图15-27　复制人像

图15-28　"高斯模糊"参数

❹ 把阴影图层拖拽至人像图层下方，再稍向左移动，如图15-29所示。使用工具箱中的"橡皮擦工具"，擦除身体及面部多余的部分，如图15-30所示。使用"画笔工具"，设置其颜色，在阴影图层上绘制连接处的肉色皮肤效果。此时效果如图15-31所示。

图15-29　制作阴影

图15-30　擦除多余部分

图15-31　效果图

实例278 清新水果盛宴创意广告——装饰部分

本案例中用红色的草莓点缀，使其与画面中的绿色形成对比，人物面部裂痕处的细节处理，给画面增强了些许真实感，浮夸的彩色眼妆及彩色的装饰素材成为了整幅画面的“色彩管理者”。

案例效果剖析

本案例中使用“添加杂色”命令及调整“图层混合模式”使人物及素材之间有更好的过渡效果，然后使用“画笔工具”绘制人物眼妆，最后通过调整混合模式，为人物添加装饰性的头饰及彩线等。部分效果展示如图15-32所示。

执行“置入”命令导入草莓素材　使用画笔绘制眼妆　导入素材并调整图层混合模式

图15-32　效果展示

案例技术要点

本节中主要用到的功能及技术要点如下。

- 添加杂色：用来为图层添加杂色。
- 画笔工具：用来绘制眼妆部分。
- 图层混合模式：用来调整图层效果。

案例制作步骤

源文件路径	案例文件\第15章\实例277-278\		
素材路径	案例文件\第15章\实例277-278\		
视频路径	视频教学\第15章\实例277-278.flv		
难易程度	★★★	学习时间	3分04秒

❶ 执行“文件 | 置入”命令，导入草莓素材“3.png”，并将草莓放置在“阴影”图层下方，如图15-33所示。新建图层，命名为“裂痕”，使用“画笔工具”，设置画笔颜色为“黑色”，在人像头部绘制裂痕的样式，如图15-34所示。

图15-33　草莓素材

图15-34　绘制裂痕

❷ 为使过渡效果更好，创建新图层并填充为白色，命名为“亮片”，执行“滤镜 | 杂色 | 添加杂色”命令，参数设置如图15-35所示。单击图层面板底部的“添加图层蒙版”按钮，设置“图层混合模式”为“变量”，此时图像变成许多白色杂点，如图15-36所示。使用黑色“画笔工具”在蒙版中涂抹多余部分，使脸部有一定的过渡效果，如图15-37所示。

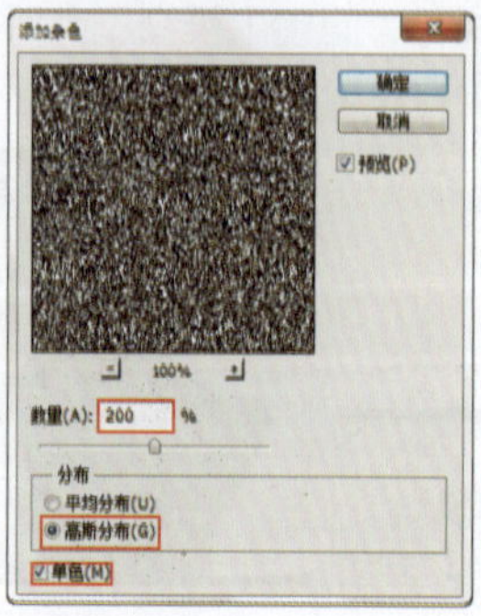

图15-35　“添加杂色”参数

图15-36　添加图层蒙版

图15-37　绘制亮片

❸ 创建新组，命名为“眼妆”。创建新图层，使用粉红色“画笔工具”适当降低“不透明度”和“流量”，绘制眼影。再次使用黑色“画笔工具”绘制“眼线”部分，效果如图15-38所示。在最外层使用“画笔工具”中的“睫毛笔刷”，绘制“睫毛”，效果如图15-39所示。

图15-38　眼影和眼线

图15-39　绘制睫毛

提　示

画笔工具的运用：

在画笔模式下，按下“]”键可以放大画笔，按下“[”键可以缩小画笔。

❹ 人像制作完成后，创建新组，命名为“装饰”。导入彩条素材“4.png”，如图15-40所示。导入雾素材“5.jpg”，设置“图层混合模式”为“正片叠底”，如图15-41所示。

图15-40　彩条素材

图15-41　雾素材

❺ 导入头饰素材“6.png”，并调整至合适位置，最终效果如图15-42所示。

图15-42　最终效果

实例279　天空神秘岛创意广告——创意文字

本案例讲解的是创意文字广告。首先要制作文字部分，由于扁平的文字很难给人深刻的印象，因此使用3D功能将文字立体化，以此延伸图像的深度，然后通过为图层添加“渐变叠加”“图案叠加”及“描边”等效果，给人以强烈的视觉冲击力。

案例效果剖析

本案例主要是对文字进行扭曲变形，并制作立体效果，然后通过添加图层样式，制作文字的特殊效果。首先要使用文字工具输入文字，然后通过3D功能制作出文字的立体效果。接着为其进行润饰，制作出真实的立体效果。部分效果展示如图15-43所示。

图15-43　效果展示

案例技术要点

本案例中主要用到的功能及技术要点如下。

- 横排文字工具：在画面中输入文字并调整形状。
- 图层样式：为文字添加“投影”“外发光”等图层样式。
- 3D功能：用来将文字立体化。

源文件路径	案例文件\第15章\实例279-280\		
素材路径	案例文件\第15章\实例279-280\		
视频路径	视频教学\第15章\实例279-280.flv		
难易程度	★★★★	学习时间	8分12秒

实例280　天空神秘岛创意广告——飘浮的岛屿

本案例中，制作岛屿的主要目的是增加画面的空间感，使文字部分不那么的空洞。此部分的制作较为琐碎，是将多个素材融为一体，并且在颜色选择上以蓝色背景为主，橙色文字为辅，其他颜色由于占据面积小，所以成为一种点缀，使得画面颜色饱满丰富。

案例效果剖析

本案例制作时，主要是对已给素材进行细节上的调整，使其风格统一，边缘衔接柔和。岛屿部分的制作首先是绘制岛屿的大致轮廓，然后添加草地、树等元素让岛屿变得更加真实，最后添加装饰，使画面更加丰富。部分效果展示如图15-44所示。

图15-44　效果展示

案例技术要点

本案例中主要用到的功能及技术要点如下。

- 图层蒙版：用来隐藏画面的部分内容。
- 图层样式：为图层添加“内阴影”“内发光”等图层样式。
- 画笔工具：用来在蒙版中涂抹，以起到隐藏图像的效果。
- 调整图层：使用曲线、自然饱和度等命令调节画面色调。

源文件路径	案例文件\第15章\实例279-280\		
素材路径	案例文件\第15章\实例279-280\		
视频路径	视频教学\第15章\实例279-280.flv		
难易程度	★★★★	学习时间	8分12秒

实例281 圣诞天使创意广告——主体部分

本案例中，以红色为主题调，整个画面充满了活力和节日的气氛。案例中，背景渐变的色彩柔和且自然，导入充满活力的阳光女孩素材更是增添了圣诞欢快、烂漫的气氛，微妙的“外发光”效果减少了人物与背景衔接的生硬感。

案例效果剖析

本案例的制作要点是抠取人像。制作时，使用了“钢笔工具”抠出人像，并使用“图层蒙版”隐藏人像背景，然后为图层添加“外发光”的图层样式。部分效果展示如图15-45所示。

执行“置入”命令置入素材　使用图层蒙版进行抠图　为人像添加图层样式

图15-45　效果展示

案例技术要点

本案例中主要用到的功能及技术要点如下。

- 图层样式：用来制作外发光效果。
- 钢笔工具：用来抠出人像。

案例制作步骤

源文件路径	案例文件\第15章\实例281-282\		
素材路径	案例文件\第15章\实例281-282\		
视频路径	视频教学\第15章\实例281-282.flv		
难易程度	★★	学习时间	1分02秒

❶ 执行“文件 | 打开”命令，打开背景素材“1.jpg”，如图15-46所示。导入人像素材“2.jpg”，并放置在合适的位置，用鼠标右键单击人像图层，执行“栅格化图层”命令，如图15-47所示。

图15-46　背景素材

图15-47　人像素材

❷ 单击工具箱中的“钢笔工具”，设置“绘制模式”为“路径”，沿人物边缘绘制出路径，如图15-48所示。按快捷键“Ctrl+Enter”，将路径转换为选区，然后单击图层面板底部的“添加图层蒙版”按钮，为图层添加蒙版，此时选区外的部分被隐藏，人像被抠出，如图15-49所示。

图15-48　绘制路径

图15-49　抠出人像

③ 为人像添加图层样式，执行“图层｜图层样式｜外发光”命令，参数设置如图15-50所示。效果如图15-51所示。

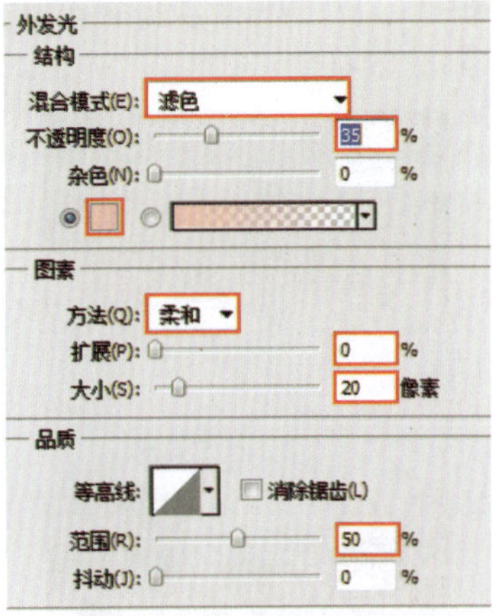

图15-50 “外发光”参数

图15-51 效果图

提 示

“外发光”与“内发光”样式：

“外发光”中除了“源”和“阻塞”外，其他选项都与“内发光”样式相同。

④ 执行“文件｜置入”命令，导入蝴蝶结素材“3.png”，如图15-52所示。

图15-52 蝴蝶结素材

实例282 圣诞天使创意广告——装饰部分

画面装饰是整体效果的重要组成部分，本案例选择了多个与圣诞主题息息相关的素材，并将其设置为混合模式，金色的圣诞礼品素材与红色主体颜色搭配相得益彰，使画面整体线条流畅。

案例效果剖析

本案例的制作要点是对素材间关系的处理。制作时，将素材导入，并放置在合适的位置，通过调整“图层混合模式”使素材间完美交合。部分效果展示如图15-53所示。

图15-53 效果展示

案例技术要点

本案例中主要用到的功能及技术要点如下。

- 混合模式：用来设置滤色混合模式。

案例制作步骤

源文件路径	案例文件\第15章\实例281-282\		
素材路径	案例文件\第15章\实例281-282\		
视频路径	视频教学\第15章\实例281-282.flv		
难易程度	★★	学习时间	1分02秒

❶ 执行“文件｜置入”命令，导入圣诞礼品素材“4.png”，并将其放置在画面下方，如图15-54所示。导入金色球素材“5.png”，设置“混合模式”为“滤色”，如图15-55所示。导入边框素材“6.png”，如图15-56所示。

图15-54 圣诞礼品素材

图15-55 金色球素材

图15-56 边框素材

❷ 导入艺术字素材“7.png”，最终效果如图15-57所示。

图15-57　最终效果

实例283　头脑风暴创意广告——处理人像

头脑风暴创意广告，是以人物为源点，将人物作为一个创意的孵化器，制作出抽象的、具象化的图像，通过调整曲线形状，使人像的颜色调整得更加饱和，从而使其与自然素材背景交相辉映、巧妙融合。

案例效果剖析

本案例主要是通过调整图层，对人物局部色调进行修正。首先使用“钢笔工具”对人像进行抠图，然后使用“曲线”工具及“图层蒙版”对人物肤色、唇色及头发进行局部调整，以改善人物局部的颜色及色调。部分效果展示如图15-58所示。

执行“导入”命令置入素材　使用“图层蒙版”进行抠图　通过调节“曲线”调整颜色

图15-58　效果展示

案例技术要点

本案例中主要用到的功能及技术要点如下。

- 曲线工具：用来调整画面颜色。
- 钢笔工具：用来绘制路径并抠取人像。
- 蒙版工具：用来隐藏部分区域。

案例制作步骤

源文件路径	案例文件\第15章\实例283-284\		
素材路径	案例文件\第15章\实例283-284\		
视频路径	视频教学\第15章\实例283-284.flv		
难易程度	★★★★	学习时间	4分30秒

❶ 执行“文件｜打开”命令，打开背景素材“1.jpg”，如图15-59所示。创建新组并命名为“人像”。执行“文件｜置入”命令，导入人像素材“2.jpg”，并将其放置在画面下方，如图15-60所示。

图15-59　背景素材

图15-60　人像素材

❷ 鼠标右键单击人像图层，执行“栅格化图层”命令，单击工具箱中的“钢笔工具”按钮，设置“绘制模式”为“路径”，沿人物边缘点击，绘制出人物路径，如图15-61所示。按快捷键“Ctrl+Enter”，将路径转换为选区，然后单击图层面板底部的“添加图层蒙版”按钮，为图层添加蒙版，此时选区外的部分被隐藏，人像被抠出，如图15-62所示。

图15-61　绘制路径

图15-62 抠出人像

提 示

如何使用“钢笔工具”绘制直线？

使用“钢笔工具”绘制路径时，按住“Shift”键可以绘制出水平直线和垂直的直线。

③ 执行“图层｜新建调整图层｜曲线”命令，在“曲线”属性面板中调整曲线形状，如图15-63所示。点击“曲线”图层蒙版，填充“蒙版背景色”为“黑色”，然后使用工具箱中的“画笔工具”，设置画笔颜色为白色，在蒙版中涂抹头发区域，效果如图15-64所示。

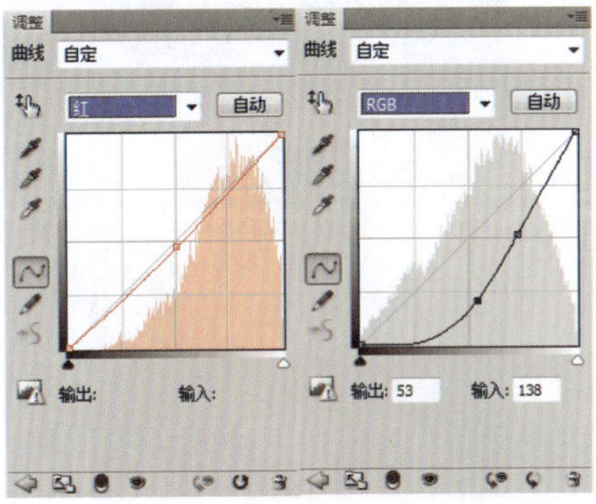

图15-63 调整曲线

图15-64 头发效果

④ 通过调整曲线形状调整人物嘴唇颜色。执行“图层｜新建调整图层｜曲线”命令，调整曲线形状，如图15-65所示。点击“曲线”图层蒙版，设置“蒙版背景色”为“黑色”，使用白色画笔在蒙版中涂抹嘴唇区域，如图15-66所示。

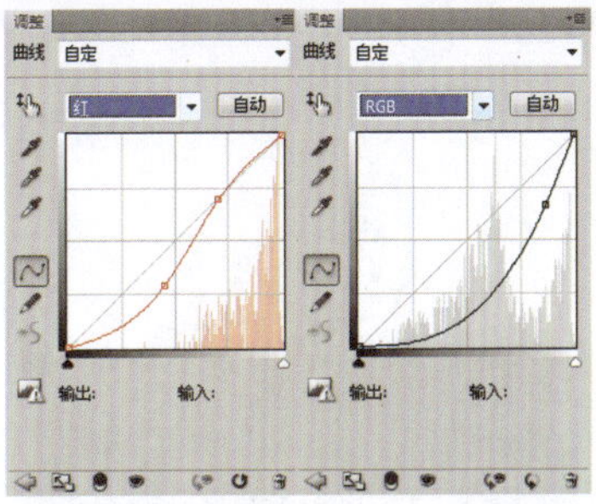

图15-65 调整曲线

图15-66 嘴唇效果

⑤ 执行“图层｜新建调整图层｜曲线”命令，调整曲线形状，如图15-67所示。点击“曲线”图层蒙版，设置“蒙版背景色”为“黑色”，使用白色画笔在蒙版中涂抹皮肤区域，效果如图15-68所示。

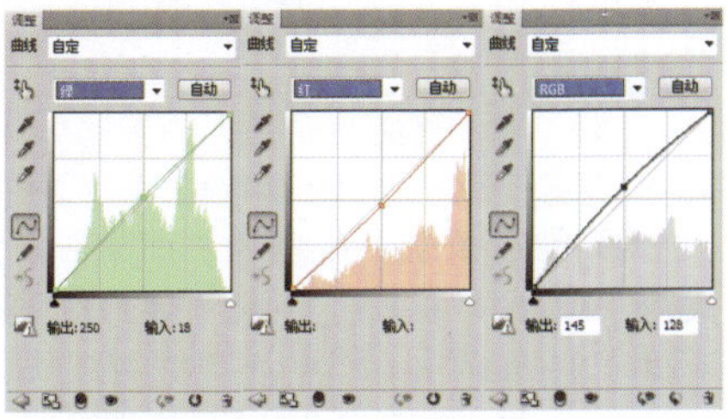

图15-67 调整曲线

图15-68 皮肤效果

实例284 头脑风暴创意广告——制作头顶装饰

本案例是在处理人像的基础上，对其进行头顶装饰的制作，此部分的制作要充分发挥想象力，以符合头脑风暴的中心思想。案例中将城堡、鸟笼、火车等一系列不相关的素材连接到一起，展现了无限的创意感。

案例效果剖析

本案例中主要使用了蒙版工具将图像中多余的部分隐藏起来，然后调整曲线形状来调整画面整体颜色并制作暗角。部分效果展示如图15-69所示。

图15-69 效果展示

案例技术要点

本案例中主要用到的功能及技术要点如下。

- 图层样式：用来为图层叠加颜色。
- 曲线工具：用来调整整体颜色。

案例制作步骤

源文件路径	案例文件\第15章\实例283-284\
素材路径	案例文件\第15章\实例283-284\
视频路径	视频教学\第15章\实例283-284.flv
难易程度	★★
学习时间	4分30秒

❶ 创建新组，命名为“前景”，执行“文件丨置入”命令，导入底座素材“3.png”，如图15-70所示。导入城堡素材“4.jpg”，调整图层大小，并将其放置底座上，如图15-71所示。

图15-70　底座素材

图15-71　城堡素材

❷ 鼠标右键单击城堡图层，执行“栅格化图层”命令。单击工具箱中的“钢笔工具”，设置“绘制模式”为“路径”，沿城堡边缘绘制路径，如图15-72所示。按快捷键“Ctrl+Enter”，将路径转换为选区，然后单击图层面板底部的“添加图层蒙版”按钮，为图层添加蒙版，此时选区外的部分被隐藏，人像被抠出，如图15-73所示。

图15-72　绘制路径

图15-73　抠出城堡

提　示

如何隐藏路径？

使用快捷键“Ctrl+H”可以藏蔽路径，并且还可以隐藏选区和参考线。

❸ 导入光线素材“5.png”，执行“图层丨图层样式丨颜色叠加”命令，参数设置如图15-74所示。效果如图15-75所示。

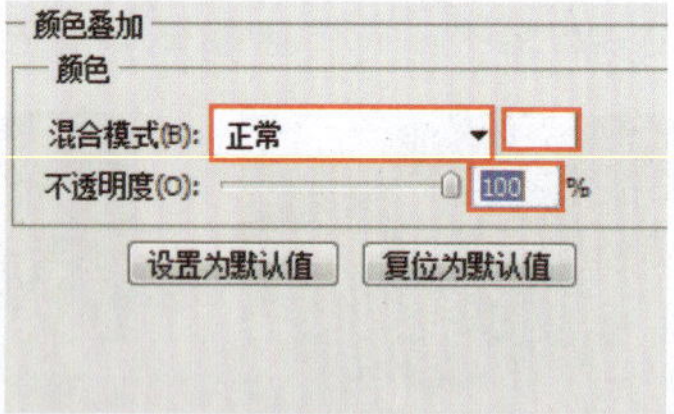

图15-74　“颜色叠加”参数

图15-75　光线效果

❹ 导入鸟笼素材“6.png”，如图15-76所示。单击图层面板底部的“添加图层蒙版”按钮，为图层添加蒙版，然后使用黑色“画笔工具”，在蒙版中涂抹，将鸟笼下半部分隐藏，如图15-77所示。

图15-76　鸟笼素材

图15-77　添加蒙版

❺ 导入火车素材“7.png”，如图15-78所示。导入云素材“8.png”，并将其放置到合适的位置，如图15-79所示。

图15-78　火车素材

图15-79　云素材

❻ 给图像添加暗角，执行“图层|新建调整图层|曲线”命令，在“曲线”属性面板中调整曲线形状，如图15-80所示。点击“曲线”图层蒙版，使用“画笔工具”，设置画笔颜色为“黑色”，在蒙版中涂抹画面中心部分，使画面形成暗角效果。最终效果如图15-81所示。

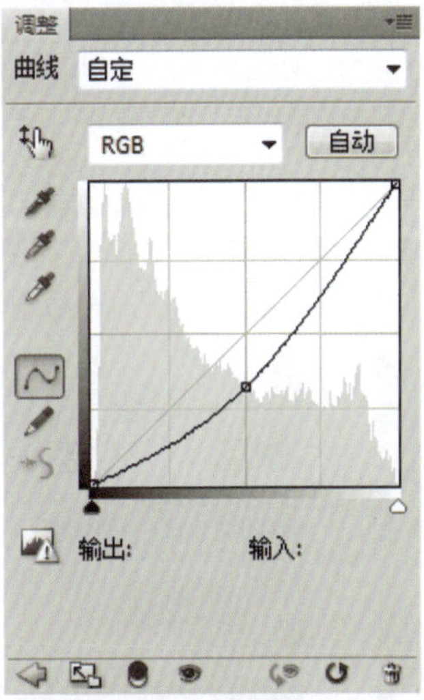

图15-80　调整曲线

图15-81　最终效果

实例285　创意广告设计——怀旧风格文字

本案例制作的是怀旧风格的文字广告设计。古铜色的色调搭配上复古风格的插画设计，使整个画面呈现出一种多元化的怀旧风格。通过调节曲线形状，调整画面的明暗关系及对比度，给画面增添了些许意境。

案例效果剖析

本案例制作的重点是对文字立体化及古铜颜色的制作。首先要使用3D功能制作出文字的立体效果，然后通过制作阴影效果等制作出立体效果。部分效果展示如图15-82所示。

输入文字并添加图层样式　　调节曲线及添加图层样式

图15-82　效果展示

案例技术要点

本案例中主要用到的功能及技术要点如下。

- 图层样式：为文字添加描边的图层样式。
- 曲线工具：用来调节画面明暗及色调。
- 文字工具：在画面中输入文字并进行调整。
- 3D功能：用来将文字立体化。

案例制作步骤

源文件路径	案例文件\第15章\实例285\		
素材路径	案例文件\第15章\实例285\		
视频路径	视频教学\第15章\实例285.flv		
难易程度	★★★★★	学习时间	3分23秒

实例286　创意饮料海报设计——背景部分

本案例利用蒙版使两幅图片海天相接，制作出碧海蓝天、绿草成茵的唯美大自然背景，为后期制作饮料海报奠定了基础。

案例效果剖析

本案例主要目的是将两幅完全不相关的图片融为一体。制作时，通过为图层添加蒙版，并使用“画笔工具”在蒙版中涂抹，使两个图像衔接柔和，并置入植物素材进行点缀装饰。部分效果展示如图15-83所示。

执行“置入”命令置入素材　　继续置入素材　　使用图层蒙版隐藏部分图像

图15-83　效果展示

案例技术要点

本案例中主要用到的功能及技术要点如下。

- 图层蒙版：使画面衔接柔和。
- 画笔工具：用来涂抹选区。

案例制作步骤

源文件路径	案例文件\第15章\实例286-289\
素材路径	案例文件\第15章\实例286-289\
视频路径	视频教学\第15章\实例286-289.flv
难易程度	★★
学习时间	5分28秒

❶ 执行“文件丨打开”命令，打开背景素材“1.jpg”，如图15-84所示。

图15-84　背景素材

❷ 执行“文件丨置入”命令，导入素材“2.jpg”，如图15-85所示。选择该图层，单击图层面板底部“添加图层蒙版”按钮，为图层添加蒙版，使用工具箱中的“画笔工具”，画笔设置为黑色柔角画笔，在蒙版中涂抹图片衔接处，使衔接更柔和、真实。此时画面效果如图15-86所示。

图15-85　素材2

图15-86　效果图

❸ 导入植物素材“3.png”，并调整至合适的位置，效果如图15-87所示。

图15-87　植物素材

提　示

如何删除图层？

如果要快速删除图层，可以将图层拖拽到“删除图层”按钮上，也可以直接按Delete键。

实例287　创意饮料海报设计——光效部分

本案例是在制作海报背景的基础上，对光效部分进行制作，光效一层层的叠加，一层层的不断放大，使画面具有光亮的同时又不会显得刺眼，边缘处的柔和处理给人一种真实光线射入的感受，最后树叶半透明的效果更是增添了一种真实感。

案例效果剖析

本案例中主要使用“画笔工具”在画面中绘制散发光芒的阳光效果，通过逐步放大使光线效果更加醒目，并且使用图层蒙版添加树叶，使效果更加真实。部分效果展示如图15-88所示。

图15-88　效果展示

案例技术要点

本案例中主要用到的功能及技术要点如下。

- 画笔工具：用来绘制阳光。
- 图层蒙版：用来隐藏图像中的部分区域。

案例制作步骤

源文件路径	案例文件\第15章\实例286-289\		
素材路径	案例文件\第15章\实例286-289\		
视频路径	视频教学\第15章\实例286-289.flv		
难易程度	★★	学习时间	5分28秒

❶ 制作光的效果。单击工具箱中的“画笔工具”按钮，按快捷键“F5”调出画笔面板，设置“画笔笔尖形状”，参数如图15-89所示。设置“形状动态”，参数如图15-90所示。画面效果如图15-91所示。

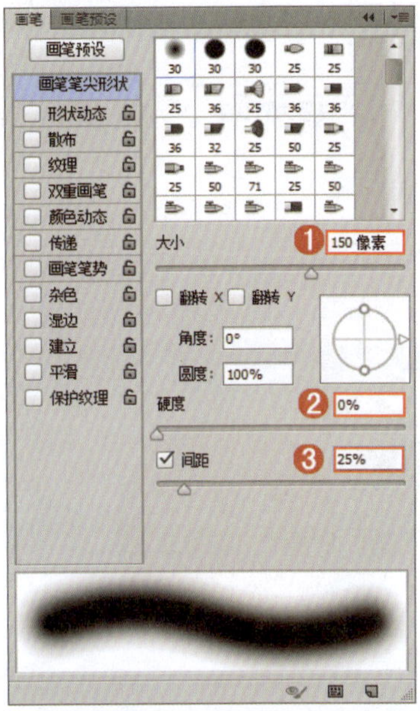

图15-89　笔尖形状

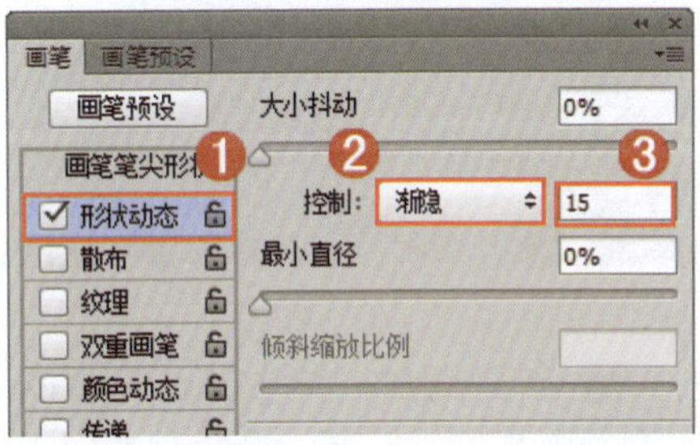

图15-90　“画笔”参数

图15-91　效果图

❷ 使用“画笔工具”在画面中绘制多个光效，如图15-92所示。选中该图层，单击图层面板底部的“添加图层蒙版”按钮，为图层添加蒙版，单击工具箱中的“画笔工具”，使用黑色柔角画笔在蒙版中涂抹阳光较锐利的部分，画面效果如图15-93所示。

图15-92　绘制光效

图15-93　添加图层蒙版

❸ 执行“文件｜置入”命令，导入图片素材“4.jpg”，适当调整素材的位置，如图15-94所示。选择该图层，单击图层面板底部的“添加图层蒙版”按钮，为素材添加蒙版，使用黑色柔角画笔在蒙版中进行涂抹，并设置图层的“混合模式”为“正片叠底”，如图15-95所示。画面效果如图15-96所示。

图15-94　素材4

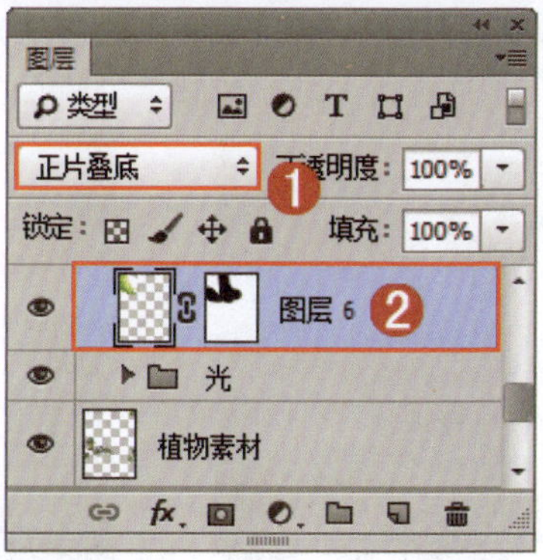

图15-95　“混合模式”参数

图15-96　效果图

提　示

如何添加图层蒙版？

在“蒙版”面板中，单击“添加像素蒙版”按钮，可以为当前图层添加一个图层蒙版。

实例288

创意饮料海报设计——制作标志部分

本案例主要制作标志部分，首先在已有的光效上绘制阳光的橙色轮廓，并且通过绘制高光等使太阳效果更加真实，这样的效果给画面增添了温暖的感觉，使观众感受到阳光射入的惬意。然后制作标志性的文字，渐变的颜色描边效果使其更加醒目，更加能够吸引观众视角。

案例效果剖析

本案例通过对阳光及文字的制作，使标志的设计更加醒目、凸出。首先绘制标志的轮廓，并添加图层样式，然后使用“画笔工具”绘制高光；接着制作变形文字，将通过文字工具输入的文字进行变形；最后添加彩色的描边。部分效果展示如图15-97所示。

使用“椭圆工具”绘制形状　使用文字工具输入文字　为文字添加图层样式

图15-97　效果展示

案例技术要点

本案例中主要用到的功能及技术要点如下。

- 椭圆工具：用来绘制形状。
- 图层样式：用来执行描边命令。

案例制作步骤

源文件路径	案例文件\第15章\实例286-289\		
素材路径	案例文件\第15章\实例286-289\		
视频路径	视频教学\第15章\实例286-289.flv		
难易程度	★★★	学习时间	5分28秒

❶ 单击工具箱的“椭圆工具”按钮，设置“绘制模式”为“形状”，“颜色”为“黄色”，按住“Shift”键并按住鼠标左键在画面中绘制正圆，如图15-98所示。选择该图层，执行“图层 | 图层样式 | 内阴影”命令，打开图层样式窗口，参数设置如图15-99所示。效果如图15-100所示。

图15-98　绘制正圆

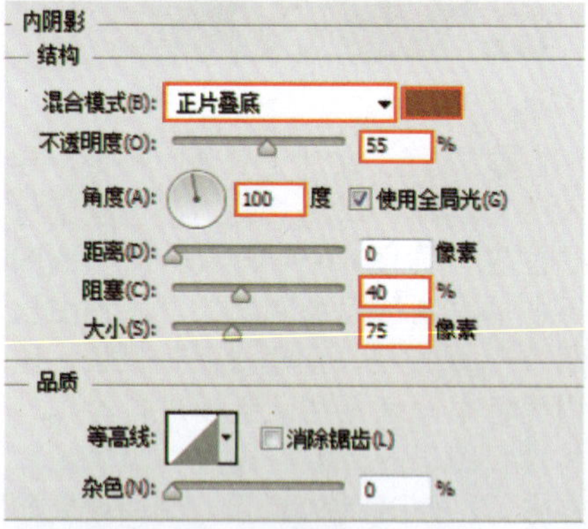

图15-99　“内阴影”参数

图15-100　效果图

❷ 勾选“颜色叠加”选项，参数设置如图15-101所示。画面效果如图15-102所示。

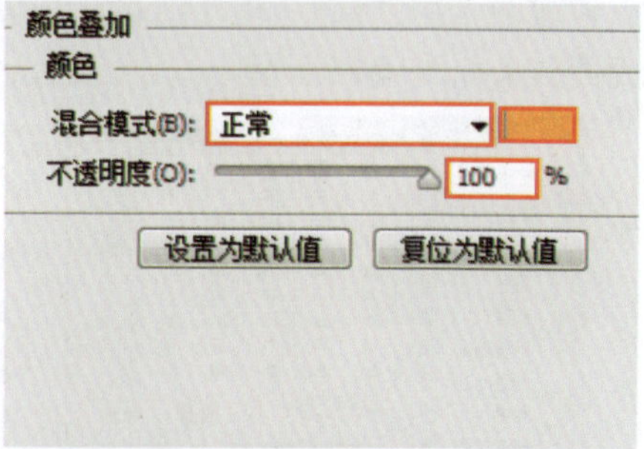

图15-101　“颜色叠加”参数

图15-102　效果图

❸ 新建图层，单击工具箱中的“画笔工具”按钮，在选项栏中，选择一个柔角画笔，设置笔尖大小为150像素，“不透明度”为65%，在画面中通过涂抹制作光泽效果，如图15-103所示。

图15-103　光效效果

❹ 制作文字。单击工具箱中的“横排文字工具”按钮，在选项栏中设置合适的字体和字号，在画面中输入文字，如图15-104所示。

图15-104　输入文字

❺ 选中该文字图层，按下自由变换快捷键“Ctrl+T”调出定界框，并单击鼠标右键，在弹出的对话框中选择“变形”命令，如图15-105所示。按住鼠标左键拖动界定框控制点对图层进行变形处理，并调整文字位置，画面效果如图15-106所示。

图15-105　文字变形

图15-106　变形效果

❻ 为图层添加图层样式。选中文字图层，执行“图层 | 图层样式 | 描边”命令，打开“描边”对话框，参数设置如图15-107所示。画面效果如图15-108所示。

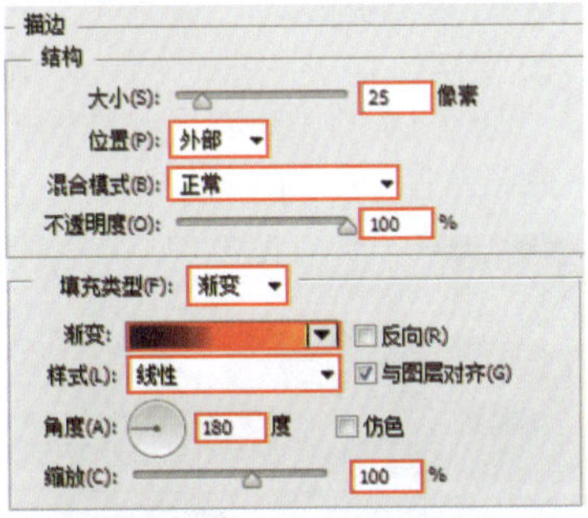

图15-107　“描边”参数

图15-108　标志效果

> **提　示**
>
> 图层样式：
>
> 如果单击图层样式名称前面的复选框，则可以应用该样式，但不会显示样式设置面板。

图15-109　效果展示

实例289　创意饮料海报设计——主体部分

此部分为整幅画面的主体部分，主要由饮料素材及介绍产品的文字组成。此处要在大段的文字中突出所要表达的中心思想，就要通过文字的颜色和样式吸引观众的注意力，然后为图像添加投影的图层样式，使画面效果更加充盈饱满。

案例效果剖析

本案例主要是通过添加不同的图层样式以突出预想表现的主体。制作时主要使用选框工具绘制选区并填充颜色，然后为部分文字添加图层样式，最后导入饮料素材并对其进行投影处理，使其更加突出。部分效果展示如图15-109所示。

案例技术要点

本案例中主要用到的功能及技术要点如下。

- 椭圆选框工具：用来绘制选区并填充颜色。
- 图层样式：用来添加描边样式。
- 横排文字工具：用来输入文字并调整其颜色。

案例制作步骤

源文件路径	案例文件\第15章\实例286-289\
素材路径	案例文件\第15章\实例286-289\
视频路径	视频教学\第15章\实例286-289.flv
难易程度	★★★
学习时间	5分28秒

❶ 执行“文件｜置入”命令，导入黑板素材“5.png”，如图15-110所示。

图15-110 黑板素材

❷ 新建图层并命名为“圆点”，单击工具箱中的“椭圆选框工具”按钮，在画面中绘制选区，设置“前景色”为“黄色”，按填充前景色快捷键“Alt+Delete”，为选区填充前景色，如图15-111所示。按住“Alt+Shift”键的同时按住鼠标左键，平移复制图层，如图15-112所示。

图15-111 制作圆点

图15-112 复制圆点

❸ 单击工具箱中的“横排文字工具”按钮，在选项栏中设置合适的字体和字号，在画面中输入文字，并将相应的文字更改为“黄色”，然后按自由变换快捷键“Ctrl+T”，旋转文字，如图15-113所示。继续输入文字，效果如图15-114所示。

图15-113 输入文字

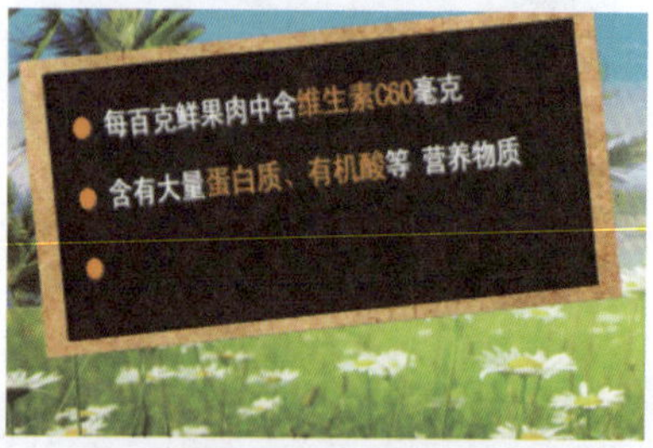

图15-114 效果图

❹ 输入最后一行文字，如图15-115所示。选择该图层，执行“图层｜图层样式｜描边”命令，打开图层样式对话框，参数设置如图15-116所示。画面效果如图15-117所示。

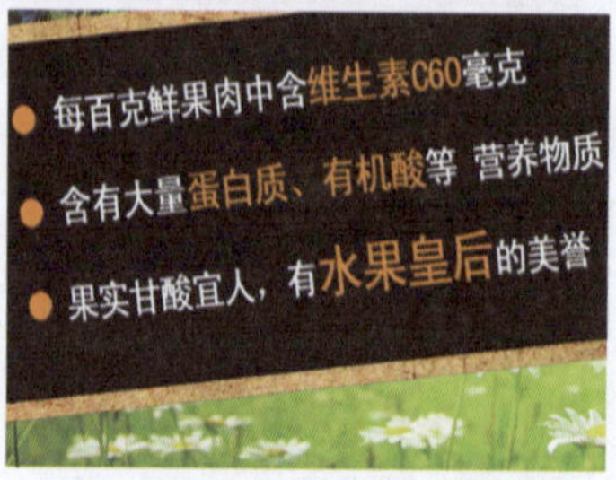

图15-115 输入文字

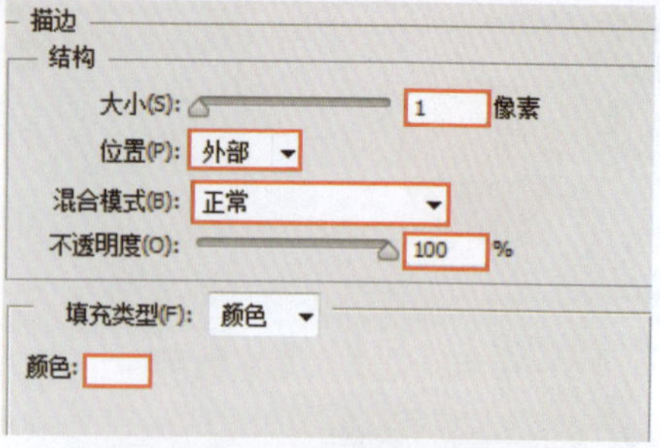

图15-116 “描边”参数

图15-117 画面效果

❺ 导入饮料素材“6.png”，并调整至合适的位置，如图15-118所示。选中该图层，执行“图层｜图层样式｜投影”命令，参数设置如图15-119所示。效果如图15-120所示。

图15-118 饮料素材

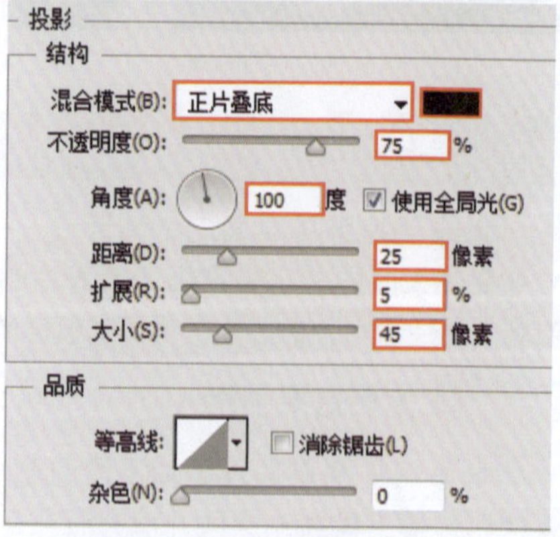

图15-119 “投影”参数

图15-120　效果图

❻ 导入前景素材“7.png”，并调整至合适的位置，效果如图15-121所示。

图15-121　最终效果

提　示

如何隐藏所有图层样式？

如果要隐藏整个文档中图层的图层样式，只需执行“图层｜图层样式｜隐藏所有效果”命令即可。

实例290　创意切割人像——制作画面背景

本案例主要制作创意广告的背景部分，背景部分的制作要能烘托主题，营造气氛。背景通常会制作成与主题相关的色调，案例中通过对不同颜色云朵的叠加，使画面中心拥有别样的色彩，然后调整蝴蝶图层的图层混合模式，使其产生半透明的黄色翅膀效果，以产生梦幻的意境。

案例效果剖析

本案例主要通过调整不同的混合模式，使图层与图层间相交更加柔和。制作时，首先新建文件，然后为背景图层填充渐变颜色，然后将云朵、蝴蝶翅膀等素材通过调整不同的图层混合模式，使其融合在画面中。部分效果展示如图15-122所示。

使用“渐变工具”绘制背景　置入素材并调整图层混合模式　“置入”蝴蝶素材并调整混合模式

图15-122　效果展示

案例技术要点

本案例中主要用到的功能及技术要点如下。

- 渐变工具：用来为背景填充渐变颜色。
- 混合模式：用来处理混合图层与图层间的像素关系。

源文件路径	案例文件\第15章\实例290-291\
素材路径	案例文件\第15章\实例290-291\
视频路径	视频教学\第15章\实例290-291.flv
难易程度	★★★
学习时间	5分44秒

实例291　创意切割人像——制作画面主体

本案例制作的是以人像切割为主题的创意合成。首先要制作一个符合画面主题的背景，然后制作分割的人像部分，人像的制作分为上、中、下三个部分。此种设计创新、大胆，给人以强烈的视觉冲击力。

案例效果剖析

本案例使用图层蒙版对人像进行抠图、分割，并控制图像大小，使其边缘相吻合。制作时，首先对人像进行抠图和分割，然后通过图层蒙版及画笔的配合使用，调整草地、花卉等素材的形状大小，使人与自然相结合。最后为整个画面润色，添加光晕效果。部分效果展示如图15-123所示。

使用图层蒙版抠出人像

继续抠取人像　　制作镜头光晕滤镜

图15-123　效果展示

案例技术要点

本案例中主要用到的功能及技术要点如下。

- 画笔工具：用来在蒙版中涂抹，以隐藏图像中的部分区域。
- 图层蒙版：用来隐藏画面中的部分图像。
- 镜头光晕滤镜：为画面制作光晕效果。

源文件路径	案例文件\第15章\实例290-291\		
素材路径	案例文件\第15章\实例290-291\		
视频路径	视频教学\第15章\实例290-291.flv		
难易程度	★★★★★	学习时间	5分44秒

实例292　激情与速度赛车创意广告——主体部分

速度与激情赛车广告通常样式较绚丽，不同的明暗效果造成了透视感和色彩的反差距离感。案例以黑色为主色调，绚彩的光效给画面一种律动感，底纹黑白格的素材又有向前方、向远处移动的感觉，形成立体透视的效果。

案例效果剖析

本案例为广告背景及主体人像的制作，主要使用“画笔工具”绘制彩色斑点，然后使用“钢笔工具”对人像进行细致抠图，以为后期的制作做好基础。部分效果展示如图15-124所示。

执行“置入”命令置入素材　　继续置入素材　　使用“钢笔工具”进行抠图

图15-124　效果展示

案例技术要点

本案例中主要用到的功能及技术要点如下。

- 图层蒙版：用来隐藏多余的背景区域。
- 钢笔工具：用来抠出人像。

案例制作步骤

源文件路径	案例文件\第15章\实例292-295\
素材路径	案例文件\第15章\实例292-295\
视频路径	视频教学\第15章\实例292-295.flv
难易程度	★★
学习时间	1分42秒

❶ 创建新组，命名为“背景”。执行“文件 | 打开”命令，打开背景素材“1.jpg”，如图15-125所示。导入底纹素材“2.png”，如图15-126所示。新建图层，使用工具箱中的“画笔工具”，设置画笔绘制样式为“喷溅”，在新建图层中绘制彩色斑点，然后设置图层的“混合模式”为“溶解”，效果如图15-127所示。

图15-125　背景素材

图15-126　底纹素材

图15-127　溶解效果

❷ 导入人像素材“3.jpg”，并将其放置在图像的中心位置，如图15-128所示。

图15-128　人像素材

③ 用鼠标右键单击人像图层，执行“栅格化图层”命令，单击工具箱中的“钢笔工具”，设置“绘制模式”为“路径”，沿人物边缘单击，绘制出人物路径，如图15-129所示。按快捷键“Ctrl+Enter”，将路径转换为选区，然后单击图层面板底部的“添加图层蒙版”按钮，为图层添加蒙版，此时选区外的图像被隐藏，人像被抠出，如图15-130所示。

图15-129　绘制路径

图15-130　抠出人像

提　示

路径锚点：

路径上的锚点越多，路径越复杂，有时可以使用工具箱中的“删除锚点工具”，删除多余的锚点。

实例293　激情与速度赛车创意广告——色调部分

本案例中背景色调较为深沉，为了使人物素材在中心突出，需要通过调整曲线及饱和度来调整人物的肤色及唇色，通过调整半身的人像，既给人以仰视角度所特有的高不可及的感受，又在颜色上形成一道亮丽的风景。

案例效果剖析

本案例主要使用了多种调整图层来调整人物皮肤及嘴唇颜色。通过调节曲线形状、调整色相饱和度参数数值、使用图层蒙版决定受控范围，使调节效果仅停留于人物范围内。部分效果展示如图15-131所示。

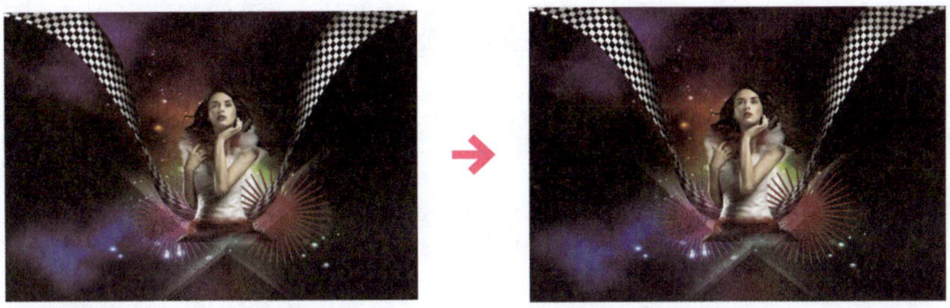

使用“曲线工具”调节颜色　　使用“色相/饱和度”命令进一步调整色调

图15-131　效果展示

案例技术要点

本案例中主要用到的功能及技术要点如下。

- 曲线工具：用来调整人物皮肤的颜色。
- 色相/饱和度：用来调整人物嘴唇的颜色。

案例制作步骤

源文件路径	案例文件\第15章\实例292-295\		
素材路径	案例文件\第15章\实例292-295\		
视频路径	视频教学\第15章\实例292-295.flv		
难易程度	★★★	学习时间	1分42秒

① 执行“图层 | 新建调整图层 | 曲线”命令，在“曲线”属性面板中调整曲线形状，如图15-132所示。点击“曲线”图层蒙版，设置“前景色”为“黑色”，按前景色快捷键“Alt+Delete”为蒙版填充前景色，使用“画笔工具”并设置画笔颜色为“白色”，在人像皮肤处涂抹，以调亮人物肤色，效果如图15-133所示。

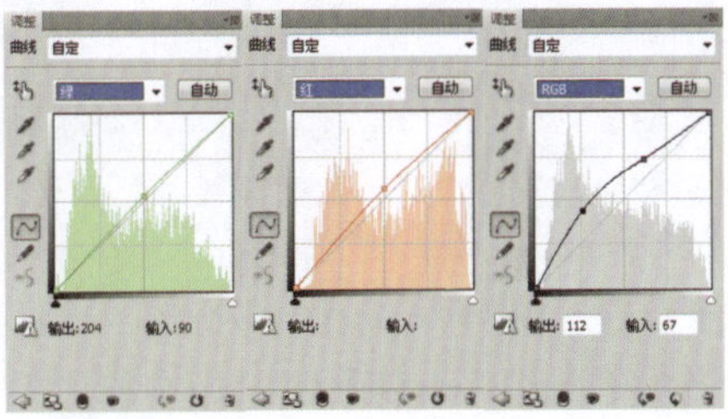

图15-132　调整曲线

图15-133　效果图

② 调整人物嘴唇颜色。执行“图层 | 新建调整图层 | 色相/饱和度”命令，在“色相/饱和度”属性面板中调整颜色参数，如图15-134所示。点击“曲线”图层蒙版，设置蒙版背景颜色为“黑色”，使用“画笔工具”，设置画笔颜色为“白色”，在蒙版中涂抹人像的嘴唇区域，效果如图15-135所示。

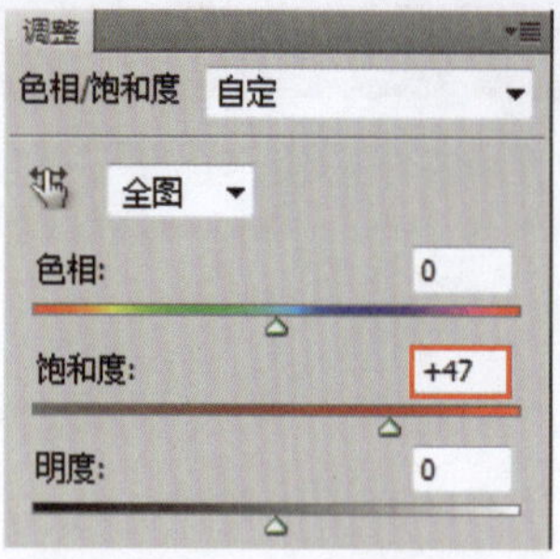

图15-134 “色相/饱和度”参数

图15-135 嘴唇效果

提 示

色相的知识：
由于色相是以角度来表示的，所以0度色相与360度色相是相同的。

实例294 激情与速度赛车创意广告——彩妆部分

抠取出来的人物妆容较为素雅，与整个画面的风格不协调。本案例中，主要是制作人物的彩妆部分。

案例效果剖析

本案例使用不同颜色、大小及流量的画笔，在人物面部进行绘制，并且通过调整其图层混合模式，使妆容与人像融为一体。部分效果展示如图15-136所示。

使用“画笔工具”绘制眼影　　使用“画笔工具”继续绘制眼部妆容

图15-136 效果展示

案例技术要点

本案例中主要用到的功能及技术要点如下。

- 画笔工具：用来绘制眼影、睫毛。
- 混合模式：设置混合模式为明度。

案例制作步骤

源文件路径	案例文件\第15章\实例292-295\		
素材路径	案例文件\第15章\实例292-295\		
视频路径	视频教学\第15章\实例292-295.flv		
难易程度	★★	学习时间	1分42秒

❶ 给人像添加彩妆。新建图层并命名为“眼影”，使用工具箱中的“画笔工具”，在选项栏中降低画笔的“不透明度”和“流量”，绘制粉红色眼影，如图15-137所示。

图15-137 粉红眼影

❷ 新建图层并命名为“眼线”，使用黑色画笔在画面中绘制人物眼线。新建图层并命名为“睫毛”图层，使用“画笔工具”，设置笔刷形状为“睫毛”，在人物睫毛处绘制，效果如图15-138所示。

图15-138 人像效果

❸ 创建新组，命名为“前景”。执行“文件｜置入”命令，导入装饰素材“4.png”，如图15-139所示。导入球素材“5.png”，然后设置图层“混合模式”为“明度”，如图15-140所示。

图15-139 装饰素材

图15-140 球素材

提 示

如何创建图层组？

如果需要为所选图层创建图层组，可以将选中的图层拖拽到“创建新组”的按钮上，或者按快捷键“Ctrl+G”创建新的图层组。

实例295 激情与速度赛车创意广告——前景部分

画面中如果只有人像会显得有些单薄、空洞，所以本案例中赛车素材的加入为画面增添了些许动感，细节灯光及素材的搭配又使得图像更加绚丽，整体颜色为暗红色，但也不失亮点。

案例效果剖析

本案例主要是对前景的装饰素材进行调整，使其与整体风格保持一致。制作时，通过叠加红色并调整“混合模式”及“不透明度”，将画面整体基调调整为暗红色，然后使用“曲线”工具调整画面整体色调，再使用蒙版工具为图像制作暗角。部分效果展示如图15-141所示。

使用“图层蒙版”制作前景赛车部分　　通过图层“混合模式”调节画面色调

图15-141　效果展示

案例技术要点

本案例中主要用到的功能及技术要点如下。

- 图层蒙版：用来减淡画面中部分区域的颜色。
- 曲线工具：用来降低画面明度，制作暗角效果。

案例制作步骤

源文件路径	案例文件\第15章\实例292-295\		
素材路径	案例文件\第15章\实例292-295\		
视频路径	视频教学\第15章\实例292-295.flv		
难易程度	★★★	学习时间	1分42秒

❶ 导入车素材“6.png”和“7.png”，并将其调整至合适的位置，如图15-142所示。

图15-142　车素材

❷ 选中车素材图层，单击图层面板底部的“添加图层蒙版”按钮，然后使用“画笔工具”，设置画笔颜色为“黑色”，降低画笔“不透明度”，使用画笔在蒙版中涂抹车的尾部，效果如图15-143所示。

图15-143　图层蒙版

❸ 创建新图层，设置“前景色”为“红色”，按快捷键“Alt+Delete”为图层填充前景色，设置图层“混合模式”为“柔光”，“不透明度”为50%，效果如图15-144所示。为红色图层添加图层蒙版，使用黑色“画笔工具”在蒙版中涂抹汽车区域，如图15-145所示。

图15-144　填充红色

图15-145　图层蒙版

❹ 创建新图层，使用白色柔角“画笔工具”在图层顶端绘制多条白色竖线，如图15-146所示。设置图层“混合模式”为“柔光”，效果如图15-147所示。

图15-146　绘制线条

图15-147　混合模式

❺ 导入光斑素材“8.png”，并调整至合适的位置，如图15-148所示。

图15-148　光斑素材

❻ 给图像制作暗角，执行“图层 | 新建调整图层 | 曲线”命令，在“曲线”属性面板中调整曲线形状，如图15-149所示。点击“曲线”图层蒙版，使用“画笔工具”，设置画笔颜色为“黑色”，使用画笔在蒙版中间的区域涂抹，使四周变暗，形成暗角效果，最终效果如图15-150所示。

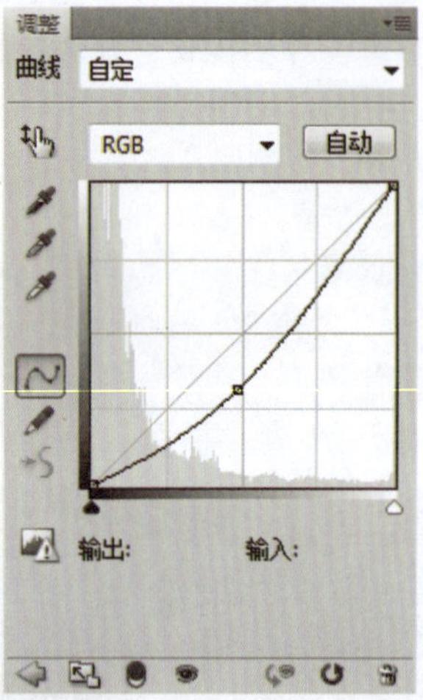

图15-149　曲线形状

图15-150　最终效果

提　示

如何取消曲线控制点？

如要取消曲线中的某一个控制点，只需按住“Ctrl”键，将鼠标指针移动到控制点上单击即可。

实例296　立体文字广告——创意3D效果

本案例制作的是立体感文字广告，通常这样的广告以文字为主，再通过复杂的装饰来进行修饰，以营造视觉上的丰富感。案例以渐变的绿色做背景，给人以生机盎然之感，粉红色装饰搭配上立体的金色文字，更是给画面增添了些许光辉。

案例效果剖析

本案例在置入多个素材后，通过使用3D功能将文字立体化，从而使画面效果更加真实。制作时，首先要制作背景，然后制作立体文字，最后添加前景装饰。部分效果展示如图15-151所示。

图15-151　效果展示

案例技术要点

本案例中主要用到的功能及技术要点如下。

- 3D功能：使用该功能将文字立体化。
- 横排文字工具：在画面中输入文字。
- 图层样式：为图层添加描边等图层样式。

案例制作步骤

源文件路径	案例文件\第15章\实例296\
素材路径	案例文件\第15章\实例296\
视频路径	视频教学\第15章\实例296.flv
难易程度	★★★★★
学习时间	1分20秒

实例297 炫光火焰创意广告——特效制作部分

炫光火焰广告通常颜色明亮，效果浮夸，本案例是以较阴暗的背景衬托出中心人物部分，其中为人物身体添加的文字效果更使得人物充满了玄幻色彩。

案例效果剖析

本案例制作的主要目的是将文字混合于人像皮肤中，以制作奇特效果。制作时主要使用了“图层混合模式”使文字图层色调与整体色调相融合，然后使用图层蒙版隐藏文字的部分区域。部分效果展示如图15-152所示。

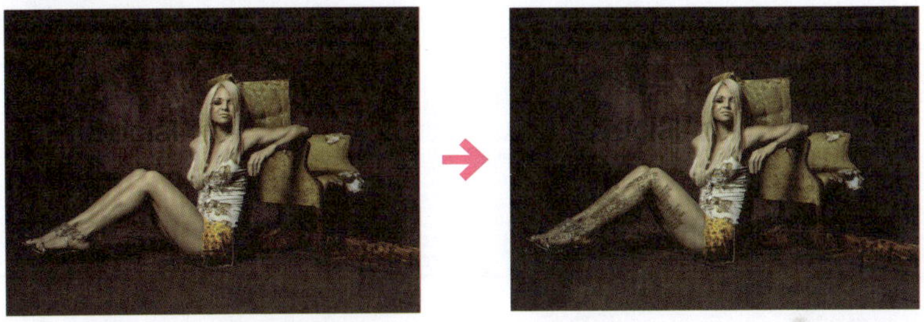

执行置入命令导入素材　　使用文字工具输入文字并调整位置

图15-152　效果展示

案例技术要点

本案例中主要用到的功能及技术要点如下。

- 图层蒙版：用来隐藏图像部分区域。
- 混合模式：用来使图像与主体颜色趋于一致化。

案例制作步骤

源文件路径	案例文件\第15章\实例297-299\		
素材路径	案例文件\第15章\实例297-299\		
视频路径	视频教学\第15章\实例297-299.flv		
难易程度	★★	学习时间	4分56秒

❶ 执行“文件｜打开”命令，打开素材“1.jpg”，如图15-153所示。导入墙壁素材“2.jpg”，然后设置图层的“混合模式”为“叠加”，如图15-154所示。

图15-153　打开素材

图15-154　混合模式

❷ 单击图层面板底部的“添加图层蒙版”按钮，使用工具箱中的“画笔工具”，设置画笔颜色为“黑色”，使用画笔在蒙版人像部分进行涂抹，如图15-155所示。

图15-155　图层蒙版

❸ 执行“文件｜置入”命令，导入文字素材“3.png”，设置图层“混合模式”为“减去”，“不透明度”为70%，然后单击图层面板底部的“添加图层蒙版”按钮，使用黑色画笔工具擦除多余部分，如图15-156所示。按快捷键“Ctrl+J”复制文字图层，分别添加图层蒙版，并调整其位置，最终效果如图15-157所示。

图15-156　文字素材

图15-157　效果图

> **提　示**
>
> 复制图层的其他方法：
>
> 复制图层的方法除此之外，还可以用鼠标右键单击图层，执行“复制图层”命令，或者执行“图层｜复制图层”命令。

实例298 炫光火焰创意广告——调整人物色调

制作炫光火焰效果需要制造画面中心炫光的效果，此时中心人物颜色偏暗，需要调理人物整体颜色，进而在此基础上制作炫光效果，使画面中心突出。

案例效果剖析

本案例中通过不断调整“曲线”形状及“色相/饱和度”参数，使画面中心产生炫光效果，并通过图层蒙版的控制，在整体调整人物颜色的同时，不对画面颜色基调进行改变。部分效果展示如图15-158所示。

使用“曲线”工具调节亮度

使用“色相/饱和度”等命令调节画面色调

图15-158　效果展示

案例技术要点

本案例中主要用到的功能及技术要点如下。

- 曲线工具：用来调整曲线形状。
- 色相/饱和度：用来调整画面亮度。

案例制作步骤

源文件路径	案例文件\第15章\实例297-299\		
素材路径	案例文件\第15章\实例297-299\		
视频路径	视频教学\第15章\实例297-299.flv		
难易程度	★★★	学习时间	4分56秒

❶ 执行“图层 | 新建调整图层 | 曲线”命令，在“曲线”属性面板中调整曲线形状，如图15-159所示。点击“曲线”图层蒙版，设置蒙版背景色为“黑色”，使用“画笔工具”，设置画笔颜色为“白色”，在蒙版中涂抹人像区域，调节人像皮肤亮度，效果如图15-160所示。

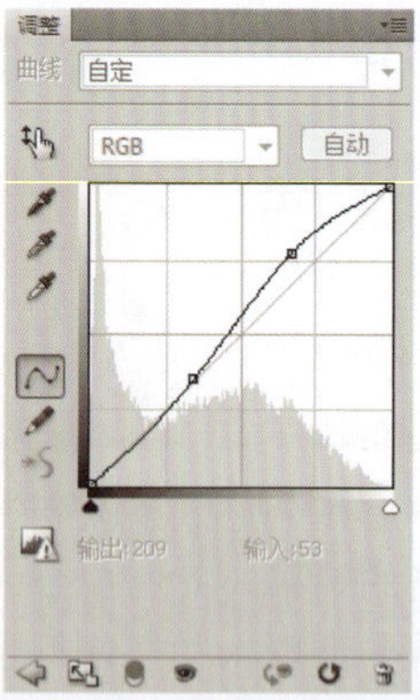

图15-159　曲线形状

图15-160　效果图

❷ 执行“图层 | 新建调整图层 | 色相/饱和度”命令，在“色相/饱和度”属性面板中调整参数，如图15-161所示。点击“色相/饱和度”图层蒙版，使用“画笔工具”，设置画笔颜色为“黑色”，使用画笔在蒙版中涂抹人体皮肤和地面部分，如图15-162所示。

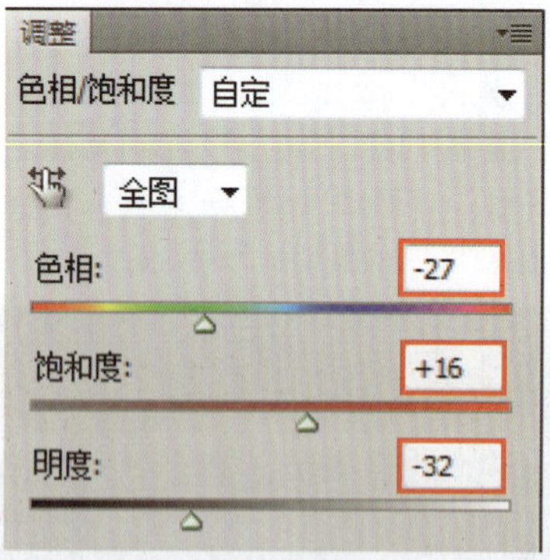

图15-161　“色相/饱和度”参数

图15-162　效果图

❸ 整体调亮人像及其周围区域，继续执行“图层 | 新建调整图层 | 曲线”命令，在“曲线”属性面板中调整曲线形状，如图15-163所示。点击“曲线”图层蒙版，设置蒙版背景色为“黑色”，使用“画笔工具”，设置画笔颜色为“白色”，使用“画笔工具”在蒙版中涂抹人像及周围部分区域，效果如图15-164所示。

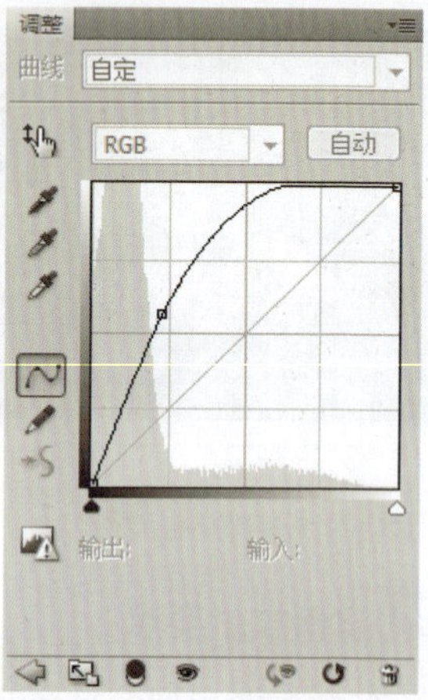

图15-163　曲线形状

图15-164　效果图

❹ 执行“图层 | 新建调整图层 | 色相/饱和度”命令，在“色相/饱和度”属性面板中调整参数，如图15-165所示。点击“色相/饱和度”图层蒙版，设置画笔颜色为“黑色”，在蒙版中涂抹人像面部皮肤区域，如图15-166所示。

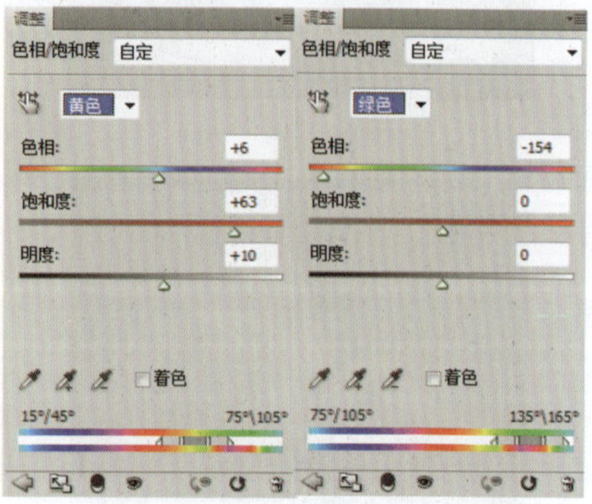

图15-165　“色相/饱和度”参数

图15-166　面部效果

❺ 调节画面色彩平衡，执行“图层｜新建调整图层｜色彩平衡”命令，在“色彩平衡”属性面板中调整参数，如图15-167所示。效果如图15-168所示。

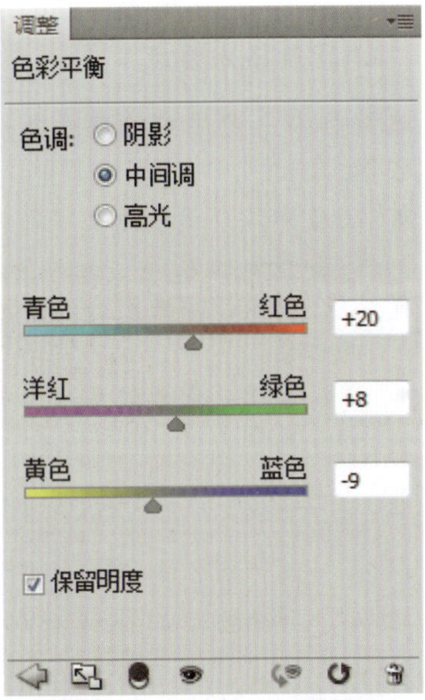

图15-167　“色彩平衡”参数

图15-168　效果图

提　示

“色彩平衡”的快捷打开方式：

按下快捷键“Ctrl+B”可以快速打开“色彩平衡”的对话框。

实例299　炫光火焰创意广告——整体色调部分

本案例是对主体部分制作完成后，进行后期的特效处理。通过调整图层的“混合模式”使光效素材与人物自然融合，使人像产生炫光效果，然后通过调节“曲线”形状及使用“图层蒙版”，为画面逐步制作暗角效果。

案例效果剖析

本案例的制作要点是将素材与背景进行混合，然后制作暗角效果。制作时主要使用了“曲线”工具调整画面整体色调，然后利用“图层蒙版”及“画笔工具”的配合使用，制作图形暗角效果。部分效果展示如图15-169所示。

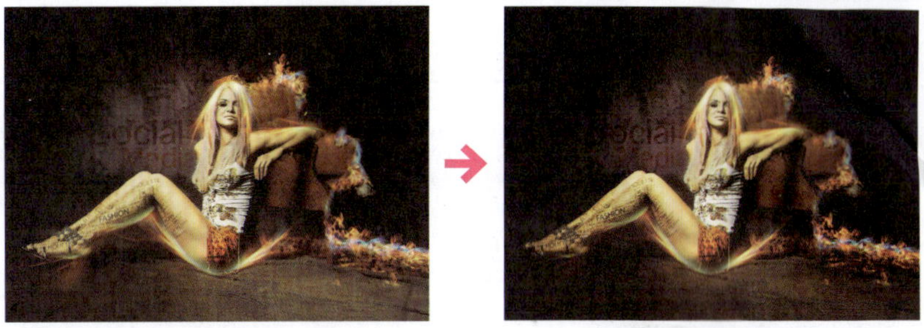

置入素材并调整混合模式　　调节曲线形状以制作暗角效果

图15-169　效果展示

案例技术要点

本案例中主要用到的功能及技术要点如下。

- 曲线工具：用来压暗整体颜色。
- 图层蒙版：用来隐藏图像中的部分区域。

案例制作步骤

源文件路径	案例文件\第15章\实例297-299\		
素材路径	案例文件\第15章\实例297-299\		
视频路径	视频教学\第15章\实例297-299.flv		
难易程度	★★	学习时间	4分56秒

❶ 执行“文件｜置入”命令，导入炫光素材“4.jpg”，设置图层“混合模式”为“滤色”，如图15-170所示。

图15-170　炫光素材

❷ 执行“图层｜新建调整图层｜曲线”命令，在“曲线”属性面板中调整曲线形状，如图15-171所示。点击“曲线”图层蒙版，选择“画笔工具”，设置画笔颜色为“黑色”，使用柔角画笔工具在蒙版中涂抹，以制做暗角效果，如图15-172所示。为了加深效果，按快捷键“Ctrl+J”复制曲线图层，最终效果如图15-173所示。

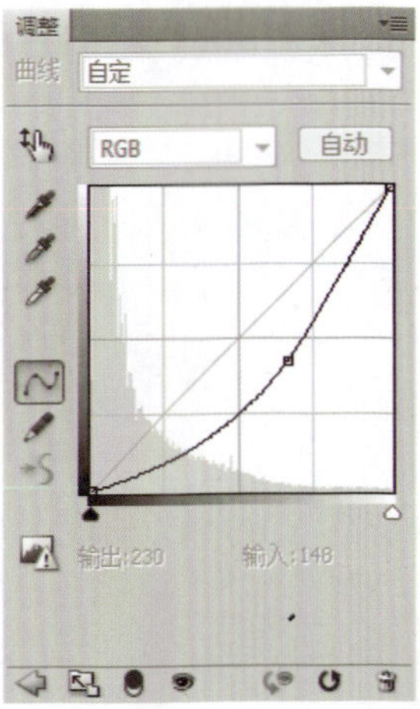

图15-171　曲线形状

图15-172 暗角效果

图15-173 最终效果

提 示

· 图层蒙版颜色

在图层蒙版中除了可以绘制颜色、填充纯色外，还可以填充渐变，以及使用滤镜等。

实例300 中式复古风格——创意广告制作

中式风格是经过历史的沉淀，具有我国古典特色的风格。本案例采用的是中式复古风格，整个画面颜色古朴至真，苍劲有力的文字更是凸显了中式的典雅与苍劲。本案例是通过合成的方式将多种中国元素融合在画面中，营造出复古的韵味。

案例效果剖析

本案例的制作要点是对文字添加图层样式以及对素材图层混合模式的更改。制作时，首先通过调整图层的“不透明度”，给画面制作具有暗纹效果的背景，然后通过添加多种图层样式，制作出手写体文字。这些传统风格的素材传递着古香古韵的味道。部分效果展示如图15-174所示。

导入素材并制作暗纹效果

输入文字并导入素材

执行“置入”命令导入装饰素材

图15-174 效果展示

案例技术要点

本案例中主要用到的功能及技术要点如下。

- 图层样式：用来为文字添加描边等图层样式。
- 混合模式：用来混合两个图层的像素。
- 图层蒙版：用来隐藏画面中的部分图像。

源文件路径	案例文件\第15章\实例300\
素材路径	案例文件\第15章\实例300\
视频路径	视频教学\第15章\实例300.flv
难易程度	★★
学习时间	3分40秒